3

王西彦研究资料

WANGXIYAN YANJIUZILIAO

艾以 沈辉 卫竹兰 李国煣 编

王西彦，中国现代著名作家，本书分生平资料，创作自述，研究论文选编，著作年表、目录和研究文章目录索引等四部分，全面收集整理了有关王西彦的研究资料。

中国文学史资料全编

现代卷

文学研究所 总纂

知识产权出版社

内容提要：

王西彦，中国现代著名作家。本书分生平资料，创作自述，研究论文选编，著作年表、目录和研究文章目录索引等四部分，全面收集整理了有关王西彦的研究资料，俾有助于学林。

责任编辑：马　岳　　　　**装帧设计：**段维东

图书在版编目（CIP）数据

王西彦研究资料 / 艾以等编．—北京：知识产权出版社，2009.1

（中国文学史资料全编·现代卷）

ISBN 978-7-80247-220-4

Ⅰ．王…　Ⅱ．艾…　Ⅲ．① 王西彦（1914～1999）—人物研究　② 王西彦（1914～1999）—文学研究　Ⅳ．K825.6　I206.7

中国版本图书馆 CIP 数据核字（2008）第 170573 号

王西彦研究资料

艾以　沈辉　卫竹兰　李国煣　编

出版发行：知识产权出版社

社　　址：北京市海淀区马甸南村 1 号　　邮　　编：100088

网　　址：http://www.ipph.cn　　邮　　箱：bjb@cnipr.com

发行电话：010-82000893　82000860 转 8101　　传　　真：010-82000893

责编电话：010-82000860 转 8171　　责编邮箱：mayue119@139.com

印　　刷：北京市兴怀印刷厂　　经　　销：新华书店及相关销售网点

开　　本：720mm × 960mm　1/16　　印　　张：44.5

版　　次：2009 年 4 月第一版　　印　　次：2009 年 4 月第一次印刷

字　　数：650 千字　　定　　价：88.00 元

ISBN 978-7-80247-220-4 / K · 014（2255）

汇纂工作小组

名单

（按姓氏笔画排列）

王润贵　刘跃进　刘福春　严　平

张大明　杨　义　欧　剑　段红梅

编辑说明

中国社会科学院文学研究所向来重视文学史料的系统整理与深入研究，建所50多年来，组织编纂了很多资料丛书，包括《古本戏曲丛刊》、《古本小说丛刊》、《中国现代文学史资料汇编》、《近代文学史料汇编》、《当代文学史料汇编》以及《文艺理论译丛》、《现代文艺理论译丛》、《古典文艺理论译丛》等。其中，介绍国外文艺理论的三套丛书，已经汇编为《文学研究所学术汇刊》9种30册，交由知识产权出版社出版。该书出版后，国内一些重要媒体刊发评介文章，给予充分肯定。为满足学术研究的需要，2007年初，中国社会科学院文学研究所与知识产权出版社商定继续合作，编辑出版《中国文学史料全编》，将以往出版的史料著作汇为一编，统一装帧，集中出版。

这里推出的《中国文学史料全编·现代卷》就是其中的一种。本卷主要以《中国现代文学史资料汇编》为基础而又有所扩展。《中国现代文学史资料汇编》的编纂工作启动于1979年，稍后列入国家第六个五年计划社科重点项目。该编分为《中国现代文学运动、论争、社团资料丛书》、《中国现代作家作品研究资料丛书》、《中国现代文学书刊资料丛书》即甲乙丙三种，总主编陈荒煤，副主编许觉民、马良春，具体组织主要由徐迺翔、张大明负责。此项目计划出书约200种。至20世纪末，前后20多年间，这套书由数家出版社陆陆续续出版了80余种，还有数十种虽然已经编就，由于种种原因，迄今尚未出版。“现代卷”就包括上述已经出版的80余种和当时已经编好而尚未出版的若干种。

这项工作得到了中国社会科学院文学研究所和知识产权出版社的高度重视，为此成立了汇纂工作小组。杨义、刘跃进、严平、张大明、刘福春等具体负责学术协调工作，于2007年11月，向著作权人发出《征求〈中国文学史料全编·现代卷〉版权的一封信》，很快得到了绝大多数编者的授权，使这项工作得以如期顺利开展。为此，我们向原书的编者表示由衷的谢意。为尽快将这套书推向社会，满足学界和社会的急需，除原版少量排印错误外，此次重印一律不作任何修改，保留原书原貌，待全部出齐，视市场情况出版修订本。为此，我们也诚挚地希望广大读者能给予充分谅解。

《中国文学史料全编·现代卷》出版后，我们将尽快启动“古代卷”、“近代卷”和“当代卷”的编纂工作，希望能继续得到专家学者的大力支持和热心参与。

现代卷汇纂工作组

2008年12月

目 录

生平资料

创作自述

研究论文选编

著作年表、目录和研究文章目录索引

生平资料

自　　传

王西彦

1914年农历十月初六日，我出身于浙江省义乌县东乡青塘下村。当时，浙赣铁路尚未兴建。义乌是个十分偏僻的山区，人们的生活方式很落后，眼界也很狭小，大多数村民终生与贫穷为伍。农民特别是妇女们即使进一次十里路外的县城，也被当作一件大事。我的父亲是农村私塾先生，兼给村里人选日子和看风水，还会治病开药方，算得上是知书识理的知识分子。可母亲却是目不识丁的童养媳，原先我只知道她姓骆，竟说不出名字；最近才经人调查，告诉我说她名叫“宝珠”。可是，好名字并不能给她换取好命运。她的“肚福”不好，头三胎都是“扁货”（女儿），因此受到老祖母的强烈不满，在家庭里的地位很不堪；即使随后又生下哥哥和我两个男孩，婆媳关系始终未见好转。三个姊姊都在婴儿时期就被“抱”给别人做童养媳，从而使她们终生陷入苦难。童年时期，母亲经常躲在灶门下暗自吞声流泪和大姊经常满脸血迹从婆家逃回村子却不敢进门的情景，给我留下极为深刻的印象。后来，二姊不满30岁就因夫妻不和而早死，三姊则在多病的丈夫去世后自行“出典”给别的男人，抗日战争中惨死于日寇的刺刀下。单是母亲和三个姊姊的遭遇，就在我幼稚的心灵里蒙上一层人生的阴影。海明威在回答“一个作家最好的早期训练是什么”的问题时答道：“是不愉快的童年。”如果按照他的说法，那么我作为一个作家的命运，是在童年时期就被决定的。不久以前，我曾把自己陆续写下的一些关于童年生活的回忆文章编成集子出版问世，取了个书名叫做

《忧伤的世界》，所依据的就是当时的真情实感。

5 岁那年，因为不小心尿湿了床，受到母亲一顿责打，就逃到一里路外哥哥在上学的私塾式国民小学去躲避，结果就成为那里的一名小学生，从“子曰”、“诗云”一直读到“人手足刀尺”。那所学校办在一个名叫“西竺庵”的寺庙里，课堂就在佛坛和神座前，我的小课桌刚好靠着赤面长须的关帝爷，他的右边是双手捧印的关平，左边是擎着一把青龙偃月刀的周仓。也就在那时候，哥哥从父亲的小书柜里取出一部绣像插图本《三国演义》和另一部也有插图的《封神榜》；不用说，我也跟着近乎废寝忘食地啃读起这两部满纸都是神奇故事的小说书，跟长坂坡吼得水倒流的张翼德和手套乾坤圈、脚踩风火轮的哪吒太子成了神交。而且，事有凑巧，我还和一个堂房小叔叔交上了朋友。这小叔叔的家很穷，因为房子被一场火灾烧掉了，只得在原来的地基上盖起两间茅屋安身。每逢过年节，屋前屋后都有人燃放炮竹，他彻夜不眠，背起一把长柄竹笆爬在梯子上，把茅屋顶上还冒着烟的炮竹尾巴扒将下来，免得再引起一场灾难。因此，人家快快活活过新年，他却熬得两眼通红，连声音也喑哑了。他的日子分明过得不容易，加上从小没有进过学堂，连自己的尊姓大名也不认得，却满肚子装着三国故事，能把个“赤壁之战”说得有声有色，使你听着有如身历其境。他还喜欢讲鬼故事，什么水鬼、火鬼、男鬼、女鬼，好像都和他打过交道，彼此有很深厚的感情。例如讲到披头散发却情深义重的女鬼时，就会装出细嗓门学起女音，令人毛骨悚然。他走路时驼起腰身，脚步一颠一颠的，像个老太婆，人们都喊他“老太婆伯伯”；后来我曾拿他做原型，写过一个短篇小说，题目就取做《老太婆伯伯》。正因为既读过《三国演义》，又听惯小叔叔讲的“赤壁之战”之类故事，我对小课桌边的关帝爷和关平、周仓的神像，感到非常亲切，就用润有口水的毛笔到关帝爷的身上蘸来彩色，充当颜料学起绘画来，梦想长大成人之后当一名画师，居然在村子里得到了一个“小画家”的名声。正在这时，我的一位堂房伯伯猝然去世，尸体就停在公用的堂屋里，平时和我较为亲近的堂二哥不仅要我跟他一起守灵，还要我跪在死者身边，伏在一个倒摆的簸箕上画一幅出殡时挂在灵柩前的遗像。这件事情给大姊知道了，她大为不满，特地跑来神色严重地警告道：“小弟弟，你怎么能给大伯伯画像呢？给死人画过像，你这支笔就再也没有用啦！”

到了 9 岁那年，母亲在一场不明不白的病症里永离人世。老祖母没有生养，父亲是从堂房过继来的，没有经过十月怀胎，隔着层肚皮总觉得不亲，却把怨气发泄在童养媳出身的母亲身上，即使已经有好几个子女了，有时也要被罚饿饭。由于母亲那张毫无欢容的脸孔给了我太深的印象，后来我初学写作时曾经在一篇题为《苦命人》的小说里写到了她，并把第一个短篇小说集《夜宿集》奉献给她。我还觉得，自己有些偏于沉郁的性格也可能受到她的影响。因为失去了母爱，实在不耐家庭的阴冷气氛，就向父亲吵着要到县城里去进新式的高小。这个目的好不容易达到了，对我来说无异于一条田涧里的小泥鳅一下子闯入小溪，惶惑得不知道应该怎样来安置自己，情形的确像安徒生童话里的丑小鸭。这时父亲续了弦，娶了西乡一个银匠的寡孀，她原是县城里人，死了原配丈夫后就回到娘家，和一个耳聋的老母亲相依为命。这样一来，我不仅有了一位继母，还有了一位县城里的老外婆，从她老人家那里享受到了难得的慈爱。关于继母和老外婆，我也曾在一篇题为《狐狸精》的童年回忆里写了她们。两年后高小毕业，就考进了刚刚办起的县立初中，成为它的首届学生。学校办在一座衰败的孔庙里，右边是东岳庙，左边是城隍庙。塑造在城隍庙两侧阴森可怖的十个阎罗王，使我看到熬受“牛头马面”的刀锯油煎之类酷刑的，大都是一些赤身裸体的妇女。这使我联想到母亲和三个姊姊，还有村子里遭遇比她们更为悲惨的嫂婶姊妹们。不久后，城隍庙里驻进了一连“省防军”，那些身穿灰色军装的兵爷们天天背起枪支下乡去抓“农匪”。几乎每天晚上，学校里摇过熄灯铃，就会从隔壁传来凄厉的嚎叫声，兵爷们正在严刑拷打那些白天从校门口牵押过去的面黄肌瘦、满身褴褛的作田佬。到了大清早，离学校不远那个干涸的青草湖里就会传来处决罪犯的枪声。那些“农匪”的命运，又不能不使我联想到村子里同样是面黄肌瘦、满身褴褛的叔伯兄弟们。看起来，地狱里固然有鬼卒们的酷刑，人世间更有“省防军”的刀斧，活该受罚的无辜者还哪里有容身之所呢？这个远非当时的我所能解答的问题，深深地困惑着我，并且长期逼迫自己谋求某种手段把它揭示出来。

读完初中时，我还没有完全忘情于曾经给堂房伯伯画过遗容的画笔。我的愿望是当一名画师，很想到省城杭州去投考那所著名的“西湖艺专”，听说它坐落在优美非凡的风景区，教室里有充当模特儿的长发美女，教师和学生都穿黑西装，打红领带，整天坐着游艇在湖上荡来荡去，欣赏令人陶醉的湖光山色。我想，如果能跨入那所学校的高门槛，不就可以把童年与少年时期所得的悲苦印象冲洗得一干二净吗？可是，命运并没有这样优待我，父亲宣告他养不起这样一条“花缸鲤鱼”。刚好省城里新办起一所“民众教育实验学校”，专为各县培养办民众教育馆的人才，不仅每县有一个官费生的名额，毕业后还可以回本县当民众教育馆的馆长。这自然是一个稀有的好机会。我立刻带着一张初中文凭，跑两天旱路，再乘一晚小火轮，赶到杭州去应试，居然给考上了个官费。这是 1930 年的事，用父亲的话来说：“船儿摇出大江了。”而且，从此以后，画师的梦就换成了作家的梦。在我家乡有两句意思相反的俗语，一句是“茅草蓬里出老虎”，另一句却是“浅盆子里长不成大鱼”。现在我这条小船已经离开茅草蓬和浅盆子，驶进了大江，眼前自然就出现了一片广阔的水面，我的心胸充满希望。事实上，当时的憧憬的确没有完全落空，在民众教育实验学校的三年官费生，对我的确是一个重要时期。

说来有些奇怪，学校不是为了培养民众教育人材而开办的吗？可是，前后两任校长却都是留学美国的博士和硕士，不仅说话时中国话里夹杂着英语，对待学生的态度也十分开明，提倡男女平等和恋爱自由，学校里的空气很宽松活泼。当时省立杭高学生宿舍的床位上，枕套都印有“思无邪”三个字，要求青年们连睡眠时也必须保持思想的纯正；而我们学校的一个小小图书馆里，竟然订有上海出版的“左联”的刊物，如《拓荒者》、《奔流》和《大众小说》之类。在来到省城应试以前，我连小火轮也没有见过，刚在杭州江干码头上岸时，看到庞然大物却奔驰如飞的公共汽车，竟吓了我一大跳；如今却可以听到男同学讲官话，看到女同学穿高跟皮鞋了，真是到了另一个新天地。特别是，学校图书馆里有多少的书啊！从这里，我不但读到了《三国演义》和《封神榜》以外的《水浒传》和《红楼梦》，读到了鲁迅和茅盾，还读到了俄罗斯作家如果戈理、屠格涅夫、托尔斯泰、陀思妥耶夫斯基、契诃夫和高尔基。这些文学大师对我的吸引力，远比西湖上的游艇和钱塘江边的六和塔之类强烈得多。我还记得图书馆里有一位戴眼镜的女管理员，她对我这个嗜书如命的乡下孩子特别照顾，总是笑容可掬地告诉我道："这个星期又买进了一批新书，你到书库里来看看吧！"书库原是不允许学生进去的，得到这个优待不容易，我知道应该怎样珍惜它。有一个时期，我甚至把鲁迅和契诃夫的一些短篇小说抄写在笔记簿里，来加深自己的理解。还应该提到的是，当我这只乡间小溪里的船儿驶出大江时，正好遇上左翼革命文艺运动在上海蓬勃兴起，这股汹涌巨浪很快就波及杭州。离学校不远有家新书店，书架上陈列的是公开出卖的文艺书，书架下面柜子里却是不能公开的禁书，大红封面的高尔基的《母亲》就是其中之一，还有其他一些左翼作家的作品。书店老板也对我另眼相看。"有什么新杂志吗？"我小声问。"有"，他环顾了一下顾客，也小声回答，"最近一期《拓荒者》刚到。"于是，他一弯腰取出一本，马上包起往我手里一塞。在这样的时候，我总要联想到希腊神话里为人类盗火的普罗米修斯的故事，觉得既然接受了火种，总得"有一分热，发一分光"，来照亮自己，也照亮别人。我想试着学习写点什么。最初涌上心头的，就是自己的苦命母亲和三位苦命姊姊。自然同时也想起了自己最感亲切的榜样，就是契诃夫和鲁迅，想起了出现在契诃夫笔下那在老百姓面前耀武扬威的中士和在不同场合就能摆出不同面貌的变色龙，以及出现在鲁迅笔下的闰土和祥林嫂。既然这些人物也都是我所熟悉的，为什么不可以按照那两位可尊敬的前辈那样来写呢？几经踌躇，到了毕业前夕，近乎心血来潮，我果然写出了几篇短篇小说似的东西，其中就有那篇自己一直称之为处女作的《车站旁边的人家》。

学校到了高年级就要参加实习，就是到街上临河的下等茶楼酒店里去给撑船和拉车的苦力们办识字班，或是到附设的民众夜校去给里弄妇女们上补习课。在苦力们中间，有很多闰土式的面貌和性格。在夜校的妇女班上，有一些附近缫丝厂里的女工，她们的一双手给高温的缫丝汤烫得像生姜似的红肿；看起来，城市里也有祥林嫂。不仅是自己家乡的母亲和姊姊，城市里的这些不幸的人们，多么需要有人给他们诉说苦情呵！文学的任务，作家的职责，不就是这样吗？我们的前辈们不就早已这样做了吗？如果自己要写作，这应该是唯一的道路。就因为抱着这样一个当作家的梦，我觉得自己虽然享受了本县的三年官费，也无论如何不能回家乡去当一名馆长，去跟类似契诃夫笔下的中士和变色龙们为伍。

1933年暑假，我抛弃家乡那个“好缺”，接受一位远在古都北平读书的同学的劝告，只身到了北平。当时“平沪通车”的票价是银圆24元，我的口袋里却只有十多元因毕业班提前考试退我的膳杂费，不得不改乘从上海到大沽口的英商“太古轮”的统舱，远走海路，记得票价是6元。不料刚凭那同学的关系住进了和平门外佘家胡同一处会馆的房子，那同学就被国民党的宪兵第三团抓走了。我占有着一座小四合院后面一间不到十平方米的阴暗小房子，身上没有钱，仅有的一个同学也失去了，举目无亲，可怎么办呢？这时“天无绝人之路”的俗语对我发生了作用。虽然未经“会考”的文凭不能报考大学，我也交不起学费，家乡的县教育局又正在逼父亲追缴我的三年官费，可我竟在这走投无路的艰辛时刻，奇迹似地得到一位值得终身感激的学界耆宿的热心帮助，进入私立的中国大学国学系读书，使我能在会馆那间仅可容身的小房子里着手实现自己的梦想，以初生之犊的勇气开始提笔学习写作。

每当我被问到为什么会走上文学道路时，我总是回答说，是由于生活的迫促。前面已说到这句话的第一层意思，这里还应该补说一下第二层意思。有了个容身之所，还有了个学校，但靠什么来活下去呢？学费是那位耆宿担保的；会馆里的伙食一直拖欠着；家乡的父亲正用“儿子不知去向”的理由拒缴官费，自然不可能给我接济；天气已到深秋，床上没有棉被，身上没有棉衣，这对一个未满二十岁的小青年的确是个威胁。一天晚上，正对着一盏昏暗的孤灯发愁时，忽然想起床下那只木箱里那篇《车站旁边的人家》的初稿，马上把它找了出来，重写了一遍，然后投寄给天津一家享有全国声誉的大报的文艺副刊：“让它去碰一碰命运吧！”居然有一天看到自己的稿子被发表出来，而且很快就收到了一笔稿费。这不就不仅是一条实现梦想的路，还是一条解决生活问题的路吗？于是，我就采取浙东农村生活的题材，写起象鲁迅和契诃夫那样的短篇小说。当我这样做时，家乡农民的苦难生活和悲惨命运就十分鲜明地重现在自己眼前。不过很快我就把题材扩大到别的方面，这是因为一方面，我所寄身的这所由浙江会馆拨给浙江籍穷学生的房子里，即使只是个破旧的小四合院，却也挤住着一群离开学校后就陷入失业困境的中青年人，不失为一个小知识分子的社会，自然不会缺乏种种矛盾和纷争，把我的注意力吸引到对知识分子的命运的思考；另一方面，当时正当左翼革命文艺运动蓬勃发展的时机，古都北平又正处于一种风雨飘摇的状态，怪异现象层出不穷，斗争形势复杂尖锐，迫使我不能完全置身事外。我参加了北平“左联”和“旧学联”的活动，并参加了“一二·九”运动，还被选为“左联”扩大后的“北平作家协会”的候补执行委员，的确有着一种双肩担负改变人类命运的神圣使命的感觉。我的习作最初发表于天津的大公报和《国闻周报》的文艺栏，随后就投给了上海的《文学》、《作家》、《文学界》、《光明》和《中流》等“左联”的或和“左联”有关的刊物。1936 年春，我写了短篇小说《曙》，描写上海工人的生活和斗争，成为我初期作品中一个特殊现象；我虽在杭州时曾和缫丝厂的女工有较多接触，又曾在上海日晖桥一带工人区小住，其实并不算熟悉工人生活，《曙》的写作自然是由于革命文艺运动热潮的影响。我马上回到自己比较熟悉的生活上来，写了由三个短篇合组而成的中篇小说《古城的忧郁》，反映在日本侵略者凶残蹂躏下危城北平的种种特异现象。当时我的信念是，一个作家必须描写真实，描写自己最熟悉并为之激动的社会生活。

1937 年抗战爆发时，我刚从大学毕业。第二年初，我在武汉参加共产党领导的一个“战地服务团”，到鲁南、苏北战地做民运工作，经历了那一场为全国瞩目的“徐州大会战”。我曾跑到鲁南最前线凭吊过硝烟弥漫的台儿庄战场；也曾在古运河两岸组织过船工运送弹药和军粮；我曾被日本侵略军围困在徐州城，突围几次才侥幸脱险；也曾在溃退的旅途上和伤残的士兵们朝夕相处，相依为命。我身经目睹了很多很多。我匆促写下了《四个鸡蛋》和《涡河的黄昏》等短篇小说和战地报告，揭露军队的腐败颟顸以及由此招致的战区人民的深重灾难。徐州沦陷后，我千里跋涉，历时经月，横穿苏、皖、豫三省，回到武汉，在脑子里孕育起一个突出的问题：“究竟谁在抗战？”武汉沦陷前夕，我原有机会去西北，只由于一个偶然的原因，才留在长沙参加中共湖南省委领导的《观察日报》工作。在一次日本侵略者用重磅炸弹和烧夷弹对长沙市民进行灭绝人性的残酷屠杀以后，我写下一篇题为《十月十九日长沙》的灾场速写。人们不会忘记，这一天正是伟大鲁迅的忌日。接着，国民党当局在长沙放了一把火，对无辜市民进行了一场更为残酷的屠杀，它使我联系到徐州沦陷后发生在豫北花园口那场黄河决口的灾难，想起了"水深火热"那句古语，但我已经无暇再写灾场速写或抗议文章，因为《观察日报》就在熊熊烈火中仓猝迁到邵阳，我也就从报社转到开办在邵阳南路夫夷水畔塘田寺镇也由中共省委领导的抗大式学校"塘田讲学院"工作。可是，报社和学院很快就遭到查封，我也于发生"平江惨案"后被迫匆匆穿过湘南山丛，经由江西到了浙东家乡。这时省城杭州早已沦入敌手，日本侵略军随时可以南渡钱塘江，家乡大片土地朝不保夕，我看到依据土地为生的家乡父老们正面临着和鲁南、苏北的庄稼人相同的命运。

这时正好一位负责党在东南地区文化方面工作的朋友要我到福建战时省会去开辟一个文艺战线的新阵地，那就是在小小山城永安出版的《现代文艺》月刊。永安是鼠疫和疟疾的流行区，出版这个刊物的改进出版社的编辑部设在一个名叫"虾蛤村"的褴褛小村一所破倒小祠堂里，条件很差，加上地处东南一隅，交通阻隔，政治环境更是险恶；但因为刊物是在党的支持下办起来的，任务是团结队伍，揭露国民党统治的腐朽黑暗，所以得到了进步文艺界和革命作家们的热情合作。对我个人来说，有了鲁南、苏北的见闻和长沙、邵阳的经历，自然还有家乡父老们那种惶惶不可终日的情景，原有那个"谁在抗战"的问题，在脑子里变得越益鲜明而迫切。1940 年我写了中篇小说《眷恋土地的人》，反映抗战初期北运河两岸人民在国民党军队溃退时怎样自发地抗击敌人。接着又写了短篇小说《死在担架上的担架兵》和《麻舅舅丢掉一只胳膊》，描写国民党士兵的悲惨遭遇。这些作品，都是为了回答"谁在抗战"这个严峻的问题。这个时期里，我的作品主要发表在香港的《文艺阵地》、桂林的《文艺杂志》和我自己主编的《现代文艺》上。我的第一个长篇小说《古屋》的前半部和中篇小说《风雪》，都发表在《文艺杂志》上。前者是根据我于 1941 年年底离开永安后寄住湘东农村一战区难童学校时的经历写成，这个学校设在一家破落大地主的深院大宅里，主人翁是一位出身官僚地主家庭的大知识分子。后者的题材得之于一次从湘东乘搭商人的“黄鱼汽车”到浙东的长途旅行，写法上留有接受契诃夫那篇被高尔基称誉为“发香”的《草原》和莫泊桑的名篇《羊脂球》影响的痕迹。在抗日战争和解放战争的约十年间，我出版了《报复》、《乡井》、《海的呼啸》、《惆怅》、《家鸽》、《乡下朋友》、《幸福之岛》、《一双鞋子》和《在网罟里》等十来个短篇小说集，《古屋》、《风雪》、《村野的爱情》、《微贱的人》、《神的失落》、《寻梦者》、《还乡》等六七部中长篇小说。我所采用的题材，多是贫苦农民在国民党残酷盘剥和日本侵略者凶暴屠杀下的惨状，以及知识分子在大动乱年代的徬徨挣扎。有个显著的趋向是，我越来越多地关心起自己所属知识分子群的命运，使用在他们身上的笔墨也越来越暗淡，调子也越来越低沉，有时甚至出现了微讽和冷嘲，连作品的题目也都是一些例如《折翅鸟》、《家鸽》、《假希腊人》、《清醒的醉汉》、《病人》、《静水里的鱼》和《一个小人物的愤怒》之类，后来写成的几个长篇小说，书名也是《神的失落》和《寻梦者》。如果说，抗战初期我在努力于回答“谁在抗战”的问题，这时却在努力回答另一个“知识分子往何处去”的问题了。由于笔墨过分集中在一些知识分子中间的“折翅鸟”式人物身上而受到评论家的指责时，我曾给自己辩护道：“凭着自己长期的实际感受，我认为在一个悲剧的时代和畸形的社会里，知识分子几乎大都是折翅鸟——不仅是肉体上的，尤其是精神上的。别看他们有的努力往上爬，事实上也的确栖上了高枝；有的甘于沉落，自暴自弃，甚至饥饿而死；有的满腹牢骚，尽力挣扎，以求苟活；诸如此类，表现各异。其实，他们谁也没有真正挣脱折翅鸟的命运。”不用说，知识分子中间也并不缺乏令人羡慕的大鹏巨鹄和雄鹰海燕，而且描写折翅鸟也决不是一件愉快的事情；但对我来说，却实在无法作别的选择。这也许是我作为一个作家的悲剧命运。

从抗战后期到解放初期，我结束了自己的流浪生活，走上高等学校的讲坛，先后担任桂林师范学院、湖南大学、武汉大学、浙江大学的中文系教授。当然不是为了“好为人师”，只不过使自己能摆脱贫困生活的压迫，比较从容地坚持业余写作。幸运的是，不久我得到一个

"归队"的机会，回到文学岗位。为了熟悉新的群众斗争生活，1950年和1951年，我两次参加湘东老苏区和皖北老根据地的土地改革运动；1952年和1953年，又两次到朝鲜战场访问。从1953年到1954年，我担任上海《文艺月报》编委。1954年以后，调任专业创作。怀着颇为强烈的激情，我写了反映湘东老苏区土地改革运动的长篇小说《春回地暖》，描写知识分子生活和斗争的长篇小说《在漫长的路上》，以及一些短篇小说和散文报告，等等。《春回地暖》是我所有作品中篇幅最大的，我积累了两次参加土改运动的经验，糅合青少年时代对农村生活的体会，企图通过比较清晰的人物面貌，描绘当时农村阶级关系的复杂性。我自觉对农民失去土地所忍受的痛苦有较深了解，感到这场斗争符合正义要求，因此倾注了自己的全部热情。但我无意在作品里树立所谓"高大的英雄人物"，而是把注意力较多地放在农民长期遭受盘剥的情况下心理上的变态和性格的被歪曲，力求出现在作品里的农民和农村生活的图景不致远离真实。《在漫长的路上》所表现的，则是全国解放前夕那个动荡不安的年代，主人翁是生活在国民党统治区的知识分子，他既不愿依附日暮途穷的反动势力，又不能毅然投身于如火如荼的革命斗争，因而陷入深深的苦闷徬徨而无法自拔。实际上，他也是一只新的年代里的折翅鸟。

由于曾经长期在高等学校任教，我还应一时一地的需求，写过一些理论和评论文章，分别编入《赞歌和挽歌》、《唱赞歌的时代》、《论阿Q和他的悲剧》、《从播种到收获》等集子。《论阿Q和他的悲剧》专收有关鲁迅研究的笔记式文章，论述了这位素所敬仰的先驱者的思想发展和重要作品，已经加以增订，改名为《第一块基石》，印行新版。此外，还出版了一本名为《书和生活》的读书笔记。诗人歌德曾经不止一次地应用自己的经验教训，告诫别人在写作上要限制范围，集中力量，切忌旁驰博骛。因此，有人惋惜我未免浪费精力。但我并不追悔，我只惴惴不安于那些肤浅的一偏之见，难免贻害读者。

1966年6月间，我被"四人帮"列入上海学术界、文艺界第一批打击对象。一觉醒来，忽然发现自己已变成罪行累累的犯人，竟然有劳两家报纸在堂皇社论里严加声讨。很难用"昏天黑地"之类字眼来形容自己的处境，当时我想到的的确不只是个人的命运。面对无情的历史，我深信人们虽然会陷入一时的疯狂，公允的时间老人终将证明谁是真正的罪人。依靠这个信念，我忍受着活了下来。早年我研读过陀思妥耶夫斯基的作品，他所宣扬的忍受哲学有时也的确能成为生命的支撑物，使我赖以熬过十年以上肉体摧残和精神折磨。很多人在我身旁倒下去了，噩耗不断传来。有时我也实在觉得生不如死，但始终有个颤抖的声音在执拗地提醒自己：你不是相信历史的无私吗？为什么不活下来看看历史的结论呢？因此，种种丧尽理性的迫害和层出不穷的人格侮辱都变得易于忍受了。关于那个被称为"十年动乱"或"十年浩劫"的疯狂年代，历史家会有翔实的记载，我们的文学也会对"史无前例"的暴政作出应有的报复。对个人来说，我最初遭受打击时还是个在写作上抱有某种雄心的壮年，等到"四人帮"覆灭时却已被推入老年的行列。但即使如此，为了证明野蛮的封建法西斯文化专制主义的破产，也为了履行一个曾经和人民一起受难的作家的天职，我将以病弱的晚年，继续在自己的家园里耕耘和播种。1982年九十月间，我曾以作家身份访问北美，在加拿大的温哥华岛上，在一家印第安人的餐厅里，回答一位英国殖民地的女诗人所提出的"一个作家的根是什么"的问题："除了自己的家乡、祖国和人民，一个作家没有别的根。"不料她脸上竟流露出惘然的表情，说："我在英国出生，在印度度过童年，现在生活在加拿大，岂不是成为无根的人吗？"我又一次回答她："只要对自己的家乡、祖国和人民保持炽热的爱，也就有了根。"我觉得，对自己的家乡、祖国和人民的爱，就是一个作家的出发点。

在年龄的深秋季节里，我想到应该为自己漫长的写作生活作个小小的总结，因此最近几年间我做了一些整理旧作的工作。首先是搜集写于三、四十年代的中、短篇小说，编成三个选集：两本《王西彦小说选》和一本较多地容纳早期作品的《悲凉的乡土》，还为海外读者编了一本短篇小说集《两姊妹》和另一本《王西彦中篇小说选》。其次是散文，编成一本《王西彦散文选》。《古屋》、《神的失落》、《寻梦者》、《村野的爱情》和《微贱的人》等长篇小说也都印行了新版。不久以前，我又把中篇小说《还乡》改写扩大为长篇，并改名为《穿越废墟》。我又应出版社的邀约，编了一部五卷本的《王西彦选集》，内中两卷是中、短篇小说，两卷是长篇小说，一卷是散文，也已经出齐；它收容了我过去全部作品中的近半数，约250万字。诚然，在深秋季节收集果实能给人欣慰，但更重要的总还是着手新的耕耘和播种。刚从“四人帮”宣告覆灭时的震惊中定下神来，我曾计划写两组作品——一组是反映1966年到1976年间知识分子遭遇的中、短篇小说，另一组是为同时代人写照的回忆文章。后者已在几年前完成，就是回忆文集《炼狱中的圣火》；前者却只写了一半，近年来发表在一些文艺刊物上。与此同时，我花了好几年时间陆续写成一部题为《乡土、岁月、追寻》的回忆录，第一部分约40万字，已在刊物上连载完毕，正待修改后出版单行本。在反映知识分子的生活和斗争方面，我还有个规模稍大的打算，就是选取几个对知识分子来说是斗争较为激烈的年代，用较大的篇幅来描绘他们的精神世界和实际行动。我选取的是抗战前夕的“一二·九”运动，决定民族命运的解放战争时期，自然还有我们刚刚经历过来的那个疯狂而黑暗的“十年动乱”或“十年浩劫”。我想，既然这支笔还握在自己微颤的手里，自然应该以垂暮之年，奋力来实践对自己的许诺。

从开始学习写作的时候起，我就相信一个作家应该有他独特的“家园”；只有在这个“家园”里，他才能驰骋想象，发挥才智。由于身世经历，我比较熟悉自己所属的知识分子群，既熟悉他们的性格和面貌，也熟悉他们的辛酸和渴望。尤其在“四人帮”横行的年代里，我不但看到了这一代知识分子空前的悲剧遭遇，更看到了保存在他们身上那种威武不能屈的优秀传统。我觉得，反映他们的斗争，描绘他们的累累伤痕和闪闪发光的精神品质，他们的长处和弱点，忍受和挫折，呼嚎和抗议，是一种难以卸弃也无法推委的责任。

1987年12月29日重写于上海

（选自《中国现代作家传略》增订本，四川文艺出版社。）

王西彦年谱

（1914～1994 年）

艾　以

1914 年　　1 岁

（浙江义乌）

11 月 22 日（农历十月初六）出生于浙江省义乌县东乡青圹下村一个小康家庭。父亲王守伦，字槐三，1878 年生，是乡间的小知识分子，一个农村私塾教师。母亲骆宝珠是目不识丁的童养媳，生有三个女儿、两个儿子。三个姊姊都从小“抱”给人家当童养媳。王西彦出生时，哥哥已三岁。因和堂房兄弟姊妹一起排行，哥哥是老六，就小名呼“六弟”，他是老八，就叫“八弟”，又取了一个表示吉庆的乳名，叫“余庆”。

他原名“正莹”，又名“思善”。在读小学时，他见课本里的选文，每在结尾处有一小结：“西谚曰……”就想把它作为名字，但又觉得“谚”字笔画太多，问老师则说：“彦”乃贤人之意，于是取“西彦”为学名。

1919 年　　6 岁

（义乌）

随哥哥到离村约一里许的私塾式国民小学去读书，学校设在西竺庵内，后进两边摆满了泥塑佛像，每天和佛像、神像为邻，使他幼小的心灵里充满了神奇和恐怖。

1923 年　　10 岁

（义乌）

农历十月十三日辰时，母亲在一场不明不白的病症里永离人世，年幼的王西彦跟随父亲度日。常言道："做官的爹，不如讨饭的娘。"又因性格暴戾的老祖母偏疼多病的哥哥，对做弟弟的表示冷漠。这一切，使他在童年就失去了家庭的温暖，养成了忍受的能力。后来，王西彦把自己所写的回忆童年生活的作品编成一个集子出版，书名就叫做《忧伤的世界》。

1925 年　　12 岁

（义乌）

因为在家庭里享受不到温暖，又不满国民小学私塾式的教育，王西彦向父亲再三要求去县城上学，父亲竟然同意了，原因之一是母亲去世后，父亲在县城东门结识了孀妇陈氏。暑假，王西彦由父亲送到离村十里路的县城进县立第一小学读高小，校址在前清时著名的"绣湖书院"，校长是前清举人兰友先生。王西彦后来曾在一篇题为《白兔精转世的人》的回忆散文里写到了他。

不久，父亲娶陈氏为继室。

北伐军兴，国民革命军到了义乌。第一小学改组换了新人，12 岁的王西彦也以学生代表的身份参加了校务委员会。他在后来的回忆中写道："世界正以一种全新的面貌出现在眼前，过去重压在一个少年人心灵上的阴霾都一扫而空了。"

1927 年　　14 岁

（义乌）

暑假，高小毕业，考入设在县城文庙内的县立初中。学校刚开办，他是第一班学生。校长朱锡侯，义乌南乡人，曾留学日本学医。

开始接触鲁迅的作品，耽读《呐喊》和《彷徨》。

1930 年　　17 岁

（义乌——杭州）

暑假初中毕业，到省城杭州考中刚成立的省立民众教育实验学校，读师范班。此校为当时准备在各县设立民众教育馆而办，每县有一个公费生名额，费用由各县负担，王西彦三年中均以优异成绩获公费待遇。按照规定，公费生毕业后派回本县任民众教育馆馆长。民众教育实验学校校长是著名教育家孟宪承，教务主任是抗战初期在粤北覆车身亡的著名社会活动家尚仲衣。他们都曾在美国留学并得到硕士或博士学位。

3 月 2 日，以鲁迅先生为首的中国左翼作家联盟（简称“左联”）在上海成立。这个时期，王西彦广泛接触左翼作家的作品，曾经手抄鲁迅的《呐喊》和《彷徨》。随后，又沉溺于俄罗斯作家如屠格涅夫、托尔斯泰、陀思妥耶夫斯基、契诃夫和高尔基等人的作品，特别是对契诃夫的作品产生了迷恋。8 月间，他从英文试译了契诃夫的短篇小说《询问》。从此，契诃夫的作品影响了他一生的创作。

也就在这个时候，开始学习写作短篇小说和散文，向当地和上海的报刊投稿。

1931 年　　18 岁

（杭州）

7 月 15 日，在南京《橄榄月刊》第 15 期上发表了第一篇小说《残梦》。9 月 15 日，写成另一短篇小说《铃风姑娘》，署名“王西彦”。

9 月 18 日，中国大地上发生了一件震惊世界的大事——“九·一八”事变，顿时全国范围内爆发了学生爱国示威运动。杭州的爱国青年学生也不例外，王西彦积极参加了寒假前夕组成的“赴京请愿团”，到南京去请愿和示威。

秋天和同学石有绪等发起组织了“狂风文学社”。成员有李尚发（义乌）、陈佐（临海）、魏人箕（丽水）等七八人。

10 月 10 日，由王西彦翻译的契诃夫短篇小说《询问》在《橄榄月刊》上发表，这是他的第一篇译文。

1932 年　　19 岁

（杭州）

6 月，第二个短篇小说《冬夜》在《橄榄月刊》第 21 期上发表。

在开始写作的1931至1933年间，他在这家刊物上还发表了《高六嫂》、《仇》、《大愚哥哥》、《野蔷薇》等多篇作品。

7月1日，短篇小说《铃风姑娘》在上海《新时代》第2卷第405期合刊上发表。

在杭州读书的三年中，王西彦完全是一个知识的饥渴者，求知欲异常旺盛，除了文学，他还爱上了戏剧。

孟宪承辞去校长职务，由尚仲衣接任。此时北平《晨报》副刊《剧刊》正在提倡农村戏剧的写作，王西彦向它投了一篇题为《论民众戏剧》的文章，11月19日在《剧刊》第150期发表后，还收到了编辑部一封热情的来信和两本经过著作者熊佛西题签的《佛西论剧》。

1933年　　20岁

（杭州——北平）

4月9日，在北平《晨报》上发表《读〈大地的女儿〉》，这是中国读者对史沫特莱作品的最早介绍文章之一。史沫特莱这本自传体小说给了他极大的鼓励和启发，并对他以后的人生道路发生了巨大影响。

同月，在上海出版的《大陆》月刊上，发表了第一篇散文《西子湖畔的夜》，第一次使用“王西稔”的笔名，是取其王西彦的谐音。

在杭州民众教育实验学校毕业前夕，完成了取材浙东农村生活的短篇小说《车站旁边的人家》。

暑假，从民众教育实验学校毕业，放弃回义乌当首任民众教育馆馆长的机会，只身去北平，住入和平门外佘家胡门8号的“浙江学会”的免费房子。但未经会考的民众教育实验学校的文凭，不能投考国立大学。幸好得到私立中国大学国学系主任吴承仕先生的帮助，才入中国大学国学系读书。同学中有余修、刘澍德、袁勃、李寒谷、李宏贲等。

1934年　　21岁

（北平）

来到北平后，他开始较有系统地阅读屠格涅夫、陀思妥耶夫斯基、高尔基的著作。

他认为自己是在生活的迫使下开始学习写作的，而且一开始就“抄写童少年时代家乡农村生活的回忆”，所以写于1933～1935年间的短篇小说，题材总不出这个范围，如《车站旁边的人家》、《父子》、《母女》、《三牛嫂的秘密》、《来富婶》、《高天叔》、《船》、《月光曲》、《清明节》和《摸秋》等。

当年秋季，他和中国大学的进步同学发起组织了“绿洲文艺社”，参加者有余修、李寒谷、李宏贲、吴泽等。这个团体后来成为北平“左联”在中国大学的一个小组。

1935年　　22岁

（北平）

中国大学的校长是国民党老牌外交家王正廷，但学校交给曾任国民党政府外交部司长的祁大鹏负责，因此表面上它是一所由国民党控制的学校，实际上却能容纳一些被国立大学排挤的进步教授。王西彦和同学们通过“绿洲文艺社”和校内外的进步教授接触频多，并结识了一大批校内外的进步同学，如白晓光（马加）、刘曼生（谷牧）等，积极参加“旧学联”和“左联”的活动。他们还参加了“一二·九”运动。当时，中国大学的进步教授，由国学系主任吴承仕负责，用国学系的名义出版《文史》双月刊，团结了一大批进步教授和学者，发表阐述马克思主义的学术论文和鼓吹抗日救国的文学作品。王西彦的短篇小说《来富婶》就发表在《文史》上。同时，他向上海一些“左联”或和“左联”有关的文艺刊物，如《文学》、《光明》、《文艺界》、《作家》、《中流》投稿，发表短篇小说和散文。

因为在天津的《大公报·文艺》副刊和《国闻周报》文艺栏发表作品，在一次由任《大公报》副刊编辑的肖乾宴请青年作者的宴会上，认识了小说家沈从文，并对其怀有极大的好感。随后，去府右街沈家拜访，受到了沈从文的热情接待。

1936年　　23岁

（北平）

年初，从和平门外的“浙江学会”搬到西单南半壁街的一个小院里。有一个时期，南半壁街南口和辟才胡同成丁字形的那个德盛公寓里住着田涛，接着又住进了上海来的陈荒煤、东城搬来的刘白羽，再加上住在不远处的严文井和在“左联”认识的李辉英等，大家你来我往，颇为相得。同时，还有两位前辈作家沈从文和李健吾，也搬到了中半壁街和太常寺街。在学习写作上，王西彦受到了沈、李两位很多教益。

1935 年“一二·九”运动之后，北平各界纷纷成立“救国会”，文艺界自然也不例外。1 月间，经王西彦、余修和谷牧、刘御等商议，成立了“北平文艺青年抗日救国协会”，王西彦负责宣传工作。不久，参加了在刘曼生（谷牧）家里举行的《青年文艺》刊物的会议，在创刊号上发表了短篇小说《旱天雷》。

王统照接任《文学》主编后，王西彦将一篇描写浙东农村生活的小说稿投到《文学》编辑部，不久接到王统照一封热情洋溢的长信，给了他很大的鼓励。

因为作品在《文学》、《作家》、《文学界》和《光明》等刊物上发表，受到了茅盾的注意，他给王西彦写来一封热情的信，在肯定了其作品之后，又指出个别作品的缺点和应加克服的倾向。

6 月 18 日，高尔基逝世。7、8 月间，北平进步文化教育界在“左联”发动下举行了纪念追悼会，王西彦也参加了。

10 月 5 日，得知父亲病重的消息，匆匆赶回浙江义乌探望父亲。七天后（10 月 11 日）父亲病故。

11 月 22 日，北平作家协会在西单南边的“鸿春楼”菜馆召开成立大会，选举孙席珍、曹靖华、高滔、王余杞、管舒予、李何林、杨丙辰、顾颉刚、李辉英、澎岛、谭丕模 11 人为执行委员，杨刚、陆侃如、冯沅君、紫阳、王西彦 5 人为候补委员。

在这一年里，他继续以浙东家乡农村生活为题材，写作短篇小说，保存下来的有《曙》、《苦命人》、《报变》、《爱的教育》、《寻常事》、《兄弟杀人犯》、《泡影》、《蛊惑》等篇。其中发表在《文学界》上的《曙》是根据他在杭州民众教育实验学校读书时给附近缫丝厂的女工们办夜校和在上海工人区小住的经验写成的，是 30 年代少数描写工人斗争生活的作品之一。因多年的学生生活接触交往的多是知识分子，又读了一些例如屠格涅夫和鲁迅描写知识分子的作品，他也尝试写了一篇描写青年知识分子爱情生活的书信体小说《两姊妹》，发表在天津的《国闻周刊》上，这是他第一篇以知识分子为题材的作品。接着，他又写了《找寻道路的人》，发表在上海“左联”的刊物《光明》上，描写一位失去家乡的东北籍青年知识分子的徬徨、苦闷心理。这篇小说的题目，可以看作是他以后所写的大量描写知识分子作品的概括——在一个动荡不安的时代里，知识分子处于一种急切寻找人生道路的困境。

1937 年　　24 岁

（北平——上海——义乌——温州）

年初，在沈从文的提议下，编成第一个短篇小说集，并由沈从文定名为《夜宿集》，推荐给上海商务印书馆。因抗战爆发，这个集子直至 1940 年 8 月才出版。

3、4 月间，他写了几个反映抗战前夕在日本帝国主义者肆意侵略下古城北平种种异常现象的短篇小说。有《失去了女儿》和《灾祸》等篇。他把这两个短篇连同上一年所写的《蛊惑》联在一起，加了个总题《古城的忧郁》，形成了一个中篇。三个短篇小说都先后发表在上海《光明》半月刊上。

5 月，《中流》2 卷 5 期发表了散文《暗淡的日子》，纪念死去的父亲。

“七七事变”爆发，揭开了中国人民长期抗战的序幕。刚从中国大学国学系毕业的王西彦于 7 月 19 日下午，匆匆乘火车离开危城北平南下。当时，丰台车站已被日本侵略军侵占。7 月 28 日，在上海写了散文《一段旅程》，追记了当时的沿途情况，发表在《中流》2 卷 10 期。

在上海又遇“八·一三”事件，淞沪抗战爆发，王西彦仓促回浙江义乌老家。

9 月，到浙江遂安县海滨郑楼镇省立温州师范学校任国文教员，这是他的第一个职业。年底，受当地同事排挤，弃职离校。

1938 年　25 岁

（浙江——武昌——南昌——长沙——邵阳）

2 月，经南昌、九江，乘轮船到武汉。

南京沦陷以后，武汉成为政治文化中心。在中共长江局领导下，“青年救国会”组织一批青年前往抗战前线作战地工作。3 月间，王西彦由“青救会”主办的《战时青年》社介绍，和曾任北平“左联”领导的陈落一起参加了“战地服务团”，到属于第五战区的鲁南、苏北战地做民运工作，在战地看到了国民党军队狼狈溃退和古运河两岸贫苦农民的深重灾难。战地见闻在王西彦的脑子里形成了一个“究竟谁在抗战？”的大问号。于是，在舒群主编的《战地》上，他发表了题为《战地杂记》的随感，透露了自己深为所苦的问题，同时写了《四个鸡蛋》、《歌唱台儿庄》和《涡河的黄昏》等短篇小说和战地报告，都围绕着上面所说的疑问，企图探索它的答案。

5 月，徐州失守，突围经江苏、安徽、河南，步行经月，6 月间回到武汉。与黑丁、碧野、田涛、李辉英、姚雪垠、李蕤、王淑明等人来往频繁，并曾与黑丁、碧野、田涛共同讨论写一部中篇小说，这就是由王西彦执笔的《雪的原野》，描写一支抗日游击队的活动，发表在臧云远编的《自由中国》月刊上。同时，他还在《无法投递的信》的总题下，写了几篇致一位陷身北平的朋友的长信，发表在《大公报》文艺副刊上。

8 月，由《新华日报》社社长潘梓年介绍，到南昌参加《抗日报》的筹备工作。由于战局变化和环境的困难，报纸未办成。

9 月，乘长途汽车到长沙，打算取道武汉去西北。因铁路运输一片混乱，无法成行。在长沙中苏文化协会里，意外地遇见了吕振羽和张天翼，结果被吕、张两位留下参加《观察日报》的工作，接编副刊《观察台》。

10 月 2 日给正在香港主编《文艺阵地》的茅盾去信，告诉他关于长沙文艺界的信息。该信由茅盾发表在《文艺阵地》的“文阵广播”上。

11 月，长沙大火后，报馆迁到邵阳，王西彦被调往“塘田讲学院”任教。报馆和学院都受中共湖南省委直接领导。

1939年　　26岁

（邵阳——金华——衢州——永安）

4月，塘田讲学院在国民党掀起的第一次反共高潮中被武装解散，《观察日报》也被查封。6月，湖南发生了震惊一时的“平江惨案”。当时，王西彦和同在塘田讲学院任教的吕振羽、曹伯韩、陈润泉和李仲融等暂避离塘田镇不远的金秤寺镇，在那里住了两个月。在商定大家的去向时，王西彦原决定去延安，但随后却东去浙江金华，和任中共东南文委书记的邵荃麟联系。

1937年12月24日杭州沦陷后，国民党在浙江的统治中心移到金华。当时在金华会集了一批党的文化工作者和进步的文化人士，他们先后在这里创办了《抗战论坛》、《浙江潮》、《东南战线》、《文化战士》、《刀与笔》等。王西彦积极支持这些抗日进步报刊，并为它们撰稿。

王西彦8月间到达金华，在和邵荃麟取得联系后，随即应友人邀约，到省立衢州中学高中部任国文教员。

在衢州中学任教不到半年，就因在课堂上讲授社会科学常识和组织学生讨论鲁迅作品受到国民党训导主任的监视，接着又因写了揭露学校黑暗现象的小说《修路篇》和《兽宴》，开罪了校长，未满一个学期就离开了。

年底，在邵荃麟的安排下，到福建战时省会永安改进出版社筹备《现代文艺》月刊。改进出版社的社长是著名翻译家黎烈文，曾在上海主编《申报》副刊《自由谈》和散文刊物《中流》，王西彦是《中流》的撰稿者，和黎早有书信往来。这次参加改进出版社的工作，任务是到福建开辟一个战斗的文艺阵地。

年初，围绕着张天翼《华威先生》的出国问题，文化界展开了关于文学作品对抗战现实中的阴暗面是否可以暴露以及怎样暴露、文艺与生活的关系、典型的真实性及其客观社会作用等问题的争论。王西彦也写了一篇题为《论文艺上的现实——由〈华威先生〉出国所引起的感想》的文章，参加了这场争论，认为张天翼的《华威先生》“在对社会的针砭上，在历史意义上，都有其不可磨灭的价值”。

1940 年　　27 岁

（永安）

4 月，《现代文艺》创刊。该刊的编辑工作得到了邵荃麟的大力支持，最初几期的稿子大多由他在金华征集。撰稿人方面，写小说的有邵荃麟、葛琴、聂绀弩、谷斯范等；写诗和散文的有艾青、邹荻帆和郭风等；写理论文章的有冯雪峰、张天翼等；木刻版面有万提思、荒烟等。

王西彦在《现代文艺》的编辑中，尽可能地体现出“谁在抗日”的问题。他在这一时期的短篇小说《死在担架上的担架兵》、《麻舅舅丢掉一只胳膊》和中篇小说《眷恋土地的人》等，都是为了回答这个严峻的问题而写的。

为了编辑《现代文艺》，他和黎烈文、邵荃麟等人用各种笔名写短论和书评。王西彦所用的笔名“杨洪”是从“洪杨之乱”的前面两个字颠倒而成的，寓有“叛乱者”之意。除此之外，这一时期他还采用过“施稔”、“细言”、“邵向阳”等笔名。

9 月，第二个短篇小说集《报复》在改进出版社出版，列为“现代文艺丛刊”一辑之三，收抗战前后的 10 个短篇，描写的范围很广，从江南的农村、工厂到北国的古城，从抗战前线到后方，广泛地反映出抗战前后社会的光明面与黑暗面。

6 月 25 日，《现代文艺》刊登了他的短篇小说《折翅鸟》，描写一个农村小学教师的阴暗心理。邵荃麟读后告诉作者：“你受契诃夫的影响很不浅，可是，你光学他描写社会生活的阴暗面，未能注意他作品中的另一种乐观色彩。”虽是谈家常的口吻，但给他留下了深刻的印象。

11 月，散文集《一段旅程》由桂林石火出版社出版，列为“石火创作丛书之二”，共收 14 篇文章，取材于作者 1935 年至 1939 年间的经历，按照文章内容和性质分为四辑。

1941 年　　28 岁

（永安——湖南攸县——桂林）

4 月 15 日，短篇小说《家鸽》在《现代文艺》第 3 卷第 1 期上发表，引起社会较大的反响，受到文艺界的误解和批评。两年之后，王西彦在桂林《文艺生活》上发表《关于〈家鸽〉的辩解》一文，对作品进行了澄清。

6 月 15 日，短篇小说《兽宴》在上海开明书店《新文丛》第一辑上发表。后收入《王西彦小说选》，改题为《夜宴》。

年底，因《现代文艺》的处境困难重重，离开福建永安前往湖南攸县乡间暂住，随后去桂林。

1942 年 29 岁

（桂林——平乐——攸县）

年初，在攸县的六轮陂村，开始写作长篇小说《古屋》，完成中篇小说《风雪》。

2 月间，应大型刊物《文艺杂志》主编鲁彦之邀，从攸县到桂林。

在桂林住了三天，就沿漓江经阳朔到平乐，为鲁彦的妻舅覃必陶在平乐中学代课，为期约四个月。写作短篇小说《黄昏》和《牧人》。

第三个短篇小说集《乡井》由桂林三尾图书社（生活书店后身）出版。

从平乐回攸县前后，经常为桂林的《文艺杂志》、《文艺生活》（司马文森主编）、《当代文艺》、《文学创作》（熊佛西主编）、《创作月刊》（张锽主编）等刊物撰稿。《古屋》、《风雪》、《黄昏》、《牧人》等都发表在《文艺杂志》上。

1943 年 30 岁

（攸县——桂林）

1 月 15 日，大型文学月刊《新文学》在桂林创刊，第一期为小说专号。王西彦的《母性》在创刊号上发表。

6 月间，第二次到桂林，为病重的鲁彦代编《文艺杂志》。

7 月 1 日，孙陵主编的《文学杂志》在桂林创刊，王西彦与巴金、骆宾基、端木蕻良等为创刊号写稿。

第三个中短篇小说集《海的呼啸》和第四个短篇小说集《惆怅》，分别由桂林大地图书公司和今日文艺出版社出版，后者为“今日文艺丛书”的第十种，内收 8 个短篇小说。

9 月间，国民党当局先后查封了 10 余种刊物，桂林出版界日益惨淡，作家们为了生活，纷纷离桂他往，另谋出路。王西彦也因与发行刊物的出版社经理发生冲突，愤而离开桂林，回攸县乡间续写《古屋》，并开始写另一长篇小说《村野恋人》。

1944 年　　31 岁

（攸县——桂林——赣州）

1 月初，第三次到桂林，继邵荃麟任《力报》副刊《新垦地》主编。因《力报》社社址在观音山，与住在观音山的艾芜交往极为密切，彼此建立起深厚友谊。

3 月 19 日，“文协”桂林分会举行第五届会员大会，由田汉主持。大会改选了理事会，王西彦当选为候补理事。

3 月，第五个短篇小说集《家鸽》由桂林文学书社出版单行本。

初夏，因日本侵略军进攻湘北，从桂林回湖南攸县农村。5、6 月间，日本侵略军迫近衡阳，攸县危急，匆促从攸县到茶陵，随同湖南省第一、四保育院经由湘赣边境和粤北，到达赣南的赣州，为时约三个月。在流转途中，继续写作长篇小说《古屋》的第四、五部和短篇小说《两乞丐》等。

9 月，任从吉安南迁赣州的国立幼稚师范专科学校的讲师，兼编《正气日报》的文艺副刊《新地》。

10 月，主持中华全国文艺界抗敌协会赣州分会的成立大会，被选为理事。

11、12 月间，日本侵略军进攻赣州，仓促经瑞金东到福建。

1945 年　　32 岁

（永安——南平）

年初，应改进出版社社长黎烈文的邀约，第二次到福建永安，重新进入改进出版社，任《改进》月刊编辑。这时《现代文艺》早已停刊，出版业务大大缩减，而且不久就发生了震惊一时的“永安大狱”，人人过着惶惑不安的日子，出版社已濒临困境。

6 月，写于永安的长篇小说《神的失落》在南平《东南日报》的《笔垒》副刊上连载后，由永安的新禾社出单行本。另一部写于攸县的长篇小说《村野恋人》由永安东南出版社出版，同时又由迁往重庆的上海良友图书公司列入“良友文学丛书”出版。接着，第六个短篇小说集《一双鞋子》由永安改进出版社出版，列为“现代文艺丛刊”三辑之四。《神的失落》是描写抗战时期一对青年知识分子命运的长篇小说，作品刻画了40年代小资产阶级知识分子的性格：耿直、善良、迷惘和软弱。《村野恋人》是计划写作的三部关于抗战时期南方一个偏僻山村里青年男女爱情故事中的一部，歌颂了纯真的爱情，也揭示了它的悲剧命运。《一双鞋子》里的8个短篇，写的都是一些发生在战争中的寻常事。

8月间，日本宣布无条件投降。在一片欢腾热烈的庆祝声中，写作短篇小说《阴霾》，流露出对抗战胜利后国家前途的忧虑情绪。

9月间，转到南平师范专科学校任副教授。这所学校是现在福建师范大学的前身，当时校址在南平后谷。

1946年　　33岁

（福州）

年初，南平师范专科学校随福建省政府迁至福州。同时改进出版社也迁到了福州。

4月，长篇小说《古屋》由文化生活出版社在重庆出版，被列入巴金主编的“文学丛刊”第十六集。它描写了一个封建大家庭的没落，塑造了一个出身地主阶级自命为“伊壁鸠鲁主义者”的知识分子形象。这部作品向读者提出了一个十分严峻的问题：在国家民族苦难重重时，知识分子将何以自处？

6月，抗战时期东南地区进步文化力量的主要出版阵地——改进出版社停业，《改进》杂志终刊，改出《福建时报》。王西彦曾编过一个时期的《文艺》副刊。当时黎烈文已去台湾，原来出版社的同事有的被捕，有的被杀害，有的悄悄离去，使他很有些象鲁迅说的“荷戟独彷徨”的样子。

在南平后谷时，常到《东南日报》去。当时地下党员陈向平在该报编文艺副刊《笔垒》。

写作于1939年9月至1947年2月的另一部长篇小说《微贱的人》，是作者三部描写农村妇女悲惨命运的第二部。这部长篇尚未脱稿，即于 1946 年 8 月在范泉主编的《文艺春秋》月刊第 3 卷第 2 期上开始连载（其中部分章节曾在《改进》月刊发表过），至 1947 年 6 月第 4 卷第 6 期刊完。

1947 年　　34 岁

（福州——南宁）

5 月，第七个短篇小说集《乡下朋友》由巴金介绍在上海万叶书店初版发行，被列入“万叶文艺新辑”。写于抗战时期的这些短篇，大都描写抗日斗争和社会上的腐败现象。

写于福州的长篇小说《进窄门的人》在福州《星闽日报》副刊《星翰》上连载，从 4 月到 10 月，载完第一部，它以抗战前夕青年知识分子的生活和斗争为题材。

暑假，因新任校长以不续聘相威胁，于 9 月间离开福建，前往广西南宁，在迁至南宁的桂林师范学院中文系任教授。当时任中文系主任的是塘田讲学院的同事谭丕模。

长篇小说《村野恋人》由上海晨光出版公司新版出书，被列入“晨光文学丛书”。

1948 年　　35 岁

（南宁）

在南宁桂林师范学院中文系任教。同事中除谭丕模外，还有舒芜等人。

3 月，中篇小说《还乡》在上海《新中华》杂志上连载，随后由中华书局出版单行本，被列入“新中华丛书·文艺创作汇刊”。

7 月，中篇小说《风雪》在上海文化生活出版社出版，被列入“文学丛刊”。

1943 年写于南宁的长篇小说《寻梦者》，于 1947 年 6 月脱稿于福州后，从 7 月起，在范泉主编的《文艺春秋》月刊第 5 卷第 1 期上开始连载，到 1948 年 2 月第 6 卷第 2 期全部刊完。随即被编入中原出版社的“中原文学丛书”，出版单行本。《寻梦者》描写一个在现实生活中碰壁的青年知识分子，为逃避现实斗争，躲到山林中，但仍然不知道该怎么办，只能以梦幻来安慰自己，认为“谁都是梦的追求者，如果一个人对梦失去兴趣，那就无异于对生活失去兴趣”。作品充满感伤色彩，曲折地反映了当时的社会现实。

10月，第8个短篇小说集《人性杀戮》由上海怀正文化社初版出书，共收8个短篇，被列入“怀正文艺丛书”。

在南宁，曾积极参加被称为“西南民主堡垒”的桂林师范学院内的民主运动。

1949年　　36岁

（南宁——长沙）

4月，因参加学院的民主运动受到国民党当局迫害，被解除中文系教职，在进步学生保护下，离开广西到湖南长沙。

5月，《文学·科学·哲学》和《文学和社会生活》两书由中华书局出版，被列入“大众文化丛书”。

6月，长篇小说《微贱的人》由上海晨光出版公司出版。

7月，被设在湖南蓝田的国立师范学院聘为国文系教授，未就。

8月初，长沙和平解放。在此以前，曾参加要求和平解放长沙的签名运动，到湖南大学做题为《战斗的文学》的演讲，阐述新文学运动的战斗传统。

暑假后，受聘任迁至湖南的民国大学中文系和湖南大学中文系教授。

参加《民主报》的筹建和编辑工作。

参加长沙市文联和湖南省文联的筹备工作。

9月，王西彦参与筹办《新文化》月刊，杨荣国担任董事长，谭丕模担任社长，王西彦担任主编，欧阳敏纳担任副主编。

10月1日，中华人民共和国诞生。

1950年　　37岁

（长沙——武汉）

年初，以湖南文艺界代表团团长的身份到武汉参加中南区文艺界代表大会，并担任中南文联的筹备委员。开会期间，会见了解放区来的老朋友黑丁、崔嵬、荒煤、刘白羽、李季、石凌鹤、俞林等。

2 月，理论文集《挽歌和赞歌》由上海文化工作社出版。这是第一个论文集。

二、三月间，被选任长沙市文联副主席。

3 月 1 日，《新文化》创刊号出版。

4 月，到武汉，任武汉大学中文系教授。

5 月，第 10 个短篇小说集《幸福之岛》由上海文化工作社初版出书。内容大都描写从抗战胜利到建国前夕生活在国统区的知识分子的生活和心态。

6 月，第 11 个短篇小说集《在网罟中》由中华书局出版。内容大都描写知识分子中的一些意志薄弱者，故事灰暗，情调凄凉。

暑假到长沙。仍任湖南大学教授，并被选为湖南省第一届人大代表。

9 月，以土改队队员的身份，参加湘东平江县老苏区的土改运动，并陆续写了一些反映土改前后农村动态的报告、散文等。

1951 年　　38 岁

（长沙——杭州——皖北）

从 1 月起，总题《追寻》三部曲的三部长篇小说陆续由上海文化工作社出版，它们是：《神的失落》（1945 年），《寻梦者》（1947 年），《人的道路》（1949 年），描写在社会生活动荡变革时期青年知识分子寻找道路的艰辛历程。

3 月，东返杭州，任浙江大学中文系教授。

同月，散文报告集《湘东老苏区杂记》由湖南省文联筹委会出版，这是 1950 年冬参加湘东老苏区土改工作后的成果。

6 月，论文集《新的时代和新的风格》由上海海燕书店出版。

7 月，另一个论文集《唱赞歌的时代》由上海文化工作社初版出书。

暑假后，参加“浙大土改团”赴皖北五河县的土改运动，任“浙大团”副团长和五河县土改委员会委员，在农村工作了约半年。

年底，郑振铎和唐弢到浙江考察文物，由陈学昭邀往参加招待郑和唐的宴会。

1952 年　　39 岁

（杭州——朝鲜）

年初，浙江大学文理学院和之江大学合并，成立浙江师范学院，任校委会副主任兼中文系主任。同时任在上海的华东文联筹备委员。

6 月，《湘东老苏区杂记》由上海新文艺出版社印行新版，8 月发行第二版。

9 月，参加中国人民赴朝慰问团，到朝鲜战地访问，在东线阳德和元山一带。年底回国时，已被调至上海华东文联在筹办中的《文艺月报》任执行编委。《文艺月报》主编为巴金，副主编黄源、唐弢，执行编委还有魏金枝、孙石灵等。

到上海任新职前，曾到华东各地做赴朝访问传达工作。在济南传达时，与王统照会面；在南京时，又与方光焘会面。

1953 年　　40 岁

（上海——朝鲜——北京）

2 月，从杭州来上海担任《文艺月报》编委，并和唐弢、魏金枝同在华东师范大学中文系担任一门文艺学课程。

4 月，参加国务院组织的作家访问团，第二次到朝鲜战地。先到黑龙江大赉县志愿军伤病医院访问。

5 月，从安东过鸭绿江进入朝鲜。同行的有罗烽、白朗、葛洛、碧野、海默、胡奇等。这次的路线是西线，从平壤到开城一带。在中立区的开城住了约三个月。

7 月 27 日，以“中国人民志愿军代表团”的记者身份参加了在板门店举行的朝鲜停战协定签字仪式。

同月，论文集《伟大的人和伟大的作家》由上海新文艺出版社出书。

8 月初，从朝鲜战地回到北京，约住两个月，并经张天翼、沙汀介绍，参加了全国文学工作者协会。全国文协改组为中国作家协会。

9 月 23 日至 10 月 6 日，中国文学艺术工作者第二次代表大会在北京举行。王西彦以上海代表团成员的身份参加了大会，会见了来自全国各地的老朋友，特别是山东的王统照，这两个“学长”和“学弟”曾借此机会作了几次关于创作问题的长谈。（早在王统照接任《文学》主编时，王西彦曾将一篇描写浙东农村生活的小说稿投寄给《文学》编辑部。不久，王西彦接到王统照一封热情横溢的长信，给了他很大的鼓励。因为王统照早年也毕业于中国大学，和王西彦是校友，所以彼此在通信时就以“学长”、“学弟”相称。——艾以识）

11月6日~8日，参加了在上海举行的华东作家协会的成立大会，被选为理事；同时成立华东文联，被选为委员。

1954年　41岁

（上海）

2月，散文报告集《为了祖国和人类》由新文艺出版社初版出书。这是两次去朝鲜前线后所写的成果。

4月，调任专业作家。论文集《新的时代和新的风格》由上海新文艺出版社新版出书。

同月，开始写作以湘东老苏区土改运动为题材的长篇小说：《春回地暖》。这是一部作者所有长篇小说创作中篇幅最大、用力最多的作品，描写了土地改革运动的全过程，塑造了农村各阶层的人物形象。

8月，从上海乘长江轮到武汉，受到武汉大学中文系老同事程千帆和中南文艺出版社丽尼的款待。

9月，从武汉回上海，和原在武汉任话剧演员的周雯女士结婚。

10月，偕周雯去杭州和苏州两地旅行。

12月，论文集《从生活到创作》由上海新文艺出版社初版出书。

年底，王统照来沪治病，住华东医院。王西彦曾多次前往探望，并作长谈。

1955年　42岁

（上海）

2月，短篇小说集《朴玉丽》由北京中国青年出版社出版。小说反映了中朝友谊，歌颂了朝鲜妇女热情、沉着、自我牺牲的优秀品质。

5月，上海市政协成立，担任第一届政协委员。

论文集《从生活到创作》由上海新文艺出版社再版。

6月28日，儿子王晓明出生。

1956年　　43岁

（上海）

年初，患椎间盘突出症，住华东医院，卧床经月。

2月23日，完成长篇小说《春回地暖》初稿。

6月，病中从淮海中路上海作协宿舍迁至复兴西路34号4楼的新住处。夫人周雯的第一篇小说作品《肯帮忙的城隍爷》在上海《文艺月报》发表，随后她又写了一些散文作品，但经过1957年的“反右”运动，即搁笔不写。

9月，长篇小说《微贱的人》由上海新文艺出版社重印出书。

10月，到杭州小住，会见黄源、方令儒、宋云彬。

正当鲁迅的新墓和新的纪念馆在上海落成时，从杭州到绍兴访问鲁迅故居。

1957年　　44岁

（上海）

春，参加中共上海市委召开的鸣放座谈会，并作了关于知识分子问题的发言。

3月，应邀去北京参加中国作家协会召开的创作会议。在北京饭店见到十多年未见的30年代北京中国大学的老同学刘澍德和袁渤。

6月，《眷恋土地的人》由北京作家出版社出版。为了这本书的出版，曾和当时任人民文学出版社社长的冯雪峰通讯商量。

9月，《论阿Q和他的悲剧》一书在上海新文艺出版社出版。这是一本建国以来所写的关于鲁迅的理论性文章的结集。

11月29日上午5时，王统照病逝于山东医学院附属医院。王西彦除了发电悼唁，并应山东省文联《前哨》编辑部的邀约写了怀念文章，就是后来经过改写重新发表在《新文学史料》上的《回忆统照先生》。

1958年　45岁

（上海）

3月，论文集《论〈子夜〉》由上海新文艺出版社初版出书。

6月，理论文集《论阿Q和他的悲剧》由上海新文艺出版社重版。

7月，到杭州转莫干山小住；随即回到阔别将近20年的家乡浙江义乌。家乡人口激增，但农民生活并没有显著改善，“左”的政策正方兴未艾。在家乡住了约两个月，重回上海。

8月，中、短篇小说集《新的土壤》在上海新文艺出版社初版出书。

11月，论文集《唱赞歌的时代》经过增订，由天津百花文艺出版社新版出书。

1959年　46岁

（上海）

年初，被下放到华东师范大学中文系深入生活。当时，全系师生正在市郊嘉定县农村一面上课，一面参加农业劳动，实行所谓“教育与劳动相结合”。

10月，到苏州小住。长篇小说《微贱的人》由上海文艺出版社再版出书。

11月7日，靳以在上海病逝。10月，参加靳以公祭大会。

12月，理论文集《从播种到收获》由天津百花文艺出版社初版发行。

1960年　47岁

（上海）

继续下放在华东师大任教，此时中文系已迁回上海。

自1956年初患椎间盘突出病以后，不能伏案久坐，并几次住院治疗。年初，又一次住入华东医院，经月才出院。

7 月 22 日 ~ 8 月 13 日，第三次全国文学艺术界代表大会在北京召开。因健康不佳，不能前往参加。

1961 年　　48 岁

（上海）

健康状况仍未好转，经常卧床，不能伏案写作。

1 月，以“细言”的笔名，在上海《文汇报》上发表了《关于悲剧》一文，接着在该报展开了关于悲剧问题的讨论。北京《戏剧报》报道了悲剧问题讨论的情况。

6 月，在上海作协参加青年女作家茹志鹃作品讨论会，作了长篇发言，对她的作品作了热情的肯定；又应《文艺报》编辑部之约，写成《有关茹志鹃作品的几个问题》，发表于《文艺报》第 7 期。

9 月，到苏州地区参观访问，到了洞庭东山一带。

1962 年　　49 岁

（上海）

3 月 14 日，长篇小说《春回地暖》完成重写稿。

5 月，参加上海市第二次文代会，听了巴金所作题为《作家的勇气和责任心》的著名发言。

7 月，写散文《湖上》，发表在《上海文学》10 月号上，因文中引用了浙东俗语“民心若不顺，皇帝下龙廷”而种下了祸根，到 1966 年“文化大革命”开始时，被诬指为反党反社会主义的“叫嚣”而点名批判。

9 月，根据《人的道路》重写改名为《在漫长的路上》（长篇小说）由天津百花文艺出版社出版。根据对中国现代知识分子的遭遇的观察，计划写一部关于知识分子的生活和斗争的三部曲。这次出版的是第一部，曾在后记中作了第二、三部的预告。曾经出现在这部作品里的人物，还要继续他们漫长的路程。

1963 年　　50 岁

（上海）

6 月，长篇小说《春回地暖》（上下册）由北京作家出版社出版。

作品刚刚问世，就由上海人民广播电台逐日广播了两个多月。接着，上海和长春的两家电影制片厂要求把它改编为电影剧本，又有北京、上海两家报刊准备发表关于《春回地暖》的评论。但因当时统治文艺界的极“左”势力的阻挠，后两件事都未能实现。

8 月，偕夫人周雯游普陀山。

10 月，偕夫人到苏州小住。

12 月，去北京参加中国文联主办的读书会，小住近两个月，会到了文艺界的不少老朋友，如张天翼、邵荃麟、丽尼等。

1964 年　　51 岁

（上海）

长篇小说《在漫长的路上》（第一部）被极“左”势力作为“写中间人物的标本”在上海作家协会受批判。原定对这部“大毒草”作连续批判，但因某种原因，批判会只开了一次，即告中断。

开始创作《在漫长的路上》第二部。

1965 年　　52 岁

（上海）

整理材料作写《在漫长的路上》第三部的准备。

4 月，姚文元在上海《萌芽》月刊上发表长篇论文，把王西彦和邵荃麟一起诬为“资产阶级在文艺界的代理人”、“资产阶级人性论的提倡者”，大肆挞伐。

7 ~ 8 月间，椎间盘突出病又一次复发。由上海著名伤科中医石筱山和魏指新先后诊治。

同一时期，经华东医院内科和眼科医生检查，患初期糖尿病和白内障。

1966 年　　53 岁

（上海）

年初，上海文艺界开始批判《海瑞罢官》和《三家村》。

6 月，在上海被当作首批反党反社会主义分子公开点名批判。同时被点名的有周信芳、贺绿汀、瞿白音、李俊民、周谷城、周予同、李平心等共八人。上海《解放日报》、《文汇报》都为此发表社论，进行莫须有的谴责。《湖上》一文中所引用的“皇帝下龙廷”一俗语，被诬为矛头直指党的最高领导人。《文汇报》搜编“罪证”时，连续出版《王西彦反党反社会主义材料》达五六册之多。不少报刊都出版了声讨专辑。在此同时，被宣布为“专政对象”靠边劳改，成为上海作协最早的一名“牛鬼蛇神”。不仅住房被封、工资被扣、人身失去自由、完全被剥夺了写作权利，而且遭到抄家、挨打、罚跪、戴高帽子游街、剪去头发等折磨，肉体和精神备受蹂躏。这种劫难，一直继续了十年零四个月之久（1966年6月～1976年10月）。1979年1月6日，《人民日报》以《一个惊心动魄的政治大阴谋》为题，详尽地论述了“文革”初期发生在上海文化学术界的这一事件，雪洗了这一大冤案。

7月，同时被点名批判的华东师范大学教授李平心用煤气自杀。

8月，稍后靠边成为专政对象的叶以群，在“造反派”迫害下跳楼自杀。

9月，翻译家傅雷上吊自杀。

1967年　　54岁

（上海）

年初，上海发生了有名的“一月风暴”。“造反派”用骇人听闻的卑鄙手段夺取了政权。这股恶浪也立刻冲进了上海作家协会。作协“造反派”把王西彦和巴金、魏金枝、师陀、孔罗荪、吴强等六个“罪行”最为严重的“牛鬼蛇神”关进不超过5平方米的煤气灶间里等待无穷尽的批斗、示众。大家挤坐在一起，可以感觉到彼此鼻子的呼吸。

1968年　　55岁

（上海）

3月，上海作协的两间南房被“造反派”封闭，迁入夏天没有风、冬天不见阳光的小北房。生活费按家庭成员每人发15元。

9月，作家协会的“牛棚”移到石门路一座原属某文艺团体的大楼里。王西彦日常“劳动”，大都和巴金合作，打扫厕所。

10月初，工宣队、军宣队员“浩浩荡荡”进驻“上层建筑”。

接着，在“清理阶级队伍，一是要抓紧，二是要注意政策”的指示下，被勒令去上海市近郊松江县辰山公社参加“三秋”劳动。当巴金在田头挨批斗时，王西彦也被揪去“陪斗”。

1969年　　56岁

（上海）

年初，被工宣队告知：“因为查不出有什么问题，决定在春节前解放你。”随后，工宣队又公开宣布，作协第一批将解放16人，但一直没有下文。据后来所得消息，张春桥声称上海作协的“牛鬼”都是黑线人物，“没有解放的问题”，一个也不能解放。

3月底，上海作协“牛棚”迁回巨鹿路旧址，接着开了“宽严大会”，王西彦和魏金枝等属于“从宽”一类，先后被宣布回到群众中间。

9月，第二次到松江辰山公社参加“三秋”劳动后，因林彪的“一号通令”，留在辰山劳动，直至1970年3月。

1970年　　57岁

（上海——奉贤）

3月，上海作家协会第一批参加劳动改造的“牛鬼”，到东海之滨的奉贤干校，被编入上海文化系统某团四连，接受监督劳动。

1971年　　58岁

（上海——东海干校——奉贤）

在上海干校长期劳动，原来患有脊椎宿疾日益严重。医院几次出证明需要留上海治疗，工宣队和“造反派”偏要把他留在干校“改造”。

1972年　　59岁

（奉贤干校——上海）

春节过后，经医院说明病情，被允许留在上海治疗。但文痞姚文元下了黑指示，大意是：“他那支笔是为谁服务的？像他这样的人，不但不能解放，还要交里弄严加管制。”因此，里弄干部和派出所勒令全家迁浙东家乡或上海郊区农村“劳改”；王西彦因病卧床，以“未得政治结论”的理由，拒绝离开上海。

8月13日，巴金夫人肖珊因癌症逝世。

12月17日，共事多年的魏金枝因受“四人帮”在上海爪牙的残酷迫害致死。当魏金枝默默地死在医院急诊室时，王西彦匆匆赶到死者家中和他的遗孀、女儿痛哭了一场。

1973年　　60岁

（上海）

1月2日，不顾工宣队和“造反派”的禁令，赶到龙华火葬场参加魏金枝凄凉的追悼会，向死者告别，是作协全部靠边人员唯一参加追悼会的人。

1974年　　61岁

（上海）

经医院检查，发现患有初期冠心病；早膊、胸闷、偶有心绞痛；心电图显示为：“心肌损害”。

夏，工宣队通知写全面检查，但无下文，继续靠边接受专政。

1975年　　62岁

（上海）

8月21日，得到“上海市革命委员会”通知，被宣布解放。同时被宣布解放的上海文艺界人士还有黄佐临、俞振飞、陈鲤庭、柯灵等。但工资未补发，存款未解冻，住房未启封，书籍物资等未归还。

9月，因恢复了工资，曾偕夫人周雯悄悄地到苏州小住一周，是1966年6月以来第一次外出旅行。

11月，因上海作协已被彻底“砸烂”，被派到上海人民出版社工作，参加那里的政治学习。

12月1日，奉命到上海人民出版社报到。

同月，开始了全国范围的“反击右倾翻案风”。

1976年 63岁

（上海）

8～9月间，“四人帮”在上海的余党爪牙对王西彦进行马拉松式的批斗，并扬言要给他戴“现行反革命”的帽子。

9月下旬，接受批斗后，椎间盘突出症复发，卧床。

10月，“四人帮”被一举粉碎。

1977年 64岁

（上海）

3月，脊椎宿疾有复发趋势，右腿痹痛，卧床。

5月，参加上海文艺界纪念《在延安文艺座谈会上的讲话》发表35周年纪念大会。这是自1966年以来第一次公开参加文艺界集会。

8月，上海文化系统原来的“造反派”扬言要对王西彦重新进行批判。

9月22日，在上海写成“文革”后的第一篇散文《沐浴在阳光下》，发表在上海《文汇报·笔会》上。

王晓明“文革”中在工厂经过6年劳动后考入华东师范大学中文系。

10月初，参加上海文教界揭批“四人帮”余党大会，受批判的是徐景贤、王秀珍、朱永嘉、王知常等人。

同月中旬，参加《上海文学》编辑部召开的“如何肃清‘四人帮’在创作问题上的流毒”座谈会，同时参加的有巴金、柯灵、茹志鹃、师陀、孔罗荪、任干等。

11月，夫人周雯严重贫血，病情险恶，入医院输血治疗。

沙汀来上海，设家宴招待，并邀巴金、孔罗荪作陪，相聚甚欢。

12月上旬，参加《人民日报》召开批判“文艺黑线专政论”的座谈会，会议由袁鹰主持。巴金、钟望阳、柯灵、茹志鹃、孔罗荪、草婴等参加。

同月下旬，参加恢复的上海市政协第五届全体会议。

1978 年　　65 岁

（上海）

1 月 10 日，和柯灵、孔罗荪、张乐平等在巴金家作客，并由中央电视台拍成电视片。

同月下旬，参加《红旗》杂志社关于 30 年代文艺运动的座谈会，同时应邀的有于伶、孔罗荪等过去曾参加“左联”活动的人。

4 月，住房全部启封，存款发还。

5 月，到镇江、扬州、南京、无锡等地旅行。在南京时看望了陈白尘，会见了艾煊。这是“文革”十年后第一次出游，情绪激动。

7 月初，患肺炎，同时患胃肠炎。卧床半月。

9 月下旬，参加接待法国新闻代表团，回答他们所提出的问题。

10 月中旬，参加接待西德新闻代表团，回答他们所提出的问题。

同日，晚上发烧，小便频次，经检查，小便内白血球在 100 以上，红血球 20—30。

同月，到宝山钢铁厂建筑工地参观，同行者有巴金、周谷城、赵超构、赵家壁等人。

11 月下旬，在上海电视台录制关于文学创作问题的讲话的录像，于 12 月 4 日播放。

同月下旬，会见玻璃维亚作家文杜兰。

同月底，作为上海作协访问团成员参观金山石化总厂。

同月，写成粉碎“四人帮”后的第一篇小说《老花师傅》，发表在《新港》1979 年第 2 期。

12 月，重访阔别已久的福建，参加福建文艺界的欢迎座谈会，并先后在福建师范大学、厦门大学等作学术报告。

1979 年　　66 岁

（上海）

1 月初，参加叶以群的追悼会，巴金致悼词。陈白尘从南京前来参加追悼会。叶以群是“文革”初期遭受迫害跳楼自杀的。

2 月上旬，会见意大利《时代》周刊记者焦尔焦、洛蒂等二人，谈在“文革”中遭受“四人帮”的迫害和生活、写作近况。

3月上旬，参加魏金枝追悼会，由巴金致悼词。（魏金枝追悼会在“文革”中曾举行过，当时因受“造反派”种种限制，家属极为不满。——艾以识）陈荒煤、楼适夷从北京来沪参加追悼会，这是一次平反追悼会。

同月中旬，参加全国高校文科教材会议，在会上作了题为《建国后创作界的一些情况和问题》的报告。

同月，牙病发作，多次跑医院求治。

写作粉碎“四人帮”后第一个中篇小说《春寒》。

4月，乘轮航行长江，到武汉重访武汉大学旧居。

5月，参加接待来访的美中友协参观团。

同月下旬，比利时国营广播公司到家里拍摄电视片。

同月，接待来访的日本著名作家水上勉一行5人，并陪同其中的京都大学佛学教授柳田圣山夫妇访问了玉佛寺，和水上、柳田互赠了著作。

同月，到复旦大学中文系和法国、西德、日本、挪威等第二世界留学生会见，向他们谈了自己的创作情况。同去的有茹志鹃等。

7月初，会见来访的贝宁总统特使莫乃桑。

同月底，会见委内瑞拉委中友协副主席阿道夫·德挨雷拉和夫人委内瑞拉中央大学新闻系教授格劳丽亚·德挨雷拉。

8月上旬，参加有华东各省作家代表列席的中共上海市委宣传部召开的创作会议。在会上作了专题发言。

儿子王晓明开始攻读华东师范大学中文系中国现代文学专业研究生。

10月，英国广播公司到家里拍摄照片和录音。

同月，会见旅美台湾女作家李黎。

同月19日，鲁迅先生逝世43周年，和钟望阳、吴强等到虹口公园向鲁迅墓致敬并献花圈。

11月，到北京参加第四次全国文代会和第三次全国作协代表大会。被选为中国作协理事。

12月，参加《钟山》编辑部主办的“太湖笔会”。并到南京师范学院中文系作关于现实主义问题的报告。

同月，《王西彦近作》由四川文艺出版社出版。

1980年　　67岁

（上海）

1月，修改旧作小说集《眷恋土地的人》。

2月，应挪威《晚邮报》主编朗贝尔格和另一位驻北京记者费尔赛克的请求，回答了他们所提包括“双百”方针、创作禁区等问题。

又应印度印中友协古纳西兰的请求，回答了他所提包括关于西欧存在主义等问题。

同月下旬，应邀参加巴金招待法国巴黎第三大学教授于如柏（RQhertRWhtmann）的宴会；三天后又在家里接待了来访的于如柏。

3月初，参加了上海作协召开的“左联”成立50周年纪念大会，并参观了当年上海多伦多路（今多伦路）举行“左联”成立大会的旧址和大陆新村6号鲁迅故居。

同月中旬，接待来访的英国著名小说家伯雷特里（Mae-comBradlary）、诗人斯慧特（MthonglhWaite）和伦敦大学教授、汉学家卜立德（DauidRollard），并陪同他们访问了复旦大学英语系研究班。

下旬，接受华东师范大学中文系聘书，任兼职教授。

5月下旬，参加接待美国华人女作家聂华苓和她的丈夫美国诗人安格尔，陪同他们游了黄浦江，并在由巴金作主人的宴会上，见到了她的女儿王兰兰。

6月初，会见了来访的西德作家代表团一行八人。

中旬，写作题为《炼狱中的圣火》的著名散文，追记“文革”中和他朝夕相处、长期共患难的巴金在“文革”中的遭遇。

7月中旬，接待来访的黎巴嫩诗人安东尼斯（Adonis），在黄浦江游艇上，讨论了黎巴嫩已故诗人纪伯伦（Kohlilalleran）的作品。

同月底，应邀去庐山参加全国高校文艺理论研究会二次年会。在会上作了关于题为《社会效果和现实主义》的发言，又向江西、江苏、武汉三省市的青年作家作了题为《失败者的期许》的长篇发言。

同月，由《论阿Q和他的悲剧》增订而成的理论文集《第一块基石》在上海文艺出版社出版。

10月，又一次航游长江，到了武汉、宜昌、重庆等地。

同月，《王西彦散文选》在江苏人民出版社出版。

11月，参加在上海举行的托尔斯泰研究学术讨论会。

12月中旬，又一次会见来访的美国华人女作家李黎。

从11月起，对脊椎宿疾开始作推拿治疗。年底，经医院检查，早搏消失，胸闷解除，心肌损害已明显好转。

1981年　　68岁

（上海）

年初，脊椎宿疾又有复发趋势，右腿痹痛，继续作推拿治疗。

3月，参加接待来访的台湾旅美作家代表团一行7人。

同月27日，茅盾在北京病逝，发去唁电。

4月下旬，参加上海市政协、文联和作协联合召开的悼念茅盾的座谈，作了题为《是镜子，也是榜样》的发言。

月底，参加接待来访的美国女作家苏珊·商代克（Sudon Sontag）的座谈会。

5月初，到浙江旅行，到杭州、富阳、桐庐、绍兴等地。

5月底到6月上旬，应高晓声、陆文夫的邀约，到连云港访问，并在当地文联和教育学院联合举行的报告会上作关于创作环境问题的报告。

6月上旬，和巴金、吴强、孔罗荪等参加在上海复旦大学任教的法国汉学家于如柏在锦江饭店举行的宴会。

中旬，接待在北京大学进修的英国张天翼研究者尼古尔·贝德福（NigelBedlord）的访问。

接待来访的日本著名作家司马辽太郎。他先后5次访华，自称“三分日本人，七分中国人。”

下旬，接待来访的以著名文艺理论家山本健吉为团长的日本作家代表团共7人。

同月，开始重写1948年旧作《还乡》。读书笔记《书和生活》在广州花城出版社出版。

7月初，于如柏将启程回法国，设家宴为他送行，并把长篇小说

《春回地暖》委托他转赠巴黎大学图书馆。

同月，为海外读者编选的短篇小说集《两姊妹》由香港文学研究社出版。共收10篇小说，都是三四十年代的作品。

8月，接待度完暑假重来中国的于如柏，并设家宴为他洗尘。

9月，应邀去厦门参加福建省纪念鲁迅诞生一百周年大会，并先后在厦门大学中文系、作协福建分会举办的文学讲座上作报告。

10月初，参加接待来中国参加鲁迅纪念会的外宾，其中有印度的乔希、法国的露阿夫人、美国的威·莱伊尔、瑞士的乔万尼·奥莱利、罗马尼亚的康·基利兹、南斯拉夫的哈·迈库利、朝鲜的许与极等。

11月初，参加接待来访的比利时知名人士代表团，和团长涅温鲍格（Vanwiewenhcengh）谈中比文化交流问题。

12月，到北京参加中国作家协会第三届理事会第二次会议。巴金当选为中国作家协会主席。

1982年　　69岁

（上海）

年初，开始写作长篇回忆录《乡土·岁月·追寻》，完成第一篇《我从这里出发》和第二篇《跨出青年的门槛》。

2月，《王西彦小说选》由湖南人民出版社出版。共收录从1933年至1980年的将近半个世纪的25篇作品。

3月，脊椎宿疾复发，右腿痹痛。

同月，应邀去广州参加全国高校文艺理论研究会第三次年会。会议期间看访了欧阳山、黄秋耘、肖殷、黄药眠等旧友。

另一本《王西彦小说选》由人民文学出版社出版。

在3月间举行的上海市政协全体会议上，被选为常务委员。

4月中旬，英国伦敦大学卜立德教授来华旅行，设家宴招待他和夫人、女儿。

5月上旬，参加接待瑞典诗人和教授埃斯·普马克（KjllEsRmark）。

6月初，参加接待美国作家、翻译家、出版家代表团，结识华盛顿大学出版社长艾励谷（PonalldE·Ellegood），此后曾通信联系。

同月，参加接待朝鲜文艺总同盟代表团，同时参加的有贺绿汀、白杨、王元化、沈柔坚等。

8月上旬，会见瑞典汉学家、斯德哥尔摩大学教授马悦然（ganan-Malm ouist），商谈向西方读者介绍长篇小说《村野的爱情》，作了谈话录音。

同月上旬，参加接待索马里文化代表团。

同月，为海外读者所编《王西彦中篇小说选》在香港南方书屋出版。

儿子王晓明在华师大毕业，获硕士学位。

9月下旬，到北京参加中国作家代表团出访美国和加拿大。9月底访问了华盛顿、纽约、旧金山等城市；10月到加拿大访问了渥汰华、蒙特利尔、多伦多、温哥华等城市。

11月回北京，又一次到和平门外余家胡同看了30年代的故居。回上海后，在上海作协作了访问北美的传达。

同月，早期作品选《悲凉的乡土》由花城出版社出版。

同月，回忆文集《炼狱中的圣火》在北京人民文学出版社出版。

同月，参加上海市文联、市作协、复旦大学联合举办的“庆祝郭绍虞执教和从事文学著述70周年”茶话会。会上，对他的学术成就和高风亮节作了热情的颂扬。

12月中旬，会见来访美国作家赫尔曼·沃克（HenmanWouK），并就他的作品作了关于严肃文学和通俗文学的讨论。

同月，在《文艺理论研究》和《上海文学》联合举办的座淡会上，就“创作和理论的现代化、民族化”问题作了发言。

1983年　　70岁

（上海）

1月下旬，应意大利《晚邮报》记者勒内多·费拉罗（RenatoFenaro）的请求，作了国内文学界情况的谈话。

5月初，应邀到美驻沪总领事馆与美国哥伦比亚大学教授周文中和印地安纳州大学罗郁正教授会面，都是旧识。

同月下旬，和周谷城、王元化等一起被邀参加复旦大学教授蒋孔阳招待加拿大温哥华不列颠哥伦比亚大学加籍华人教授叶嘉莹女士的宴会。

6月中旬，接待回国观光的新加坡华人作家李汝琳，李汝琳是王西彦中国大学国文系同学，并设家宴招待。

7月，长篇小说《神的失落》由江苏人民出版社印行新版。

8月，为意大利《人与书》杂志写作《在生活的迫促下》一文，回答《你为什么写作》的问题。

9月初，应邀和来访的印中友协代表团团长钱尔博士（Dr.Sulharh Chandra）谈文学和鲁迅的作品。

同月下旬，参加接待由水上勉任团长的日本作家代表团。

10月中旬，参加上海作家协会举行的关于现代派文学的座谈会，并作了发言。认为对现代派文学既不应采取关门主义，也不能一味仿效。

同月下旬，接待来访的埃及《十月》杂志社副主编鲁宾女士和她的丈夫，谈文学问题和中国创作界情况。

参加接待来访的美国小说家伊·尔·道克特罗。

11月，长篇小说《寻梦者》和《村野的爱情》分别由浙江人民出版社和湖南人民出版社印行新版。

同月，长篇回忆录《乡土·岁月·追寻》开始在《新文学史料》第4期连载。（长篇回忆录《乡土·岁月·追寻》于1987年《新文学史料》第三期连载结束，并将由人民文学出版社印行单行本。——艾以识）

12月初，到郊县松江县观光。

同月，接待以著名作家井上靖为首的“日本日中文化交流协会代表团”。和井上靖已是第三次会面。

在这一年里，王西彦老当益壮，竭全力实践写作计划，文学回忆录、《北欧散笔》和《忧伤的世界》等专集的不少章节都完成于这一年。

1984年　　71岁

（上海）

1月中旬，到上海郊县青浦县参观福泉山正在发掘的新石器时代的古墓。

同月，《王西彦散文选》由江苏人民出版社增订再版。

3月，应邀赴绍兴参加关于鲁迅的通俗读物编纂工作会议。同时被邀请的有黄源、戈宝权、林非等。

4月下旬，到法国驻沪总领事馆参加为欧洲共同体交响乐团访问上海而举行的宴会。

长篇小说《古屋》在花城出版社印行新版。

5月上旬，参加招待来访的朝鲜作家代表团。

下旬，参加接待来访的华裔美国女作家聂华苓，为她在家里举行便宴，被邀作陪的有茹志鹃、王安忆、吴强、王辛笛等。

到虹桥机场迎接参加国际笔会回上海的巴金。

因气候将近入梅，脊椎和右腿痹痛，不能久坐，继续作推拿治疗。

6月中旬，接待来访的加拿大班府艺术中心的艺术学校校长安斯特隆（NeilM. Armstrang）彼此已是旧识，叙谈甚洽。

下旬，到市郊真如、南翔、嘉定等地参观文物。

到龙华火葬场参加郭绍虞遗体告别仪式。

8月初，在上海作协会员大会上，被选为上海作协副主席；在上海市第三次文代会上，被选为主席团成员和文联委员。

9月初，参加钟望阳治丧委员会，并参加钟望阳遗体告别仪式。

11月，回忆录《忧伤的世界》由浙江文艺出版社初版出书。收进这本集子里的20篇散文都是怀念家乡童年生活的回忆文字。

同月，到苏州和无锡参加《钟山》、《雨花》主办的"太湖笔会"，参加笔会的有艾煊、章品镇、陆文夫、高晓声、茹志鹃、吴强、林斤澜、邵燕详、刘梦溪、刘亚洲等。

年底，到北京参加中国作家协会第四次代表大会。

1985年　　72岁

（上海）

1月初，在北京举行的中国作家协会第四次代表大会上，继续被选为中国作家协会理事。

2月，担任中国作家协会第三届（1982～1984）全国优秀中篇小说评委会委员，到北京参加评选工作。

同月，五卷本《王西彦选集》第一卷（中短篇小说）由四川文艺出版社出版。

3 月下旬，到桂林参加全国高校文艺理论研究会第三次年会，在大会上作了《通向繁荣之路》的报告。

4 月初，到南京参加中国作家协会举办的全国中短篇小说和报告文学的授奖仪式。

同月，在上海市政协六届三次大会上，作了题为《民主、团结、创作》的发言，对上海的文艺工作现状提出批评并呼吁全社会都来关心创作。

同月底，得悉至友张天翼在京突然病故，悲痛异常，立即向张的家属发去唁电，并通知正出差在京的儿子王晓明（华东师范大学文学研究所副研究员，1995 年晋升教授，博士生导师。——艾以识）前去张家看望，参加张的遗体告别仪式。

读书笔记《书和生活》由广州花城出版社出版。

5 月中旬，参加中国作家访粤代表团到广东访问珠江三角洲和两特区。代表团团长为张光年，团员还有唐达成、鲍昌、韶华、玛拉沁夫、林斤澜、徐怀中、艾煊、马峰、李纳、曾克、丁宁、鲁琪、晓雪等。陪同的有中国作协广东分会主席陈残云，副主席郑江萍、韦丘，秘书长曾炜等。

下旬，市委宣传部下达上海市文联和上海市作协分开的决定。

6 月，接待来访的加拿大诗人葛德生（GaryGeddes）和他的夫人、女儿一行，这位诗人是 1982 年出访加拿大时的旧识，此次在上海重聚，相叙甚欢，陪同诗人一家游了黄浦江。

同月，参加接待来访的美籍华人作家郑愁予等一行四人。

8 月，参加接待来访的加拿大籍华人女作家陈若曦等六人。

同月，散文集《晚望》由上海文艺出版社出版。

9 月初，参加会见来访的奥地利记者团。

同月，参加丰子恺逝世十周年纪念会，作了题为《朴素的美》的报告，后来发表在《人民日报》上。

同月，参加欢迎来访的澳大利亚作家代表团茶话会。

同月，五卷本《王西彦选集》第一卷（中短篇小说）由四川文艺出版社出版。

中旬，到浙江桐乡县石门镇参加丰子恺故居“缘缘堂”重建落成典礼，并到乌镇参观了茅盾故居。随后，又经杭州到富阳县参加郁达夫遇难40周年纪念大会。同时参加这个纪念活动的，还有柯灵、黄源、楼适夷、许杰、汪静之、杨纤如、郁风、徐开垒等。

10月下旬，到安徽滁县参加“醉翁亭首届散文节”，游了当地名胜古迹琅琊山和醉翁亭。同时参加散文节的有陈登科、艾煊、何为、苏晨、柯蓝、徐开垒、林非、陈慧瑛等。

11月，脊椎宿疾复发，右腿痹痛，作推拿治疗。

同月，五卷本《王西彦选集》、第二卷（中短篇小说）第三卷（长篇小说）由四川文艺出版社出书。

1986年　　73岁

（上海）

1月初，随同上海作家协会组织的一批作家，访问长江口崇明岛，参观农场和工厂。在岛上住了三天。

同月下旬，接受美国女诗人詹思波（SityeJames）的访问，同她谈了在“文革”中的经历。

2月下旬，参加在上海召开的“全国陀思妥耶夫斯基学术讨论会”开幕式，并作了发言。

3月，由上海作家协会主席团推任创作委员会主任。

4月，重写旧作长篇小说《还乡》，并改题为《穿越废墟》。

同月中旬，参加上海市委宣传部召开的创作会议。

应邀在上海文艺出版社会见捷克汉学家高利克（Marian.Gaeik）先生和唐娜（DamaKeaoojooa）女士。和高利克先生“文革”前曾在上海见过面。

为《中国散文百家》一书提供材料，如“主要作品表”等等。

参观提篮桥上海市监狱。

5月初，为中国作家协会筹设中华文学基金以备义卖的已出版《王西彦选集》第一卷签字盖章。

参加上海一些文学界老同志和来自北京的87岁的夏衍的谈话会，同时参加的有茹志鹏、草婴、师陀、吴强、杜宣、罗洛等人。

同月中旬，率领一批上海作家赴苏州地区访问农业和乡镇企业，为时 5 天。

同月下旬，接待来中国访问的加拿大文化代表团，并为此举行了家宴。加拿大文化代表团中的凯腾（Ncuim Kattan）先生，是 1982 年出访加拿大时的旧识，彼此相见甚欢。

会见华裔美籍作家聂华苓女士，并参加上海作家协会为她举行的招待宴会。

6 月初，为中国作家协会创联部编辑的《中国人名词典》填写经历。

同月中旬，被邀偕夫人周雯赴杭州参加《章太炎先生逝世 50 周年纪念会》。并从杭州赴余杭参观章太炎故居，赴绍兴参观鲁迅故居，为时约一周。

7 月，儿子王晓明在华东师范大学文学研究所被评聘为副研究员，并担任《文艺理论研究》副主编。

10 月，任中国作家代表团团长，出访南斯拉夫，团员有黑龙江作协主席程树榛和上海作协专业作家陈村。在南斯拉夫，参加了在贝尔格莱德举行的国际作家会议，被邀在大会上作了题为《文学应该相信自己的力量》的发言，接受了电视台和各报社记者的采访，并在南斯拉夫作家协会的安排下，与南斯拉夫著名的老作家和院士乔希奇先生作了单独会见，访问了塞尔维亚的各个城市，参观了多瑙河沿岸的几处古堡和地下城。

11 月，《王西彦选集》第 4 卷（长篇小说《春回地暖》）由四川文艺出版社出版。《王西彦选集》第 5 卷（散文卷）也于同月问世。

1987 年　　74 岁

（上海）

1 月，为巴金的《随想录》和《巴金六十年文选》的出版写作《真挚的心和为还债的书》一文，随后发表在广州《随笔》上。

2 月，因空气发潮，腰部和右腿痹痛，行动不便。到医院作牵引和推拿治疗。腿部痹痛稍愈、又发现双手手指麻木。

3 月上旬，到嘉定县东戬浜乡参观乡镇企业。

下旬到江苏金坛县访问，为期三天，参观了那里的印刷厂和制药厂等。

4月，任作家代表团团长，率领团员一行12人，应河南省作协邀请，参加在郑州举行的“沪豫作家交流会”，团员有师陀、丰村、钱谷融、黄裳、徐开垒等。河南作家参加交流的有于黑丁、胡青坡、南丁、郑克西、张一弓、鲁枢元等。上海作家曾到郑州、开封、洛阳等地参观访问。

6月，随上海作家企业家代表团到浙江绍兴访问，同行的作家有茹志鹃、白桦等。

同月，重写的长篇小说《穿越废墟》由江苏文艺出版社出版。儿子王晓明的第一本文学评论集《沙汀艾芜的小说世界》由上海文艺出版社出版。

7月初，经上海《解放日报》社安排，会见美国《纽约时报》记者米曹·莱夫达（Mitehel LeviTas）先生，回答所提的问题。

经医院检查，发现右颈背部肌肉萎缩，显然由颈椎病所致。

下旬，陪同旅美作家陈幼石女士到浙江桐乡县乌镇访问茅盾故居，并游嘉兴南湖。

8月，开始为家乡（浙江义乌福田乡）的一所中学寄赠书籍。

接受法国记者曹尔斯基（ZAORSKl）先生的访问，并拍摄照片。

主持作家协会接待加拿大作家代表团，这个代表团共7人，其中小说家罗伯特·哈罗（RoharT.Hartoru）是5年前出访加拿大时的旧识。

10月上旬，参加河南作协回访上海的作家代表团的接待和在上海举行的“沪豫作家座谈会”。

同月中旬，赴四川成都参加由中国现代文学学会主持召开的“抗战文艺研讨会”；会后看望了老朋友艾芜，游了附近一些地区的名胜古迹如峨眉山、乐山大佛等。在成都住了近20天。

11月中旬，率领上海作协由7位作家组成的代表团，赴苏北兴化和高邮两个县访问。在参观兴化的郑板桥故居时，颇有感触。随后曾写散文《青藤书屋与板桥故居》，对绍兴的徐渭和兴化的郑燮两位寒士的遭遇，作了联想。这篇文章随即发表在南京《钟山》双月刊上。

1988年　　75岁

（上海）

1月，游记文集《北美之旅》由广州花城出版社出版，内收出访美国和加拿大的记事散文18篇。

40年前所写《论〈罗亭〉》一文，被贵州人民出版社编印的《屠格涅夫研究》所选用。

同月下旬，右腿痹痛加剧，坐下后无法起立。

2月16日，著名老作家叶圣陶先生在京逝世，发去唁电。

3月，赴北京参加重庆出版社编印《中国抗战时期大后方文学书系》的编委会；在此以前，被聘为这套《书系》的编委。在这次会议上，与在京老友沙汀、臧克家、刘白羽等见了面，并探望了病中的孔罗荪。

4月，根据出访南斯拉夫时日记，写作《赛尔维亚杂记》，随后发表在南昌《百花洲》双月刊上。

同月，接待有志于研究中国现代文学的日本东京中学教师田中悦子女士，回答她所提出的有关出身、家庭、写作情况和"文革"中遭遇等问题。

5月，赴安徽芜湖参加在那里举行的中国文艺理论学会第5次年会，同时参加的有王若水、王元化等人。会后，游了采石矶和黄山。

从安徽回上海，接到沈从文于5月10日在京逝世的讣告，当即给沈夫人张兆和发去唁电，随后又写了题为《宽厚的人，但非孤寂的作家》的长篇悼念文章，发表在广州的《随笔》上。

6月，应邀为台湾《联合报》副刊写《苦汁从笔端流出》一文，是大陆作家为台湾报纸所写的第一篇文章。

7月初，为拍摄巴金在"文革"中的影片，回答在上海电影厂女导演彭小连的提问，向她提供材料。彭小连是已故作家彭柏山的女儿。

同月，复山西太原《晋阳学刊》编辑部拟将王西彦列入《中国社会科学家辞典》的征求同意的信，婉言自己是个小说作家，归入社会科学家的行列似不合适。

同月下旬，参加在上海举行的"贺绿汀从事音乐活动65周年座谈会"。王西彦和贺绿汀是"文革"开始时首批被当作反党反社会主义分子公开点名批判的难友。

9月中旬，家乡浙江义乌县改建为市，应邀偕夫人周雯回义乌参加"建市庆祝大会"；会后看望了阔别已久的乡下老家，游了邻县永康的名胜方岩，随后写了关于方岩的题为《永存的恩泽》一文，发表在《人民文学》上。

10月，散文《天使岛》(《北美之旅》中的一篇）被选入广州花城出版社出版《当代中国百家散文》一书。

11月中旬，赴北京参加中国作家协会理事会，会见了来自全国各地的新老朋友。

12月下旬，任上海作家赴南京梅山和安徽马鞍山访问团团长，率领成员23名，先到梅山参观冶金公司，再到马鞍山参观马鞍山钢铁公司，并游了当涂青山的李白墓，又一次游了采石矶。对李白暮年客死当涂的遭遇深感哀伤。

1989年　　76岁

（上海）

1月，应邀为台湾《联合报》副刊写作祝贺新年的文章，题为《春节的祝愿》。

同月下旬，医院里的推拿医生直言相告："你的右半身从颈椎直到小腿的筋骨都已老化，因为长期伏案所致；幸好及时治疗，不然后果很严重。"

2月初，又为台湾《联合报》副刊写作《人性的悲剧》一文，谈自己的创作。

3月初，住人华东医院外科病房，动手术修补疝气。住院的时间约两周，情况良好。

4月初，被改选后的上海作家协会聘请为顾问。同时受聘请的还有于伶、柯灵、王元化等人。

同月下旬，应浙江金华市文化局和市文联的邀请，偕夫人周雯和几位金华籍旅沪作家访问了金华、兰溪、建德等市县，游了双龙洞、水壶洞、八泳楼、大慈岩、富春江、严子陵钓台等名胜。

5月初，30年代旧友新加坡老作家李汝琳偕夫人黄莹来上海，参加由《上海文学》杂志社主办的"建国40周年创作成就座谈会"，会议在嘉定举行。会后，偕夫人周雯陪同他们游杭州、绍兴、嘉兴等地。

同月，儿子王晓明的第二本文学评论集《所罗门的瓶子》由浙江文艺出版社出版。

6月初，旧友翻译家黎烈文的女儿黎慰之从美国来访，和她谈了1939年和1945年两次在福建永安改进出版社和她父亲共事的情况，并录了音，由黎慰之带到美国放给她哥哥黎念之听。

同月，福建《厦门日报》副刊《海燕》发表《王西彦在福建的文学活动》一文，准确而详尽地记述几近半个世纪前的旧事。作者是厦门大学的一位教师，署名“以原”。

同月下旬，接茅盾的儿子与媳韦韬、陈小曼寄赠茅盾遗著《我走过的道路》。

9月，写作《在锤子和铁砧之间》一文，对高尔基的晚节提出前所未有的看法，随后发表在广州《随笔》上。

中旬，赴华东师大文科大楼小礼堂参加许杰教授90岁寿辰和写作教学70周年纪念会，并作了发言。

巴金于2月间住入华东医院，直到9月下旬出院，历时超过半年之久。在这个时期里，王西彦几乎每周都去看望，彼此在病房里作毫无拘束的谈天。

10月，散文集《暮钟》由上海文艺出版社出版。

11月下旬，到上海市郊青浦县参加“巴金学术研讨会”开幕式，作了题为《失落的和寻找到的》的发言，随后发表在广州的《随笔》上。

12月中旬，原拟赴浙东访问，因北京大学教授王瑶先生于13日在沪逝世作罢。王瑶是来上海参加“巴金学术研讨会”的，不幸得病逝世。王西彦参加了16日在龙华殡仪馆举行的遗体告别仪式，并邀请王瑶夫人杜琇和女儿王超冰到家里叙会。

1990年　　77岁

（上海）

1月，元旦，接到音乐家贺绿汀题赠《贺绿汀传》，记录有贺在“文革”中刚正不阿的表现。

早晨下床后感到腰部隐隐作痛，站不直身子，无法伏案写作。直到2月，都因此卧床休息。

祝贺巴金80岁寿辰的《文因德而益彰》一文被收入《八十年代散

文精选》(上海文艺出版社)一书。

腰脊病疼稍有好转，勉力为家乡浙江义乌市正在编纂的《文化志》写作小传。

3月，写作回忆散文《家乡的旧宅》，随后发表在南京《钟山》杂志上。

4月下旬，因腰脊病疼继续好转，接受浙江衢州、龙游、江山三县市文联邀请，偕夫人周雯和几位三县市旅沪作家前去访问，重点参观了衢州化工公司，并游了衢州著名的孔庙和烂柯山、龙游的明清古建筑群、江山的江郎山。回上海后，写了《两座山和两个神话故事》一文，记述游烂柯山和江郎山的情形，发表在广州《羊城晚报》副刊《花地》上。

5月初，旅美作家董鼎山在国内出版的《书·人·事》一书，收有《向王西彦致敬》一文；这篇文章是王西彦给他寄赠《炼狱中的圣火》一书时所写，曾发表在美国纽约《华侨日报》上。

同月中旬，受中共上海市委宣传部的邀请，随同上海十余位老年作家、教授，偕夫人周雯参观金山石化总厂和泰山核电站；随后又到浙江海盐县游南北湖和漪园。

同月下旬，应中国散文学会的邀请，到江苏常州参加"散文研讨会"，并游了黄仲则的旧居"两当轩"和苏东坡的旧居"藤花旧馆"，以及西周时代的"淹城旧址"。

7月，为台湾《联合报》副刊又写一篇题为《苦难——永恒的主题》的文章，也是谈自己的创作。

同月，接旧友唐弢夫人沈絜云信，说唐于5月中旬患肺炎入医院，接着又并发脑血栓，病情严重，当即去信慰问。又接旧友福建师范大学副校长、易学专家黄寿祺病逝电报，当即发去唁电。

10月，应邀写关于已故翻译家罗稷南的文章，题为《迟暮的怀念》，对这位从不愿讲假话的朋友表示敬仰和怀念。随后发表在上海的《海上文坛》创刊号上。

接到孙乃修题赠的《屠格涅夫与中国》一书，其中有一专节是关于王西彦的创作所受屠格涅夫的影响的。

同月下旬，在中国作家协会的安排下，偕夫人周雯赴杭州住入灵隐寺附近的"作家之家"，重游了金秋季节的西湖美景，并游了莫干山，看望了老友董源和陈学昭。

儿子王晓明应邀赴美国参加关于中国现代文学的研讨会和讲学，游了纽约、芝加哥、洛杉矶等城市。

12月，北京《中国现代文学研究丛刊》第三期，发表杨义所作《王西彦：穿越乡土与人性的废墟》一文，系杨著《中国现代小说史》中的一个专章。

1991年　　78岁

（上海）

1月，开始写作长篇“文革”回忆录《焚心煮骨的日子》，以一个遭受迫害的知识分子的角度，回顾了十年浩劫中的苦难经历。由于感情激动，一经执笔，欲罢不能。全稿近20万字，于8月初完成。在此期间，所幸腰椎宿疾于坚持每周三次去医院治疗的情形下，未见复发。

2月，夫人周雯由上海市人民政府聘请为上海市文史研究馆研究员。

3月，惊悉30年代旧友李汝琳17日在新加坡病逝，深为悲痛，当即给李夫人黄莹女士写了长信表示哀悼和慰问。

4月，夫人周雯被推为上海市政协第七届委员。

同月，为即将在香港出版的《当代华人文化名人录》写作小传，并提供照片。

5月，儿子王晓明被邀经香港第二次赴美国参加关于中国现代文学的研究和讲学。

6月上旬，在上海对外友好协会安排下，会见苏联汉学家费德林。同时参加会见的，还有俄国文学的翻译家草婴。

同月，应邀为台湾《联合报》副刊又写作一篇题为《乡情友谊和文学因缘》的文章。

8月中旬，以中国作家协会的安排，偕夫人周雯赴北戴河创作之家小住，游了北戴河和山海关的名胜古迹。从北戴河回上海时，又在北京住了几天。

9月初，应上海“左联”纪念馆的要求，作了录像和录音。

同月中旬，应浙江省作协散文评奖的邀请，推荐优秀作品。

下旬，应广州《随笔》杂志编辑部的邀约，选编散文集《悽怆的镜子》，并写作悼念在新加坡逝世的旧友李汝琳的文章，题为《永恒的遗憾》，寄交《香港文学》发表。

10月初，写作怀念著名教育家郑晓沧先生的文章，定题为《纯厚的长者》。

10月10日，应“巴人学术讨论会”的邀请，偕夫人周雯前去浙江宁波参加，同时参观“天一阁”、阿育王寺和天童寺，到奉化参观巴人（王任叔）故居和坟墓，又到溪口镇参观风景点“妙高台”。

15日，接浙江省作协通告86岁高龄女作家陈学昭逝世唁电。

11月3日，参加上海市政协参观团，偕夫人周雯去杭州参观。7日，就在杭州参加了浙江省作协举办的散文授奖大会，同时从上海专程来杭州参加的有柯灵和徐开垒。会后，又被送往建德白沙镇，游富春江、新安江、严子陵钓台等名胜。

12月，写成一封祝贺在四川绵阳举行“沙汀作品研讨会”的长信，是题为《现实主义与个人特色》，后来发表在《香港文学》上，沙汀和绵阳的同志都希望王西彦能前去参加，但因身体不适，不能远行而作罢。

就在此时，接到北京旧友罗锋病逝的讣告。

患感冒，咳嗽，有低热。服药休息。

“文革”回忆录《焚心煮骨的日子》正在香港付印。

25日，写作两个月来的第一篇文章，定题为《在自己的钟楼上》，随后发表在广州《羊城晚报》的《花地》副刊上。根据屠格涅夫晚年说既敲完钟就该退出钟楼的名言，表示自己虽已到晚年，但既还能挥动钟槌，所以还愿意留在钟楼上。

1992年　　　　79岁

（上海）

1月1日元旦，参加在市政协江海厅举行的上海各界人士新春茶话会。

月初，儿子王晓明的又一本论文集《潜流与漩涡》在北京中国社科出版社出版。

由于右眼白内障加剧，不敢多费眼力写和读，又经医院检查，肺部两侧都有积液。

根据去年冬致祝贺沙汀创作60周年的贺信，改写成《现代主义和个人特色》一文，随后发表在《香港文学》上。

旧友唐弢在北京病逝，给唐的夫人沈絜云发去慰问信。

“文革”回忆录《焚心煮骨的日子》在香港昆仑制作公司出版。

接北京《中国当代艺术界名人录》编委会征求小传信。

儿子王晓明的近著《追问录》由上海三联书店出版。

应杭州《西湖》编辑部邀约，写作《作家的素质》一短文。

1月尾，参加上海作家协会召开的专业作家春节茶话会，又给作协资料室捐赠了手稿。接着又参加上海市委宣传部和上海市文联的春节茶话会。

2月，写作《疯人的世界》一文，谈自己在作品中的多出现疯人现象的问题，随后发表在台湾《联合报》副刊上。又写作《追忆关于〈现代文艺〉的一些往事》，随后发表在《香港文学》上。

3月，《新文学史料》第1期发表郑州大学罗炯光同志《现代作家书信一瞥》一文，为他所编《现代作家书信》一书前言，提到被他选入王西彦致施蛰存一信作为实例，说明王对施肯定其挚友沈从文的成就和弱点敢于直言，“并进而提出文学批评的一条基本原则：既不存心溢美，也不故意贬损”，因此，它的“意义与价值，远远超出了对某个具体作家的评论”。

接香港“世界华文文学协会”筹委会的邀请信，参加5月间在香港举行的成立大会；但因故未能成行。

在《香港文学》第五期上，有一位评论家对王西彦于1991年发表在这个刊物上的《一个老人的沉思》一文作了肯定，认为作者“数十年如一日地为这个不公世界诉说无穷的苦难”，“是一个老者，一个智者对往日写作生涯的总结，这便是情感流思辨价值”。

因颈椎病加剧，双手发麻，右眼患白内障已近失明，老态毕露，情绪颇为消沉。

4月，应《外国文学评论》编辑部之约，写作《既是探索者、又是理想家——论契诃夫给我的影响》一文，随后发表在该刊上。

5月，写作《寂寞的旅人》一文，说明自己所走的创作道路是一条寂寞的路。

从5月下旬到6月中旬，进华东医院做右眼白内障治疗手术，取出原已浑浊的晶体，换入人工晶体。

6月底，修改写作计划，希望自己一生完成12部长篇小说——

（一）“悲怆”三部曲：《村野的爱情》、《微贱的银花》、《换来的灵魂》，都是农村妇女的题材。

（二）“追寻”三部曲：《神的失落》、《寻梦者》、《沉重的十字架》，都是知识分子的题材。

（三）“苦难”三部曲：《窄门外》、《在漫长的路上》、未定名以“文革”为题材，也是描写知识分子的遭遇的。

其中5部已出版问世，此外就是也已出版问世的《古屋》、《穿越废墟》和《春回地暖》，但《穿越废墟》尚需改写。

“文革”回忆录《焚心煮骨的日子》中部分章节，被译成英文，在香港中文大学英文刊物《译丛》上发表。

应上海图书馆的要求，将《面临撒旦的挑战》等6篇原稿作为充实“文化名人陈列室”之用。

参加“祝贺音乐家贺绿汀音乐生活七十周年暨九十华诞茶话会”，以表示对有“音乐界硬骨头”之称的贺绿汀的尊敬。

写作《从真情实感到纯朴的诗境》一文，它是1990年5月间在常州参加“当代散文发展趋势”研讨会上的发言，随后发表在《香港文学》上。

接见在北京大学中文系进修中国现代文学的日本青年清水圣一郎。

应江苏教育出版社编印《中国当代散文大系》的邀约，选定《天使岛》等5篇作品，但《散文大系》未见问世。

9月，写作《村前那座小石桥》一文，回忆童年时代家乡村前小溪上的小石桥，随后发表在南京《钟山》杂志上。

10月，参加“钱君匋从艺70年学术研讨暨音乐欣赏会”，并作了发言。

写作《被发现和被摧残的》一文，以自己作品为实例，谈论美的存在，随后发表在济南日报《随笔》专刊上，又被天津百花文艺出版社《散文》（海外版）所选载。散文集《凄怆的镜子》在广州花城出版社印行问世。

儿子王晓明荣获本年度庄重文学奖，同时获奖的上海作家还有王安忆和李晓。

12月，挚友艾芜与沙汀先后在成都逝世，使王西彦陷入极度悲痛，分别为亡友发出悼唁函电。

健康情况不佳，经常感到胸闷、腹胀、咳嗽、流鼻血，服用中药治疗。

1993年　　80岁

（上海）

年初，整理已在《新文学史料》上连载完毕的回忆录《乡土·岁月·追寻》。

《焚心煮骨的日子》中的三章在广州《随笔》上连载后，收到不少读者来信。

参加在上海文艺中心举行的市委宣传部召开的文艺、理论、新闻、出版四界代表春节茶话会。

由北京三联书店出版的《北京乎》（姜德明编）一书，选收王西彦写于1936、1937年的两篇记述当时危城北京面貌的旧作《和平的古城》和《屈辱的旅程》。

2月，写作童年回忆录中《老祖母》一篇，但暂存未外寄。

3月，写作《平凡的企求》一文，随后发表在香港《华侨日报》《文廊》副刊上。

4月，旧作长篇小说《村野的爱情》被改编成两种电影剧本，其中一种已交电影制片厂，但未见拍成电影。

写作童年回忆录中《保守的梦想家》一篇，未完稿。

儿子王晓明所著的鲁迅传记《无法直面的人生》一书在台北出版。

以上海作家协会的安排，和任钧、徐中玉、柯灵、丁景唐等一行参观徐家汇地铁车站以及新建成的南浦大桥和正在建造中的杨浦大桥，和阳高路等重大市政建设工程。

4月下旬，在北京中国作家协会的安排下，又一次赴杭州灵隐附近的“创作之家”小住。在约二周时间内，重游西湖的各个景点，并应邀参加杭州市作家协会的代表大会。

5月初，应义乌市文联的邀约，从杭州回家乡义乌小住。在这期间，接受了市负责人的招待，参观了现已成为小商品市场的城区市容和母校义乌中学，看望了青塘下村的旧宅和祖先及父母的坟墓，和一些堂房兄弟侄孙们叙了旧。在义乌市文联所组织的当地业余作者的陪同下，从义乌出发，参观了浙东新昌大佛寺、天台国清寺和石梁瀑布、诸暨的五泄等名胜古迹。

香港出版的《世界华人文化名人传略》收有王西彦的小传一篇。浙江师范大学所编《浙江古今名人大辞典》也收有相似的条目。

6月，参加上海市政协所组织的参观访问团，到上海近郊南汇县参观访问。

为女作家吴丽嫦的散文集《女子树》（漓江出版社出版）写题名为《小巷里的徜徉者》的序言，随后发表在广州《羊城晚报·花地》副刊上。

写作悼念艾芜的《纯金的性格》和悼念沙汀的《毕生无悔的跋涉者》两文，随后发表在《香港文学》上。

7月初，患急性肠炎，住入华东医院作输液治疗，两周后出院。因此未能参加上海市第四次文代会。

收到南京大学中文系研究生孙升亮题为《论王西彦的小说创作》的硕士毕业论文，彼此因此建立起通信关系。

9月25日，92岁的老作家许杰患脑溢血逝世，使王西彦陷入极大的悲痛。1936年，王西彦在北平求学时，因回浙江家乡经过上海，第一次拜访许杰，近60年来彼此维持密切的关系。现在许杰逝世了，王西彦参加了许的追悼会，随后并写作题为《一个童心不泯的老人》的悼念文章，先后发表在《上海文学》和《香港文学》上。

在上海作家协会的安排下，到嘉定过中秋佳节，在“秋霞圃”公园欣赏了桂花，并参观了著名的孔庙。

10月，写作《回归的王国》一文，采用法国思想家蒙田“书房就是我的王国”的说法，回顾自己的书房经过“文革”的灾祸失而复得的情形，发表在羊城晚报《花地》副刊上。

广州花城出版社编印《中国知识分子悲欢录》一书，选收王西彦的《向死者告慰》和《炼狱中的圣火》两文。

南斯拉夫作家协会出版《贝尔格莱德十月国际作家集会纪念册》，扉页上有南作家摩玛·迪米奇向王西彦致候的题词，在封四上并有王西彦的照片。

11月7日，来自全国140多位著名作家的300多部著作，参加在上海举办的为兴建中国现代文学馆捐献著作义卖。王西彦参加了这次“义卖”活动。

1994年　　81岁

（上海）

元旦，参加上海各界人士代表的新年座谈会。

1月，接受北京现代文学馆的邀约，开始编选《王西彦书信集》，但进展迟缓。

写作《文化积累和傻子精神》一文，从翻译家草婴埋头翻译列夫·托尔斯泰的几乎全部重要作品的成绩，论述无论是作家或翻译家，都必须具有一种绝不投机取巧的傻子精神，才能有所成就。此文随后发表在《上海文化》上。

接受上海教育出版社编辑《作家自叙辞典》的邀约，写作自叙一篇，概括记叙自己的写作经历。

在华东师大中文系任教的儿子王晓明，因在学校宿舍里已分到房子，与妻子和女儿搬往学校，复兴西路的寓所，只留王西彦和夫人周雯两位老人。

在北京大学任教的吴组湘和在中国作协工作的葛洛两位旧友相继逝世，王西彦颇感悲伤，托人向死者家属致意悼念。

接《人民文学》杂志社约稿兼问候信。

广州花城出版社出版《臭老九·酸老九·香老九》一书，内选收王西彦《真挚的心和为还债的书》一文。

4月，偕夫人周雯到上海郊区南汇县观赏桃花节。

写作《人生的悲歌》一文，随后发表在《羊城晚报·花地》副刊上。

中国作家协会创联部所主编的《中国作家辞典》，收入王西彦的条目。

英国剑桥传记出版中心所出版的《世界传记辞典》，也收入王西彦的小传。

写作《为了保持心灵的洁白》一文，祝贺巴金90岁大寿，随后发表在济南日报《随笔》专刊和《香港文学》上。

6、7月间，上海遭遇持续酷热，王西彦只能蛰伏家中，以阅读素所喜爱的屠格涅夫作品，如《贵族之家》、《前夜》等自娱，但仍应邀为《中华名人话读书》（辽宁人民出版社）改写《从伙伴到路标》一文。

9月，写作《灰暗的主题》一文，说明自己的写作主题，随后发表在《济南日报·随笔》专刊上。

因双手麻木加剧，在医院里做了“核磁共振”检查，说明是颈椎退行性病变所致。

参加上海市各界人士庆祝中秋佳节联欢会。

10月初，接福州原福建师专几位中文系毕业生祝贺 80 岁大寿的电报。随后发了复信，表示自己的欣慰。

同月7日，翻译家朱雯在华东医院病故，下午和艾以去吴兴路看望朱雯夫人、老作家罗洪，向她表示慰问。

11月中旬，在联谊俱乐部安排下，到苏州木椟镇天平山观赏红枫艺术节，又到天池山观赏天池和石屋等景点，又到光福镇参观新建太湖大桥。

应《收获》编辑部邀约，写作《风雨中的独行者》一文，回忆自己的人生和写作经历，随后发表在《收获》“人生采访”栏目内，并配有戴光中所写《我心中的西彦先生》一文。

12月，参加上海作协成立40周年纪念会，并作了发言。

入冬以后，感到衰老过程加速迹象，主要表现在双手麻木加剧、双脚走路感到飘浮，自理生活的能力也有所减退，因此情绪有些波动不安而无法自制。

从蛇山脚下到珞珈山上

王西彦

在人的一生中，总有几个地方和自己的生活发生过比较密切的关系，使你在往后的岁月里不时要回想起它，要从心头涌现起重游旧地的渴望。

对我来说，武汉就是一个这样的地方。

最近几年里，我曾经两次重游武汉。一次是1979年春天，当时“四人帮”虽然已告覆灭，但阴霾还没有完全消散。我从上海乘坐长江客轮向西航行，起伏的心潮有如江涛澎湃，因为经过十年囚禁，如今远眺祖国大地，的确忍不住热泪盈眶，有着一种得庆重生的感觉。在江汉关码头上岸后，武汉的朋友把我和同行者招待在大桥头的宾馆里，我的第一件事情就是登上蛇山，直奔大桥。伫立桥头，俯望滚滚不尽的江流，觉得自己的年华虽然与流水俱逝，但往事的记忆却长留脑际。也就在这一次，如像一个贪心的初来者，我遍访了武汉三镇的一些旧游之地，还到珞珈山上去看望了自己的故居。这次在武汉小住一周，离开时仍然满怀惆怅，东返的客轮已经驶远了，我还站在船尾，久久凝视那逐渐模糊不清的大桥的身影。到了第二年秋天，我和我的同行者溯江而上，前去访问三峡胜景，经过武汉时自然少不得要上岸逗留。我的朋友把我们招待在东湖宾馆。这一次，我就把比较短促的逗留时间几乎全部用在巡游东湖和珞珈山上面了。

这两次重游武汉，见到了几位和武汉有着特别深切的因缘的朋友。大家谈心叙旧，提起某一件不易忘怀的往事，总要向我问道：“你还记得吗？”当我用完全肯定的语气回答说“完全记得”时，回忆之幕也就在我的脑际拉开了。……

我初次到武汉，是1938年初，还是一个二十来岁的青年，刚刚跨出学校的门槛。“七七”事变时，我是在日本侵略者的隆隆炮声里离开北方文化古城的。我乘坐开往天津的火车，经过丰台站时由敌人的武装所控制，随时可以发生灾祸。前来送行的朋友用低沉的声音对我说：“现在你走了，希望你很快就能重返罗马！”谁知到了上海，刚好碰上了“八·一三”，也是在日本侵略者的炮声的威胁里匆匆离开的。这一次，竟连从北方带来的行李也丢掉了。好不容易回到家乡，日本侵略者的炮火又已经迫近，钱塘江北岸的省城杭州很快就沦入敌手。在敌人的追逼下，什么地方才是我的安身之所呢？我想到自己离开北方那文化古城时，也有另一些朋友走上了另一条道路，他们现在在哪里呢？因此，一种急切地投身抗日烽火的渴望，使我抛掉东海之滨一所师范学校的教职，拿起一个小小的铺盖卷，从家乡经南昌沿南浔铁路到九江，再乘长江轮投奔武汉。当客轮即将靠近武汉码头时，我简直激动得只差没有大声呼喊出来。

到武汉后，我住在昙华林附近粮道街一家小旅馆里，这家旅馆的名字记得是“大中旅社”，它正好在蛇山脚下。就在山上的一所房子里，我们几个一起参加“一二·九”运动的朋友在那里编《战时青年》，一个“青年救国会”主办的刊物。我就是应他们的邀约来武汉的。在和他们商谈工作问题时，我表示了自己要到抗战前线去接受“炮火洗礼”的愿望。当然，参加救亡运动的途径是多种多样的，但我总觉得自己非常需要跑一跑战地，深入抗战现场作一次身经目睹的体验。刚好，“青救会”正在发动一批青年参加一个“战地服务团”，到鲁南苏北做民运工作。我的愿望很顺利地得到了实现。记得为了这事，我曾过江到汉口交通路一位党的负责人那里去谈过一次话。很难形容当时那种年轻人的兴奋情绪。在我的脑子里，的确活动着不少关于抗战前线的富于传奇性的想象。我和另外几位伙伴一起，在三月间一个春寒的日子里，乘坐还算畅通的平汉铁路上的一节军用车厢，出发上前线去了。

我们在鲁南苏北的战地只逗留了两个月，到五月底，就因徐州沦陷而纷纷离开了那里。我是和几个伙伴在一片混乱中从徐州突围出来的，经过苏北、皖北一直步行到平汉线上的漯河，几次冒着敌机的轰炸通过敌人的封锁线，九死一生才于六月间回到武汉，除了一身破旧的军装，只剩下口袋里的一把牙刷。我又住进了武昌粮道街的“大中旅社”。徐州重镇一经沦陷，也就拉开了武汉保卫战的序幕。有很多文化人从四面八方集中到这个重要城市里来。因此，这一次我除了和原来编辑《战地青年》的朋友朝夕相聚，还会见了好多位旧识和新交，我指的大都是一些文学战线上的战友。当时，舒群同志在主编《战地》，胡风同志在主编《七月》，臧云远同志在主编《自由中国》，我是以一个投稿者的身份和他们认识的。我曾经在《战地》上发表过题为《战地杂记》的随感，在《七月》上发表过报告文学《四个鸡蛋》，在《自由中国》上发表过几个朋友共同讨论由我执笔写成的中篇小说《雪的原野》。有四位倾慕已久的东北籍作家，他们是罗锋、端木蕻良、白朗、萧红，都是和我几乎在同一个时期向上海几个全国性文学刊物投稿的，在武汉才初次见面。住在粮道街附近一带的，有黑丁、碧野、田涛、李蕤等同志，总之是热热闹闹的一大群，大家你来我往，无所不谈，写出作品来也互相传看，互提意见。我那篇《雪的原野》就是几次谈话的结果。由于日本侵略者的飞机经常夜袭，一听到警报，我们就往蛇山上跑。敌机还没有来到上空时，我们就热烈地谈论着时局；即使敌机已经到达上空，探照灯和高射炮正在放射，在炸弹的轰响声中也依然不肯停止我们的评议。

当时大家最为关心的问题，就是“徐州会战”的令人失望的结局。我们的“战地服务团”在徐州集中组成后，其他的团员都还留在徐州待命，我和另一位当过新闻记者的同志就得到一个出发上前线的好机会。我们到过国民党军队的军部和师部，到过炮火纷飞的最前线，还到过日本侵略者刚刚溃退的台儿庄……。我们身经目睹了国民党军队的大举溃退和战地贫苦农民的深重灾难。就是在这种情况下，在我的思想里产生了一个“究竟谁在抗战”的问题。对我来说，这个问题是如此严重，以致久久盘绕在自己的脑子里，为认真寻求答案而惴惴不安。我就是带着这个问题回到武汉的，发表在《战地》上的那篇随感式的文章，就透露出了自己深为所苦的疑问。而在那篇题为《四个鸡蛋》的报告里，我描写战地农民既害怕日本侵略军、也害怕国民党士兵的情形，实际上也是在企图探索上面所说的答案。离开武汉后，我曾经采用从鲁南苏北战地所得的题材，写了好几篇主题相似的中、短篇小说，它们是《眷恋土地的人》、《死在担架上的担架兵》等等，都是为了回答“究竟谁在抗战”的问题。

鲁南苏北战地的情况既然是这样，那么，武汉的情况又如何呢？在不久前所写的一篇对一位朋友的回忆文章里，我写过如下一段话：

> 一九三八年夏，我从鲁南苏北战地回到武汉时，武汉的空气很紧张。这也不只是津浦和陇海铁路线上的重镇徐州失陷以后，武汉已经成为日本侵略军重点进攻的目标；尤其是国民党当局乘动员“保卫大武汉”的机会，加紧限制并压迫群众性的抗日运动。如果你曾经在当时的武汉生活过，总不会忘记正当敌军开始五路进攻武汉，太阳徽飞机几乎每晚都要在这个陷入痉挛状态的城市里卸下成吨巨型炸弹时，国民党的卫戍总部却在八月间颁布了所谓“民众团体战时行动规约”，剥夺了人民集会结社的权利，解散了“青救会”、“民先队”和“蚁社”三个青年抗日团体。也正是在这个时候，图书杂志的封底上出现了所谓“中央图书杂志审查委员会第×号审查证”的标志，利用审查机关审查原稿的办法来打击革命作者和进步舆论……

自然，这段话写得比较简略，但至少可以引起人们的记忆和推想。我就是在这种情况下，于 8 月间离开了武汉。我的使命是到南昌去协助办一份报纸，临行前曾过江到汉口去和《新华日报》的负责人谈过一次话。这时候，沿江而上的日本侵略军在攻陷安庆和马当要塞之后，又连陷湖口和九江，自然无法再走水路，只能乘坐粤汉铁路的火车南下。我还清楚地记得，那是一个闷热的傍晚，当我在武昌车站挤进一节拥挤的车厢时，对这个正遭敌人围攻的危城的惜别之情，几乎使我的热泪冲溢出眼眶来了。

列车冲破夜空向南奔驰，我受到一个不祥的预感的袭击：经此一别，到什么时候才能重见武汉呢？随后的事实是，我到南昌不久，就因战局的变化，报纸已经不能开办；急忙乘长途汽车赶到长沙，准备重回武汉，但粤汉铁路已告瘫痪，无法通行。预感成为现实，十月底武汉就沦入敌手，开始了十多年之久的阔别。一直到1950年初，我才有机会回到它的怀抱。

自然，这次重回武汉，并没有“涕泪满衣裳”的感觉，因为不仅抗战早已胜利结束，而且全国几乎都解放了，1938年那种惶惑不安的情绪一扫而空，的确有着一种重新成为大地的主人的自傲。抗战初期，我还是一个阅世很浅的青年，满腔忧愤，一心扑在救亡运动上；经过十多年的磨难，到了解放初期，我已经跨入中年的门槛，面对新生的祖国，所思考的已经是如何很好地为祖国贡献自己。1949年8月，长沙和平解放，到第二年年初我就到武汉参加中南文联的成立大会，两个月后就到武汉大学任教，在珞珈山上住了下来。

珞珈山旁边就是著名的东湖。山上花木成林，在我的寓所的大门口有一架茂密的葡萄藤，周围是成排的樱花和香樟。清晨起床，窗外是一片禽鸟的欢唱。傍晚时分，在小小阳台上可以眺望碧波粼粼的东湖。我非常喜爱自己这个享有湖光山色之美的住处。如果是一个老年人，大概是很容易产生借此颐养天年的念头的吧？但我仿佛并不十分满足，觉得自然环境虽很美好，总不是自己的久住之地。当时，我的心灵深处有个隐秘的思想是，过去十多年，东奔西跑，老是安不下心来从事写作；如今解放了，就很想结束一直是业余创作的局面，使自己能有个倾心艺术锻炼的机会。但办好新中国的大学教育是一份光荣的任务，学校里的一群朝气蓬勃的好青年对我更有着很大的吸引力，和他们在一起使我觉得自己又回到了青年时代。在同事中间，我也有了很多位好朋友。

当时，从珞珈山到武昌，除了校车，还有一种旧式的马车。再从武昌过江去汉口，又须赶搭有定时班次的渡轮。但我还是经常过汉口去参加文艺界的活动。1938年曾在武汉相聚的黑丁、李蕤等同志都在那里。新交也不少。在武昌的湖北省文联更是我常去的地方，这里也有我不少旧识和新交。后来又从重庆来了一位丽尼同志，他在汉口工作，又在武汉大学兼课。我和他简直一见如故，很快就建立起深厚的友谊。我们在珞珈山，一起到食堂里去吃饭，一起坐在阳台上谈天，一起挤在一张床上睡觉。其实，挤在床上也还是在继续谈天，因为他是俄罗斯文学的介绍者，我们就谈普希金和莱蒙托夫，谈果戈理、屠格涅夫、陀思妥耶夫斯基和托尔斯泰，谈契诃夫和高尔基。谈上了劲，直到窗口发白，鸟雀唱歌，我们还没有尽兴。后来，十年动乱中，丽尼在广州被迫害致死，我曾在一篇题为《坠落的鹰》的怀念文章里，描述了珞珈山上可纪念的夜谈。我愿意把这个记忆永久保留，因为在人生的旅途中，友情毕竟是最可珍贵的。

我在珞珈山的时间很短暂，第二个学期还没有完就离开了；但那些充满友情和欢乐的日子，甚至那里的一条山径，一丛林木，依然历历在目，而且都能勾引我对往事的回忆。如果容许我从容描述，将需要十倍的篇幅。但在结束这篇短文时，我还要写一写一个特别不能淡忘的印象。每次从汉口或武昌回珞珈山，只要时间还充裕，我总要到江边黄鹤楼下去乘搭旧式马车。正当夕阳西斜，在有规则的马蹄声中，马车摇摇晃晃地行进在尘土飞扬的泥路上。我在车座上坐定身子，耳听路旁的蝉鸣，眼眺天边的晚霞，保持着一种怡然神往的心情，直至建筑在高坡上那几座颜色不一的学校大楼的屋顶从林丛中粲然出现，才舒过一口气来，而且深感路程未免过短，到达目的地也太快了。

1983年9月2日上海

（原载1984年2月11日《长江日报·作家与武汉》）

野火的联想

——关于《现代文艺》的回忆

王西彦

1939年八九月间，正当震惊一时的“平江惨案”爆发以后，我从湘西南东走浙东，在自己家乡小住了一阵，于当年年底到福建战时省会永安去主编一个文艺性月刊，它就是1940年4月创刊的《现代文艺》。

出版这个刊物的，是一个由国民党省政府官办的改进出版社。不了解当时特定的历史情况和当地特殊的政治环境的人，也许会惊讶于官办的出版社为什么要来出版这样一个文艺刊物。原来担任省政府主席的，是一位在国民党内部派系斗争中的“开明派”。因此，在他的势力范围内，就有了可以容纳几个倾向进步的文化人和出版几种较为进步的书刊的空隙。当时担任出版社社长的黎烈文，就是和鲁迅有过交往的翻译家。怎样更有效果地利用这个机会，正是我们所考虑的。当我从浙东去闽西北时，当时在金华担任党的文化工作的邵荃麟同志交给我的任务，是到那里去开辟一个战斗的文艺阵地。

永安是个山区小城，从北门横穿市区到南门，大概只有两里左右。就在离北门口只有几百步远的城边，天色刚黑，就会传来猛虎衔走肥猪的惊呼声。而且，那里还是鼠疫流行、疟疾成灾的峦瘴之地。由于日本侵略者的空袭频繁，出版社的编辑部设在离城七、八里路外一处褴褛小村的一座破倒的小祠堂里，和城内的联系只靠一个工友兼伙夫的老头子每天一次的往返，他的主要任务自然是挑米买菜，所以即使是本地的报纸也要隔天才能见到，更不要说邮件文稿之类了。虽然在充当编辑部的祠堂旁边，相隔两百来步就有一家内迁的小小印刷所，使编辑工作得到一些方便，但毕竟永安地处东南一隅，联系广大大后方的交通极端不便，和当时文化中心的桂林、重庆等地通一封信也颇为渺茫，要按月编出一本刊物并发行出去，的确困难重重。好在荃麟同志答应最初几期稿子可由他在金华征集，记得我是身边带着好几篇文章才启程上路的。

但接着来的问题是，既然是开辟战斗阵地，那么应该选择一个怎样的攻击目标呢？回答这个问题时，就得关联到自己不久前的一些经历。我于 1937 年 7 月在北平听到了芦沟桥的炮声，同年 8 月在上海碰上了淞沪抗战，到了 1938 年三、四月间就参加了一个“战地服务团”，从武汉跑到鲁南、苏北的战地去做民运工作。当时我是一个二十多岁的青年，阅世虽很浅，热情却颇高。可是，我在战地看到的竟是国民党的消极抗战和积极反共，是国民党军队的狼狈溃退和蹂躏百姓，是古运河两岸贫苦农民的深灾重难和哭诉无门。这些众多的战地见闻，就在我脑子里形成了一个“究竟谁在抗战？”的大问号。而在湘西南自己参加工作的一个报社和另一所学校的被查封，回到濒临沦陷的浙东家乡农村时目睹一些叔伯婶嫂们被抽丁加税迫得惶惶不可终日的情景，更加深了这个急待回答的疑问。现在既然有了一个阵地，首先当然就要运用自己的方式来解答它。而且，这也的确是客观形势的要求。

在决定创办《现代文艺》时，我们就向四面八方发出征稿信。但在当时交通阻隔的情形下，很难在较短的时期里得到反应，更不要说寄来稿子了。何况还要选择进攻目标，真是谈何容易！可是，只经过短期的紧张准备，我们就编出创刊号，尽可能地体现出对“谁在抗战”这个问题的答案。发表在这期刊物上的三个中、短篇小说，有两个是描写国民党士兵生活的，就是荃麟同志的中篇《英雄》和我自己写的短篇《死在担架上的担架兵》。前者描写一个从抗战前线回乡的伤兵，他原是个给保长家打杂的，胡里胡涂地被送到战场上去，受了伤，被锯掉了一条膀子，回乡后却胡里胡涂被当做“民族英雄”重新送往战场。后者描写忠厚老实的农民在一个残酷的骗局里被联保主任送去当一名野战医院的担架兵，他在一次抢救伤兵时受了伤，结果自己也被放上担架，由别的担架兵抬下火线，一直到死“根本不知道自己是一个躺在担架上的受伤者”，耳朵里还“清晰地听到无数别的受伤者的呻吟和叫喊”。这两篇作品，都是既有揭露，也有控诉。刊物一出版，我们就在等待反应。果然反应很快就来了，国民党省保安处一位处长老爷那个特别灵敏的鼻子，不仅一下子就嗅出《英雄》有“妨碍役政”的嫌疑，还断定编辑部藏匿着“异党分子”，提出要查封刊物和清除“异党”。在这样的时候，就得感谢那位“开明派”的省主席了，由于他拒绝批准保安处长的要求，才使得刊物能够继续生存。即使《英雄》一稿出现了麻烦，我们还是接连发表了艾芜同志的《意外》，描写一个被强拉去冒名顶替的农民士兵在点名时不肯承认自己改变姓名；魏伯同志的《号兵冯玉珂》，描写一个孩子号兵怎样念念不忘自己在战争中受辱而死的母亲，失散了的父亲和妹妹，又怎样在战斗中忘我地向敌人投出手榴弹。我自己也写了题名为《眷恋土地的人》的中篇，描写江北古运河地区的国民党军队大规模溃退时，一个被遗弃的船夫却自发地在一处山峡只身抗击敌军的故事。所有这些作品，都是围绕着“谁在抗战”的问题，企图作出力求正确的答案。而且，由于因《英雄》而引起的那场风浪并没有危及刊物的生命，后来这些作品的发表也就比较顺利了。

一个综合性的文艺刊物，应以发表创作为主，这在编辑思想上是很明确的。但在编排的格式方面，我们不愿给自己制造固定的框子，而是尽可能多样化，例如目录和排次上，竭力顾到文章的意义和分量，有时也在字体上给读者以暗示，完全不掩盖主编人的观点。因此，发表理论文章时，也不一定都排在作品后面。创刊号上发表冯雪峰同志以“维山”的笔名写的《论典型的创造》一文时，不仅放在第一篇的地位，还在“编后记”里向读者特地作了推荐，说它是“出于一个优秀的理论家的手笔的一篇见解精辟的文章，它指出我们抗战文艺一个最基本的缺点，说明了我们的艺术为什么还不能带来典型和深刻的思想”。当时冯雪峰同志正蛰居家乡义乌的佛堂镇，不久就被关进了上饶集中营。就在这期间，他给我们接连寄来了两篇论文，另一篇涉及文艺和政治关系的《文艺与政论》也受到了人们热切的注意。被捕前夕，他在给我的信里，说他正在为《现代文艺》写一篇关于曹禺的《雷雨》、《日出》和《原野》等三部剧作的评论文章，可是到期不见稿子寄到，写了信去催促，接到的却是他夫人何爱玉同志的一封短简，说是“福春先生已于×月×日出外”，我就猜到是怎么一回事情。后来，好像他再也没有把这篇文章写出来。除了雪峰同志的，我们还发表了欧阳凡海同志的《最近文学创作的一般倾向》、石滨同志的《创作实践与生活实践》和《民族传统与世界传统》、张天翼同志的《关于文艺的民族形式》等论文。“石滨”是出版社内部一位编辑的笔名，他对马克思主义文艺理论有很好的修养，后来被国民党特务杀害于闽北武夷山。天翼同志的文章长达两万言，不仅立论精辟，而且语言生动，形象丰满，保留着他创作小说的那种特有风格，发表时也编排在第一篇地位，刊登了两期。

理论文章在显示刊物的倾向性时，比创作更为直接而明确。我们很重视它。可是，在当时的条件下，组织这类稿子很不容易。为了弥补不足，《现代文艺》特别设立了“短论”一栏，每期刊登三篇千字文，纵论各种文艺和创作问题。这个主意，记得是我和黎烈文商量决定的。30 年代黎在上海曾经主编过著名的申报副刊《自由谈》和另一个《中流》半月刊，这两个刊物都刊登短篇文章，鲁迅有很多杂文和散文就发表在它们上面。30 年代还有个《文学》杂志，也曾辟过一个叫做“文学论坛”的栏目，鲁迅也是一位重要的执笔者。我们的设立“短论”，自然也受到上述刊物的启发。可是，这些短文无法向外地约稿，只能由出版社编辑部里的人自己来写。黎烈文和我两人每期都无法请假，特别是我这个具体负责的人，有很多期要独自凑上两篇甚至三篇。黎烈文写短论时的署名之一叫“尊寒”，是为了纪念他的亡妻严冰之的。荃麟和那位曾用“石滨”的笔名写论文的同志也经常写，荃麟的笔名是“契若”。我写的篇数最多，笔名也就最多，因事隔多年，有些连自己也忘记了，即使见到旧刊物也不能完全辨识。这类短论，大都有鲜明的针对性，有感而发，竭力做到简明扼要，不作泛论，不说废话。但正因为如此，就很容易犯忌，更难免得罪人。有的在稿子送审时被图书杂志审查处扣掉了，最初我们就留着一大块空白，标明“缓登”二字；有的被删掉了，也按照被删字数加上方框或×，使读者一望而知是怎么一回事情，可以运用自己的想象和推理来填补。可是，很快那些审查老爷们就变得聪明起来了，禁止我们那样做，好象天下压根儿就太平无事。这栏“短论”大概坚持了两卷，时间是一年多，直等“皖南事变”发生以后，环境更加困难了，才不得不忍痛放弃这种短兵相接的斗争。

同属于理论范围的，还有“书评”一栏。东南一隅的新书虽然不多，桂林和重庆等文化中心地区却时有出版，也经常有运到这偏僻小山城里来的。为了使刊物的内容能够多样些，使读者对一些新的出版物有个选择的标准，当然也就是出于战斗的需要，每隔一两期，我们就发表一篇新书评论。这一栏的稿子，几乎由我一人包办。我用了个使读者无法和我的本名产生联想的笔名，从“洪杨之乱”这个词里截取了前面两个字，颠倒了一下，自以为寓有“叛乱者”的意思。我评过艾青的诗集《他死在第二次》、端木蕻良的短篇小说集《风陵渡》、芦焚的短篇小说集《无名氏》、林柯的话剧《沉渊》和谷斯范的章回体小说《新水浒》等作品，着眼点几乎都是文学艺术的现实效果，它和我们所发表的论文多讨论当前文艺问题，和在短论栏里一再批评有人鼓吹“描写与抗战无关的题材”的观点也都相通。我们的确力求保持理论上的一致性。

但这也不是说，我们要把《现代文艺》办成一个时事性过强的刊物。一则是看到在战局动乱和交通阻隔的情况下，忽略了对外国文学的介绍；二是既然是文艺杂志，总不能不顾及它的多样化和艺术性；三是在出版社编辑部里有几位原来就从事翻译工作的人，也有一些这方面的资料，包括私人的藏书和几份预定的外国文艺期刊，如英文和法文的《国际文学》之类。黎烈文就是一位法国文学的介绍者，还和鲁迅、茅盾等一起参加编辑过著名的《译文》杂志。因此，在创刊号上，我们就发表了奥地利著名小说家斯丹芬·茨威格（Stefen Zweig）的《托尔斯泰传》的绪论:《托尔斯泰的思想》，并同时译载托尔斯泰的短篇小说《人靠什么生活》。当时，茨威格以犹太作家的身份，受到希特勒的迫害，正流亡国外，我们发表他的著作也含有抗议法西斯暴政的用意。第二期更译载了法国古典作家梅里美（P. Mérimél）的著名短篇小说《掷骰戏》，还把它排列在创作小说的前面，更在“编后记”里向读者作了推荐。就在同一期里，为了纪念俄罗斯古典诗人莱蒙托夫，编了一个小小特辑。后来又编过纪念陀思妥耶夫斯基和高尔基的特辑。有时，没有组织到有分量的论文，我们也以重要的地位发表翻译，例如美国理论家梭罗（H.D.Thorau）的《论艺术与美》之类。还发表了好几篇翻译的作家和作品研究，例如别林斯基的《论〈堂·吉诃德〉》。最主要的是，我们连载了两部外国作家的长篇小说，就是匈牙利作家霍尔发斯（O.D.Horvath）的《第三帝国的兵士》，由黎烈文从法译本转译，内容描写的是正当希特勒在欧洲耀武扬威时，一个德国兵士的变态心理，从而反映出希特勒的理想和方法将把德国青年引上怎样的道路。另一部茨威格的名著《马来亚的狂人》，出自陈占元的译笔。它是作者运用艺术形式来阐释弗洛伊德主义的重要作品，最足以表现茨威格的创作特色。就我个人来说，我之所以会对茨威格着重心理分析的作品发生强烈兴趣，直到现在他还是我最爱读的作家作品之一，最初就由于编辑《现代文艺》时读到了他的一些论文和作品，知道他是一个对当时的法西斯野蛮势力表示抗议的正直的作家，他的具有艺术魅力的作品又激动着我年轻的心的缘故。他是1942年流亡巴西时自杀于里约热内卢的，在留下的绝命书里说明自杀的原因是“自己的语言所通行的世界已经沦亡和自己精神上的故乡已经毁灭”，更说明了他是一个以全部生命热爱自己的家乡、祖国和人民的人。我们在译载他的论文和作品时，他还健在人间。即使我读到的他的著作并不多，他那种真诚而勇敢的品质却给了我很深的印象和影响。

在《现代文艺》上，我们还特地辟了一个小小的“作家短简”的栏目。当时我在文艺界的熟人不多，知道在向外地作家约稿时不能单靠以编辑部名义寄发出去的信件，因此尽可能争取黎烈文的帮助，请求他单独或和我一起署名，给一些朋友们写信。有的朋友很快就寄来了稿子，有的即使不能马上寄稿子，也多半写来了回信。我们考虑到偏处东南一隅的读者渴望知道远在大后方的作家们的消息，就想出了这个主意，有选择地刊登一些朋友们的短简。现在时间过去了40多年，这些书信也许已经成为弥可珍贵的史料。

自然，前面所说的种种，都是我负责编辑时的情形。我只编满了三卷，时间大约是两年。在稿件来源等重要方面，我得到多方的支持；但在事务工作上，却几乎等于单枪匹马，除了一位女校对，从征稿、看稿、编排、跑印刷所、开稿费单，等等，都自己动手。往往在一个月里，我要为刊物写好几篇文章，小说、散文、短论、书评无所不为。不久以前，我托一家书店为我搜集到十多本旧刊物，一边翻阅，一边颇吃惊于当年自己兴趣的广泛和精力的充沛。也许读者会发现刊物上留有某些明显地为了应付政治压力的痕迹，我也不愿推卸责任。不无遗憾的是，由于年轻和经验不足，也缺乏战斗的韧性，并没有遭遇重大的挫折，我就轻易地放弃了那个阵地，离开了那个小小山城，前去当时的西南文化中心桂林。接编《现代文艺》的是靳以同志。这是只要从刊物面目的不无改变上，就不难看出来的。

出版社编辑部所在地的小村子名叫“虾蛤乡”，居民贫苦，房屋褴褛，四周都是荒凉的山野，晚间常有野兽出没。我们那个破倒小祠堂，被高达丈余的茅草所包围，即使上只有两百来步远的小印刷所，最初也是用锄头弯刀斩荆断棘地开辟出一条小路，才能通行。村民们告诉说，就在这山麓茂密的茅草丛里，就曾经多次出现过猛虎，要我们散步时别忘记身上带盒火柴，要是发现猛虎就立刻点燃茅草，因为它见火就逃。如果没有火种，带个小锣什么的也成，因为它也害怕锣声。到气氛最紧张时，我们就在房间外面走廊里叠起桌凳，床头上放着火柴，桌子上准备好脸盆，以防万一饿虎闯来吃人。到了冬季茅草干枯，我们就在祠堂周围和进城的通路两侧大放野火。我就曾经被推举为“放火队”的队长，率领几位队员充当“放火英雄”，把熊熊野火一次又一次地从村边一直延展到几里路外去。

这样做时，我脑子里就会产生一个也许并不十分贴切的联想：自己编辑的这个刊物，岂不也是荒凉山野间的一小蓬野火，它将从乱草丛中开辟出一片沃土来播种庄稼、种植鲜花吗？当时我虽不敢把这个联想向人们公开，觉得在这个联想里未免包含有某种过高的自诩；但是，时间已经过去了40多年，每次回想起那个刊物，总不禁同时也想起冬季茅草干枯时在那个穷乡僻壤放野火的情景。因此，现在提笔写这篇回忆文章时，也就预先在稿纸上写下《野火的联想》这个也许并不十分贴切的题目。

1983年2月3日上海

（原载《读书》1983年第5期）

在苍山碧水间

王西彦

1978年冬，我怀着一种回返故土的心情，重访阔别已久的福建。刚到福州，在一次文艺界的座谈会上，一位主持会议的旧友向热情的参加者作介绍时，果然把福建称作我的“第二故乡”。这的确很恰当地说出了我对福建的感情。

我第一次到福建是1939年年底。在这以前，浙闽虽是邻省，我们浙东的一些穷苦农民也有利用冬天农闲季节到闽西北山区采香菇和当伐木工人的，我只知道福建是个贫瘠而多山的省份。抗战初期，福建沿海的大城市沦陷敌手，战时省会迁到了小小的永安，却办起了一个改进出版社，担任社长的是著名的翻译家黎烈文。在30年代的上海文学界，黎烈文就是属于革命阵营的，曾经主编过申报副刊《自由谈》，为革命作家如鲁迅、茅盾等提供了一个战斗阵地，鲁迅那三个为人们所熟知的杂文集《伪自由书》、《花边文学》和《准风月谈》中的文章，大都发表在它上面。随后，他又主编过散文月刊《中流》，赞助过翻译刊物《译文》，和鲁迅有过较多的交往，现在的《鲁迅书信集》里就收有很多封给他的书信。同时，他翻译的几部法国文学名著，如巴尔扎克的《乡下医生》和洛蒂的《冰岛渔夫》，也颇脍炙人口。我是《中流》的投稿者，和他早就有过书信来往，对他介绍法国文学的功绩也久怀钦敬。我知道他在永安办出版社，也就应约为他主编的《改进》半月刊寄去了稿子。至于到永安参加改进出版社的工作，也是由于党的浙东文委负责人邵荃麟同志的推荐，任务是到福建开辟一个战斗的文艺阵地。当时福建省政府主席是一位鲁迅留学日本时期的旧识，《鲁迅全集》里就有他们合摄于东京的照片，在当时也算得上是国民党中的“开明派”。这就给福建的文化出版工作造就了一种颇为特殊的环境，使得这个出版社能够容纳一些倾向革命的文化工作者，编印几种比较进步的书刊。经过短期的筹备，我所主编的《现代文艺》月刊就在第二年四月间创刊了。

关于这个刊物，去年我曾经为《读书》的“主编话旧”栏写过一篇题为《野火的联想》的回忆文章。在这里还想说一说的是，永安虽然只是个山区小城，地方偏僻，居民不多，竟也成为日本侵略者的攻击目标。为了避免频繁的空袭，出版社的编辑部设在离城七、八里路一个名叫“虾蛤乡”的褴褛小村里，从县城到那里还得渡过一条小江，爬越一座小山，再走一段野草丛集的小径。我们就占有村边一所陷在高出人头的茅丛里的破倒小祠堂。祠堂对面，不出百来步的距离，则是一个从闽南泉州迁来的小小印刷厂，自然也陷在高高的茅丛里。因此，我们几个住在小祠堂的人，从早到晚，都听见两架旧式印刷机发出的缓慢而有节奏的砰击声，有时甚至连晚上也只能在这种声音里朦胧入睡。我们每天都要钻过茅丛，往印刷厂里来回跑上好多趟，和为数不多的工人们打得火热，彼此都以“老王”或“老张”相称。我就曾不止一次地从排字工人手里接过木盘，或是和装订工人并肩儿坐在一起，当一名临时帮工。那时我是一个二十多岁的小青年，初当编辑，徒有热情却缺乏经验。看到来自全国各地的稿子经过自己的眼和手，选好编就，送到印刷厂，捡字，上架，印刷，校对，装订成册，然后搬到江边码头，装上一条小小的木船运往县城，交给邮局发到全国各地，想象着众多读者捧读它们的情景，觉得自己简直成为享有无边魔法的魔术师。事实上，四面八方的反应也来得很快，东南半壁自不必说，有的甚至来自遥远的昆明、重庆和延安。正因为这样，才给了我勇气去克服重重困难，例如生活的苦难，条件的贫乏，交通的阻隔，特别是国民党保安处和图书杂志审查处的留难迫害，不仅按期编出了刊物，还出版了丛书，正如后来我们自己所总结的，“尽可能做到团结革命文艺队伍和真实反映抗战现实”。前几年我托上海书店搜集到十多册土纸本《现代文艺》，虽然经过四十多年长时间的侵蚀，封面已经褪色，纸张也已经脆裂，还留有不少蛀虫的印迹，但在轻轻翻阅它们时，很有些象一个老兵重新回到往日的战场上，对那里的每一片泥土和每一粒砂石都感到无限亲切。去年永安县委党史资料征集小组的同志来上海访问时，使我回忆起更多的往事。就在前几天，这个小组又给我寄来了一份经过整理的资料，还有一张很可珍贵的照片。他们在信里说，出版社当年在虾蛤乡的房子已拆毁多年，现在只有一块残留在树林里的草坪；经过多方询访，竟幸运地发现1940年邵荃麟和葛琴夫妇在国民党特务追捕下逃来永安避居虾蛤乡时租住的一间农舍。这间农民堆放木柴的小瓦房，位置在祠堂后面，彼此距离不过几十步。面对照片，我还能依稀辨认。房子右前方有一位老人，正举起一只手和访问者谈话，信里说明他就是当年给出版社撑船的，现在已经70多岁了。我细加端详，竟然还有些面熟，还回忆得起他在小木船上一面掌舵，一面嘱咐我们几个划桨的莽撞小伙子“小心哪”的情景。

唐代有一位诗人在咏唱闽中山水的名篇里，有“郁郁层峦夹岸青，青山绿水去无声”的佳句。人在小木船上，两岸是层峦叠峰，江中是滢滢绿水，山和水都默默无声地从身边离去，情景自然令人陶醉。可是我们当时的感受却完全不同。这也不只是因为燕江经过虾蛤乡前时，在岩石间形成一股急湍，发出哗哗的咆哮声，掌舵人一不小心，木船就有撞裂的危险；而更由于从虾蛤乡到城边的浮桥头，路程不满十里，片刻就能抵达，实在无法产生那种欣赏山水之美的悠闲心情。我们通常只乘搭进城的顺水船，它既便于运送成捆的书刊，又节省时间。偶尔乘搭一次逆水船，在通过磊磊岩石的险滩时，看到船夫的艰辛撑划，简直恨不得跳下去为他分劳，还哪里顾得上夹岸的青山绿树呢。

在《野火的联想》里，我写到当年在小祠堂周围大放野火的事。从编刊物联想到放野火，自然是觉得那份工作好比“荒凉山野间的一蓬野火，它将从乱草丛中开辟出一片沃土来播种庄稼，种植鲜花”。其实，当时只是认为自己既然承担了一种任务，总该尽力把它做得稍好一些，并没有想到自己是一个什么拓荒者。至于到了冬季茅草有些转黄发干，有时就结伴放火，那多半是由于乡居寂寞，充当游戏；同时也为了提防饿虎躲在茅丛中伺机伤人，用意就和我们在房门前堆叠凳椅并在床头边安放可代铜锣的脸盆一样。

到了1945年初，正当国统区的湘桂大溃退以后，在一种几近流离失所的情况下，我又第二次到福建。当破烂而拥挤的长途汽车停在长汀车站上时，涌现在脑子里的一个念头是："呵！我又回来了！"果然，我立刻接受了旧情的温暖。首先是当时正在内迁长汀的厦门大学任教的一位朋友热心为我安排了住处，使我得到一个稍事喘息的机会。接着我就到了永安，重新进入改进出版社。《现代文艺》早已停刊，编辑部也搬进城里的抚沟街，出版社的业务大大缩减，刊物已从全盛期的六种减少到一两种，丛书几乎都停出了。主持人虽然还是黎烈文，但他的情绪低沉，意态懒散，和我第一次到永安时那种想"大干一番"的热情成为鲜明的对照。因为人员不多，编辑部显得很清静，完全失掉过去热气腾腾的气象。

情形既然是这样，我觉得自己应该静下心来写点儿什么。第一次来永安以前，我刚跑了鲁南苏北的抗战前线，又目睹了发生在武汉和湖南的种种怪异现象，脑子里带着个"究竟谁在抗战"的问题，因此住在虾蛤乡的小祠堂里时，一面编刊物，一面也写了几篇回答上述问题的小说作品，如《死在担架上的担架兵》和《眷恋土地的人》等等。现在第二次来到永安，也不再编刊物了，写作时间要比在虾蛤乡时宽裕得多。而且，过去几年间，我在动乱生活中的见闻实在太多了，有些社会现象简直成为一种压力，迫使我不能不提起笔来。就在这种情形里，我写下了长篇小说《神的失落》。当时曾经在东南一隅经历过艰苦岁月的人们总不会忘记，单是在从滨海省份通向内地的几条公路线上，就发生过不少青年女性遭受蹂躏的悲剧。《神的失落》的题材就是这样来的，它所描写的那个"山区小城"也采用了永安的原型。当时南平有一家国民党办的《东南日报》，是从浙东金华迁来的，它的文艺副刊《笔垒》却由一位地下共产党员主编，他是我的好朋友。我们彼此商定，我在永安写一段寄一段，他在南平也一段一段地逐日连载。他还经常给我转来一些读者对作品中主人公命运表示关切的信件，鼓励我坚持写下去。他长期"战斗在敌人的心脏里"，我佩服他的勇气，也珍视他的鼓励。几个月后，小说在报上连载完了，我就在黎烈文的好意下，借助出版社的方便，自己用一个"新禾社"的名义印成单行本，连封面也是自己设计的。我把刚印好、还有着浓重油墨香的新书，大包大包地塞在自己的床底下，又大包大包地送到书店里去；但已经完全忘记销售的结果够不够收回印刷和纸张的成本了。

虽说到了抗战胜利的前夕，但日本侵略者对永安的空中袭击却愈来愈频繁，太阳章的飞机不断前来轰炸。好在出版社就在北门口，听到紧急警报还来得及再往城外跑。有一次，解除警报回到社里，我到黎烈文的办公室小坐，他拿起桌上一个别人送给充当笔筒的炮弹壳给我看，原来从飞机上扫射下来的子弹横穿过木板墙后，又穿过了这个炮弹壳。还有一次一颗小型炮弹投中出版社的宿舍，一些躲在泥土砌成的防空洞里的工作人员几乎被活埋。幸好那个已经从虾蛤乡搬进城来的小小印刷厂没有被炸毁，仅剩的一两个刊物也还能继续出版，表示这家出版社还继续存在。

但是，远较敌机肆虐更为严重的，是发生于1945年夏的“永安大狱”。这是一次抗战后期骇人听闻的文字狱，著名的记者杨潮（羊枣）就在这次事件中被捕杀害，同时遭殃的还有几十名地下党员和革命青年。改进出版社的一位发行部负责人也在一个晚上被捕，当时我正好在现场。眼看革命者遭受逮捕，在我已经不是第一次，不过这一回的印象特别深，我分明记得那是月色朦胧的夏夜，天气闷热，蚊蚋成群。因为一连好多天都处于风声鹤唳的情况里，对这类事情自然毫不意外。那位发行部负责人被戴上手铐，由敌特带走时，态度十分从容。那些日子，谣言有如荒年的蝗群，层出不穷，整个永安县城都沉溺在一片白色恐怖中。和杨潮同时被捕的，还有一位抗战初期我在湖南《观察日报》工作时的同事。到了抗战胜利约两年以后，我们在福州重逢，才知道他刚被从杭州的监狱里释放出来，杨潮却已经惨烈牺牲了。

经历了这场“永安大狱”，改进出版社的命运已经很明显。因此，抗战刚胜利结束，我就受聘到福建师范专科学校任教。我这样做，也谈不上是什么“转移阵地”，只是出版社即将结束收摊，自己总得找个餬口谋生的地方。这所学校可以说是现在福建师范大学的前身，当时办在南平附近的后谷，校舍在一处小小山窠里，隔着一条公路，就是闽江的南源沙溪。要是你手头有一本地图，就可以看到闽江有三个源流：北源是出自仙霞岭的建溪，中源是出自武夷山的富屯溪，南源沙溪也出自武夷山，它的上游就是经过永安的燕江。这三个源流都在南平汇合，然后浩浩荡荡地东奔大海。既然沿海的城市收复了，原来麇集在山区小县永安的大小政府机关，都争先恐后地一哄儿往福州搬迁。在这个空隙里，南平的气氛呈显出一种暴风雨后的平静，我能够经常乘搭小木船到城里去看访那儿位在《东南日报》工作的朋友。南平也是一个依山面水的小城，既是闽江三个源流的汇合点，又是闽西北几条公路的交叉处，水陆交通都很便利，客商云集，显得颇为繁华。报社设在城边的一座小山坡上，离船码头很近，我们乐于利用往返后谷和县城之间的这段水道。沙溪的江面比燕江阔得多，水流也比较平，乘搭小木船倒的确很有些"青山绿水去无声"的情趣。如果在傍晚时分，朦朦的山色和潺潺的水声更会给你一种如入梦境的感觉。但苍山碧水的值得恋念，总和温暖的友情不可分。直到现在，我还保留着一张已经发黄的几个朋友的合照，每次看到它，记忆里就会重现出当年那种急切等待阴霾消散的心境。

到了第二年的初春季节，学校也东迁福州，新的校址就在乌山。同时，改进出版社也搬来了，但它并不是为了重建，而是乘机办理结束。一两个月后，黎烈文就渡海去了台湾。我记得很清楚，他上船时，去给他送行的只有他的夫人和我两人。前些年文艺界产生过一种谣言，说什么黎烈文是在大陆解放前夕"逃"到台湾去的，好象他在福建曾经干下祸国殃民的坏事，他是在逃避人民的惩罚。为了澄清这种不负责任的诬蔑性谣言，我写过一篇题为《我所认识的黎烈文》的回忆文章，以见证人的身份，记述了这位著名翻译家在福建的功绩。使我深感欣慰的是，现在还在福建的一些文化界朋友，无论在口头或文字上都表达了对他的怀念；永安县委党史小组所整理的资料上，也对他主持出版社的贡献作出了符合实际的评价。我还会见过好几位旅美女作家，她们都是黎烈文在台湾大学任教时的学生，都曾经用敬仰的口气，和我说起过这位法国文学教授怎样保持气节的故事。我在这里插说这段似乎是题外的话，决不是为亡友辩护，而只是说明事实真相。当时的情况是，出版社结束了，原来的同事们有的被逮捕或竟被杀害了，有的离开了，我的确很有些象鲁迅所说过的"荷戟独彷徨"的样子。我先后住在鼓楼附近的旧米仓和龙山巷，经常独自一人徒步通过南街或南后街去乌山上课。只要一面对热情的青年学生们，我的胸膛里就会涌涨起一种热乎乎的感觉。前面不是说过刚办起《现代文艺》时，我曾经幼稚可笑地想象自己是一个享有魔法的魔术师吗？现在站在讲坛上，我把那些眼睛里闪现着求知的光的男女学生看作亲密朋友，觉得既有他们在一起，自己的工作也就有了明显的目标。自然，我同时也没有忘记坚持写作。最近接到福建朋友给我寄来的史料，从报刊目录上发现当时自己竟然写过那么多篇作品，颇吃了一惊。可是，很快我就不得不在种种谣言和被解聘的威胁下离开福建了，而且强烈地发现自己是多么热爱这个正熟悉起来的滨海城市。我曾经多次登上于山的小白塔，坐在最高层的栏杆边，怀着对闽中苍山碧水的恋念，俯眺闽江两岸栉比的房屋和纵横的街道。当时很难想象自己一旦离开了，什么时候才能重游旧地。

事实上，的确是间隔了三十多年的漫长时间，经历了种种巨变，直到“四人帮”覆灭后，我才有机会两次重访福建。颇富意义的是，1978 年是参加可以称之为母校的师范大学校庆科学讨论会，1981 年则是参加在厦门大学举行的鲁迅诞生百年纪念会。第一次的路线是乘火车先到福建，再沿滨海的公路经过泉州到厦门，然后乘厦沪直达车回上海。北行的列车过永安站时已是深夜，我下车到月台上走了一转，渴望发现一点什么可以辨认出旧游之地的迹象；但寥落的旅客和不太明亮的灯光只给了我一种冷寂的感觉。第二次是乘沪厦直达车先到厦门，再沿滨海公路经由漳州和泉州到福州，然后乘飞机回上海。南行的列车过永安站时却是傍晚，我也曾到月台上走了一转，还向一位路警同志打听从车站到县城的距离，说明那是自己近四十年前的旧游之地；我得到的却是一副略带惊讶的表情：“呵，有四十来年啦！路是不远，可今非昔比，永安县城已经变成上 20 万人口的工业区，您老人家就是到了那里也不会认得哩！”总之，两次重访，刚好在闽东南和闽西北兜了两个大圈子，可都在过永安站时引起了我深浓的惆怅。在这篇短文里，自然不能抒写我的全部感触，也无法描述身经目睹的新旧巨变，但不能不说一说这两次访问时接触到为数不少的新朋旧友，那种亲切热烈的气氛，的确使我感到自己回到了亲爱的第二故乡。尤其是和故人话旧时，抗日战争和解放战争时期在福建生活和战斗的种种往事，就清晰地重现在记忆里，仿佛是刚发生在昨天似的。几天以前，我还收到一位同志从厦门的来信，询问我过去在福建所写的作品，哪些是取材于福建的；出现在长篇小说《微贱的人》里的“虾蟆乡”，是不是有永安城郊的“虾蛤乡”的影子。我很高兴地给他写了回信。对后一个问题，我说到小说作品中的人和地虽不一定完全采自现实生活，但在我笔下的“虾蟆乡”这个地名，却千真万确地和自己曾经住过的“虾蛤乡”有关联，它多少寄托着我对那个江边小村的眷恋之情。《微贱的人》不久将由福建人民出版社以“抗战文艺丛书”的名义印行新版，它也可以算作我对第二故乡的一份小小赠礼。

1984 年 1 月 20 日上海

风雨中的独行者

王西彦

几天以前的晚上，我做了一个不愉快的梦，梦见自己冒着凄风苦雨，走在一条寂寞的路上，踩着泥泞的双脚不断打滑，不止一次地几乎跌入路边的一条小河。好不容易醒将过来，茫然自问道："我究竟在哪里？"好一会才发现自己原来躺在床上，刚才的梦境，不过是十多年前那场"史无前例"的稀世巨祸中实际经历的重现。当时我正在郊县一处劳动营里接受"脱胎换骨"的改造，在享受每月一次的休假以后，按期回营，总要在黄昏时分，走一段从长途汽车站所在的小镇到七、八里外海边营地的沿河小道。即使在晴天，这段暮色中的路程，也难免给我一种孤寂凄惶的感觉。只要设想一下，我是以一个罪犯的身份，走向前面那处设立在海边盐碱地上的惩罚性营地的，只要跨前一步，就接近等待着的苦役一步；望着距离愈来愈近的那一片用芦苇编搭而成的营房，我胸口这颗原本已变成迟钝麻木的心，就会不由自主地紧张起来。有一次我竟然碰上了一个风雨交加的日子，即使头上带有一顶草笠，也几乎衣裤湿透，双脚打滑，险些跌进小河；而且，不满十里的路程，忽然变得格外漫长，那些原来近在眼前的芦苇编搭成的营房，也一下子退得远远的，仿佛隐没到海浪中去了……

当我完全清醒过来，睁开双眼望着黑暗的空间发愣时，一个想法突然闯进我的脑子："刚才重现在梦境里的那场风雨中踽踽独行的情景，岂不正是你人生经历的写照吗？"于是，简直无法自制地陷入一连串往事的回忆中。

如果说童少年时期是人生道路的第一站，那么在最初学步的时候，我所看到的就是一幅暗淡凄楚的图景，它是由母亲和三个姊姊的愁苦面容所构成的。从刚有记忆的时候起，我就看到童养媳出身的母亲，经常蓬头垢脸地坐在灶门前暗自吞声流泪。家乡有句俗话：“媳妇熬成婆，再把媳妇磨。”做婆婆的虐待做媳妇的是寻常事。我的老祖母虽然不是童养媳出身，却很能虐待媳妇，动不动就禁止母亲吃饭，有时甚至擎起柴棍子揪打，而且不许被虐待者出声。就在长期的痛苦煎熬下，母亲不到 40 岁就永离了人世，留在我记忆里就只有她那张愁苦的面容。母亲生了三个女儿，都是我的姊姊。虽然她自己受尽了当童养媳的痛苦，却按照习俗，把女儿都“抱”给人家当童养媳。大姊的婆家在五里路外的一个小村子，我记得的是她受了公婆的打骂后，就满脸血污地逃回娘家来，可是也只敢站在家门前菜田塍上哭泣，因为她知道母亲等待她的是一根赶牛的柴棍子，做母亲的人总不敢得罪女儿的婆家。二姊是“抱”给三里路外父亲的朋友家的，可是原来准备做她丈夫的独生子却不肯接受她，一有机会就对她拳打足踢，因此她只能回娘家来向母亲诉苦讨主意，好在她还不到结婚成亲的年纪就在一场恶病里丧生。小姊姊是预定配给老祖母一个侄孙的，她在婆家的处境自然要比大姊和二姊好得多；可惜她和我称呼他“四表哥”的男人成亲后，生下一个男孩，丈夫就病死了。由于生活困难，年纪还轻，她把儿子寄养在别人家里，自己出“典”给邻村一个无力娶亲的男人，三年为期，终于给他生了一个儿子，得以重新回到自己的家，接回儿子，两人相依为命。当时正爆发抗日战争，家乡沦陷敌手。一次异族侵略军到山区小姊的村子里施虐劫掠，由于小姊抗拒敌人的污辱，竟牺牲在侵略者的刺刀下。就是由母亲和三个姊姊的愁苦面容所构成的这幅图景，覆盖着我童少年时期的岁月，使我窥看到了人生的苦难。我们的村子是聚族而居的，同村那些堂房婶嫂姊妹们的命运，也和母亲姊姊相类似甚至更为悲惨。

人生道路的第二站是青年时期，我已经到了素所倾慕的北方故都，时间是在“九·一八”以后。我住在南城一条阴暗小胡同里的一间阴暗小房子里。可以想见的是，已经侵占了东北三省的异族侵略者正窥视着华北地区，他们在北方故都的暴行令人发指。为了要求抵抗侵略，我曾经在北国严冬参加向大刀队和水龙头相搏斗的抗争；但终于在芦沟桥事变后被迫离开故都到上海，但立刻又在“八·一三”事变中逃离上海，回到浙东家乡；但很快家乡也沦陷敌手，深感在广大的国土上简直无处容身。此后的行止是，从鲁南、苏北的战争前线到武汉，又在武汉沦陷前夕到长沙，又在长沙大火中到湘西南，又在发生平江惨案后到浙东，此后就在浙、闽、赣、湘几个省份奔走，直至湘桂大溃退。我觉得自己有如顽童手下的陀螺，旋转无定。就在这一连串岁月里，我不仅经历了战争前线的无情炮火和后方城市的遭受轰炸，最为惊心动魄的，自然是陷身苦难深渊中的平民百姓的悲惨命运。横流在战地上的鲜血，轰炸后被烧成焦灰的尸体，目睹亲人被无辜杀戮时的哭泣，在保甲长淫威下躲避兵役时的凄惶，这一切在我这个年轻人面前构成了一幅悲惨的人生景象，正是它使我窥看到人世苦难的深广。

到了人生道路第三站的中年时期，我已经自觉跻身于知识分子的行列，关心起自己所属这个群体的命运。其实，早在30年代初刚开始提笔学习写作时，就写过一个题为《找寻道路的人》的短篇小说，主人公的原型是我的一位知心朋友，他在“九·一八”事变中失去家乡，流浪到关内的古都寻找生路，而在万般无奈的困境中又不得不出关回到家乡去。我是在挥泪送他出关时起意写这篇作品的，因为我觉得这位可怜的朋友就是一个未能寻找到生活道路的人。当时我也曾经自问：他的重新出关自然是表明寻找不到道路的困惑无奈，可是包括我自己在内的一些更多的自命为知识分子的人，又有谁敢于自诩为已经寻找到道路的人呢？因此，到了40年代，我又以较大的篇幅写了一部题名为《寻梦者》的中篇小说，描写一个青年人苦苦寻找生活道路的故事。后来，在试图解释自己在一个较长时期里所以特别关注知识分子的狼狈处境时，曾经引用鲁迅的名言“暴君的专制使人们变成冷嘲，愚民的专制使人们变成死相”，说明知识分子面临这种可悲悯的情况，再加上他们本身可悲悯的遭遇，“历史赋予的使命转而成为他们的精神负担——改造社会和唤醒民众的任务无异画饼，高远的理想变成自我嘲弄，除了沉入灰心绝望的深渊，转向个人暂图生存的狭小目标，为自己寻求一个躲避风雨的港湾，还能有什么办法呢？”可是，在那种特定的环境里，即使是一个躲避风雨的港湾也不是容易发现和享受的。人们当然不会忘记六七十年代发生在中国大地上那场“史无前例”的奇灾巨祸，知识分子忽然之间遭受到非人的待遇，我自己就是一个身经困厄的“罪人”，直到现在还经常被无法驱除的噩梦所惊扰，心灵的创伤是难以痊愈的。

正是在那场应该称之为民族悲剧的灾祸里，我从中年被推入老年的行列，带着一颗流血的心，踏上人生道路的最后一站。每当我回顾过去的经历时，眼前总要出现那个风雨中凄惶独行的身影。我走上文学写作的艰辛道路，最初是为了给母亲和三个姊姊那样的旧时代农村妇女鸣冤，后来则是给自己所属的知识分子群体叫屈。因此，我笔下的色彩总是阴暗的，作品的主题也只有一个，它就是人世间广大无边的苦难。每次翻阅自己的旧作，发现凡是描写家乡农村生活的，题目总是些《苦命人》、《鱼鬼》、《玉蜀黍的悲剧》、《黄昏》、《麻舅舅丢掉一条胳膊》以及《悲凉的乡土》之类；而描写知识分子的遭遇的，更是《折翅鸟》、《在沼池里》、《困顿》、《静水里的鱼》、《破了壳的蜗牛》、《假希腊人》以及《清醒的醉汉》之类，联想起它们的内容，使我自己也不能不吃惊执笔时的沉郁心情。尤其是作品中的人物，不论是农民或是知识分子，莫不有着凄楚的身世和悲苦的面容。因此曾经有评论家向我提出质问：“你为什么把他们写得这样苦？”我也把同样的质问提向自己。在感到实在无辞可答时，我只能喃喃自语道：“谁叫你碰上这样一个无可奈何的年代呢？”随后又作自我安慰道：“这副灰暗的眼光，并不是因为我是一个哲学上的悲观主义者，而是由于我是一个文学上现实主义的信奉者。我所刻意追求的，不是别的，只是生活的真实。我只写了自己所看到和所感受的。”在这种情形下，我完全顾不上自己的色彩能否吸引别人的兴趣，自己的声音能否取悦别人的听觉了。

在我家乡农村里，人们对两种不同的鸟持两种不同的态度。如果是相传专门报喜的喜鹊，大家就喜爱它的歌唱，孩子们听了会鼓掌欢迎；但如果是相传专门报丧的乌鸦，大家听到它那难听的鸣叫，就要捂耳朵，吐口水，甚至举着长竹竿把它赶跑。在童少年时期，我也是一个喜爱喜鹊而憎恶乌鸦的人。实在料想不到，走上文学写作的道路后，自己竟然成为一只不讨人欢喜的乌鸦。这也是我曾经说过的：“我不是不知道，人们莫不醉心于风和日丽，向往于轻歌曼舞。可是，既然呈显在你眼前的分明是凄风和苦雨，是悲叹和饮泣，怎么能在你的作品里出现明媚的阳光和欢乐的歌声呢？在这种场合，你怎么能不听从良知的判断呢？”事实上，我也的确曾经听到过好心的朋友和读者的劝告，希望我能改弦易辙，放弃原来的苦难中人物和过分阴暗的调子，尽可能给读者一点“亮色”。我感谢这种劝告，却无法接受。我有个执拗的想法：一个从事文学写作的人总得忠于自己的生活经验和对人生的真切感受。我以为，这也就是忠于文学和读者。我时刻记着平素所敬仰的俄罗斯文学大师列夫·托尔斯泰的箴言，他在日记和书信里总是反复强调文学艺术中真品和赝品的区别，要求作家应该有一颗真诚的心，写作时要“从心灵深处汲取感情”，使所表达的“正像他所体验的那样”。我自然不敢夸说自己能做到这一步，但愿意把这种至可珍贵的箴言当作对自己的鞭策。

也是我家乡农村的俗语：“船强不过舵，人强不过命。”也许有人会认为这是愚昧的迷信，可是我的人生经历却使我不得不承认这种宿命观念，而且不得不承认自己是一个和命运相搏斗的失败者。不错，我也相信在我们的大地上，终将出现一个风和日丽、花香鸟语的乐园，我对它怀有热烈的向往。在新一代的伙伴中，将会产生幸运的歌手，来给这样的乐园高唱颂歌。只是我这跄跄踉踉的脚步已经跨入人生道路的最后一站，正如在实际生活中是一个风雨中踽踽独行的旅人，在文学写作的旅途上也无法改变同样的处境，只能甘心充当一名孤寂的人生悲歌的低吟者；有时甚至又作自我告慰：我们的大地很广阔，树林也很茂密，在喜鹊成群的地方，总也会有乌鸦栖身的处所的吧。

1994年11月24日上海

（原载《收获》1995年第1期）

王西彦评传

白　烨

作家们走上文学创作的道路，有着各种各样的原因。常见的情形有两种：自觉的和不自觉的。如今已年满 70 岁的老作家王西彦，在一篇文章里谈到自己的创作经历时，就曾经这样说过："自己最初的提笔写作，并不是企图当一个作家，而是由于生活的迫促。"[1]开初是倾泻冲动之工具，其后是追求人生之方式，文学就是这样逐步和王西彦结下了不解之缘，从而使他在文学创作的道路上整整跋涉了 51 年，并至今笔耕不息。

一

1914 年农历 10 月 6 日，王西彦出生于浙江省义乌县东乡青塘下村。父亲是一个多才多艺的乡下私塾先生，母亲是一个目不识丁但很聪慧、勤劳的童养媳。作家的童年是在一个封闭、荒僻、穷窘的生活氛围里开始的。虽然他的家境在那个浙东的小山乡还算过得去，但三个姐姐从小当"童养媳"，历尽非人苦难的不幸境遇，街坊邻居的终岁辛劳而不得温饱，或者逼女从妓，或者流落街头的凄惨景象，都在王西彦童稚的心灵里打下了不可磨灭的印记，给他揭开了人生的最初一页，使他在对生活的奇思异想中，又充满了强烈的困惑和深沉的迷惘。

---

[1] 王西彦，《飞翔和大地》，载《青春》1981 年第 8 期。

在家乡读完私塾小学不久，母亲便因病去世。1925 年，王西彦到县城就读高小和初中。1930 年初中毕业，王西彦带着求知的渴望也带着解求人生之迷的希冀，到省城杭州，考入官费的省立民众教育实验学校。这个学校有着比乡、县学校远为丰富的各类图书，它极大地吸引了王西彦，他如“饥饿的人扑到了面包上”一样，广泛搜求和阅读各类文学书籍。作家谈到这一段生涯时，曾这样告诉人们：“我不仅把所有的课余时间都花在阅读文学书上，有时自修室熄灯以后，还要凑到路灯底下去读，中国的、外国的，先是近于无选择的，后来就有了偏重，对俄罗斯现实主义大师发生了兴趣。”[1]在此期间，左翼革命文艺运动声势渐大，影响渐广，王西彦因此而接触到《萌芽》、《拓荒者》、《少年飘泊者》、《短裤党》等进步文学刊物和文学作品。俄国批判现实主义大师和我国左翼革命作家的一部部愤世之作，使王西彦进一步认识了文学，也更深刻地认识了生活。他开始透过自己所耳濡目染的劳动群众悲惨生活的表象，思考隐藏在这背后的更深沉、更本原的东西。他也开始在欣赏优秀的文艺作品的同时，学习和留心其中的艺术上的方法和技巧。于是，在就学于杭州民众教育实验学校的毕业前夕，王西彦便以《车站旁边的人家》的处女作的酝酿和写作，正式宣告了自己对生活与艺术的探求的开始。

1933 年夏，拿到毕业文凭的王西彦，放弃回义乌当首任民众教育馆馆长的机会，用节余的一笔伙食费买了火车票到了上海。后又凭一位熟人的帮助，只身到了古都北京，并考入私立的中国大学国学系。虽然获得了学业，但由于身无分文，生活却不时陷于困境。万般无奈之中，他想到了带在身边的《车站旁边的人家》的小说稿。于是，便怀着试一试的心情把稿子寄往天津《大公报》文艺副刊。不料，稿子被正式发表，并收到编辑先生热情的鼓励信和一笔在当时颇为可观的稿费。这不仅极大地慰藉了生活无着的王西彦，而且有力地激发了他投身文学的强烈兴味。此后，在痴迷文学和维持生计的双重动力促迫下，蛰居在北京“浙江会馆”的一间陋室里的王西彦，接连在《国闻周报》、《文学》、《作家》、《文学界》、《光明》、《中流》等进步的和革

[1] 王西彦，《我怎样学习写作》，载《东海》1981 年第 5 期。

命的文学报刊上，发表了一系列作品，成为当时北平左翼革命文艺运动中颇为活跃的青年作家，奠定了自己在漫长的文学道路上不断迈进的最初基石。这个时期，王西彦一面写作，一面积极参加学生运动和“左联”的活动，并在1936年当选为“左联”扩大后的“北平作家协会”的候补执行委员。

从1933年到1936年，可以看作王西彦创作的第一个阶段。这个时期，王西彦主要是以浙东家乡的农村生活为背景，通过无告的小乡民的狂狷生活和乖蹇命运，展现乡土之悲凉、社会之浑浊、人生之惨淡、时代之灰暗。

由三个小故事所组成的《车站旁边的人家》，虽是王西彦的发轫之作，但入世深沉，文笔老辣，显露出了他在观察生活和表现生活方面的不凡才力。第一个故事《下雪的日子》，写的是生活赤贫的章九爷迫于一家的生计，不得不叫儿媳妇去车站卖身，并把9岁的小孙女送人当童养媳的事情，冰冷的雪天与破败的家景重叠在章九爷家里，使人感到格外凄凉。尤其是作者多以年幼的翠翠和毛毛的纯真眼光看浑浊的世界，让小孩跟大人一起悲哀、忧伤，更增添了作品的撼人力量和凝重气氛。接下来，《夜宿》和《小喜剧》两个故事，真实地反映了乡村妇女在土地上失去生活的希望之后，便只好在客栈里卖身求生的屈辱生活。虽然作品不象第一个故事那样令人窒息，但作者在青年妇女的故作欢颜中不时透露出的她的抑郁和隐痛，却使人明白地感觉到，在不幸的社会里更为不幸的妇女，不管她们怎样在生活中努力挣扎，都逃脱不了任人宰割的悲苦命运。《车站旁边的人家》虽然表现出王西彦对人物形象的刻画还不够重视，同一作品中前后的情调和笔法还不够统一等缺陷，但它揭露社会疮痍不留情面，状写贫苦农民饱带深情，以及追求景、情交融的艺术效果等，都给人们留下了极为深刻的印象。而这一切出自于一个19岁的青年中学生之手，应当说，起点是并不低的。

作者接下来发表了《悲凉的乡土》，这仍然是由几个小故事构成的一组小说。给死了妻子的杜奎伯奶养孩子的刘兴嫂，因丈夫中风而无钱买药，不得不硬着头皮向同自己一样清贫的杜家讨奶钱，结果不仅未能得到钱，反而逼走了孩子（《讨血钱》）；一个有着五张口的人家，病困交加，衣食无着，脾气暴戾的父亲怀着莫名的怨恨，骂妻子，打孩子，并逼着13岁的女儿到“下路”去讨活命，八斗田又因天旱而枯萎，叫天天不应，唤地地不灵，绝望之中杀死了自家五口人(《毒虫草》)；童养媳凤囡仅因曾挨着一个男人坐过，便为村人所不齿，她提心吊胆地过日子，仍免不了遭受小丈夫的凌辱和婆婆的毒打，她没有笑，也不能哭，只能在夜里“幽幽地抽泣”(《凤囡》)。四个故事，一个比一个凄惨，四幅素描，一幅比一幅晦暗。作者没有去写人们习见的富人对穷人的直接欺压，而是以较多的笔墨去写穷人之间的生活搏斗，家人之间的无端怨怒，社会不仅钳制着他们活命的每一条生路，而且把他们的人与人之间的关系约束、扭曲到令人难以忍受的地步。有什么描写比这种同阶层的人们不得已而相残更使人心悸、心酸的呢？王西彦诉说的这些可惊、可愕的故事，以自己独特的生活发现，把乡土之悲凉、世态之炎凉，揭露得真可以说是丝毫无遗了。

沿着《悲凉的乡土》的路子，王西彦先后写作了《摸秋》、《苦命人》、《寻常事》等作品。在这些作品里，他还是满含着强烈的爱憎，或者写童养媳在封建家教和贫困生活的双重压榨下的无力挣扎，或者写贫苦人家的少女为养家糊口所迫忍气吞声地从事着卖身苦行，以自己那虽不宏大，但却深沉有力的声音，继续为故乡的劳苦大众诉不幸、鸣不平。大概是已经比较熟悉城市贫民生活的缘故，约在1936年前后，王西彦开始写作以城市小市民为主人公的作品，如《古城的忧郁》、《泡影》、《投靠》、《哥哥和警察》等。虽然作品的背景由浙东山乡移到了北方都市，但人们看到：作者观察生活和眼光并未改变，还是把艺术摄像机对准社会下层的人们，表现他们在富户、地痞的欺压下生活命运的种种不幸和辛酸。这一时期，王西彦的创作出现了一些值得注意新的动向。

在艺术上值得一提的是《两姊妹》。这篇小说约有3万多字，采用的是书信体形式。引人注意的，倒不是它的形式有什么新奇，而是这篇作品，人物形象格外的扎实和丰满。作品通过姐姐给妹妹倾诉衷肠的10封信，把一个先是沉浸在爱的欢娱里，后来又感到爱的乏味，最后又难于忍受爱的禁锢的女性的麻木、觉醒和探求的思想过程，揭露得细致入微，使人们看到了一个既不讳言幸福而又在积极争取有价值的人生的有血有肉的女性形象。从内心到外形都栩栩如生，并且不屈从于生活命运的安排的形象，在王西彦作品的人物系列里，应当说还是不多见的。这标志着作者的创作在人物形象的塑造方面更上了一层楼。

从题旨上看，饶有新意的是《曙》和《夜店》、《寻找道路的人》。前一篇小说以纺织女工金小妹等不堪忍受欺侮而勇敢奋起的经过，正面反映了我国工人阶级为掌握自己的命运而奋斗的团结抗争精神。后两篇分别写了颠沛流离中的流亡者为寻求人生道路在茫然无助中的执着，坚韧的探求。这些不甘于悲苦的人物，是王西彦的人物画廊中的一批新人。毋庸讳言，这些反映了作者审时度势的眼光进一步开放和深邃的作品，由于写的多属自己并非熟悉的人和事，人物形象略嫌单薄，艺术针脚也较为粗糙，这也一定程度上影响了作品的感染力。看来，艺术上的求深、求新、只有在自己所熟悉的领域里进行，才能够获得更为完美的成功。

总体来看，王西彦从 1933 年到 1937 年期间的创作，在站稳脚跟的同时，是有所拓展、有所进取的。他描写的题材，由单一的浙东农村生活扩伸到后来的青年爱情生活，都市市民生活，他推求的主题，由自暴自弃的怨艾逐渐转向不甘沉沦的抗争，努力超越自己原有水平的探求，是明显可见的。尤其是他在为期不长的时间里，初步形成了近距离观察人生、直书所见、所闻，直抒所感、所思，为贫苦农民、市民立传代言的强烈激情力透纸背等艺术特点，更是难能可贵的。可以说，这一时期的王西彦，是站在悲苦的乡民的角度，来看待和表现那个悲凉的乡土的。作者本人就曾多次说明，他所写的几乎无一不是有生活实据的事情，有些甚至是真实生活经历的照直摹写。事实上，人们从王西彦的作品中，也很难觉察到作者运用想象进行艺术虚构的成分。这样的结果，一方面使他的作品感情真挚，生活气息浓厚；一方面也给他的作品带来蕴藉不够，过于显露的缺欠。当一个作者既忠于自己的描写对象，又比自己的描写对象站得更高的时候，他才有可能在自己的作品里提供出比叙说一个不幸事件更具深刻意义的生活内容。从这一方面看来，王西彦的创作开拓期，既不乏硕果，也确实还有不少问题需要在今后的创作中进一步着力解决。

二

1937年7月，王西彦毕业于中国大学国学系，离开了自己学习和生活近五年的北平，南下家乡浙江，到温州师范学校短期任教。1938年2月间，在武汉参加了中国共产党组织的一个战地服务团，到鲁南、苏北去做战地宣传工作。不久，武汉沦陷，作家又先后到湖南、浙江和福建等地，从事有关抗战的工作。其间，曾主编过《现代文艺》月刊。

由于深入到了抗战的漩涡之中，王西彦对祖国在侵略者的肆意践踏之下，士兵们的浴血奋斗，人民的流离失所，有着真切而深刻的感受。作家沿途记录和整理着自己从硝烟弥漫的战火中采撷到的第一手材料，先后写出了《荒村》、《遭遇》、《仇恨的生长》、《在路上》、《眷恋土地的人》等作品，以对苦难的动荡生活的如实描绘，掀开了自己创作上的新的一页。

作家最先的锋芒直指日本侵略军的种种暴行和兽行。《荒村》给人们诉说了日军把一个贫瘠的山庄掠夺一空后，怎样对纤弱的母女俩狂施兽行，使8岁的小芹芹悲惨丧命；《仇恨的生长》又告诉人们：日本飞机追着老百姓扔炸弹，一个炸弹就炸死上百个无辜百姓，使无数人的家园毁于一旦。作者满含义愤写作，字字句句都浸透着血泪。它向人们通报了侵略者的罪恶、受难者的遭遇，也激发着人们挺身奋起抗强暴、誓死不做亡国奴的民族气节和卫国斗志。

稍后，作者又在《刀俎上》、《麻舅舅丢掉一只胳膊》、《眷恋土地的人》等几篇作品中，描写贫苦农民带着家仇国恨浴血抗战在第一线，而国民党的军队却消极抗击侵略，积极搜刮民财。作品以无可辩驳的事实告诉人们：真正在抗战的是苦难的、爱国的人民。他们默默地忍受，默默地流血，默默地战斗，同那些空喊抗战口号的国民党军政权贵们比起来，他们是最富有民族精神的可尊敬的人。

作者作于1939年初的《海的喧嚣》，是这一时期比较有代表性的一篇作品。在这篇作品中，作者塑造了一个渔家少女野鸭子的形象，她不同于王西彦作品中的多数低头缩胸的女性，她敢于大胆地追求自己的爱情，还敢于在大人们和老人们被洋炮打得不知所措的情况下，发出报仇雪恨的第一声呐喊。她昂着头爱，昂着头恨，浑身散发着一种新时代所特有的劳动女性的纯朴、蓬勃的生气。人们从她的身上，看到了沉闷时代的亮光。

另一篇《死在担架上的担架兵》的小说，也是颇有意蕴的。小说写雇工李娃娃在某抗战医院当担架兵前后的有关生活。他在战火纷飞中不知劳累，不避艰险地抢救伤兵，别人牺牲，他悲痛得不能自已，而自己中弹奄奄一息，却不吭一声。他是忠厚的，英勇的。然而，他的妻子被少东家长期奸占并怀孕，自己却稀里糊涂，还直念叨少东家的好处，这又表现出了他的愚昧和麻木。如果说李娃娃还只是令人遗憾的话，那么，欺侮老实人的少东家就简直可恶之极了。穷人在抗战，抗战的在献身，而富人在享乐，享乐的又在坑害抗战的。这就是王西彦所勾勒出的发生在 40 年代的中国土地上令人气愤而又比比皆是的咄咄怪事。

关于抗战时期的文艺创作，王西彦在一篇文章中曾这样说过："重读当时写下的那些近似速写或战地报道的作品时，我只遗憾自己写得太少，且也写得太肤浅，太浮光掠影了。"[1]这当然是作家的自谦之词，但他认为自己的作品"近似速写或战地报道"的说法，却是有着一定道理的。王西彦这一时期的十几篇作品，除少数外，多数是写于抗战征途的旅次之中。作家在抗战之初的北京，蓄积了满腔的抗日激情，对抗战的爆发怀抱着相当的热望。但当他到了抗战前线，目睹了人民受难和高喊抗战口号的并不真正抗战的种种实情后，对侵略者的仇恨和对消极抗战者的怨怒一齐迸发，说明和揭露事实真相，就被他看作是自己义不容辞的责任。在这种情况下，急于发表自己的见闻和感想，而不及推敲其所要的表现的是否深邃和含蓄，就是在所难免的了。因此，"速写或战地报道"式的作品，是王西彦的创作进入到抗战的历史时期的必然产物。

由客观摹写乡村农民在生活的重压下的悲痛和哀叹，到主动反映劳动人民在民族斗争、阶级斗争第一线中的英勇业绩，作家创作上的

[1] 王西彦，《悲凉的乡土·自序》，花城出版社 1982 年版。

这一进步，是他紧随着他所反映的那个时代的步履而进步的结果。人们从作品中也不难看出：虽然作者着眼于生活中的苦难和血泪，但已不是站在狭小的天地看待生活、悲叹个人的不幸，而是力求站在更广大的群众的一边，放开胸襟抒写民族仇，阶级恨；在对生活的反映上，那种只注意具体事件的诉述，而很少顾及时代风云的现象有所克服，作品的时代气息和社会意义明显增强。这些思想内容上的新开拓也势必带来艺术描写上的相应的变化，这就是：作品的内在激情增强了，人物形象鲜明了，艺术节奏明快了；但也因为作者下笔常常过于急促，作品的主题深化不够，语言提炼不够，使作品在引人的魅力上也打了不少折扣。这虽然不能不顾具体的历史条件去苛求作者，但就作者创作的全面发展来看，却不能不是值得提出来的问题。因为增强作品的思想力量和时代气韵，并不意味着一定要减弱作品的艺术色彩。从作者这一时期的《海的喧嚣》等力作来看，即便是及时反映人民群众斗争生活，政治性与艺术性也是可以较好地结合起来的。

三

1942 年至 1948 年，王西彦辗转于广西的桂林、平乐、南宁和福建的永平、福州、南平等地，先后任中等师范学校教员，出版部门编辑和大学教授等职。1949 年 4 月，因参加民主运动遭到国民党当局的迫害，又离开广西南宁到湖南的长沙。

长期生活在知识分子之中的经历，使王西彦产生了新的感受、新的冲动，因而在这一时期，以对知识分子的生活和心理的表现为主，踏上了创作道路的新阶段。由于作者自己本人就是一个忧国忧民而又历经苦难的知识分子，能够设身处地体察知识分子的生活命运和感情世界，而且看得多，想得深，他的描写知识分子的作品，在思想上和艺术上，大都颇具光彩，充满着一种打动人心的力量。作家真正找到了自己的所长，充分发挥了自己的优势。

如果仅从题材上看，作者写于 1936 年的《找寻道路的人》，就是一篇写知识分子的小说。小说写高等学校毕业生严俊文因失业无以养家糊口，象“一头”到处碰壁的“困兽”游离于生活之外。作者不重在写知识分子本身，而是旨在揭露社会的荒谬和无情。作者这一时期对知识分子问题的反映有些不同，他写知识分子的生活现实，也写他们的心理状况，写知识分子的不幸遭际，更写知识分子的艰辛探求，力求用自己的作品显现出半殖民地、半封建社会的知识分子的真实苦难历程。

40年代初，作者在《走向旷野》、《家鸽》等作品里，写了不满足于“金丝笼里的清水米”的生活，力求从家庭走向社会的知识女性形象。虽然有的（如吴彤霞）实现了自己的理想，有的（如姚文英）未能如愿以偿，但那心向广大的世界，希图置身于生活的激流的追求，不免使人肃然起敬。与这些单纯的热血女性比起来，《春天》里的莫立明，《假希腊人》里的贾自我，《清醒的醉汉》里的卓竞成，《静水里的鱼》里的翁子怡，这些也曾是满怀热血的知识男性们，就显得复杂、深沉得多了。他们满腹学问，却报国无门，求生无路；他们心怀热望，却辄遭打击，无以寄托；或者在同自己所钟意的女性的爱情结合中寻求一点精神刺激，或者在醉酒的朦胧里发泄自己的生活激情，或者干脆在老庄哲学、希腊主义里觅求自我解脱。当这种人为的生活波澜平息了、消失了之后，他们无不陷入一种更大、更深的生活和精神的困境。作者在这些作品以及《夜宴》、《风雪》、《一个小人物的愤怒》、《人的世界》和《乡下朋友》等同类题材的力作中，写出了知识分子在被压抑和被扭曲的情况下产生的种种矛盾心理，更写出了知识分子所置身的那个社会的封闭、沉闷和阴暗。因此，人们从作品中强烈感受到的，是知识分子要改变自己的命运，必须打破禁锢自己的社会牢笼。从这个意义上看，与其说王西彦是写知识分子在旧时代的种种苦难，不如说他是在黎明前的黑暗时分敲击着旧时代的丧钟。

或许是中短篇的形式还不足以倾泻自己蓄积已久的心绪和激情的缘故，这一时期，王西彦一连写出了五部长篇小说，其中，《古屋》、《神的失落》和《寻梦者》，均是为当时的知识分子绘影造形的。三部长篇小说虽然字数都不过十几万字，但构思精巧，描写细致，都有一定的分量。

1940年动笔，1943年脱手的《古屋》，是王西彦系列长篇中的第一部。作为长篇小说创作的初次尝试，这部作品虽然在结构和情节上缺少变化，显得刻板一些，但在主题与人物、心境与场景等方面的开掘和描写上，有力地显示出了作者艺术创作上的新进展。作者以家道中衰的“孙家大屋”的种种隐秘的探寻者的身份，眼观周围的畸人怪事，寻思隐藏在表象后面的本质因素，如同层层剥笋一般揭示出了“古屋”走向衰亡的主客观原因。作品的主要贡献，当然在于塑造了古屋现时之屋主孙尚宪这个不同寻常的地主阶级出身的旧知识分子形象。他同情抗战，却蜇居在古屋里不问世事；他乐于读书，却一门心思用在修身养性上；他理解“新派”，却又顽固地坚守封建的伦理道德；他明知别人不愿同“古屋”一起毁灭，却要依仗宗法、家法把潜在的叛逆者禁锢在“古屋”；他深悉“古屋”在日益分崩离析，却千方百计地要维护表面的安宁和体面。在与客人高谈阔论时，他豁达大度，和善随和；而在履行“屋主”的权利时，他却往往偏执和专断到残忍的地步。他不是一个糊涂的封建卫道士，而是一个眼见大势已去而又不肯认输的时代抗拒者，唯其清醒，才更加可悲。作者没有把这个人物简单化，既写了他思想上坚持守旧的一面，又写了他有时也向往进步的一面；既写了他崇尚空谈，自以为是，养尊处优等致命的个人局限，也写了家庭出身、生活地位和传统习惯等客观因素对他的制约和影响，使这个人物和他的失败的挣扎具有深刻的社会意义。对人物形象的这种精细刻画，加上作者对随同着主人的没落而日见破败的“古屋”场景的深含寓意的描写，以及用论辩性的哲理语言构成的人物对话，使得《古屋》具有一种引人入胜、启人思索的艺术力量。

分别作于1945年的《神的失落》和作于1947年的《寻梦者》，都是反映青年知识分子悲剧性的爱情生活的。前者写旅居偏僻小城的青年教师马立刚，在失恋所造成的苦闷中结识少女高小筠，两人情投意合，倾心相爱，互相唤起了对方的生活的热情；但不料中途杀出了高小筠的流氓表哥，他依仗自己有钱有势，霸占了高小筠，使马立刚的幸福和希望化为泡影。后者写大学毕业的富家子弟成康农，爱情失意后怀着厌世情绪来到一个僻静的山寺，苦闷中为天真、活泼的洗衣女赛男所吸引，重又萌生新的爱情和建立起新的生活信心；但自己所痴迷着的赛男却因门户不配拒绝与他结合，连遭打击之后，他才得知自己不过是在寻梦而已。两篇作品人物和故事各异，但题旨却大致相似，都以心醉的开始和心碎的结局反映了青年男女的不如意的爱情。作者为什么要一而再、再而三地给本应美好的爱情唱丧歌呢？这里体现了作者对那个时代的整体生活的独到理解。从作品中，我们不难看到，尽管高小筠有钱的表哥的出现，赛男出于想爱而不能爱的拒婚，都带有一定的偶然性，但有钱有势的人主宰着别人的命运，门当户对的习俗决定着婚配关系，那时却是天经地义的和极为普遍的。它们象一条条无形的鸿沟横亘在涉世未深的青年男女之间，使他们不能自主自己的爱情。青年人的初恋没有好结果，那么中年人的爱情生活又怎样呢？在其他的一些中短篇小说里，王西彦一次又一次地告诉人们：他们要么和自己根本不爱而又不能拒绝的异性勉强凑合，从一开始就互相套上了枷锁；要么侥幸和意中人成婚，而短暂的蜜月之后便是无尽的苦难，甜美的爱之梦终于被债务、家务和战事所撕碎。把这一切联系起来，不难看出作者反复咏叹的，是这样一个无情而又实在的真理：在满身疮痍的社会，难以找到美满的爱情。作者笔下的许多人，无不是在曲折而坎坷的爱情历程中，认识了复杂而艰险的社会生活，从而更加清醒了。失去了爱情，领悟了人生，把追求爱情的热力化为改造社会的动力，作者深蕴在作品里的这一用血和泪铸成的深刻教益，是读到这些作品的青年所不能不记取的。

作者的另外两部长篇小说《村野的爱情》和《微贱的人》，虽然也写作发表于这一时期，但前一部记叙两对追求自由爱情的青年男女，在闭锁、迷信的乡规民风、封建的保甲制度和异族侵略的巨大灾难的一次次打击下终遭失败，后一部写勤劳、善良的年轻农妇银花不幸死去丈夫、失去女儿，又受尽公婆及家族的歧视、凌辱和乡保长的欺诈、勒索而含悲自尽。从题材的选取和主题的追求来看，作品显然属于作者对家乡故土的贫苦农民的凄惨命运的新挖掘和再表现；由于作者差不多是经过了十年创作历程之后，再回过头去写“悲凉的乡土”，这两部作品无论是在思想内容的深邃上，还是艺术描写的圆熟上，都非作者第一阶段的创作所能相比。尤其是《微贱的人》写农妇银花，一方面极力展示她的勤朴、端庄和善良，一方面又放手铺陈伴随着她的种种天灾和人祸；一方面抒写她的坚贞不屈的个人反抗，一方面又绘描比她个人的力量大得多的黑暗势力。这种在强烈对比中对善有恶运、美不敌丑的荒谬现象的描写，使社会的助纣为虐和穷人的走投无路，令人战栗地呈现在读者面前，大大加强了作品撼动人心的艺术力量。《微贱的人》不仅在作者的创作中放出了异彩，就是在当时农村题材的整个创作中，也不失为一部重要的作品。它同作者在这一时期精心酿制的篇短意深的《黄昏》、《老太婆伯伯》、《隔膜》等一起，构成了王西彦在 40 年代与真切发掘知识分子问题双峰对峙的一个深刻再现农村苦难的创作高潮。

无论从数量上看，还是从质量上看，王西彦40年代的创作都可以说是进入到了一个辉煌的时期。不算那些为数不少的散文和杂忆，即是长篇小说、中篇小说和短篇小说，作者这一时期就先后写作和发表了 100 多万字。这些题材涉猎广泛的作品，大都做到了深沉、丰盈的思想主题和精心、细致的艺术描写的较好结合，具有一定的艺术水准。如果再作一点具体的分析，我们就可以看出，作者在他创作的第一阶段存在的凭借直观性的感受创作的不足，在第二阶段存在的质胜于文的缺陷，都在这一时期得到了较大的克服。作者那善于在阶级矛盾和民族矛盾的漩涡中选取血泪和伤痛的艺术摄像机，举得高了，望得远了，因而一个个生活场景的画面更为雄浑，具有着浓重的历史意识。在艺术描写上，那种照直摹写生活的略带自然主义色彩的手法也看不到了，取而代之的，是在生活事实和生活体验的基础上的艺术再创造，熔描写、叙述、议论于一炉，直现中渗进了思考，直率中增加了含蓄，在以气夺人中还力求做到以情感人，以理服人，作品充溢着多种因素融合在一起所构成的深沉意蕴。作家在锲而不舍的艺术追求中开始找到了自己的艺术风格。

四

1949 年，王西彦在湖南长沙迎接了祖国的解放，随即被聘任为湖南大学教授。1950 年至 1951 年，他参加了湘东老苏区和皖北老根据地的土地改革运动。1952 年到 1953 年，又两次到朝鲜抗美援朝前线访问。1954 年，调任专业创作。在此前后，作者担任了湖南省第一届人民代表大会代表，上海市第一至五届政协委员会委员，中南文联和华东文联委员，上海市文联委员和上海市作协分会理事。

劳动人民结束了被压迫，被剥削的地位，翻身当家作了主人，知识分子也为党和人民政府所重用，焕发出了新的活力。目睹了新旧社会里人们两种不同的境遇和命运，参加了人民建设祖国和保卫和平的火热斗争，王西彦这个在过去年代的创作里没有写过笑声、没有写过欢乐的作家，切实感到自己曾诅咒过的真正完结了，自己曾梦想过的真正实现了，人们真正进入了“唱赞歌的时代”，从而，他以无比欢快的热情又投入了对于新生活的礼赞。

作者先后写作和发表了反映抗美援朝生活的短篇小说集《朴玉丽》，描写知识分子生活的短篇小说集《新的土壤》，散文和报告文学集《湘东老苏区杂记》、《为了祖国和人类》。1963 年，倾透作者心血的两部长篇巨制《春回地暖》（上、下卷）、《在漫长的路上》（第一部）先后问世。前者调动了作者深入土改生活的经验和青少年时代对农村生活的体验，以丰富的内容和鲜活的人物，再现了土地改革期间我国农村生活场景；后者发挥了自己熟稔知识分子问题的所长，描写了在解放前夕的动荡岁月，不同精神状态的知识分子的不同遭遇和曲折前进历程。在一个并不长的时间，相继拿出这样两部颇具分量的长篇小说，这说明作者在新时代焕发出了巨大的青春力量，并葆有旺盛的创作激情和深厚的艺术功力。

王西彦曾在解放前的创作中显露出来的理论兴趣和理论素养，在解放后也得到了应有的发挥和发展。他在创作小说的同时，对于许多理论问题和作家作品，都有出自深思熟虑的有力发言。他在《赞歌和挽歌》、《唱赞歌的时代》、《论阿 Q 和他的悲剧》、《从播种到收获》等理论集子里，谈创作技巧，谈鲁迅遗产，评作品创作，论文艺思想，有感而发，直抒己见，不少文章在文艺理论界产生了较大的反响，取得了比他的创作毫不逊色的成就。

在十年浩劫之中，王西彦不仅未能幸免，而且还被江青、张春桥列为上海文艺界的第一批打击对象，长期遭受迫害。打倒“四人帮”之后，作家第二次获得新生。他虽已年过花甲，但精神矍铄，又以新的姿态投入新的创作。近几年来，他担任了中国作家协会理事、中国作协上海分会副主席的职务，积极从事文艺的组织领导和培养新人的工作，但在创作上也毫不懈怠，除继续写作《在漫长的路上》的第二、三部外，还写作并出版了《炼狱中的圣火》、《忧伤的世界》、《晚望》三本散文集，并开始着手创作一部反映“一二·九”学生运动的长篇小说。王西彦告诉人们，他“至少还能再写十年”。[1]作家的这一发自心底的预言，反映了他的艺术目标的远大和创作热情的旺盛，这是令人欣喜的，也是令人钦敬的。

从 1933 年迄今，王西彦已经在文学创作的道路上跋涉了整整 51 年。51 年，作者以自己辛勤的劳动和丰硕的成果，给我们勾勒了中国农民和中国知识分子半个世纪以来，从黑暗走向黎明，从绝望走向新生的不寻常的历史的某些侧影。透过这沾带着不同时期的生活泥土，也渗透着作者孜孜以求的心血的艺术画卷，人们不难看到一个知识分子出身的作家在历史的脚步声中寻求艺术节奏的不懈的追求。

1984 年 10 月于北京朝内

（原载《中国现代作家评传》第 4 卷
山东教育出版社 1986 年 12 月初版。）

❶ 朱大路：《给读者打开我自己的窗口——访王西彦》，载《文艺报》1984 年第 2 期。

创作自述

在生活的迫促下

——为意大利《人和书》杂志作

王西彦

条条路通罗马，走向文学的道路也因人而异：有的醉心美的探索，致力于神话世界的创造；有的则出于社会改革的热情，为了寻求战斗的武器。我的情形却既非前者，也不完全属于后者。我走上文学创作的道路是由于生活的迫促，也不妨说，是生活给了我手上这一支笔。

我出身于浙东一处偏僻的山区农村，叔伯嫂婶们都是贫穷的农民，他们莫不毕生胼手胝足而不得温饱，有时甚至不得不出卖自己尚未成年的儿女。我的童年、少年时期就在这种令人窒息的环境里度过，身经目睹了旧中国农村社会令人颤栗的黑暗现象，并且对它深恶痛疾。因此，当我还是一个未满20岁的青年学生刚刚学习写作时，就采用家乡农民的苦难生活作题材来创作短篇小说。现代中国文学史上最早描写农民疾苦的鲁迅曾经说过，他在童年时期“看得劳苦大众和花鸟一样”，还“羡慕他们的安乐”，那自然是因为他出身于官僚地主的家庭，和劳苦大众缺乏接触；所以一等到他有机会到农村的亲戚家去和那里的伙伴们为伍，他就知道劳苦大众其实和花鸟完全不同。而我却是从小就在农村里长大，少年时代还曾经以一个小农民的身份下过稻田，当过牧童，深知我那些叔伯嫂婶们勤劳所得的待遇，竟在牛马以下。而且，问题还不只在物质生活上可怕的贫困，更在精神方面可怕的麻痹。他们处于食不果腹、衣不蔽体的困境，却认为自己罪有应得，用世代相传的宿命观念和忍受哲学来安慰自己，把改变命运的希望寄托给渺茫的来世。虽然容忍也有突破限度的时候，但他们的反抗往往出于一种被歪曲的形式，反而加深了自己的不幸。即使还是个毫无人生经验的小孩子，我也已经为眼前的不公现象而深感困惑。因此，到了自己能够提笔写作时，就被迫于一种朦胧的正义感和责任感，描写起叔伯嫂婶们暗淡的苦难生活和可悲怜的忍受哲学来了。

我的叔伯嫂婶们虽都是贫苦农民，父亲却是农村的私塾师。他出于一个小知识分子的野心，把我送到县城里去进新式的高小和初中，后来又由于自己的努力，争取到省城读高中程度的公费师范学校，接着又得到一个到著名的北方文化古城读大学的机会，使我成为知识分子，从此长期置身于知识分子阶层。而且由于年龄和阅历的限制，在现代中国知识分子中间，我所接触到的虽有祖辈、父辈以至儿孙辈，但最熟悉的则是自己所属的一群，就是经历了二、三十年代直至80年代这半个多世纪以来充满惊风骇浪的岁月的同时代人，我对他们在旧中国的坎坷命运和从旧时代走向新时代的曲折道路，有着痛切的感受；因此，在我的初期作品里就出现描写知识分子的篇章，到了中期和后期的作品里几乎大都采用知识分子的题材了。回想起来，青年时期研读中国古典文学史时，我总觉得，无论是屈原和陶潜，李白和杜甫，关汉卿和曹雪芹，他们即使不都是被鲁迅称之为“中国的脊梁”的伟人，也总不失为文学史上灿烂的群星，可是有哪一个不是受屈的知识分子呢？屈原不是因遭放逐而投江自尽吗？杜甫不是有“文章憎命达”的喟叹吗？曹雪芹不是年未及五十就贫疾而卒，连一部《红楼梦》也来不及完成吗？的确，在中国漫长的历史上，且不说秦始皇“焚书坑儒”的“业绩”了，知识分子好象从来没有过好命运。到了我自己也属于这个苦难行列，而且，在动乱年代里，知识分子的遭遇显然更为悲惨，因为这是我们的人民深受苦难的年代。在我看来，无论过去和现在，正直有良心的知识分子都和人民共呼吸，同命运，一起受苦难，也一起反抗和流血，我们的革命历史上留有知识分子和人民一起洒下的斑斑血渍。一个作家只能描写自己所熟悉并为之激动的东西，何况我在描写同时代知识分子的生活和斗争时，有着一种类似自我倾诉和自我安慰的感觉，更有着一种不能克制的心情。这也就是为什么我在漫长的写作经历里愈来愈关注知识分子的命运，愈来愈多地描写知识分子的缘故。

中国的知识分子有个好传统，就是推崇所谓“狷介之士”，他们洁身自好，生当浊世而不愿同流合污，以“富贵不能淫，贫贱不能移。”的精神作为立身处世的准则。在过去的旧时代里，我曾经在自己的周围见到过不少这样的知识分子。新中国成立以后，虽然情况有了不同，饱经忧患的知识分子正眼含热泪庆幸命运的改变，但很快就来了那场“文化大革命”的风暴，使他们又面临封建法西斯邪恶势力的迫害，不得不在受难和屈膝之间作出抉择。这种考验，对作家来说尤其严峻，因为一个正直的作家必须是社会良知的代表。人们都知道，经过长达十年甚至更久的深重磨难，几乎全体作家都通过考验，保持了“令节”。而且，风暴刚刚过去，他们伤痕累累，喘息未定，就立刻以最大的热情，开始描绘大地的复苏。我觉得，自己既是属于这一群的，就有义务也有责任在今后的作品里，记录他们的坚持和斗争，歌颂他们的品德和信念。

这样说来，通过创作实践，从不完全自觉到渐趋自觉，我走的毕竟还是一条接近寻求战斗武器的路子。这也正是中国现代文学的主流。在一个人民深受苦难的时代里，理应成为人民代言人的作家还能有什么别的选择呢？但正因为这样，作家就应该特别重视对武器的磨砺，使能有效地发挥克敌致胜的作用。也许有人会认为我指的只是作家的艺术锻炼和技巧修养。不待说，我们如果忽视作品的美学价值，就等于取消艺术。世界上一切优秀作品的不朽，就在于它所具有的高超的艺术性。可是，这种弥可珍贵的艺术性是从哪里来的呢？通常我们有个评价作品的标准，是所谓真、美、善三者的统一。但据我的理解，真应该是美和善的基础，没有真也就无所谓美和善。文学艺术总不是天上浮云的倒影，它表现的总是大地上人类的现实生活，因此首先要求描写的真实。鲁迅曾经反对过“瞒”和“骗”的中国旧文学，因为它对人民起了蒙蔽生活真相的坏作用。鲁迅的话，使我想起契诃夫在书简里指出“最优秀的作家都是现实主义的”和劝告人家不要当“糖果贩子”和“化妆专家”的名言。我相信现实主义是永恒的法则，真实才是文学艺术的力量所在。只有在真实的基础上，才能产生精美的技巧和深湛的哲理。但这要有个先决条件，就是作家对待人民的真诚态度，就是你是否站在人民的立场上，心灵上有一个以人民利益为衡量是非的尺度，甘愿充当人民忠实的代言人。

我所说的也许只是陈腐的老生常谈，但对我来说，要在创作实践上坚持这样做是多么不容易呵！我在自己选择的道路上跋涉了半个世纪，深深知道此中的甘苦。中国人民久经患难，他们为改变自己命运的斗争漫长而曲折，要在文学里表现他们的受难史和斗争史，需要十倍于《人间喜剧》那样浩瀚的篇幅，也需要《战争与和平》的作者那样宏伟的气魄和才能。我所做的自然微不足道。我只从一个比较狭窄的角度，对自己身经目睹的生活现象作一鳞半爪的描绘，而且线条粗疏，色彩暗淡，在艺术上的成就很有限；唯一可以自慰的是，我没有忘记自己是人民的儿子，一刻也不能离开人民的哺育和滋养。1982年10月，我访问北美时，曾在加拿大的温哥华岛上，在一家印第安人的餐馆里，回答一位英国移民的女诗人所提出的“一个作家的根在哪里”的问题：“除了自己的家乡、祖国和人民，一个作家没有别的根。”不料她在听到我的说话后，脸上竟流露出一种惘然的表情，说：“我在英国出生，在印度度过童年，现在生活在加拿大，岂不是成为一个无根的人吗？”我又一次回答她：“只要对自己的家乡、祖国和人民保持着热炽的爱，也就有了根。”我觉得，对自己的家乡、祖国和人民的爱，既是一个作家的出发点，也是他的归宿。因为，作家总须忠于人民，也忠于自己；而且只有忠于人民，才能忠于自己。

1983年8月10日上海

我怎样学习写作

——向故乡文学青年谈创作

王西彦

既然一旦从事文学事业，就不是儿戏，而是要为它献出整个的一生。

——列夫·托尔斯泰

当我接到《东海》编辑部的约稿信，要我向家乡的青年作者谈谈自己的创作经验时，一方面自然感到高兴，感到一种颇为迫切的义务；另一方面却也颇有些踌躇，有些惶惑。有谁不对家乡怀有特殊的感情呢？“亲是家乡人，甜是家乡水”，是众所周知的谚语；“人情重怀土，飞鸟思故乡”，是人们最爱吟唱的诗句。有一位外国作家，甚至把对乡土的感情看作决定艺术作品能否经受时间考验的因素。人们对家乡不仅有浓烈的怀念，尤其有热情的期望——愿她更富饶，更美丽，更富于精神的力量。可是，谈起创作经验，就不免要想到从事写作活动的数十年间，一直是在读者的宽容下坚持过来的，自己也一直抱憾于才能过于平庸，工作也不够艰苦，未能写出哪怕只是少数几部可以改变读者冷淡态度的作品，给我们的文学库藏增添一点积累。唯一足以自慰的是，即使是一个力弱者，走的是一条寂寞的路子，我也还是保持勇气于不坠，没有趔趄不前。在我走过来的道路上，不用说有凄凄的风雨和寒冷的暗夜，有崎岖的山岩和曲折的滩湾，但也不是完全没有明丽的阳光和悦目的景色，完全没有可供憩息的林荫和消除烦懊的和风。那么，就把自己从漫长道路上摭拾所得的吉光片羽，贡献给家乡的青年作者吧，但愿你们能以过去同样的宽容，倾听一个力弱老人略带喘咳的絮叨。

家　园

在收容从30年代到解放前夕部分旧作《小说选》的自序里，我写过如下一段话：

"从最初学习写作时候起，我所走的是一条自以为是接近现实主义的道路。什么是我心目中的现实主义呢？不妨借用一位文学大师谈论文学艺术的那句人们熟知的话来说，就是'按照生活的本来面目描写生活'。这位大师把文学艺术的使命说成是'无条件的、直率的真实'，并指明作家决不能做'糖果贩子'和'化妆专家'。我想，要使自己成为一个现实主义者，首先是态度的真诚，是真诚地为人民而写作，真诚地站在人民的立场上来观察生活；只有这样，他才能描写生活本来的面目，达到'直率的真实'，从自己身上消除'糖果贩子'和'化妆专家'那种催人呕吐的甜味和香气。在那个黑暗时代里，粉饰现实是一种极端可憎的罪恶。还是那位大师又说过：'在恋爱里，在政治里，在医疗里，都能说谎，能够骗人，甚至可以欺骗上帝'，'然而在艺术里却没法欺骗'。但在我们中国，偏偏多的是'瞒'和'骗'的文艺，而且它们的子孙连绵不绝，甚至曾经有过繁殖得愈来愈多的趋势。为了遏止这种趋势，的确有大力提倡现实主义的必要。而现实主义的一个基本要求，就是作家只能描写自己熟悉的对象，正如鱼儿只能在水里游泳。因此，他必须有自己的家园，自己的土地，自己在那里汲取营养，在那里呼吸成长，而且真正热爱的世界。不论你有怎样出色的才能，怎样高超的修养，如果一旦离开自己的家园和土地，你就将手脚失措，一事无成。”

也许有人会说，你这套粗浅道理不是老生常谈吗？不错，的确没有什么新颖之处。但当我写下一个作家“必须有自己的家园，自己的土地”这句话时，我是回顾了自己所走过来的漫长道路的，它决不是一个轻易取得的信念。只有经过用血汗培植的花果，你才知道珍惜。

我出生在浙东一个偏僻的山区。在铁路没有通到以前，村民特别是妇女们即使进一次十里路外的县城，也当作一件大事。我就想不起我那个早死的母亲曾经进过县城。我只知道她是童养媳出身，自然目不识丁，我连她的名字也不清楚。在我们乡间，妇女们实在用不到自己的名字，只要被叫做什么婶婶、什么嫂子、什么媳妇和什么娘就行了，她们原是丈夫和儿子的附属物。但我的父亲是个乡村知识分子，而且多才多艺，虽然以私塾师为正业，却还会开药方、选日子、看风水。因此，他总想挤入附近乡绅们的行列，附庸风雅。我家“小正间”的长案桌上，摆有一个小书橱，里面珍藏着父亲的一些线装书，有《唐诗三百首》和《三国演义》，也有《朱子格言》和《四言杂字》，还有《验方新编》和《麻衣相法》。同时，家里还养牛（最初是小黄牯，后来是大水牛），雇长工，种田，收租子。每逢过大年，父亲就在大门上贴起新写的春联，一边是“红杏催耕”，另一边是“春藜照读”，算是“耕读家风”。在流行的民歌中，既有这样的辞句：“衙门钱，一蓬烟；耕田种地万万年！”也有别样的词句：“没人叫，被人笑；没人嬉，被人欺！”这里的“叫”是指小孩子的哭声；“嬉”是指读书人的不干体力劳动。也就是说，田当然要种，书也不可不读。从村子进县城，要经过一个“孝子祠”。祠前有两个坟：大的简直像座小山，是孝子坟；略小的也比平常的坟墓大得多，是孝子父亲的坟，都立有很高墓碑。相传远在先秦时代，有一对贫苦的父子，父亲病死，无以为葬，遵奉孝道的儿子就用衣兜运土，给死者造了个坟；由于疲惫过度，作儿子的也死在父亲的坟边；成千上万的乌鸦受了感动，就衔泥给孝子造了个更大的坟。离开坟后不远的地方，有一个馒头似的大土丘，据说就是乌鸦休息时喙上漏下的泥土积成的。这也就是我们的县名叫“义乌”的来由。我没有查阅过《义乌县志》，没有读过更详尽的记载；但知道在童年时期，每逢清明佳节，柳梢刚吐露出嫩黄叶子，县城里的知事老爷就坐起轿子，带着皂隶，由回避牌开路，来到孝子祠前，赤脚下塍，扶犁赶牛，仿效老农的样子，耕那么几犁水田，算是关心农事、鼓励耕耘的意思。尽管我不能理解提倡耕种和尊重孝道有什么关系，对地方父母官所遵奉的这种好制度，毕竟充满敬意。

可是，父亲的崇尚"耕读家风"和知事老爷的躬亲耕田，却在我童稚心灵里增添了愈来愈强烈的迷惘。我们村子只有六七十户农家，除了村头有一家外姓户，都是聚族而居，同一"太公"门下，彼此叔伯兄弟相称。而且，除了一两家开酒坊的富户，大都是些终岁辛劳而不得温饱的穷苦农民，更不乏"吃了上顿愁下顿"的赤贫农和"灶子塑在脚背上"的流落人。只要一提起贫穷的家乡，在我眼前就会浮现起妇女们愁苦的面容。前面不是说到我母亲是童养媳出身吗？其实，当童养媳可以说是农村妇女一般的命运，我的三个姐姐就都是从小"抱"给人家当童养媳的。大姐的婆家离村子只有四里路，我刚懂事，就经常看到她被打得满脸流血地逃回家来；但她不敢进大门，只蹲在村下首篱笆边吞声哭泣。这事被母亲发觉了，就抓起根牛鞭子，迎头给大姐一顿痛打，又把她赶回婆家去。二姐的遭遇还要差些，她当了十多年童养媳，那个预定的配偶拒绝和她成亲；后来在父母的强迫之下，作儿子的屈从了，却把怨恨发泄在二姐身上，不断地殴打她，只两三年工夫，她就受虐致死。三姐的情形稍稍不同，虽然也是童养媳，但婆家是祖母的娘家，算是"亲上亲"，得以避免一般童养媳所受的折磨；不幸病弱的小姐夫不久就丢下一妻一子，离开人世。三姐年青守寡，生活无着，只好把自己"典"给别的男人。算她"肚福"好，在规定出典的时期里，给对方生下了一个儿子，因此典期满后还能得到对方的照顾。谁知日寇入侵时，她刚逃出村口，就惨死在敌人的刺刀下。从我三个姐姐的经历，自然可以看出当时农村妇女的命运。但我还要说一说另一种情形。被"抱"去当童养媳只是女孩子的一种"出路"。有的女婴侥幸没有被绝望的母亲趁她刚一出世就塞进尿桶，等到长大到五、六岁或十来岁，如果眉眼比较清秀，就有另一种"出路"在等待着她——被人贩子送到乌镇去转卖。乌镇是桐乡县的一个大镇，水陆交通的中心。从我们家乡到乌镇，要过省城杭州，铁路没有通到以前，路途是很遥远的，作父母的几乎连方向也不知道。人贩子买到的农村姑娘，在那里转卖到上海的富家当丫头、工厂里当童工或是妓寮里当后补妓女，一转手就能赚到一笔大钱。因此，“乌镇”这个字眼，就成为妇女们心目中的凶犯。“卖到乌镇去！”这句话就成为一种威吓。甚至爱哭的女孩子，一听到大人责骂说“你哭！你再哭就卖你到乌镇去！”她也就会咽泣吞声……

不止一次，我曾经用上面的记忆，来解释自己过去作品里为什么多描写农村妇女苦难生活的原因。也不止一次，我还不忘记向读者诉说堂房小叔叔一家的遭遇。说是“堂房”，因为我的父亲是祖父的“过继子”，小叔叔其实就是父亲的亲弟弟。他肩背伛偻，走路一颠一颠的，加上说话噜苏，人们给他取了个绰号叫“老太婆伯伯”。他家的两间茅屋，就紧靠着我家的楼房。每逢除夕和元宵节晚上，当村子里荡漾着铜锣悠长的鸣响，半空中是接连不断的爆竹声，孩子们正享受着一年一度的狂欢极乐时，小叔叔却满脸愁容，跳虾似的身子也弯曲得更厉害了，从傍晚时分起，就披起一件用来御寒的破蓑衣，擎着一个长柄竹笆，在茅屋前后巡逻。火焰无情，如果带有火星子的爆竹碎片落到了茅屋顶上，就难免引起一场可怕的灾难。只要爆竹声不止歇，他的巡逻也就不能中断。再没有小叔叔那副忧心忡忡的样子，更使我感到扫兴了。有一次，我看到蓬头垢脸的小婶婶死死活活要夺他手里的竹笆，哭着说：“你看你咳成什么样子了？把竹笆给我，你进屋去歇口气！”他咳着回答：“你……你……你晓得个屁！茅屋烧掉了，你带起孩子住大路去！”这景象使得我感到连难得的节日也变得暗淡无光。后来，到了抗战期间，因为出不起“缓役费”，他的二儿子被抽到前线去了，音信全无；接着，大儿子也躲到几十里外的山里去。他是鹭鸶脚，刮不出半星油水，就被捆绑起送进县城的监狱。等到大儿子偷偷回家看望时，作父亲的已经发了疯，死在监狱里了。不久以后，小婶婶也活活地饿死在茅屋里。说来也真凑巧，几乎是同时，原来嫁到山里去的女儿——她名叫“红妹”，曾经是我童年时的伙伴——也发了疯，投水身死。

在这里，我还要说一说我家的两个长工。记得我家原来只在农忙时雇用“忙月”（短工的一种），后来改雇长工。第一个是金妹伯伯，虽然有着小姑娘的名字，其实是一个胡子拉碴的老头子。他对东家忠心耿耿，干农活是出名的能手，而且爱惜粮食，连一根禾穗也舍不得丢在田里，对孩子们尤其和气。每天干完农活，吃过晚饭，我总要到他屋子里去央求他讲故事。“金妹伯伯，今晚再讲一个，好吗？”他从不拒绝：“好，再讲！再讲！慢慢来！等一等！”因为他还有件事要做。他右小腿直膛骨上烂了个半寸来深的洞，每晚都要坐在床前小凳上换棉花。凑着一盏小油灯，他解开一块结痂的破布，再从血肉模糊的洞口拉出一条染红了的棉花，把它浸在盛水的小脚盆里，再换上一条新棉花。这样做时，他嘴里发出熬受痛楚的轻轻的“嗳唷”声，露着白森森骨头的洞口也就发出一般浓烈的烂肉气味。即使明知金妹伯伯不会责怪，我也不忍掩住自己的鼻子，何况还要听他讲有趣的故事呢。和善可亲的金妹伯伯离开以后，接替他的是一个老坤哥。这老坤哥的年纪要比金妹伯伯轻得多，身体很健壮，肩上压起“八秤担”，也跑得飞快。父亲对他很满意，很得意于雇到一个好长工。可是，年轻人也有年轻人的弊病。第二年夏天农忙季节，他竟和一个来我家帮短工的小孀妇好起来了。按照辈分，小孀妇是我的堂房婶婶，男人死后就守着一个老年的婆婆。这时刚好婆婆去世了，她了无牵挂，要在生活和感情上找出路，就看中了老坤。因此不仅传播起一些闲言闲语，还多次发现老坤晚间从床上爬起，偷偷到那小孀妇的田头去帮她车水，翻土，甚至割稻子。“白天做明活，晚上做暗活，铜筋铁骨也不济呵！”父亲不住地摇头叹息，但看在他身壮力大份上，又舍不得辞退他。老坤看出东家的难处，他向父亲坦白了自己和小孀妇的关系，还提出了要求——他不愿再当长工，要娶了小孀妇回自己村子去。这事在村子里引起了轰动。小孀妇主动嫁人已经是胆大妄为，而且嫁的竟是当长工的老坤，她还出言要变卖掉夫家的几亩“大水田”。于是，继之而来的，是恐吓，是夜半向她的窗子掷石头，有人甚至扬言要打断她的“狗腿”，要让老坤吃刀子。也有人主张把他们捆送县衙门。当这一对村野恋人发觉没有人肯收买这块“大水田”时，他们就放弃了这个打算，在一个黑夜里，双双从村子里失踪了。

一方面是用连县知事也要用屈尊下水田的“壮举”来鼓励农事，像我父亲那样的人也以“耕读家风”来自我标榜，谚语和古诗词里更不缺乏对耕种和农民的歌颂，我到县城进高小时看到饭厅里也高悬着一块题有“当知来处”四个大字的横匾；另一方面却是被塞进尿桶的女婴，被“抱”去充当童养媳或被人贩子送往乌镇的女孩，是像我三个姐姐那样的农妇，是像小叔叔那样的老农，像金妹伯伯和老坤那样的长工。这究竟是怎么回事呢？出现在周围的小叔叔和金妹伯伯们的命运怎样才能改变呢？自己童稚心灵里的迷惘什么时候才能消除呢？

不待说，我写在这里的例子只是很少的几个，我亲见目睹的事实要多得多。到了我能够使用不很纯熟的文字来写点什么的时候，童年和少年时期的回忆，连同混杂其间的迷惘心情，就一齐重现在眼前。我曾经开始写一本《童年杂记》来容纳这些回忆，我写了当年出现在自己生活里的义父、斋婆、长工、看牛伙伴和私塾师。这些《杂记》的一部分，就收在我最近出版的《散文选》里。但写下的，实际上只有计划中的十分之一。我又曾经开始写三部长篇小说来描写农村妇女的苦难，我写了“三部曲”的两部，就是已经出版的《村野的爱情》和《微贱的人》，最后一部《换来的灵魂》却只有一个写作纲要，一直压在材料箧里。我还曾经起意写一部篇幅要大得多的长篇小说，来描叙我那个小叔叔一家的遭遇。可是，计划和实现总难免有距离。即使在自己一些旧作的中、短篇小说里，有不少篇幅是描写农村生活和农民命运的，但不仅《童年杂记》和“三部曲”都没有完成，关于堂房小叔叔，只有一个短篇小说里采用了他一些事，用他“老太婆伯伯”的绰号作了题目。自然，我也有可以自慰的，那就是迄今为止，我的一部篇幅最大的长篇小说《春回地暖》是描写农民斗争的，它反映的虽是湘东老苏维埃区的土地改革运动，使用的语言也是湘东地区的，但有几个农民的性格面貌却是家乡浙东的——不论湘东也好，浙东也好，农民总是农民，他们的性格面貌总是相似甚至相同的。

如果我是个播种者，我的庄稼就是这个最初的家园的产物。

门　径

安徒生的著名童话《丑小鸭》，描写一只体态异常的丑小鸭飞向外面广大世界去的经历。在我题为《书和生活》的读书笔记里，我把自己比作丑小鸭，为了改变视野的过于褊狭和知识的过于贫乏，闯到外面的广大世界去，而且开始认真地读起书来，把书当作理解生活的一个门窗，一条途径。通过这个门径，使你对生活给你的教训、启示、欢乐和希望，有了更深切的理解。

前面我不是说了小叔叔“老太婆伯伯”和老长工金妹伯伯的事情吗？他们都是我的启蒙老师，而且是比道貌岸然地坐在一张小长方桌后面对我们瞪眼睛、敲戒板的塾师更好的启蒙老师。我指的是他们的生活遭遇和他们讲给我听的故事。我读书的兴趣，也可以说是由他们的故事引起的。金妹伯伯讲的都是鬼的故事，小叔叔却既会讲鬼的故事，更会讲历史故事。别看他那副老太婆相，连个自己的名字也不认识，却有着一种令人惊讶的善讲故事的才能。他讲的都是些不幸的女鬼，她们的善良性格和悲惨遭遇会使你嗟叹不已，深深感到人的世界远不如鬼的世界公平合理，人的灵魂也远不如鬼的正直而富于同情心。在历史故事里，他讲得最多的是“三国”，从“桃园结义”一直讲到“火烧连营”；讲得最有声色的要算“赤壁之战”，那场战争的三个主角，奸诈的曹操、机智的诸葛亮和火爆性子的周瑜，简直被描绘得栩栩如生；战场上的厮杀，更被形容成血肉纷飞。在我10岁前后，不顾辈分的高低，年岁的差异，他成为我最接近的朋友。夏天的晚上，我总要瞒着家里人，偷偷地挤到他的“行床”（搭在野外田头的）上去听他说古谈鬼。也就在那个时候，我开始读涟鲜纸绣像本的《三国演义》和《封神榜》，跟脸似重枣的美髯公关羽和踩风火轮的哪吒太子有过神交。我从生活里带来的成串疑问，又在听故事和读书时起了作用。为什么人不如鬼，人的世界还不如鬼的世界呢？为什么关羽会那么讲义气，诸葛亮会那么聪明呢？为什么自己不能象哪吒太子那样踩起风火轮，去干一番惊天动地的大事呢？这些在脑子里泛起的“为什么”，有时也只是放任一下自己的想象，并不太认真。但总觉得眼前的世界，很局促，很不周全，渴望有个新天地。我把自己比作安徒生童话里的丑小鸭，最初倒并不是意识到自己原是高贵的天鹅，而只是感到是一个拙笨的乡下孩子，感到自己异常的体态很有些不光彩。

童养媳出身的母亲，是在我9岁那年死在一场不明不白的病症里的。第二年，我就被送到县城里去进了高小。接着，又进了刚刚开办的初中。中学校址在满目荒芜的文庙，它一边是城隍庙，另一边是东岳庙。东岳庙边有个小小的图书馆。学校里的图书室太贫乏，我就去利用那个图书馆，那里有一些小说书，多的是《七侠五义》和《火烧红莲寺》之类，却也有《呐喊》和《彷徨》，还有本高尔基的《母亲》。当时已经知道鲁迅是一位可尊敬的大文学家，但并不能完全读懂他的书。阿Q、闰土和祥林嫂的形象是很熟悉的，他们就生活在我们村子里，跟金妹伯伯、小叔叔、小婶婶们一起过活，一起受苦。可是，鲁迅为什么要把他们写在小说里呢？这样做究竟有什么意义？有个朦朦胧胧的自我解答是，总是为了阿Q们的命运太悲惨，为了引起人们努力去改变它。我觉得，关于闰土和祥林嫂的描写还容易理解，阿Q这个人物就不同些，好象他身上有很多复杂的东西，一下子看不透。当然不会是作者鲁迅写得不清楚，而是自己的领悟力太低。因此，内心很苦闷。就在这个时候，学校隔壁的城隍庙里进驻了一连“省防军”，几乎每天晚上都要拷打从乡下抓来的犯人，被拷打者凄厉的呼嚎声，经常把我们从睡梦中惊醒。而且，每隔几天，就要在庙前的干草湖里枪毙罪犯，成排的尸体招引来成群的野狗，使得附近的牧童谁也不敢在湖边放牛。无论是刚被抓进城来或是经过拷打后被送去刑场，都要从我们学校前面经过。我看到那些浑身褴褛的犯人就是小叔叔和金妹伯伯的兄弟，我不敢相信他们会放火杀人。这件事情更增加了我的迷惘。解答这种迷惘的，就是那本翻译的外国小说，高尔基的《母亲》。因为它描写的青年工人巴维尔也是个犯人，他遭到逮捕和放逐后，他的母亲竟又走上了儿子的道路。这给了我启发。虽然阿Q和被“省防军”枪毙的犯人是在两个不同的时代，中国的农民和俄国的工人是在两个不同的国度，但他们之间有着某种相同的东西。我还觉得，自己对阿Q性格的复杂性也多少增加了领悟。

从家乡的初中毕业后，我考进了省城杭州的“民众教育实验学校”。这个学校是为各县培养民众教育的人材而设立的，主持人却是两位得有硕士和博士学位的美国留学生，他们宣扬美国式的民主，提倡比较开明的学风。因此，学校里竟然有一个备置不少文学书籍的图书馆，任凭学生自由借阅。这对我来说，的确是一宗最大的喜悦。我们家乡把离乡外出的人叫做“摇进大江的船”，那么，我现在是真正“摇进大江”，投身在文学读物的大波巨浪里了。和家乡县城里那个小小图书馆相比，我的譬喻一点儿也不夸大。我简直陷入一种饥不择食的境地——“剜到篮里就是菜”，抓到什么吃什么。我不仅把所有的课余时间都花在阅读文学书上，有时自修室熄灯以后，还要凑到路灯底下去读。中国的，外国的，先是近于无选择的，后来就有了偏重，对俄罗斯现实主义大师发生了兴趣。这自然和当时介绍外国文学的情况有关，更和鲁迅所说的，能“从那里面，看见了被压迫者的善良的灵魂，的酸辛，的挣扎；还和 40 年代的作品一同燃起希望，和 60 年代的作品一同感到悲哀”的情况有关。果戈理、屠格涅夫、陀思妥也夫斯基、托尔斯泰、契诃夫和高尔基的作品，我都或多或少地通过早期一些并不十分完善的中译本读到了。当时《死魂灵》还没有被翻译过来，但《猎人笔记》、《穷人》、《复活》和《母亲》都已经有了，契诃夫还有了一整套从英译本转译的《杰作集》。几十年来，我一直保持着对俄罗斯文学的热烈爱好。一面读书、一面记笔记的习惯，也是那时养成的。

提起记笔记，我愿意把写在读书笔记集《书和生活》自序里的一段话抄引在这里：

“从青年时代起，无论是读书或写作，我都曾经有过一个独自摸索的阶段。在别人也许是一件轻易的事情，我却不得不付出成倍的辛劳。我经常觉得自己是一个莽撞闯入密林的孩子，满目榛芜使我陷入迷路的惊慌，遍地花草却又成为对我的强烈诱惑。正是在这种惊喜交加的情形里，我抬头攀折一朵奇花，俯身掇拾一棵异草，虽然难免踯躅不前，应接不暇，仍不忘记把它们一一纳入自己的衣兜。只要和我有过类似的经历，你就会懂得我说的是写生活和读书的笔记。有时是一些感想，有时是一段情节，有时则只是一点启示或一个警句。反正没有别的读者，不会招来讥笑和鄙视，完全用不着掩饰自己的贪婪和肤浅。这样铢积寸累，日子一久，居然颇有些可供自珍的‘贮存’。……”

在这里，我使用了“摸索”和“辛劳”这两个字眼。人们可能会说：写作诚然需要摸索，也难免辛劳，难道读书也这样费事吗？但我说的是真情实话。从一开始，我就不仅把书看作可供欣赏的文学读物，尤其把书看作吸取经验教训的生活教科书。我在前面已经说到这一点。高尔基在他的《童年》里，曾经写到过他那残暴而又吝啬的外祖父；但直到他读了巴尔扎克的长篇小说《欧也妮·葛朗台》以后，才对老祖父有了更深刻的了解。他认为，这对他来说是个大发现：“书本具有一种能给我指出我在人的身上所没有看见和不知道的东西的能力。”我想，只要是一个认真读书的人，也一定会有和高尔基相类似的大发现的吧？

不待说，我所谓“摸索”和“辛劳”，不只是作为一个文学欣赏者，更是作为一个写作学习者来说的。我的记笔记也不只为了加深自己的理解，还包含着向前人学习写作的努力。因为把前人的作品看作生活教科书，我的关心首先倾注在作家对待生活的态度，也就是作家站在什么立场上去观察和描写生活的。例如屠格涅夫的《猎人笔记》，那里面的二十多篇作品，我曾经读过不知道多少遍。最初，对我最富吸引力的是《白净草原》，出现在作者笔下那五个围坐在篝火旁边看守马群的农家孩子的谈话是多么有趣呵！他们口中的家神、林妖和水鬼是多么可爱呵！还有那个草原，那个草原上的夜、风、林丛和月亮！读着这样的作品，你就好象闻到了草原的香气，听到了孩子们的谈笑。但是，读到后来，我的注意力却转移到别的人物身上去了，我指的是那些活动在俄罗斯土地上的地主和农民，就象出现在第一篇《霍尔和卡里内奇》里面的波鲁德金和霍尔、卡里内奇们。就在描写这两种人物时，作者的立场和态度就变得非常鲜明了——他以最生动的形象嘲笑揭露了前者，同情颂扬了后者。《猎人笔记》中的全部作品，除了第一篇《霍尔和卡里内奇》，其余都完成于国外。后来作者在回忆里写道：“我必须离开我的敌人，以便从我所在地的远处更有力地攻击它。在我看来，这个敌人有明确的形象，有一定的名称——农奴制度。”又说：“对于我归并和集纳在这个名称下面的一切，我决定要斗争到底，我发誓永远不同它妥协。”也就是说，在屠格涅夫从事写作活动的最初，他就是一个不妥协的冲锋陷阵的战士。又例如托尔斯泰的《复活》，在这部规模广阔的巨著里，作者以炽烈的热情，一方面描绘了女主人公玛斯洛娃遭受不公平待遇的悲剧生涯，另一方面揭露了沙皇专制政治的种种惨酷行为。我们后世读者，有谁不曾为卡丘莎·玛斯洛娃的凄苦命运而扼腕叹息，且对那个不幸的牺牲者输出自己的全部同情呢？更有谁不曾对环绕着女主人公的悲惨遭遇而一一展现的丑恶现象表示出自己的深恶痛绝呢？不用说，我们读者的这种感情，正是作者的态度和立场所唤起的，是作者的感情的反应。《复活》是托尔斯泰晚年的作品，是这位文学大师在思想、宗教理论和美学法则等方面的总结。作者对聂赫留朵夫所属的那个社会的烈火似的憎恨，只须举出两个情节来说明：一个是，卡丘莎奔到火车站上去见聂赫留朵夫，那位自说是曾经热爱过她的少爷。但她看到了什么呢？“他在灯光明亮的车厢里，坐在丝绒椅子上谈笑，喝酒；而我呢，却在泥泞和黑暗中，站在风雨底下哭泣。”另一个是，卡丘莎已经成为罪犯，聂赫留朵夫前去探监，向她提出跟她结婚的建议；这使她气得满脸变色，她拒绝他说：“你去找你的公爵小姐好了，我的价钱只是一张十个卢布的钞票……我是犯人，你是公爵，这里没有你的事……你在这个世界里拿我玩乐了还不够，还要用我来拯救你自己，让你死后好上天堂！”——在这里，卡丘莎对聂赫留朵夫所属那个社会的深刻仇恨，也正是作者托尔斯泰的。我在这里举屠格涅夫和托尔斯泰的例子，因为他们都是中国读者所熟悉的作家，他们两人都出身于俄罗斯的贵族阶级，但在文学创作上都成为叛逆的战士。别的俄罗斯现实主义大师，无论出身贵族或平民，他们无一不是真理、祖国和人民的热爱者，他们的作品也无一不是从事战斗的武器。自然，他们只是他们那个时代和他们所属那个阶级的战士，都带有时代和阶级的严重限制。

要站在时代的最前列，要爱憎分明，要热爱真理、祖国和人民。这是我从生活教科书里读到的最重要的篇章。但这个认识，也是以后才逐渐明确起来的，当时其实只有一种单纯而模糊的感觉：那些写出了如此激动人心的作品的文学大师们，当然都是一些诚实的人，他们有着最真挚的感情，他们把生活里面最隐蔽、最真实的东西披露在读者面前，因此才能使自己的作品得到永生。如果我们也要尝试学习写作，那么你首先也应该做一个诚实的人，把你得自生活的真情实感写到作品里，绝不可以对读者撒谎。后来，在我的漫长的写作道路上，偶而碰到这样那样的困难场合时，我就告诫自己，绝不能使手里这支原该捍卫真理和正义的笔，去充当相反的工具。我深信，作家不能说违心之言，不能歪曲生活的真实，不能是赝品制造者。

艺术教科书

当我以一只丑小鸭的渴望闯向广大世界时，曾经把书籍当作理解生活的重要门径。到了产生提笔学习写作的冲动时，前人的作品自然又成为自己的艺术教科书。

其实，对一个写作学习者，生活教科书也就是艺术教科书，甚至不妨说，是艺术教科书的基础部分。而且，二者互相渗透，互为作用，无法加以区别。一则，包含在作品里的感人的道德力量，归根结蒂，只能是作者的人格和品质的表现；再则，你对待生活的态度和立场，难道不就决定了你对题材的选择、提炼和处理吗？不过，我也想在这里谈谈偏重于艺术表现方面的问题，谈谈自己从前人的艺术教科书里究竟读到了什么，对自己的写作带来了怎样的影响。

在童年和少年时期阅读《三国演义》时，我的兴趣完全集中在故事上面。堂房小叔叔给我讲的，自然更只是一些“桃园三结义”之类富于戏剧性的故事。可是，小说里面的那些人物，像忠义的关羽，莽撞的张飞，奸诈的曹操，聪明的诸葛亮和气量狭小的周瑜，等等，老是在我脑子里出现。后来读到了《西游记》，在唐僧的三个徒弟中间，我最佩服的虽然是武艺高强的孙悟空，最喜欢的却是既馋嘴又懒惰的猪八戒；至于那个辛辛苦苦挑担子的沙和尚，就只有一个淡淡的印象，好像简直不存在。《红楼梦》是进了中学以后才读到的，即使对贾府的繁华景象很陌生，但贾宝玉、林黛玉和薛宝钗，还有王熙凤和刘姥姥，他们的形象竟鲜明到了可以移赠给一些性格相似的同学。这种情形，应该是中国古典小说读者的共同经验。但到了自己起意学习写作时，普普通通的经验却起了作用，产生了启示——小说作品不单是叙述故事，尤其是描写人物；读者的关心，也总是人物的命运。因为得到了这个启示，我才发现原来在世界文学名著里，很多竟是用主人公作题目的。且不说莎士比亚的四大悲剧《汉姆莱特》、《李尔王》、《奥赛罗》和《麦克白斯》，歌德和普希金的长诗《浮士德》和《欧根·奥涅金》，单是长篇小说，就可以举出塞万提斯的《堂·吉诃德》，菲尔丁的《约瑟·安德路》、《大伟人江奈生》和《汤姆·琼斯》，勒萨日的《吉尔·布拉斯》，巴尔扎克的《欧也妮·葛朗台》，福楼拜的《包法利夫人》，哈代的《苔丝》，冈察洛夫的《奥勃洛摩夫》，托尔斯泰的《安娜·卡列尼娜》，狄更斯的《大卫·科波菲尔》，罗曼·罗兰的《约翰·克利斯朵夫》，等等。这些都是我们所熟知的经典性巨制，只要你查一查世界文学史，这个名单还可以开列得很长很长，且不说如梅里美的《高龙芭》和《卡尔曼》之类的中、短篇小说了。

这样，在有意识地把前人的作品当作自己的艺术教科书时，我就留心研究起那些可尊敬的大师们是怎样描写人物的。我还没有机会全部读到上面所列举的那些名著，幸能读到的也只是一些早期的中译本。当时我采用屠格涅夫的六部长篇小说作范本。《罗亭》的男女主人公罗亭和娜塔里雅，《贵族之家》的男女主人公拉夫列茨基和丽莎，不仅性格相近，他们的恋爱悲剧也差不多；拉夫列茨基可以说是罗亭的兄长，两个出身贵族社会的知识分子都有热情，有理想，而且都爱上了一个年轻得多的姑娘，最后却都在爱情的考验里怯弱地后退了，站在他们面前的娜塔里雅和丽莎要坚强得多。到了第三部小说《前夜》里，出现了不同的男女主人公、平民知识分子英沙罗夫和叶琳娜在爱情上是胜利者，经受考验的主要是叶琳娜，她最后的选择的确震撼了我年轻的心灵。第四部小说《父与子》，是屠格涅夫作品中最引起争议的，它的主人公、平民知识分子中的叛逆者巴扎洛夫是一个新人物，他和父辈的冲突，体现了当时俄罗斯思想是自由主义者和革命民主主义者的尖锐斗争。到了第五部小说《烟》里，出现在作者笔下的男主人公谷柏廖夫和他的伙伴们，成了被鞭挞和受嘲弄的对象；女主人公薏丽娜也被描写为无力摆脱使她堕落的世界的人。在最后一部小说《处女地》里，作者描写了民粹主义者沙罗明和他的助手工人巴威尔。我没有能力理解作品中主人公所体现的历史内容和社会意义，也没有能力评判作者人物描写的成败得失。我的关心只在作者塑造人物的手法。一面学习，一面记笔记。所记的内容，着重的总不外乎下列三点：

一、性格的特征和它的成因；

二、形象的特征，尤其是言语的个性化；

三、在剧烈的矛盾冲突中的行动表现。

我觉得，在上述几点上，屠格涅夫的作品都有着非常显著的特色。后来，在屠格涅夫的回忆录、书信和别人的引文里读到这样的话："我最感兴趣的，是人的面貌的生动活泼的真实。""你感觉到在你身旁有谁站着，和你一同走着——就这样，一个活生生的人物形成了。""没有县城医生德米特里耶夫，就不会有巴扎洛夫。"他还说到自己怎样为作品中人物写日记，使人物"在日记中说出关于当前最重要的问题——宗教、政治及社会等问题的意见。"也就是说，屠格涅夫的人物往往是有实在的模特儿的，而且和他们"一同走着"，探索到他们的心理状态。凡是创造了著名典型人物的前辈作家，大都有着类似的经验，说过类似的话。我也就本着学习笔记里的着重点，去研读《红楼梦》、《阿Q正传》和其他中外文学大师的作品，并在写作上竭力付诸实践，尽管眼高手低，实践的成绩往往使自己感到丧气。

把前人作品当作艺术教科书，人物描写自然只是学习的一个方面。即使在我这个很不高明的学习者的经验里，也还有另一方面的体会要在这里说一说，那就是艺术创造上应该遵循的最高美学原则——朴素。

文学艺术的生命是真实，是反映社会生活的真相。为了达到这个目的，首先要求作家具有正确的世界观，他们对待生活的正确态度和立场。但同时，也要求艺术趣味的纯正，表现手法的朴素。我在读屠格涅夫的作品时，一方面固然被它那诗意浓郁的语言所陶醉，另一方面也为它那自然展现的情节所吸引，仿佛通过一条平坦畅达的林荫道，既没有险阻，也没有惊奇。《猎人笔记》不用说了，那里面多的是人物素描和风景速写；你就读一读《罗亭》、《贵族之家》和其他的几部长篇小说吧，它们何尝有什么离奇的故事和惊险的场面？一切都是那么自然、明朗，却又那么真实，那么不容怀疑和引人入胜。难怪托尔斯泰在提到屠格涅夫时说："我永远爱他。他主要的价值就在于真实。"而朴素，就是通向真实的阶梯，也是美的极致。

我对这个问题的最初认识，如其说是来自读屠格涅夫的作品，毋宁说是来自读契诃夫的作品。在俄罗斯现实主义大师中，对屠格涅夫，我欣赏他超人的才情；对陀思妥也夫斯基，我吃惊他近于怪诞的深刻；对托尔斯泰，我仿佛引颈瞻仰一座巍峨的建筑，感到难以企及。可是，对契诃夫却不同，我觉得他离自己很贴近，很亲切，好象他在诉说一些发生在自己周围的事情，他的语调竟是这样平易，这样率真，这样既无掩饰，也无夸张。翻开他的作品，你就往下读吧，无论是初期的《变色龙》、《普里希别叶夫中士》、《哀伤》、《苦恼》和《瞌睡》也好，还是后期的《第六病室》、《带阁楼的房子》、《农民》、《套中人》和《可爱的人》也好，从题材的处理到语言的采用，真是朴素极了。即使我最初只能凭借早期的译文读契诃夫的作品，也已经感觉到这一点；现在我们已经有了更好的译文，这种朴素感就更显著了。我相信，有能力从原文读契诃夫作品的幸运者，对这一点当有更真切的体会。托尔斯泰在读了契诃夫的短篇小说以后，称赞道："他的写作手法已经登峰造极。""在他笔下，每一样东西都真实到了虚幻的地步。"为什么？就因为契诃夫写得朴素，掌握了朴素的美。看起来，他写的只是一些平凡的事情和普通的人物；但正是在这些事情和人物上面，显示出社会生活的真实。

在这里，我无法详细写出自己研读契诃夫作品时的体会，那样做需要很大的篇幅。但是，还是让契诃夫自己来说吧。在一篇同时代人对他的回忆里，记述着他的话："必须写自己看见的，感觉到的，而且要写得真切诚恳才成。"在一封书信里，他写道："短篇小说的首要魅力，就是朴素和诚恳。"对生活抱着诚恳的态度，你就不愿说假话。写得朴素，你的作品就能反映出生活的真实。矫揉造作和浮夸铺张是真实的敌人。

不久以前，有一位长期关心我的写作活动的读者在来信中指出，我的作品所以缺乏强烈的吸引力，有一个因素是故事情节的过于简单，语言文字也太平淡，劝告我改进文风，采用比较曲折的情节和比较华美的字句。的确，从青年时期学习写作以来，我一直自以为在追求朴素和真实，对离奇的情节和华美的字句没有兴趣。但我想，我的失败，决不只是自己素来以契诃夫为学习榜样的缘故。艺术上的朴素美是一个高远的目标，既需要独特的才能，更需要艰苦的劳动——对生活现象的细致深刻的观察，对语言文字的坚持不懈的锻炼。我希望自己的失败能成为对青年作者的鞭策和激励。

开　拓

在故都北平前门外一条狭窄的小胡同里，有一所后面带有一排小矮屋的旧式四合院房子，它就是前面提到的“浙江学会”。因为浙江籍的穷学生多，浙江会馆就拨给这所房子，不仅不收租金，还负责修理。“学会”里雇着两个伙计，是两兄弟，都是郊县的农民。哥哥充当包饭的，我们叫他“大伙计”。弟弟充当打杂的，自然就是“小伙计”。只要有熟人介绍，你就凭籍贯享有免费居住的权利。但房少人多，机会还是很难得的。有个困难因素是，有一些老住客，他们原先是学生，毕业后找不到职业，就赖着不肯搬离。因此名为“学会”，住客中间倒有半数是失业的青年或中年。而且，他们还是经常闹纠纷的根源。

等到我终于进了学校，在“学会”里住定了，并且幸运地占有了后面那排小矮屋中的一间，跟所有的住客都混熟了，就有一种仿佛成为高尔基的著名剧作《夜店》里的一名角色的感觉。在整个“学会”里，我们后面的几间小矮屋，可以说是“别有洞天”。前面两进，差不多每天都要爆发几场剧烈的争吵，有时甚至大打出手。只有我们这个小天地才是比较安静的，因为我是学生，当时就已有埋头伏案的习惯；另外几个虽都是失业的，但比较安分，不善于大叫大嚷。

在充当我的近邻的几个失业的中青年中间，有一个是“莎士比亚专家”，他在大学里读英文系，热衷莎士比亚的作品，整天捧着一厚册英国牛津版《莎士比亚全集》，用浓重的乡音小声诵读，仿佛除了莎士比亚，就不知道世界上还有别的存在。他虽有家庭接济，自奉却极节约，每天中午就到胡同口一家馅儿饼铺买一个馅儿饼充饥，只有晚饭是包给大伙计的。他失业还不满一年，也不急于找职业，心情很平静，也不大和别人交往，独自享受他的读书之乐。另一个是法律系毕业的，年纪已经超过三十，听说失业已经五年以上。他胆小怕事，长期失业磨尽了他的锐气，加之手头拮据，经常出入当铺，连走路也低着头，脚踩在地上也轻轻的。一碰到前面院子传来什么人的咆哮声，他就显出一副惊慌失措的神情，好象一个胆小的债户听见讨债人的斥骂。事实上，他曾多次拖欠大伙计的伙食费；当大伙计跪着向他哀求时，他也匍伏地上，不肯起身。尽管他到处奔走，始终找不到一个糊口之处。到了冬天，他就经常赖在床上，因为屋子里生不起火炉，身上那件呢大衣又已经连袖子也磨损得快要脱落了。

前院也有一个拖欠伙食费的，自然也是长期的失业者。可是，和我好脾气的近邻不同，这人却脾气暴躁，愈是穷困，气焰却愈高。可怜的大伙计也曾向他下跪磕头，他却满不在乎地打哈哈道："哈哈！你这算什么呢？难道我姓×的堂堂男子汉，还会叫你当伙计的吃亏吗？你放心，等我手头宽裕了，连本加利一起算给你！"说的也不假，他确实有手头宽裕的时候，那时，就在自己的房子里大宴宾客，几杯下肚，竟装女音大唱其《武家坡》。他经常约了几个朋友，通宵打牌喝酒，闹得四邻不安。他还有一个女相好，据说是石头胡同一家茶室的南方姑娘。有一次，她来"学会"大吵大闹，说他把她的首饰送进了当铺，逾期不赎。又有一次，他怪邻居干涉他的自由，竟擎着一把刀子，威胁要挖掉对方的眼睛，只差没有惊动胡同口的警察分局。其实，对方倒是一位温文尔雅的书生，房子里堆满线装书，整天坐在一张小书桌前圈圈点点；每逢规定的日子，就穿起一件旧花呢西装，去拜谒一位大名鼎鼎的恩师。因为毕业于历史学系，他正专心致志地编著一部史学论稿；只要这部稿子能得到恩师的青睐，一个大学讲师的好职位就没有问题。他自觉学有专长，非常鄙视那个青皮式的邻居。可是，由于命运的安排，不仅经常要受到邻居的干扰，使他无法安心工作，如今竟然受到连眼睛也将不保的威胁了。这把他气得满脸发青，浑身打颤，不得不跑到我们后排小矮屋里来诉说委屈，谋求支持。"他是个没皮果子，什么事情都干得出来的！"

他双手抱着自己那包珍贵的书稿，声音发抖，“前几天要放火烧房子，现在他索性动起了刀子！大家都知书明理，你们给我说句公道话！是人总强不过一个理字！……”

我就在这个环境里，在这些人们中间，埋头于描写浙东家乡农民生活的小说的。

“学会”的房间不多，住客也只有二十来个，因为是一所独立的院落，也就构成了一个中青年知识分子的小社会。彼此朝夕相见，前院打个喷嚏，也会惊动到我们后面。因此，在一种近于被迫的状态中，我每天都面对着这些邻居们的纷扰。尤其是，逮捕那个介绍我住进“学会”来的同学的便衣宪兵，是由他一位隔壁邻居作引线的；他一被捕，那邻居也就搬走了。说明在这个小小社会里，也不缺乏它的复杂性。我觉得自己正在读又一本教科书。也就是说，作为一个写作学习者，我的“家园”又有了新的开拓。且不说我的父亲就是一个农村知识分子，多年的学校生活，我都生活在知识分子中间。过去研读屠格涅夫的作品，他的六部著名长篇小说就都是描写知识分子的。鲁迅的《孔乙己》、《白光》、《在酒楼上》、《孤独者》和《伤逝》，也都是描写知识分子的名篇。中国的古典小说中，也有《儒林外史》。这个“家园”不仅广阔，还有传统的榜样。就拿自己身在其中的小社会里的人物来说吧，只要你能认真对他们作一番研究，不就可以写出一部新的《儒林外史》吗?

不待说，设想归设想，我既没有实践的勇气，也没有实践的能力。在完成几篇描写家乡农民生活的习作之后，我只从自己的学校生活里采取题材，尝试写了一篇书信体的小说《两姊妹》，接着又写了另一篇第一人称的《找寻道路的人》。直到抗战时期，跑了前线战地和后方城市，接触到更多挣扎和战斗在大动乱中的知识分子，而且自己也有了更多的经历和感受，我的“家园”才得到进一步的开拓，写下了一些描写知识分子的中、短篇小说；到了抗战后期，更写下了《古屋》、《寻梦者》和《神的失落》等好几部以知识分子的生活和斗争为题材的长篇小说。

关于中国的知识分子，我是通过切身遭遇，通过长期的观察研究和在作品中的探索，逐渐形成自己的看法的。我觉得自己有很多话要说。1895年，列夫·托尔斯泰67岁，他在日记里写道：“活的日子不多了，但是急于想讲的话却这么多。……一切都已成熟，想讲得很。……”读到这几句话时，我不禁怦然心动。我渴望在自己有限的晚年里，能够把要说的话说出来。除了目前正在做的，我打算再写几部长篇小说，反映现代中国知识分子在各个重要时期的遭遇。不过，这是后话，还要看以后主观和客观的条件。在这篇简述自己早年学习写作过程的文章的结尾，赘上这么几句，自然只是为了对自己的鞭策。我想，宽容的读者是能够体谅我这种迫切的心情的。

1981年3月20日上海

（原载1981年5月10日《东海》1981年5月号）

失败者的期望

——在青年作者小说讲习班上的发言

王西彦

今天有这个机会和大家见面，很高兴。昨天晚上，你们给我看了40个参考题，要我谈谈看法。我考虑了一下。要谈点什么，总得有个题目吧。用个什么题目呢？谈自己在创作上的经验吧，也实在没什么经验。想了个题目，叫做《失败者的期望》。因为，最近我给自己解放前的中、短篇小说编了一个选集，编的时候，发现最早的一篇小说，离现在差不多50年了。我对自己作个回顾，觉得自己只有失败的教训。谈一点失败的教训，或许能给同志们作参考。

人老了，往往有一种心情：自己能够重新来过多么好呵！粉碎“四人帮”后，想到十年浩劫以前，自己觉得是个壮年，还有点雄心壮志；过了十多年靠边生活，回头一看，自己已经一下子被推到了老年。这个感觉，非常强烈。的确很希望能重新来过。可是我知道这只是一个很可笑的愿望，人老了，怎么还能重新年轻呢？我觉得，能在这种情况下，把自己的一些教训跟年轻的同志谈谈，也许是件可以做的事情。因此，我今天谈的，都是我事后想起应该那么做，但是自己没有做，或者是做了，却没有做好的几个问题。

首先谈第一个问题：生活积累和对待生活的态度。

这是你们参考题里提到的一个问题：观察生活呢，还是感受生活？关于文学艺术的创作和生活的关系问题，其实是我们的祖先已经解决了的。司马迁所以能写出《史记》来，就是因为他跑了很多名川大山；

也就是说，他有很丰富的生活积累。这种积累，不但使他写出了《史记》那样内容充实的著作，而且影响到了他的文风。这是过去很多人都讲过，都提到过的问题。一个作家看起来很自由，其实不自由。作家要选取什么题材，要写什么，好象很自由，但首先就遇到一个问题，就是我们平常所说的，巧妇难为无米之炊，有一个“米”的问题。没有“米”，她再巧也做不成饭，只能煮白开水。作家只能够写他熟悉的东西，正好像鱼只能够游泳在水里。我们读鲁迅的作品，发现他只能写两种人，一是农民，二是知识分子。因为这两种人是他生活范围之内的。鲁迅全部小说作品，就是写这两种人。一个作家应该有很丰富的生活积累，这个问题用不着多讲，大家都清楚。创作当然需要想像和虚构，但如果没有实际生活经验作基础，想像和虚构都不可能。

我觉得，就今天的情形说，更重要的问题，还不是生活积累的问题，而是作家对待生活的态度问题。我记得自己刚学写作的时候，30年代初，当时有个小册子很流行，就是苏联文学顾问会写给青年作家的一封信，同志们在图书馆灰尘蒙封着的旧书堆里，也许还能够翻到它。那里面有个提法，叫做“手触生活”。当时我们觉得这个提法很新鲜。手触生活当然只是一个比喻，就是说作家要加强跟生活的联系。比喻总是跛脚的，不完美的。“手触生活”，那么，生活是生活，我是我，伸手去触一触，我跟生活的关系，还是你归你，我归我的关系。这样能不能解决问题呢？比方说，过去30年时间里，天天说，要深入生活，要作家们下去，到工厂里去，到农村里去，在那里呆一段时间，回来再反映那个生活。这样，也还是只能算“手触生活”。我总觉得，用“手触生活”这种办法来对待生活，不是解决作家跟生活关系的最可取的办法。并不是说，我生活过了，三年五年就够了，就可以写作了。实际情况并不是这样。因为我们经常可以看到，有的人下去生活了三年五年，结果是个“不生蛋的母鸡”，他还是写不出作品来。这样的人，进了到处都是金银宝贝的宝山，回来却还是空着双手。也有的呢，下去生活了，生活了很长时期，他写的作品并不能反映出生活的真实，他只能写出不很真实的，甚至是歪曲生活的作品。问题在哪里呢？问题就是他只是在手触生活，没有把自己的心和头脑带下去。看起来，他在生活中间；实际上，他对生活还是采取一种漠不关心的态度。这样怎么能很好地解决生活和创作的关系呢？一个作家必须把心和脑子带下去，也就是同志们题目里说的用心去感受生活。用心去感受，这个提法提得很好。19世纪俄罗斯有一个古典作家冈察洛夫，他写了三部作品：《奥勃罗莫夫》、《悬崖》和《平凡的故事》。他有一篇谈自己这三部作品的文章，题目叫做《迟做总比不做好》，提到有些好心朋友劝他说：你写这个吧，你写那个吧，写这个人物吧，写那个人物吧。他回答说："我做不到呵！你们叫我写的这个那个人，不是我生活中的东西。没有真正地感动过我，这样的东西我不能写，我写不出来。我只能够写我家园里的东西，就是我用心感受过的东西。"（大意）我非常欣赏他这几句话。一个作家的确只能写自己"家园"里的东西。一个作家不是用手触生活，而是把自己的心灵泡在生活里面，这样才能反映出生活的真实来。所以，我想提出这样一个问题：面对生活，是不是用自己的真诚去对待它，能不能真诚地对待它。愿意在这里举一些我们创作界的实例。解放以后的前17年，我们常常说，反映农村生活的作品成绩比较大。有很多好的作家，写出了很多好的作品，像柳青同志的《创业史》、周立波同志的《山乡巨变》，等等。柳青同志在皇甫村一住就是十来年，经常被当作深入生活的好榜样。立波同志和李准同志也都曾长期在农村生活。但是我们看看，《创业史》也好，《山乡巨变》也好，有没有反映出我们农村生活的真实哪？当然不能说没有。但是，总的来看，我觉得，作品和我们追求的现实主义，不能说没有距离；或者简直可以说，距离还是很不小的。就拿这两部作品所描写的人物来说吧，可能同志们也有这样的看法，《创业史》里梁三老汉写得比梁生宝更好，更真实；《山乡巨变》里亭面糊、秋丝瓜写得也比邓秀梅更好，更真实。我们觉得，这些人物，我们在农村里经常碰到，很熟悉。可是，梁生宝，或者《山乡巨变》里的女干部邓秀梅呢，我们就觉得这样的人物不那么熟悉。农民们对合作化、对社会主义改造、对大办食堂和大办钢铁，不象有些作品里面写的，热情真有那么高。实际情况不完全是这样。民以食为天，合作化也好，大办食堂、大炼钢铁也好，总要愈办愈有饭吃，愈吃得饱，而绝不是相反——愈办愈穷，愈没有饭吃。我觉得，这里面就有一个对待生活是不是真诚的问题。真诚这两个字，不是很抽象的；对生活真诚，就是鲁迅说的，创作总是根生于爱，爱生活，到农村去就是爱农民。心里有个社会主义，当然很好。但更应该有农民，更应该使自己的心和农民相通——看看你心里那个“社会主义”是不是对农民有利，为农民所欢迎。农民很讲实际，因为这对他们是个生死问题，田里种不好庄稼，他们就要饿肚皮。云南有一位作家，刘澍德同志，写《桥》的。他的中篇小说《桥》，我认为是写得很不错的。他是我的一个老同学，彼此很熟，每次见面，总要谈创作问题。他对我表示，他要竭力追求现实主义；他认为，一个作家离开现实主义是不行的，作家的最高职责就是追求现实主义。他在农村一个生产队里蹲点，写出了很多反映农村生活的作品，受到了人们的称道。后来，在“四人帮”迫害下死了，今年是他逝世十周年。十年前他被定为反动文人，永远开除党籍，在劳改中旧病复发而死。因为他是东北人，我写了一篇纪念他的文章，发表在东北的《鸭绿江》月刊上。我在写的时候，心里很难过。我在文章里说，我并不怀疑他的真诚，他的确是认认真真地深入生活，满腔热情地歌颂社会主义农村生活。他有一个短篇集子叫做《造春集》，歌颂农民的创造力；另外一个集子叫《红云》，也作同样的歌颂。他的确是在那里深入生活，努力创作，追求现实主义。他的《桥》和另一个题为《老牛筋》的短篇小说，都描写了农民的保守性格，都是比较好的作品。但就总体而论，他的作品和现实主义还是有距离，或者可以说，有相当大的距离。这是一个悲剧。为什么呢？他的真诚不是对生活本身，他的真诚是对当时的路线、政策。假使情况不是这样，他的作品就可能更接近现实主义了。

我还可以说一点自己的经历。我在解放初期，先在湖南平江老苏区参加土改，后来又到皖北老根据地参加土改，后来就根据两次土改的经验，写了一部长篇小说《春回地暖》，出版后反映颇不一致，有个意见认为作品的主人公形象不够高大，另一个意见是农村落后面写得太多，第三个意见是把贫农写得太不觉悟。我听了心里很惶惑，觉得自己虽然按照实际情况写了，可是问题竟这么大，真不大好办。随后，我就想，既然第一部作品失败了，再写第二部吧，写农业合作化。我是浙东人，我在湖南和安徽，毕竟是他乡人。我是农村出生的，我回自己家乡去。因为我们农村象鲁迅所说的，是聚族而居的，一个村子，同一个祖先，所以村子里都是叔叔伯伯，兄弟侄儿之类，都很熟悉。我要在这部新的作品里，把主人公的形象写得高大些。经过土改好多年了，农村面貌大改变了，农民的觉悟也一定比较高了。当时，我的热情的确很高。可是，一到了县里面，宣传部长就跟我讲，你回到家乡来，我们很欢迎，但是你到农村去，要看主流啊，不能看支流。先对我打了个招呼。那时还没有建立公社，是公社化的前夕。到了自己村子里，头一天晚上，我的房子里面挤满了人，叔伯兄弟侄儿们都向我诉苦，说某某人眼睛已经瞎了，某某人已经饿得躺在床上不能动了，尽是些不愉快的消息。诉到一半，我一个堂侄儿是生产队支书，他一来就把人轰跑了。他说："叔叔好久不回来，一回来，你们向他讲什么啦？你们讲这些不愉快的事情给他听，是怕他心里高兴呵！"第二天起，他就很积极地陪着我，我到哪里，他陪到哪里。这样，我的那些叔叔伯伯们就没法跟我接近。就在这种情况下，我还是看到一些情况。比如，我一个堂房婶婶，拾"枣残"卖了一两块钱。这点钱不能放自己手里，要存在会计那里的。会计也是我一个堂弟。她要支几个钱进城去买东西。她怎么要的呢？她求，她哭，她说尽好话，只差没有跪在地上给会计磕头。我看她求了半天，还是被会计骂走了。那时，我带了点钱下去，原是自己充当零用的。就在我家旁边，有个当鞋匠的堂兄弟，生病了，躺在床上，饿得快死了。他的妻子偷偷到我家来，我偷偷给了她十块钱。另外还有一个堂兄弟，眼睛快瞎了，也没有饭吃，没办法，我又给了十块钱。不给不行，给又不敢明给。也晓得这样不好，又没有办法。后来，我回上海不久，就来信了，这两个人都死了。同时侄儿来信，又说村子里办食堂了，家里的锅都起掉了，灶都挖掉了，不许自己家做饭，要去吃食堂，拿一个缸子，去端一缸子面汤，还没有回家，走到半路就喝光了，饿得两眼发花，两腿发软。我心想，这就叫社会主义改造吗？不用说，我一个字也写不出来。我再想，什么是社会主义？社会主义既然是最进步的、最好的一种社会制度，比封建社会，资本主义社会都好，都优越，那么，至少应该有两条吧：第一条，物质财富更丰富，大家吃得饱，穿得暖；第二条呢，在这样的物质基础上，使每一个人有精神生活，使每一个人的创造性能够发挥出来！社会主义总无非这么两条嘛！总觉不是叫人吃不饱、穿不暖，精神生活也没有，创造性就更不用说了。总没有这样的社会主义吧？如果说，愈穷就愈革命，就愈是社会主义，那么，你要这个“社会主义”干什么呢？现实是这样一个现实，生活是这个样子，作为一个作家，应该怎么办？你创造是根据爱，你爱的是什么呢？你总要回答吧！你爱这样的生活吗？你是不是在农村看到这样的生活，回到城市里却另写一套呵？假使你写另外一套，无非是瞒和骗。契诃夫是大家很熟悉的一位俄罗斯作家，他说：现实主义就是按生活原来面目来描写生活，还要写出将来生活是什么样子，生活的前途怎样。契诃夫一再说，作家不要做这两种人：一种是糖果贩子，一种是粉刷匠。不要专门给人家吃甜的；不要专门把生活加以粉刷。他一再告诫作家，千万不要做这两种人，不要瞒与骗。有人说，契诃夫处的是什么时代，我们是什么时代？你怎么能把契诃夫的话搬到现在的中国来呢？不错，契诃夫是资本主义没落时期的作家，他说的粉刷匠和糖果贩子，是为旧制度粉刷缺陷，讲好话。我们现在是社会主义时代，糖果应该是社会主义的甜点心，粉刷应该是使社会主义面貌更新。但实际情况不是这样。实际情况是证明了历史很无情，使契诃夫的告诫对我们的作家仍然很有用。现在我这样讲，大家不会不理解我的意思。在这样的现实中，要作家不当糖果贩子和粉刷匠，我以为很需要。

粉碎“四人帮”以后，有一个现象，就是很多揭露“四人帮”的作品，描写遭受“四人帮”迫害的作品，多数是出自青年作家之手。我们一些老同志常常谈论：这是怎回事呀？比如《伤痕》，就是一个二十多岁的大学生写的。我们这些身受的人，为什么写不出来？现在的好作品，出于身受迫害的老作家之手的很少，为什么？当然罗，老了嘛，经验多了一些，被十年浩劫的苦难生活压扁了，心有余悸，不大敢写了。大概就是这个原因吧。还有一个原因是对严酷的现实不敢大胆接触。当然，也有些幸存下来的老作家现在也克服了这种弱点，开始在那里写自己的经历了。

有一个时期，我们还不大敢讲良心。一讲良心，就觉得这个词儿不大好。我觉得，现在的确要多讲讲良心问题。假使一个作家，带着自己的心和脑子，下乡也好，到任何其他地方也好，在生活里就会有所得。有一次，我跟几位来访的外国作家谈话，他们的口气里，对我们当代文学似乎不大承认，但对粉碎“四人帮”之后的文学却还是承认的。我们不能认为他们来自资本主义国家，有他们的偏见。他们这样提问题，我觉得还有他们的道理。在谈到粉碎“四人帮”以后的作品时，我跟他们讲了个中国传说中的女英雄穆桂英的故事。我说，现在我们文艺界出现了一批当代穆桂英。我举了上海的茹志鹃，北京的张洁、谌容，河北的刘真。这些就是我们文艺界当代的穆桂英。她们对待生活，就跟穆桂英一样地勇敢。同志们读过茹志鹃同志的《剪辑错了的故事》，刘真同志的《黑旗》和《她总算明白一点点》，还有张洁同志的《爱，是不能忘记的》，谌容同志的《人到中年》。我曾对《人到中年》的作者提过意见，《人到中年》的最后一段，好像是不得已加上去的。我请她是不是可以考虑，把后面一段改掉啊？这部作品就要出版了，现在这样子，作者受到的压力已经很大。《黑旗》这篇小说，虽然评选短篇小说没有被评选上，但我以为是一篇好作品，说明了作者对生活的真诚态度和勇敢精神。对生活勇敢有个前提，就是对生活真诚。真诚才能勇敢。你爱生活，爱人民。你看到人民正在受难，人民明明在受难，你却在作品里说人民觉悟怎么高，怎么欢欣鼓舞，怎么热气腾腾，你的良心能允许吗？这就叫做面对严酷的现实！在严酷的现实面前，你不愿讲假话，也无法说真话，没有办法，只好搁笔不写。

我们那个理论会上，有人提到赵树理同志，说他就不肯写农民怎么欢欣鼓舞地走社会主义道路，因为他看到农民的实际情况并不是这样。他不写也是勇敢的，也是对待生活真诚的表现。

理论会那边正在讨论文艺与政治的关系。“文艺为政治服务”的口号适用不适用？有这样一种论调，文艺当然是为政治服务，问题在党的路线和政策。党的路线和政策错误了，文艺就不能反映真实；党的路线和政策对头了，文艺就能反映真实。这还是文艺为政治服务。我觉得这个论点站不住脚。党的路线政策错误了，作家就非要跟着去写错误路线不可吗？那么，作家干什么用啊？文艺作品干什么用啊？作家是爱人民、爱生活的，就要出来抗争嘛，文艺作品就要写新的《不能走那条路》。比如说，大办食堂，文艺作品出来说，不能走这条路；大炼钢铁，作家应该出来说，不能走这条路。应该这样做嘛！作家总是做政策的图解员，那要你干什么？！我觉得，一个作家对待生活的态度是不是真诚，决定我们文学的面貌。

第二个问题：作家的人格和精神状态。

作家对生活的真诚、忠诚的态度，实际上就是个作家的人格锻炼的问题。

不久以前，我们出版了一本好书《歌德谈话录》，是歌德的一个秘书爱克曼记的歌德的谈话。这是一本好书，记录下大诗人歌德关于文艺问题的一些谈话。歌德非常着重作家的人格，不断地提到这个问题。他认为，没有人格伟大的作家，就不可能产生伟大的作品。他说："在艺术和诗里，人格确实就是一切。"他特别不能容忍作家灵魂的卑鄙。斯大林也说："作家是人类灵魂工程师"，既然是灵魂工程师，那你自己的灵魂怎么样？你自己的精神状态怎么样？我们口口声声说现实主义，要献身于现实主义，追求现实主义。但在追求现实主义的道路上，拦路虎是很多的。比如说，风派作风。在上海时有人跟我讲，"文化大革命"不是过了几年还要来吗？还要来多次吗？他说，哎呀，不要再来啦！一次就出现那么多风派人物，第二次不就更多啦？第三次不就都是风派了？原来"文化大革命"是培养风派人物的。我们创作界风派人物有没有？我看是有的，我看现在还有。不是有这种情况么？有的人总是打听，北京有什么消息吗？某某有权势的人讲了什么话啦？我本来准备这样写的，既然形势变了，那么我要另外写了。这样的风派作风，就是追求现实主义道路上的拦路虎之一。再比如说，赶浪头，看行情，这样的人不少呀。什么风吹来啦，他编一个剧本；什么风吹来啦，他写一篇小说。完全是一种市侩作风。这种现象也是不少的，这也是拦路虎。还有粗制滥造，还有在作品里讲假、大、空话。或者是在生活里是一套，作品里是另一套；作品和作家本人的人格、品质完全对不上号，完全是两码子事。我讲这些话的时候，脑子里是有很多材料的，是有很多人物形象的。不过，用不到我明讲了。我的意思只是说，追求现实主义不那么容易，这里面有一个作家的人格、精神状态的问题。追求现实主义并不是只要生活的积累，或者在表现手法上面做些努力就行，更重要的是人格锻炼和提高精神状态的问题。

我们总是讲，作家对文学事业要有献身精神。献身精神一方面指艰苦坚持，不断努力，不要灰心，等等；但是更重要的，是另外一方面：对真理的追求。在我们的先驱者中间，榜样是很多的。中外文学史上可以看到很多这样的先例。我们的前辈中间，有的看到冤狱，即使冒被放逐的危险，也挺身而出；有的终身追求真理，到了老年还要出走。鲁迅在黑暗年代里所表现的硬骨头精神，更是我们所熟知的。这种精神，比他们文学上的成就更动人。事实上，他们文学上的成就，和他们为真理的献身精神不可分。因为他们有这样的精神，才能写出辉煌的作品来。最近，巴金同志有一句话讲得很好，他说："我是把心交给读者的！"一个作家的确要把心交给读者，使读者看到在你的胸膛里跳动着的那颗心。读者从作品中感觉到作家脉搏的跳动，那就是因为作家把自己的心交给了读者。

同志们提出的问题里，也有作品的艺术力量的问题，也提到我们作品的总的主题应该提高人的精神，也提到迷信论的根源，这些问题都提得很好。作品的艺术力量从哪里来呢？作品总的主题是什么呢？我觉得，无非就是作家追求真理的信念和他的努力。粉碎"四人帮"以后，对出现的一些好作品非议很多，什么"伤痕文学"，什么调子太低沉，什么批判现实主义，什么"向后看"，等等，等等。我感到奇怪，为什么你责怪作家，却不责怪现实？你指责这也不对，那也不对，伤痕文学不对，调子低沉不对，你为什么不去指责现实嘛，指责是谁制造十年浩劫的？人们遭受了十年苦难，作品反映一下，调子还不能低沉，不应该写伤痕，不应该忘记，"向前看"。我觉得这样的指责，是一股冷潮，要浇灭作家的热情。难道我们经过十多年苦难，或者更推上去，农民在错误政策下所流的血和泪，我们作家对于这样的现实，不要揭露、不要控诉、不要抗议么？揭露、控诉、抗议的方式有多种多样，应该多种多样，绝不应该加以挑剔，说什么只能这样，不能那样。你的抗议，只能是高亢的，不能是低沉的，这样公平吗？有这种道理吗？凡是这样的指责，目的就是要束缚作家的手脚，使他不写。我想，每一个有良心的作家，都不能允许自己的手脚被束缚起来。例如高晓声同志的作品，调子低沉不低沉？我看是低沉的。我来庐山之前，和一位文艺界的前辈谈起文艺问题，他提到高晓声同志的作品，他说 30 年代有评论家说阿 Q 的时代已经死了，但看看高晓声同志的作品，觉得阿Q现在还有嘛。前两天我把这话告诉高晓声同志，高晓声同志补充说，现在农村里不止有阿Q，还有祥林嫂呢。为什么？30年代初期，我们的批评家就说阿Q已经死了，阿Q时代已经过去了，为什么半个世纪之后，我们的农村还有阿Q、还有祥林嫂啊？这种现象难道不值得我们深思吗？这不就是说：我们的农民，还没有从苦难生活的阴影下摆脱出来吗？情形为什么会这样的？我觉得，高晓声同志的作品，就是一个沉痛的抗议。假使不是在粉碎“四人帮”之后的现在，这样的作品不可能被发表；即使发表出来了，可能帽子早就戴上来：你这不是污蔑农民么？不是污蔑贫下中农么？这就是我们曾经遭遇过的现实。一方面我们的农民还没有摆脱长期苦难生活的阴影；一方面作家不能碰，谁碰谁倒霉。上海去年出版了一本《重放的鲜花》，收集了很多遭遇过不公平的待遇的作家的作品。这说明，我们的作家有心和有脑子的不少，只不过他们的心、脑子，对待生活的真诚的态度，却换来了打击。但我觉得，你既然是一个作家，恐怕还是要讲良心，恐怕还不应该在打击之下低头。不是曾经认为，“为民请命”是一个罪状吗？我不知道，作家除了为民请命之外，还有其他任务。我觉得，我们作家有大大提高我们精神状态的必要。有这样一种说法：作家要站在历史的高坡上面看生活，站得高才看得远。可是，我们首先得站起来呀！作家爬在地上，怎么看得远呢？中国的知识分子、包括作家在内，因为遭受打击太重，受压太久，精神状态总有问题。我们的知识分子、我们的作家本身是好的。我们有个讲气节、讲刚正不阿的好传统。十年浩劫中，八亿人民只有一个作家，说明绝大部分都还是有良心的。没有考验比这更重了，是生死考验。去年开第四次文代大会的时候，不是念了一长串牺牲者的名单么？他们都是宁愿站着死，不愿趴在地上活的。就说我认识的一些老同志吧，他们在十年浩劫中表现的确是可歌可泣的。最近我在写一组回忆录，写一组在十年浩劫中被迫害致死的朋友们的遭遇。他们大都是那个名单当中的。我一边写，一边心里发抖。我觉得，这些牺牲者，就是鲁迅所说的中国的脊梁。我是幸存者，我有责任把他们写下来。来庐山之前，我还写了一位幸存者，写了巴金同志。我写他十年浩劫当中，蹲“牛棚”被迫劳改过程中的一些情况。写他怎么坚持下来的？倚靠的是什么？广州的

《花城》文丛即将出版的八月号上，有个关于巴金同志的专辑。我的回忆文章就是为这个专辑写的。总之，无论是牺牲者，是幸存者，他们都给我们留下来一份宝贵的财富，就是人格的力量。我觉得，我们要产生伟大作品，一定要把作家的精神状态振奋起来，一定要站起来，站得高高的，站在历史的高坡上。“四人帮”曾经利用鲁迅的一句话来指挥作家：鲁迅不是写“遵命文学”么？那么你们学习鲁迅，也遵命吧！他们不管鲁迅原话是说他遵的不是指挥刀的命。作家是应该遵命的，但不是遵权势者的命，不是遵长官的命，而是遵人民的命，遵革命的命，当前是遵社会主义的命。作家只能够歌颂有利于人民、有利于社会主义的事物，作家一定要揭露、批判、抗议不利于人民、不利于社会主义的事物。只要我们提高作家的人格力量、精神状态，就可以产生好作品。这样说，我决不是提倡作家要自命不凡，目空一切。不是的，我并不是鼓励目空一切的狂妄自大。我是说，要当一个好作家，首先要当一个好人，一个真诚的人、勇敢的人、有责任心的人、有爱心的人、爱人民和爱社会主义的人。

最近，我们在谈文艺的社会效果。我总这样看，社会效果的好坏，就是看是否真实地反映生活。只要作家有高尚的人格，他能够勇敢地、真诚地反映社会生活，这样的作品的社会效果就不会是坏的。

第三个问题：文化修养和艺术锻炼。

同志们提的问题里，有一个我觉得很有意思，就是关于文学上的引进，是托尔斯泰、巴尔扎克重要，还是辛格、海明威重要？在理论上，是不是要言必称三个斯基和恩格斯的言论？这使我联想起一个问题。“四人帮”时期，凡是名、洋、古，都要打倒，都要“彻底批判”，连贝多芬都不要了，托尔斯泰也没有用。粉碎“四人帮”之后，我们出版了一些外国作品，上映了一些外国电影。这本来是很平常的事。因为名、洋、古久受排斥，一旦开放，这些外国作品和电影受到了很大的欢迎。但是，也听到一些惊叫：这样可不得了，中国自己的创作卖不出去了，国产电影没人看了，再这样出版外国作品，放映外国电影，更不得了。有人提出少出或者是不上演，用闭关自守的老办法来保护自己的创作和自己的电影。对这样一种看法，只能用三个字来形容：“没出息”！为什么这样怕呢？我觉得，这种见解，还比不上慈禧太后。当时慈禧太后要坐火车，一些忠心耿耿的大臣趴在地上哀求：太后，你珍贵的身体，可不能坐那个风驰电涌的怪物呵。但是慈禧太后不听他们的话，还是坐了。时至今日，其他方面不能闭关自守，何况文学艺术？不是说文艺作品没有国界么？不是说一个作品产生，就是全人类的财产么？而且，文学的引进，决不是现在才开始的。假使我们没有文学引进，我们的新文学能不能有还是个问题。鲁迅是新文学的开山祖，没有外国文艺的借鉴，能够产生鲁迅吗？鲁迅他自己讲，他在创作之前，受东欧和巴尔干诸国，特别是俄罗斯和波兰的作家作品的影响。他的《狂人日记》就是受果戈理的《狂人日记》的影响；有人曾经做过研究，鲁迅的小说作品，哪些是在哪些外国作品里受到启发影响的。我觉得这样的研究，做得很好。我们现在看到，五四以来有了一个现实主义的传统，也有了一种全新的表现形式。可是，鲁迅当时在从事这种开山鼻祖的创造工作时，却是极不容易的。鲁迅接受了外国的表现形式，同时还有内容方面的影响。当然，这不是说，鲁迅作品完全是外国小说影响的结果。决不能这样说。鲁迅首先是熟悉自己的人民，关心人民的命运。他又曾研究中国历史，熟悉中国人民的过去。这是主要的。但也不能忽略他接受外国作品的影响和启发。

一个作家，一定要做有文化的人。我的意思是说，作家应有更高的文化修养，比现在高得多的文化修养。在去年第四次文代大会上，夏衍同志的发言就提到这个问题。他把自己跟茅盾同志相比，谦逊地说茅盾同志在文化修养方面比他更高。我们知道，夏衍同志的文化修养在当代作家中间是很高的。我们可以这样说，假使没有深厚而广泛的文化修养，就不会有鲁迅和茅盾这样的作家。巴金同志受外国文学的影响很深，书读得很多，是我们不能企及的。没有文化，或文化过浅，是我们作家目前的一个严重问题。这个问题，可以从两方面来看。首先是前面所说的站在历史的高坡上观察生活。没有一定的文化修养，就没有办法登上历史的高坡。现实生活中的有些问题，我们事后来看很清楚，当时辨别不容易。我们事后回头一看，过去我们有些做法是错了，似乎用常识就可以判断。可是当时不是这样看的。我们不能站到历史的高坡上，看不清生活的真面目，辨认不出生活将向哪里发展，对生活成了“睁眼瞎”。造成这种情形的原因很多，没有文化修养或者是文化修养不够也是一个。

其次，还有一个表现的问题。你观察分析生活的结果，需要通过一定的形式表现出来。这个表现很重要。文学艺术首先必须是文学艺术，不然就什么也谈不到了。比方一张桌子，首先得是张桌子；如果桌子都不是，还谈什么其他功能或效果之类呢？所以，严格讲起来，政治性和艺术性第一第二的提法，不是完全没有问题的。艺术都不是，还谈什么政治性？在跟一些比较年轻的同志谈创作问题的时候，我总是强调两个积累：一个是生活积累，另一个是文化积累。

我们谈到接受世界、中国文学遗产时，一提借鉴，总是指技巧借鉴。其实，这个说法是不完全的。首先应该是一个作家怎样对待生活的问题。举两个例子来说吧。《红楼梦》的作者是一个官僚贵族世家的破落子弟，可是他是怎样对待生活的？假如我是这么个人，祖先是做大官的，现在破落了，也许我梦寐以求的会是耀祖光宗，重振家世，恢复失去的天堂。但是曹雪芹呢，他在《红楼梦》里写了元妃省亲一章，竟把皇家的威仪写成一个悲剧，一场笑话！你说说看，假使曹雪芹没有这种勇敢精神，他陶醉在皇家的权势里面，大唱其赞歌，恐怕就没有《红楼梦》了。整部《红楼梦》，就是一个作家真诚对待生活的成果。再看托尔斯泰的《战争与和平》。托尔斯泰是个贵族，是个伯爵。我也曾设想，如果我是托尔斯泰这样的伯爵，看见皇帝恐怕就要趴在地上了。可是在《战争与和平》里，拿破仑和亚历山大这两个皇帝，竟被写成两个小人。拿破仑了不起吧，亚历山大是自己国家的皇帝，在托尔斯泰笔下成了小人，成了很可笑的懦夫似的人物，你看，作家对待生活勇敢不勇敢？很勇敢。我觉得，我们对待祖国的、外国的文学遗产，都要注意这个问题，都可以从这个角度看文学大师们对待生活的态度。我们首先要学习这一点，而不光是首先学习他们的描写技巧。当然我们也要学习他们的表现手法，他们的描写本领，学习艺术锻炼方面的问题。

在艺术技巧和表现手法上，无论是托尔斯泰、巴尔扎克，或者是辛格、海明威，都是我们应该认真学习的。有一次，我跟一位西德的文艺评论家谈论文学艺术的问题。我提起托马斯·曼的长篇小说《布登勃洛克一家》。我们最近重印了两部描写资产阶级大家庭的形形色色的巨著，一部是《布登勃洛克一家》，另一部是英国高尔斯威绥的《福尔赛世家》。我很欣赏托马斯·曼的《布登勃洛克一家》。我跟这位评论家说了。他笑着回答道："这在我们德国人看来，已经是祖父辈的作品了。"他的意思是：你对我们过去的作品怎么这样欣赏呵？也许还有一个意思是：我们新的作品，你们介绍得太少了。可就我自己阅读范围说，能读到的东、西德一些新的作品，我看来看去，还是喜欢托马斯·曼，喜欢《布登勃洛克一家》。至于海明威的作品，中国介绍得比较多，我也还是喜欢他的《老人与海》。我觉得《老人与海》比较地接近祖父辈的作品。我对苏联作品也是这样看。例如阿·托尔斯泰的三部曲《苦难的历程》，费定的三部曲的头两部《早年的欢乐》和《不平凡的夏天》（第三部《篝火》没有翻译），我都比较喜欢，因为它们比较接近俄罗斯古典作品。这里有个个人的爱好和偏好。我的意思是，在接受外国文学遗产时，至少在目前，最好是能采取兼容并蓄的态度。比方说，意识流这种描写手法，在外国已经过时了，但在中国还是新的，有些同志运用这个手法来写。其实，我看这种手法在古典作品里也有的，那就是比较隐秘而细致的心理描写。当然不能在两者中间画等号，但要说怎么新，也不一定。也有同志做过研究，从古典作品里引例证，说明这种手法是古已有之的。我刚才提到的《苦难的历程》、《早年的欢乐》和《不平凡的夏天》等作品，我说它们接近俄罗斯的古典作品，但已有很大的不同，这些作品已经有一点套子的味道。以《苦难的历程》而论，我们读了第一部《两姐妹》，第二部《一九一八》，就知道后面大致是什么样子的了。费定的作品我们也猜测得到以后的结局。但他们有才能，艺术方面有修养，写得好，写得深厚，特别是《两姐妹》，有一种油画的深厚的感觉，可毕竟有点套子的味道。所以，苏联有的作家也对社会主义现实主义表示不满。我个人比较喜欢高尔基的早期作品，特别是他描写流浪汉的中、短篇小说。我总觉得，假使一部作品里所描写的人物的命运，读者可以从最初的经历推测到他的结局的话，艺术力量总是要打折扣。一部文学作品的艺术力量，主要是表现于读者对主人公命运的热切的关心。假使主人公的命运预先就知道了，我们的关心就减弱了。我觉得辛格、海明威也好，托尔斯泰、巴尔扎克也好，甚至莎士比亚、塞万提斯也好，我们都可以从他们两个方面学习到很多东西。当然，新的主题、新的表现手法，我们也要学习。文化积累是一个整体。它不是一块豆腐干，用快刀一切，就两面光；而是一种积累，一个融化过程。

我们现在谈论中国新文学，说现实主义是我们的传统，是鲁迅开创的。鲁迅的现实主义，主要是他作品的内容，反封建的主题思想。但也包括艺术形式。我们只要把都是写农民的《故乡》和《祝福》作比较，或者把写知识分子的《在酒楼上》和《孤独者》作比较，就能看出鲁迅在艺术技巧上的匠心。《故乡》和《祝福》都是第一人称，写法却有很大不同。《在酒楼上》和《孤独者》也是这样，也是第一人称，写法也不同。我刚才说自己最近正在写回忆录，我曾把鲁迅写的回忆文章找来读了，学习他的写法。我发现鲁迅回忆韦素园，回忆刘半农，回忆刘和珍，回忆章太炎，以及回忆范爱农，还有藤野先生，等等，每一篇的写法都不一样，都可以从中看出他在短短的回忆文章里面很讲究技巧，讲究表现手法。有的比较客观，有的比较热情，有的满怀悲愤，有的微露讽刺，因此写法都不相同。现在我们有一种情况，短篇小说也好，散文也好，回忆录也好，在不同的时候和不同的地方写的，也写的是不同的人物，假使我们写了十篇，收在一起编成集子的时候，我们就会发现在写法上有很多雷同。假使写上五十篇、一百篇，这个问题就更突出了。这里面就有个艺术锻炼的问题。鲁迅的杂文，大体可以分为两类，即社会评论和文艺评论。为什么他写得那么多，16 本吧，我们读起来那么感兴趣呢？我们觉得每一篇都很新鲜，对我们都有强烈的吸引力。这当然是由于内容的深刻，眼光的锐利，但与他每一篇都讲究技巧有关。我们把鲁迅同时代的作家的作品看一看、比一比，鲁迅作品的技巧上的成就就更明显。一个时代的文学的兴旺，有很多原因，其中有一个原因，就是作家个人的努力。个人的努力能提高一个时代的艺术水平。我们不是说，屠格涅夫把俄罗斯语言提高了么？一个作家在语言上的努力，能够使国家的语言得到提高，不管这是不是夸张，总之可以说明作家的努力可以产生很大的影响。我们的鲁迅也是一个例证。我们 30 年代的有些青年作家，现在都成了老同志了，他们写文章很有文采，即使写理论文章也有文采，就因为他们读鲁迅的作品时，注意到这个问题。创作家是这样，评论家也是这样。同志们提的问题里，说不喜欢看理论文章，看见理论就头痛。

我过去也写过一点评论文章，听到这样的反映，心里很不是滋味，好象别人指着鼻子骂我一样。青年同志这样不欢迎理论，主要是因为内容有套子，说的不是真话，但文字的枯燥，不讲究技巧也是一个原因。评论文章写得不能吸引人，笔头没有感情，没有激情，老一套，象和尚念经。我们长期以来没有重视这个问题。言之无文，行而不远，我们的祖先倒是早就说过的。我希望我们的创作家能成为善于讲故事的人，成为善于描写人物的人。我也希望我们的评论家能写出既有独立见解，也有文采、有激情的好文章，能受到读者的欢迎。要把故事讲好已不容易，更不用说描写人物了。要把道理说得娓娓动听，也需要努力。无论是语言方面，还是结构方面，描写方面，各个方面，都有一个艺术锻炼的问题。总而言之一句话，我们作家的崇高理想和战斗精神，都需要高超的艺术技巧把它们表现出来。离开高超的艺术技巧，创作就是一句空话。

以上就是我对同志们的殷切期望。最后，再谈几句。

前几天，理论会议上有一个重要报告，提到在思想战线应该破什么。同志们提的参考问题里，也有这个问题，就是关于文学的反封建问题。同志们问：反封建能不能成为农村题材的重要内容？我觉得，我在前面讲的三个问题，都有一个前提，就是破封建意识，也就是争取政治民主和争取艺术民主。不这样做，不破封建意识，一切都谈不到。我们现在的作家们要用我们的笔参加战斗，参加反封建、反造神的运动。反官僚主义、反特权、反长官意志、反权就是法、反家长作风，都是反封建的内容。我们的文学艺术有个重要的主题，就是反封建。要揭露封建意识在一切方面的表现。因为这些东西，和我们的人民，我们的社会主义，我们的“四化”，都是水火不相容的。我认为，它不仅应该成为农村题材作品的主要内容，还应该成为一切题材作品的主要内容。我们应该把封建意识当作我们人民遭受苦难的根源来揭露它，当作我们人民、社会主义的主要敌人来反对它！

1980 年 8 月 9 日庐山

（原载《长江文艺》1980 年第 10 期）

飞翔和大地

——关于创作问题答《青春》编辑部问

王西彦

天才的诗人，请你把脚给我看看，让我看看你是不是像我一样脚跟沾着地上的尘土。

——维克多·雨果

第一个问题：您是怎样走上文学创作的道路的?

最近我读到一位记者同志所写的对我的访问记，题目是《生活给了他一支笔》。我非常喜欢这个题目。不错，我和这位记者谈话时，的确说过自己最初的提笔写作，并不是企图当一名作家，而是由于生活的追促。这和我童年时代的家庭情况有关系。我的父亲是农村私塾师，据说在清末中过秀才，约等于高小或初中毕业生，算得上是一名小知识分子。我刚懂事时，家里先雇“忙月”，后雇长时工，也收租谷。可是，母亲和三个姊姊都是童养媳。现在的年轻读者也许不大了解童养媳的悲惨遭遇，我也无法在这里详加描述，只能记下一首歌子里的四句:“当的童养媳,吃的黄连苦——半碗猪食难熬饥,三顿棒打肉连骨。”自然也不只是母亲和姊姊，还有堂婶婶，还有堂嫂和堂妹，以及村里大多数婶婶嫂嫂们。鲁迅不是写了名篇《祝福》，写了一个倍受辛酸开始怀疑灵魂和地狱的有无的祥林嫂吗？单就我们浙东农村的情形说，在我的童年时期，更多的是安于自己宿命的祥林嫂，她们的遭遇甚至比祥林嫂还要悲惨些。我的小姊姊的命运就是如此。她在男人病死后无以为生，曾经把自己出“典”给别人，最后却在抗战期间惨死于敌人的刺刀下。我的一个堂姊姊，她的父亲因为儿子逃壮丁被关进了监狱，母亲则在父亲惨死在监狱里后饿死了，不久她自己也发了疯。就是现在到了白发如麻的晚年，只要一拉开童年时代的回忆之幕，我的眼前就会成群地浮现起家乡农村妇女的愁惨面容。当然不是当时村子里的叔伯兄弟们的命运有什么不同，而是婶婶姊妹们的遭遇尤其可悲悯。她们的身世给了我易感的心灵特别深切的印象，因此，到了自己能够提笔写作时，就无法压制一个强烈的冲动——写出她们的身世和遭遇、叹息和眼泪，灵魂的麻木状态和改变命运的朦胧渴望。

我就这样做了，就这样开始了我的写作学习。你说，我手里的这支笔，不正是生活给予的吗？

自然，这里面还有个从书本汲取营养和启发的问题。我的家乡是浙东一个偏僻小县，铁路未通以前，交通极端不便，很不容易读到文艺新书。但也正因如此，碰到一本好书就会恨不得一口吞下肚去，把它化为自己的血肉。我曾经写过一篇题为《回忆第一次读〈母亲〉》的短文，记述自己怎样把高尔基《母亲》里那个母亲尼洛夫娜在儿子巴威尔引导下走上革命道路的故事，和在家乡读书时所见到的驻在县城里的“省防军”拷打屠杀从四乡抓来的“农匪”的情景联系印证，“这样，这部小说便成了一把开启我生活的秘密的钥匙，使我清清楚楚地看到了生活严峻的真理”。我还引用高尔基在《我怎样学习写作》一文中所说的，当他在生活中感到好象“迷失在树林中，迷失在受了风害的浓密的到处是缠脚的矮树丛中，迷失在没到膝盖的泥泞中”时，一本出自外国作家手笔的书里的诗句竟对他成了巡礼者的手杖或盾牌，保卫他不致遭受当时小市民的诱惑和卑劣的教训的伤害，因此他说：“在很多青年人的生活里，也遇到过这样的诗句，它象顺风吹落的布帆，用动力充实了青年人的想象。”我的情况也相类似。中学时代，我曾经似饥若渴地耽读过一些当时能够得到的书籍，我指的是中外小说。少年时代读《三国演义》和《封神榜》之类的古典长篇小说，自然也对自己起了充实想象的作用，但真正能对生活成为巡礼者的手杖或盾牌的，还是后来阅读的新的小说作品，例如鲁迅的，特别是俄罗斯19世纪一些文学巨匠的。就拿描写农民或其它被侮辱与被损害的“小人物”的作品来说吧，鲁迅的《故乡》和《祝福》自然不用说了，闰土和祥林嫂其实就是我家乡的叔伯兄弟和婶嫂姊妹，连他们的言语和姿势都相类似；屠格涅夫《猎人笔记》里的农民和契诃夫笔下众多不幸的“小人物”们的形象和声音，不也如同自己在家乡所遭遇和所熟悉的吗？我特别不能忘记屠格涅夫的《木木》，托思妥也夫斯基的《一个诚实的贼》和格里戈罗维支的《苦命人安东》那样的作品，我觉得这些作品里的主人公都给了自己很深的亲切感，都使自己受了强烈的感动，都对自己的写作态度起了明显的影响。而且，在我的观念里，有时书本和生活是完全一致的，甚至是不可分的。

我愿意通过自己的某些作品来作进一步的说明。由于有一位热心的读者向我提出过一些问题：“为什么在你的作品里，老是会出现疯子的形象呢？”我才注意到，30年代自己写过一个题为《鱼鬼》的短篇小说，主人公就是疯子；在40年代后期所写的长篇小说《古屋》里，也出现过一个疯子，是地主家庭的“末代子孙”；同时还写过一个短篇小说，题目就叫做《疯人》。到了50年代改写长篇小说《在漫长的路上》时，也写到了一个疯子，一个受侮辱与被虐待的老农民。后来，我在一篇谈论自己所受俄罗斯古典作家影响的读书笔记里，谈到了这个问题。那是由契诃夫的名篇《第六病室》和迦尔洵的长篇《红花》引起的，前者描写一位被当作疯人关入病室的医生，后者描写一位自以为能抗拒全世界罪恶的英雄人物的病人。前面已经谈到，我的学习写作，是和耽读俄罗斯巨匠的名著同时开始的。契诃夫对我的影响特别明显。至于迦尔洵的作品，如果也有影响，总是把它当作俄罗斯文学的整体的一部分来接受的。有的传记家说，迦尔洵不幸死亡（跳楼自杀）的印象，一直牢牢地盘踞在契诃夫的想象里，“它一会儿出现在《神经错乱》里，一会儿又出现在著名的《第六病室》里”。问题很明显，我虽然接受了俄罗斯文学的影响，而且有时甚至觉得书本和生活不可分，但在自己作品里所以会不断出现疯子的形象，还是由于实际的生活遭遇。事实上，《鱼鬼》主人公的模特儿，是我一位患癫痫病的远房堂兄弟；出现在《在漫长的路上》的疯子，模特儿就是我那位在监狱里发病而死的堂房小叔叔。《古屋》里所描写的地主家庭的“末代子孙”，在写读书笔记时说是“已经记不清当时是否有特定的模特儿”；最近因为整理过去写下的一组《童年杂记》，使我回忆起原来有一位和父亲比较接近的本家，是邻村一个地主家庭的飘零弟子，曾经在省城里的法政学校读过书，在农村里应该算得上大知识分子，到晚年就变成疯子，整天在村路上转来转去，却满脸含笑，嘴巴不住的喃喃自语；因为是“文疯”不打骂人，小孩子总爱成群地追逐在他身后，还给他编个歌子：“读书人，发了疯；冬天吹北风，吹得鼻青脸又肿！”我不敢否认，自己在写作《古屋》时，脑子里是不是曾经浮现出那位邻村飘零子弟凄凉而苦涩的笑容。……

回顾自己的写作历程，有个明确的思想是：如果不是出生在那么一个家庭里，不是童年和少年时期都在农村里度过的，不是对母亲和姊姊以及命运更为悲苦的农村妇女抱有同情和怜悯，我就不会提笔从事写作学习，不会在初期作品里描写农村生活和贫病农民的忍受挣扎和反抗；如果不是青年期以后置身于知识分子群，和他们同生活共命运，深知他们的痛苦，对他们的尴尬处境既抱惋惜也感不平，我就不会在40年代写下那些表现知识分子生活和斗争的作品，包括一些短篇和几部中长篇小说；如果不是在抗战后期曾经住在一处破落地主的深院大宅里，目睹了这个家庭的“末代子孙”们的精神状态和处世哲学，我不会写长篇小说《古屋》；如果不是在农村里度过自己的青年和少年时代，解放后又先后参加了湘东老苏区和皖北老根据地的土地改革运动，深深地为那些投身于结束自己悲惨命运而斗争的农民们所感动，绝难想象我会创作长篇小说《春回地暖》；诸如此类。有一次，有位青年作者向我诉说他的苦恼——他曾经在“四人帮”肆暴时期被投入监狱，他对监狱生活的确深有体会，但当他把自己的经历写成作品向报刊投稿时，竟多次碰壁，得不到发表机会；于是，他就从新闻报道中寻觅材料，写了一些例如火箭爆发和月球探险之类“幻想小说”，却受到很多报刊和广播电台的欢迎，不但投稿时一帆风顺，发表后还得到表扬。“您说，我该怎么办呢？是甘心继续碰壁，还是在新的出路上奋勇前进呢？”我望着他诚恳的神情，硬起心肠劝告他道：“应该坚持碰壁，直至突破你面前的壁垒！”而且我对目前有些青年作者醉心于编造离奇故事的倾向，抱有深切的忧虑，它使我想起屠格涅夫的名言：“我现在所有比较好的作品，都是生活赐给我的，而完全不是自己创造出来的。”我们在写作时，不妨先问一问自己手里这支笔是不是生活给的，自己的脚跟是不是沾满大地的尘土。即使你的创作才能再高，你想象的翅膀再强，如果双脚离开大地，就将一事无成。请想一想吧，没有大地的支撑，怎样能凭空起飞呢？

第二个问题：您认为作家的工作就是描写人吗？您自己动手创作时，是先考虑主题，还是先考虑人物？

文学作品所描写的总是人，它描写人在社会生活中的地位和作用，描写人对生活的认识和对生活所抱的理想，描写人和环境的关系，描写人怎样努力于改善自己的环境并提高自己改善环境的能力，描写人在改善环境的努力中的成功和失败。巴尔扎克在把自己的作品命名为《人间喜剧》时，说自己的工作就在研究那些由社会“按照人类展开活动的环境，把人类陶冶成无数不同的人”，也就是人和生活的关系。

研究人，观察人的心灵，运用自己独特的手段描写人——这就是作家的使命和工作，就是全部文学历史所记录的作家的功绩所在。近几十年来，西欧产生了和原有的现实主义文学不尽相同的现代派文学，随后又在不同的艺术形式里出现了不同的流派，如“新小说派”和“荒诞派戏剧”等等，有的甚至标榜文学作品所描写的不是“人”，而是“物”。但不论怎样，现代派文学仍然没有改变文学是现实生活的反映，研究人和表现人的根本任务。我读到的少数这一类作品中，我觉得都可以作为上述观点的佐证。奥地利作家卡夫卡是现代派文学的先行者，他的名篇《变形记》是我国读者比较熟悉的作品。不错，出现在《变形记》中的是一个变成大甲虫的旅行推销员，他有着“坚硬得象铁甲一般的背”，“穹顶似的棕色肚子分成了好多块弧形的硬片”，还有许多只“细得可怜”的腿，因此连平时习惯于侧向右边睡觉的姿势也难以恢复，费了很大的劲儿挣扎着下了床后也仍然被关在自己的房间里。也就在这过程中，他遍尝了人与人之间的隔阂和亲人们的冷漠，仍然难逃死亡的命运。在健康而合理的社会里，人是主宰者，物受着人的支配，成为人丰富生活和提高精神的条件；但到了社会制度和社会机构发生缺陷时，由人所创造的物——例如金钱和机器之类——反而成为人的支配者，也即是人变成了物的奴隶，变成了“非人”，变成了对环境完全无能力的甲虫。请想想，这是怎样可怕的悲剧！《变形记》的主人公格里高尔，他曾经“以不寻常的热情投入工作，很快就不再是小办事员，而成为一个旅行推销员，赚钱的机会当然更多，他的成功马上就转化为亮晃晃圆滚滚的硬币，好让他当着惊诧而又快乐的一家人的面放在桌子上”。可是现在呢，当他为家庭而奔走操劳，终至变形为一只甲虫时，由于他的形象使得房客宣布退租，妹妹首先说话了：“事情不能再这样拖下去了。对着这个怪物，我没法开口叫他哥哥，所以我的意思是：我们一定得设法把它弄走。”父亲也附和道：“她说得对极了。”老人还设想跟格里高尔说清楚处境的困难，他妹妹已经不能忍耐了：“你们一定要抛开这个念头，认为这就是格里高尔。我们好久以来都这样相信，这就是我们一切不幸的根源。这怎么会是格里高尔呢？如果这是格里高尔，他早就会明白人是不能跟这样的动物一起生活的，他就会自动地走开。”很明显，在这种情况下，变形成为甲虫的格里高尔已经无法再生存下去，唯一可做的只能是“消灭自己”。这就是人类生活的缩影。我还读到过一个荒诞派戏剧的重要作品，爱尔兰剧作家贝克特的两幕剧《等待戈多》，描写两个衣衫褴褛形象猥琐的流浪汉在一条路上等待一个人——连他们自己也不知道是什么样子的戈多。幕布刚刚拉开，两个流浪汉就作了如下的对话。一个说：“你期望什么？你总是等到最后一分钟的。”另一个说：“最后一分钟……希望迟迟不来，苦死了等待的人。”他们就这样徒然地等待、等待、等待，始终不见那个戈多出现。在他们等待的过程中，也曾经出现过一个奴隶主和他的奴隶，以及一个报告说“戈多今天不会来了”的小孩子。既然戈多不会来了，又该怎么办呢？流浪汉的回答是“等待戈多”。剧中有个情节是，当奴隶主告诉流浪汉说他的奴隶是个“连呻吟都不会”的哑巴，流浪汉中的一个却问“从什么时候开始的？”时，奴隶主回答道：“你干吗老是用你那混账的时间来折磨我？什么时候！什么时候！有一天，难道这还不能满足你的要求？有一天，任何一天。有一天他成了哑巴，有一天我成了瞎子，有一天我们会变成聋子，有一天我们诞生，有一天我们死去，同样的一天，同样的一秒钟，难道这还不能满足你的要求？他们让新的生命诞生在坟墓上，光明只闪现了一刹那，跟着又是黑夜。”这也就是现实世界的真相。《变形记》的作者警告说：“人们哪，人已变成了虫，你们的下场多悲惨啊！”《等待戈多》的作者则警告说：“人们哪，既然生命诞生在坟墓上，光明一闪之后又是黑夜，你们徒然等待什么啊！”很明显，尽管他们的结论很悲观，但他们都炽热地关心人，关心人的命运和未来，提醒人们注意自己尴尬的处境和可悲的现状，竭力促使人们解答那个曾经在我们过去的文学作品里一再出现过的老问题——怎么办，怎样来拯救自己。

在我们的文学史上，人曾经是作为主宰一切、支配一切的英雄。后来，社会生活的矛盾愈益深刻时，在文学作品里就出现人怎样抗议并反抗现实的描写，通常我们称这样的作品是“批判现实主义”。可是，到了本世纪初（或可追溯到上世纪末），社会矛盾进一步加剧，人在生活中的主动性也进一步削弱，终于在人和物的关系上发生了颠倒——人变成为物的奴隶，变成了“非人”。当然，现代派文学的情况很复杂，不仅流派不同，而且作家也不同，甚至同一个作家的作品也先后不同。我没有能力也不想在这里阐述或评判现代派文学各流派的理沦，我只想指出一点——不论他们怎样标榜和原有的现实主义文学有什么不同，但在研究人和表现人这一点上则完全一致。只不过社会生活发展了，矛盾增多了，人在社会上的地位变化了，他们的精神状态和心理活动也更加复杂了。我在前面举出的《变形记》和《等待戈多》之类作品的出现，一方面固然表现了作者对人类命运的悲观情绪和虚无主义思想，另一方面毕竟更是表现了现代资本主义社会生活的畸形发展，以及这种情形给予人们过分沉重的精神压力。

我们可以从这类作品受到启发，并汲取某些表现手法来揭露现实生活的阴暗面，抨击社会的不合理现象；但是远为重要的是，我们要分析产生这类作品的社会和思想根源，从相反的方面勉励自己，使自己能站在历史发展的高坡上来观察生活，来判断人类的命运。如果你连对世界的未来也丧失信心，文学艺术的存在还有什么意义呢？难道我们人类的全部努力，不都是在努力改善自己的处境，并在这种努力中提高自己的精神境界吗？

无论从人生经历或是从文学欣赏的经验，我在最初学习时，就知道自己的工作是观察和表现人，就明确文学的任务是描写人物的面貌和性格。前面已经提到过，对人的关心，首先是实际生活教给我的。在我“个人奋斗”的长期经历里，曾经遭遇过多少各式各样的人物啊！只要一提笔写作，众多人物的面容和身影就涌现在脑子里，使你无法回避。至于说到文学欣赏，那么，从童年时代所接触到的《三国演义》、《西游记》和《水浒传》，到青年时代所曾耽读的《红楼梦》和《儒林外史》，以及直到现在一直是我经常阅读的从《阿Q正传》到需要开列一大篇书目的世界文学名著，特别是给了我的写作学习最大影响的俄罗斯诸名家的作品，它们哪一部不是悉心研究人并描写人的面貌性格呢？不是有不少文学巨匠都直接了当地采用主人公的姓名作为自己作品的题名吗？对过去文学现象的研究，对前人劳绩的总结，不也正是我们从事创作工作必不可少的借鉴吗？

当然，问题一涉及实际的创作过程，情况就比较复杂，不是简单的公式所能说明。先考虑主题，还是先考虑人物？不同的作家可以作出不同的答案。就我自己的经验来说，恐怕从来未曾有过“先考虑主题”的情形吧。我曾经多次接到对我的创作表示关切的读者的来信，惋惜我未能在故事情节的安排上多下功夫，文字也缺绚丽的色彩，以致读起来没有强烈的吸引力。不用说，这和我的才能过于平庸有关，但也还有个艺术观的原因。由于出身偏僻的山区农村，童、少年时期眼界狭窄，再加上根深蒂固的小农经济的影响，自然也可能有天性和气质的因素，我从来就比较保守和固执，在接受新鲜事物方面过分迟缓。我记得当自己从家乡县立中学毕业以后，带起一个小小铺盖卷和一只旧箧笼到省城杭州进一所高中程度的“民众教育实验学校”时，是一只怎样笨头笨脑的丑小鸭呵！面对着来自较大城市的同学们的诸如擦油的黑皮鞋和带有发光的金属扣子的黄皮箱之类，我特别偏爱自己的土布袜和旧箧笼。当时我那种“乡下人”的偏狭，一直成为朋友们的笑谈。我的最初学习写作，也开始于那一个时期。也就是说，我刚刚拿起笔，就是一个“保守派”——最重要的观念，就是作家是研究人的，文学是描写人的。

在我初期以浙东农村生活为题材的作品里，不仅人物接近真人真事，题名也多是《鱼鬼》和《老太婆伯伯》之类，情形有如一个美术学校的初年级小学徒，离开了眼前的模特儿就不知道应该怎样动手。到了后来开始描写自己所熟悉的知识分子时，更是象屠格涅夫创作名著《父与子》中的主人公巴扎洛夫那样，“没有县城医生德米特里耶夫就不会有巴扎洛夫”，没有实际生活里的原型，我无法凭空“创造”自己的人物。最近我把三四十年代的短篇小说编成两本选集，一查目录，描写知识分子的，多是些例如《折翅鸟》、《家鸽》、《假希腊人》、《病人》、《清醒的醉汉》、《破了壳的蜗牛》、《乡下朋友》和《静水里的鱼》之类的题目，只要看到目录，它们的主人公的原型就立即出现在自己眼前。我所着力的，就在写出这些人物的面貌和性格（虽然往往力不从心），有的简直没有什么故事情节，只能算是素描；至于通过这些人物的言谈举止来表现什么主题，老实说，往往很少考虑，或竟完全没有考虑。40年代中期，我曾经写过一篇题为《人的世界》的小说，采用第一人称，描写出现在“我”周围的五家邻居，五个被生活挤扁了的人物，他们中间有机关职员，有新婚夫妇，有独身画家，有失业者和退伍军官，自然也大体上都有实际生活的原型。作品发表以后，有人问我：“你把这五个人物都写得凄凄惨惨，究竟表达什么主题思想呢？”我一时回不上话，只好眨眨眼睛反问对方道：“你不是读过了吗？那么你总该知道它究竟是表达什么主题思想了吧！”

自然也不是没有不尽相同的情况。抗战初期，我参加一个党所领导的“战地服务团”，到鲁南苏北战地做民运工作。当时，在那里抵抗日本侵略军的主要是国民党的军队。1938年春，不是曾经有过一场所谓“台儿庄大捷”吗？国民党的报刊乘机大吹大擂这次短暂的胜利。可是庆祝的爆竹声还没有停息，敌人反扑过来，不仅鲁南重镇台儿庄重新陷落，连苏北的大城市徐州也被包围了。当国民党军队仓皇南撤时，我们正在北运河的一个渡口组织船工渡运军队和军火。船工自然都是附近的农民。为了鼓舞士气，我们教给他们唱一个新编的歌：

——运河慢慢流呵，

我们快快撑呀，
渡过了弹药又渡船呵，
打退那鬼子好还乡呵。

可是，唱归唱，大家心里都很明白——象国民党军队的这种打法，要“打退那鬼子”是很困难的。请看吧，兵败如山倒，从军官到小兵都陷入一片混乱，为了突围逃命，不仅把田里已经成熟的黄金般的麦子践踏殆尽，军官们在渡河时动不动就拔出左轮手枪吓船工。在船工里面，我特别注意一个青年农民，他在划渡船时忘我，但对军官们的殴打和恐吓声毫不屈服，尤其痛惜那大片大片被践踏的麦田。我喜欢这个青年农民的性格，更怜悯他和同伴们的遭遇，我起意要写这些。也就在突围的过程中，目睹种种怪异现象，使我想到一个问题——究竟谁在抗战？这个问题愈来愈明确，迫使我在作品中表现它。直到差不多两年以后，我才把北运河渡口的那个青年农民形象和要表现“谁在抗战”的主题结合一起，写出了一篇题为《眷恋土地的人》的小说，并在作品结尾处虚构了一个那青年农民在一场不意的遭遇战中伏击敌人的情节。在这里，虽然先有人物的原型，但的确是为了表达一个明确的主题，对它作了改造和提高。

最近读到一篇关于一次文学创作座谈会的记录，记得一位青年作者听了有些同志责难所谓“问题小说”，说这类作品没有什么艺术价值，因为“问题解决了，作品也就失去存在的意义了”。这使他既感到震动，也感到惶惑。我觉得，在这个问题上，也值得我们去研究一下文学的历史和前人的功绩。19世纪挪威伟大剧作家易卜生的中期现实主义作品，是文学史上著名的“问题剧”，可是并没有因为问题过去了，作品就失去了存在的意义；相反地，像《玩偶之家》、《社会支柱》、《群鬼》和《人民公敌》等作品，将被看作古典戏剧的瑰宝而永葆其生命。除了剧作家所指出的社会问题富有深刻的历史内容，例如《玩偶之家》里面的妇女问题，正是当时欧洲社会改造的重要方面，因而这部作品的发表无疑是投向资产阶级中心堡垒的一颗爆炸力特别强大的炸弹，而作品中女主人公娜拉对丈夫的那场谈话被称为一篇《妇女独立宣言》；最主要的，是剧作家在他的作品里塑造了几个具有鲜明的独特性格的人物，就是《玩偶之家》里的娜拉和她的丈夫海尔茂,《社会支柱》里的个人主义典型博尼克,《群鬼》里的牺牲者阿尔文太太,《人民公敌》里勇敢而坚定的斯多克芒医生,等等。戏剧大师易卜生正是通过这些人物的遭遇来揭露尖锐的社会问题,鞭挞生活中的丑恶现象的。我觉得如果我们能认真研究过去的文学历史,虚心学习文学宝库中那些传世珍品的艺术成就,不要满足于凭借现实生活的某些表面现象去编造离奇的故事情节,以取悦于一时,就不致因为有人责难所谓“问题小说”而感到惶惑不安了。

第三个问题:您是怎样描写人物的?写作前是否有详细的提纲?写作过程中是否有变动?能否以您自己的作品来说明这个问题?

“您是怎样描写人物的?”在我看起来,这就等于问:“您是怎样从事创作的?”文学创作(至少是写小说和剧本之类的作品)的主要任务,不就是描写人物吗?至于说到使用在塑造人物上的手法,每个作家都有自己的特点,因人而异;但这中间,也有一些原则性的共通的东西,为每一个作家都非遵守不可。

但在说到手法以前,我愿意先说一说一个最根本的问题,就是对自己所要描写的对象的熟悉程度。有人说文学作品都是作者的自叙传,指的也就是作家只能描写自己生活范围以内的人和事。你愈熟悉自己的描写对象,你的成绩就愈好。这是早已由文学历史所证明了的。巴尔扎克和托尔斯泰总是有史以来最伟大的文学巨匠了吧?据传记资料的统计,出现在巴尔扎克《人间喜剧》里的人物有二千多个。他怎么能熟悉那么多人物呢?他那长长的人物画廊,难道不是他惊人地丰富的想象力的产物吗?当然,作家的生活经验总是有限的,他不能不借助于想象。但想象也绝非凭空产生,它不能离开实际的生活经验,情形正如飞翔不能离开坚实的大地。我手头有一部出自奥地利著名作家茨威格——小说《一个陌生女人的来信》的作者——撰写的《巴尔扎克传》,里面叙述到这个年轻的现实主义者怎样为了谋求物质生活方面的自主,千方百计地投身于经营商业:“从书籍图片到铁路股票,从不动产到木料五金,他都想经营。”他对经商的热情,已经达到这样的程度:“如果机会凑巧,巴尔扎克可以变成一个生意人或是一个人口贩买者,一个不动产的投机者或是一个银行家。”他曾在成为一个罗特希德(Rothsehied,善于理财的犹太人)还是成为一个《人间喜剧》的创造者之间,犹豫不决。但正因为这样:

> 在他年轻时曾经用尽各种方法去谋取生活,而学会了观察它们的因果关系,才使得他能够忠实地描绘出他那个时代。他最伟大的杰作《幻灭》、《驴皮记》、《蓝伯尔·路易》和《毕洛特·恺撒》,这些中产阶级的,证券交易所的、以及商业社会里的伟大的史诗,如果没有他那些年所经历到的许多绝望,我们很难想象他能写出这些作品。

很明显,出现于巴尔扎克笔下那些为数众多的浮沉挣扎在商业社会里的人物,不只是作者从旁观察的结果,而是他以自己的全身心与之进行生死搏斗的惨痛经历的产物。比起巴尔扎克,托尔斯泰的描写范围要狭窄的多,他的作品的自叙传性质尤其明显。象《幼年》、《童年》和《青年》那样的初期作品自然用不到说了,就是他后来的几部名著如《战争与和平》、《安娜·卡列尼娜》和《复活》吧,有谁不知道老罗斯托夫的模特儿是作者的祖父,小罗斯托夫是他的父亲,索尼娅是他们养母,娜塔莎是他的姨母,而列文和聂赫留道夫则是近于自己的化身呢?类似的情况在中外古今的文学现象里,举不胜举。鲁迅不是曾经说过:《儒林外史》所写人物大都实有其人,而以象形谐声或词隐语寓其姓名,若参以雍乾间诸家文集,往往十得八九,《红楼梦》里贾宝玉的模特儿是作者自己吗?

我在这里复述一些文学史家、文学资料或索引家们的陈辞旧说,只是为了重申自己的主张——初学写作者一定要倾注全身于对人的研究,要多接触人,熟悉人,描写自己所最了解的人物。没有大量实有的原型,就谈不上什么人物创造。只有在这个基础上,才能进一步讨论描写人物的手法问题。

在我的经验里,描写人物最重要也最困难的,莫过于表现从性格到外貌的特征。鲁迅曾经说过,他描写人物的模特儿,“没有专用过一个人，往往嘴在浙江，脸在北京，衣服在山西，是一个拼凑起来的角色”。这是指把各个模特儿的特点，“拼凑”到一个人物的身上。他接着说：“要极省俭的画出一个人的特点，最好是画他的眼睛。”“倘若画了全副的头发，即使细得逼真，也毫无意思。”我体会这里所说的“画眼睛”，其实是指画特征。阿Q的精神胜利法，闰土的麻木，祥林嫂的忍受，以至于吕纬甫的马虎主义和魏连殳的自我嘲弄，不都是鲜明的性格和心理特征吗？不待说，鲁迅也同时描写了他们的外貌特征的。在实际生活里，人既是生物的人，但尤其是社会的人。不同的社会地位和生活经历，固然铸造成他们独特的性格和心理状态，甚至影响到他们的体形和外貌；即使是社会地位和生活经历大体相同，也有其它的因素，使他们各有自己的特点，这就是俗话所说的，“百人百样相”，“人心之不同，各如其面”。曾经有人提出过人物的表里关系问题——性格善良的人，他的面貌和表情也必然温顺可亲；奸诈的心胸，也难免形诸眉眼之间。可是，我们不也可以从历史人物和实际遭遇中看到不少相反的例证吗？可见在这个问题上，也决不能效法旧剧舞台上画脸谱的办法，在自己的人物脸上画白鼻子和涂红油彩，单一的颜色和公式化的手法决计画不好复杂的人物形象。不用说，人物的性格和心理状态，要出之于形象，也就是通过行动和语言来表现。形象愈丰富生动，效果就愈好。叙述和说明总是苍白无力的，实际上也不能起补救形象不足的作用，相反地，倒是往往暴露出这个对创作来说是致命的弱点。人物的行动和语言自然应该是最富有特征的，也就是彼此难以替代的。鲁迅引用高尔基惊服巴尔扎克小说里写对话的巧妙，“以为并不描写人物的模样，却能使读者看了对话，便好象目睹了说话的那些人”的例子，说明用对话表现人物时，“恐怕在他自己的心目中，是存在着这人物的模样的，于是传给读者，使读者的心目中也形成了这人物的模样”。这种使人物的行动和语言个性化的努力是描写人物时最重要也最困难的，也是最初学写作者不能回避的基本功。我们不是经常可以读到一些作品，虽然分明写不同的人物，却让他们说着完全相同的话，而且往往是些所谓“知识分子腔”吗？这样的作品，就无法使人物直立在读者面前，也就无法使读者闻到人物的喘息。在这方面，我们自己的《水浒传》尤其《红楼梦》，的确达到了很高的成就。

再说人物的性格和行动吧，我们当然要力求描写二者的统一性。阿Q的精神胜利法和他的阿Q式的革命行动是统一的；闰土的辛苦麻木和他讨取的香炉、烛台——为了向神灵祈求福泽的行动是统一的；祥林嫂的忍受和她的到寺庙里去捐供“千人踏，万人跨”的门槛的行动也是统一的。阿Q、闰土和祥林嫂这些人物形象的生命力，就体现在这种统一性上。但有时这种统一性却表现在表面的矛盾状态里。我们的先辈曾经描写过“口蜜腹剑”式的伪君子，也描写过“言语上的巨人，行动上的矮子”式的软弱者。正是在这种表面的矛盾状态里，写出了人物性格所包含的历史内容，写出了人物性格的深刻性和复杂性。

为了把人物形象以及人物和所处环境写得鲜明而和谐，还必须重视生活细节的选择。在这方面，《红楼梦》是我们最好的教科书。作者曹雪芹采用严格的现实主义手法，把贾府这样一个人口众多、矛盾复杂的贵族大家庭的日常活动，精雕细琢得异常准确，不仅使我们几百年后的读者能深切地感受到浓烈的生活气息，尤其是那些处于矛盾冲突中的各色人物，一个个都生动地呈现在我们面前，简直达到如见其人、如闻其声的程度。你看作品里每一个重要人物的出场，例如第三代女主子王熙凤吧，作者单在她的衣饰上就花了多么细致的笔墨！阅读《红楼梦》时，我曾经注意到对四个重要人物所过的生日的描写。第一个生日是薛宝钗的，当时的贾府正是元春才选入凤藻宫不久，荣华兴盛得“如日中天”；第二个生日是王熙凤的，正在女清客刘姥姥二进荣国府之后，贾府虽还在荣华鼎盛的势头上，但各派势力的矛盾冲突深化了；第三个生日是贾宝玉的，这时贾府已渐入衰境，错综复杂的矛盾暴露的更加尖锐；第四个生日是贾母的，因她是贾府的“老祖宗”，又是八旬大寿，礼节最为隆重，却已经到了这个贵族世家面临崩溃的前景。人物的性格面貌，总是在尖锐的矛盾冲突和事态的剧烈变化中显露得最为充分。初学写作者如能对《红楼梦》所描写的四个生日作一番耐心的研究，就能看出细节描写在人物创造上的巨大作用。鲁迅的著名短篇《孔乙己》和《祝福》等，在这方面自然也很有特色，很值得我们学习借鉴。

上面所说的几点意见，既不新颖，也不特殊，只是把前辈大师们的一些艺术经验，我认为比较适合自己的需要和兴趣的，引为努力追求的目标。初学写作时，为了提高自己描写人物的能力，我曾经写过一篇题为《兽宴》(已改为《夜宴》)的小说，采用参加宴会的方法，使众多的人物一齐出场，围着一张餐桌，作出各种各样的自我表现；稍后我又写了一篇题为《风雪》的小说，采用乘搭一辆长途汽车的方法，使不同的人物集中在一个车厢里，各显自己的神通。在这样作的时候，你不能不竭力使人物在面貌、言语、举止等各个方面都具备特点。这里面，也就包括着诸如对比和细节描写之类的手法。我也还写了如像前面曾经提到过的《人的世界》那样的作品，竭力使用最少的文字来刻划一个人物，然后联缀起来成为一幅类似长卷的画面。但自然，我过去中、短篇小说中为数最多的，还是那些集中笔墨专写一个人物的作品。

我在写作小说时，几乎每一篇都先拟一个提纲。在酝酿过程中，往往要写好几遍提纲——不断地修改、补充。写短篇的提纲自然比较简单，如果写长篇，有时提纲的字数长达万言，修改补充的遍数也更多些。这已经成为多年的习惯。但即使这样，事先拟就的提纲也不能完全付诸实践，因为在写作过程中仍然会改变甚至推翻原有的设计。有一位外国作家在一本谈论创作经验的书里，有题为《人物的叛变》的一篇，用很多位著名作家和他自己的事例说明“人物常常和作者闹别扭，而且差不多总是叫他屈服”；他引用托尔斯泰的一段话说：“他们作那些在现实生活中应该作的，和现实生活中常有的，而不是我愿意的。”这种情形，应该是很多作家都曾经遭遇到的。人物一经作者赋给了生命，他们就有自己的性格，自己的意志，自己的行动逻辑，作者除了顺从，还能有什么别的办法呢?

迄今为止，我的篇幅最大的一部长篇小说是《春回地暖》。在这部反映老苏区土改运动的作品里，我描写了一群性格面貌各不相同的农民，一些出身经历互有差异的干部。此外，特别着重地描写了几个地主，他们中间有的伪装开明，却在暗中组织地下武装；有的颇为通达安命，知道大势无法违拗，徒然追怀过去的“黄金时代”而感伤不已；有的秉性倔强，一味放刁使拨；有的却胆小懦怯，卑躬屈节，但求自保。我写的虽然是湘东老苏区的农民和地主，但在塑造人物时，我不仅利用了自己童年和少年时代在家乡浙东农村的生活积累，而且采取了皖北老根据地和其它地区的模特儿。我的思想很明确：如果写不好人物，塑造不出那怕只有一、二个形象稍稍鲜明的农民和地主，自己的努力就将毫无价值可言。作品中几个着重描写的人物，他们的性格面貌虽然大体上保持着原来的样子，他们的行动举止却经常有所改变。特别是其中有个青年女积极分子甘彩凤（人们都叫她“彩妹子”），她是另一个担任乡主席的男青年积极分子的情人，在原来设计的提纲里，土改运动胜利结束后，她将成为乡主席的妻子，新婚夫妇一起被提拔为区干部。但在写作过程中，她的命运发生了突变——在斗争最激烈时遭到敌人的暗算，于一个深夜被谋害在茶林里。作品出版问世后，收到一些读者的来信，也听到一些朋友的意见，认为这样的安排难免使人感到心情过分沉重，也不利于人物形象的继续得到丰富，劝我有机会时考虑加以改写。在过去的年月里，只要一想起《春回地暖》，我的脑子里就浮现出甘彩凤那张讨人欢喜的脸形，好像她在向我追问：“你究竟打算拿我怎么办哪？”

究竟拿她怎么办呢？这的确是一个伤脑筋的问题。时间过去了近20年，我可还没有立定主意，做出明确的回答哩。

1981年8月26日，上海

（原载《青春》1982年第1期）

为同时代人造像

王西彦

不久以前，有一位记者同志要我谈一谈自己描写知识分子的作品。其实，关于这个问题，近几年来我已经谈过不少。在整理旧作时，我总不忘记给每一本重编或新版的作品写一篇序言，向读者说明写作的动机和题材的处理，往往近于自我辩护。例如，在我的《选集》自序里，就有一段提到自己对我国现代知识分子的看法：

由于年龄和阅历，我在对现代中国知识分子的认识上有着很大的局限。我只熟悉自己曾经接触过的人，我的祖辈、父辈以至于儿孙辈。自然，我最熟悉的应该是自己所属的一辈，即经历了二、三十年代直到现在这半个多世纪以来充满惊风骇浪的年代的一群。不待说，我也曾经以自己微薄的学识，从史籍中去窥察过更早时代前辈们的功业，对那些被鲁迅称之为“中国脊梁”的伟人充满尊敬。但给了我最深切的激动的，仍然只能是自己所亲身接触过的同时代人。在历史上，我们既有“可杀不可辱”的传统，也有“明哲保身”的哲学，但知识分子好象从没有过好命运。到了我自己也跻身于这行列的漫长动乱岁月里，知识分子的遭遇显然更为凄楚了。因为这是我们的人民最受苦难的年代。我觉得，无论过去和现在，正直的知识分子都和人民共呼吸，同命运，一起受苦难，也一起反抗和流血。这是当然的，知识分子不仅是人民的一部分，而且是他们中间的先知先觉者。曾经有人说，知识分子中间有叛徒，但也有隐士；其实，在大多数场合，隐士也就是叛徒，归隐只是反抗的另一种形式。“翩然一只云中鹤，飞去飞来宰相衙”，那样的人自然是有的，不过决不是知识分子的全体，也不能说是多数。

上面说的当然不能算作对同时代知识分子的评价，也许只是一己的偏见吧？既然作为描写的对象，总得先有个观察研究的立脚点。现在来谈自己所写的这类作品，不用说也还得站在这个立脚点上。

发现自己作品里愈来愈多地出现知识分子的形象，大致是在 40 年代中后期。我想，只要是年龄和我相若的人们，一提起那个时期，脑子里可能就会出现在全中国范围内那种充满混乱、疑虑、不安甚至莫知适从的景象。曾经有人把那个时期叫做“方生未死之间”。这是因为，一方面，在外族侵略者凶残的屠杀掠夺下，原是千孔百疮的旧中国愈益显露出它的腐朽和衰败，陷于病入膏肓不可救药的绝境；另一方面，正有愈益增多的仁人志士为之艰辛奋斗的新社会，却处于临产前的阵痛中。多少年来一直苦难深重的贫苦人民，忍受饥寒交迫的煎熬，以前所未有的悲惨挣扎在死亡线上。30 年代末期，我曾经在自己的浙东家乡和鲁南苏北的战地身经目睹了这种古人曾经用“生灵涂炭”一类字句来形容的景况。我是个农村出身的人，成年以后才离开家乡，对农民那种如杜甫悲吟过的“所悲骨髓干”的遭遇并不陌生，在鲁南苏北战地的见闻，不能不使我联想到浙东家乡的叔伯兄弟。这也是为什么我在战地匆匆写下的一些速写报告里，总是无法消除压抑的悲愤情绪的原因。但因为自己已经挤入知识分子的行列，当时农民的遭遇又不能不使我联想到知识分子的命运。其实，何止是“联想”呢？在我周围的人们，连我自己也包括在内，岂不正也处身于心怀悲苦而徬徨歧路的境地吗？抵抗异族侵略诚然是当时民族自救的唯一生路，芦沟桥的炮声也的确大大地振奋过人心。人们应该还记得，知识分子中间还曾经产生过天真的“速胜论”。可是，随着这种“速胜论”的迅速幻灭，接着来的却是大片国土的沦丧和千百万人民的遭受屠戮，种种令人丧气的现象层出不穷。和我同辈的青年知识分子，除了一些人深入敌后，投奔革命，更多的就开始颠沛流离的生活。他们中间自然也不缺乏先进分子，在更加艰苦的条件下参加革命斗争，只是数量上恐怕还不能算是多数。但无论是哪一类，作为整体，知识分子是在和人民一起受难。这种情形，到了 40 年代中后期就更加普遍，也更加突出了。

正是在这种历史背景下，我的视线才愈来愈偏向知识分子的命运。

在这里，我还应该对前面所抄引的《选集》自序中那段话再作一些补充。我总觉得，在现代中国，知识分子肩负着特别重要的历史使命。这是因为在一个文化落后的国家里，人民争取解放的事业不能缺少先知先觉的知识分子的努力，不能没有他们所传播的先进思想。关于在过去那个漫漫长夜里人民的不觉悟，鲁迅是最痛切地省察到，而且也深含悲愤地作了鞭挞的。“暴君的专制使人们变成冷嘲，愚民的专制使人们变成死相。”在暴君的专制下，不觉悟的人民甘心安居于“做稳了奴隶”的地位；愚民的专制则又使他们在肉体的被奴役以外，又接受精神上的被奴役。鲁迅为数虽不多而内容特别深刻的作品，集中于“国民性”的发掘和展览，意义也就在这里。知识分子面临这种可悲悯的情况，再加上他们本身的遭遇，到了我所属的同时代人成长涉世的年代，历史赋予的使命转而成为他们的精神负担——改造社会和唤醒民众的任务无异画饼，高远的理想变成自我嘲弄，除了沉入灰心绝望的深渊，转向个人暂图生存的狭小目标，为自己寻求一个躲避风雨的港湾，还能有什么办法呢？在我的经历里，就曾经见到过不少这一类“力弱者”，他们有的还是我较亲近的朋友。在鲁迅的作品里，我们不是已经见到过吕纬甫、魏连殳、涓生和子君吗？我所接触到的，不妨称之为在新的历史时期的吕纬甫、魏连殳、涓生和子君。因为理想的破灭，求生的不易，他们很容易受到一种几乎是致命的损害，从而产生形形色色的畸形性格，形成各种各样虚弱灰暗的思想。请设想一下当你的视线偏向他们时的沉重心情吧。

我这样说，也许会遭到责难：既然已经到了一个新时代，你为什么要去重提鲁迅的旧事呢？尤其是，既然在时代的风雨中出现了不少的强者，你为什么偏要把视线投向你所说的“力弱者”呢？关于这个问题，过去我已经作过不只一次的解答，例如在为海外读者所编选的一个专收以知识分子为题材的短篇小说集《两姊妹》的序言里，随后又把其中的一段抄引在《选集》的序言里。简单地说，除了个人的机缘，特别重要的还有个对艺术的理解的原因。事实上，在我的描绘里，也并不是完全没有强者的形象，只是数量上的差异而已。从初学写作的时候起，我始终坚守的原则是，一个作家只能描写他所熟悉、所感受得较为深切的对象，正如鱼儿只能在水里游泳，花木只能在泥土里成长，人类只能在空气里生存。

还在30年代中期，我就写过一篇题名《找寻道路的人》的短篇小说，采用的是一位朋友的故事，描写一个关外的家乡已经沦陷但在关内又被生活逼迫得走投无路的青年人，怎样心怀悲愤地给自己找寻生路。作品自然写得很不成熟，但我喜欢这个其实并无什么新意的题名，因为它几乎可以概括我以后一段时期内所写以知识分子作题材的作品的内容。如果勉强要给自己的作品分期，的确可以说，出现在40年代作品里的主人公，大都是一些徬徨歧路的力弱者。回想起来，我起意描写同时代知识分子的第一篇短篇小说，也许应该算是1940年写于闽西北一处山丛里的《折翅鸟》，主人公是一个陷身乡间的国民小学里充当“猢狲王”的青年小知识分子，他的书桌上摆着《清河书画舫》，壁上贴了首谢宣成的《招隐诗》，手上捧起个白铜水烟壶，脸上摆出副冷漠的表情，却满腹愁牢，连声叹息，自认是一只受够刁钻古怪的“希望”欺骗的折翅鸟，以向神龛里的佛像烧香膜拜来安慰自己。应该说明的是，这个人物也并不是我向壁虚构的，他也有实际生活中的模特儿，是我在家乡的一位表哥，我们是县城初中里的同学，曾经很亲近过一阵，甚至被乡里间称之为一对“同穿一条裤子”的小兄弟，只是后来彼此分道扬镳了。作品发表后，一位朋友一眼就看出它受有契诃夫的影响，只是色彩过分阴暗，并要我注意契诃夫作品中的乐观调子。我感谢他的好心指点，但当时也在心里暗自辩护——我也愿意在自己的作品里增添些鲁迅说过的那种“亮色”，可对一个作家来说，最重要的总应该是态度的诚挚和描写的真实。笔端的阴暗色彩来自生活本身，这对作者来说也决不会是一件愉快的事情。

于是，我就顺着这个自以为不算太错的方向继续写下去，它们的题名是《家鸽》、《病人》、《沼池》、《困顿》、《假希腊人》、《清醒的醉汉》、《破了壳的蜗牛》、《静水里的鱼》，等等。最近整理旧作，把同时期的同类作品稍作排比，单是题名就使自己大吃一惊。可是，有什么办法呢？高尔基有句名言：墨写的字是用斧头也砍不掉的，怪只能怪当时的社会环境过于阴暗，自己的视野过于狭窄，情绪也过于阴暗吧。我曾经可笑地设想，如果让自己重新回到过去那个时代和环境里，是不是能使自己作品的色彩有所不同呢？想来想去，有个发自内心的怯怯的声音回答道：很难说呵，恐怕还是只能那样吧？接着，又有个比较响亮的声音道：你就省掉这份心吧，至少在你的态度里并没有太多的虚假；而且，你不说是给同时代人造像吗？只要作品里留有他们一些即使是模模糊糊的身影，也就可以问心无愧了。在那个年代里，知识分子前进的道路，对有些人来说虽是明确的，毕竟也有那么多的人还在摸索，探寻，前顾后盼，欲行又止。这些为数众多的力弱者，在革命实践上自然不足取，在艺术形象上却绝不是毫无价值可言的吧？

不过，我还应该从当时的同类作品中举出另一些篇章，来指出自己的视野所及。在一个小说选集的自序里，我在提到“把更多的篇幅，描写了知识分子的斗争和失败”时辩解说：“可是，你看吧，我毕竟曾经写过像《走向旷野》那样的作品，还有《雨天》。这说明我也并不是整天都在那里诉说知识分子的弱点，在那里垂头吁叹。”不错，前者描写一位出身好家庭的女孩子，怎样穿过战火纷飞的战地走向一条新路；后者描写一位女性在得到所爱的人的恶耗后，怎样从悲痛中振作自己，排除困难，“到爱人殉难的地方去”，还在作品的最后，写到见证人“在一片濛濛雨景中，看见一只白色的鸟，无声地振翮向远方飞去”。其实，也何止这两篇呢，我还在短篇小说《炼冶》里，描写过一个女孩子在艰辛的时代风雨中经受锻炼的过程；又在中篇小说《风雪》的结尾，描写到女主人公所要寻访的男人原来是在“敌人的后方”，多少闪现出一些光明。也许还不妨提一提另一个短篇小说《一个小人物的愤怒》，它的主人公受尽贫苦和屈辱，最后竟被迫采取一种极可悲悯的方式奋起反抗——一面口吐鲜血，一面抓起办公桌上的砚台向一位握有权势的主管官摔将过去。和《折翅鸟》相似，这篇作品也是深受契诃夫影响的，也有生活经历中的实际模特儿，我自己也较为喜欢。我觉得，尽管这位主人公的反抗势必给自己招来更大的不幸，或竟因此丧失性命，但毕竟已经跨出忍受哲学的禁锢线了。当然，拿这样的人物跟《走向旷野》和《雨天》中的主人公相提并论，也许是不确当的，更不要说当时早已走上革命道路的先进分子了。

由于性格和教养，我在写作上缺乏机智的讽刺才能。可是，在描写同时代知识分子中间那些力强者时，自己的笔端却又近乎不自觉地流露出轻微的嘲弄，有时甚至无法克制。每次写完初稿，我总要删去一些过分刺眼的字句。这样做，除了遵奉包括契诃夫和鲁迅在内的一些文学大师提倡力求文字简洁的箴言，还有一种感情上的原因——实在不忍心对那些秉性善良却到处碰壁的不幸者作出尖锐的谴责。而且，相反地，往往会出现一些难免会被认为是多余的同情和怜惜。有的评论家曾对此表示不满，指责我对那些该受鞭挞的人物采取“打一记，摸一把”的态度，所以未能更深刻地发掘出他们灵魂深处的症结。在这一点上，我很有些像软心肠的母亲，鞭子落在儿子身上却痛在自己心上，下手的确过轻，效果也的确受到限制。

40年代中后期，我写了三部以知识分子的生活和斗争为题材的长篇小说，它们就是《古屋》、《神的失落》和《寻梦者》。曾为世界文学画廊贡献出一系列俄罗斯知识分子动人形象的屠格涅夫，在谈到自己写作名篇《父与子》时说：“倘使我没有找到一个在他身上各种适当的因素逐渐孕育而且配合得很好的活人来做依据，我绝不会想到去‘创造形象’。我没有任意发明的伟大天禀，所以我始终需要一个使我能够站稳脚跟的基础。”我觉得自己在需要有活人做依据这一点上，有些和这位大师相似；但在寻找这样的活人时，却往往出于比较偏狭的角度。这自然和生活经历有密切关系。《古屋》的主人公是一位地主家庭出身的知识分子，他在抗日战争的剧烈激荡的年代里，竟然像一只胆怯的老龟似地躲进自己的龟壳——乡间的一座高巍一如城堡的深院大宅，依靠祖先的余荫，一面自命为古希腊的伊壁鸠鲁主义者，一面却充当封建残余势力的卫道者。这个人物的模特儿，就是当我借住在一座乡间古屋里时的屋主，一位曾经是京师大学毕业生的没落官僚地主家庭的子孙。作品是陆续写成的，前半部分在刊物上发表时，就曾经有人指出我的人物生错了时代，至少晚了20年。意思是说，出现在我笔下的是一个十分落后的人物，已经和当时的社会环境脱了节。可是，在接着写成的《神的失落》和《寻梦者》里，我发现自己并没有前进一步。这两部作品里的主人公都是徒然的追求者，他们都从现实斗争的受挫中往后退缩，一个避居偏僻的小城，希望能和相爱的女性共同建筑遮挡风雨的暖巢；另一个则出于脱离实际的幻想，在山居养病时把感情寄托在纯真的农家少女身上。对他们来说，这些都不能算是过分的苛求。但在那个布满阴霾的年代里，他们都既可悲而又可笑地失败了。不用说，在那个时代里，他们都是落后的人物，都和先进的队伍有着简直可以说是颇为遥远的距离。事后也曾有好心的朋友不无惋惜地说，因为我描写的只是一些“隐士”和“寻梦者”，使得作品的社会意义受到了很大的损害；如果我能扩大眼界，转换角度，情况可能就要不同一些。

这里再来引用屠格涅夫的说话。屠格涅夫的确描写了当时具有进步思想的知识分子，但同时他总是强调说：“对于艺术事业，‘怎么写’这个问题比‘写什么’更为重要。”我认为，一个作家只要真实地描写了你所否定的现象，其实也就是肯定了你所肯定的。而且，这才是艺术的价值和力量所在。不然，我们将持什么标准去衡量由众多对文学艺术抱忠诚态度的前辈们的辉煌业绩呢？艺术的庙堂很宏大，它里面并不光是拥挤着成群的先进人物。何况我所描写的是那个被称为黑暗时代的过去，我相信在读者中间会有人对作品中的失败者怀抱同情，并从他们的叹息和泪光中感觉到时代的压力，因而把愤恨投向那个可诅咒的社会。我承认能够描写鼓舞人心的先进分子形象的作家是幸福的，也承认出现在文学画廊中的先进人物的作用；但在艺术创造上，毕竟不应该采取简单的正负加减法。每当我读完冈察洛夫的名著《奥勃洛莫夫》时，总要想到一个问题：什么时候也能读到我们自己这个时代的奥勃洛莫夫呢？不止一次，我甚至不自量力，也很想试一试，还为此记过一些笔记。我相信，如果有哪一位勇敢而真诚的作家真的写出一部这样的作品，它将会在读者中间产生积极的作用，甚至可以成为一面镜子，让我们从它照见自己的身影。只要想一想，就在鲁迅创作《阿Q正传》时，即使主人公分明是未庄土谷祠里的一名赤贫农，就使得当时的某些知识分子惶惶不安，因为他们也从阿Q这个服膺精神胜利法的农民身上看到了自己灵魂上的垢污。

自然，我这样说，也许难免遭受非议，指责我犯了时代错误，因为我所举的例子，既是前一世纪的外国作家屠格涅夫和冈察洛夫，鲁迅的《阿Q正传》也写在半个多世纪以前，怎么能用来给自己的作品作辩护呢？我的回答却很简单：首先是我所着力描绘的是过去时代的图景；其次也许更为重要的是，不论过去和现在，有些根本性的艺术法则总是相通的。

属于我描绘范围内的三四十年代的知识分子，有一部分是，在生活的重压下精疲力竭，愁苦不堪，以致脸孔歪斜，泪痕盈颊，拼命呻吟挣扎却没有找到一条生路，无法改变自己的命运。他们当然只是一些折翅断翮的力弱者。不过我在描写他们时的出发点却是在一个高坡上。也就是说，我觉得自己既是属于他们一群的，又是不属于他们一群的。实际的生活经历是，我所接触的知识分子中间，更多的是一些胸怀壮志的强者；而且，我以为我自己也在努力走强者的道路，在尽可能地攀登人生道路的高坡。正因为这样，我才能用比较冷静的态度观察那些力弱者，揭露他们的缺陷，描绘他们的痛苦，萌发出为他们造像的责任感和庄严感。尽管这样做时，我的心胸里充满着悲悯，眼眶中隐藏着热泪，情绪十分沉重。请容许我打一个不很确切的比喻。即使医生本人也是个病人，但当他身穿白衣站在病人前面时，毕竟是一个医生，他首先不能忘记自己作为医生的职责。鲁迅在谈到自己的写作动机时，不是说过他的多取材于病态社会的不幸的人们中，“意思是在揭出病苦，引起疗救的注意”吗？在这时候，我以为鲁迅也就是一位细心诊察病情的医生。

一位同时代人回忆契诃夫时，记下契诃夫所说的一句名言：“真正的作家好比古代的先知：他比平常人看得清楚些。”不消说，要做到这一点很不容易，除了刻苦的修养，恐怕还得有独特的才能。说了上面的话的契诃夫，由于他对生活的深入观察，在自己的作品里经常出现一个问题：“怎么办？”可就提不出明确的答案，情形有如一个诊察出病情却开不出药方的医生，以致有人指责他是没有倾向性的作家。这种不符事实的指责很使契诃夫恼火，他写信给朋友提到自己的《命名日宴会》时说：“有一次您说我的小说里缺乏抗议的因素，我的小说里没有同情和反感；可是，难道在这篇小说里，我不是从头到尾都在对虚伪提出抗议吗？难道这不是倾向性吗？”我经常用这位外国古典文学大师的言论和事迹来鼓励自己，督促自己。只可惜由于才能的限制，还有努力不足和其他的原因，总是站得不够高，写出的作品也总是显得肤浅，显露，缺乏含蓄的艺术力量。这种眼高手低的情况，经常使我陷入深深的痛苦。

到50年代初期，物换星移，新的时代来临了。但在写作上，我却很有些彷徨失措。在我的观念里，知识分子的大部分摆脱了过去那种“救国无门”的窘态，长期追求的目标已经实现，前进的道路十分明显，还有什么可踌躇的呢？我把自己想象成一位急性子的画家，手里拿着醮满色彩的画笔，面对一张预置的画布，随时准备落下笔去。我想，这一下可好了，很可以描绘出一幅明媚春光下的灿烂美景了。谁知在画布前面伫立良久，醮满色彩的画笔已经干结，却始终落不下第一笔。究竟为什么？原因在哪里？我的苦恼简直难以形容。

不错，在前一阶段，我描绘过同时代的找寻道路者，他们中间的一些人闯进一条歧路而无法自拔，另一些则迷途尚知自返，开始走上新路。这拥挤的一群中，如今有的竟依然踟蹰不前，感到进退维谷。原因就在于他们身上有着过重的负荷，不能轻装前进。老实说，我自己的情形也有些类似，因此也就比较能够体会他们的心情，谅解他们的惶惑。从40年代后期起，我曾先后进入好几个高等学府任职，和不少现在称之为“高级知识分子”的朋友同事们频繁交往，朝夕相处，彼此间当然不会缺乏互吐肺腑的机会，虽不敢说怎样深入地了解他们，至少也总不能不说是有一定程度的熟悉。我不是曾经以为同时代人造像的职责自许吗？那么，现在怎么办呢？落下笔去吧，困难只有在实践中才能解决。

在多次的自我督促下，我大胆写了起来，它们就是完成于50年代中期的几个中、短篇小说，可以提一提的是《艰辛的日子》、《新的土壤》、《旧雨》和《磁力》等。《艰辛的日子》所描写的，是一位历史学教授在举步前进时怎样努力甩掉身上的沉重思想包袱，采用的是第一人称的写法，力求使笔触能深入主人公的灵魂。尽管有缺陷，无论立意和艺术方面都经不起严格的要求，它是这一时期中自己稍觉满意的作品。至于另外几篇，唱的都是对新的生活环境的颂歌，却都写得很肤浅，重读起来难免使自己汗颜。《磁力》在北京一家报纸上发表后，报社曾给我转来好多封读者表示赞许的来信，这固然一方面给了我鼓舞，另一方面也同样使我惴惴不安。不错，还有一篇《风暴》，是企图反映那场严重扩大化了的反右派斗争的，它只能证明当时作者头脑的缺乏冷静，违背了自己素所遵奉的现实主义原则；特别是这篇作品发表不久就有了外文翻译，更增加我的负疚心情。我还愿意提一提一件小事，就是在同一时期里还写过一篇题为《隆冬在望》的初稿，描写一位曾被当作应该拔除的“白旗”的老教授，怎样预感到气候在逐渐逼近隆冬的心理状态。只要看一看题名，人们就可以想见到它可能遭遇的命运，因此我把它一直压在笥笈里，好像窝藏着一件阴私，一宗祸害。

情形既然是这样，我觉得只好采取回避一法，暂时放弃这块自己的“家园”。我用较多的时间去修改一部反映农村土地改革的长篇小说《春回地暖》，接着又改写另一部反映40年代后期知识分子队伍的分化的长篇小说《在漫长的路上》。后者是计划中三部有联贯性作品的第一部，预定的规模比较大；但刚完成第一部，就碰到那场“史无前例”的大灾祸，已出版的第一部也被列入犯了“描写中间人物”和“为资产阶级知识分子树碑立传”的“滔天罪行”的黑书单。也就是说，不但描写同时代人拖着重负前进的题材不能涉笔，就连描写他们在过去年代中找寻道路的题材也成为可怕的禁地了。

在描写过去年代中找寻道路的知识分子时，我曾自以为站在强者的地位；而到了疯狂推行封建法西斯专制主义的恶棍们遭到历史的惩罚以后，我以发颤的手重新拿起被剥夺了十多年之久的笔，再来为深受苦难的同时代人造像时，心情就完全不同，看待知识分子也换了另一个角度。我觉得自己和同伴们的确像但丁在《神曲》中所描写的，经历了一番炼狱的考验，虽然终于证明了是无罪的，毕竟从肉体到精神都伤痕累累，体无完肤。我不敢大言不惭，认为在受磨难中自己的头脑增加了清醒，意志增加了坚定，眼光增加了锐敏；可千真万确，我在同是知识分子的队伍里看出了以前未曾料到的复杂面貌。1927年鲁迅在广东时，不是曾经“被血吓得目瞪口呆”吗？在被专政的时期里，我也曾为前面所说的复杂面貌惊讶得目瞪口呆。我看到了堕落卑鄙、充当打手、以虐待同类为乐的人，看到了以受恶棍赏识、得入“学士”门墙为荣而卖身投靠的人，看到了丧失是非、随风转舵、唯势利以趋的人，看到灵魂污浊、吹牛拍马、撒谎造谣的人。也正是这些人使我进一步了解同时代知识分子中另一些正直者承受的苦难的深重程度，更清楚地懂得他们所保持的风骨、操守、正义感和尊严感，在我们时代里是多么难能可贵。

于是，我又继续为同时代人造像的工作。

我定了一个计划，先写两组作品。一组是中、短篇小说，另一组是回忆录。我怀着试笔的心情，荒疏过久，最初连一些常用的字也忘记了写法。由于种种原因，关于几位在十年动乱中受迫害致死或幸存以及其他师友的回忆录，总算凑凑合合地向读者交了卷，它就是《炼狱中的圣火》；但描写经历十年动乱后知识分子精神面貌的中、短篇小说，却才完成了计划中的半数。但不论是小说也好，回忆录也好，我所站立的地位已经完全改变。我不仅不再自觉是一个强者，而且正如实际生活那样，完全是一个蒙受屈辱的被迫害者，在写作时经常满怀悲愤。中篇小说《春寒》，它的主人公是一位老年教授，在"四人帮"覆灭后仍感到四面楚歌，处境困难，气候还是乍暖还寒。我采用了好几个人物分别自叙的手法，因此未能以集中的笔墨去描绘主人公的心理状态，大大损害了作品的思想意义。接着写了个短篇小说《晚来香》，这次采用互相对照的方式，描写两位也是大学教授的高级知识分子——一位正直不阿，另一位却看风转舵；在写作时就感到顾此失彼，依然是犯了笔墨分散的毛病。第三篇才改变办法，采用第一人称描写一位即使在"四人帮"覆灭以后也仍然深感命运不由自主的大学教授，取了个题名叫《船与舵》，还引用了一句人们所熟知的俗谚："人奈不过命，船奈不过舵"。不久以前，我又写了一篇《保护神》，主人公也是一位老教授，他在那场"史无前例"的灾祸中受尽苦难，连妻子也死去了，只好把一个在灾祸中长大成人的女儿看作自己的保护神，相依为命；但即使在这种情况下，灾祸刚过，惊魂甫定，他可已经在那里寻找报效国家的机会。单是复述它们的大致情节，读者当不难看出，这四个教授的故事，我所歌颂的是那些饱经忧患、备受折磨却仍能保持中国知识分子传统风骨和美德的人们。此外，还有一篇《风雨凄其的早晨》，描写一个知识分子家庭在劫难中所遭受的肉体和精神两方面的创伤的难以消愈；另一篇《偏执的心》，描写一个也是经受磨难后依然嫉恶如仇的老年知识分子。这些作品，自然也都有我自己的实际经历作依据，描写它们的主人公时，的确仿佛是在为同患难者舒泄愤懑。那心情，也的确和我写一些朋友的悲惨遭遇时相同。

当然我还要继续写下去，至少总得完成原定的计划。我想，在以后的工作里，我应该认真克制感情，使自己冷静一些，多在选择题材和开掘主题方面着力才行。

曾从高尔基和罗曼·罗兰的通信集中，读到高尔基一段自我批评的话。他说他在写作上的主要缺点是“赶得太厉害”：“对生活的各种印象和知道的各种事实装满了我的头脑，多得过剩；它们外表的光怪陆离太吸引我了，这就使得我成为一个说故事的人，而不是人的灵魂的秘密和生活真谛的研究者。”如果用这个标准来衡量上面举出的我那些描写同时代知识分子的作品，其中很大部分只能说是传达出自己的一种情绪，连故事也不太完整。我的情形不一定是因为“赶得太厉害”，而是不够冷静，在感情激动中放松了对自己的严格要求。要使作品写得深刻，写得动人，你首先就应该倾全力于对人的灵魂和对生活的研究，不能满足浮光掠影的观察。这种研究工作，还得贯穿在你的创作实践中。无论是刻画人物的性格面貌也好，开发作品的思想内容也好，执笔以前的依据和构思，往往会在写作过程中有所改变。而这，一般地就是研究的深入。回顾自己的写作经历，很多时候都做得很不够，甚至可以说是草率。我对自己很不满，简直连重读它们也感到胆怯，感到汗颜。

但我想，既然立志为同时代人造像，这个自定的任务总得完成得稍好一些。不错，关于自己的同时代人，“对生活的各种印象和知道的各种事实装满了我的头脑，多得过剩”，问题是怎样更有成效地利用这些印象和事实。回顾同时代知识分子的道路，我觉得有三个时期曾经给了我较大的激动，那就是抗日战争的前夕、解放战争的开始和不久前那场长达十年之久的劫难。杜甫的晚期名篇《江汉》中有四句诗：“落日心犹壮，秋风病欲苏；古来存老马，不必取长途。”但我的心情还要稍稍复杂些，我还想用较大的篇幅来写一写这三个时期里的知识分子群像，写一写那些在迷惑、失望和冷嘲的掩盖下依然闪耀着热情之光的心灵，尤其是写一写他们中间的先进形象。

这就是我在暮年对自己也许是不太切实际的策励。

1983年12月29日上海

（原载《文艺理论研究》1984年第1期）

家乡的尘土和童年的泪痕

王西彦

世上有些事情，一经开了个头，就往往欲罢不能。约在一年以前，我写了一篇《为同时代人造像》，对自己过去描写知识分子的生活和斗争的作品作了一番回顾。文章发表后，就有好心朋友鼓励我道："你是以采用农村生活和农民的题材开始创作活动的，既然谈过描写知识分子的作品，为什么不再谈谈另一方面的情况呢？"这使我想起1980年为海外读者编选一本专收描写知识分子作品的集子时，就起意另外编选一本描写农民作品的集子，并考虑了一下加写一篇自序的事。由于种种原因，那个集子并没有编成。现在，我就把自己原来要写在自序上的意思改写在这里，也算是和读者作又一次的交谈，向读者交一份新的卷子。

在被询问到自己最初提笔的动机时，我曾回答说是"由于生活的迫促"，并作了如下的解释：

> 这和我童年时代的家庭情况有关系。我的父亲是农村私塾师，据说在清末中过秀才，约等于高小或初中毕业生，算得上是一名小知识分子。我刚懂事时，家里先雇"忙月"，后雇长工，也收租谷。可是，母亲和三个姊姊都是童养媳。现在的年轻读者也许不大了解童养媳的悲惨遭遇，我也无法在这里详加描述，只能记下一首歌子里的四句："当的童养媳，吃的黄连苦——半碗猪食难熬饥，三顿棒打肉连骨。"自然也不只母亲和姊姊，还有堂婶婶，还

有堂嫂和堂妹，以及村里大多数婶婶嫂嫂们。鲁迅不是写了名篇《祝福》，写了一个倍受辛酸后开始怀疑灵魂和地狱的有无的祥林嫂吗？单就我们浙东农村的情形说，在我童年时期，更多的是安于自己宿命的祥林嫂，她们的遭遇甚至比祥林嫂还要悲惨些。我的小姊姊的命运就是如此，她在男人病死后无以为生，虽经把自己出“典”给别人，最后却在抗战期间惨死于敌人的刺刀下。我的一个堂姊姊，她的父亲因为儿子逃壮丁被送进了监狱，母亲则在父亲惨死在监狱里后饿死了，不久她自己也发疯。就是现在到了白发如麻的晚年，只要一拉开童年时代的回忆之幕，我的眼前就会成群地浮现起家乡农村妇女的愁惨面容。当然不是当时村子里的叔伯兄弟们的命运有什么不同，而是婶嫂姊妹们的遭遇尤其可悲怜。她们的身世给了我易感的心灵特别深切的印象，因此，到了自己能够提笔写作时，就无法压制一个强烈的冲动——写出她们的身世和遭遇，叹息和眼泪，灵魂的麻木状态和改变命运的朦胧渴望。

类似的话，我曾经多次说过，已经近于重复。在过去的几十年间，我还陆续写过20多篇关于童年生活的回忆，就是因为那些印象始终未能随着岁月的流逝而消退。不久前，我索性把它们编集一起，取了个书名叫《忧伤的世界》。我觉得，这个“忧伤的世界”就是我初期作品的源泉。在这以前，我就应出版社的邀约，编选了一本初期作品选集，用里面一篇作品作书名，叫做《悲凉的乡土》。请看一看，既是“忧伤的世界”，又是“悲凉的乡土”，这就是我的童年生活。后来读到海明威在回答“一个作家最好的早期训练是什么”的问题时说是“不愉快的童年”。我联系自己的情形作了一些思索。我想，如果自己能幸运些，有了一个愉快的童年，恐怕就不会提笔写作了。契诃夫也说过作家不是唧唧叫的鸟儿，他自己是“既然我在生活，思索，奋斗，受苦，那么这一切就会在我写的作品里反映出来。”这大概是所有作家的常情，我也的确没有例外，所以我曾在《悲凉的乡土》的自序说过自己最初的写作不过是“抄写着浙东家乡农村生活的记忆。”

但是，即使只是“抄写”关于过去的记忆吧，也总还有个目的。

还是契诃夫说得好，他认为作家有时“不应当去理会公众，如果公众想要寻找快活，那就让他们用别的方法去娱乐”；至于作家，他“务必要让公众想到生活的贫乏，要唤醒社会，要号召人们采取行动”。这也就是鲁迅所说的，他做小说的目的是“为人生，而且要改良这人生”。所以，他的题材，“多采自病态社会的不幸的人们中，意思是在揭出病苦，引起疗救的注意”。描写社会生活的病苦，当然不是要让读者去欣赏，去从中得到娱乐，而是要人们采取行动去改变它，疗救它。即使是唧唧叫的鸟儿吧，尽管有的人抱着娱乐的目的来欣赏那悦耳的声音，它自己的目的总还是关联着求生的努力吧？鲁迅不是说过，他小时曾经把劳苦大众看作“和花鸟一样”，所以有时“还羡慕他们的安乐”；但长期和农民有着实际的接触，就“知道他们是毕生受着压迫，很多痛苦，和花鸟并不一样了”。鲁迅自说这是因为生长于都市的大家庭，受着古书和师傅的教训的缘故。我的情形却不是这样，我是从呱呱下地时起就呼吸着农村的空气，到了稍稍懂事时起更看惯叔伯婶嫂们的忍受苦难的。农村社会的病苦和农民生活的贫乏是如此突出，如此触目惊心。穷困、黑暗、愚昧织成一张巨大的罗网，使得终生惨遭奴役的农民们喘息其间，不仅无法自拔，还要以精神上的蒙受毒害来自欺自慰。怎样撕破这张罗网，唤醒被压迫者，号召他们采取行动改变自己的命运，这就成为一个从事写作的人的天良。我承认自己当时对这一点只有一种朦朦胧胧的认识，才有勇气提笔的。但一经开始写作学习，原是模糊的观念也就渐趋明确，手上的笔也变得沉重起来了。

近几年来，为了整理旧作，我把能够搜集到的早期作品都重读了一遍。现在只拿包括在《车站旁边的人家》这题目下的三个小故事和包括在《悲凉的乡土》这一题目下的四个小故事作例子，来说明执笔时的意图。前三个小故事写的都是生活上陷入绝境的农村妇女，她们窘迫到了除出卖肉体而外别无生路的地步。可是，也许和一般城市里依赖色相谋生的可怜虫们多少有些不同，这些农妇们不仅皮肉粗糙，面容干枯，而且言语笨拙，态度拘泥，正如第三个小故事里那位“江湖老手”所嫌弃的“又土又死”，这样自然就难免要闹出一些极为不堪的小小悲剧。后四个小故事的描写对象则是一群不幸者，他们有的是傍晚时分赶到孤老人家去讨血钱的奶娘，有的是在月夜里被父母出卖的女儿，有的是因天旱田里缺水而被迫吞服毒虫草自杀的作田佬，还有的是受尽婆家折磨的童养媳。所有这些人物，莫不曾经出现在自己童年生活里，我也都还能记起被当作模特儿的叔伯婶嫂们的音容举止。我想，只要是心存怜悯的读者，当他们读完这些小故事时，总不能不叹息人世间的不公，觉得这样的情形再也不允许长此以往的吧？我始终相信，在文学艺术上描写了不合理和不应有的，也就能使人们从憎恨和悲愤中得出自己的结论，这要比大声疾呼和硬生生地装上一条“光明尾巴”有效得多。

正当我本着前面所谈那种极为粗浅的道理，在写作学习上试探道路时，巨大的变动来到了，它就是1937年抗日战争的爆发。当时我是一个北方古城里的青年学生，虽然曾经“抄写”过浙东家乡农村生活的回忆，但当时的目光已被发生于古城的一些特异现象所吸引，无暇思索变动中家乡农民的命运。可是，在异族侵略者的炮火声中开始了流亡生活，我又被迫回到自己正陷入剧烈动荡的家乡。而在浙东海边一个小镇上作了短暂逗留以后，我到了鲁南苏北前线战地，在北运河两岸做民运工作。随着武汉的沦陷，我又有一个接触湘西南地区后方农民的机会。这段时间的经历，又一次对我形成一种压力，它迫使我回答一个极为严峻的问题——究竟谁是给予者，向祖国奉献他们的鲜血；谁是收受者，正在吮吸人民的鲜血以自肥。

尖锐地感觉到这个问题，正是我奔走在鲁南苏北抗战前线的时候。在千里溃退的路上，我曾经匆匆地写下几篇短短的速写报告，因为投寄到沦陷前武汉的报刊上而得以保存的，有一篇题名为《四个鸡蛋》，描写那些正处身于炮火威胁下的战地农民，他们眷恋自己的土地，不肯远离，但既害怕敌人，也害怕“国军”。另一篇题名为《涡河的黄昏》，描写几个难民和散兵，他们乘坐一只小小木船，在皖北涡河上逃亡；可是，刚刚避过来自北方的枪声，却又迎接着来自南方的炮声。这两篇速写报告的内容，都是亲经目睹的事实，完全无须虚构。因为生产方式落后，生活贫困，农民身上确实存在着各种各样的弱点，例如目光短浅和性格卑怯之类。即以《四个鸡蛋》和《涡河的黄昏》里所描写的来说吧，也许难免被谴责为“缺乏民族意识”。可有什么办法呢，除非你闭上双眼，不然面对现实，如其徒发高论，倒不如认真思索一下这种现象的成因为好吧？不消说，当时我见到的要多得多，只是需要一个融化体会的时间。

终于，我在闽西北的山丛里得到一个栖身之所，能够较为冷静地考虑问题了。尤其是，我所在的也是一个褴褛的山村，居民们也贫穷得很难发现一个穿有完整裤子的妇女。非常明显的事实是，不论浙东的也好，鲁南的也好，苏北湘西南和闽西北也好，即使贫穷到了像古诗人所悲唱的“眼枯即见骨，所悲骨髓干”的地步，他们也还是以难于想象的固执眷恋自己的土地。这也不是他们特别多情，而是从远祖以来就依靠土地为生，信奉着“人难离土”的观念。自然，流浪或竟埋葬在他乡异地的情形也很普遍，但那是出于不得已，死后的灵魂也将悲泣不止。这当然是一种巨大的悲剧，但也只是悲剧的一个方面；它的另一方面是，在抗战的巨变中，这些无告的农民竟然是奉献鲜血的给予者。

在好几处地方，我曾经着重叙述过自己一个堂房小叔叔的悲惨遭遇。因为儿子逃避抽丁而躲进了山里，他被抓进县城投入监狱，结果是发疯后病死狱中；而在同时，堂房小婶婶也饿死在家里，几乎无人为她收尸。类似的事例很普遍，小叔叔的遭遇绝不只是最突出的。我在闽西北山丛中，也听到有一位知名的华侨曾在公路上碰到一队老弱的“壮丁”，他吃惊于他们行列的整齐，下车一看，原来每人手上都套一副铁铐，连成一串。至于甲保长们的借机敲诈勒索，害得善良农民家破人亡，更是无奇不有。可是，在前线浴血抗战的，岂不正是这些无告的庄稼汉吗？我曾在鲁南前线一处车站废墟里看到，一个被称为“东方纽仑堡”的军事重镇被收复了，后方大城市里的报纸上正在大吹大擂庆贺胜利，可是一批曾以血肉之躯抵挡敌人优势炮火的重伤兵却被抛弃在这里，任凭口渴肚饿，伤口溃烂，无人过问；而前方却炮声隆隆，敌人正在反扑，车站废墟眼看就要成为攻击目标。我还在一个后方城市的伤兵医院大门前，看到一批已经侥幸被运送回来的重伤兵爬在血泊里，得不到任何治疗，正以诅咒和啼哭和自己的生命告别……

面对着这种种，如果你手上有着一支笔，该怎么办呢？当时我很年轻，理论上的问题懂得不多，但心肠毕竟是热的，深感自己不能沉默。我就运用曾经尝试过的形式，写起中短篇小说来回答“究竟谁是给予者”的问题。其实，就在离开战地不久，在辗转于湘浙赣各地时，已经写过一些既像小说又像散记似的东西，它们的题目是《荒村》、《遭遇》、《在路上》、《仇恨的生长》和《玉蜀黍的悲剧》等等。我写仍在翻土犁地的农民，也写穿起灰军衣的农民，自然不外乎怎样在炸弹炮火下遭受屠戮，怎样在战火纷飞的前线流血牺牲。只是到了闽西北的山丛里，因为编辑一个文艺刊物，能够坐下来比较从容地作些构思，才想到应该如何把手头的题材发掘得稍深一些。这样写下来的作品，就是《死在担架上的担架兵》、《麻舅舅丢掉一只胳膊》和《眷恋土地的人》。第一篇描写一个忠厚老实得近于可笑的作田人，他在保甲长的欺凌之下，胡里胡涂地被送往前线，胡里胡涂地当了一名担架兵，又胡里胡涂地受了伤，被用担架抬将下来，最后就胡里胡涂地死在担架上。在整个过程中，他都本着自己的良心，用最纯真的善意待人，既没有抱怨身受的委屈，更没有意识到流血牺牲的贡献。第二篇是从小孩子的眼睛里看到那个被抽了壮丁又在前线丢掉一只胳膊的舅舅，一味炫耀自己的经历，自然完全没有计较个人的得失。他可以说是那个担架兵的孪生兄弟。他们的模特儿，都来自浙东家乡的叔伯兄弟。只有第三篇《眷恋土地的人》的情形有所不同，它的题材取自我在北运河的经历，连主人公也实有其人，他在渡船上充当船夫。当时鲁南的战争很紧张，北上的兵员和武器都依靠运河上的渡船，昼夜繁忙且不说，还要冒敌机袭击的危险。尤其是战事失利时，南下溃退的军队，加上火线上逃窜下来的散兵和伤兵，莫不像凶神恶煞，任意动用手里的武器。可是，等到主力部队一过河，他们就烧掉船只，掳走船夫，夺路逃命，情况的悲惨，非身临其境的人不能想象。我写的就是这些船夫中的一个，他眷恋相依为命的土地，最后也就为它献出自己的生命。在执笔写作时，我的眼前一直浮现着主人公那副庄稼人的面容，我曾在实际生活中和他相处过一段患难与共的日子，觉得他无异于自己的亲兄弟。化在他身上的笔墨，十之八九依据实际经历，只有那个伏击敌人的结局出于想象的虚构。这篇作品，是我学习写作以来篇幅最长的，在刊物上发表时称之为“中篇小说”。

不用说，文学艺术不能缺乏想象和虚构。这是天经地义，无可怀疑。但想象和虚构是从哪里来的呢？还是鲁迅那句话：“天才们无论怎样说大话，归根结蒂，还是不能凭空创造。”想象和虚构的源泉仍然是实际生活。也只有来自实际生活，才能符合生活的逻辑，达到艺术的真实。这也是为什么，在前面所举的三篇作品里，没有一个主义公是“形象高大的英雄人物”，他们的自我贡献，有的出于偶然，有的甚至表现为一种似乎颇为可笑的形式。但尽管如此，他们仍然是真诚的给予者，比起那些借机以自肥的受收者，他们身上毕竟闪现着圣洁的光辉。实际上，也只有在他们的行动里，才最充分地体现着全民族的深重苦难。

如果你是一个经历过漫长的抗战岁月的人，一定能回忆起当时那种目睹国土不断沦丧的惶惑心情。在那些日子里，我奔走在几处临近战祸的他乡异地，却无时不心向已经沦陷的家乡，并在那块熟悉的土地上和那些熟悉的人们身上展开自己的想象。在写作《眷恋土地的人》等三篇回答“谁是给予者”的作品同时，我就曾写过一篇题为《鱼鬼》的小说。接着，又写下了《老太婆伯伯》、《黄昏》、《福元老和他戴白帽子的牛》、《隔膜》和《刀俎上》，也许还应该算上《疯人》、《一双鞋子》和《乐土》。

《鱼鬼》的主人公是以我的一个堂哥哥作模特儿的。还在刚刚学步的时候，这个性情固执而热中捉鱼的堂哥哥就成为我畏惧的对象，因为正如小说里所写的，村子里拿他来吓唬爱哭的孩子，还编成了歌子唱。童年时期我的确很少和他接触，但到年长学习写作时，不仅他的面容和身影不断出现在我脑际，还坚决相信他是一个十分善良的人，村民们对他的歧视是出于误解，因而十分同情甚至怜悯他那种孤独的处境。于是，我就把他留给我的印象和自己对他的同情糅合一起，写成这篇杂记体的小说，并选编在一个集子里放在最前面的地位。我还觉得，这样做了，仿佛也就偿赎了童年时期对他的疑惧。和《鱼鬼》的情形相似的，还有《老太婆伯伯》。它的模特儿是我的堂房小叔叔，就是前面提到过的那个因儿子逃避抽丁而病死在监狱里的不幸者，他有个绰号叫“老太婆伯伯”，不仅因为他的脸相像老太婆，连脾气也像老太婆，而且赋有一副慢性子，做什么事情都是慢吞吞的。在田里干活时，同伴嫌他动作太慢，就故意催促他。“你着什么急呢？”他丝毫不为所动，“慢工出细活，慢有慢的好处，反正屁股后面也没有老虎追着!”描写他所遭受的苦难，应该用一部长篇小说的篇幅。尤其是因为我太熟悉他了，童年时期就曾经和他挤在一张板床上，听他讲《三国演义》里的曹操80万大军过长江，讲满怀委屈的长发女鬼泣血诉冤，因此实在硬不起心肠来如实地描写他的经历，而是把他放在一个自以为比较轻松的故事里。还有《黄昏》里面的福田媳妇，她身上更有着我那个惨死在异族侵略者的刺刀下的小姊姊的影子。我把她的遭遇作了改变，使福田媳妇的男人和孩子都失散在战乱里，她自己却改嫁到一处生疏的地方。总之，也不只是这几篇，那一个时期所有的作品几乎都描写自己身经目睹的人和事。如果缺乏实际生活的依据，我就会感到手脚无措。

这里还有一种重大的推动力量，是对异族侵略者血腥暴行的控诉。我是1933年暑假里从省城跑到北方古都去的，已经是“九·一八”事变以后。还在南方时，虽然已经被卷入抗日救国的热潮里，但对异族侵略者的种种暴行毕竟没有切身的感受。可是，在北方古都的那四年间，情形就不同了。不是有两句形容国家和人民危困处境的古语叫“垒卵之危”和“倒悬之苦”吗？当时身处异族侵略者刀光剑影之下的悲愤情绪，实在无法用言语文字来表达。而到了“七七事变”以后，长期的流亡生活自不用说了，家乡父老的命运和亲人的惨剧更增加了对侵略者的仇恨。在描写农民层出不穷的苦难时，很难不和侵略者的暴行相联系。自然，这也不单是感情方面的问题，更重要的是，一个作家必须面对最令人悲愤的现实。不论我的作品怎样缺乏感染力，我相信读者仍能从字里行间感到作者强行压制的情绪。也许会有人不满我笔下的人物太过软弱，他们在保甲长面前和异族侵略者刀下竟没有什么反抗的表示。我的辩护只能是为了生活真实的要求，也为了艺术完整的努力。我笃信契诃夫的意见：“要把生活写得跟原来面目一样，把人物写得跟原来面目一样而不是捏造出来。”在写作《老太婆伯伯》、《黄昏》和《隔膜》等篇时，我的确颇注意短篇小说的完整，在这方面作了较多的考虑。文学毕竟是文学，艺术上的失败就等于白费力气。

但情形即使如此，我也还是写出了几篇稍稍不同的作品，我指的是《海的喧嚣》和《乐土》。前者是抗战初期在浙东海边那个小镇里短暂逗留的结果。当时异族侵略者任意从海上向沿岸开炮，而渔民们却完全无力还击，只有含泪忍受。这海边渔村虽有它自己的传统，就是作品中那年青女主人公所说的："我们靠海吃海，有谁不让我们吃，不管他是什么人，不管他有没有洋枪，我们只有一条路好走——"可是这个传统并没有用，女主人公的活是说得过分天真，事实上渔民们的反抗只能招致流血丧命的惨剧。在我眼睛里，靠海吃海的渔民也就是依赖土地为生的农民的兄弟，他们的命运正复相同。这篇小说原来取题为《海的呼啸》，着重描写渔民们的反抗行动；后来作了修改，题目也换了一个，增加了关于忍受的描写。我觉得，这样也就增加了作品的真实程度。至于几年以后所写的《乐土》，那里面的作田人在重重压迫下忍无可忍，也只是"捏紧扁担和拳头，纷纷地围集拢来"，并没有直接出现"将自己投向灾难"的"危险行动"。这也许难免使某些读者感到怅惘，但我实在无法允许自己超过这条界线。

在这个时期里，我经常感到一个颇为尖锐的矛盾：一方面，企图学习契诃夫和鲁迅的榜样，把短篇小说写得更精炼些；另一方面，却老有一种受拘束的感觉，狭小的场面容纳不下稍稍复杂的情节，于是，就决定在形式上作些开拓，尝试着写起字数超过10万的长篇来了。这样做时，我还拿契诃夫的例子来鼓励自己，因为这位大师在初期"安多萨·契洪捷"时代固然写了不少三数千字的讽刺小说，可是到写出作为他的现实主义从形成到成熟的标志的中篇《草原》以后，每篇的容量就比较大了，接连写出很多像柯罗连科称呼《草原》时所说的"大的"短篇小说。那么，自己为什么不可以再放宽尺度，写几个长篇呢？

自然，我也并不是完全出于形式的考虑。最主要的，还是自叹为"苦命人"的母亲和三个姊姊留给我的印象。俄罗斯另一位文学大师屠格涅夫在写作名著《猎人笔记》时说："在我看来，这个敌人有明确的形象，有一定的名称：它就是农奴制度。对于我归并和集纳在这个名称下面的一切，我决定要斗争到底，发誓永远不同它妥协。"我虽并不具备这样的器度和决心，但也想尝试着以较大的篇幅描写农村妇女的悲苦命运。我暗自定了个"农村妇女三部曲"的总题目，按计划完成它。

但计划和实现总不免有距离。当40年代初期开始写第一部《村野的爱情》时，手中的笔颇为顺利，完成得也相当快。我写的是一个关于爱情的主题。童年时期，我家曾经雇佣过一个长工，他身壮力健，干农活是能手。后来他和一个到我家来帮“忙月”的小寡孀发生了感情，再不像从前那样安心干活，最后终于离开了。还在学生时代，我就曾经为此写过一篇题为《老坤和小孀妇》的散文。仗着自己的专情和决心，这个长工和小孀妇达到了他们的目的；可是，农村里那些更多的妇女呢？像我母亲和三个姊姊那样的人呢？还有比她们更悲惨的情形呢？处于食不果腹和衣不蔽体的困境里，爱情不是一种过分的奢侈吗？因为自己在短篇小说里几乎没有接触过这个问题，现在我就决定来写一写。我设计了两对互为兄妹的青年男女，描写他们为了追求幸福爱情的斗争，以及最后的悲惨失败。作品脱稿后，交给了一个颇有声誉的出版公司。

我满以为自己写的是一个乡间的恋爱故事，在出版上总不致发生什么困难。谁知道原稿送审以后，久久没有发回。现在的青年读者大概不很清楚，当时曾经有过一个“图书杂志审查处”的机关，负责原稿的审查工作。身负重任的审查官们的嗅觉特别灵敏，责任心也特别重，决不肯放过被认为有“违碍”的地方。最初，原稿中的段落或辞句被删掉了，作者和编辑部还可以采用“开天窗”的办法表示抗议。后来这个办法不允许了，改用×号来代替被删的空隙，使读者一眼就能看出被删掉的字数。再到后来，审查官们变得更加精明小心了，就勒令作者和编辑部把被删之处连接起来，使之天衣无缝，仿佛他们这些审查官老爷根本就没有接触过原稿。《村野的爱情》经过他们的细心推敲，竟被删掉了20 多处，自然都是有关作品写到诸如农村经济的破产，乡保甲长的淫威，苛捐杂税的盘剥和抽丁征粮的悲惨，等等。当我接到出版公司编辑部的通知要我从自己所寄居的湘东乡间赶到桂林去商谈处理办法时，我的惊讶是可想而知的。和编辑部商谈的结果，是由作者在被删处把文字作了连接，就付印了。

上面抄引的是两年前作品印行新版时所写一篇题为《总算还掉一笔债》

的附录中的一段。为什么要说“还债”呢？一则，40年前的初版，经过大量删改，却又毫无痕迹，读者所见到的并不是本来面目；二则尤其重要的，出版时曾经有一位评论家对作品提出责难，说它写了“战争和恋爱的罗曼司”，而战争又只是“一种点缀”；又说它写了封建观念对爱情的残害，却没有充分写出一个最顽固的家长的转变；因此，作者只是在“卖弄落后的小资产阶级那种对恋爱的幻想”，“对农家女开了一个大玩笑”。按理说，我既没有力量阻止审查官老爷的任意删改，也无法在被删后向读者作出交代，那位评论家关于作品写战争只是“一种点缀”的指责原来是一场误会；而且，直到现在，我仍然不能理解为什么一定要写出最顽固的老农的转变，是不是认为作者在写封建迷信对爱情的残害时只能遵循大团圆的办法，把矛盾轻轻一笔带过呢？但不管怎样，这总是一笔欠给读者的债，而债总必须偿还。使我深感幸运的是，趁着这个机会，我又对作品的描写作了一番可能是多余的解释和辩护。

其实，在《村野的爱情》里，我写的不仅是古老封建迷信对青年男女的爱情的残害，更写到了异族侵略者的屠刀。我在那篇用来解释和辩护的文章里写道：

无论是歧视和迷信也好，保甲长和联保主任之类人物的无上权势也好，看起来好象都还有冲破它们的可能性，勇敢的青年男女也许还有试一试自己决心的胆量。有时，爱情的力量的确是无坚不摧的。可是，异族侵略者的屠刀就不同了，如果那些由人民血汗养着的兵爷们已经望风披靡，叫手无寸铁的老百姓能有什么办法呢？说老百姓是抵抗侵略者的血肉长城，就某种意义而论自然是不错的，但毕竟不能掩盖血流遍野和白骨成山的惨状。我想，读者们当会承认，出现在《村野的爱情》里的那两对青年男女总不失是生活和爱情上的强者吧，他们力图冲破障碍的结果是怎样呢？不正是在侵略者的屠刀下受到最后的挫折吗？金豹和庚虎总算闯过了头两道关隘却在最后一道关隘上倒下身去。这最后一道关隘，实际上是和第二道关隘相连的，保甲长和联保主任们都是一些助桀为虐的人，如果不是他们的开门揖盗，人民就不致遭受那样巨大的苦难，我们那两对青年男女就不会有那样悲惨的结局。也许有读者指责作者的安排过分残酷，我将回答他们，请他们把责难投给那残酷的现实。

请看，这怎么能说是把战争只作为“一种点缀”呢？恐怕是因为经过大量删改，才大大减弱了上面所说的两道关隘的联系，使作品在评论家眼睛里成了歪曲的吧？

和写作《村野的爱情》几乎同时，我就开始第二部《微贱的人》的构思。如果说《村野的爱情》的主题是爱情，那么《微贱的人》的主题就是苦难。其实，第一部的爱情主题，更明确地说应该是“被苦难所毁灭的爱情”，第二部的苦难主题则不妨称之为“被苦难所毁灭的生命”。一个青年的农村妇女被继父卖给山村寡妇儿子作妻子，因她“来历不明”而受尽歧视；不久，她男人被兵爷打死，她也成了寡妇；接着女儿被门前的水塘所夺，情人又被官府诬为土匪被捕，她又受到男人本家叔嫂们的凌辱和乡保甲长们的勒索，再加上封建宿命观念的羁束，使她陷入无法自拔的绝望，最后只得呼唤着女儿的名字，跳入曾夺去女儿的水塘来结束自己的生命。在谈到《村野的爱情》时，我曾说自己是在描写那些卑微的不幸者的“坚韧的人性”，描写他们的忍受和反抗。这几句话，也同样适用于《微贱的人》。人性不仅是客观存在，而且应该得到保护和尊重。只要是生活在一个合理的人的世界里，这原是无可置疑的。难道人类还有比保护和尊重人性更崇高的职责，世间还有比人性被蹂躏和残害更可怕的悲剧吗？我是从童年时代的切身经历里看到这一点的，到了能执笔为文时就把它写在作品里，作为对人性遭受毁灭的反常现象的抗议。《微贱的人》的女主人公和《村野的爱情》的男女主人公都是善良而勇敢的，他们都奋力投身于维护自己生存和恋爱的权利的斗争里，但都失败了，而且失败得很惨烈。我相信读者将从中得出自己的结论。只是在《村野的爱情》里，我把两对青年男女的爱情的最后毁灭归因于异族侵略者的屠刀，在《微贱的人》里则把战争推到背景的地位上，以便集中笔墨去揭露封建迷信和县乡保甲长们的凶残，控诉这种黑暗势力的罪恶。

在原来预定的“三部曲”的计划里，第三部的题名是《换来的灵魂》。出现在前两部作品里人物的命运的确过于悲苦，他们的反抗也注定要失败。只要想一想，像他们那样单刀匹马的斗争，怎么能取得胜利呢？我们家乡有句形容胜败分明的话，叫做“鸡蛋撞石墙”。面对坚硬的石墙，他们的生命和信念都太脆弱了。摧毁那石墙的斗争，需要另一种人物的方式。因此，我决定在另一部作品里，描写一个更换灵魂的农村少女，她虽然出身更加贫困，命运更加不幸，但不再走前人的老路。不待说，这个人物也有现实生活中的模特儿，只不过在自己的实际经历中加入了力图符合逻辑的想象。我已经拟好一个粗略的情节纲要，可是，等不到坐下来写作，历史发生巨变，那堵原是显得坚硬的石墙顿时开裂倒塌了。

因为对家乡农民在过去时代里的悲苦命运有深切印象，所以到了50年代初在我们这个古老国家的农村里，发生翻天覆地的变革时，我立即以很大的热情投身其间，就是1950年和1951年的冬季两次参加湘东老苏区和皖北老根据地土地改革运动。到50年代中期，我根据这两次的经验，写下了一部在篇幅上是我的作品中最大的长篇小说《春回地暖》。

动笔以前，我曾经有过反复的考虑。首先是，我们已经有了好几部同类题材的作品，自己能否在这个范围内增添新的篇章；其次是，自己看到的农村变革，情况十分复杂，自己能否有勇气追求生活的真实。但我还是动手做起来了。我设计了一个较大的结构，使出场的众多人物有一处较为广阔的活动场地，并且尽可能多地保留下这场符合正义原则的革命运动的真实面貌。这当然不只是重现运动的规模和进程，更重要的是使读者从对现状的描写里看到过去，也就是使作品具有一定的历史深度。我就这样做了，鼓起自己的勇气，也尽了自己的力量。果然，作品出版问世后，它所招来的责难中，有一种就是作者没有塑造出革命阵营中英雄人物的高大形象，却过多地渲染了生活的落后面，描写了农民的保守不觉悟。即使不怎样愉快，又轮到我为自己的作品作出解释的辩护。这一次，我写了一篇题为《关于〈春回地暖〉答读者问》的文章，专就这个恼人的问题说了自己的意见。我引用了一个屠格涅夫的例子。俄罗斯文学大师在他那部脍炙人口的长篇小说《贵族之家》里一个人物身上写出了西欧派一切可笑和庸俗的方面，使得另一位斯拉夫主义者在所有的论点上都打败了他。但是，作者本人却是一个像他自己所说的："道地的、顽强的西欧主义者"，和当时在本国土地植根颇深的斯拉夫主义者的思想处于尖锐的对立地位。为什么在作品里要如此安排呢？屠格涅夫辩解道："因为，在这个场合，按照我的理解，生活正是这个样子，而我首先就想做一个忠诚老实的人。"接着我写道：

> 创作《春回地暖》时，我的确想在自己的作品里把当时的农村面貌描绘得光彩些，特别是要好好塑造出几个英雄人物的高大形象。既然文学作品不是照相，不能采取所谓自然主义的手法，作家就有充分的权利使笔下的生活图景比实际情况更美好一些。也就是说，你得多看、多写光明面，少写甚至不写落后面，免得某些严酷的评论家用"我们的农村生活难道是这样的吗"的口吻来质问你。我的确抱着这个决心进入创作过程的，还写好一个比较详细的提纲。可是，有什么办法呢？从一开始，我就发觉手里的笔不大驯顺，不肯完全听从自己的指挥。愈写，即使是老苏区，即使在20年前已经建立过革命政权，我觉得湘东的农民也和我记忆中的浙东差不多，至少是有很多相类似的地方。

面对现实，描写真实，这就是我的信条。我分明知道自己过去的作品调子低沉，现在的工作可能受到消极的影响，但实在无法摆脱。我更知道由于作品中没有出现形象高大的英雄人物，这部作品不会符合某些评论家和理论家的尺度，更不用说受到他们的欢迎。我始终认为，文学的任务是描写人，描写真实的有血有肉的人。我在写作《春回地暖》时全力以赴的，就是写出各式各样的人物，主要是农民，也包括地主、干部和知识分子，写出他们在这场革命风雨里所显露出来的不同的面貌、声音、情绪和行动。在良知的天平上，一时的毁誉总不能享有和作家的神圣使命同样的比重。

在上一节里，我不是提到了《村野的爱情》的主题是爱情，而《微贱的人》的主题则是苦难吗？如果有人问我《春回地暖》的主题是什么时，我将回答说是：“人性的展览”或“人性的考验”。在我们这个长期陷入停滞状态的农村社会里，农民和地主的性格都不免有些定型化。可是，一旦碰上这场“翻天覆地”的巨变，面临生死攸关的搏斗，他们都将卸去假面，走出掩体，以真实无伪的面貌，跨上舞台。在这样的时候，你怎么能给他们涂抹新的油彩，披起不调和的伪装，以博取台下哄然而起的喝彩声呢？对我来说，《春回地暖》是自己长期观察农民苦难生活的长卷的终幅，它是过去以阴暗色彩描绘那些同类作品的续篇。因此，我愿意保留它们在色调上的统一。这当然不是说我甘心落在日新月异的时代后面，闭着眼睛无视迅速变化的现实，而是由于我在这幅画卷里所描绘的是一个正在消逝的旧世界，我用喑哑的声音所唱的是一曲为它送葬的挽歌。

最近我在凡高的书信体自传里，读到一段这位天才画家给哥哥信中谈起人怎样看待自然的话：

> 一列剪掉树稍的柳树，有时看来好象是济贫所前面排队等待施舍的人。新长出来的玉米，带着某种无法形容的纯洁与温柔，它使人激起一种类似睡着的婴儿的感受。路旁被人践踏过的草，看起来是那样的疲乏而肮脏，好象是贫民窟里的穷人。几天前，刚下过雨，我看到一层上了霜的卷心菜，冻得发僵地种在地里，使我想起在清晨看到的、站在咖啡摊子旁边的一群穿着单薄短褂与围脖儿的女人。……

凡高认为画家应该“跟自然对话”，他也说过自己“愈来愈对人物发生兴趣”，在读文学作品时也往往为作家笔下的人物所感动。你看，他这段话说得多么真切！看到自然就联想到人，这就表明艺术家对人的关心。至于作家，尽管有人主张文学不一定要刻划人物形象，只要描写人的意识和感情，但描写意识感情仍然是写人。且不说契诃夫和其他古典文学大师了，就像当代拉丁美洲最杰出的作家马尔克斯吧，他在回答“具备什么条件才能动手写一本书”的询问时说：“别的作家有了一个想法，一种观念，就能写出一本书来。我总是先得有一个形象。”接着他举出自己最好的几篇作品的例子，他所具有的目击形象都是人，有的是身穿丧服手打黑伞的女人，有的是带着孙子去参加葬礼的老头，有的是在闹市码头心急如焚地等候渡船的人，等等。拿我的情况来说，正是在人物的描写上，心有余而力不足，深感有负于作家这个称号。每当我回顾自己漫长的写作经历，总不免为此而惴惴不安。由于年龄和体力，我大概很少机会再在今后的作品里描写农民的形象了。过去十年疯狂时代，包括自己在内的知识分子所遭受的深重苦难，正壅塞在我的心头，急切需要抒发，自然更无暇他顾。但我还是愿意在这里向读者谈谈那些描写农民的旧作，就因为自己在执笔写作时是的确动了感情的，是脚下带着家乡的尘土和脸上留有为家乡父老们的命运而悲伤的泪痕时的产物。好在我给那部反映农村巨变的作品取了个《春回地暖》的书名，幸庆乡亲们赖以为生的土地不再寒冷如冰，他们的命运也开始了真正的转变。

1984年12月6日上海

（原载《文艺理论研究》1985年第1期）

打开的门窗

——我和外国文学

王西彦

最近我在一篇回忆文章里写到中学时代最初接触外国文学时那种惶惑而惊喜的情景时，不禁从心头涌起对我国那些早期翻译家颇为强烈的感激之情。自然是由于机缘，我在一个藏书不多的小小图书馆里读到了一套契诃夫短篇小说的中译本，简直是如获至宝，埋头耽读，的确达到废寝忘食的程度。“契诃夫的作品不仅帮助我认识文学，它们本身就既是一个丰富的库藏，又是一把灵巧的钥匙。正是仗着它们，使我得以窥察到俄罗斯文学那座巍峨的宝山，人类最可珍贵的精神财富。”事实上，我正是从契诃夫的作品入手，才贪婪地去搜寻那个图书馆里所有的俄罗斯作家作品，阅读起列夫·托尔斯泰、屠格涅夫和陀思妥耶夫斯基等名家大师的作品，闯进了一个既是人生又是艺术的新天地。当时我虽然还不能完全理解鲁迅所说的，从被勃兰克斯称之为“黑土”的那地方培育起来的“奇花和乔木”，能使我们看见“忍受，呻吟，挣扎，反抗，战斗”；但也多少感觉到，出于那些名家大师手笔的生活图景里的确存在着一种严峻的东西，一种震撼人心的感情，一种宏大的道德力量。当然不能夸大上述作家作品对自己的影响，说它们怎样决定了自己对待生活的态度和选择人生道路的准则，但至少，当我有意或无意地拿自己有限的生活经历和文学艺术的描写作印证时，使我比较清晰地窥看到生活的严酷，悟知到人生的庄严和价值。至于说到文学艺术，当时虽然已经读到一些日本的本间久雄和厨川白村的著作，例如《新文学概论》和《苦闷的象征》之类，随后又读到了列夫·托尔斯泰的《艺术论》，但其实是一知半解，没有形成一个比较明确的概念，倒的确是契诃夫的作品才使我认识到什么是文学。原来我在耽读那套契诃夫短篇小说集的中译本以前，就曾经从英语课本或英语文选里读到一篇《询问》的英译，它描写一个乡下人来到衙门查询一件案子，碰到一位专心抄写文件的穿制服的青年文官，竟几次都完全没有听见对方的要求，一直等到乡下人在摊开的册子上放了三个卢布，文官才“鼻子放光，转红”，“做出一个笑脸”，嘴里连说“遵命！遵命！”而且活泼得“仿佛给一阵旋风吹动了一样”，很快就把事情办好了。当时我大概只有十五六岁，阅世很浅，经事不多，但《询问》中的描写刚好和我身经的一件事情起了互相印证的作用。那年暑假，我和邻村的表哥提着从家乡带出来的一对火腿去送给省城里一位有点亲戚关系的法官，结果“侯门似海”，火腿被看门的收去了，却连自己的姓名也没有留下。我和表哥的遭遇不是大大不如契诃夫笔下的那个乡下人吗？有了这个得自实际生活的颇为深刻的印象，再去读契诃夫的初期作品，如《变色龙》和《普里希别夫中士》等等，就逐渐领会到文学和生活的关系以及文学对生活所负有的责任。

在契诃夫的初期作品里，《万卡》和《瞌睡》也是当时给了我特别深刻的印象的。鞋店小学徒万卡在很小的年龄里就承受着老板和老板娘的虐待，不仅吃不饱饭，还睡不够觉。至于《瞌睡》里的那个可怜的华西卡，整夜摇着里面躺着个爱哭的小娃娃的摇篮，以致为了摆脱这种缺乏睡眠的苦刑，13岁的小保姆竟然在一个静静的夜里把小娃娃掐死了。我曾经在自己的读书笔记里写下这种类似的悲剧和实际生活的联系，觉得作品里描写的正是我在生活里看到的。也就在那时期，我读到了陀思妥耶夫斯基的名篇《一个诚实的贼》。回想起来，这位大师的有些作品虽然早已被介绍到中国来，但它大概是我读到的第一篇吧，的确给了我很大的震动。一个生活潦倒到只能依靠别人接济的人，竟然去窃取接济者的一条裤子，这已经是够不幸了；可是，他却为此感到寝食不安，开始是一再向裤子的主人申辩自己“没有动过那条裤子”；而当他发现那个失掉裤子的人“现在出门总把箱子锁上”，就难过得流下眼泪，并且非向裤子的主人说出真情不可了。这不是很可悲悯吗？作者的描写却不止于此，这个受到良心责备的诚实的贼，为了补赎自己的“罪过”，在说出真情前要求对方在他死后卖掉他仅有的一件用以蔽身的大衣，而在说出真情后就觉得良心清白了，“把头往后一仰，吐出一口气”，把灵魂交给了上帝。我的童年和少年时代是在自己称之为“忧伤的世界”里度过的，见惯了农村社会的种种悲惨和不幸；跨入青年的门槛以后，对人世间的不平有了更为深切的体会；因此感情比较粗糙，心也比较硬。但读了《一个诚实的贼》以后，还是难免陷入很大的困惑，那个可怜的贼老是出现在我脑子里。后来我读到鲁迅称呼陀思妥耶夫斯基是“残酷的拷问官”的名言，说他“把小说中的男男女女，放在万难忍受的境遇里，来试炼他们，不但剥去了表面的洁白，拷问出藏在底下的罪恶，而且还要拷问出藏在那罪恶之下的真正的洁白来”。我觉得，这段精辟的话不仅是对《一个诚实的贼》的最好的解释，更是一把开启陀思妥耶夫斯基独特的艺术世界的大门的好钥匙。鲁迅说他自己虽然敬服陀思妥耶夫斯基，却“总不能爱”；而且，因为这位“残酷的拷问官”实在太严厉了，使得他“常常想废书不观”。我的情形却不同，正是陀思妥耶夫斯基那种对待人生近于病态的严酷态度对我产生了强烈的吸引力，使我壮着胆子往这位伟大作家的艺术世界里闯，读了《一个诚实的贼》，又读《穷人》，读《罪与罚》，读《被侮辱与被损害的》，读《卡拉玛卓夫兄弟》……

在这里，我要特别说一说《被侮辱与被损害的》这个书名给我的启示。自己的童年和少年时代不是在“忧伤的世界”里度过的吗？我在很小的年纪里就看见过不少被侮辱与被损害者，也同情他们，为他们鸣不平。可总觉找不到一句合适的话来表达这种现象。“被侮辱与被损害者”？多好的一句话！它正好给了我一个明确的概念，使我能使用它来确定自己观察生活和接触文学艺术的立脚点。也正因为这样，当我在稍后读到列夫·托尔斯泰晚年名著《复活》的早期译本时，作品中女主人公卡秋莎·玛斯洛娃的遭遇竟使我忍不住热泪盈眶，俄罗斯稀世的伟大艺术巨匠的这部严厉的批判书成为我毕生的读物，每一次重读都无法克制自己的激动，无法掩饰对它所具有的巨大而持久的艺术力量的惊讶。

我对19世纪俄罗斯文学大师的作品的热情，最初完全出于一个欣赏者的角度，只觉得自己被吸引，被感动，觉得阅读它们日益成为生活中不可或缺的东西，接受影响可以说是不自觉的。自然，在热衷于俄罗斯文学时，我也曾有机会读到一些别的国家的作家的作品，例如因契诃夫而去读莫泊桑，因高尔基初期描写流浪汉的作品而去读梅里美的名著《卡尔曼》和《高龙巴》之类。但很快情况就发生变化，不再纯然是一个欣赏者了，因为我已经以“初生之犊”的勇气开始学习写作。这时候，鲁迅在《我怎么做起小说来》一文中所说的话引起我很大的注意。由于当时盛行“排满论”，他很想给中国介绍一些被压迫民族的叫喊和反抗的作品，留心起俄国、波兰以及巴尔干诸小国的作家，最喜爱的则是果戈理和显克微支。到了自己写小说时，“大约所仰仗的全在先前看过的百来篇外国作品和一点医学上的知识”。写小说要仰仗先前读过的外国作品，而且，鲁迅所以能成为新文学的开山祖，看起来也正和他的读外国作品有密切关系，第一篇《狂人日记》就是证明。在鲁迅的当时已是这样，到了我学习写作时自然更不用说了。

就读书而论，纯然的欣赏者也许最为轻松而愉快。到了欣赏者兼有学习者的身份，情形就要复杂得多。我的学习写作，为自己的经历所限，最初都从家乡的农村生活中采取题材，所以特别注意契诃夫描写旧俄农民的作品，尤其是屠格涅夫的《猎人日记》，里面例如《幽会》和《白净草原》等篇章我简直爱不释手，不知道究竟读过多少遍。这时我已进入大学，住在北方文化古城一处供浙江籍穷学生免费居住的会馆房子里，和一些正在上学或已毕业却正失业的青年知识分子为邻，彼此朝夕相处。生活总是创作的源泉，我也就从这些近邻中选取题材，尝试着描写知识分子。正在写作学习上作新的尝试时，我读到了陀思妥耶夫斯基的《罪与罚》和屠格涅夫的《罗亭》等几部长篇小说。虽然相隔多年，我还清楚地记得自己怎样全身心地沉浸在《罪与罚》描写的那个罪恶世界里。只要想一想，作品的主人公拉斯柯尔尼科夫是一个“被贫穷压得喘不过气来”的大学生，衣衫褴褛，因交不起学费而不得不中途退学，母亲陷入饥饿的境地，妹妹为此而嫁给势利小人，最后竟被迫对不公平的社会采取可怕的报复手段——用利斧劈死了一个放印子钱的吸血鬼老太婆。我和那些住会馆房子的近邻不也都是一群拉斯柯尔尼科夫吗？我甚至觉得，自己正是陀思妥耶夫斯基笔下的人物，或者说，这位俄罗斯文学大师写的正是以我和我的近邻作原型的。在这样的场合里，我既不是徒然的欣赏者，也不是虔诚的学习者。我觉得自己和作品已经消失了距离，一面读，一面强忍着眼泪，很想站起身来，冲出房子，跑上大街，向过往行人大声呼喊："我要杀人！我要毁坏这个世界！"我相信，如果当时眼前出现一个放印子钱的吸血鬼老太婆，自己手里也有一把利斧，也可能会做出和拉斯柯尔尼科夫同样的行动。后来我曾写过一篇题为《兄弟杀人犯》的短篇小说，就显然是受到《罪与罚》的影响的，即使我在读它时完全忘记了向它学习的事。

和读《罪与罚》时不同，我读《罗亭》等几部小说时的态度就要冷静得多了。《罗亭》最初的中译本是在中学时代读到的，也许因为不很懂，印象也不很深。到了大学时代，屠格涅夫的名著陆续出现了比较好的新译本，作者那种刻划人物的鲜明性格的本领和明丽的文笔一下子就把我吸引住了。屠格涅夫是一位十分注意当时重大社会问题的作家，他以特别的敏感为自己寻找现实生活中的新主题。如果说，他的《猎人日记》描写的是40年代处于农奴制桎梏下的农民的处境以及他们和地主阶级的关系，那么以《罗亭》开始的几部长篇小说，描写的就是同一年代里贵族知识分子的命运和平民知识分子中出现的先进人物。对俄国历史稍具常识的人都知道，摆在40年代知识分子面前的严重问题是：在一个社会振奋的时期里，自己能不能肩负起历史的任务，有没有为实现理想所必需的行动的力量？《罗亭》是第一个答案，《贵族之家》是又一个答案，都是采取了怀疑和否定的态度。到了《前夜》里，出现了一个渴望而且能够行动的人物，却是并非出生在俄国本土的保加利亚人。接着写下的《父与子》，主人公是一个平民知识分子中的新人，他一方面和人民有密切的血肉联系，另一方面却又对人民抱有轻蔑和讥笑的态度；作者通过这个人物形象同时揭露了处于对立地位的自由主义贵族的软弱无能。在《父与子》以后，屠格涅夫还写过《烟》和《处女地》，前者描写一群革命青年中的空谈家和发号施令者，后者描写几个民粹主义运动者以及他们和保守阵营的斗争。可以说，作者在他的上述六部长篇小说里展现了整个时代的风貌，创造了一系列知识分子群像。可惜当时我对屠格涅夫作品的兴趣偏重于艺术方面，未能就所反映的历史和社会的内容多作探究，所以我特别喜爱《罗亭》，尤其是《贵族之家》。我总觉得《贵族之家》是屠格涅夫艺术中的珍品，值得自己毕生学习。40年代末，我曾以一个欣赏者的角度，冒冒失失地发表过一篇题为《论〈罗亭〉》的长文；本来还想再写一篇论《贵族之家》的，但结果只留下一个提纲。40年代后期，我曾经仿效屠格涅夫，也企图以五六部长篇小说的篇幅，来描写自己亲身经历过来的那个动乱时代的知识分子群像。《古屋》、《神的失落》和《寻梦者》等三部作品就是实践的结果。第四部规模较大的《进窄门的人》已经写了一半，并开始在一家报纸上连载，只因生活发生变动，未能写完全稿，一直在我的写作经历上留下一份遗憾。最近我因印行新版而重读那三部作品时，很吃惊于自己所受屠格涅夫的影响之深，以致在描述方法上明显地留有这种痕迹，不仅结构缺乏宏大的规模，情节也缺乏曲折的变化，看起来是在竭力追求单纯和朴素，如象屠格涅夫所说的，“在艺术事业上要尽可能努力地做到简单明了”。自然，在这样做时，我经常感到陷入“画虎不成”的窘境，深深惋惜自己才能的平庸和工作的不够刻苦。

因为从40年代后期起，自己的画面里越来越多地出现知识分子的形象，所以选择读物时也越来越多地注意描写知识分子的作品。俄罗斯文学方面，从普希金的诗体小说《叶甫盖尼·奥涅金》和莱蒙托夫的《当代英雄》，到屠格涅夫以《罗亭》为开端的一系列长篇小说和冈察洛夫的《奥勃洛摩夫》，一直到契诃夫中短篇小说中的《没意思的故事》和《我的一生》以及他晚期的剧作《海鸥》、《万尼亚舅舅》和《三姊妹》，我都曾经一再耽读。我要在这里特别谈一谈契诃夫的晚期剧作。无论小说家也好，剧作家也好，都是同一个契诃夫，他在描写知识分子的作品里处理的是同一个主题——在历史上的大转变时期，知识分子必须为自己寻找到明确的答案：“怎么办？”契诃夫的第一个剧本是《伊凡诺夫》，主人公是一位单枪匹马的社会活动家，最后却以自杀来结束自己的生命。到了《海鸥》里，通过海鸥的形象描写了一只遭受创伤的飞不动的鸟儿和另一只振翼高飞的自由自在的鸟儿。青年剧作家特里勃列夫是一个梦想家，他梦想光荣，梦想艺术的新形式，爱上了一个也是梦想家的少女宁娜，她也梦想光荣，梦想舞台上的成功。

但结果，特里勃列夫不仅在艺术上失败了，在爱情上也没有成功。经过一番悲欢离合，最后特里勃列夫也以自杀来结束自己的生命。出现在《万尼亚舅舅》的主人公是一个为偶像而牺牲了一生的人，因为他把自己的一切都贡献给一位“高人一等的人物”，一位已经退休的老教授，于是从心里燃起愤怒的反抗的火焰，他向贪得无厌的教授喊叫道：“你毁了我一生！我没有生活过！为了你，我浪费了一生中最好的时光！我有才能，有智慧，有勇气！如果我有一种正常的生活，我何尝不能做个叔本华，做个陀思妥耶夫斯基！”他向老教授开了两枪。可是，最后还是只得和对方妥协，重新“言归于好”，继续为那位大人物贡献自己。《三姊妹》里的主人公也是梦想家，她们的形象可以说是生活的美和魅力的化身，热切地向往合理而纯洁的生活，决心去从事无私的劳动。可是，她们陷身在庸俗和卑劣的现实生活中，以致被排挤出自己的家宅，完全失掉了个人幸福的希望。总之，契诃夫这三个晚期名剧的主人公都未能在实际生活中对“怎么办”的问题作出明确的回答。徒然怀抱着美好的理想和自我牺牲的精神，甚至本身就是美的化身，最后却都难逃一个悲剧性的结局，原因就在他们性格软弱，脱离实际，追求不能实现的梦想。他们固然都是时代的牺牲品，但最主要的还在于个人性格上的弱点。由于在艺术和爱情上的失败，特里勃列夫最后对自觉已经成为一个真正的演员的宁娜说道：“你已经找到了你的道路，知道向着哪个方向前进；可是我呢，我依然在一些梦境和幻象的混沌世界里漂荡，不明白自己为什么和为谁写作。我没有信心，也不知道自己的使命是什么。”至于那位万尼亚舅舅的为偶像而自我牺牲，自然就更可悲悯了。他的确是颇有天赋的人，也能刻苦工作，只是因为在生活里缺乏明确的目标，把自己原该有用的年华奉献给一个自私自利的庸人，一条“饱学的泥鳅”，到了垂暮之年还不能挣脱出过去的泥潭。他的牺牲自然是徒劳无益的，他的反抗也毫无结果。当那三位沉溺在自己美好的梦想里而丑恶的庸俗势力却在向她们节节进攻时，她们自己固然无力保卫自己，围绕在她们身旁的骑士也无力保卫她们。他们只能滔滔不绝地高谈阔论对未来的向往，却缺乏投身于实际斗争的勇气和决心，缺乏行动。最后，他们都离开了，其中的一位就在和她们告别时，也还在说这样的话：“生活对于我们中间的许多人，似乎是昏暗而绝望的，然而我们应该认识，天边已经在发亮了，光明的日子绝不会远了……”

自然，契诃夫对自己的主人公充满同情和爱，但对他们致命的弱点却看得很清楚，在揭露时的态度既温和又严峻，有时甚至带着讥讽。上述几个名剧所以能使我感到亲切，倒并不是由于自己对作者的艺术特别喜爱，而是出现在他笔下的人物简直都似曾相识，都是我经历里的兄弟和朋友，我熟悉他们的面貌，理解他们的抱负，听惯他们的议论，自然更同情他们的遭遇。甚至不妨说他们都是一些病人，都患着某种相似的时代病。而且，在这个问题上，时代和国土的差别似乎并不太大。正由于这种情形，在过去一个相当长的时间里，我也曾经尝试着采用一种稍带阴暗的色彩给同时代的一些病人造像。我觉得，正如自己从契诃夫的名著里感受到的，描写病人总是为了引起治疗的注意，并对健康人也多少能产生一些警惕作用。

关于描写知识分子的命运的作品，我着重谈了俄罗斯文学大师屠格涅夫和契诃夫。其实，就影响来说，特别不能忘记一部出自现代法国作家的作品，就是被高尔基称为“法兰西的列夫·托尔斯泰”的罗曼·罗兰的十卷本长篇巨制《约翰·克利斯朵夫》。这部史诗性的小说于40年代后半期有了中译本后，曾经在我国读书界风靡一时，在青年中间简直产生了一阵子“约翰·克利斯朵夫热”，我自然也被卷入狂潮，对作品的主人公怀抱强烈的同情，他的遭遇长时期地震动着我的灵魂，仿佛受难的就是自己的同胞兄弟。贫穷的音乐师的儿子克利斯朵夫忍受不了当时德国封建贵族的专横跋扈和小市民的奴颜婢膝，奋起而反抗，结果却遭受排斥，不得不出逃法国。可是，巴黎也并不是他理想的天堂，这里的政治界和文化界同样弥漫着一片令人窒息的腐臭气氛。他自然不肯妥协，不愿同流合污，因此和在德国时同样遭受排斥，所不同的只是他有了一位法国朋友，他的追随者和支持者。这种对庸俗社会的强烈憎恶迫使他去接触下层人民。这本来应该是他的出路，可惜他的知识分子的傲慢习性成为他前进途中的拦路石，使他陷入一种“上不着天，下不及地”的困境，终至在灰心绝望中消磨掉有限的生命。不用说，作者虽然起意要为一位当代知识分子中的英雄人物立传，结果却描写了一幕知识分子理想受挫的悲剧，塑造了一个在现实的坚墙上撞得头破血流的战士。

出于多年养成的习惯，阅读这类作品时，我总爱和自己切身经历中的感受作对照。我甚至觉得，在青年克利斯朵夫身上就有自己的影子。从小说的第二卷《清晨》到第四卷《反抗》，主人公对德国军国主义和豪绅富商的憎恨，他逃亡到巴黎后的流落街头和备尝辛酸，都使我感动。第五卷《节场》对巴黎艺术界种种丑恶现象的揭露和抨击，也使我赞赏不已。贯串全书的主人公那种受压愈重反抗也愈烈的坚强性格，更使我深受鼓舞。但当我看到展现在主人公面前那条个人奋斗的道路终至一步一步地通往矛盾丛集的荆棘时，就不禁很有些提心吊胆并感到心情沉重。小说第九卷《燃烧的荆棘》描写的是和《节场》完全不同的另一个世界，在这里出现了劳动群众的“五一”示威运动。克利斯朵夫的法国朋友就在救援一个驼背孩子时被军警杀害，他却奋不顾身地冲扑上去打死了一名军警。可是，即使这样，示威运动一过，他还是从下层群众身边走开去了。对于作品的这种安排，我一直看作对主人公的鞭策。我特别不能忘记，在全部作品的最后，作者写了一个象征性的结尾。克利斯朵夫渡过河流时，左肩上负荷着一个娇弱的孩子；当早祷的钟声鸣响，太阳在金色的天空冉冉升起，他对孩子说：“我们终究到岸了！你多沉重！孩子，你究竟是谁呵？”孩子回答道：“我是即将来临的日子。”每次读到这里，我总感到心头一阵热气。罗曼·罗兰这部巨著不仅反映了一个时代的风貌，而且是从约翰·克利斯朵夫这位性格坚强的悲剧人物身上，体现出 19 世纪末和 20 世纪初一代进步知识分子的彷徨、追求和幻灭。

在以知识分子的生活和斗争为题材的现代外国名著中，我还读了不少别的作品，例如苏联作家阿·托尔斯泰的三部曲《苦难的历程》和费定的三部曲《早年的欢乐》、《不平凡的夏天》和《篝火》。《苦难的历程》反映男女主人公在生活道路上所经历的三个时期，出现在第一部《两姊妹》里的两姊妹只关心个人的幸福和爱情，在她们周围的也都是一些意志薄弱的人，画面真实而生动；而在描写革命大动乱的第二部《一九一八年》和刻划主人公在严重考验下的巨大变化的第三部《阴暗的早晨》里，在现实主义的成就上反而显得逊色了。费定的三部作品，我觉得也是第一部写得最为出色，它描写一个青年学生怎样投身革命，通过他的活动展现出社会各阶层人物的不同形象；第二部描写主人公回到家乡所见到的革命动乱，描写在这个不平凡的岁月里各种知识分子的动态和分化；第三部的写作和第一、二两部间隔了多年，描写这些人都在法西斯的侵略战争中陷身于大浩劫的篝火，最后终于团结在拯救祖国的神圣事业里。阿·托尔斯泰和费定的这两部篇幅浩瀚的三部曲，诚然都不失为苏联文学中的经典性作品，但阅读时总觉得缺乏《约翰·克利斯朵夫》独具的那种震撼人心的道德力量。人们都知道，在写作《约翰·克利斯朵夫》的同时，罗曼·罗兰写了好几部英雄传记，最著名的是《贝多芬传》、《米开朗琪罗传》和《托尔斯泰传》。这三位伟大的音乐家、雕刻家和作家都被赋予一颗伟大的心灵，走的是一条通过痛苦而获得胜利的道路。我最初读到《贝多芬传》时，对贝多芬那种同“命运”作殊死搏斗的英雄气概非常神往。罗曼·罗兰在序言里回忆自己在波恩欣赏了几支贝多芬的交响曲：“在雾气迷漫的莱因河畔，在四月潮湿的日子里，我独自和贝多芬在一起，向他倾诉衷曲。我心中充满了他的勇敢，他的痛苦和欢乐。他的强有力的手把跪在他面前的我扶起。这只手也给我的新生婴儿《约翰·克利斯朵夫》行了洗礼。”很明显，在克利斯朵夫身上既有贝多芬的影子，也有作者的影子。这就是它的道德力量的源泉。

几年以前，我曾经应一个大型文学丛刊的要求，开过一份自己常读的文学作品书目，外国部分有巴尔扎克的《高老头》和《欧也妮·葛朗台》；梅里美的《卡尔曼》；福楼拜的《包法利夫人》；莫泊桑的《她的一生》；狄更斯的《双城记》；哈代的《德伯家的苔丝》和《无名的裘德》；夏洛蒂·勃朗蒂的《简爱》；果戈理的《死魂灵》；莱蒙托夫的《当代英雄》；屠格涅夫的《贵族之家》；列夫·托尔斯泰的《安娜·卡列尼娜》和《复活》，契诃夫的《草原》；托马斯·曼的《布登勃洛克一家》；海明威的《老人与海》等等。其实，这个书目是很不完备的，几乎没有包括一些被称为“现代派”的优秀作品，例如卡夫卡的《变形记》和加缪的《鼠疫》之类。我特别喜欢《变形记》，你看它对彼时彼地的社会生活的揭露是多么深刻，多么令人颤栗！小说的主人公是一个旅行推销员，为了维持一家人的温饱，他长年累月到处奔波，结果却在一天早晨发现自己变成一只甲虫。在金钱的操纵和生活的重压下，人性显得异常脆弱，以致人变成了非人，变成了甲虫。这自然已经是够悲惨的了。但更悲惨的是在变成甲虫以后的遭遇。有谁能够设想，分明知道自己已经变成甲虫却完全无能为力，无法改善难堪的困境，眼看环境愈来愈险恶，终至连最卑微的生命也难以保全呢？每次读到当他成为父母出租房屋的妨碍，连原来爱他的妹妹也不承认他就是自己的哥哥而主张把他赶走时，那情景的确不是“悲惨”两字所能形容。也许有人会觉得作者的描写过于残酷，简直不近情理，不可相信。但在我看来，这是一部十分真实的作品，作者的态度也很真诚，充满对人类的同情和热爱。人们都说卡夫卡是一位悲观厌世的作家，我的看法却不尽同。道理很简单，爱和憎是相依的，心胸里如果没有对人类的爱，怎么会对那个使人变成甲虫的社会有如此强烈的恨呢？我总觉得，“现代派”是一个笼统的名称，被归入这个名称下的作家，从20世纪初到现在，人数很不少，他们各不相同，每个人的作品也各不相同，但有一点是一致的——都在采用新的手法和新的角度表现彼时彼地的社会生活。出自他们手笔的作品有不少是内容深刻和形式新颖的杰作，决不能随意否定。对待外国的作家作品，还是鲁迅的话说得好：“我们要拿来。我们要或使用，或存放，或毁灭。”这样做时，首先要“沉着，勇猛，有辨别，不自私。”从青年时代起，我在欣赏和学习外国文学时，难免犯有“偏食症”。后来想消除这个弱点，竭力扩大视野，克服偏见，不使自己成为鲁迅讥讽过的“孱头”和“昏蛋”。早年读罗曼·罗兰的《贝多芬传》，很赞赏其中那个传诵一时的警句：“打开窗子吧，让自由流通的空气吹送进来！”罗曼·罗兰当时自然是有感而发的，但我们仍然不妨引为策励，使自己能把面前的门窗打开得大一些，更大一些。

1984年4月23日，上海

（原载《中国比较文字》1985年第1辑）

关于《寻找道路的人》

——作者自白

王西彦

今天接到一个朋友从上海寄来一张12月20日的《立报》，在副刊《言林》里载有一篇许杰先生的读书随笔，题目是《王西彦的〈寻找道路的人〉》。对发表在《光明》2卷第1期上的拙作《寻找道路的人》提出一点意见与疑问。我很高兴的把它读了。许先生先说明了这篇东西之所以能引起他“很大的注意”的理由，到结尾处这样写道：

> ……我们的作者，他却太感伤了。虽然他在雪中，把我们的主人翁送了出去，说是“踏着他的印在雪地上的脚迹，”但他毕竟停住了。看着雪浪吞没了这苦斗者的背影，而自已掉起“热辣辣的”的眼泪来了，这是什么道理呢？

接着许先生写——

> 我跟着作者，送着这位主人翁出走，自己去寻道路；但我却讨厌着作者的感伤的情调，我好象在看娜拉的走，我好象在看卓别麟的马戏的收场，也好象在看甘宁的《肉体之道》的风雪的圣诞夜的结尾；我讨厌作者把这主人翁的前途的空气弄得太凝重了。

很感谢前辈的许先生给我这样可珍贵的指示。“看着雪浪吞没了这苦斗者的背影，而自己掉起‘热辣辣的’的眼泪来了，这是什么道理呢？”——这是许先生的疑问或者也就是一般读者的疑问吧？作为作者的我，既然自己掉了眼泪，在这儿就不能不来说明一下这“道理”了。

首先我应该提起的，就是那位主人翁也就是我一个事实上的朋友。3 年前我跟他在这古城里认识时，他已经是一个失去了故乡的漂零汉。但是还仗着老岳母的好意，勉强维持他读完了一个私立大学。他是去年离开学校的。离开学校后比一般失业青年更艰苦，他在一种无可奈何的情景下生活过来。在关内他所有的只不过是一些同命运的穷苦朋友，他谋不到一个可以单单养活自己的“啖饭地”，而他却有着一个女人和两个孩子！关外他的叔父强使他寄生到狼嘴里的腐肉上去，他像我在小说中所写似的走入“虎口”了又复出“虎口”来了。他只有忍受着屈辱、饥饿和讽刺……

他时常到我的寓所里来，有时候默默地坐到深夜不肯回去，便跟我同睡在一张狭窄的板床上，——于是他流着眼泪告诉我说，他又向女人身上发泄了自己的愤怒了！有一次他甚至于三天不回家，如果他女人不慌急地出外找寻，他将永远地离开她，他不愿意寄人篱下！而当我去看他时，也往往可以听到他的小舅或小姨们的冷言冷语……

他几次跟我说这样的话：

“要是像你这样就好了，没有女人，没有儿子，一个单身汉……只要自己愿意，爱到那里去就那里去……我呢，有着那么重的累，那么重……叫我哪能丢开她们啊！”

我写这篇不成器的东西来纪念他，对于主人翁——也就是我的这个朋友，我持着最大的敬爱。同时对于他的前途，我始终没有“太感伤”。我曾经亲眼见到过很多同时代的年轻人在一个时期里大声疾呼地做“英雄”，几个月或是几天之后便摇头摆尾地奔走权要之门，作出出奇的丑相了。将那位朋友跟这些“英雄”们相对比，叫我怎能不“愤怒”呢！是的，我“愤怒”，但我没有“感伤”，没有！我确信着主人翁的前途，如同许先生所说的——

……他的路向，我们虽然没有看见，但也可以想得清楚。他如果不走错方向，就是艰难一点，走总要走到的。

不错，“就是艰难一点，走总要走到的。”所以，他的前途就不会是“娜拉的走，”不会是“卓别麟的马戏的收场，”也不会是“甘宁的《肉体之道》的风雪的圣诞夜的结尾。”——或许许先生的意思是在“讨厌着作者的感伤的情调”，“讨厌作者把这主人翁的前途的空气弄得太凝重了”。那么，我要说，反反复复地说，我并不“感伤”！在写那篇小说时，我仿佛在重温自己的经历，遏止不住自己的“愤怒”，所以“我又复软弱地站住了”，“我的身子颤栗得利害，紧握着拳头，仿佛面前站着一个恶魔，我将挥拳击去”了，并且，“渐渐地，两颗热辣辣的眼泪坠下我的双颊”了。我“站住了”决不是永远不再走路了。我掉的热辣辣的眼泪，也决不是对于主人翁的前途怀抱失望，相反地，我的眼泪是表示愤怒、激情与感谢！

读了许先生的随笔，使我情不自已地写了如上几行，用以呈示许先生并一般有同样疑问的读者！

——12月25日晨

（原载1937年1月25日上海《光明》半月刊第2卷第4期。）

关于《家鸽》的辩解

王西彦

对一篇作品作主观的解释很不容易，对一篇作品作太肯定的批评，则甚至是危险的。我们常常说，我们应该避免作品的公式化，同样的，我们的批评也应该避免公式化。一篇作品，在作者心里从蕴酿到写出，那应该是一个精微的过程。一个认真严肃的作家，他对于自己所处理的题材，自己所表现的寓意，自己作品所产生的社会影响，他珍惜重视，所以在写作时，决不愿意草率从事，踏人窠臼。如果他所写的是一个活人，一个有血有肉、有感情也有思想的活人，他所需要的是缜密的观察和精细的分析。一个人的行动不是凭空实现的，一如树木的根生于泥土，它必须根生于生活。托尔斯泰曾经把柴霍甫的一篇小说，比作古代仙女所编织的花边，说那里面编织进作者自己的理想与热忱。当我们鉴赏这种花边的时候，可万万粗心大意不得，起码我们不应该让自己的眼睛在花边的花纹上迷眩了，抛开作者的理想与热忱，说什么“这还合我的意”或“那我可不欢喜”等等的话，不应轻下断语，给以整个的肯定或否定。仔细点儿，再看看，看清楚了，然后下断语也不算太晚。犹之医生诊病，唯有看清病原，才能够对症下药，妙手回春。我这样说是为了辩解那篇正遭受可怕的误解的作品——那篇《家鸽》。

去年春天，匿居在闽中一个小小山村里，我写了《家鸽》。和写它那一时期所写的其他几个短篇一样，我的企图是在发掘抗战中的人性。我们不能再在一句口号一个标语之下做应景文章了，不能再去写那些出奇的神话和单纯的英勇故事了，我们应该跨出一步去，应该尝试去写在抗战试验中所显现的人性。不消说，我的企图是失败的，至少是，还是非常幼稚的，如像一个脚力不济的登山者，我只有在山麓对那嵩高的顶点遥望兴叹的份儿。《家鸽》的失败尤其显著，因为它只不过成为一个小小的并不怎样深刻的讽刺。我初意是想写出一个可怜的人，一个脆弱的女性，一个徒然的高远的幻想，一个容易破灭的梦。但人性是什么？如果不是由生活土壤所结成的果实，我们不能把自己的人物塑在神龛里。《家鸽》的女主人公姚文英，在我的脑子里早就存在着，不过一直没有把她写出来。我想我应该慎重一点，慢慢地再去写她。刚好在这时候发生了所谓“妇女问题”，在报章杂志上连接看到这类论争文章，因为脑子里业已存在着姚文英的影子，便不自禁地看了一些。从这些论争文章之中，我看到一群天真的论客，在那里反复叫嚣，那热情和勇气，有时简直使我哑然失笑起来。“真该写了，”放下那些名文，我对自己说道，“真该赶快写了”。于是我稍稍改变了原来的打算，把自己对妇女问题某一部分的意见，也索性容纳到作品里面去，结果便写成了《家鸽》。

发表之后，不到两周，便接到一位国立××大学的女生的抗议，一封长长的热情天真的信。她说她是怀着一股不可遏制的怨愤写这信的，她说当她读着《家鸽》的时候，一如置身于悬崖绝壁之上，惴惴不安地希望着女主人公能够顺利地从“笼”中飞出去，而当姚文英终于参加了妇女慰劳队上前线去时，她几乎透过一口气了，一心以为飞出“笼”去不会中途返回来了，可是竟然中途因区区雨水之阻返回来了，这结局真是她所料不到的，甚至是不公平的。“这完完全全是作者你的播弄，”她说。自然她和她的同性同学们都不喜欢这种“播弄”，并且，最要紧的是，正当“女子应该回家庭去”的呼声高涨的时候，《家鸽》简直是一根压迫者手里的鞭子，一种“助桀为虐”之举。“难道我和我的同学们都看错了吗！”最后，她这样问道，她说她希望能够得到我的回信，“给自己的作品负点责任——向迷惑的读者解释真正的含义的责任”。自然我并没有使她失望，我很快的给她写了一封长长的信，在信的结尾，我说了大意如下的话：

“……你的话是不错的，《家鸽》的确是一根鞭子，但它不是压迫者的手里的，而是督促者的手里的。谁是妇女的压迫者？是《家鸽》

里面那个男主人公吗？是某些主张妇女真正的位置是在家庭里的论客们吗？如果你那样想，那么我就要坦白地说，不管你和你的同学们听了会不会不高兴地说，你错了，的的确确错了。妇女解放的敌人是社会，不消说，那里面也包括着你们妇女自己，徒然地空喊着'解放我们'或是咒诅着'你们自私的男人'是没有用的。如果整个社会还停留在不合理的情形之下，如果妇女们还不能真真站将起来，去参加改革社会的工作，并且从这种工作中改革自己，那就什么叫喊都不能招来真正平等的结果。你和你的同学们读了《家鸽》而对它生出非议，唯一的原因就是你们太热忱了，感情太冲动了。《家鸽》所处理的实际上是一个旧题材，所表现的题意也不算新颖。我觉得我不必多花唇舌给它作多余的解释，我只要反问你和你的同学们，如像《家鸽》里面的女主人公姚文英那样的人，如像她那样热衷于修饰和虚荣，善于向男人撒娇卖媚，一切依赖男人，不认识生活也不认识自己的人，她能成为一只振翮高飞的海燕吗？如果我投合时尚，埋没天良，把她突变为一个英勇坚强的战士，你们看了不会觉得好笑吗？"

除了那位大学生，另外还接到不少读者和友人的来信，有的自然是向我提出抗议，或是表示善心的惋惜（惋惜我落伍的思想）；但也有的是认为我在向妇女们投了一个认真不苟的问题的。其中有一位友人，在来信里面说到最好从正面写，最好把女主人公写成一个经得起生活试验的人，她于克服了自己种种弱点之后，终于成为海燕，飞出笼去了，飞向风雨去了。"我不愿意那样做，"我在回信里说，"你看见过时下那些关于妇女问题的文章吗？如果你看过他们那种过于乐观的态度，过于天真的想法，你也就不会反对我做这样的反面文章了"。不久，又接连在陪都重庆几个妇女刊物里见到对《家鸽》的异议，那种单纯天真的态度，不亚于前些时候的论客，我看了简直只有苦笑的份儿。但我不愿再为此喋喋有所辩正，明眼的读者一定占着多数，例如首先给我写来长长抗议的信的那位大学生，她就在第二次的来信里说，在读了我给她的回信以后，她又重新去读了一遍《家鸽》，她对女主人公的感情完全变了，她可怜她，但并没有同情。"姚文英的遭遇是一个喜剧式的悲剧，"她说，"她是我们的殷鉴，她教我们反省存在于自己意识里致命的缺点。……"

事情过去了，几乎连我自己也慢慢地忘记了。《家鸽》的缺点很显然：发掘不深，题意也不很高，这样粗浅的作品竟然也招来了误解，真是想不到的。可是当我在一年后的今天拜读到罗荪先生的《笼和鸟》时，我觉得他的误解较之那位大学生更大，他简直是在曲解《家鸽》了。恐怕他对它的这种曲解，也正代表着一部分读者的见解的吧，那么我的辩正反而成为不可缺少的事情了，虽然对自己的作品作辩正并不是一件怎样愉快的事情。

罗荪先生在他的文章前面加一行小题目道："关于《家鸽》及其他的一段杂感"，他首先引了尹及先生和沈从文先生的谈妇女和家庭的文章，随后谈到《家鸽》，而且说自己的写这文章"并不一定是仅仅读了《家鸽》的缘故"，说只是一篇"杂感"；这或许是他的谦虚，但实际上他是在对《家鸽》作整个的批评，而且是一种过分严格的批评，一种不留余地的否定。他在简单的复述了一遍《家鸽》的故事之后，立刻下着断语道：

"作者在这里完成了他的'结论'，故事铺叙得非常美丽，比较沈从文先生所举的例，是更为动人，更为证实着'妇女的真正位置是在家庭'的结论之正确。而且更进一步：叫你去试试吧，家鸽是不适于风雨的；你一离开'家'，不但家不像家了，你自己也会吃不消，而败退回来的，不仅败退了回来，而且要眼睛一红地投入男人的怀里，说一声：'我回来了，此后再不离开……'这回可是出于自愿，飞也飞过了，但是飞不远，叫你非回来'投降'不可！不是比沈从文先生的'某夫妇'更是彻底更为动人吗？"

曾经读过《家鸽》的读者诸君，你们看这个断语下得多么简单容易，又下得多么率直天真！《家鸽》的故事讲到一个有着"美满和好的生活"的家庭的主妇，她凭着一时虚荣的冲动而去参加妇女慰劳队，出发上前线去，结果因吃不消外面的风雨而重行回家来了，罗荪先生便根据这样的故事断定我是在证实"妇女的真正位置是在家庭"的结论，那么容我反问一声，如果我在一篇作品里写了一个对抗战大业的信心不坚定的人，我岂不是就赞成向敌人投降吗？如果我在另一篇作品里写了另一种完全不相同的女性，写了一只真正的海燕，是不是就可以证明我的思想矛盾，或者我的神经不健全呢？我相信罗荪先生是决不会不明白这样浅显的道理的，他之所以要下这样的断语，很显然地，在他的笔下存在着别一个作用；明白的说，便是他把《家鸽》作牺牲，不管三七二十一，他把它拿去当作尹及先生和沈从文先生的文章的注脚，藉此发一遍他自己的“杂感”而已。这是只要看他的下文就可以明白的。他始终一把扭住作者是在籍着男主人公洪志彬的身份说话（也不管作者愿意不愿意），用作品里的男主人公的观点来代表作者自己的观点，同时把作品中的女主人公去代表全体妇女，一则曰“作者复藉了男主人公的身份，怀着一种怜悯而理解妻子的情绪，批判着女主人公的行为，”以为“作者在这里把妇女的社会活动是看作为生活中的消遣物，是平凡和沉闷的家庭生活中的一个刺激，而且可以说完全忘掉了‘家庭’以外的广大社会的存在。”再则曰“作者在这故事里安排了他自己所想像中的男人和女人的代表，而把同情完全放在男子这一面，用一种怜悯和感慨的心境描写了他的女主人公。”并且把所有男主人公对女主人公的刻毒可笑的批评，全部划给作者，甚至连男主人公所说的“你们女人……老实说，一向被称为‘没有灵魂的动物’，根本谈不到平等，”和“女人的生命和幸福的代价就是牺牲，女人的全部责任就在‘牺牲’两个字——”的论调也当作是作者的观点，认为作者的论断“真是再彻底也没有了”，因而为作者下解释并且对作者发慨叹道：“不但不会平等，而且是连灵魂全没有了，剩下来的是在家为父母牺牲，出嫁后为丈夫牺牲，丈夫死后，再为儿子牺牲，这还不是彻底的三从论吗？”唉唉，读者诸君，你说对着这样天真的批评，我能有什么话可说呢？

如果罗荪先生和读者诸君问我为什么要把男主人公写得这样“残酷”，把女主人公又写得那样无用？自然，这也是一个够天真的问题，但我还是在这里解释几句吧。前面说过，一个人的行动是根生于生活的，而我们的女主人公姚文英，她虽然曾经热烈追求过美丽的生活，但当她一沦入家庭的“笼”中时，那种种轰轰烈烈的理想和幻影，就为琐碎的事务所压碎了，非但业已放弃从前那种对美丽生活的追求，而且变成安于自己平静的家庭生活，变成一个好主妇了。但如果在这样的家庭生活里全无变化，那么我的这篇小说也就无从产生了，所以必须有点变化。这变化是什么？我在小说里明白的写着，是女主人公的"企求一种沉闷生活的消遣物",而不是一种对整个妇女前途的觉醒。在这里,我业已安排下故事的结局,因此才在小说的开头引用了A·拉玛尔丁的话的。在这样的前提之下,作为一个小说作者,我的任务便在于努力刻绘出女主人公那一种缺乏自觉的冲动,以及这种冲动之未能使其成为一只真正的海燕,岂不是很自然的事吗?我很小心地写着,在每一个小场面小动作上面表现着家鸽之所以未能变成海燕,罗荪先生说我把"故事铺叙得非常美丽",其实我的目的就在于表现那个主要的题意。如果叫我在这样的刻画之后,又复突然地把女主人公写成一个英雄,一个志士,恐怕不仅仅作为作者的我不愿意,也将是罗荪先生所觉得可笑的吧?至于男主人公,我把他写成一个平平常常的人,一个旁观者,他之所以要对女主人公发那种"再彻底也没有"的陈腐的论调,乃是为了反衬出女主人公平日的生活态度。他对她说着这样的话,她自然是抗议的,可是那是一种怎样可笑的抗议呢?难道读者可以看出她是在作着一种有认识的抗议吗?正因为他看出她的冲动的虚幻,这才断定她"实在只是一只家鸽"的。甚至于罗荪先生派给他的所谓"潜在的残酷意识",也是很冤枉的,他并没有像罗荪先生所推察的那种"欲擒故纵"的心理,虽然一般男人所具有的那种男性的自私心理倒是有的。他断定女主人公是家鸽,但这只家鸽在"笼"中住得厌了,腻了,为了消遣,偏要飞向风雨去试试翮力,如果我把他的"残酷意识"发挥到极点,他竟不肯"纵"她出去,那么作者不是便只有放弃自己的基本的企图了吗?但是一个作者无论如何必须保有他的自由——安排一个较为方便的场面去完成他的企图的自由的。

这样说来,是不是罗荪先生不肯给予作者以这份自由呢?或者,根本没有看出作者的企图的丝毫呢?那倒似乎又不尽然的,因为他接着写道:

> 不过,我们从这里也可以找到了家庭生活在这样的社会环境里面所有的矛盾,男主人公与其说是为了使"家鸽"去试一试翮力,则毋宁说是要调剂一下沉闷而无聊的家庭生活,要减少一点夫妇间在感情上的某些矛盾,而藉了这个新的刺激物,便于引起一点兴味。……但是作者的笔触停止在这个段落上,而没有把问

题发展下去，或者可以说，作者并没有企图把握这个“家庭生活”的矛盾及其症结所在。

这话蓦地看来似乎是对的，实际上罗荪先生在这里又有意无意地抹煞了作者努力的一面了。罗荪先生说作者没有企图把握“家庭生活”的矛盾及其症结所在，因而说作者在处理题材时，“只看见了表面的某一二现象，并没有把这些现象联结起来”，但“家庭生活的矛盾及其结症”是什么，如果不就是“家庭生活在这样的社会里环境里面所有的矛盾”的反映，罗荪先生明明白白一则曰“我们从这里也可以找到”这种矛盾了，再则曰“这个社会怕还是只能如作者所描写的那幅凌乱而失掉秩序的家庭画面”了，还要要求作者做什么呢？难道应该再加上那一套陈腐的经济权呀社会改革呀等等的口号吗？

关于整个妇女问题，我在这里不敢妄赘一辞。对于家庭生活在我们这社会环境里面所存在的矛盾，我在另一篇小说里，曾经写了一个不同的女性，一个独身主义者，她为了要投身社会改革的工作，不愿意让家庭拖累住自己；而在我们这社会里，一个结了婚的女子是很难摆脱家庭的拖累的。她认为一个知识女子，在这过度的时代里，必须有牺牲（自然，她的牺牲和《家鸽》里面的女主人公的牺牲是不同的），因为她看到的知识女子的悲剧太多了。一个受过高等教育的女性，一旦结了婚，很自然的孩子就来了，家庭生活的负担就来了，事实上不容许她再投身社会，结果她所受的教育便成为一宗可悲的浪费。我们平时赞美崇高的母性，又要求妇女们不顾一切地摆脱家庭的束缚，这种矛盾的高调，对妇女问题的本身怕是很少裨益的吧？那么怎样来解决这问题呢？回家庭去吗？抱独身主义吗？有了家庭之后又不顾一切的往外面冲吗？罗荪先生似乎是赞成后者的。但在我，在《家鸽》里仅只表现了像姚文英那样的人，在那样的家庭生活与社会环境之下，很少可能从家鸽陡地一变而成为海燕；在别的作品里，暂时我也还没有明确地提出什么肯定的主张或“结论”。至于翱翔在广大原野上和森林里的飞鸟，我是见到过的，而且我也写过以那样的女性作主人公的小说了。不消说，对那样的飞鸟，我不吝啬自己的尊敬，虽然也还不敢贸然预想那些飞鸟的前途，犹之我不敢贸然给妇女问题下什么“结论”一样。但自然，罗荪先生最后所说的“一个作家更应该把视野放得广阔一点”的话是完全正确的，遗憾的是，这样的话和我的《家鸽》却毫不相干，因为我既没有说那里面的女主人公就足以代表妇女全体，而且一如像鸟类之中有雕鹏，有海燕，也有鹦鹉，有家鸽一样，女性之中有英雄，有志士，也何尝不可以有姚文英及其相似的人物？我们不要以为现在是妇女求解放的时代，就不能指摘其中的每一个人。在这种地方，鲁迅先生的话是不错的，他说中国人的缺点在于有些人安于“自欺”，由此并想“欺人”，譬如病人，患着浮肿，而讳疾忌医，但愿别人胡涂，误认他为肥胖，如果有人当面指明，说这并非肥胖，而是浮肿，那么他就失望，含羞，终于成怒，骂指明者，以为昏妄了。罗荪先生自然不会是那样的人，而竟然如此曲解了《家鸽》者，恐怕是由于对妇女解放运动的前途太过奢望的缘故吧？

1931 年 9 月 5 日

（原载《文艺生活》第 3 卷第 10 期）

《家鸽》题记

王西彦

抗战以来，我四方辗转奔走，生活总不安定。这种不安定的生活，使我接触到各色各样的人和事，好像一个一向蛰居村里间的乡下人，突然闯进了纷然杂陈的大世界，在惊奇中混合着迷眩。后来终于在一处万山丛中的一间破陋祠堂里安身下来了，整整一年半，给我一个于平静岁月里细细思索一切事物的机会，把自己所见所闻，重新以心灵的尺度，一一加以衡量，迷眩消退了，惊奇也不复存在，我把这种思索衡量的结果，用笔写下。自然我所得到的很有限。后来，离开那破陋祠堂，千里迢迢，我跑到另一个地方，却躲进了一座阴森的古屋。地方变了，生活依然无大变更，或者还不如说生活得更其寂寞了。整整一年半，我没有多走动，我继续着自己的心灵活动。收在这集子里的几个短篇，便是上述时期里的成绩的一部分。

这几个短篇，所写的几乎全是知识妇女。不消说，我本无意写一本关于知识妇女的书，我没有在一个标语一句口号上做文章的才能，更没有那样的兴趣，但在时间断续情形下所写成的这几个短篇，现在把它们编集在一起，也俨然成为一本关于知识妇女的书了。这真是初意所不料的。然而，纵使成为一本关于知识妇女的书，也并不说，当这女权运动的论争甚嚣尘上的时节，我在写着什么“问题小说”，在自己作品里主张什么，提倡什么，甚至反对或拥护什么。那样的事情或许是好的，我却完全没有那份大野心。对于事事物物，我有我的见解，我的看法，这种见解和看法，有意无意地表现在作品上，自是十分自然的事情；但如果人家硬要派我这样那样，我可不管。我不愿投人所好，不经自己思索，便高竖旗帜，狂呼乱喊。我是我，我有自己的感情和思想。一个人如果一开始就放弃了自己，他还能得到什么？我所写的，便是我自己所要写的，我并没有去顾虑世俗的爱好或市场的需求。在我笔下出现的人物，是我所见到过的，所熟悉的，曾经付出过关心和希望的，如今将其写出，于我自己便有着亲切之感。至于给别人的印象如何，说老实话，我无力去顾及。

上面我老是说着自己，那么，如果读者问我，在这几个短篇之中，你自己有没有偏好？自然，一个人总难免有偏好。说到这一点，我愿意腼腆提到，在这几个短篇之中，使我最感痛苦的是《家鸽》，而《炼冶》和《旷野》等篇，则为自己偿赎了痛苦。一种强力的热情，驱使我写出《家鸽》，但发表后却招来了不少误解（虽然误解得很好笑）。《炼冶》发表时，一个熟悉这故事的朋友，说我太拘泥事实，以致所写人物的性格，反显得模糊不清了。这情形不待他指摘，我自己更明白，所以如今把它重新改作了，和初稿业已有着很大的出入。当然，一件改作的东西，不会转失败为成功，这真是无可奈何的事。有一些先生们给抗战后的创作小说编选集，我发现好几个选本把《炼冶》也选入了，好像故意要叫人脸红似的。我很怀疑那些选家们根本没有读过自己所选的作品，不然，便是商业欲望把眼睛蒙封住了。《旷野》发表时，（这篇东西先以《霞》的题目在报上发表；后来改作一次，登在一个杂志上。）竟有好几位热情的读者，先后写来长信，给我报告了很多关于那主人公后来的种种遭际。我非常感激他们。我写这篇东西，和写《炼冶》不同，乃是想像多于事实；可是得到这样的信，我还是感到喜悦，甚至激动地给自己展开了回忆。要是说到偏好，我的偏好便应该属于这篇《旷野》。在全集子里，我最喜欢的便是它。不是喜欢这篇文章，而是喜欢文章里的人物。不错，她是一个忧郁的人，她的忧郁深埋在两种爱的冲突里，这虽是个人的忧郁，同时也就是时代的忧郁。在这样的时代，我们谁没有忧郁？只是这种忧郁，乃是一个要求：它向人索取的是刚强，不是懦怯。这忧郁的时代可不允许我们懦怯，而我们的主人公，也就在这种忧郁里前进了，我有的是圣洁的祝福。

提到上述小小事实，仅仅用来证明我所写的人物，决不是怎样了不起的英雄，省得人家误会我是在追求什么空大的冀图。当然我也有自己的冀图，一个人怎能没有冀图呢？不过我的冀图要小得多，平凡得多。对于别人所赞美的那种非凡的近乎出现在神话传说里的人物，坦白说来，我绝无兴趣。我写的是人，不是神。我们所生活着的，是一个人的世界，事实上或许并不缺乏那种可赞美的超人，但把那样一个或几个超人的故事写将出来，对于我们大多数凡人有什么意义？在另一本书的题记里，我曾经引用过一个西洋作家的名言，他说，只有在多多研究了人性之后，我们才能够动笔创造出人物来。我认为这话对于我们从事写作的人，很有益处。我们不应该以凭着一己的概念来创造人物自满，以为按照一定的堂皇理论或逻辑，就可以制作出什么伟大作品。我们只要自问，既然明白所写的是人，那么除掉认真研究人性之外，还能有什么办法？这也并不是说我所写的便是认真研究人性的结果，或者是，我在这里写出了知识妇女的某些典型。我知道自己的努力距离那样的标的还很远。而且，老实说，有时候我在写一个什么人物什么故事时，心里往往并不存那么远大的理想。我往往为自己写作，为自己写出喜悦，写出痛苦，写出爱和憎。我想，我是忠实于自己的，这就是了。在我所写的人物之中，各有偏颇，各有短长。别人怎样批评，怎样不满，有什么关系呢？但如果也有读者，在读了这本小书之后，觉得这里面的人物，对他并不怎样辽远难亲，便算是我劳力的最大报酬了。

附录两篇，现在看起来，好像有些近于多余了。读了一篇《家鸽》，便以为我是一个女权的摧残者，断定我是在反对或拥护什么，自然十分好笑。不过我也还是写了辩解了，现在就索性把它们收在后面，或许也可以给读者作一个小小的参考。

1932年7月4日记于桂林李子园

（原载1933年12月22日《东南日报》（南平版）副刊《笔垒》）

《一双鞋子》题记

王西彦

收在这集子里的几个短篇，所写的都是一些发生在战争中的寻常小事，里面的人物，自然也都是一些寻常细民。因为我自己是一个乡下农家之子，对于农民或农民出身的兵士，具有一份可笑的偏爱；简直是不自觉的，这份偏爱便越益明显。这真是一件无可奈何的事情。不过我并不愿掩饰这份感情，一如我不希望别人过分忽略那些地位卑微的寻常细民。他们虽然仿佛是不足道的，但在他们之中，往往埋藏着最善良最朴质的人性。我所深感不安的，乃是我的笔触过于拙笨，不能把这种善良朴质的人性恰当地表现出来。如果有人认为这种卑微者的灵魂十分单纯，表现也就容易，那是极端错误的见解。事实是，愈是单纯的东西，便愈难表现，因为，愈是单纯，对我们愈生疏。

特别要提明的，是这里面《荒村》以下四篇，都是抗战初期的战地速写；当时莫不是在旅途匆忙之中写下，现在看起来，真是过于窳陋、过于草率了。不过，我依然愿意把它们保留在这里；在每次读着它们时，总要使我重温一次那一段可纪念的生活，而且陶醉在回忆里面。和现在的沉闷窒息的日子相比较，那一段生活实在太值得回味了。这四篇战地速写，《荒村》、《遭遇》和《涡河的黄昏》都曾经一度收入另一集子，因为那集子的收集和出版，在我是一件非常不愉快的事情；虽然那经过用不着再在这里多唠叨，但我要顺便告诉读者，那个集子的内容编得很不调和，连那书名都不是照我自己的意思取的；最叫我难受的，连前面区区千字左右的一则题记，也似通非通，叫人读不顺口，书店擅自把它改了，校对先生又让它排满错字。现在，我把它们加以一番改作，重新收在这里，用以表示对自己习作的一点负责态度。至于《四个鸡蛋》，则是在重编《报复》时抽出的，和《涡河的黄昏》，再收在这集子里面。

其次，我还得对《麻舅舅丢掉一条胳膊》再说几句话。这篇短短的小故事，我本想给它一个叫做《不愉快的旅行》的题目的，写成后看看，觉得不妥当，便改定为现在的题目。这更改的意思，乃是说明我写它的动机，在于表现一个小孩子纯真的感受。对于有些事情，一个小孩子，往往较之一个成人，更能从中见出真和善。麻舅舅在战争中丢掉一条胳膊，在舅母娘和妈妈眼里，似乎是一件可悲伤的事情；但麻舅舅自己知道这是为了民族国家，因为战争是为了民族国家的战争，一切牺牲，都应该看在民族国家面上。这种观念，小孩子很快的便领悟了，而且相信了。麻舅舅那条失去的胳膊，在小孩子眼里，成为一个仇恨的标志。战争自然是一件残酷不人道的事情，但为了一个民族的尊严和一个国家的生存，却成为一件最人道的事情。我们之所以要竭尽一切努力一切牺牲于抗战，从求取最后胜利，不便是为了这缘故吗？

此外，我还想说几句关于自己的写作态度的话。在另外几本小书的题记里，不止一次地，我说要把自己微薄的努力，贡献给平凡的描写和人性的发掘。我这样说，并没有一点矫情的意思；而且，一直到现在，我仍然抱着同样的见解。我是一个摸索者，我曾经错误过，目前也许仍然徘徊在错误的路上，但我总算是在用自己的力量摸索着的，我愿意继续摸索下去。我的摸索诚然很辛苦，也很寂寞，不过，不要紧，只要我的勇气不失，我的摸索决不会中断。

现在，我又把这一本单薄得可怜的小书呈献在读者之前了。不消说，和我创作的命运一样，这将是一本寂寞的小书吧？但如果也有读者愿意读完它时，请不要忘记为我们的民族国家祝福！

1944年2月14日记于桂林

《在网罟里》自序

王西彦

1932年，在给美国的知识分子的复信里，高尔基论到知识分子的个人主义，他把它和农民的动物性个人主义相比：

> 十九、二十世纪的知识分子的个人主义，和农民的个人主义并没有本质上的差别，而只有表现方式上的差别；知识分子的个人主义更花花绿绿些，更光滑些，然而同样是动物性的，同样是盲目的。知识分子站在民众的铁砧和国家的锤子之间；一般的说，他的地位自然是很危险的，很戏剧式的，因为现实对于他通常总是敌视的。因此，就常常发生一种观念，就是知识分子的被俘虏的思想，把自己所处的地位的条件和不方便，推广到整个世界；而在主观的世界感觉的结果，就出现了哲学上的悲观主义，日常生活里的怀疑主义，以及其他畸形的思想。

高尔基认为，这种资产阶级个人主义的寂寞感，只有革命群众的力量和热情，才能把它消除。他曾经不止一次地向知识青年呼吁，希望他们抛弃这种动物性的盲目的个人主义，不要再徒然诅咒生活的灰暗，应该努力创造另一种“壮丽的生活”——应该和群众们在一起，不仅为着自己的利益，同时更是为着全人类的利益而工作，而奋斗。

在今天的中国，高尔基这种呼吁对我们仍然很有用。

在一个伟大的社会转型期，旧社会和旧生活已经过去了，新社会和新生活正在建立起来。在这样的时候，知识分子中间总有着一部分力弱者，他们带着自己阶级所赋予的弱点，抱住由旧社会和旧生活所生的旧意识，在新与旧、光明与黑暗的分界处徘徊彷徨，对旧社会和旧生活虽明知其即将死亡，但只能满怀怨愿，沉吟叹息，而不能在生活中寻觅一条新的道路——即使道路已经明显地存在，已经有着大多数人走上了它。说他们是时代的牺牲者吗？实际他们原来也是有热情有理想的，而且他们也曾经或甚至依然有着正义感；可是热情消退了，理想熄灭了，正义感只能化为抱怨和低吟。他们被黎明前的黑暗所窒息了，虽然在他们的耳朵里响着胜利的腾欢和青春的鼓舞，但他们是寂寞的，他们已经为自己的寂寞感所埋葬。

收集在这个集子里的几个短篇小说，我所努力便是给这些不幸的力弱者唱一阕凄凉的挽歌。

在写这几个灰暗的小故事时，进行在中国土地上的人民解放战争，已经充分显露出胜利的曙光。然而，我所寄身的那个属于南中国的边陲之地的小城，却正笼罩着可怕的黑暗。空气窒息极了，简直使你呼吸感到困难。我就是怀着一种无限的酸苦的情绪，写下这几个小故事的。每写完一个，我总要透一口气，觉得已经给别人也给自己重重的鞭策了一下。

然而，在今天，在人民解放战争已经接近全部的胜利，在广大的国土上已经普遍地响着嘹亮的自由歌声时，把这几个小故事集在一起一看，发现它们实在太阴暗了。这种阴暗，和自己现在的心情显得异常不调和。但也正因为是这样，我们不也可以把它们当作一面镜子，从中窥见那一连串的可怕的噩梦吗？噩梦虽然已经过去，不过它总之是曾经存在的。让我们再听一听那个凄凉的挽歌吧，再温习一下那个可怕噩梦吧，再回顾一下那一段黑暗的旅程和那一些不幸的力弱者罢，也让我们投之以轻蔑的一瞥！现在，在我们的道路上已经普照着春天的阳光。

个人主义的战斗是无望的，个人主义的退缩自然是更可悲的。我们已经跨出那个狭小的旧圈子了，在对过去作回顾的一瞥之后，便应该勇敢地跨上新的道路，在创造那“壮丽的生活”——在我们的前面，它正是一个最强的引力。现在是一个战斗的时代，群众的时代，一个知识分子必须投身于战斗，必须参加群众的创造工作，必须坚强而果敢。低吟和微叹只是力弱者的表现。

本着这一种看法，我愿意让这个单薄的集子成为自己写作学习上的分界岭。它是一个结束，跨越过它，我应该献身于一个新的开始。

1949年11月3日　长沙

新版《乡下朋友》题记

王西彦

施蛰存兄嘱我为他主编的《百花洲文库》提供一个旧作短篇小说集，现在我就从解放以前出版的集子里挑选出这本《乡下朋友》来应命，并在这里说一说自己所以要挑选它的理由。

从开始学习写作的30年代初到解放前夕，近20年间，在短篇小说方面，我写了一百多篇。写作的当时，总以为并没有忘记开拓题材的努力；但到了对自己的习作做回顾时，却发现写来写去，情形很有些像孙悟空始终跳不出如来佛的手掌心，我采用的题材始终没有超出自己狭隘的生活范围。我出身浙东农村，在牧童柴夫的队伍里度过童年和少年时代；后来以学生身份进入大城市，又跻身于知识分子的行列，尝受了我们这个时代里知识分子所特有的苦闷、彷徨和探索。这种经历，一方面固然使自己有了一个选取题材的“家园”，另一方面也就成为开拓题材时难以克服的限制。收容在这集子里的六个短篇小说，《乡下朋友》、《病人》、《困顿》、《当爸爸买雨伞回来的时候》和《二钱黄金》都以知识分子为题材，只有最后那篇《鱼鬼》是描写农民生活的。为什么一本以知识分子为题材的集子，却要放进这特殊的一篇呢？其实，在我自己的观念里，就像《乡下朋友》吧，它既写了知识分子，也同时写了农民生活；至于《鱼鬼》，它却写了农民生活，也同时写了知识分子。描写农民的苦难命运和知识分子的坎坷遭遇，这正是“五四”以来我们新文学的主要题材，是我们的时代风貌和作家的出身经历所决定的。就我个人来说，我曾经在另一个地方说过，由于青年时代离开家乡后和农村逐渐疏远，也由于在城市生活中愈来愈深切地关心知识分子，所以在作品中也就愈来愈多地描写知识分子。而且，在描写知识分子时，即使偶尔也有轻微的讽刺，但更多地毕竟是近乎多余的同情，是无法掩饰的悲愤，是令人窒息的沉郁的调子。《乡下朋友》这个集子，正好反映出这一点。

为了保持原来的面目，对集子里几篇旧作，尽管内容既很单薄，艺术上也很不成熟，这次都不作什么更动。一本书的生命，归根结底看它的描写是否忠实于生活。我愿意让这本小书再经受一次时间的考验。

1982年7月12日上海

（原载1982年11月14日香港《文汇报》）

《王西彦小说选》（京版）自序

王西彦

一个作家总是用作品向读者说话，他无须在作品以外再多事絮叨。但当他回顾自己的创作历程时，觉得有些关于作品和自己生活经历的事情需要说明，或是从自己走过来的道路有所体验，哪怕这些说明和体验是怎样平凡，怎样肤浅，也还是像常言说的，“有话不说肚里痒”，忍禁不住地要向读者诉说一番，跟读者“扯扯家常”。

我的童年和少年时期都在浙东农村里度过。我出生在那个偏僻山区，村民特别是妇女们即使进一次十里路外的县城，也当作一件大事。我的父亲是私塾师，兼给人家选日子和看风水，在农村里算得上一个小小知识分子；但母亲却是目不识丁的童养媳，她在我刚满 9 岁那年就永离人世，直到现在我还不知道她叫什么名字，只留下一个老爱坐在灶门前默默流泪的印象。我的三个姊姊也都是童养媳。小姊姊则在男人死后把自己出“典”了，最后却死在日本侵略者的刺刀下。我先在家乡私塾式国民小学里读了几年书，从“子曰”“诗云”，一直读到“人、手、足、刀、尺”，母亲去世后才被送到县城里去进高小和初中。读国民小学时兼做“小看牛”，侍候一张牛嘴巴；进县城新式学校后也仍然要在农忙时期站稻床角“打小老虎”。后来，在父亲的苦心经营下，家境竟然上升到雇长工和收租谷。我的哥哥原来是个种田的高手，人还没有犁把高就能下田扶犁，插的秧也象墨线弹过似的直，很受老把式们的称赞；可是，一到家里雇起长工，收起租谷，他也就变成一个狂热到牵了耕牛去当赌注的赌徒。就是由于哥哥的“不争气”，刚刚上升的家境又急遽败落了，父亲也在一场不明不白的大病后，咽下他最后一口气。

因为出生和成长在这样的家庭里，不缺乏和农民们接触的机会。他们中间，给了我较大影响的，有我的一个堂房小叔叔，每逢年节村子里放爆竹，他就不分昼夜，擎起一把长竿子谷笆，把落到自己茅屋上冒烟的爆竹扒将下来，避免起火；后来，到了抗战初期，为了无力给儿子上缴“壮丁费”，结果死在监牢里，使得小婶婶也随即发了疯，活活饿死了。还有一个堂哥哥，他原来跟随开杂货铺的老祖父住在十字路口祠堂里（我们那里叫“住祠堂角的”），而在祖父死后就和邻家姑娘结成亲；那姑娘的父亲是个外县逃荒来的，自然屋无一椽，地无半分，靠打小锣卖“凉粉”为生，晚上就睡在祠堂后面的空棺材里。堂哥哥自己挑炭，女人拾柴打短工，一家连小孩子都满身褴褛，形同叫化。还有个名叫“金妹伯伯”的老长工，他小腿的直膛骨上烂成一个小洞，每天晚上都要流着眼泪，从里面挖出一团血脓模糊的破布，在冷水里洗了后又塞回去。他们都是我最早的启蒙教师。这不只是指他们的身世遭遇使我认识到生活的悲苦，而是他们传授给我不少历史知识和神鬼故事。例如小叔叔，虽然连自己的名字也不认识，却满肚子《三国》故事，能把个“赤壁之战”说得绘声绘色，使你感到有如身临其境。金妹伯伯则好象来自鬼魂世界，和那些男女鬼魂都有很深厚的感情，能把他们说得那么刚直，那么善良，那么讲信义，甚至还能装起细嗓子学女鬼的娇声。堂哥哥上过蒙，能读《三国》和《封神》，而且博闻强记，见多识广。是在他的影响下，使我上学以后，废寝忘食地沉溺在那个神奇世界里，热烈地崇拜起长坂坡前吼得连水也倒流的张翼德，还有手套乾坤圈、脚踩风火轮的哪吒太子。……

虽然当时我还是个用看待万花筒的眼光看待生活的小孩子，可是我觉得自己后来的走上文学创作的道路，是和他们的接触有关的，甚至不妨说是他们培养和诱导的结果。

我的写作学习，开始于30年代初，正当“左联”成立的时期。可以说，我是在左翼革命文艺运动影响下提起笔来的。当我采用短篇小说的形式来描写社会现实时，浙东家乡农民的苦难生活，就以一种十分鲜明的形象重现在我的眼前。我的第一篇习作，就是诉说农村妇女的深重苦难的。以后所写的反映浙东农民生活的作品，也几乎都可以从实际经历里找到真实的模特儿。

在这个选集里，我把《鱼鬼》和《寻常事》放在前面。一则，它们写的都是抗战以前的农村生活；再则，更重要的是，《鱼鬼》描写的，就是我一个堂房兄弟。也许会有读者觉得《寻常事》的故事写得过分悲惨了，但我脑子里还保留着更黑暗的记忆。至于其他各篇，《老太婆伯伯》中那老太婆伯伯，模特儿就是我那堂房小叔叔，连绰号也是他原有的。在《黄昏》中那不幸的福田媳妇身上，有着我亲姊姊的影子，“福田”是我大姊的村子的名字，遭遇近似我那惨死在日本侵略者刺刀下的小姊姊。《福元佬和他戴白帽子的牛》和《刀俎上》都写到老农民对牛的爱惜之情，“炒菜要油，耕田要牛”，牛和农民原是相依为命的，但福元佬和荣林爷都失掉了他们的牛，荣林爷并为此失掉了自己的生命。说实话，我在重读这两篇旧作时，心里充满凄楚。在长期陷入停滞状态的历史里，中国的农民经常处于“想做奴隶而不得”的境地，他们的确过分地忍受，过分地相信宿命了。不过，我们浙东的农民却是倔强的，我少年时期就看到过乡下的农民高举锄棍大刀，浩浩荡荡冲进县城捉拿知县老爷的壮举。我的确遗憾于未能把农民的性格写得坚强一些。

在初期作品里，《曙》是比较特殊的一篇，它是我过去唯一描写工人的生活和斗争的作品。当时我很少接触工人的机会，只曾在上海工人区住过一个很短暂的时期，就大胆地写下这篇东西。回想起来，这显然是受到左翼文艺运动的鼓励的结果，而且当它在“左联”主持的《文学界》上发表出来时，也曾得到很多朋友的鼓励。抗战期间，我把它收入一个短篇集。解放后把集子里的和最初发表在刊物上的对照了一下，发现好几个地方都有了改动，例如工人们斗争的对象“资本家”改成“汉奸走狗”之类，一望而知是为了当时出版的方便，我都重新改了回去，使它保持原来的面目。不用说，现在看起来，这是一篇写得很幼稚的习作，保留在这里，只能算作自己写作史上的一个小小的纪念。

另一篇《古城的忧郁》也较为特殊。1937 年抗战爆发前夕，发生在故都北平的一些异常现象，日本军国主义者对中国人民种种侵略行为的凶残和野蛮，不是身经目睹的人，恐怕很难想象；而国民党反动派卖国政府种种措施的屈辱和无耻，如果不曾亲临其境，自然也同样很难想象。但一方面有侵略和压迫，另一方面必然也有反抗和斗争。当时的古城，交错着黑暗和光明、屈辱和抗争、丑恶和正义；只可惜我太年青，看的既很肤浅，写的就更狭隘，不能表现当时丰富复杂的现实于万一。《古城的忧郁》是三个小小的短篇联缀起来的，大概想从几个不同的方面，来反映那种令人惊讶的特异现象。现在重读自己这一鳞片爪时，就愈益感觉到，对那个暴风雨前的黑暗时代，我们实在太需要宏伟的史诗了。

抗日战争爆发后，我又回到描写农村生活上来。《眷恋土地的人》、《麻舅舅丢掉一条胳膊》和《死在担架上的担架兵》等三篇，可以算作表现同一主题的一组，这个主题就是——究竟谁在抗战？

1938 年春，当时还存在着抗日统一战线，我参加了党组织的一个战地服务团，到鲁南苏北去做战地宣传工作。读者中间也许还有人记得，那里是国民党的第五战区，台儿庄会战时，国民党的通讯社和报纸曾经大肆渲染，把它夸说成什么丰功伟绩。但我们在北运河两岸身经目睹的，却不仅是人民在战争中遭受水深火热的苦难，而且碰到了这样一个迫切需要解答的问题——究竟谁在抗战？谁是抗战中的最大牺牲者？不久，位置在津浦和陇海两条铁路线中心的徐州就被包围了，国民党军队全线溃败。我就带着在北运河两岸写下的一些笔记，连同上面提到的问题，突围回到武汉。接着，又在长沙和湘西南一带奔走流转。在国民党统治区里，武汉沦陷和长沙大火以后，空气异常沉闷，抗战刚爆发时那种曾被人称之为“廉价的热情”已经急遽衰落，人们开始冷静下来思索一些问题。就在这样的时候，我回到浙东家乡。正好整个浙东处于动荡危急的情形下——一部分地区已经沦入敌手，那里的人民自然经历着可怕的灾难；另一部分地区虽然还没有沦陷，但在日益变得贪婪无能的反动派统治之下，人民也忍受着无告的榨取。看起来，鲁南苏北也好，湘西南也好，浙东也好，人民特别是农民的遭遇，并没有什么不同。虽然他们受着土地的盘剥，但毕竟也依靠土地，他们热爱土地，总希望和土地共存相守。正是在这种地方，孕育着他们的忍受哲学和宿命观念。可是，不论在战区或后方，他们都难逃失去土地或被迫离开土地的厄运。因此，我脑子里那个“谁在抗战？”的问题，又牵引起另一个问题——谁在向苦难的人民趁火打劫，汲取他们的血汗骨髓以自肥？前面提到过的《福元佬和他戴白帽子的牛》和《刀俎上》等篇，就是为了解答这个问题而写的。

记得当我从鲁南苏北回到武汉时，曾经给一个刊物写过一篇杂记式文章，只是记录一些战地的真实见闻，并没有明显地回答“谁在抗战”的企图，结果却招来了某些人的责难，认为它将冲淡读者对抗战的热情。因此，我曾怀疑过自己那篇杂记的社会效果。不久后，我读到一篇出自别人手笔的作品，里面写的就是在流血牺牲的抗日战争中，有些人虽然嘴巴说得漂亮，实际却在趁火打劫；而真正的给予者则是另一些人——广大的爱国人民，他们默默地忍受，默默地流血，默默地献出生命。这不仅使我感到自己的看法得到了支持，而且使我更明确地认识到一个作家的职责，认识到他应该具有自己的脑子，自己的眼睛。

从抗日战争到解放前夕，人们曾称之为“方生未死”的年代。在这个历史的转折时期，知识分子队伍的分化愈来愈急剧。“在我们这时代，知识分子的道路原来非常明显——踢开弱点，跨越自己，走向人民大众。然而，在知识分子中间，并非每一个人都是强者，都能对苦难战斗，且都能在战斗里获得胜利。他们中间并不缺乏弱者，在这个苦难的时代里只合扮演悲剧的角色。”我曾在一个集子的序言里这样写。我描写的那些弱者，他们带着可以说是先天性的弱点，抱着对旧有生活秩序濒临崩溃的恐怖感，彷徨失措，徘徊叹息，不能给自己寻觅一条新路——即使道路已经明显地存在，身边的人已有不少走上它。“实际他们原来也是有热情和理想的，他们也曾经或是依然有着正义感；可是热情消退了，理想熄灭了，正义感只能化为抱怨和低吟。他们被黎明前的黑暗所窒息。虽然在他们耳边响着青春的鼓舞和胜利的腾欢，但他们却是寂寞的，而且正在被寂寞所埋葬。”这是我写在另一个集子的序言上的话，我把那集子里的几个短篇小说叫做“给不幸的力弱者唱的一阕凄凉的挽歌”。

在这个选集里，我只保存了少数这类作品，就是《乡下朋友》、《病人》和《静水里的鱼》。应该说明的是，在我描写的知识分子群像里，也并不是没有出现过焕发着青春活力的人物，出现过冲天高飞的鹰。即如《母性》吧，就是根据真人真事写的，它的主人公实际上成为我尊敬的坚强战士。那些在黎明前的浓黑里的忘我的战斗者，才是我们这个时代的知识界的骄傲。同时，我在描写他们中间的弱者时，也自以为并没有忘记高擎手里的鞭子。有一位眼光锐利的新文学史编著者，指出我所以更多地描写所谓“悲剧的角色”，而且对知识分子中的弱者流露出原谅、惋惜和同情，应该从自己思想上的弱点找原因，是“作者有点被黑暗势力挤扁了”的缘故。这当然是善意的指责。但我也有自己的想法，自己的经历。我曾在那个困难的岁月里，看到广大知识分子的受难。在灾祸的长期追逐下，他们不仅流离失所，哭诉无门，连生命也没有保障。那一幅触目惊心的知识分子的流亡图，是当时中国历史重要的一页；知识分子的忍受、挣扎和抗争，也就是中国命运的一个侧面。在时代的暴风雨里，知识分子中冲天高飞的鹰固然应该写，折翅的鸟也需要在我们的文学里得到应有的表现。我觉得，这是自己不容推卸的责任。至于《夜宴》和《风雪》，不仅近于实际经验的记录，写得也实在太显露了些，甚至《夜宴》的原题竟然叫做《兽宴》；幸而《风雪》的结尾曾闪现出一些光明，使现在重读起来还不致感到过分灰暗。

对这些旧作略作回顾，即使成绩很差，稍堪自慰的是，从最初学习写作的时候起，我走的是一条自以为是接近现实主义的道路。什么是我心目中的现实主义呢？不妨借用一位文学大师谈论文学艺术的那句人们熟知的名言，“按照生活的本来面目描写生活”。这位大师把文学艺术的使命说成是“无条件的、直率的真实”，并且指明作家决不能做“糖果贩子”和“化妆专家”。我想，要使自己成为一个真正的现实主义者，首先是态度的真诚，是真诚地为人民而写作，真诚地站在人民的立场上来观察生活；只有这样，他才能描写生活本来的面目，达到“直率的真实”，从自己身上消除“糖果贩子”和“化妆专家”那种催人呕吐的甜味和香气。在那个黑暗时代里，粉饰现实是一种极端可憎的罪恶。还是那位大师的说话：“在恋爱里，在政治里，在医疗里，都能够说谎，能够骗人，甚至可以欺骗上帝”，“然而在艺术里却没法欺骗”。但在我们中国，偏偏多的是“瞒”和“骗”的文艺，而且它们的子孙连绵不绝，甚至曾经有过繁殖得愈来愈多的趋势。为了遏止这种趋势，的确有大力提倡现实主义的必要。而现实主义的一个基本要求，我以为是作家只能描写自己熟悉的对象，正如鱼儿只能在水里游泳。因此，他必须有自己的家园，自己的土地，自己在那里汲取营养，在那里呼吸成长，而且真正热爱的世界。不论你有怎样出色的才能，怎样高超的修养，如果一旦离开自己的家园和土地，你就将手脚失措，一事无成。

这就是我的信条。我将用它来勉励自己，鞭策自己。

1980 年 1 月 28 日上海

（原载《四川文学》1980 年第 10 期，原稿题为《鱼儿只能在水里游泳——〈小说选〉自序》）

《王西彦小说选》（湘版）自序

王西彦

一个作家的创作道路，总被决定于他的人生经历和他的人生态度。不论怎样富有想象的才能，你总不能描写你人生经历以外的题材。而在处理题材时，自然又不能不牵涉到你的人生态度，你对待社会生活和艺术创作是否真诚。怎么能想象，一个认真严肃的作家，能对社会生活冷漠不关心，对自己的事业也抱轻率态度呢？

我这样说，并不是为了给自己的作品作辩护，而只是表明，这个平凡的真理，正是我历来所追求、所坚持的。收容在这个选集里的第一篇习作《车站旁边的人家》里的第一个故事，它在1933年写于杭州；那么，从1933年到1980年，已经将近半个世纪。回顾这样漫长的岁月，当我为自己成绩的贫乏而深感惭愧时，毕竟也不是完全没有丝毫安慰——大体上我遵循着一条接近现实主义的道路。什么是创作上的现实主义呢？我的理解是，作者力求按照生活本来的面目去描写生活。也就是，他力求既不粉饰也不歪曲地写出生活的真实。我始终记着列夫·托尔斯泰写在日记里的一句名言："写不真实的东西是可耻的。"我不知道对一个作家来说，除了写出生活的真实，把生活的真相忠实地告诉人民，他还有什么别的任务。我也不知道，评判一个作家的作品，除了它在反映生活真实上达到了什么程度，还能有什么别的标准。在近半个世纪的漫长岁月里，我的确经历了不少事变，看到了文学界不少风云，在创作上出现过不少诱惑，遭受过不少挫折。我觉得自己是一个长途跋涉者，忍寒耐渴，风吹雨淋，步履踉跄。我有过疲劳和踌躇，也有过慨叹和抱怨，但没有绝望和悲观，不用说，更没有停顿和放弃。在向自己的目标前进时，我有我的虔诚和耐性。

我希望现在呈献给读者的这个小说选集，能够是一个证物——即使是一个小小的微不足道的证物。

这些年来，我曾经不止一次地被询问到一件事情："你是抱着什么动机开始提笔写作的？"我总是回答说："由于生活的逼促。"前面不是提到我的第一篇习作写于 1933 年吗？那时我还是一个未满二十岁的小青年，既缺乏写作的知识，也没有太明确的写作目的。我在十五、六岁时离开家乡到省城杭州去进一个类似民众教育训练班的官费学校以前，一直生活在浙东农村，视野十分狭窄，对家乡以外的广大世界，知道得非常有限。我的父亲是一个乡村私塾老师，在他的小书柜里，除了几本例如《验方汇编》和《汤头歌诀》之类的医书，《四言杂字》和《麻衣相法》之类的杂书，还有一部已经发黄的涟鲜纸绣像《三国演义》。从我刚刚懂事的时候起，它对我就是一个强烈的诱惑，每逢父亲用个小钥匙套开那把黄铜鲢鱼锁，打开柜门时，我就要踮起脚尖贪婪地望个不休，简直恨不得一眼就把那几本蕴藏着无数离奇故事的"奇书"看个穿，看个透。在另一个小说选集的自序里，我曾经提到童年时代的几位可感激的启蒙教师，其中一位就是我那个绰号叫做"老太婆伯伯"的堂房小叔叔，尽管他从未有过上学的幸运，连自己的名字也认不得，却满肚子《三国》故事，能把个"赤壁之战"说得有头有尾，绘声绘影，使你有如身临其境；说到兴起，他还会扯起沙哑的嗓子，给你哼唱一段乔国老在甘露寺向孙国太母子夸说蜀将的戏文，把那句"这般虎将哪国有，还有那诸葛运计谋"唱得抑扬顿挫，有腔有调。那情景，虽然已经过去将近六十年，却依然深印在我的记忆里，历历如在目前。终于有一天，父亲把小书柜里那部绣像《三国演义》往我面前一掼，叹口气道："老话说是少不读《聊斋》，老不读《三国》，现在你就读它去吧！"当时那种狂喜的心情，自然是绝非"如获至宝"四字所能形容的。尽管碰到书前第一首苏东坡的《浪淘沙》就如堕五里雾中，也还是硬着头皮读起来了，很快就陷入似醉若痴的境地里。而且，还由此接读起《封神演义》和《西游记》，即使在梦中，也跟困坐空城还能悠然大挥其鹅毛扇的诸葛孔明，在长坂坡前吼得连水也倒流的张翼德，手套乾坤圈、脚踩风火轮的哪吒太子，以及能够七十二变、一个筋斗就翻它个十万八千里的孙行者们成为神交。

在刚才提到过的那篇自序里还说过，我曾把口述的历史故事和书上的神话传说，看作是自己后来走上文学道路的诱导力量。但我要说，对我的写作学习产生更大作用的，则是象母亲那样的农村妇女的悲凉命运。在中国偏僻农村诸多封建陋规恶习中，童养媳制度应该算得上是最黑暗野蛮的一种。只要想一想，大都是才呱呱落地不久，身上还带着血水，有的即使已经到了开始懂事的年纪，也还不能理解人世间的凄苦，就被无端投入完全不能自主的恶运里。我们家乡的母亲们，常用这样一句恐吓话来责骂爱哭的女婴："你哭！你哭！再哭就卖你到乌镇去！"长成七八岁的小女孩，在挨受父母的笞打时，也总是一面号哭，一面呼救："不要卖我去乌镇！不要卖我去乌镇！"这样可怕的乌镇究竟是个什么地方呢？它是浙江桐乡县离铁路不远的一个临河大镇，是四通八达的水陆要冲。我们那里贫苦农民的女儿，很多不是在刚出母腹时就被塞进尿桶，就是养到七八岁时送往乌镇去卖给人口贩子，再由他们带到苏沪一带，凭体格和相貌分别转卖给富户当丫环，或是打发到工厂和妓院里去。因此，乌镇就是她们的"地狱之门"。至于留在家乡的，多半是"抱"给人家当童养媳。我的母亲，还有我的三个姊姊，都属于这一类。

我不想在这里多事叙述童养媳所遭受的惨苦待遇。我只想说一说，我始终不知道母亲的名字，她只留给我一个独自躲在阴暗的灶门前默默流泪的印象。三个姊姊中间，大姊的婆家离我村子最近，只有三里路，因此，每逢被婆婆或男人笞打得遍体鳞伤时，就逃到娘家来躲避；可是，几乎一无例外，一见到她满脸流血地走进村子，母亲就拿起根赶牛棒，狠狠地把她打回婆家去。这是因为，如果收留下女儿，将受到婆家的责怪，女儿在婆家的日子也将更加难堪。不用说，母亲是依据自己的经验这样做的。也是一无例外的是，不等大姊的哭声从村口消失，母亲自己也就躲到灶门前去吞声啜泣。……

这就是收在这个选集里的初期习作中，为什么描写旧社会农村妇女的悲苦命运的篇幅占有较大比例的原因。而且，读者也就不会惊讶于在一个未满 20 岁的小青年的笔下，竟然会出现象《车站旁边的人家》

那样的作品。30年代初，当铁路开始通到我们那个偏僻山区的时候，农民们刚对钢铁巨怪吼叫着蓦地来到感到惊奇不已时，很快就感到它所带来的新的灾祸。我的采取《车站旁边的人家》那一类题材，显然只是为了表现农村妇女悲苦命运的一个小小的侧面。不是要把生活的真相告诉给人民吗？我想，我做的就是这个工作，虽然表现得窄狭了些，肤浅了些，也拙劣了些。

从这个集子里，读者可以看出，我把更多的篇幅，描写了知识分子的斗争和失败，描写了他们的悲愤和哀叹，还对他们的坎坷遭遇输给了也许是过多的同情和惋惜。

有什么办法呢？我并不是刻意这样做的，这并不能给我愉快。正相反，在这样做时，我自己也成为一个被鞭挞者，手里的鞭子也落在我自己的身上。写这些作品中的有几篇时，我甚至感到难受，感到窒息，感到自己的心在发抖。应该坦白承认，有些篇幅，我是一面流泪、一面执笔写作的。说这是软弱也好，是情绪不健康也好，我都不想为自己多作辩护。凡是写下来发表了的，就成为抹不掉的存在，自我辩护能有什么用呢？

可是，你看吧，我毕竟曾经写过象《走向旷野》那样的作品，还有《雨天》。这说明我也并不是整天都在那里诉说知识分子的弱点，在那里垂头吁叹。不错，在比例上，我是写了太多的折翅鸟和家鸽们，假希腊人和清醒的醉汉们。在另一个选集的那篇自序里，我曾经近似自我辩护地谈到过这一点。我说自己也明白，“那些在黎明前的浓黑里的忘我的战斗者，才是我们这个时代的知识界的骄傲”，并且在“描写他们中间的弱者时”，我也“并没有忘记高擎手里的鞭子”。但是，请读一读我们国家的近代史吧，你就不难发现，我们知识界并不缺乏勇敢的先驱者，他们曾经呼号、挣扎、斗争过，他们中间的最勇敢者且献出了自己的血和生命。不幸的是，他们面对的敌人——不用说，我所指的是我们国土上根深蒂固的封建势力——太强大了，失败竟成了他们的宿命。编选这个集子时，一面把习作按写作时间排列先后目次，一面我默默地告诉自己：从《两姊妹》和《失去手指的人》到《走向旷野》，又从《走向旷野》到《折翅鸟》以后除了《雨天》的各篇，作品中描写的知识分子群走着一条怎样可悲的曲线！说这条曲线只是自己的思想经历吗？但它正是时代和社会生活的反映。还应该插说一句，1945年抗战结束时，我还写过一篇题为《阴霾》的作品呢，只是没有收纳在这个集子里罢了。

在我们国家里，知识分子常遭蔑视甚至敌视。过去时代的封建统治者对待知识分子的办法是“以俳优蓄之”，排起等级来，“八娼，九儒”，地位在娼妓以下。情形既然如此，知识分子仿佛是一种无足轻重的存在了，但又对他们防范甚严，好像他们的片言只语就足以危碍到统治地位，所以文字狱也特多，残酷到动不动就满门斩戮，断绝祸根。这个“传统”，连绵不绝。到了人民当家作主的年代里，知识分子处境虽然有所改变，但由于受“左”的思潮的影响，在一些人的眼里，他们也仍然是可怕的异端。特别是在林彪、“四人帮”横行的时候，很多知识分子跪在泥淖里，受尽人格的屈辱和精神的磨难，不仅被“打翻在地”，还要“永世不得翻身”。在这种思潮下，人们不仅不能容许文学作品为知识分子“树碑立传”，甚至在评价过去描写知识分子的作品时，语气和要求也特别严酷。当“烧书”蔚然成风之际，我的确曾经想把自己过去描写知识分子的作品——偏偏它们又占着习作中的多数——付之一炬。只是因为当时没有这样做的自由，我只好在规定每天非写不可的书面检查里，痛责自己过去热衷于为知识分子“树碑立传”的“罪行”。

现在，我把保存下来和搜集到的这方面的习作选编在这个集子里时，很有些舒愤懑的感觉。我以为，自己使用在这些作品里的色彩诚然过于灰暗，也总是当时那个时代过于灰暗的缘故吧？在另一个选集的序言里，我说到自己“曾在那个困难的岁月里，看到多数知识分子的受难”。“那一幅色彩暗淡的知识分子的流亡图，是当时中国历史的重要一页；知识分子的忍受、挣扎和抗争，也就是中国命运的一个侧面。”因此，使他们在文学里得到表现，“是自己的责任”。我不仅过去这样做了，今后也仍然要这样做。

在学习写作的过程中，我受到鲁迅和契诃夫比较大的影响。他们都是近代现实主义大师。鲁迅说他的提笔写作，是为了“将旧社会的病根暴露出来，催人留心，设法加以疗治”；但他又把自己的作品叫做“遵命文学”，说明“我所遵奉的，是那时革命的前驱者的命令，也是我自己愿意遵奉的命令”。契诃夫则认为，“文学所以叫做艺术，就是因为它按生活的本来面目描写生活，它的任务是无条件的、直率的真实。把文学的职能缩小成为搜罗‘珍珠’之类的专门工作，那是致命打击，如同你叫列维坦画一棵树，却又吩咐他不要画上肮脏的树皮和正在发黄的树叶一样”；却又不满有人说他的一个短篇小说里缺乏抗议的因素，没有同情和恶感，因而激愤地诘问道：“难道在这篇小说里我不是从头到尾都在对虚伪提出抗议吗？难道这不是思想倾向吗？”我觉得，一方面着力于写出社会生活的真实面目，另一方面却又具有强烈的抗议精神和思想倾向，这才是真正的现实主义。

我一直甘心充当他们的小艺徒，忠诚地遵循他们的道路，竭力使自己写得真实些，也朴素些。在一个相当长的时期里，我觉得自己在走着一条颇为寂寞的路。使我吃惊的是，编选这个集子时，我竟发现远在40年代初，我就曾经在一个短篇小说集的题记里提到了这情形。我在把自己说成是一个摸索者，说自己一直“在用自己的力量摸索着，我愿意继续摸索下去”之后，不无慨叹地写道：“我的摸索诚然很辛苦，也很寂寞，不过不要紧，只要我的勇气不失，我的摸索决不会中断。”接着又写道：“现在，我又把这一本单薄得可怜的小书呈献在读者面前了。不消说，和我创作的命运一样，这将是一本寂寞的小书吧？”直到现在，我已经到了垂暮之年了，还不时接到好心读者的信，劝说我注意改变一下自己创作的命运。例如最近有一位自说是20年来一直关心我的读者，在来信里就在对我的作品说了几句关于内容和风格、文气的好话后，以极其直率的态度指出：“但您的作品缺乏曲折动人的情节，文笔也不够生动，所以给人的印象总觉不深，吸引力不大。”而且，这“恐怕是许多读者的共同感觉，也是您的读者不大多的原因吧？”我承认他指出的情形是真实的。可是，一个已经在自己的道路上摸索得这样久的人，你叫他怎么能再改弦易辙呢？

不错，我曾经用了“摸索”两字，其实，这两个字并不确切，因为前面已经说到，我在自己的道路上只是一个笨拙的追随者，实在谈不上什么艰巨的摸索。至多也只能说我在追随先驱者时，也有我的一份虔诚。我现在呈献给读者的这个选集，只是一个力弱的追随者的踉跄步履留下的一些颇为零乱的足迹而已。

在我们作家队伍里，有的才华横溢，能够倚马千言，一挥而就，几乎用不到更易只字就斐然成章；但更多的却不仅在写作时就斟字酌句，如象列夫·托尔斯泰所说的：“每次蘸笔都在墨水瓶里留下自己的血肉。”写成以后还要不断反复修改，永远不知有休息和安宁。虽说我歆羡前一种幸福的情形，但我自己却实在缺乏那样的天分。我曾经怀疑过自己的许身文学，会不会是错误的选择。也许由于对艺术的感受性过于偏狭，我对离奇的情节和华美的辞藻素无兴趣。正因为这样，当我读到一些先驱者怎样苦心修改自己作品的故事时，内心就分外激动。比方说，有些史料里说到当你翻阅托尔斯泰晚年巨著《复活》时，可以发现它的第一、二、三、四次未定稿，另一些作品甚至有几十次未定稿。有的大师一页原稿要修改到近百次，有的巨匠终生反复改写自己早经出版问世且已有了定评的作品。用这些前驱者作学习的榜样，我惭愧自己的态度远不如他们的严谨勤奋。

敏感的读者可能会想到，我又在给自己作辩护。收容在这个选集里的习作，我的确曾经或多或少地作过文字上的修改。愈是早期的作品，修改得也愈多。象《车站旁边的人家》和《摸秋》，特别是《两姊妹》，几乎等于重写。我这样做，丝毫没有悔少作的意思，也尽量避免把拖鼻涕和咬手指时期的模样改装成成人的形象。我只是出于一个具有自尊心的陶瓷匠的考虑——把窳陋粗糙的半成品塞给顾主，是对顾主的严重不敬。我相信“勤能补拙”的古训，我认为一个认真的作家应该善于修改和重写自己的作品，能够修改重写多少次，就应该修改重写多少次。

当有人问契诃夫是否满意自己的文学工作时，他回答说：“一般说来，任何人在任何时候，对任何事情都不会满意。这是跟世界一样永恒的定律。人总觉着从来也没有说出想说的话，从来也没有说完想说的话。桂冠和成就不会给你那种你所盼望的满足。”我愿意抄引他这段话来结束自己这篇写得颇为粗略的序言。

从30年代初到40年代末，将近20年间，在短篇小说方面，我写了一百来篇，这个选集收容了约四分之一，其中的大多数，艺术成就都很低。例如我所描写的人物——我是相信作家的工作主要是写人物，即使短篇小说也不例外，实际上就象契诃夫曾经指出的：“这些人物化了装，在许多小说里换上不同的性别、年龄、官阶、环境。”一句话，很有些是“千人一面”。请想一想，你怎么能满意自己的工作呢？象契诃夫那样确实有了桂冠和成就的大师，尚且得不到他盼望的“说出想说的活”和“说完想说的话”的满足，何况象我这样拙劣的追随者？编完这个选集，此刻又在为它写这篇序言时，我满怀歉疚和惆怅。我应该写得更多些，尤其是写得更好些。

我们乡间有句俗话：“不耕不种，终身落空。”我的情形是，虽然耕了，也种了，却是歉收。那么，就让我把这些毫不饱满的谷子，也许还夹杂着不少稗子，一并呈献给亲爱的读者吧。当你们带着宽容面对着它时，在你们眼前将浮现起一个表情呆板的老农的羞赧。

1980年11月7日于上海

（原载《王西彦小说选》，1982年2月湖南人民出版社初版）

我所追求的标的

——《悲凉的乡土》自序

王西彦

从最初学习写作时起，我就坚守着一个对自己曾经起过指迷引路作用的信念——文学艺术既是社会生活的反映，作家努力追求的目标，就应该是描写生活的真相；因此，评判文学作品的价值，自然也应该是它在描写生活真相时所达到的真实程度。这个粗浅的道理，对现在一般青年作者来说，也许是最起码的常识，未免过于简单明白。但在我还是入世未久的青年的那个时代里，情况却要复杂得多。那是在30年代初期，知识界的思想斗争正趋剧烈，文学上的各种思潮和流派正被介绍进来，使我这个身上还带有浓厚乡土气息的年青人感到眼花缭乱，莫知适从。正当我惊慌失措，不知道应该怎样来选择道路时，先驱者的身影不仅成了我的榜样，而且给了我勇气。我鼓励自己说："你看哪，那不是鲜明的足迹吗？你就跟着走过去罢。"记得有一个时期，我曾经趁课余的时间，躲在一间空无旁人的教室里，悄悄地把《呐喊》和《彷徨》里面那些描写浙东农村生活的名篇，虔诚地抄写了一遍。当然不是由于买不起那两本书，而是为了自己能够咀嚼得更细致，体味得更深切。也不只是我们自己的前辈，当时我已经通过初期的译文，读到一些外国作家的作品。我曾经在读书笔记里记到自己最初从英语课本或英语活页文选里读到契诃夫的短篇小说《询问》的英译以后，怎样如饥似渴地找寻这位俄罗斯文学大师的作品并竭力去理解它们的情形：

在阅读契诃夫的作品时，眼前一直浮现着契诃夫那副善良而略含讥刺的笑容，那自然是从一些翻印过来的契诃夫像片上得来的印象。我总觉得，这位乡村医生是在怎样用一个医生的眼睛看待病态社会和各种各样的病态人物呵！不说别的，单看出现在他笔下那些小官吏，那些庶务官、巡官、预审官之类的人物，他们的精神状态是怎样的卑下可怜，他们的言谈举止是怎样的庸俗可笑。而这些人物，正是我们在日常生活中经常碰到的，正是我们这个病态社会的产物。

后来，我又在契诃夫的书简里读到他关于文学上的现实主义的名言："最优秀的作家都是现实主义的，按照生活的本来面目描写生活；不过由于每一行都象浸透汁水似的浸透了目标感，您除了看见目前生活的本来面目以外，就还感觉到生活应当是什么样子。"我觉得，契诃夫的名言，不就是和鲁迅不满中国"瞒"和"骗"的旧文艺，并说他自己的题材"多采自病态社会的不幸的人们中，意思是在揭出病苦，引起疗救的注意"，而且有时更在自己的作品里涂上"亮色"的主张相一致吗？我想，自己既然立志当这两位前辈的小学徒，也就应该按照他们的主张和实践去做。首先，我要努力使自己的作品符合契诃夫对现实主义的要求——按照生活的本来面目描写生活；其次，还要使人感觉到生活应当是什么样子。我觉得，只有做到了前一点，才能做到后一点。

这就是我长期遵奉的圭臬，毕生追求的标的。

在这个集子里，我把描写浙东家乡的几篇作品编排在前面，这一方面自然是因为它们的写作日期比较早，另一方面却也由于我对它们有着特殊的亲切感。我的童年和少年时期都是在家乡农村里度过的，当我提笔学习写作时，关于家乡的见闻就成为所能采取的唯一的题材。尤其是，有谁能够忘记自己的乡土，不对乡土抱有深切的感情呢？在我的观念里，乡土是和母亲相联系的，对乡土的感情也就类似对母亲的感情，或竟是同一的东西。直到现在，已经是一个白发如麻的老人了，我还依恋着自己的童年，记忆里还保留着过去那个充满叹息和眼泪的乡土的悲凉景象。正在那时，我读到了西班牙作家比阿·巴罗哈

（PioBaroja）风格别具的《山民牧唱》，它用一种仿佛从特异的乐器里弹奏出来的凄凉调子，描写那些没有人保护却将被拉去当兵保护别人的烧炭人；失去了男人过着孤寂无助的日子的寡孀；被人叫做“地狱的巴提”的看坟人；抱着病孩子到处求医的母亲；陷入贫困的深渊而无法自拔的产妇；因接触到人世间广大的悲惨而发了“善心”的“坏女人”，使我心胸充满凄苦，眼眶充满热泪。西班牙的国土不是离开我们很遥远吗？发生在那里的不幸的故事，为什么和发生在我们眼前的一样呢？人世间的悲哀为什么竟这样广大无垠呢？其实，我已经读过写了《猎人笔记》和《木木》的屠格涅夫，读过写了《苦恼》和《哀伤》的契诃夫，也读过写了《故乡》和《祝福》的鲁迅，还有其他一些类似的名著。可是，《山民牧唱》仍然给了我很大的激动，仍然使我产生上面所说那种近于小孩子的天真的想法。并不是对于造成不幸故事的社会原因茫无所知，而是把自己身经目睹的事实和那些文学大师们手笔下的描写两相印证后所引起的惊讶和痛苦。不待说，这种情形，不可避免地影响到自己的写作学习。

容纳在《悲凉的乡土》这个题目下的四个短篇，写作的时间略有先后，最初也发表在几个不同的刊物上，现在我把它们集拢一起，作为一个整体。如果有人也曾经读过《山民牧唱》，就不难发现当时我是在怎样向自己所尊敬的前辈们学步。无论是讨血钱的奶娘，在明亮的月光下被送去出卖的村女，因严重旱灾的逼迫而变成藐视神灵和“王法”的庄稼汉，身心备受蹂躏却只能饮泣吞声的童养媳，他们都是我童、少年时代所身经目睹的，在写作时眼前一直浮现着他们悲戚的面容。另一篇《苦命人》，写的就是我自己那个童养媳出身的母亲，连故事情节也大体上是实在的，记得写作的动机也就是为了纪念早离人间的苦命母亲。只有《爱的教育》所依据的，虽然也有童、少年时代在农村私塾式国民小学里的经历，但主要的已是进了省城一所师范学校后在城市小学校里的见闻了。同一时期的同类作品，还有收容在另外两个选集里的几篇，它们就是《车站旁边的人家》、《摸秋》、《报复》、《鱼鬼》和《寻常事》。重读这些明显地留有一个初学写作者的幼稚相的作品时，我同样感到惊讶和痛苦。当时不过是二十岁上下的小青年，可是你看吧，在他心目中的乡土竟是那么阴暗，那么悲凉！聊堪自慰的是，我是的确在努力“按照生活的本来面目描写生活”的，而且，我还以为，这样做了，至少能使人感觉到生活不应当是那样的，从而也就容易得出“应当是什么样子”的结论的吧？

我的童、少年时代虽在浙东农村里度过，写作学习却是在北方故都开始的。第一篇小说《车站旁边的人家》的初稿写于杭州，但到北平后才把它修改好投寄给天津的一家报纸。那是一个风云紧急的年代，整个华北地区都处在动荡不安的境地里，故都的青年学生发出了“北平城已经安放不下一张书桌”的呼吁。我原来蛰伏在一条灰暗小胡同内的一间灰暗小房子里，抄写着浙东家乡农村生活的记忆，但也感到时代风雨的袭击，不得不走上街头去参加抗议的队伍。我又身经目睹了不少发生在那古城里的特异现象。如果把那些特异现象做好记录，充当素材，到了一位文学巨匠的手里，可以构成一部篇幅浩瀚的《人间喜剧》。长期以来，我也曾不仅有过一个规模较大的构思，还写下了部分初稿，企图反映那个给了我如此深刻印象的伟大时代；可惜人事倥偬，诸多干扰，始终未能实现初衷。留在当时的习作里的，只有收容在另一个选集里的《忧郁的古城》，一篇由三个短篇所组成的较长的小说，以及选编在这个集子里《夜店》以下的五个短篇。需要特别说明的是，《夜店》和《找寻道路的人》都是一位朋友的故事，他是当时所谓“流亡学生”中的一个，从关外流落到关内来，过着漂泊无依的日子。他几次进出关内外，始终找不到一个啖饭处。《夜店》就是他一次出关的经历，原来的诉说很生动，到了我的笔下就变得异常枯燥乏味，也失去了应有的地方色彩。这对我是一个教训，使我以后再也不敢去描写生活经验以外的题材。

如果要给自己的写作生活划分阶段，不妨说，抗战的最初几年可以算作第二个时期。身经目睹了故都北平的种种特异现象，对抗战的爆发，我的确曾经怀抱过热望。但当我参加了鲁南苏北前线战地的民运工作时，却痛切地感觉到一个亟需回答的严峻问题——究竟谁在流血抗战？在另一个选集的序言里，我把《眷恋土地的人》、《麻舅舅丢掉一只胳膊》和《死在担架上的担架兵》等三篇作品，说成是“表现同一主题的一组”。收容在这个集子里的《四个鸡蛋》、《荒村》、《遭遇》、《仇恨的生长》和《在路上》等五篇，也重复着同样的主题。在编选时，有一位十分关心我作品的朋友看了这几篇稿子后，用一种糅合着责难和惋惜的口吻对我说："唉，你为什么要把他们写得这样苦呢？"

是的，我的确把他们写得太苦了。这里所说的"他们"，指的当然是出现在这几篇作品里的农民和农民出身的士兵。可有什么办法呢？尽管有人在那里高喊"全民抗战"之类的口号，但我在战地上实际见到的，或者说，给我印象最深的，却是农民和士兵们的受苦和流血。而且，这种受苦和流血，看起来竟是没有赎偿的。说是保卫自己的土地吗？可是，大片大片的土地——这上面布着他们相依为命的泥屋和庄稼——在一种近于无抵抗的情况下抛弃了。说是发扬民族正气吗？在当时的前线已经出现了所谓"摩擦"现象，后方更已经出现了发国难财者。既然要"按照生活的本来面貌描写生活"，我觉得自己别无选择。

我记得很清楚，农民们热烈眷恋土地的感情，曾经遭受过怎样残酷的蹂躏。炮声近来了，轰炸增多了，有武器的兵爷后撤了，他们这些手无寸铁的庄稼汉眼看着正当成熟期的麦子就那么荒在地里，任凭成千上万的队伍匆匆踩踏着向南逃跑，请设想一下他们痛惜的心情！他们中间的有些人给拉去运送弹药物资了，却留下一家老小等待那不可知的命运；也有的人驾起牛车或撑着木船，想带着妻儿子女和牲口逃避到一个安全地方去，结果不是在轰炸中丧了命，也往往只能凄凄惶惶地重新回转自己的村寨，因为前面并没有可走的路，敌人的炮声从四面八方传来。至于那些在保甲长的淫威下被捆绑着送往前线的士兵们，我曾经在一处战场附近的车站废墟里听过他们受伤残后的咒诅。就在不远的一个市镇里，他们用血骨之躯抵挡住敌人倚仗优势炮火的进攻，而且暂时地把疯狂的进攻者击退了。后方大城市里的报纸上正在大肆吹嘘这场难得的胜利，他们这些身负重伤的兵士却被抛弃在这残砖断墙之间，伤口不仅还在流血，且已开始溃烂。他们完全失去行动的力量，有的已经奄奄一息，却既没有吃的，也没有喝的，得不到任何关心和救治。他们中间也有来自浙东农村的，我听得懂正用家乡的土音在那里作最后的呻吟和发泄怨恨的咒骂。等不到即将来临的敌人的反扑，他们就会流尽最后一滴血，呼出最后一口气……

时间虽然已经过去了40多年，只要在记忆里重温那悲惨的景象，我就禁压不住自己的悲愤。因此，重读当时写下的那些近似速写或战地报道的作品时，我只遗憾于自己写得太少，且也写得太肤浅，太浮光掠影了。

鲁南苏北是这样，那么浙东的情形又将是怎样呢？这个由联想引起的疑问，许久许久盘旋在我的脑子里，一直到我终于有机会回到自己的家乡，又一次身经目睹了人民的遭灾和乡土的受难。

去鲁南苏北战地以前，我曾在浙东南海滨的一个小镇上住过一段时间。那里原是一处富饶而平静的地方，虽然渔民们所过的却是艰辛而贫苦的日子。抗战开始后，随着沪杭一带的迅速沦陷，这里也受到敌人的骚扰。沿海一些渔村，不时被从海上袭来的炮弹所击中。出海的渔民，除了险风恶浪，现在又出现新的仇敌和灾祸。他们处于徒唤“皇天”（当地村民的口语）的困境，完全得不到保护。但《海的喧嚣》却是经历了鲁南苏北的溃退之后才写下的，战地农民的受难使我痛苦地回忆起浙东南海滨那段日子的见闻。

不过，鲁南苏北的平原也好，浙东南的海滨也好，都不及家乡父老兄弟们的遭遇更使我的感情激动。我太熟悉自己悲凉的乡土了。不管我回到家乡的日子怎样短促，只要看到或是听到一件悲惨的故事，我就能想象到更多的悲惨故事。即使很快就离开了，而且家乡也很快就沦陷了，但那些父老兄弟们悲戚的面容和绝望的呼嚎不仅长期留在我的意识里，同时更开拓着我的想象。我还不断地得到来自家乡的消息。我的一个曾经当过童养媳的亲姊姊，男人死后成了寡孀，就是在敌人一次扫荡时死在他们的刺刀下的。得到这个噩耗时，我几天几夜不成眠，我想到的不只是可哀怜的姊姊，而是更多和她共命运的农村妇女。沦陷前后家乡父老兄弟们的遭遇，迫使我不得不提起笔来。在我过去的写作历史上，至少是在40年代里，这一时期是写得最多的，题材也主要是得自家乡的见闻。那些作品，大部分已经收入另外两个选集，这个集子里的《玉蜀黍的悲剧》、《疯人》、《一双鞋子》、《罪》和《乐土》等几篇，是在编成那两个选集以后才陆续从当时的报刊上搜集到的。当然够不上说是在给家乡父老兄弟编写他们的苦难史，但的确增加了我对家乡的怀念之情，也更深切地体会到了这种感情的强烈程度。

每个作家都有他们自己的生活范围，他们汲取创作题材的源泉。我曾经把这叫做作家的“家园”。如果说，浙东农村生活是我最初的“家园”，那么，这个“家园”就不断有了扩大，或者说，不断开拓出新的“家园”。我指的是，随着自己远离家乡寄身于城市生活，我的注意力也逐渐转移到知识分子的身上来。在我的作品里，描写知识分子的题材与日俱增。这可以说是我写作史上的第三个时期。

抗战初期，我曾经以在鲁南苏北战地的经历，写过一篇题为《旷野》的小说，歌颂了一位海燕式的青年女战士，她投身在时代的暴风雨中，展翅高飞。就在这个集子里吧，也还留着一篇《炼冶》，写的也是一位从艰辛的流浪生活里得到锻炼的强者。她们都是有实际的模特儿的，我还有意地保留了她们名字的谐音。可是，你看，从《手持稻穗的人》以后，出现在我笔下的知识分子的面容却愈来愈阴沉了，他们几乎无一不是生活的败北者。不久以前，我曾经为海外的读者编过一个集子，一共选入十篇描写知识分子的生活和斗争的短篇小说，其中九篇都是40年代的作品，有五篇的题目是《折翅鸟》、《家鸽》、《假希腊人》、《清醒的醉汉》和《一个小人物的愤怒》。我在序言里为自己作辩护，说自己所写的，只是那个波涛激荡的大时代里的一些力弱者，一些“折翅鸟”和“家鸽”，一些“醉汉”和“小人物”，他们逃避狂暴的风雨，徒抱悲愤而踟蹰徘徊；并不是说在时代的暴风雨中没有振翮远扬的雄鹰，鼓翼搏斗的海燕，我也曾描写过雄鹰和海燕的动人姿势，只是在我的描写里，更多的是“折翅鸟”和“家鸽”而已。我还说到，衡量作品的价值，不应该只是题材的选择，更重要的是作者态度的诚挚和作品描写的真实。现在看起来，我的辩护自然并不能算作强词夺理，但需要更进一步剖析自己，承认自己在观察现实时视野的过分狭隘。这种情形，也可以和自己对“谁在抗战”的问题所找到的答案有联系。在自己的生活范围里，我的确太多地看到知识分子的备受苦难，看到他们生活的艰辛和思想的苦闷。我觉得，只要自己把这些现象真实地写出来了，也就成为一种沉痛的抗议。我还应该坦率地告诉读者，对收容在这个集子里的《父亲》、《牺牲者》和《破了壳的蜗牛》等几篇作品，这一次重读时，我的眼眶不止一次地变成湿润。但无论如何，到了抗战已经结束时，还写下《阴霾》那样的作品，虽然是为了揭示知识分子中的力弱者那种可悲怜的阴暗心理，但毕竟也暴露出作者因视野狭隘所带来的在反映现实上的严重局限。而且，视野的狭隘，归根结底是由于思想上的缺陷。

最后一篇《虎溪行》，是我当时计划写作十篇以历史人物作为研究对象的作品中仅有的成果。我选择的人物，都是对我们古代灿烂的民族文化作出巨大贡献的诗人和作家，他们中间包括李白、杜甫、白居易、关汉卿、李清照和曹雪芹那样的稀世天才。可是，在他们那个时代里，却又无一例外地都有着坎坷的遭遇和悲剧性的命运。事情虽然已经过去30多年，我还记得当时曾给自己定下一个过高的指标——既要写活古人，也要从他们身上反映出当前知识分子的处境和精神状态。我还为此查看了不少资料，写下了不少笔记。关于白居易的一篇，更已写好了提纲。我的目的，主要的是借助古人的事迹，抒写自己同时代知识分子的面貌。只是由于环境的不安定，而且不久就临近解放了，才放弃原有的计划。现在我把《虎溪行》收在这里，成为一个独特的存在，一方面固然是为了回顾那个破产的计划，另一方面也为了督促自己，使自己能有机会采用和过去不全相同的观点，重新完成那个计划。

长期以来，我都在努力解决写作上的一个难题——怎样在“按照生活的本来面目描写生活”的原则下反映当代人民生活的真实图景同时，能使自己的作品稍稍经得起时间的考验。我说“稍稍”，自然是因为缺乏自信。什么是能经得起时间考验的东西呢？不用说，它就是艺术的美，就是包含在作品中可以导向永恒的诗的美。

很难用明确的语言来说明这种诗的美，它很有些只能意会而无法言传。我曾经用历史的内容和人生的哲理来解释它，自然只能说是个人的一偏之见。根据这个见解，我认为诗的美就是无掩饰的真实，就是对历史和人生的最纯真无伪的理解，而且出之于一种最平易朴素的形式。虚假是文学艺术的大敌，不能允许在自己的作品出现廉价的热情和空洞的叫喊，以及一切言不由衷的浮华辞藻。在任何时代里，作家最可贵的品质是无所保留的真诚。

但理想和现实之间，总难免有距离。空悬一个过高的标的，有时甚至会变成对自己的嘲弄。尽管在写作上也经常处于一种全力以赴的状态，却仍然感到力不从心，好象一个长途跋涉的旅人，拖着浑身疲累却难以到达预定的归宿地。在这样的时候，我总是归因于自己的缺乏才能，因而陷入一个较长时间的郁郁不快。有一位外国作家曾经在他一则饱含诗情的日记体随笔里写道："小溪在沙地上奔流，在大河面前毫不畏缩，一刻也不停顿，而是以平等的身份，象兄弟那样，愉快地汇合到一起，因为现在它还是一条小溪，可是眼看它自己也要成为海洋了。"我也有过类似的想法，觉得自己虽然只是一条小溪，却的确尽力做到"一刻也不停顿"，愉快地和大河汇合到一起，奔流到海洋里去，使自己也成为海洋。我虽然才能平庸，成绩也不出色，但我的道路是大体正确的，即使不太平坦，它毕竟通向人民，通向自己所热爱且愿意毕生为之献身的伟大祖国。我在漫长的几十年间写下来的作品多少证明了这一点，我还希望我的读者也能给我作公允的见证。现在我已经到了晚年，总算有些说这话的权利了。我始终认为，一个作家应该忠于人民，也忠于自己；而且只有忠于人民，才能忠于自己。如果他不能把自己安置在和人民相一致的地位上，他怎么能写出对人民有益的作品呢？

最后还需要说一说的是，在编选这些旧作时，我对大多数作品都作了文字上的修改，有些连发表时的题名也更换了，例如《悲凉的乡土》里的《讨血钱》原题为《寻常事》；《明亮的月光》原题为《月光曲》；《凤囡》的原题为《乡间的故事》；《苦命人》的原题为《暮》；《哥哥和警察》的原题为《兄弟俩》；《在路上》的原题为《倥偬手记》；《海的喧嚣》的原题为《海的呼啸》；《牺牲者》的原题为《红花》，等等。我所以要这样做，既是为了尊重读者，也是为了尊重自己——对一个作家来说，草率不负责任的态度无异是一宗不可宽恕的罪恶。

1982年1月2日上海

（原载1982年8月《读书》第8期）

自己的家园

——《两姊妹》自序

王西彦

收容在这个集子里的十篇小说，除了《两姊妹》是30年代的早期作品，其余9篇都写于40年代。因为内容都是描写知识分子的生活和斗争的，就把它们编集在一起。

一个作家的选取题材，看起来似乎是颇为自由的，你爱写什么就写什么，爱怎样写就怎样写；但实际情况并非如此，这里有个难以克服的限制，就是“巧妇难为无米之炊”。作家的“米”，不用说是生活经验。他只能描写他所熟悉的。没有生活，也就不可能有虚构和想象。在这个问题上，我非常欣赏俄罗斯作家冈察洛夫的一段话。冈察洛夫在一篇论述自己作品的文章里，提到有人向他建议“写某个事件，某个生活吧”、“选这个或那个问题，某个男主人或女主人吧”时，他说道：

> 我不能，我不会呵！在我本人心中没有诞生和没有成熟的东西，我没有看见、没有观察到、没有深切关怀的东西，是我的笔杆接近不了的呵！我有自己的园地，自己的土壤，就象我有自己的祖国，自己的家乡的空气、朋友和敌人，自己的观察、印象和回忆的世界——我只能写我体验过的东西，我清楚地看见过和知道的东西。总而言之，我写我自己的生活和与之长在一起的东西。

我愿意把这段话当作自己毕生信守的箴言。我觉得，作家有如农民。一个作家，一定要有自己熟悉的园地，只有在这个范围里，他才能从生活提炼题材，归纳主题，塑造人物，写出真实的作品；正如一个农民，只能在自己熟悉的土壤里——土壤也有它的性格脾气——才能经过辛勤的耕耘，种出丰饶的粮食。

我出身浙东农村，童年和少年时期都在农村里度过，受到家乡的空气和米粮的哺养。我熟悉那里的叔伯和兄弟、姑嫂和姊妹，也熟悉那里的山丘和溪涧、石桥和泥路、朝晖和晚霞。因此，我初期的作品大都描写家乡农村和农民的生活。青年时期离开家乡以后，投身城市，成为一个知识分子，就一直和知识分子一起生活，一起斗争，和他们同命运，共呼吸。我熟悉他们中间比较年长的一辈，也熟悉比较年轻的一辈，自然更熟悉自己的同辈。我在这三辈知识分子中都有很多相知较深的亲友，熟悉他们，如同熟悉我自己。这就是我的范围，我的家园，我作为一个作家的“用武之地”。

近代中国经过了一个多灾多难的历程，知识分子走的是一条异常曲折复杂的道路。在时代的风雨里，他们哀伤，彷徨，呼号；他们也探索，追求，斗争。从他们身上的确反映出近代中国苦难历程的一个侧面。从初学写作时起，我就怀有一个颇为强烈的愿望——根据自己的经历和见闻，用较大的篇幅来描绘知识分子在惊涛骇浪中浮沉挣扎的历史画面。为了这个目的，我曾经写过不少笔记，订过很多计划。我经历过长期的痛苦的思索。我想到别署“洪都百炼生”的刘鹗，在他《老残游记》的自叙里称自己的作品是为“哭泣”而作出的事。他认为，《离骚》是屈大夫的哭泣，《庄子》是蒙叟的哭泣，《史记》是太史公的哭泣，《草堂诗集》是杜工部的哭泣，王实甫寄哭泣于《西厢》，曹雪芹寄哭泣于《红楼梦》。随后，他说到自己著书的目的：“吾人生今之时，有身世之感情，有家国之感情，有社会之感情，有宗教之感情。其感情愈深，其哭泣愈痛。此洪都百炼生之所以有《老残游记》之作也。”语气是颇为沉痛的。刘鹗生活在封建王朝已经呈显出“棋局已残”的年代里，他还把自己作品中的主人公叫做“补残”，很明显，他的“哭泣”是抱憾于封建王朝的濒临崩溃，自己的“补残”乏术。他的哭泣即使是真诚的，却显然是徒劳的。我在这里抄引他自叙中这段话，只是为了说明，经过苦难历程的中国近代知识分子迫于身世、家国、社会的感情，莫不怀有“哭泣”的要求。但这只是问题的一个方面。其实，他们自己的命运和遭遇更足引起人们为之“哭泣”，因为他们也莫不是时代的悲剧人物，尤其应该成为文学作品描写的对象。

使我不无惆怅的是，在过去一个长时期里，我的夙愿竟然没有实现。不是没有动手做，而是做得很不够，做得既零星，又不好。40年代我就写下一些反映知识分子的生活和斗争的作品，有中、长篇，也有短篇，数量并不算太少。但现在看起来，不是视野过于狭窄，就是观察过于肤浅，只能说是一些失败的尝试。就拿收容在这个集子里的十篇作品来说吧，读者当能感觉到，出现在我笔下的，只是那个波涛激荡的大时代里的一些力弱者，一些“折翅鸟”和“家鸽”，一些“醉汉”和“小人物”。面对狂暴的风雨，他们或是心存逃避，或是徒抱悲愤，或是意志消沉，或是踟蹰徘徊。他们莫不面容愁苦，步履蹒跚。我特别收入《当爸爸买伞回来的时候》和《两钱黄金》两篇，使读者看到在那个艰辛的年代里，知识分子中间的记者和教授们曾经生活在怎样的境况里。我并没有使用夸张的手笔，更没有采取极端的例子，只不过选择了他们生活的一两个小小的图景。请想想，他们是怎样的力弱者！正因为写的是这样的人物，怎么能避免阴暗的色彩和低沉的调子呢？当我重读这十篇作品时，眼前仿佛出现着“折翅鸟”和“家鸽”们凄苦的表情，耳际也仿佛听见了“醉汉”悲凉的叹息和“小人物”愤怒的控诉。“在时代的暴风雨中，难道就没有振翮高飞的雄鹰，鼓翼搏斗的海燕吗？”如果有热中题材问题的读者提出这样的质问，我的回答将是：“在一个暴风雨的时代里，的确既有折翅鸟和家鸽，也有雄鹰和海燕。这弱者和强者，都曾经出现在我的经历里，都引起过我热切的注意。不过在我描绘下来的画幅里，更多的却是折翅鸟和家鸽。”我这样说，当然不是否认雄鹰和海燕振翅鼓翼的姿势，应该是最美丽动人的。实际上，我也曾经有过描绘雄鹰和海燕的努力，并在这种努力里深感自己职责的庄严。我只是说，我们文学艺术的画廊很广阔，能容纳多种多样的题材，多种多样的人物。折翅鸟和家鸽也好，雄鹰和海燕也好，它们在艺术表现上各具特色，各有千秋。这才能呈显出丰富多彩。我在这里，不过给读者打开我自己的这个小小的窗口，我相信衡量文学艺术价值的标准，决不应该只是题材，而应该是作者态度的诚挚，作者描写的真实。在题材问题上高下主次之类的争论，即使怎样俨乎其然，恐怕也不会对创作产生太大的益处的吧？

最后还应该说明的是，收容在这个集子里的十篇作品，在编选时都经过文字上或多或少的修改。《两姊妹》几乎等于重写，和最初发表时已有很大的不同。凡是一个才能平庸的人，很相信白居易“补拙莫如勤”的名句，并愿意认真付诸实践。记得在读列夫·托尔斯泰的日记时，经常可以读到“明天我要改写”、“应该写了又改”和“写作而不加修改的想法，应该永远摈弃，三遍，四遍——还不够”这类句子。看起来，即使是列夫·托尔斯泰那样伟大的作家，他显示在写作上那种稀世的天才的光辉，也和不知疲倦地不断修改有关。为后世读者留下像《战争与和平》、《安娜·卡列尼娜》和《复活》那样辉煌巨著的文学大师，自然是高山仰止，难以企及的吧，但我们可以在勤勉修改自己作品这一点上，充当一个虔诚的小学徒。

1980年7月18日上海

（原载天津《新港》1982年第5期）

特权和使命

——《中篇小说选》自序

王西彦

最近我读了英国小说家亨利·詹姆斯（Henry James）的《小说的艺术》（The Art of Fiction）一文，作者从“一部小说存在的唯一理由就是它的确试图反映生活”的观点出发，达到了这样的结论，就是他要劝告一个想写小说的年轻人：

> 我首先要提醒他注意对他开着门的这个形式之宏伟壮丽，它摆在人们眼前的限制如此之少，而机会如此之多。其它艺术，比较起来，却显得受限制、受束缚；从事这些艺术所遵循的条件是非常严格、非常明确的。但我所能想到的加在小说写作上的唯一条件，正如我已说过的，是它必须真实。这种自由是一种了不起的特权，因此这位年轻的小说家要上的第一课就是学习怎样才能不辜负它。“尽情享受它吧，”我该对他说，“占有它，最大限度地探索它，宣扬它，为它感到欢欣鼓舞。全部生活属于你，既不要听那些想把你关进它的某些角落并且告诉你艺术只在某些地方栖息的人们的话，也不要听那些想说服你这位天上来的使者完全在生活以外飞翔，呼吸着一种纯净的空气，并且从事物的真实性前面掉过头去的人们的话。没有任何对生活的印象，没有任何观察和体验生活的方式，是小说家的计划所不能提供一席地的；你只要记住像大仲马和简·奥斯丁、查尔

斯·狄更斯和居斯塔夫·福楼拜这样才能迥异的作家都在这个领域里干得同样出色。不要过多地考虑乐观主义和悲观主义；努力捕捉生活本身的色彩。

已经记不起过去是否曾经读过詹姆斯这篇早年的名作了，反正今天读起来仍然感到新鲜，感到精辟可信，而且感到鼓舞。它使我回忆起自己早年从事写作学习时的情形，回忆起自己在很年轻的时候就选择小说这种形式的原因。

当我每次被问到“为什么会走上文学道路”时，我总是回答说：“是由于生活的迫促。”的确，我最初提笔写类似小说模样的东西时，并没有想到要当一名作家，尤其没有想到要当一名小说作家。当时，因为自己童年和少年时代是在偏僻农村里度过的，从祖辈、叔伯辈和兄弟姊妹们身上看到农村生活的悲苦，特别是农村妇女们的遭遇的惨酷，有一种力量，或者说是一种迫切的义务感，促使我把自己的所见所闻写出来——只要写得真实，写得诚恳，写得符合“生活本身的色彩”就行，根本无暇考虑应该采取什么形式。在我的童年和少年时代所受的教育里，读过《唐诗三百首》，读过“云淡风轻近午天”；也读过《三国演义》之类，读过“话说天下大势，分久必合，合久必分”。也许是天赋的限制，也许是听多了叔伯姊妹们所讲的各种鬼怪故事，我总觉得要写出自己的见闻，无法采取诗的形式，只能运用说故事的办法。这里面的确有一个是否受限制、受束缚的问题，按照詹姆斯的说法，也就是你要不要享受一种“限制如此之少，而机会如此之多”的“了不起的特权”的问题。请想一想，面对这样的抉择，你还有什么可迟疑的呢?

这就是我走上文学道路的起点。

就在开始学习写作的同时，我读到了一些出自俄罗斯文学巨匠们的作品。我指的自然是果戈理、屠格涅夫、陀思妥耶夫斯基、托尔斯泰、契诃夫和高尔基等人的小说作品。虽然当时我能得到的中译本并不算完善，但已能从它们感受到这些作品里面的那种对不合理社会的强烈的抗议力量。面对那些受侮辱与被损害的不幸者的悲惨命运，我的一颗年轻的心灵在颤栗，一双易感的眼睛饱含热泪。

我为作品中人物不公平的遭遇度过了不知道多少个不眠之夜。在这些巨匠中间，契诃夫的作品尤其使我激动。出现在契诃夫的长长的画廊里的人物群像，不论是在戏院正厅上司面前打了个喷嚏就把自己吓死的庶务官，在不同场合就能摆出一副不同面貌的变色龙，在老百姓面前总不忘记自己是秩序维护者的中士，在孤单单独自一人时只能对小母马诉说苦难的马车夫，在需要睡眠的时候却不被允许的小保姆，等等，他们在我眼睛里是如此熟悉，我好象曾经跟他们一起生活过，我不仅熟悉他们的面容和叹息，也熟悉他们的身世和遭遇。不错，上面我所举出的这些人物，都是出现在契诃夫早期作品里的。你看，这位俄罗斯巨匠写得多么简练呵，真是寥寥数笔，就逼真地描绘出一幅人像。我觉得这是自己学习的最好榜样。我也的确这样做了。但不久，我读到了契诃夫一篇字数比较多的作品，它就是标志作者的创作态度从轻松转入严肃的《草原》。这篇作品的情节很简单。一个 9 岁的男孩子，跟随他当羊毛商人的舅舅和另一位神父一起，乘坐一辆没有弹簧的旧马车到另一个地方姨妈家去进学校。他们在 7 月的早晨，沿着驿路向溽热的草原出发。作者描写了同车人的性格面貌和精神状态，同时，也描写了俄罗斯怠倦的草原，并通过对美丽的祖国大地的赞颂，表达了对丑恶的社会生活的揭露。契诃夫在写这篇作品时，写信给另一位同时代作家说："我觉得在我周围浮泛着草原的花和草的香味。"他的确花了不少篇幅去描绘草原，描绘草原上的晨露、阳光、风暴、野麻、田凫、鹧鸪和土拨鼠。我爱极了这篇作品，读了一遍又一遍，从最初的读英译本到后来的读中译本，可以说是契诃夫作品中我读得最多的。我觉得，《草原》可以说是契诃夫描绘伟大祖国命运的诗篇，里面充满对祖国美好生活和远大前程的希望——这种希望透过了对草原的沉滞、寂静、怠倦和萎谢的描绘，使我们读者受到鼓舞，感到振奋。这篇作品不再像契诃夫初期——通常所谓"契洪捷时期"——作品那样简短，它译成中文差不多有七八万字，无论如何不能归入短篇小说的范畴，虽然有的英译《契诃夫短篇小说选》里也收入了。后来，我又读了契诃夫的《没意思的故事》、《第六病室》、《我的一生》和《在峡谷里》等名篇。我心里想：呵！原来被称为短篇小说圣手的契诃夫也写了这么多篇字数较多的作品！仔细想想，我觉得像上面举出的这些作品，的确也只能使用这些字数才能写得充分，写得恰如其分。这情形给了我一个启示——写小说不能受任何限制，包括字数上的限制。它应该量身裁衣，完全适应内容的需要。

其实，我在读《草原》以前，已读过屠格涅夫的例如《初恋》、《阿霞》、《浮士德》、《木木》和托尔斯泰的《马的故事》、《一个地主的早晨》、《两个骠骑兵》以及梅里美的《卡尔曼》、《高龙芭》等等很多著名中篇小说。只是契诃夫的《草原》对我的写作起了更直接的影响。在《草原》的英译本里，有一个小标题："旅行的故事"。刚好我也正有写一个旅行故事的冲动，因此我就立刻付诸行动，就是收容在这本选集里的《风雪》。经历过抗战初期艰辛岁月的人们应该不会忘记，在后方的某些地区，商人们的"黄鱼车"曾经怎样活跃一时吧？我曾经多次成为这类车子的顾客，多次接受它的恩惠和磨难，所以印象特别深刻而经久。写在《风雪》里的，自然只是这种经历的一部分。而且，写了还觉不过瘾，还想再写。因此，读者当不难理解，为什么我在1942年写了《风雪》，到了1948年还会写又一个旅行的故事，它就是《蜜月旅行》。

契诃夫在《草原》里描绘了俄罗斯暑天的草原，我在《风雪》里描绘的则是中国寒冬风雪下的山野。当时的中国处于空前的患难中。我所写的风雪当然有实际生活经历的依据，但也的确有把风雪蒙封下的大地譬喻受难的中国的意思。而且，我也满怀对伟大祖国的热爱这样做的。我希望有朝一日，自己的祖国能成为一只振翮高飞的雄鹰。就在那辆"黄鱼车"的车厢社会里，虽然展现出生活的某些阴暗面，但毕竟也有着一对满怀希望奔赴遥远的滨海省份去投亲的母女，她们最终明白了——她们的丈夫和父亲原来是"在敌人的后方"，因为"在需要面前，没有个人的选择"。我知道这可能被人们指责为是"光明的尾巴"，但我不能不这样做。我认为这条"光明的尾巴"是整篇作品的杠杆。过了几年以后，到我写第二个旅行故事《蜜月旅行》时，我的热情似乎消退了。在这篇作品里更多地使用了嘲讽的笔调，态度冷静得多了，我描写了一对新婚夫妇在蜜月旅行中的苦难。他们的结合就是由于对纯真的爱情生活的向往，可是，刚刚上路度原以为能够达到幸福极境的蜜月，炽热的期望就在现实的礁石上碰得粉碎。这是喜剧还是悲剧呢？难道当时的社会竟严酷到连一对新婚夫妇短短几天的蜜月旅行也不容许吗？不过，我的起意倒不只在谴责过去那个腐朽黑暗社会，我手中的鞭子大部分落在那对小小的知识分子——尤其是那位人到中年还在热心追求人生幸福的新郎——身上。由于出身农村，最初学习写作时，我只能以家乡农村生活作为描写对象。很快我就把自己的“家园”开拓到知识分子的范围里，更多地关心起知识分子的命运。而在描写知识分子时，由于比较熟悉，更由于关心过切，我总是看到他们身上的弱点。我同情他们，有时甚至怜悯他们。可是，有什么办法呢？我的眼睛却老是盯着他们的种种缺陷。不用说，这里所说的“他们”，也包括我自己在内。写作《蜜月旅行》以前的一段时期里，我写了很多篇反映在那个动荡年代里知识分子尴尬处境的作品,《乡下朋友》就是其中的一篇。

自然，我还应该特别说一说《还乡》。这篇字数稍多的作品，也写在《蜜月旅行》以前。我采取了一种稍稍不同的第一人称手记的形式。世界文学史上，有很多名著都使用第一人称的写法。有的是通过“我”作见证人，从“我”的角落叙述故事；有的却是以“我”做主角，由“我”诉说自己的遭遇。这样的作品可以开列出一个长长的目录，我们较为熟悉的，如象笛福的《摩尔·弗兰斯德》、勒萨日的《吉尔·布拉斯》、狄更斯的《大卫·科柏菲尔》，以及勃朗特姊妹——夏绿蒂·勃朗特的《简·爱》和爱弥丽·勃朗特的《呼啸山庄》，都是长篇巨制，其他中、短篇作品就更举不胜举了。鲁迅也多采取同一手法,《狂人日记》、《故乡》、《祝福》、《伤逝》、《在酒楼上》、《孤独者》，都是脍炙人口的名篇，作者为数不多的短篇小说中的珍品。由于爱读这类作品，东施效颦，我也写了不少使用第一人称的作品，有短篇，也有中篇和长篇。但《还乡》却是一个颇为独特的例子，它不仅采取了第一人称的写法，而且是手记的格式，既没有贯穿首尾的故事情节，也没有把笔墨集中在一两个主要人物身上。我几乎没有把自己的注意力安放在结构上面。我只想做到一点——“努力捕捉生活本身的色彩”。采取第一人称的手记的写法自然是为了达到这个目的，我还利用了一些自己的切身经历。但如果说作品中的“我”就是作者，那就难免成了误会；

至多只能说，“我”身上有作者的影子。我的确是把“我”当作作品的真正的主人公来写的，他是一个身处动乱年代的知识分子，有良心却没有能力，满怀悲愤而缺乏行动。我熟悉这样的人物，在我的亲友中有不少类似的力弱者。我还应该承认，我自己也属于这个行列，是他们的兄弟辈中的一个。这也是为什么，直到现在，我已经远离青年时代，却仍然喜欢这篇写得颇为粗略的作品，重读它起来还不完全缺乏亲切感。

可是，我为什么要在这里这样喋喋不休呢？作品是写在几十年前的，它们早已经历过读者的长期考验。如果实在不及格，你再来作多余的解释，将徒增读者的厌烦。既然加在小说写作上唯一的条件是它的必须真实，那么，就在这一点上让它们再经受一次读者的考验吧。你要相信，只有真实的作品才富有生命力。我们家乡有句俗谚："谎话过不了夜。"读者即使再宽容大度，他们也将在虚假的作品前面掉过头去，或竟不惜嗤之以鼻。

1981 年 7 月 14 日上海

（原载《百花洲》1982 年第 1 期）

关于《古屋》的写作

王西彦

从1941年冬起，我曾经在湖南东部的乡间住过一个较长的时期。那是一个中等大小的村子，离县城有二十多里路，应该说是比较偏僻的。可是，村子里却有着一所类似城堡的大屋，几乎占据了全村的小半面积。如果你站到村前一处高坡上瞭望，就会觉得那些低矮而褴褛的村屋，只不过是为了衬托那所显得特别巍峨的大屋而存在的，只不过是它的附庸。我就借住着这所大屋的“门槛间”，即正屋外面给“种田人”住的偏屋。不用说，象这样的大屋，只能是祖先曾经当过大官的官宦人家的，你看它大门上那五张精工细雕的金字匾额吧，中间那张朱红厚漆的匾额上的六个大字是：“覃恩诰封二代”。当时，这所大屋的另一半被一个难童保育院所借用，那里的难童和教师的人数总有三四百。难童是从湘北一带战区抢救出来的，教师则是一些原来在省城小教界工作的，自然也有从战区流亡出来的青年。我住的这间“门槛间”倒和地主一家比较接近，因为屋主把一户“种田人”安置在正屋的大门边，很有些要他们守护大门的意思。我就成为“种田人”最紧密的邻居。

屋主是一位曾经进过京师大学堂的知识分子，年龄总在五十上下，举止谈吐都彬彬有礼，春秋季节老喜欢穿一件深色马褂，经常捧着一个擦洗得亮晶晶的水烟壶。最初，我们偶在相遇时只淡淡地点一点头，彼此维持着一定的距离，使我感觉到他的态度很矜持，很有些看不起我这个潦倒的失业者的样子。后来大概知道我并不是他所预料的那种失业者，也许是那家“种田人”看到我整天伏案写作的缘故吧，他就主动来“拜访”了我，和我逐渐增多了接触。从别人嘴里的诉说和我自己直接接触所得的印象，我开始对他有了一些了解。同时，出于自己的职业习惯，我也有意对他留心观察，并且引起了我对过去曾经看到过的一些类似人物的回忆。

我的童年和少年时期，都是在浙东乡间度过的。我自己的村子虽然是附近几个村子里最大的，住户上了百，但几乎没有什么读书人。“没人叫，遭人笑；没人戏，受人欺”。这句俗谚的意思是，没有婴儿的啼叫声就要被别人讥笑；没有不干农活的读书人就要被别人欺侮。因此，读书人不但很受尊重，并且令人畏惧。也因此，如果亲戚人家出了读书人，只要有机缘，总要设法去攀点关系，引以自重。我家有一户远房表亲，住在里把路外的一个小村子里，却是附近有名的乡绅，三位父辈的表叔伯中，至少有两位是大学毕业生。二表伯曾经进过京师大学堂，当时是能够在县衙门里直进直出的巨绅，连衣裳角也碰得死人，农民们老远看到他就急忙避路。可是，曾在上海某野鸡大学毕过业的大表伯却是一位好好先生，连句话也说不清楚，有着一副黏黏糊糊的性格。而小表叔呢，又是一位风流倜傥的人物，已经是四十来岁的人了，头发擦得乌黑发亮，浑身发散着香水气味，唱得一口好戏文，不但把自己的两位千金打扮成一对令人垂涎的姊妹花，他自己更是妇女界最受欢迎的对象，每到一处总不忘记留下一些罗曼史。虽然事隔多年，这位快活的小表叔的模样和行径，却一直深镌在我的记忆里，久久未曾淡忘。

我借住在前面所说的那所大屋的“门槛间”里的时候，和那位出身京师大学堂的屋主接触稍多，我的脑子里就不断出现童、少年时期所曾见到过的那三位表叔伯的影子，好像他就是他们的混合体——既有大表伯身上那种黏黏糊糊的东西，也有二表伯身上那种令人生畏的东西，更有小表叔身上那种快快活活的东西。人的性格的确是一种颇为复杂的组合，你很难用单一的颜色去描绘它。

这种情形使我对另一位人物也发生了兴趣，她是难童保育院里的教师。在那个保育院里，教师中间的绝大多数是女性，她们都是二十来岁的青年，年纪最大的也只在三十上下。有一位颇有教学经验的教师，她大概已经步入中年，工作勤奋积极，为人安分守己，说话细声细气，见到人就在她那张略显清瘦的脸上浮现出淡淡的笑容。她带着一位老母亲和两个小侄儿，据说她的哥哥嫂嫂都在铁路局供职，能够随时乘火车来看望她们。只要想一想，一个年龄已三十出头的女性，却在这样一处偏僻的乡间工作，身边又有带着一家老小的累，她怎样能安安心心地打发寂寞的日子呢？难道她不曾想到过自己的归宿吗？自然，事业就是一切，人是能够把全部精力贯注在事业上的。对一个教师来说，教室就是战场，儿童就是希望，这里并没有什么难以理解的地方。可是，不知道为什么缘故，每一次看到她，每一次和她谈话，她那淡淡的微笑和细细的说话声总使我感到几分凄然。我曾经和她有过多次的谈话，几乎每一次都能从她嘴里听到她把全部心灵倾注在儿童教育事业上的表白，她的态度使你无法怀疑她表白的真诚。“她真的是这样想的吗？”有时我这样忖度，不过立刻就为自己情操的过于卑下而感到羞惭了。

不待说，在那些日子里，我还认识了一些别的人。屋主一家，还有那位京师大学生的侄儿和侄媳，还有那一家“种田人”。在难童保育院里，和我保持接触的，有教师，也有难童。我曾经把这所大屋里的各种各样的人，当作自己的“人生教科书”或“社会教科书”。我还知道在附近另一个村子里，办有一所小学校，有一次，那学校里的一位不安分的青年教师竟遭到了逮捕，并在难童保育院的一些教师中间引起了议论和波动……

就是在这所大屋的“门槛间”里，我开始写我的长篇小说。我在湖南东部的乡间住了一段时间，就到当时已经成为西南文化中心的桂林去看访朋友，把在乡间写成的稿子带给出版社或杂志编辑部。因此，我的小说也是断断续续地写下，一次一次地发表的，时间拖得很长。

前面我说了一些寄居在乡间大屋里的情形，说了自己是在那个环境里起意写这部小说的。但对文学创作来说，它毕竟需要想象和虚构，一个作家不可能单凭自己的经历写作。例如那位大屋的屋主和那位难童保育院里的女教师，如果说他们就是我小说里的孙尚宪和洪翰真这两个人物的模特儿，我觉得并不完全符合自己的实际情形。的确是那位屋主引起我对童、少年时期的表叔伯的联想。在三位表叔伯中间，给了我印象最深的是那位风流倜傥的表叔叔。一个人，能够快快活活地过一辈子有多么好呢？不用说，那位表叔叔虽然有上大学的条件，家庭里自然也希望他能象他两个哥哥那样有出息，能为祖先光耀门楣；可是，他竟不愿意，竟独自选择一条要被别人背后指自己背脊骨的路子，去和一些戏班子里的戏子们为伍，在县城和村里间的妇女群里厮混，全然置社会舆论于不顾。他当然没有研读过古希腊哲学，不会知道伊壁鸠鲁所提倡的快乐主义。但他是个实行家，他实际上奉行着他自己的快乐主义。还在童、少年时期，我也曾听到过别人对他的议论和指责，甚至说他是由于祖先为富不仁，没有积阴德，所以出了他这个不肖的“败家子”。不过说良心话，我倒是一向很佩服他，也喜欢听他那条唱戏文的好嗓子。至少至少，他不像那位大表伯那样糊里糊涂，更不象那位二表伯那样令人望而生畏。正因为印象深刻，才会在一二十年以后，直到我寄居在湖南东部的乡间大屋里，还会在自己的小说里描写这样一个快乐主义者，还会使这个快乐主义者宣传他那一套人生哲学。

自然，我说到自己曾经佩服过那位快快活活的表叔叔，那只是童、少年时期的事。到了我写小说的时候，心情已经不再那么单纯了。当有些人在那里盛赞中国赫赫有名的田园诗人陶渊明那种“采菊东篱下，悠然见南山”的超脱态度时，鲁迅不是曾经指出“虽是渊明先生，也还略略有些生财之道在，要不然，他老人家不但没有酒喝，而且没有饭吃，早已在东篱旁边饿死了”吗？可见快乐主义固然不妨提倡并付诸实行，但总须有个前提，就是“略略有些生财之道在”。我那位令人羡慕的表叔叔所以能够快快活活地过日子，前提就是他享有祖先的余荫。不然，如果他被生活所迫，不得不一清早就上山砍柴，太阳西沉还须在田里割稻，你叫他怎么还快活得起来呢？这种未免大杀风景的想头，到了抗战期间，就变得更为鲜明突出。还在抗战初期，正当大家热衷于高喊“有钱出钱，有力出力”的口号时，同时就流行着“前方吃紧，后方紧吃”的说法。“前方吃紧”虽意味着国土的沦丧，战士的流血，人民的流离失所。“后方紧吃”是指的那些发国难财者对苦难人民的敲骨吸髓，荒淫无耻。我觉得，这种情形，就在我们寄居的那所大屋里，也就表现得十分明显。被收容在难童保育院里的那几百个无家可归的小孩子，他们哪一个不是原来有着家庭和父母的？哪一个不是敌人炮火和屠刀下的幸存者？可是，就在同一所大屋里，我们的主人公孙尚宪先生却在那里大谈其伊壁鸠鲁的快乐主义，在那里实践他超脱的人生哲学！而且，就在这位快乐主义者巍峨一如城堡的大屋的“门槛间”里，就长期住着一户衣着褴褛的“种田人”，他们一家自然就是孙尚宪先生的“生财之道”的一个最切近的标本。令我不无惊讶的是，这种安排并不是我这个写小说的人凭想象的虚构，我的确只是作了实录而已。但自然，即使只是实录吧，我还是不得不随时提醒自己，竭力克制自己的悲愤。

至于难童保育院里那位热心的女教师，直到现在，只要一回忆起，我就无法吝啬自己的尊敬。她可以说是一位模范的儿童教育工作者。前面我提到她对事业的献身精神，提到我自己对她所抱有的简直无法排除的疑问。她的抱独身主义，也许有她独特的原因。我还知道，她和她几位年龄相若的朋友都是独身主义者，有的正和她一起在难童保育院里工作。在这一点上，除了表示同情，你也不能有任何非议。但是，情形尽管是这样，我心里还是不能释然。我应该承认，当时我并没有认真研究过俄罗斯 19 世纪末期的社会思潮，大概也还没有认真读过契诃夫像《带阁楼的房子》那样的名篇，不了解他在那些作品里所批判的“小事主义者”们的思想的浅薄和贫乏。我只觉得，那位女教师和她的同事们做的虽然是值得尊敬的工作，可是实际效果是怎样的呢？不是同在这个穷乡僻壤里，在附近那所小学校的教师中间，还有走另一条路的人吗？很明显，像那位不幸遭受逮捕的教师，他做的才是契诃夫在《带阁楼的房子里》所指出的要斩断那条束缚着人民的“大链子”的工作。在中国，远在抗日战争以前，知识分子中的先知先觉者已经这样做了，已经前赴后继地献出自己的生命。如果我能无视当时的写作环境，毫无顾忌地写出自己的见闻——即使同样不需要通过想象的虚构——作品的面目就会和现在有很大的不同，对洪翰真的描写就会使用另一种不同的色彩。但我相信读者是能够谅解我当时的困难的，他们不致对我有过分的责备。

除了孙尚宪和洪翰真，我的小说里还写到了大屋里的第二代，他们是孙尚宪先生的几位侄儿和侄媳。现在我已经记不清楚是不是都有实际生活中的模特儿。即使有，也不会仅只是古屋里的见闻。别的且不说，单说那个多次出现的哑巴吧，我就曾经在自己的一篇关于俄罗斯文学的读书笔记里写到，因为受了契诃夫的《第六病室》和迦尔洵的《红花》等名篇的影响，自然更主要的还是出于实际生活的经历，在我的初期作品中描写过的好几个疯人的形象，也提到了这部小说里孙尚宪先生的那位哑巴侄儿。我还写道："对一个作家来说，描写疯人形象终究不是一件愉快的事情。就我自己的经验说，总是满怀悲愤，甚至有一种要呕吐似的感觉。但有什么办法呢？如果说疯人是一种社会现象，作者在描写时即使是怎样的不愉快，也总还是无法回避的吧？"

在学生时代，我曾经读过俄罗斯作家梭罗古勃的著名长篇小说《老屋》，一直留有印象。我估计，自己所以要把这部作品题名《古屋》，很可能和《老屋》的印象有关。但我写《古屋》的动机，并不全在揭露一个官僚地主家庭的罪恶和它的崩溃。实际上，对那样的大家庭我也并不熟悉，也缺乏描写它的能力。我不过利用这所乡间大屋充当舞台，使我的人物有一个向读者显露身手的机会。这部作品发表和出版以后，曾经出现过几篇评论文章，大都把它当作揭露大家庭的衰败过程的，我读后总感到不大对榫头。

由于出身和经历，在我过去的作品里，几乎都是以农民和知识分子为题材的，这是因为一个作家只能描写他所熟悉的对象。我寄居在湖南东部的乡间大屋里时，虽然处于那样一个环境里，有着颇为现成的题材，但我心里想的却经常是知识分子的命运。抗战前夕，我还是一个北方文化古城的青年学生，住在一所会馆的破旧房子里，单是那个小小的四合院，就是一个五方杂处的知识分子的社会，够得上你用一部长篇小说的篇幅来描写他们。人们当然不会忘记，对知识分子来说，当时处于风雨飘摇中的北方古城，这是一座熔炉，也是一面筛子。刚好正当我开始写作学习时，的确曾经有过那样做的企图。我记得自己写过一个短篇小说，题目就叫做《找寻道路的人》。我觉得周围的人，自然也包括我自己在内，大家都在匆匆忙忙地找寻道路。很快就爆发了抗日战争，来了一场更加巨大的变动。在一场像抗日战争那样巨大变动里，知识分子将何以自处？这是提向每一个人的严峻问题，要求每一个人都做出自己的回答。不少的先进分子都不仅为自己做出回答，更成为后来者的引路人。但即使在这样的年代里，在知识分子队伍里，仍然不缺乏徘徊者和摸索者，甚至还不缺乏愁眉苦脸的观望者和垂头丧气的悲观者。在惊涛骇浪的考验中，从知识分子身上的确呈现出他们充分的复杂性。

我就根据经验和能力，选择了自己的描写对象。例如在《古屋》里，我选择的就是一个夸夸其谈的伊壁鸠鲁主义者。其实，象孙尚宪先生这样的人，算什么伊壁鸠鲁主义者呢？他自称是什么“伊壁鸠鲁主义者”，只不过是一种借口，用它来粉饰自己可耻的寄生生活，同时也用它来活动活动自己的舌头，如此而已。在没落的地主阶级知识分子中，如果不是变得使我那位二表伯那样贪婪，那样想在末日来临的前夕拼命向农民敲骨吸髓，就往往会变得精神空虚到了极度，以至惶惶不可终日，简直找不到什么方法来支付自己的生命。孙尚宪先生自然就属于后一类。在我的观念里，他应该是一个困处绝境的人，他所有的言行，都为了自欺欺人，掩盖自己可悲的处境。和他相比，在洪翰真脚下的大地就要坚实一些。洪翰真的确相信自己是一个对社会有用的人，至少开始时是如此。我又写了另一个女性，就是孙尚宪先生的侄媳廖慧君，她原来也是蹲在浮动的冰层上的，随时都将沉落到深渊里，但最后总算跟着秦一冰跑掉了。我写她们，主要都是为了衬托孙尚宪先生，给他们对照，可惜当时无法多写那个遭受逮捕的小学教师，他自然又是洪翰真的衬托和对照。

说来说去，我要告诉读者，我的最大注意力还是放在孙尚宪先生身上。我给了他几乎整个舞台，却只给了洪翰真和廖慧君舞台的一角。至于那个遭受逮捕的不安分的小学教师，只不过使他在背景上露了露影子，在作品里起一点象征性的作用。但就是这样吧，我也还是未能把孙尚宪这位自命的“伊壁鸠鲁主义者”写好，就连写得稍稍充分也没有做到。这也许和我所采用的第一人称的写法不无关系。最近我重读自己的一些旧作，发现了一个很有意思的现象，凡是以农民生活为题材的大都采用第三人称的写法，描写知识分子则多出之于第一人称的写杂记的方式。我觉得，这种方式写起来比较亲切，容易取得抒情的效果，同时自然也由于我素来不够重视情节结构的缘故，我认为编故事总比写人物省力气。此外也还有个客观原因是，当时有一位朋友正在桂林新办起一个大型文艺杂志，接连写来好几封信催稿，我就把刚写成的小说的第一部，用了个《古屋》的题名作为独立的作品给他寄去。接着，又写了第二部《深渊》，仍然作为一篇独立的作品发表。大概发表了第三部，1944 年初夏的湘桂大溃退就发生了，我在湘赣粤三省边境的万山丛中流转了好几个月，可能第四部和第五部的稿子就塞在包袱里经历了那一场劫难。直到我于第二年又一次到福建西部一个小小山城中安下身来时，小说的第五部才在浙江的一家报纸上以《演不完的悲剧》的题名得到连载的机会。只是这一次不再作为独立的作品了，由编辑部写了一个很长的前四部的内容提要，说明这是小说的最后部分。

我说上面这些情形，好像在给自己采用有严重限制的第一人称的写法作辩护。其实，这种辩护很快就被自己所推翻，因为《古屋》以后，我又接连写了两部描写知识分子命运的长篇小说，也都是采用第一人称的写法的。可见我并没有从写作《古屋》时所遭受的视野无法展开的限制而改辕易辙。应该承认，这里面有我在写作上的某种偏见，某种不肯认输的固执。我以后终将在创作实践上逐渐克服它们。

《古屋》是一部写在将近 40 年前的旧作，写作时的很多情形，现在已经记不清楚。但我还想在这里说一说最近这次修改它时的感想。有人主张，旧作最好还是让它以原来的面目和读者见面，因为它是“历史的真实”。说老实话，重读旧作就不是一件太愉快的事，何况动笔修改。而且，只要把原书往出版社一送，也究竟可以省些力气。可是，这里我又要提起自己的偏见和固执了，我是坚决主张对自己的旧作进行慎重的修改的。当然不是连同情节故事的全盘重写，给旧作一个全新的面目。我的意思是，一个作家总要严格要求自己，创作新的作品时是这样，在对待旧作时也应该是这样。如果你珍惜自己的精神劳动，你对自己的旧作抱有特殊的亲切感，你怎么能够容许那些多余的形容词，那些重复而累赘的字句，那些安放得很不妥贴的标点符号呢？有人把修改作品比喻作用强有力的水龙冲洗杂质，使你的砂子能够提高它的含金量。我知道自己的砂子有着大量杂质，即使用水龙反复冲洗，也不见得会产生显著的效果。但为了尊重读者，也为了于心自安，我也还是作了一次冲洗工作。如果有读者发现现在的本子和最初的本子颇多语句上的更动，就是最近这次冲洗的结果。

1982 年 8 月 20 日上海

（原载《古屋》，1984 年 4 月花城出版社初版）

《神的失落》后记

王西彦

这对我是一份不小的喜悦，我终于把这个简单的故事写出来了，而且，使它印出来了。

我说喜悦，在这句话里，自然包含着一己偏爱。事前我并没有想到，这个简单的故事会以现在这种形式和读者见面。由于抗战以来几年间的身经目睹，很早就有着这种冲动：我要写一个故事来对我们“大时代”表示抗议。我很踌躇，因为这将是一件困难的事情，因为我深知自己还没有足够的理智控制那生于愤怒的感情冲动。我一直觉得在我们“大时代”里，如果是一个神志清醒的人，他一定会有所憎恨和申诉——我们所生活着的社会，从来不曾在给我们以希望时，不同时带来可怕的失望的暗影。我们有憎恨的需要，我们有申诉的权利。

人类是为希望而生活的。没有希望人生将是一片黑暗，一个无穷的长夜。希望并非虚幻，它是一枚美丽的禁果，要得到它，应不吝惜你的代价。世上决没有无给予的获取，因为获取便是给予的结果。为了求得幸福，便不得不和幸福暂时分手。是的，我们都曾经这样做了，而且也还在这样做着——爱和憎，欢笑和流泪，赞美和诅咒，一切都为了那诱惑我们的将来。如果没有对幸福的追寻，我们生活着有什么意义？如果在追寻幸福的路上没有障碍，我们怎能重视幸福？我们所生活的这个时代和社会，正是我们的撒旦。不过不论怎样，总之是我们的不幸。把我们的受苦和我们的所得加以衡量，才知道自己所付代价的惨重！我们所流的血泪并没有在地上开花，却喂肥了另一个“人群”，我们憎恨的对象！世上有这样不公平的事吗？我们不甘心！

是的，我们不甘心！我说“我们”，这里面便有着马立刚和高小筠，这个简单的故事里那一对不幸的男女。我和他们两人是在一起的，（读者！我们大家都是的！）他们不是我的创造物，乃是我们所生活着的这时代或社会的创造物。说到偏爱，我的偏爱便在这里。我们固然无须为自己辩护说我们在这“大时代”里尽了怎样大的努力，流了多少血和泪；可是，我们也用不着对自己过分谴责，说我们怎样脆弱无能，担当不起时代的风雨。和我们大家一样，马立刚决不是一个懦弱的人，高小筠也不是的。如果我们有谴责，我们的谴责不应该投向他们。“不，我并不软弱！”马立刚说过这样的话。我们应相信他的自白，他一直没有屈服，他不是一个甘愿屈服的人。他诚然有错处，他的错处并不是他的软弱。易招误解的是高小筠，因为，她最后是屈服了，而且，屈服得那么突然，那么叫人不敢相信。然而，她的屈服不是她的罪过。她说得很明白，“我虽然很年轻，不过我知道在这社会上，还没有一个可以让我们女性逃避的地方！我们女性的道路十分窄狭！”不错，她应该有道路可走，她的道路十分窄狭，也十分广阔。只是，我想说的是，我们不应该拿一些空洞无用的言辞去责备她，我们应该低下头来，看一看自己所站立着的土壤。

那么，我为什么要写出这样一个不愉快的故事？难道我们自己经历得还不够多吗？——是的，我们自己经历得够多了。只要我们不是瞎了眼的，触目都是罪恶，都是不平。正因为这样，我才写出它来。我们必须认清：这便是我们所生活着的时代和社会！我很愿意给我们这时代和社会按一个名词，叫做“悲剧的时代”或“悲剧的社会”。我们大家都站在舞台上面，都扮演着其中的角色。我们叹息，我们流泪，我们愤怒和诅咒，我们演得十分有声有色。但是，我们岂不应该再来做一次观众？我们岂不应该睁开眼来看看，谁是马立刚？谁是高小筠？人类是善忘的动物，人类的记忆好像一个无底的篓子，所以才能承受过量的痛苦。这自然是造物主的仁慈，但人类的可悲悯，不也正在这上面？如果我敢大言不惭地说这是我们的一面镜子，不是可以从它照见自己的面目（应该说是命运）？

那么，我为什么要把这个故事安排得如此不公平？难道我们自己所尝受的不公平的待遇还不够多吗？——是的，我们自己尝受得够多了。只要我们的心灵尚未麻木，我们便会有着满腔悲愤。也正因为这样，我才写出它来。我们必须认清：这几乎是我们不可逃避的宿命！我这样说，并没有毫厘夸张的意思。我想，再大的夸张，也不能和实际的情形相比较。我们要不是强作欢笑，自行掩饰，一定会觉得这个简单的小故事，未免表现得太不够，包含了太多的恕道。我们忍受得太多，遭遇得太惨，以致发生错觉，以为人生原来就是这样，生命是忍受的连续，世界也原就作为炼狱而存在，一切诅咒抗议，气愤不平，皆属多余。马立刚显见是一个可笑的人物，高小筠也不过只是安于命运。如果人类都能具有一副广大胸怀，世界一定可以平静无波。既是不可逃避的宿命，挣扎呼号岂非不智之举？但我们偏偏都是不智之辈，虽明知其为宿命，却妄想去打破宿命。这种不自量力的行为，造成我们的不幸，造成我们更悲惨的新的宿命。为什么要从不公平中去求取公平？如像马立刚所说的："为什么？——就是为了我是一个人！为了我还有着一颗人的心！"我们是和马立刚在一起的，我们的遭遇相若。我所谓宿命的真实意义，便在这里。那么这个简单的小故事，不也可以说是一面镜子，让我们从它照见时代或社会的面目（应该说是残忍）？

可是，不论是我们自己的面目也好，是时代或社会的面目也好，总之，这是现实。对着无情的现实，我们岂不只有低头的份儿？我是说，我们只有低头承认这种现实的存在不虚，绝非承认它的不可改变。我们的宿命注定了我们必须作此努力。这是人的权利，也是人的义务。我们是种子，必须撒下地去。或许会有人反问，情形既是这样，为什么要使高小筠那位表哥哥享有那样巨大的权力？他不是一个头上歪戴鸭嘴帽的"流氓"吗？不错，正因为他是一个"流氓"，所以才享有那样巨大的权力。他不仅是他自己，不仅是他一个人。他只是一个代表，一个符号，一个象征。他本身并没有权力，我们所生活着的这个时代或社会赋予他的权力。正如我不愿意把同情施舍给马立刚和高小筠，使他们能有一个较好的结果一样，我也不愿意把丑恶划派给那"流氓"一个人；所以在这故事里，他并没有时时出现在读者眼前，我刻意"让他隐在幕后"。至于高小筠，她自然是一个纯洁的灵魂；但她的屈服，说明了灵魂的纯洁并不能拯救她的受难。她曾经反抗过来，不过最后还是失败了。我们不都是迷信正直和纯洁的人吗？正直和纯洁的报偿却是如此。如果说这是残忍不公平的事情，负咎的应该是那个可以名之为“命运”的东西。至于那对不幸男女以后的遭遇怎样？也只要问那个可以名之为“命运”的东西，究竟有没有改变？如果没有改变，那么不论我们的同情怎样浓重，他们的遭遇也不会有什么不同。

但我并没有绝望，我想我们大家都不应该绝望。我写了另一个人，马海兰。她可能是我们希望的化身——然而，也可能不是。一切都不能预定，一切都在不可知之间。马海兰是马立刚的妹妹，她比马立刚和高小筠都年轻，她是一个“初生之犊”，所以她敢指责高小筠，说她“太没有用了”，认为她的牺牲只是一种“示弱的表现”。她是对的。我原想在她身上多涂点色彩，但我终究没有那样做。好多友人和读者，在读完这个故事后，都说它结束得太匆忙了。是的，结束得太匆忙了。我用不到为自己做多余的辩解，这原是一件窳陋失败的习作，把它腆腼问世，自然难免招来愧怍。然而，这和马海兰的描绘无关；我并不是为了懒惰或类似的原因，才对她吝惜色彩，也不是由于采用“第一人称”的写法的限制（虽然它在别的方面限制很多）；而是，当时的心情不容许我那样做。在写作这故事的过程中，我的心理矛盾极了，我的愤怒也难于压制。明眼的读者，当可想见在结束这故事时我那样焦灼的情绪，我忍不住撇开故事，几乎直接向读者呼吁起来了。但是，这便是结束吗？不，这并不是真正的结束，这只是一个开始，一个开始的开始，因为生命乃是开始的连续。

最后，让我不能免俗地说几句感谢的话。我所应该感谢的人非常多，特别是黎烈文兄。如果不是他的帮助，当我于年初狼狈地从湘赣一带流转到福建来时，不要说无法静下心来写这个故事，恐怕连安身之处一时也难以寻找；而且，在印刷出版的事情上，他也给了我很大的方便，使这本小书能早日呈献在读者面前。

1945年11月18日南平后谷

（原载《神的失落》，福建永安新禾社1945年6月初版）

《神的失落》新版题记

王西彦

重读自己的旧作，往往会有一种旧友重逢似的感觉。《神的失落》写于1945年，屈指算来，已经是30多年前的事情。最近把它重读了一遍，掩卷沉思，好像自己又回到那遥远的青年时代。

不错，写作这部小说时，我的确还是个青年，但似乎已经开始关心当代知识分子的命运。30年代初期刚学写作时，我所采取的题材，大都来自浙东家乡的农村生活。到了40年代，情形有了变化，出现在自己笔下的人物，多是一些愁眉苦脸的中下层知识分子，而且作品的题目也往往是什么《折翅鸟》、《静水里的鱼》、《破了壳的蜗牛》、《假希腊人》和《清醒的醉汉》之类。直到招致一些好心的评论家的不满，我才不无惊讶地注意到自己这种可忧虑的倾向。我曾经多次提醒自己："这样下去可不行呀！满眼灰暗是病态心理的表现，你得把视线转到另一个方向去才对！"可是愿望并不等于现实，一投入写作过程，你手上的这支笔就变得不大驯顺，不肯听从你的指挥。我的确曾经陷入很深的苦恼，经历过不少个不眠之夜，竭力想转移自己的视线。谁知鬼差神使，只要一坐到乡间昏黄的美孚灯前，活动在脑子里的就尽是些苍白的脸孔和失神的眼睛，耳朵边也同时响起低沉的叹息和不愉快的苦笑。有什么办法呢？还是先写下来再说吧！不是说创作是心灵的歌唱吗？既然发自自己心灵的是这么一支忧郁的歌，你就先做一个忠诚老实的人，按照自己心灵的吩咐行事吧。这样一想，竟然很有些心安理得了。于是，我就索性写起以知识分子的生活和斗争为题材的长篇小说来了，它们就是《古屋》、《寻梦者》和这一部《神的失落》。

关于近代中国知识分子的遭遇和命运，自然无法在这篇短序里多作叙述，但我只想指出一点：如果说一部中国的近代史就是中国人民的受难史，那么知识分子不仅也属于这受难的一群，而且他们的痛苦特别深重。这并不是说他们的神经分外细嫩，感觉异常锐敏，而是因为他们既然有了一些知识，总想把它贡献给祖国和人民，也就是希望能"报国有门"。谁料他们这个良好的愿望，虽然祖传父、父传子、子传孙地一代又一代地往下传，竟始终没有得到实现的机会，始终只能抱着"报国无门"的怨恨以逝。说这是个悲剧吗？却仿佛是个永远演不完的悲剧！自然，在知识分子中间，像我这类年纪的人的父辈，就有少数先驱者献身于自己的信念，为革命理想而忘我斗争；至于同辈的投身于革命的行列，自是更为常见的现象。但我所接触到的却更多地是一些生活的败北者，一些十字街头的徘徊者。对他们来说，似乎周围布满礁石，感到左右维谷，甚至陷入寸步难行的窘境。说他们缺乏勇气吗？有时却像和风车作战的堂·吉诃德，落得个矛折盾破的下场。说他们没有追求吗？有时却像扑火的飞蛾，难逃头焦翅焚的灾难。他们既是寻找道路的人，也是迷失道路的人。因为感到无路可走，于是满腹牢骚，怨天悯人，以自暴自弃作食粮，用自我欺骗充药石。偏偏眼前的世界又是这么黑暗，这么冷酷，这么喜欢折磨善良人的心灵。他们也并不是完全不知道，改变自己苦难命运的努力应该和改变黑暗世界的斗争联系一起，而且也看到那个战斗的队伍正在前进，从那个战场里传送过来的鼓声正震动着自己的耳膜，特别是自己身边有些原来的伙伴也已经摆脱身上的精神荷负，跨步奔向鼓声，可是他们竟然还在迟疑，踌躇，左右顾盼，欲行又止………

我所描写的，就是这一群摇曳不定的身影。

也许会有人说，我们文学画廊里需要各式各样的人物，只有这样才能形成我们的丰富多彩，你所描写的也是历史的一个侧面，无可厚非，但是，你手上的那支画笔是不是蘸多了灰暗的颜色，在描绘时也未免给了你的人物太多的同情呢？不错，实际的情况的确是这样。不过我也有我的辩解。我始终认为，出现在我前面所举的三部作品中的人物，既有应该谴责的，也有值得同情的。就拿《神的失落》来说吧，它的男主人公所奋力追求的不只是一次纯真的爱情吗？对他不是丝毫也不能说是奢望吗？可是，结果怎样呢？他心目中的那尊美丽的神，不是竟然落到了一个在他看来是最可卑的敌人手里吗？且不说这个结局有多么不公允，只要看看当时的世界有多么冷酷，一个善良人的处境有多么艰难吧。我所写的，只不过是主人公的一声悲叹而已。但我想，这声悲叹对我们今天的年轻人也许还是有用处的，至少可以使他们窥见在过去那个时代里，像作品中的主人公那样的年轻人即使追求一次纯真的爱情就多么不容易；自然也还可以看到在社会改造的斗争中，像作品中的主人公那样的缺乏坚定的信念和顽强的意志，将会给自己招来怎样的失败。不过，关于这方面的话是不应该由我这个作者来说的，这篇短序就写到这里为止吧。

1983年3月1日上海

（原载1983年5月8日香港《大公报·文艺》）

关于《村野恋人》

王西彦

一本书本身应该是一个完整。作者所要说的话，就是他在作品里面的表现，他没有必要在作品以外去画蛇添足，而且也不应该先白占了读者的印象。这本书在初版（按：《村野恋人》初版本系由重庆良友图书公司印制，现晨光图书公司发行本系利用良友公司纸型重印）。时我把原来写好的一篇《后记》抽去了。当时我认为自己做得很对；既然业已把这样一本书写出来了，就得让它以毫无掩饰的面目去和读者接触。这种接触所给它带来的，不论是谴责还是赞誉，读者的感受应该是一种公允无私的衡量。

一开始，这本书的出版就是一个艰辛的经历。最初是审查机关查封原稿逐字逐句的推敲；接着是尚未竣工的纸型的长途跋涉；最后侥幸在大后方的陪都和读者见面，作者却被战争隔绝在东南一隅，完全不知道它在与世见面时所招引来的反响。抗战结束后，我才有机会拜读到几篇评论文字；其中有一篇评论的作者，眼光特别敏锐，他一眼就看出这部小说代表着一种坏倾向，说我“没有通过正确分析农民生活的基础”，在“平白无故地写着罗曼斯”，在“卖弄落后的小资产阶级那种对恋爱的幻想”，在“对农家女开一个大玩笑”；因而，他劝我如果以后仍要写农民生活时，应该“向生活作更深的发掘”。我愿意把这样的指摘和劝告全盘收受；但我不得不说，这实在是一种误解。这部小说写在抗战时期，实际上也写到了抗战；不过，我必须认真声明，我的主旨并不在探究抗战现实的本质，或是表现抗战时期农村社会的变化（虽然这种探究和表现都很可贵）。我也不必在这里说什么“写作自由”的话，把没有在作品里作那样的努力的原因，推给那个可怕的限制。因为，根本上，我所要写的，乃是另一种对我强有力的诱惑。

这种诱惑，我想我应该名之为坚韧的人性。生命的美丽和庄严，就在于它的忍受和反抗，执着和追求。我的努力很简单，我企图借用一个发生在山僻农村的小故事，写出生命的坚韧忍受和可敬的执着追求。我挑选了一些卑微的人，一些不幸的人，一些命运的牺牲者。出现在这个小故事里的人物，不论是安隆奶奶或是小金兰，她们都是我所偏爱的寄托者。诚然卑微和不幸，然而，她们都曾经有过忍受和反抗，或是正在忍受和反抗；在她们的生命里，充满着执着和追求，这就够了。这就是我所要赞美，想要表现的。就拿安隆奶奶和小金兰来说，一个是即将退出人生舞台的老祖母，一个是初尝人生辛酸的少女；一个久经命运的酷待，一个却正准备去忍受。她们就这样生活到世界上来，又复离开了这世界。这是一个宿命。这宿命是否可以打破？应该如何打破？我不想作任何答案。我只写出这样一个被遗忘了的贫穷的农村，这样一群被忽视了寒伧的农民，他们在怎样编织着自己的神话，诉说着自己的怨慕。在他们的生活之中，有他们的爱情和梦想，也有他们的“桥”和“竹林”。他们在那“桥”上来往，在那“竹林”里进出。而“命运”，则冷眼旁观，在对他们作着残酷无情的考验。从这种考验，我完成了我的表现。我所表现的，虽只是他们生活的一面；幸运的是，我想使这部小说成为对战争罪恶的控诉。我不妨直率承认，我不愿意遵从某些堂皇理论，把若干公式，一一无遗漏地容纳到小说里去。我只求所写的故事，能够近于真实。我所要完成的，乃是我自己。我的主旨非常单纯，我觉得，仅仅这样，就足够献出我的全力了。

我这样说，可能招来的非议是想得到的，尤其是我提到了“真实”。我想，所谓“真实”，就农民生活说，不应该单单是他们牛一般的勤劳，猪一般的愚蠢，野兽一般的粗鲁无礼。他们不同样是“人”吗？不同样有热望，有追求，有执着，有忍受吗？或许我把贫穷的农村写得太美好了，把寒伧的农民写得太热情了；不过，我要告诉读者，我们所身经目睹的丑恶太多了。浮沉在广大的丑恶之中，难道不允许我们对那自然景物和善良人性作一次憧憬？这是一个失去的美梦？一种牧歌生活的幻灭？一场绝望的向往？都是的，然而完全属于真实，应该属于真实。我并没有忘记农村经济的破产，乡保甲长的淫威，酷捐杂税的剥削，抽丁征粮的悲惨；越是因为有如许众多的“丑恶”，我才越要表现那些自然景物和善良人性。这实在是我的偏爱。我承认自己未能把“丑恶”和“美好”等量齐观，糅合得当；但同时也要请读者别忘记了，这部小说的原稿，曾经经过审查机关的细心推敲，删去了二十余处。我手头原有一个较为详细的修正本，但在出版事业如此艰辛的岁月，要求出版公司舍弃一副现成纸型的利用，将是一件怎样不合理的事情。

我的辩释说到这里为止。自然我是说得太疏略了；不过，我想，这简短的几句话，对于一个没有成见的读者，或许业已能够使他输出他的宽容。

1947年3月福州

（原载上海《大公报》1947年5月16日第8版文艺副刊第138期）

总算还掉了一笔债

王西彦

几十年来，我总觉自己心里压着一块沉重的石头，欠着读者一笔债。这就是《村野的爱情》这部小说，一直未能以原来的面目和读者见面，还招致了不少误解。特别是近两三年来，知道西欧有几个国家的汉学家在热心介绍中国现代文学时，竟把我这部有着严重缺陷的作品也列入他们的名单。这就更增加我原有那种负债的感觉，促使我认真考虑修改这部作品的工作，并且再一次把真相告诉读者。

我写这部作品的起意，可以追溯到自己的少年时代。正当我 10 岁左右时，家里开始雇起了长工。先是一个名叫“金妹伯伯”的老年人，接着是一个比较年轻的，大概有 30 多岁了，我们都喊他“老坤”。他身强力健，两只眼睛亮晶晶的，胸口长满黑糊糊的汗毛，走起路来一双脚震得地也打颤。农忙时期，他挑起两满箩筐刚打下来的湿谷子全不当回事，原该四个人才踩得动的大水车也能由他独个儿对付。到了冬天农闲了，他上山打柴，“八秤担”压在肩上也不用担拄，一面飞快跑路，一面还要扯起喉咙唱山歌。因此父亲很满意，每年都要给他加分外的工资。可是，他没有长性，有一年刚过年节就变得不安分起来了，经常显出一副神不守舍的样子，干起活来总是提不起精神。原来他已经和一个曾在我家帮“忙月”的小孀妇有了来往，每天大黑早都要到村头她家给挑一满缸井水，一有机会还要到她的地里去帮她锄草松土。有一次夏天干旱，老坤白天已经为繁忙的农活而精疲力竭，到了晚上又利用我家架在田边过夜的水车悄悄地给那个小孀妇抢水。类似的事情被人发现多次，自然难免引起一些闲言闲语，老坤受到了种种威胁，小孀妇的近亲叔伯更乘机逼她让出她那丘小耕田。在这种情形下，这一对勇敢的恋人索性当众承认了彼此的关系，而且最后老坤带起小孀妇从我们村子里“失了踪”。……

远在40多年前，我刚刚初学写作时，就曾经拿老坤和小孀妇的罗曼史写过一篇散文，题名最初叫做《村野恋人》，后来又改为《老坤和小孀妇》，就作为“童年杂记”中的一篇，收在我的《散文选》里。不用说，写那篇散文时，我把自己的全部同情都倾注在那对勇敢的恋人身上。当然不只是因为老坤曾经是我少年时期的亲密的大伙伴，我们曾经一起干过农活，一起挤睡过“行床”，我对他的好感将长存在我的记忆里。也不只是因为那小孀妇的遭遇既很可怜，她的刚强性格尤其令人敬佩。即使当时我还是个小孩子，对世事的理解还很不够，但毕竟已经能从老坤和那小孀妇身上看到了更多的不幸，更广大的不平。我非常羡慕那些坐着黄金的船儿来到人世间的幸运者，他们的童年生活有如一片明媚的春光。我总觉得在这一点上，自己是一个特别不幸的人，还在荷负不起过重的哀伤的时候，我的童稚心灵却已经过早地浸入愁苦的海洋里。不错，我说的是“愁苦的海洋”，这是根据童年时的印象说的，没有丝毫夸张。并不是说自己出生在一个特别穷苦的家庭，经常处于一种食不果腹、衣不蔽体的情况里。当时我家里还住着楼房，养着耕牛，雇着长工，我的父亲还是一位乡间的小小知识分子，正努力挤进乡绅们的行列。可是，就在这样的家庭里，却不仅有着一个当童养媳的母亲，还有着三个也是被别人“抱”去当童养媳的姊姊，更有一个从别人家里“抱”到自己家里来当童养媳的女孩子。她们都曾经坐在阴暗的灶门前那张矮脚凳上悄悄地吞声饮泣，她们的泪水不知道曾经淋湿过多少灶门口灰膛里的柴灰。而且，我家不仅只是村子里近百户人家中的一户，还是全村中难得的小康之家，我的母亲和姊姊们的遭遇要比另一些堂房婶嫂们好得多。正因为如此，老坤和那小孀妇的罗曼史才给了我这个也许可以说是比较早熟的少年人特别深刻的印象，使我到了能够执笔写作时就写下了那篇《老坤和小孀妇》。但它只是一篇三千来字的小散文，怎么能容纳我前面所说的那个“愁苦的海洋”呢？所谓“愁苦的海洋”，看起来还应该加上“无边的”这个形容词，因为当时我的确觉得被过分广大的愁苦所包围，完全看不见有个可以寄托希望的边涯。我想，既然自己已经有了一点写作的能力，总该用稍多的篇幅来写一个较大的故事，写一写我们落后农村那个为争取爱情而抗争的人们的大陷坑，写一写即使是挣扎在饥饿线上的年青人也仍然具有难以泯灭的人性。

《村野的爱情》就是我计划写作的三个关于农村妇女悲惨命运的故事的第一个。

在散文《老坤和小孀妇》里，我只记述了那对勇敢的恋人从村子里"失了踪"，因为事实就是那样，我对他们后来的遭遇实在不很了解。但到了写长篇小说时，我就可以有自己的安排。我描写了一个爱情的悲剧。

出现在《村野的爱情》里的，是两个家庭和两对恋人。一家是金魁爷夫妇的儿子金豹和女儿金菊，他们属于村子里的小康人家；另一家是安隆奶奶婆媳和第三代的两兄妹，庚虎和虎妹，命运使两个家庭里的两对青年男女成为互相爱恋的情人。如果是在通常的情况之下，这种事情本来没有什么。可是，安隆奶奶一家却守着一份乖运。她自己是新婚后三个月就成为寡孀的；她的媳妇小隆婶婶要比婆婆幸运，她成为孀妇时已经是三个孩子的母亲，原是身壮力大的男人和正待长大成人的大儿子相继被病魔所夺。就这样，已经足以令人侧目了，何况他们还是村子里唯一的一家异姓人，对他们这个家庭的"来路"一直有着种种传说。例如这家庭的每一代都是单传，这单传的一个又往往只在女人肚子里留下遗腹子，凡是这个家庭的姊妹们在出嫁时也必然会带去一份不幸。这一切不仅和关于家庭的"来路"的传说相联系，更成为穷困生活的现状的根源。请想一想被安置在分属两个不同家庭的那对青年男女面前的障碍有多么严重！我这部描写了这些情形的小说发表后，有一种指责就是笼罩在作品里的宿命观念和神秘气氛。当然，这两样都不是好东西。可有什么办法呢？就我童年和少年时代所熟悉的那个偏僻农村来说，人和鬼神是生活在一起的，而且鬼神是人的主宰者，人往往只能在鬼神的宽恕和保佑之下过活。我并没有在作品里多加渲染，不过把它当作爱情的第一道关隘而已。

村民们的歧视和迷信当然很可怕，你要冲破它已经很不容易。但是，请不要忘记，在我所描写的那个年代里，贫苦农民被重压着一架无所不至的统治机器，就是人们所熟知的保甲制度。它的作用，既有政治的，也有经济的。当保甲长在村子里走门串户的时候，谁能逃过他们的监视呢？他们知道你家的桶子里还有几斤粮食，也熟悉你有些能够提供接济的亲戚，因此，向你派起名目繁多的苛捐杂税的时候，算盘精得使你只能瞠目结舌。再说，他们既是走惯乡镇公所的权势者，如果看你不顺眼而存心刁难起你来的时候，你还能活命吗？他们每一个都是一只毒蜘蛛，鼓鼓的大肚子里莫不胀满着毒水，只要在你的屋前户后打一个喷嚏，就足够使你头痛眼肿、心惊肉跳。自然，这还是就通常的情况而论。如果到了非常的时期，只要水一浑，他们就绝不肯放过摸鱼的大好机会。比方说到了抗日战争爆发后的日子里，单是抓卖壮丁一项，对他们来说就可以利市百倍，敲诈勒索，无所不用其极。属于这方面的大小故事，真是罄竹难书。刚好我写的就是抗战期间的爱情悲剧，双方的男主角正是适龄青年，你想想保甲长和联保主任之类的人物还能不伸手吗？

但无论是歧视和迷信也好，保甲长和联保主任之类人物的无上权势也好，看起来好像都还有冲破它们的可能性，勇敢的青年男女也许还有试一试自己决心的胆量。有时，爱情的力量的确是无坚不摧的。可是，异族侵略者的屠刀就不同了，如果那些由人民血汗养着的兵爷们已经望风披靡，叫手无寸铁的老百姓能有什么办法呢？说老百姓是抵抗侵略的血肉长城，就某种意义而论自然是不错的，但毕竟不能掩盖血流遍野和白骨成山的惨状。我想，读者们当会承认，出现在《村野的爱情》里的那两对青年男女总不失是生活和爱情上的强者吧，他们力图冲破障碍的结果是怎样呢？不正是在侵略者的屠刀下受到最后的挫折吗？金豹和庚虎总算闯过了头两道关隘，却在最后一道关隘上倒下身去。这最后一道关隘，实际上是和第二道关隘相连的，保甲长和联保主任们都是一些助桀为虐的人，如果不是他们的开门揖盗，人民就不致遭受那样巨大的苦难，我们那两对青年男女就不会有那样悲惨的结局。也许有读者指责作者的安排过分残酷，我将回答他们，请他们把责难投给那残酷的现实。

当时，我就把自己的见闻和理解如实地写在小说里面了。总而言之，我写的是爱情的受挫折，人性的被毁灭。

《村野的爱情》脱稿后，只在一个刊物上连载了很少部分，就交给当时从上海迁到桂林的良友图书公司，被编入“良友文学丛书”。我满以为自己写的是一个乡间的恋爱故事，在出版上总不致发生什么困难。谁知道原稿送审以后，久久没有发回。现在的青年读者大概不很清楚，当时曾经有过一个“图书杂志审查处”的机关，负责原稿的审查工作。身负重任的审查官们的嗅觉特别灵敏，责任心也特别重，绝不肯放过被认为有“违碍”的地方。最初，原稿中的段落或辞句被删掉了，作者和编辑部还可以采用“开天窗”的办法表示抗议。后来这个办法不允许了，改用×号来代替被删的空隙，使读者一眼就能看出被删掉的字数。再到后来，审查官们变得更加精明小心了，就勒令作者和编辑部把被删之处连接起来，使之天衣无缝，仿佛他们这些审查官老爷根本就没有接触过原稿。《村野的爱情》经过他们的细心推敲，竟被删掉了20多处，自然都是有关作品写到诸如农村经济的破产，乡保甲长的淫威，苛捐杂税的盘剥和抽丁征粮的悲惨，等等。当我接到出版公司编辑部的通知，要我从自己所寄居的湘东乡间赶到桂林去商谈处理办法时，我的惊讶是可想而知的。和编辑部商谈的结果，是由作者在被删处把文字作了连接，就付印了。

经过一些周折，书终于出版了。直到抗战结束以后，我才读到几篇对它的评论文章。老实说，原稿受到部分的凌迟，我的确很有些惴惴不安。果然，有一篇评论的作者对作品表示了不满，说它写了“战争和恋爱的罗曼史”，但战争在作品里又只是“一种点缀”；说它写了封建观念对爱情的残害，却又没有充分写出最顽固的老农金魁爷的转变。评论者的态度很严重，口气也很尖锐，但我读后实在感到有些为难。除了作品本身的弱点，我想到如果未曾经过审查机关的抽删，也许情况会好一些，误会也会少一些。自然，这里面也还有对当时某些评论者那种使用流行术语来一语定褒贬的做法所抱的反感。因此，趁着这本书改印新版的机会，我给它写了一篇短短的“改版后记”，着重说明自己写作时的意旨，主要并不在“探求抗战现实的本质，或是表现抗战时期农村社会的变化（虽然这种探究的表现都很可贵）”，而在描写那些卑微的不幸者的“坚韧的人性”，描写他们的忍受和反抗。作了这样的表白后，我才请求读者“别忘记了，这部小说的原稿，曾经经过审查机关的细心推敲，删去了二十余处”。当我把这篇短短的“后记”寄给一位朋友请他编入他所主编的一家报纸的文艺副刊上发表时，他曾在回信里希望我慎重考虑这种说法会不会招引非议。我知道他指的就是我所说的“坚韧的人性”。看来在那位朋友眼睛里，“人性”是一个应该讳避的字眼。但我还是坚持了自己的说法，要求他发表了出来。时隔多年，现在看起来，我那篇“后记”的确在人性问题上没有说得精确、清楚，很有些含混，但主要的意思应该还是明白的。即使是在描写同一时期的社会生活，也应该允许不同的作家各有不同的主题，不同的着重点。在艺术创造的问题上，有时的确很需要这种宽容大度。

现在，话题应该回到我在文章开头所说的“欠着读者一笔债”的问题上面来了。“亲生的儿子不嫌丑”，一个作者尽管口头很谦虚，心里总还是偏爱自己的作品。我总想有个机会能使自己的作品恢复它的原来面目，并对读者明说一下实际情况。我手头一直保留着一个经过补充的本子。可是，时间迅速，人事倥偬，转眼就近40多年过去了。我手头的那个经过补充的本子，又在十年动乱中散失不见。我想，这就算了吧，估计曾经由两个出版公司（良友出版公司和它改组后的晨光出版公司）先后印过两版的原书在人间残留无几，现在的年青读者不易再读到它。但即使这样想，也仍然无法完全排除内心的不安，好像自己曾经干过一件见不得人的丑事。谁知不久以前，出版社约我给自己编一套《选集》，说是可以把过去的写作生活作个小小的总结，再加上西欧那些热心的汉学家们要介绍它的好意，使我不得不重新想起向读者还债的问题。因此，我就下了一个决心，把《村野的爱情》比较认真地修改了一遍。虽然已经无法补充那被删的20多处，也毕竟在文字上作了一些增删，甚至把原作的结尾也改写过了，就是现在呈献在读者面前的这部新版。

我想起俄罗斯作家冈察洛夫那篇题为《迟做总比不做好》的文章。这位著名的经典性长篇小说《奥勃洛摩夫》的作者在搁笔多年以后，为了答复对自己过去的作品所提出的问题、探询、要求解释等等，他写下了那篇关于《悬崖》、《平凡的故事》和《奥勃洛摩夫》等三部作品的长篇自白，既可以作为帮助读者了解他作品的钥匙，也可以作为以后重新出版他作品的序言。他特别说明，如果有人说他发表这篇自白为时已晚，但只要它现在也不是毫无用处，他就可以回答说："迟做总比不做好。"我一直很欣赏冈察洛夫这种精神，也很喜欢他这篇写迟了的自白。尽管彼此遭遇的年代早晚不同，所处的社会环境也差别很大，他那种觉得自己的时代已经过去的心情，我却很能理解。而且，我还另有一种向读者还债的愿望。欠债要还既然是人世间的公德，那么，就请读者再接受一次我的呈献，再听一次我在这里的唠叨。

1982年8月25日上海

（原载1983年7月《百花洲》第4期）

关于《春回地暖》答读者问

王西彦

一部作品的出版问世，有它独特的命运和遭遇。我的长篇小说《春回地暖》的出版，距今刚好20年。在这期间，我曾陆续收到一些读者的来信，有的询问写作情况，例如关于题材的选取和提炼，以及人物形象的塑造之类；也有的对它作了出于偏爱的称许，说些鼓励性的好话。现在，我就读者提出的问题，谈一点自己的做法和看法。

长期以来，我是一个屠格涅夫的热心读者，他的几部描写当代知识分子的名著，一直是我最喜爱的读物。因为自己也学习写作，就渴望窥探作者所享有的那种惊人的艺术魅力的来源，如饥似渴地找寻屠格涅夫关于描写人物形象的言论，发现这位俄罗斯文学大师在塑造主人公时几乎都离不开实有的原型。他回答那些说他如果不是“从观念出发”就是“就观念发挥”的人们说：“倘使没有找到一个在他身上各种适当的因素逐渐孕育而且配合得很好的活人来作依据，我绝不会想到去‘创造形象’。”他举出了《父与子》的主人公巴札洛夫的性格来自一位他所碰到的青年医生，《前夜》的主人公英沙罗夫的行动来自他从一位年轻地主的笔记中所记的一个保加利亚人。其实，何止是《父与子》和《前夜》呢，屠格涅夫的几乎每一部作品都是证明。

艺术创造离不开虚构，但艺术虚构又不能没有事实根据。如果把艺术创造看作一座庙堂，实际生活就是它的基础；生活基础愈坚实，艺术创造的庙堂才能愈巍峨。这也并不只是屠格涅夫这样做，恐怕所有中外文学巨匠都遵循这个不移的圭臬。可是，在我初学写作的青年时期，却好像发现了一条通向目标的直径，觉得非常投合自己的需要。久而久之，习惯成自然，没有实际生活的依据，我就无法执笔，有时甚至连作品中人物的名字和绰号也抄自原型。既然题材的来源是实际生活，那么作品就应该是作家熟悉、研究、理解生活所得的总结。

1950 年和 1951 年的冬季，我先后两次参加土地改革运动。第一次的地点是湘东老苏区，第二次是皖北老根据地。这两个地区都曾经一度建立过革命政权，都在长期革命斗争的过程中有过反复，农民都遭受过卷土重来的地主阶级的蹂躏和屠杀，都留下很多可歌可泣的血泪故事。因此，农民对地主的仇恨特别深刻，对土地的渴望特别强烈，正义的原则也特别鲜明突出。我出身农村，对农民和地主的情形都有一定程度的熟悉，参加土地改革运动时的热情的确很高，当时并没有太明确的写作企图。离开湘东老苏区后，我曾经写过一个题为《湘东老苏区杂记》的小册子，那只是一些笔记本里的原始材料。离开皖北老根据地后，就连类似的小册子也没有写。可是，在这场“天翻地覆”的斗争里所涌现出来的一些人和事，却一直深印在脑子里，使你无法忘怀。特别是有几个给我印象特别深刻而鲜明的人物，他们的音容笑貌，言语举止，甚至一声苦叹，一个表情，仿佛随着时间的消逝而变得愈益清晰，逼迫你不得不打主意要给他们“树碑立传”。

于是，我提起了自己的笔。

我说我“提起了自己的笔”，好像这是一件很轻易的事情。实际的情形却是，提笔以前，我是考虑了又考虑，踌躇了又踌躇。我想到，同样题材的作品已经出现了好几部，还有再写的必要吗？能不能在这个题材的范围内再增添新的东西，写出新的面目？即使在写作上已经积累了一些经验，我下这个决心还是很不容易。我的做法是，先给几个主要人物写他们的生活简历和性格特征，同时设想他们在斗争中的地位和作用。我应该承认，这样做时，我几乎只是一个记者或录事，所写的大都出于自己的见闻，简直无法容纳想象和虚构。这里需要特别说一说，参加这场革命运动以前，对运动中出现的一些复杂情况，我是没有料到的；而且，斗争愈深入，情况也愈复杂，愈显出自己过去对农村生活和农民性格的了解是多么肤浅，多么窄狭。现在临到要把实际经验写到纸上了，而且要写成一部和同类题材的作品有所不同的长篇小说，就觉得原很复杂的生活现象更增加了它们的复杂性，因为现在你得把原有的现象清理出一个来龙去脉，但又不能使之简单化、概念化。这种情形，在记录人物性格面貌时已很突出，到了认真起草初稿时就更感困难了。

创作的过程，就是一个克服的过程。这里面蕴藏着创作生活的全部甘苦。前面提到屠格涅夫的《父与子》和《前夜》的主人公都有实际生活中的原型，但巴札洛夫和英沙罗夫绝不就是作者所认识的青年医生和作者从青年地主笔记中看到的保加利亚人。我在《春回地暖》里写到一些性格面貌颇不相同的农民和地主，他们自然都有实际原型，但不仅在初步记录他们的性格面貌时就已经有了出入，到了认真创作时就更离原型了。这里面有改变，有综合，有丰富，有提高，就产生了鲁迅所说的“嘴在浙江，脸在北京，衣服在山西”的情形。通常我们常说作家应该有深厚的生活积累，不然，你在塑造人物时就无法做到改变、综合、丰富和提高。就我自己的情况说，如果我不是出身农村，缺乏起码的有关农村生活的知识，而且勉勉强强参加了土改运动的全过程，甚至参加了第二次，第三次，恐怕也很难谈到熟悉、研究、理解，很难谈到从中获得比较正确的结论，更不会产生反映它的冲动和热情。进入创作阶段以后，在实际经验中所得到的对生活的理解，又须经过一个深化的过程，原来还是有些模糊的东西变得更明确，原来认识得还不够深切的东西也得到加深的机会。在人物的塑造上也是这样，你要把实有的形象写到作品里去，必然会有改造，有变化，需要你对性格面貌作进一步的刻划，对思想感情作更深入的分析。生活的发展有它自己的逻辑，人物性格的形成也有它自己的规律，这也就是为什么，一个作家预定的故事情节和人物活动，在创作过程中又会有改变，有时甚至会完全违反作家自己原有的意愿。

在我看起来，题材的提炼，主要是人物从实际原型经过艺术概括到达典型化的过程，它是作家全力追求的目标。不待说，人物必须有他们的“用武之地”，它就是故事情节，就是整个作品的艺术结构。为了要比较充分地写出在土改中农村社会的复杂变化，出现在《春回地暖》里的人物比较多，他们需要一个比较广阔的活动场所。当时我还有个设想是，土地改革运动是我们历史发展中的重要阶段，它要改变的是千百万农民的命运；对于这样一场伟大的革命，一个作家应该同时担负起历史家的任务，尽可能多地保留下这场革命运动的真实面貌。巴尔扎克不是说过“法国社会将要作历史家，我只能当它的书记”吗？因此，我决定要用自己这部长篇小说的篇幅来描写这场革命运动的全过程。我这样做时，的确很想把小说写成一般历史家无暇顾及的历史，就像巴尔扎克所说的风俗史。艺术结构是一项艰巨的工作，建筑一座小说大厦需要无情的劳动，足以耗尽作家的全部心智。在创作过程中，我虽然力求结构的精密和文字的简省，曾经多次删裁自认为是重复多余的段落；可是，写成一看，整部作品的字数仍然大大超过预定的计划，成为迄今为止我所有长篇小说中篇幅最大的。其中的成败得失，自然只能留给评论家和读者去评判。

《春回地暖》出版以后，有一种责难是，作者并没有塑造出革命阵营中英雄人物的高大形象，却过多地渲染了农村生活的落后面，描写了农民的保守、不觉悟。我承认这是作品的实际面貌。但请容许我在为自己作辩解时先引用一个也是屠格涅夫的例子。在说明作家的最高幸福是准确而有力地表现真实和生活实况时，屠格涅夫提到自己的爱好和作品中的描写的明显冲突。他说他自己是一个“道地的、顽强的西欧主义者”，和当时的斯拉夫主义者在思想上处于对立的地位。可是，在长篇小说《贵族之家》里，“我却特别高兴地在潘辛身上写出西欧派的一切可笑的和庸俗的方面，我使得斯拉夫主义者拉夫列茨基‘在所有的论点上都打败了他’”。潘辛和拉夫列茨基是作品中两个男主人公，后者不仅在双方争论时击败了对方，还在获得女性的爱情的竞争上也取得了胜利。为什么要这样安排呢？“因为，在这个场合，照我的理解，生活正是这个样子，而我首先就想做一个忠诚老实的人。”屠格涅夫在另一部名著《父与子》里对男主人公巴札洛夫的描写，也有类似的情况。“生活就是这样”，自己即使错了，也“对得起良心”。读到屠格涅夫关于上面这件事情的自白时，我曾经陷入久久的沉思。作家当然应该有自己独立的思想和观点，但在观察生活时，首先得尊重生活，服从生活的逻辑，绝不允许戴起有色眼镜去歪曲生活，改变生活的面目来迁就自己的观点。对待生活保持忠诚老实的态度，是一个作家最起码却是最重要的品质。

创作《春回地暖》时，已经说过我是满怀热情的。我的确想在自己的作品里把当时的农村面貌描绘得光彩些，特别是要好好塑造出几个英雄人物的高大形象。既然文学作品不是照相，不能采取所谓自然主义的手法，作家就有充分的权利使笔下的生活图景比实际情况更美好一些。也就是说，你得多看、多写光明面，少写甚至不写落后面，免得某些严酷的评论家用“我们的农村生活难道是这样的吗”的口吻来质问你。我的确是抱着这个决心进入创作过程的，还写好一个比较详细的提纲。可是，有什么办法呢？从一开始，我就发觉手里的笔不大驯顺，不肯完全听从自己的指挥。愈写到后来，这种情况就愈显著，愈突出，因为涌现在自己脑子里的生活现象，变得愈来愈顽强。“不对！生活不是像你所写的！”每次听到这个声音，我就不得不把已经写成的段落忍痛删去，重新改写。为了节省篇幅，我不能在这里引用作品中的实例。但我要坦白承认，即使是老苏区，即使在20年前已经建立过革命政权，我觉得湘东的农民也和我记忆中的浙东农民差不多，至少是有很多相类似的地方。他们身上同样有着沉重的精神负担。还有个特殊情况是，正因为曾经遭遇过20年前一场残酷的屠杀，在他们的灵魂深处更留有一种消极的痕迹，担心历史的重演。你尽可以指责他们的不觉悟，但你得面对这个现实。因此，在我的作品里，有几个农民的形象是采用了家乡叔伯婶嫂们的原型的。关于地主们的描写也是如此。作品中有个青年妇女积极分子，原先要把她写成一个先进的典型，想在她身上集中使用更多的色彩，把她的形象塑造得高大些，可是，写到后来，竟使她在一个夜晚被阶级敌人杀害在一处茶山里。作品出版问世以后，就在这个情节上遭到一些非难，也有人对这个青年妇女积极分子未能顺利成长表示惋惜。可是，我觉得自己在这个问题上完全无能为力，虽然曾经有过改写的设想，也始终下不了付诸实行的决心。和这个问题有联系的，还有个作品的构思问题。我在小说的最后，写了个地主分子夜间在分给农民的田里撒盐的情节，但为了避免人们的责难，只好再加写一个充满欢乐气氛的“尾声”，也暴露出我在写作中的彷徨心情。

其实，在人物描写上，也不仅对农民，还有对干部和知识分子，我都未能在他们身上使用稍多的鲜艳色彩。他们中间，并没有一个光辉的高大形象。有时我也曾负疚地想到，这也许和自己过去的写作历史不无关系。在过去的作品里，我的确太惯于使用比较低沉的调子。我要竭力摆脱这种消极影响，可惜无法做到。如果有人认为我引用屠格涅夫那样的例子，完全是出于为自己护短的动机，除了以沉默作回答，我再没有别的办法。我始终认为，文学的任务是写人，写真实的有生命的人，是通过真实的人的活动反映真实的生活，把生活的真相告诉读者。在《春回地暖》里，我所倾注全力的，是写出各种不同的农民、地主、干部和知识分子，写出他们在这场革命风云里的不同表现，通过他们的行动反映出农村生活和斗争的全部复杂内容。不待说，主观意图和客观现实之间总难免有距离，我的努力并不能完全产生预期的效果。单在人物描写上，我就未能使他们各具较为鲜明的性格特点，且不说别的方面了。差可告慰的是，在整个写作过程中，我一直坚持自己的尺度，就是生活的真实的逻辑。

最后，我还要简略地说一说这部作品出版后的坎坷遭遇。《春回地暖》于1963年刚刚问世，就被上海人民广播电台采用，连续广播两个多月。接着，上海和长春的两家电影厂来信或当面向我预约改编电影剧本。随后，又有北京和上海的两家报刊要发表关于它的评论文章。对一个作者来说，这些都是好消息。能够看见自己的作品被搬上银幕，并倾听到读者和评论家们的批评意见，都不失是学习的好机会。可是，谁能料到呢？代替上面所说两件事的，竟是一场突然而来的批判运动。上海有个刊物发表后来成为"四人帮"重要人物的权势者的皇皇大文，把我当作文艺界"资产阶级代表人物"，大加口诛笔伐。"山雨欲来风满楼"，旋踵而来的那场"史无前例"的"横扫"运动，把人世间的一切真理和正义都几乎一扫而尽。随着我这个"资产阶级代表人物"成为"罪该万死"的"专政对象"，长篇小说《春回地暖》也成为犯有"污蔑贫下中农"的"滔天大罪"的"大毒草"。你说，这不是天有不测风云吗？

的确是天有不测风云，事情的变化会出人意料！"四人帮"被他们自己制造的罪恶所埋葬以后，我竟然又收到读者的来信，表示对《春回地暖》的关心。其中有一位读者，在接连寄来的好几封热情洋溢的信里，对这部作品说了不少溢美之词，甚至出现一些使我深感惭愧的语句。这位热心的读者还乘出差的便利，从北京到上海来看访了我，成为我的朋友。也许正是受这位读者的影响吧，我也竟然对这部作品产生了新的感情。因此，当《书林》的编辑同志约我写关于自己作品的文章时，我就写下了这篇关于《春回地暖》的简略的自白。

1983年2月23日上海

关于《在漫长的路上》的写作

王西彦

一

最近几天里，我接待了一位不意的来客，又收到了一封不意的来信。来客和写信人都是我的表亲兼少年时代的伴侣，写信人更是我的老同窗。他们的年龄都比我大几岁，因此都是我的表哥。客人来访是在一个夜晚，他一进门就自报了姓名，说："你大概不认得我了吧？"我看见站在自己面前是一位蓄着一撮花白山羊胡子的老人，如果不是他自报姓名，我的确不会认得他了。给我来信的那位表哥，一开始就写道："已经 30 年没有见面了，你还记得我吗？"我急忙看了看信尾的名字，才想起他是谁来。跟来访者谈了一两小时的话，又读了这样一封信，使我回忆起很多往事，陷入深深的惆怅。

我们浙东的村子，一般都聚族而居，同村人都是叔伯辈或兄弟辈。我们村后隔着一个山坡的邻村和村前隔着一条小溪的邻村，却都是别姓，而且都有我家的表亲。村后那个邻村里，有两位表哥，他们是堂兄弟，都读大学，过春节来"拜年"时一律西装革履，气宇昂扬。村前那个邻村里的表哥，也就是我的同窗，却只读了初中，后来就在附近一带村子里当小学教师。我和那两位大学生交往不多，和那位当小学教师的却关系密切，经常和他并肩坐在溪岸上谈心，从彼此都很热衷的《封神榜》和《三国演义》，一直到家庭现状和人生理想，无所不谈。只是这样的时间异常短促，一到照我们乡间所说的“船儿摇出大江”，先后离开了偏僻的家乡，各自投身于生活的洪流，就劳燕分飞，各奔前程了。几年过去，我竟然在故都北平一处会馆房子里，有了和两位大学生表亲中的一位同院为邻的机会。这位表哥，每逢星期三或星期四，总之是当时北京大学的胡适博士规定会客的日子，就穿起一套笔挺的西服，把头发梳得光光的，去拜见他的“胡博士”。他在我面前大骂他的堂兄弟，指责对方徒享祖荫，却不走正道，“醉心赤化”。至于他自己，“只要我跑得勤，有恒心，胡先生就不会辜负一个有心人！”又是几年过去，抗战初期，我又在闽西北的一个“临时省会”里碰到这位表哥，他果然近于飞黄腾达了，不过不是依靠“胡博上”的提携，而是跟上了另一个炙手可热的权势者。又是几年过去，抗战胜利，家乡传来消息，说是另外那位原在农村当小学教师的表哥，也已经衣锦还乡，在县城一条最繁华的大街上，买下一排几十多间的铺屋，开起了好几家绸缎铺和南货店，成为乡里间刮目相看的人物了。……

岁月不饶人，这几位表哥自然都已经到了暮年。那天夜间来访的，就是曾被他的堂兄弟指责为“醉心赤化”的人，他诉说了一通自己所走的坎坷道路，慨叹道：“你倒还好，有了这么一个好端端的家！你看我，到了这把年纪，闻到泥土香了，连一个家也没有！”提到他那位曾经追随过“胡博士”的堂兄弟时，他倒丝毫也没有不满的表示，说：“前几年，听说他在一个小县里做豆腐卖，总算还有口饭吃！”另一位给我写来了信的表哥，情形稍有不同，他只告诉我说，他和老妻都退休了，“享受着全劳保”，三个儿子都有工作，“各得其所”，近十位孙子孙女都在读书，从大学一直到小学。“不管你满意不满意，已经走到人生的尽头，还有什么可说的呢？”

也许读者会纳罕：你的题目不是关于《在漫长的路上》的写作吗，为什么要扯到这些事情上去呢？不错，正因为要谈《在漫长的路上》，我才不能不先来谈谈我这几位表哥。只要想一想，我只接触到他们一生中的几个片断，这中间留着很多空白。要是你能利用你自己的经历和想象来填补这些空白，该能反映出怎样丰富的社会内容和时代风貌！而且，对一个作家来说，他的人物创造，怎么能离开真实的模特儿呢？

二

我们中国有句老话："巧妇难为无米之炊"。它说出了写作上一个平凡的真理——作家只能写自己所熟悉的，正如鱼儿只能在水里游，花儿只能植根在泥土里。曾有人鼓吹作家的特异才能和丰富想象能使他作"无米之炊"，如果他不是在说讽刺话，那就是在存心欺骗。创作过程当然是多种多样的，每个作家都因人而异，各有神通。也正因为这样，我们的文学历史才能呈献出它的丰富多彩。但情形虽然如此，有个共同之点却无法忽略，它就是巧妇的米，作家的生活积累。生活积累愈丰富，作家的成绩就可能愈好；正如基地愈坚实，建筑物就可能造得愈高大。我这里说"可能"，是由于从生活积累到创作成果，这中间还有个很复杂、很艰苦的过程，它包括作家的思想修养和艺术锻炼。

我出身农村，三个姐姐都是贫苦农民，堂房叔伯兄弟中也多是扶犁荷锄的，我自己在童年和少年时期也曾经侍候过牛嘴巴，打过"小老虎"（参加收割稻子）。因此，30 年代初开始学习写作时，我采用的题材，多是浙东家乡的农村生活。在我过去的作品里，反映农村的残破和农民的悲苦的，为数很不少。不用说，在那些作品里，很难避免带有鲁迅所说的"楼上的冷眼"和"空虚的布施"。只是它们毕竟来自生活，总不致发生牛角误生和豆菽错认之类的情形。直到现在，对少数原有真实模特儿的作品，我依然怀着浓烈的亲切感。可是，我的父亲是一个农村知识分子，他在村子里坐过蒙，当过私塾式国民小学的教师，还会拣日子，看风水，开药方，写春联，够得上多才多艺。我记得我家大门上，就贴着父亲书写的春联，一边是"青黎照读"，一边是"红杏催耕"，叫做"耕读家风"。父亲还有一只红漆小书柜，里面锁着一些自己爱读的书。我最初读到的《三国演义》，就是从那柜子里偷出来的。尤其是，我毕竟在成年前夕就离开家乡，进入城市，长期生活在知识分子中间.养成一套知识分子的思想方法和处世习惯，把自己的关心倾注在同时代的知识分子身上。随着年龄的增长，阅历的加深，这种关心也就愈益经常，愈益强烈。

如果以辈份来区分，我熟悉的知识分子有三代：父亲辈、我自己的同辈和儿子辈。我曾经长期在学校里工作，对自己同辈和更年轻一辈的知识分子，有较广泛的交往和接触。在革命斗争的风雨中，我们的遭遇相同，命运与共。我熟悉他们，正如熟悉自己。前面我举出几位表哥的例子，只是说明即使在他们中间，各人走的道路就有如此的不同。实际上，在我的经历里，我看到的知识分子的面貌和行径，进退和浮沉，要比我那几位平庸的表哥不知道要复杂多少倍，更富于戏剧性多少倍。挣扎和斗争，欢笑和哀叹，热烈的呼号和悲凉的低吟，长途的跋涉和黑暗的监狱。从他们身上，的确反映着中国现代历史的一个侧面。作家的工作，不就是塑造活生生的人物，描画多变的时代风貌吗？既然你是他们中间的一个，曾经和他们同遭遇，共命运，那么，你的心怎么能不为他们而跳动，你的笔怎么能不为他们而挥使？而且，既然你是一个作家，只能描写你所熟悉的，你怎么能不把自己的范围限制在最适合的地区，并把这个地区开辟为自己独特的家园？

30 年代初开始学习写作时，我就用短篇小说的形式描写过知识分子。到了 40 年代，我尝试着用较大的篇幅来描写他们，曾经写下好几个中篇小说。也就在这个时期里，短篇小说中知识分子的主人公，也有了增加。他们一多半是生活里的败北者。为了给自己作辩护，我在一个集子的自序里，说明在新旧社会的变革中，他们是一些不幸的力弱者，我只在给他们唱一阕凄凉的挽歌。话虽这么说，其实我并没有完全忘记对自己的策励——给另一些生活中勇猛的闯将唱赞歌。我下决心要这样做，要用更大的篇幅，尽可能充分地来描写他们的斗争，他们走过来的道路。

《在漫长的路上》就是这个决心的实践。

三

这部作品，描写解放战争初期几个青年知识分子的生活遭遇，他们面临的考验和抉择。那是一个十分严峻的年代，在历史的惊涛骇浪中，谁也无法逃避，无法站在旁观者的地位。不用说，对中国知识分子来说，经历了长期革命斗争的风云，道路本来已经十分明显，不再存在抉择的问题。这在30年代初期，我自己就曾经写过一个题为《找寻道路的人》的短篇小说。可是，中国知识分子的队伍很复杂，他们的道路也很曲折，你不能用一个模式或一种色彩来描写他们。这正是我的实际经历告诉给我的。到了60年代十年浩劫的前夕，在那股至今仍然使人一回想起来就不免哑然失笑的反常浪潮里，有人把《在漫长的路上》当作所谓“中间人物”的标本来批判，居然责问我道：“解放战争已经打响了，你怎么还在那里写什么‘漫长的路’呢？这还不是对革命的歪曲吗？”我听了只有发愣的份儿。按照这些人的看法，解放战争一打响，知识分子中间就再也不会有动摇、分化、选择道路的现象了，何等天真，何等无知！但我却正是要在自己作品里描写上述现象的，我觉得这正是一个作家的“用武之地”。

在我所描写的人物中间，当然有革命者，他们是那个时代里的知识分子中的“脊梁”；但也有可耻的市侩和反动分子，他们是蠕动在时代暗影下的丑角。我选取了站在歧路上的徘徊者，作为自己最主要的描写对象，因为在他们身上集中着时代的矛盾。如果说，这样做就是“中间人物论者”，我将欣然接受这顶桂冠。我还采用了浙东家乡一个小城做背景。“浙东家乡那个小城，一方面联系着动荡不安的农村，另一方面也通向斗争更为复杂的较大的城市——小说里面的主人公最后就奔向那里，读者当然可以想象到，他也就是投向发生在那里的规模更大、考验也更为严酷的斗争里。”这是我写在后记里的话。还应该补充的是，家乡的小城不仅是自己最熟悉的，而且，从抗日战争前期起，家乡农村里就有了一支革命的游击支队，它吸收了不少知识分子参加战斗。这一切，都是读者能从作品里窥见的。

那么，应该采用什么角度来描述这个斗争故事呢？

在这里，有个作者的欣赏兴趣的问题。一个好的作家，我以为他应该是一个好的读者。我的意思是说，他应该有很好的文化素养。生活积累当然是第一义的，是巧妇手中的米。但也决不能缺乏文化素养，包括通常所说的思想锻炼和技巧锻炼。没有土壤，就没有花朵，艺术的想象只能根生于生活。过去的文化积累，其实也就是我们前辈的生活积累，而且是经过提炼加工的积累。读书就是接受这份可珍贵的遗产。对我来说，这仿佛是一种童年时代就具备的天性，并不是出于写作的要求，把它当作一个作家的吸收营养。实际上，它也更是我人生的教科书。我的确读了不少书，中国和外国的文学作品，特别是长篇和中、短篇小说。我爱上了其中的一些作家和作品，有几部书成为我经常的伴侣，数十年如一日地反复阅读。就外国的作家作品来说，笛福的《鲁滨孙飘流记》和《摩尔·弗兰德斯》，狄更斯的《大卫·科波菲尔》，勒萨尔的《吉尔·布拉斯》，特别是夏洛蒂·勃朗特的《简·爱》，都是我所喜爱的。我还应该举出更多的名著，如诗人普希金的散文小说《上尉的女儿》，屠格涅夫的《猎人笔记》、《初恋》和《阿霞》，契诃夫的《我的生活》和《没意思的故事》，等等。这个目录是写不完的，它们都是作者采用第一人称的产物。由于有的作品多少带有自叙的性质，在作品中的“我”身上有着作者的影子，读起来很有些像面对面地倾听作者诉说自己，亲切感就油然而生。对作者来说，第一人称的写法也能给他提供很大方便。作品中有了一个“我”，描绘、叙述、抒情、议论，就可以糅合一起，互相交错，大大加强作品的吸引力和感染力，在情节和场景的推移上也比较自由。我对这类作品的兴趣，最初自然出于一个读者的亲切感，后来也就往往从作者的角度考虑到了作品的感染力。

我自己在写作时喜欢采用第一人称的写法，主要是依据题材和人物的需要。为生活经历所限制，我只能描写农民和知识分子，愈到后来，后者的比重更有了增加。大体上，描写农民的，多采用客观的第三人称；描写知识分子的，大都出于第一人称。三四十年代的短篇小说，情形就是这样。写于40年代的几个描写知识分子的中篇小说，如《古屋》、《寻梦者》和《神的失落》，都是第一人称。我觉得，只有这样，才能比较充分地展现出知识分子复杂的灵魂，才便于边抒情，边发议论，感到挥洒自如。

《在漫长的路上》的稿末，有一行关于写作日期的小字：“1960年7月在上海据1949年2月邕宁凌铁村初稿重作完毕”，说明这部作品写了很久，而且数易其稿。在这样长久的时间里，我一直认为自己采用第一人称的写法是可取的。

四

《在漫长的路上》第一部出版时，我就对读者作了预告——把主人公送往一个更大的城市，让他经历另一番更复杂、更严重的考验。我还把第一部的写作看作第一个台阶，算作举步跨上第二个台阶的起点。我还要向读者贡献出第二部和第三部。

不论第一部问世不久就遭遇到怎样的灾难（我将在另一个机会里叙述它），我觉得自己既然对读者作下了许诺，就绝不能食言失信。就在挨受令人啼笑皆非的“批判”时，我也没有放下自己的笔。实际上，向出版社交出第一部原稿，我立刻就动手写第二部。感谢读者的宽容，第一部出版后两三个月内，我就接到出版社寄来的重版本。没有再印第三版，则是出于我自己的要求，因为我在续写第二部时碰上了难以克服的困难。

在第二部里，主人公到了另一个大城市。那里的革命风涛更紧迫，斗争更剧烈，需要一个比第一部更广阔的场景。尤其是，第一部的情节太简单，参加斗争的人数比较少，他们的性格和面貌都不够鲜明。如果把小说作品比较建筑物，第一层的结构太单薄，也太窄狭，承受不起第二层的重量，何况还有第三层。最感棘手的是，在第一部里，“我”是一个见证人，即使也在那里奔走，说话，抒发感情和议论，但始终居于旁观者的地位，缺乏鲜明的性格和面貌；到了第二部里，难道还能让他保持原有的身份，在斗争风暴里充当跑龙套似的角色吗？从这一点回头去看第一部，问题就更清楚了。如果不是受到“我”的视野的严重限制，且不说无论是学校师生和市民们的斗争，农民的暴动，游击支队活动的坚持和开展，都将得到更加充分的描写，使作品能以广阔得多的幅度来反映当时的革命风暴；特别是对几个主要人物的心理状态，他们灵魂最隐蔽的角落，就不致使读者感觉到有如雾里看花，似明若暗。如果说，《在漫长的路上》第一部是一个失败了的实践，它失败的原因自然是多方面的，其中的一个原因就是第一人称的写法。

不久以前，一位对文艺问题素具修养的朋友，给我送来一包剪报，是他自己在一家报纸上连载的读书笔记，其中一则就是谈论小说创作所采用的人称的得失的，举了我的《在漫长的路上》为例，说这部作品最重大的缺陷就是采用第一人称的写法，限制过大，读起来总觉“不自然”。他并进一步举出很多部出于第一人称的世界名著，指出那些作品的成功，是由于“我”就是主人公，就是斗争的中心人物，而《在漫长的路上》中的“我”却只是一个见证人。自然，以“我”作见证人的作品，写得成功的也很多，例如鲁迅的名篇《故乡》和《祝福》，还有《在酒楼上》和《孤独者》；但它们都是短篇小说，和长篇有所不同。因为是读书笔记，那位朋友只指出了问题，未能详加发挥，但已经给了我一个重要的启示。

一般地说，短篇小说反映的只是生活的一个横断面，所写的人物也只是性格面貌的一个突出点，第一人称的写法还不致成为过大的限制，“我”以一个说故事人的身分隐在幕后也不会使读者感到碍眼，高明的作者能够充分发挥第一人称的长处。长篇巨制要求场景的宏大，视野的广阔，人物命运的波浪起伏，情节发展的回旋曲折，因此，第一人称的限制就变得十分突出。我们无法想象，曹雪芹能采用第一人称写出《红楼梦》，尤其是列夫·托尔斯泰能采用第一人称写出《战争与和平》。象《大卫·科波菲尔》和《简·爱》那样的作品，故事线索毕竟比较单纯，既然主人公就是“我”，视野虽然不能开拓得更广阔，自我剖析就能毫无隔阂和拘束，读者更能从主人公的直接诉说里感受到分外的亲切。

从上述例证来看《在漫长的路上》，采用第一人称的写法显然是一个错误。我曾经设想，这部作品的读者，可能会觉得自己坐在一个窗口过窄的车厢里，在列车前进时，对窗外那个色彩缤纷、阳光灿烂的广阔世界，只能匆匆一瞥。我仿佛清楚地听见了读者们在掩卷时深感惆怅的叹息。

五

现在，我应该把话题拉回到对读者的许诺上面来。

发现《在漫长的路上》采用第一人称的错误，我放下正在写作的

第二部，同时请求出版社不要再重印第一部，因为我决定改用第三人称重写它。我知道，作品需要不断修改，多次改写；作者应该对待自己严格，不能自我宽恕。轻易取得的东西，它的价值总是可疑的，我必须毫不吝啬自己的气力。我抓紧时间着手重写第一部的工作。我进行得还算顺利，以比较高的速度完成了约一半篇幅。主要的努力，是赋予“我”以比较鲜明的性格面貌，并把他放在原来主人公的对立地位上。一面改写，一面我还负气地想：你们不是把《在漫长的路上》当作“中间人物”的标本来“批判”吗？现在我索性把这个“标本”写得更丰富些，看你们能“批判”到什么时候？我又给自己鼓气：你放心改写吧，真正有生命力的好作品是“批判”不倒的，关键是在你能不能达到自己的目标，能不能使自己的作品成为蚍蜉们无法撼动的大树！

可是，接着发生的事实，却无情地嘲笑了我的自负。十年浩劫开始了，我被列为上海文艺界第一批打击对象，一夜之间变为被专政者，公民权被完全剥夺，不要说继续写作了，连已写成的原稿也被当作“罪证”没收了。原来在我们时代里，竟是如此不能掌握自己的命运，即使你是诚实地做人，也诚实地工作。我被专政了十年半，《在漫长的路上》第一部重写稿和第二部的初稿（都还没有写完）则被没收了近12年。这中间，我也向工宣队头头询问过，回答是：“你那些毒草早已送到造纸厂化了纸浆，说不定你们现在写交代用的纸，就是你毒草化的纸浆造的哩！”他说得那么肯定，我也只能深信不疑。反正是物质不灭，自然也用不到多抱怨。可是，“四人帮”覆没后第二年，大批书信、笔记之类从原单位归还时，竟在那里面发现到了那两部虽然不无散失，却还大体完整的原稿！在那一刻，过大的激情掩盖过失而复得的喜悦，我立刻告诉自己：在这个人们完全不能掌握自己命运的时代里，原稿的命运怎么还能捉摸呢？如今既然幸免于难，单是为了证明“四人帮”封建法西斯文化专制主义的破产，你也有责任重新完成它们！

现在，我就在尽自己这个不容推卸的责任。

在人的短促一生里，十年总不能算是很短促了吧，而且，所遭受的又是怎样的磨难！有人把“十年浩劫”比作欧洲中世纪的黑暗时代，把“四人帮”的封建法西斯文化专制主义比作当时残酷压迫“异端”

的“宗教裁判所”。过去研读历史，每当读到“宗教裁判所”对揭露教会黑暗、反对封建专制的进步思想家们的迫害，读到这个侦察审判“异端”的宗教权力机构焚书坑儒式的暴行时，总以为那是人类还处于愚昧阶段的疯狂表现，是已经一去不复返的历史陈迹。谁能料到，在我们的国土上，还会出现一个20世纪的黑暗时代呢？可是，欧洲的“宗教裁判所”并没有完全毁灭欧洲的文明，中国的“四人帮”也未能彻底扼杀我们文化艺术的生机。就个人来说，十年浩劫虽然把我从壮年一下子推到老年的行列，但我还是活过来了，又拿起笔来了。我的确从历史巨潮的奔腾中听到了胜利的欢声，并受到这种欢声的鼓舞。

一个作家的主要任务究竟在哪里呢？从身经的十年浩劫中，我更清楚地觉察到了历史所包含的道德力量。我们常说：历史是无情的，是公正的，是可信任的，指的也就是它的道德力量。过去那一段黑暗岁月里，我曾经在我的难友身上看到了这种道德力量的闪光；即使他们有的已经永离人间，但他们身上的闪光却没有从我眼前消失。我认为，发掘并用鲜明的形象表现出这种道德力量，就是作家最根本、最神圣的任务。我愿意在难友身上的闪光照耀下，来完成自己对读者的允诺。

1980年7月10日上海

（原载《作家谈创作》，花城出版社）

《王西彦散文选》自序

王西彦

一连下了几天雨，天气阴冷而潮湿。我离开书桌，伫立窗前，透过园子里常青树丛的空隙，望着街上来往的行人。无论是打伞的，披雨衣的，他们几乎都在雨中跨着急步，匆匆踩过淋湿的街道。使我微感惆怅的是，浇有一层厚柏油的街面上，竟没有留下半点儿脚迹；就连一辆隆隆轰响的载重汽车驶过去了，街面也依然平坦而光滑，显出一副漠然的神情。

我回忆起自己的家乡，自己的少年时代。每当暮春季节，跟一群看牛的同伴，在半湿的紫云英田里抛镰刀赌草把，或是初秋大熟期，踏着离水不久的稻田，站在稻床角“打小老虎”的时候，那泥土是多么柔软可亲呵！清明一过，地气向上，你光赤的脚板就往紫云英田踩吧，简直一步一个脚迹，还会给你一种暖丝丝的感觉，恨不得把脚步放得更重些，使脚迹更深些。至于下稻田收割大熟，用我们家乡的话说，是等于“拆斗牛”的重活；如果田里离水较迟，不消半个时辰，你就不止浑身上下都沾满泥巴，两条小腿更会深陷在自己的脚迹里，老半天拔不出来。我们还喜欢做“踩脚印”的游戏，在半湿的“戏田”（没有作物的）里，从田头跨大步走到田尾，看谁的脚迹踩得最深也最直。有时我们也选用溪边沙滩做游戏场，不过细沙虽然很柔软，搔得你脚板心直发痒，但脚刚踩过，印迹就模糊了，总不如湿土里的来得鲜明而持久。……

再回到书桌边时，我就想到自己现在做的，不也正是重温湿土里的脚迹吗？这个想法，不仅使我感到欣慰，而且增添了勇气和兴味。

我正在做的，是把过去数十年间写下的一些短篇文字，加一番梳栉修删，选编成集。因为写在不同时期，文章的格式既不相同，表达的情绪尤其迥异。过去虽曾印过几个小小集子，它们的命运既颇寂寞，自己也就不大重视。感谢有个朋友，在闲谈我国新文学的成绩时，提到了我早期的几篇散文，说了几句鼓励的话。一时兴起，我就从尘封的笥箧里找出它们，试着翻看。谁知竟因此花去不少时间，把全部幸存的旧稿都重读了一遍，甚至对它们生出偏爱来了。

我知道，自己这份偏爱，多半由于它们是“幸存”的。人们当然不会忘记，我们国家曾经有过悲惨的十年浩劫。在那个天昏地暗、乾坤颠倒的时期里，我的主要罪名，就是有那么几个鼻子特别灵敏的人，在我一篇短短散文里，嗅出了“反党反社会主义”的气味。在剥夺我作为一个人的尊严和权利时，他们还把出自我手笔的所有文字，包括原稿、书信、笔记和日记，统统作为“罪证”，囊括而去。到了运动后期，我也曾经向他们要求发还，得到的回答是：“你到造纸厂找去吧，那些毒草早就化成纸浆了。”但由于他们的粗心大意，到了“四人帮”覆灭以后，我的“罪证”居然还留在大批劫剩的废纸堆里。

现在编在这个选集里的，除了“四人帮”覆灭后的部分新作，都是废纸堆里的幸存物。它们竟成为一个强有力的证明——残暴决不能消灭文化，野蛮也绝无法战胜理性。

收容在第一辑里的八篇《童年杂记》，记录着我童年和少年时代的小故事。过去的诗文里，童年总是和“幸福”、“美好”之类的字眼相联系的，我曾读到过像“童年呵，你是人海的明珠”这样的诗句。一个人离开童年或少年时代，陷身于纷纭的人事而不能自拔，他就会把对过去的回忆当作逃避风浪的港湾。这自然是因为，在童稚心灵里，人生有如万花筒中色彩缤纷的花花世界。可是在我的“童年杂记”里，有的却只是一些灰暗的往事。

这当然不是由于我天性特别敏感，而是我的童年生活过分灰暗。出现在杂记里的人物，不论是义父和斋婆，或是长工和看牛小伙伴，总之都是我童年或少年时代里实际接触过的，而且一直活动在我的记忆里。他们自然早已入土了，但他们的音容面貌，直到我已经到了垂暮之年，依然历历如在眼前。我记得我的老祖母在临近80高龄时瘫痪不起，白天神志昏迷，一到夜晚，却眉飞色舞地跟接踵而来的亲友们打起热热闹闹的招呼，这些亲友无一例外地都死得比她更早。人们都说，她已经进入阴间了，所以和她交往的尽是些阴间的人。实际上，她恐怕只是生活在自己的回忆里罢了。可是，我看看自己这几篇杂记的写作日期，有的是30年代初学写作时，大概是受了高尔基的《童年》之类作品的启发；有的则是40年代抗日战争时期，显然是在写作反映家乡农民生活的其他形式作品时，勾引起过去的回忆的结果。总之，我的目的是在记述自己曾经身经目睹的某些历史现象。

提到记述历史现象，最明显的莫过于第二辑《患难中的祖国》了。从抗日战争前夕的古都北平，到抗日战争初期的苏北、湘赣、浙东和闽西北，这些短文所记录的，对我自己来说，简直是一步一个脚迹，它们使我回想起日本侵略者的狞笑，震耳欲聋的炮火，在轰炸下颤抖的城市，变成灰烬的尸体，满脸愁苦的家乡父老，寒夜里残破的车站，以及长途颠簸的“黄牛”汽车。不待说，这一切都像一连串噩梦似的成为遥远的过去了，我保留下来的只是一些零星陈迹，重读它们时，有如咀嚼家乡涩口的苦荬菜。

写于解放后17年间的短文，我选存在第三、四、五辑里。这一部分，大都是些速写报告，个人的情绪几乎完全隐没在大量的事实里。应该特别说一说的，是写于1962年的《湖上》，因为它就是前面提到我在十年浩劫时期的主要“罪证”。文章里写到在西湖游艇上听一位老船家讲历史掌故，讲到了清朝康熙和乾隆两位皇帝在西湖建造行宫和湖滨旗营里耀武扬威的旗兵，也讲到北洋军阀的混战和日本侵略者的刺刀，因而发了一点议论道：“老百姓真是不怕强权的！康熙乾隆的事儿我没有亲见，可我亲见的就不少啦！实在不少啦！民心若不顺，皇帝下龙廷嘛！”最后一句是我们浙东的俗话。如果是神经健全的人，谁都看得出，这只是饱经沧桑的老船家在对皇帝、军阀和日寇们发发“而今安在哉”式的牢骚而已。可是，到了1966年，后来结成“四人帮”那几个人的鹰犬们竟然抓住这句俗话，不仅无限上纲到“反党反社会主义”的高度，而且非把我屈打成诅咒最高领导者的严重罪犯不可。事实上，我也的确被专政了超过十年之久。

过去，我在读中国历史上关于文字狱的记载时，每惊叹于那些封建暴君们的凶残和愚蠢，总认为那种血腥的黑暗岁月已经永绝于人类的文明世界。哪里料到，我这个生活到20世纪70年代的中国人，竟然还会碰在那张更为荒唐可笑的“法网”上呢？我想，只要把我写于解放后这三辑短文通读一遍，就不难想象我那种无端被一下子投入灾祸时的惶惑心情。人世间热情的遭受嘲弄，竟一至于此！

现在我把《湖上》收容在这选集里，作为那个黑暗岁月的小小“存照”。

“四人帮”残酷的封建法西斯专政，在我们国家制造成十年文化真空，“白茫茫大地一片真干净”。这景象，也反映在我这个集子里。1976年10月6日是这些丑类被人民的巨掌打下历史舞台的日子，此后的一段时期里，人们莫不欢腾鼓舞，庆贺民族悲剧的终止。只是我那种噩梦乍醒的惶惑情绪，却残留了许久。而且，阴霾也正待消散。收在第六辑里的几篇短文，是在两年之后才写出来的。因为被专政了十几年之久，一旦重见天日，有机会到几个城市里去探亲访友，祖国大地经受浩劫后的满目疮痍，的确给了我很大的惊讶。读者可以看出，我在记录写作时有着很大的克制。

但是，我自己虽然在劫难中活过来了，我的朋友却有不少人已经含冤倒下。有一个时期，每隔几天，我就要去一次上海龙华火葬场，参加给他们平冤昭雪的仪式。当我肃立在送葬的行列里向死者默默致哀时，听着死者家属们的哭泣，我感到自己的心灵也在哭泣。我望着灵位上面死者的遗像，仿佛听到他们告诫的声音：“活着的人们哪，你们要警惕呵！”我想到自己应该做一点什么事情。我果然做起来了，陆续写下一些向死者告慰的纪念文章。

这个集子的最后部分，就选收了这类纪念文章中最初写成的两篇。我知道自己写它们时，无法保持情绪的平静，未能对他们的功绩做出恰如其分的评价。但我想，死者是会原谅我的，正如他们生前一样。

这个选集里的短文，写作的时间几近半个世纪，从青年时代一直到现在的垂暮之年。我并不想对读者隐瞒我对它们的亲切感，但我也无意于给它们掩饰短缺。诗人要了解自己艺术的高贵性，不要忘记给读者以愉快和美的享受。一切优秀的作品都应该是诗，都应该具有诗的美。散文尤其接近诗。拿这个标准来衡量，我这些短文是很不够格的，首先就是诗情的贫乏。可我还是把它们选编出来了，因为它们毕竟是自己一步一步地走出来的，是泥土里的脚迹，是历史的一个侧面，而不是天际飘忽无定的浮云，水边一瞬即逝的倒影。

写完这篇序言，天已放晴，窗外展现出一片温暖的阳光，半空正掠过一群欢欣的白鸽，园子里腾着一股雨后清晨的潮气。一个渴望涌现在我心头——下楼到园子里去，在半湿的泥土里踩出你新的脚迹，即使不是家乡暮春季节的紫云英田，我也并没有光赤着脚板。

1980年2月2日上海

（原载1980年10月江苏人民出版社《王西彦散文选》）

岁月从窗外流逝

——《炼狱中的圣火》自序

王西彦

今年上海的夏天虽然来得比较迟缓，立夏过后半个多月了，身上还穿着毛线上衣，但窗外园子里毕竟已是一片葱绿，银杏树和悬铃木的枝叶密密层层，夹竹桃和火石榴都怒放着红艳艳的花蕊，在阳光下焕发出一派初夏季节所特有的生气。这些年来，我对季节的变换特别敏感。枯枝上的一片嫩叶，墙脚边的一丛稚草，都会拨动我过敏的神经，使我陷入一种噩梦乍醒时的恍惚状态。我知道，这只是由于自己感情过分脆弱，时间的流逝竟未能冲淡过去那一长串梦魇似的经历。

在曾经出现于我们国土上的那个疯狂的年代里，有一个时期，我先被“造反派”关在一处大“牛棚”里。这是一幢充当书库的小楼，由于年久失修，早已被判定为“危险房屋”，如今被选作关押“牛鬼”的场所，两间原是阅览室的前楼，拥挤着二三十名“走资派”和“反动权威”。算我幸运，占有了靠南窗走廊里的一个位子，刚好面对窗外花园里的一架葡萄藤。我刚被关入“牛棚”时，正是初夏季节，葡萄藤非常茂密，叶片重重叠叠，微向上翘的卷须几乎要探入窗口。很快地，淡白色的花朵开放了，浅绿色的果实结成了，整个葡萄藤架仿佛不堪累累果实的重荷，慢慢地往下沉落。很快地，果实被采摘光了，叶片发黄了，飘落了，最后终于只剩下一些稀疏的枯藤。但是，就从那些稀疏的枯藤上，又吐露出嫩芽来了，长成重重叠叠的茂叶了，开花了，结果了。望着窗外的葡萄架，我在心里告诉自己道：“又是一年了!”我清楚地感觉到，自己的生命在无休止的磨难中消逝了，那架凋而复苏的葡萄藤就是忠实的见证者。后来，据说是因为“罪行”升了级，我又被移到机关大楼后面一处小“牛棚”里。这是一间窄狭的煤气间，一排四个废弃了的煤气灶几乎占去了一半面积，剩下的有限空隙地带拥挤着我们六名情节严重的老“牛鬼”。从早到晚，我们就这么膝盖碰膝盖地坐在一张狭小的桌子——它是给我们写交代和“思想汇报”用的——旁边认罪思过。比起书库楼上的走廊，我们的处境要坏得多了，还得随时准备着被成群结队前来串联的“革命小将”们揪出去审询和批斗。可是，就是在这样的地方，我们也仍然有着自己的幸运。原来这间煤气间有个朝西的小窗子，窗外竟然有着一棵紫荆树，早春季节，叶子还没有吐芽，枝梢却已经绽出成簇的紫花。不用说，这种给人们带来春讯的花簇，很快就凋谢了，飘落了，结出了长而扁的荚果。和坐在书库楼上走廊里的时候一样，我每年望着窗外的紫荆花，开了又谢，谢了又开，感到自己的生命在消逝，消逝……

事过境迁，现在纵然已经很难描述当时的复杂心情，但那架葡萄藤和那棵紫荆树却将长存在我的记忆里。它们将成为永恒的见证者——证明自己曾经经历过一个怎样的时代，遭遇过一场怎样的悲剧，而且充当过那悲剧中的一名小小的角色，一名不幸的受难者。

对季节的敏感，自然只是由于无情岁月的流逝，使你痛惜自己生命可悲的浪费。保留在记忆深处的书库小楼前的葡萄藤和煤气间窗外的紫荆树，也只不过是无知的证物。我所要说的，当然不只是这些。前面我不是提到挤坐在煤气间里的六名情节严重的老“牛鬼”吗？在他们中间，有的是刚刚担任了一个国际会议的中国作家代表团的副团长，他从很年轻的时候起，写下了几百万字的小说和散文作品，深受读者爱戴，享有国际声誉，而且为国操劳，刚刚在上海送别了一批外国作家，身上还留有飞机场上的灰尘，手上也还留有和外国朋友握手道别的余温；有的年逾六旬，满头白发，早年参加过“左联”，在革命文学队伍里坚持了半个世纪，他的作品曾受到鲁迅的赞扬，建国以后在文学刊物的编辑室和大学的教室里孜孜不倦地埋头工作，把自己的全部精力奉献给业余作者和青年学生的教育培养上。其他几名老“牛鬼”，自然也莫不是革命文学队伍中的老战士，他们都从自己的角度为文学事业尽了力量，给人民作了贡献。可是，如今他们却在一阵天昏地暗的旋风中成为罪大恶极的“罪犯”，人类以外的“牛鬼”。只要是“造反派”，任何人都有权利对他们皱眉瞪眼，唾骂斥责，处罚他们干脏活苦活，给他们戴高帽子，画鬼脸，剃阴阳头，撇他们耳光，抽他们鞭子，强迫他们站队背诵《敦促×××投降书》，下跪接受审讯批斗，扭他们胳膊做“喷气式”，押他们游街示众，关他们隔离室，下他们监牢，以至于逼他们跳楼或上吊。面对着无休止的虐待，无穷尽的屈辱，你竟完全不明所以，既无法申辩，也无力反抗，而且这一切还都是发生在革命的名义和光天化日之下的，请想想世界上还有什么更荒唐、更不堪、更折磨人类良知和嘲弄历史正义的事情吗？我生活在20世纪60年代的文明世界，未曾经受过中世纪的宗教裁判所的酷刑。但据说那是天主教会用来镇压“异端”和“异端嫌疑者”的。看起来，我们已经被认为是革命的“异端”和“异端嫌疑者”，我们的世界也已经倒退到黑暗的中世纪了。情形既然是这样，如果你未能结束自己“罪大恶极”的生命，就只有在中世纪式的虐待和屈辱中苟活下去。

不错，我们的确是苟活下来了。我说“我们”，其实是不精确的，因为在我们中间并不是每个人都有这种超人的忍受力，有这种苟活下来的机缘。我们被关进小“牛棚”以前，就有人用开煤气灶和跳楼之类的办法来使自己脱离苦难；我们被放出小“牛棚”以后，也还有人在被专政的情况下不明不白地死在医院的急诊室里。这本回忆文集里的《向死者告慰》一篇，就是记这位死者在永离人世以前一段时间里所遭受的待遇，所忍受的煎熬的。在活下来的幸运者里，我也写了一篇《炼狱中的圣火》，读者当然一读就会明白，我记的是那位从送别外宾的飞机场直接走进“牛棚”的著名老作家。

不用说，我把这个集子定名为《炼狱中的圣火》，并不只是因为里面收容有这篇回忆文章，还有着我自己的寓意。十年动乱期间，在“四人帮”推行封建法西斯文化专制主义时，不是把过去曾经在作品里描写过知识分子的生活和斗争，也“上纲”为“为资产阶级知识分子树碑立传”的“滔天大罪”吗？因为在那些人的眼睛里，知识分子就是革命的“异端”，就是无产阶级的“死敌”。人们只要有耐心去查一查当时他们控制下的报刊，看一看接受他们豢养和指使的“东门学士”

们连篇累牍的皇皇大文，就会知道他们的确是有着“横扫”一切知识分子的气概和决心的。既然“知识愈多愈反动”，既然知识分子都是资产阶级的，都是“既不会种田，也不会做工”的剥削者和精神贵族，如果不把他们“横扫”得一干二净，以驱使人类回复到茹毛饮血的洪荒时代为目标的文化大革命，怎么能“进行到底”呢？不言而喻，在这样的“革命风暴”里，我们这些本身就是知识分子且又曾经为“阶级敌人”“树碑立传”的人，自然是罪不容诛，应该打入十八层地狱了。

但是，按照但丁在《神曲》里的描写，罪人在地狱里经受了苦难，却能升入炼狱，由天使在他额上拭去罪恶，使他们的灵魂返真归璞，完全无罪。我愿意承认，我的确是把我自己也在其中的正直的知识分子们，都看成经受了苦难和考验，证明是完全无罪的灵魂的。就我所身经目睹的范围来说，知识分子遭受的苦难很深重，经历的考验也很严峻。从我稍稍懂事的时候起，我就生活在知识分子的圈子里。我所接触的知识分子中间，有革命家，有大学教授，有工程师、医生、新闻记者、作家、演员，也有地位低微的小职员。我不敢说自己怎样了解他们，但至少可以说，我相当熟悉他们。我知道他们中间的绝大多数都是秉性正直，信任人类，热爱祖国和人民，愿意尽自己的所能为祖国和人民作贡献的。尽管他们的性格各异，选择的道路也不尽相同，但流在他们血管里的血都是热的，跳动在他们的胸腔里的心脏都是红的。他们都在寻找那条自我贡献的途径，在造福人类的业绩里发挥自己的光和热。我知道，即使在过去那个黑暗的时代里，他们就在那样做了，从他们身上发出的光和热，就温暖过我们脚下这块土地，燃烧过当时千万人的心灵。他们中间的先驱者，已经成为后继者前进的火炬，历史上将永远用热情的字句记载他们的业绩。回顾过去那个时代的遭遇时，人们每多采用“饱经忧患”这个词儿。这是一个内容非常丰富而复杂的词儿，既有社会斗争，也有自我斗争。也许只有亲身经历的人，才能懂得它的含义吧？我这样说，并不是有意往他们身上洒圣水。他们当然有他们这样那样的弱点，或者借用一句时髦话，他们莫不带有自己的“阶级烙印”。可是，在我们这个世界上，究竟谁是一尘不染的圣者呢？不久以前，人们不是看得很清楚，愈是高唱“血统论”的“革命家”，他们手上的血污就愈是熏人欲呕吗？

但问题不只在对过去那个黑暗时代的回顾。我们并不缺乏公允的历史家，在知识分子中间也曾出现过一批态度诚挚的作家，他们用真实的描写保留下自己的面貌，自己的挣扎、呼号和斗争。问题倒在于这群饱经忧患的不幸者竟然受到了历史不公允的待遇。那就是被历史家称之为“一场悲剧”或十年动乱的那些人妖颠倒的日子，那些充满凶残和恐怖的岁月。请想想，出现在我们眼前的这个悲剧和它的众多的受难者，竟是在一个据说是“人民当家作主”的年代里，不是更令人颤栗吗？读者当不难看出，收容在这集子里的几篇对难友们的回忆文章，固然是为了纪念受难者，同时也就是为了抗议历史发展中的不公允现象。

在一个散文选集的自序里，我曾经说到这些回忆文章，说到有一个时期，每隔几天，就要去一次火葬场，参加给一些在“十年动乱”中含冤倒下的朋友们平冤昭雪的仪式：“当我肃立在送葬的行列里向死者默默致哀时，听着死者家属们的哭泣，我感到自己的心灵也在哭泣”。即使时间又过去了几年，就在此刻写这篇自序时，我依然感到自己的心灵还在颤抖。出现在我眼前的，并不只是那些含冤倒下的死者和那些饱经摧残仍然活着的朋友们的面容，而是成千上万的知识分子的身影。我记下他们中间的少数几位自己所熟悉、所尊敬的，看起来好像我只在写个人，写自己；实际上我是在写所有正直的知识分子，写他们所遭受的不公允，写他们脸上曾经出现过的凄苦的表情。

因此，我觉得还应该说一说自己在写作这些回忆文章时的情形。“四人帮”刚被粉碎时，我好像一个久处暗室的囚徒，一下子颇不习惯于生活在光天化日之下。过了些日子，我开始环顾自己的周围，想起了一些命运大致相同的朋友。正在这时，陆续传来他们中间有的已经永离人世的消息。我觉得自己有写一写他们的迫切愿望。经历了几个不眠之夜，《向死者告慰》就是第一篇。正如一位朋友所记述的，写成后，我只想给几个熟人看看，并没有想到可以公开发表。所以直到近两年后才刊登在一个资料性期刊上。没有想到，我竟然接到很多封朋友和读者的来信，有的信里还说到它怎样使写信人“涕泪交加”。有些朋友更在信里和当面鼓励我继续写下去。因此，接着我不仅写了《辛勤的播种者》、《回忆荃麟同志》、《坠落的鹰》和《怀澍德》等纪念在十年动乱中的牺牲者的文章，还写了《从学者到战士》、《回忆统照先生》、《在魑魅的追逐下》、《我所认识的黎烈文》等追怀早已故世的师友们的文章。每写完一篇，我就感到自己心头的重压略轻一分，仿佛还掉一笔精神上的债务。也就是在这样的时候，我才似乎读懂了鲁迅那首悼念亡友的诗篇里“忍看朋辈成新鬼，怒向刀丛觅小诗”的名句。我回想起自己还戴着个“牛鬼”的帽子时，总是低着头走路，害怕在街上碰见什么熟人。偶而不小心，发现前面有个人突然横过马路去，忍不住抬眼望他一下，认出原来是个处境远比我好的熟人，心里充满感激，觉得对方总算机警而知趣，避免了一个打照面的尴尬场面。但也有完全不同的情况。例如有一天，我低着头刚从一处警岗后面转过弯，突然有一只手一把抓住我的胳膊，使我吃惊到身子一震，却发现原来是过去我所住弄堂口派出所的一位民警同志，他小声地鼓励我道：“要保重！要好好活下去！活下去就是胜利！”说着，他伸过手来重重地握了我一下，头也不回地走了。我怔怔地望着他迅速远去的背影，顿时喉咙哽噎，眼眶里涌满泪水，虽然类似的遭遇并不止这一次。“活下去就是胜利！”是呵，只要有一丝丝可能，为什么要不活下去呢？常言说得好：“受过的苦，流过的水。”一个人绝不能脆弱到使自己一下子就被痛苦噎死。就是我在《向死者告慰》里面所纪念的那位“牛棚”里的难友，在彼此最难熬受的时刻里，曾经用这样的话来互相勉慰：“你不要看现在的太阳是从西边出来的，可总有一天，它仍然会从东边出来！”即使他自己并没有活到太阳从东边出来的一天，但他的信念却给了我活下去的勇气和决心。因此，在写下了几篇怀念死者的回忆文章后，我又起意写一写两位饱经摧残却依然活着的朋友，就是《炼狱中的圣火》和《面临撒旦的挑战》。在写这两篇回忆文章时，当然有惋惜，有痛苦，有压抑的情绪；却也有安慰，有鼓舞，有胜利的欣喜。

那么，是不是也有启发和教育呢？这个集子里的回忆文章所怀念的师友，记述在《从学者到战士》一文中的吴承仕先生是远在几十年前就永离人世的。他走的那条从学者到战士的道路，就是一个极其动人的楷范。特别富于启示的是，他是章太炎的入门弟子，却和老师刚好朝着相反的方向。同是章太炎的学生的鲁迅，晚年为文回忆太炎先生，曾对有人因看到上海的官绅们为章太炎开追悼会时的冷落情景而慨叹于“青年们对于本国的学者竟不如对于外国的高尔基的热诚”一事表异议，认为这是由于“太炎先生虽先前也以革命家现身，后来却退居于宁静的学者，用自己所手造的和别人所帮造的墙和时代隔绝了”的缘故。也就是说，章太炎走的是一条从革命家倒退到“宁静的学者”的道路。在这一点上，承仕先生的榜样就特别值得后世崇敬了。不是到了40年代那个风云激荡的时刻里，也有一位走着从学者到战士的道路的诗人闻一多吗？我以为，这就是近代中国知识分子用血和生命铸造而成的好传统。我的起意写《辛勤的播种者》，写那位曾经皈依佛教的漫画家后来竟然成为有些人眼睛里的叛逆者，也就是为这个传统摆出例证。其实，何止是那位漫画家？所有未能逃避“史无前例”的十年劫难的死者和生者，哪一个不是这样的例证，不是我们这个多灾多难的民族值得自豪的脊梁？

读者对收容在这个集子里的回忆文章的鼓励，自然使我很感激；我所写到的那些朋友们的家属的反应，尤其使我感动不已。

前面已经提到过我写《向死者告慰》时的心情。在魏金枝同志生命的最后阶段，恐怕我是他最为接近的一个朋友了，这自然是因为彼此的遭遇过分相似，而机缘又作了这样安排的缘故。当他默默地死在医院的急诊室里，我赶到他的家里和他的遗孀和女儿一起痛哭时，我觉得死去的不仅是自己的朋友和兄长，甚至是自己生命的一部分。因此，《向死者告慰》也不只是为死者而写，同时也是为自己已经丧失的那部分生命而写。我的确是蘸着自己的眼泪写下这篇文章的。但我的起意写《辛勤的播种者》，却是因为在一个相当长的时期里，丰子恺先生一直遭受某些人的误解。我认为他走过来的是一条近代知识分子颇为独特的道路，对后人特具教训和启示。当我把自己的立意告诉了他的女儿一吟同志时，她不仅给我送来了大批有关的资料，包括有些不易搜求的画册和土纸本文集，还和我多次长谈，又从外地约来一位她父亲生前比较接近的学生，大大增进了自己对这位竭一生之力从事启蒙工作，曾经对中国新文化起过重大影响的漫画家的理解。《辛勤的播种者》在刊物上发表出来以后，子恺先生的另一位女儿，一吟同志的二姊宛音同志给我写来了一封长信，说她“一面读着，一面流泪”，“至今内心一直难以平静，难以忘怀，”并在详述了父亲谨慎勤勉的一生经历后，写到了他最后含恨而死的景象：

“记得他在弥留之际，始终是‘一目未瞑，四肢犹温’。当父亲奄奄一息时，我们围绕在他床前，泣讯有何遗言。可是，父亲只微微摇摇头，轻轻地吐出了‘没有话可讲’五个字，同时一行泪水从眼角直流下来，就此停止了呼吸，永远地离开了人间！可怜他生前受尽不白之冤和无情的斗争，到临终时仍然只是敢怒而不敢言！父亲临终时那种怨愤的神情，我将终身难忘！”

我以为，她在信里所说的她父亲“到临终时仍然只是敢怒而不敢言”的景象，的确反映出了我们这一代正直的知识分子的共同命运。

我还愿意在这里说一说《回忆荃麟同志》发表以后，我收到了死者女儿邵小琴同志的一封信。小琴同志曾经写过一篇悼念父亲的题为《愿它永远成过去》的文章，第一句话就是“我不能哭，我又不能不哭”。接着记叙了文化大革命开始后双亲的遭遇，记叙了“1926 年入党，为革命坐过牢，吐过血”的父亲怎样惨死在监狱里，“棉被上，裤子上都是粪便”；原是“精力充沛，永不知疲劳”的母亲怎样被折磨得“头发全白了，瘦得体形都变了”，眼睛“已经看不见东西”，而且“已经偏瘫失语了”。我是先读了她这篇血泪文章，然后才写自己的回忆的。小琴同志读了我的回忆，在给我的信里写了一些显然是克制自己激情的语句后，忽然对我提出一个问题：“您能告诉我，究竟我的生日是哪一年吗？过去妈妈曾说是 1940 年，您的文章里写的却是 1941 年，究竟哪一个说法是确实的呢？”读到这里，在我眼前立刻浮现起“皖南事变”前夕遭受敌人追捕的荃麟夫妇匆匆逃避到福建一个小小山城里，随后又隐伏在一处荒凉的山间小屋里的情景。小琴同志就是在当年秋天出生在那间小屋里的。可是，一个革命者的后代，在父亲被迫害致死和母亲被迫害致残之后，竟弄到连自己的生辰年份也弄不清楚了，这是怎样的悲剧！的确，我也为此立刻陷入一种“我不能哭，我又不能不哭”的窘境，久久不能自制。

我还要再说一说《怀澍德》发表以后，澍德同志的大儿子和小女儿兄妹二人从遥远的云南来到上海，在一个深夜里，我们对坐着谈他父亲一生的经历和最后的遭难。当话题涉及澍德的作品时，儿子刘景行同志说：“您那篇怀念我父亲的文章发表后，我们全家都读了。您写到父亲虽然努力追求现实主义，但因受到极“左”思潮的影响，他的有些作品却和现实主义有了距离。我们都认为您说得对。”又说：“其实，我父亲即使出身在东北农村，但最熟悉的还是知识分子。要是能让他放手写自己最熟悉的题材，一定能写出比较好的作品。”我总觉得，澍德同志纵然以反映云南的农村生活获得了一定的声誉，恐怕也还是未能充分运用自己最适合的题材的吧？所以就在回忆文章里直率地写出了自己的看法。我正惴惴于这种看法也许会使他的家属感到不快，没有想到景行同志兄妹也抱有和我完全一致的意见。在那刹那间，我强忍住盈眶的热泪，不知道应该怎样表示自己的欣慰之情。

看起来，我们常言所说的“死者活在后人心里”这句话，的确是极为真实的。

在《炼狱中的圣火》的后面，我加了两篇短短的附录，就是巴金同志的《写真话》和《说梦》。我这样做，自然是因为，这两篇文章的字数虽不多，却披露出作者当时真切的思想，同时也使我们看到，这位深受读者爱戴的作家有着怎样纯良的品质和开阔的胸襟。“文化大革命”的一个严重罪恶，就是以最堂皇的名义，最革命的辞藻，颠倒美与丑、善与恶的标准，摧毁人们对美与善的信念。在漫长的十年间，我们这些一度被推入地狱经历劫难的人，曾经有过怎样的迷惑、痛苦和忍受。事后我的确看到有人缺乏起码的诚实，不惜歪曲事实，编造神话，把自己描绘成受屈的英雄，抗暴的豪杰。而巴金同志却在《写真话》和《说梦》里作了怎样诚挚的自我解剖！我觉得，这决不只是一个为人处世的态度问题，更是一个正直的作家的道德力量的表现！

我已经在《炼狱中的圣火》里说到了，这个集子是在巴金同志不断的鼓励下写成的，所写的又大都是彼此共同的朋友，那么，就让它作为我们长期同蹲“牛棚”和农村“劳动营”的纪念吧。我相信，只要人类的良知尚存，理性不泯，我们曾经经历过来的那一幕“史无前例”的历史悲剧，将在我们这个世界上永远绝迹。

1981年6月初稿

1982年3月重写

（原载1982年8月《花城》第四期〔总第十七期〕，
发表时标题为《岁月从窗外流逝》。）

为了让历史翻过新页

——《炼狱中的圣火》重版后记

王西彦

知道《炼狱中的圣火》有了个重版的机会，我找出它的初版本来重读了一遍，情绪竟然陷入一阵剧烈的激动，忍不住要提笔在这里再为它写几句可能是多余的话。

这本书出版后，曾读到几篇读后感式的评价文章，其中一篇出自一位朋友的手笔。一开始，这位朋友就称我所写的是一本“发愤的书”，写的是当代的历史：“这里何尝有什么炼狱？只有十分现实的人间。何尝有什么圣火？我只看到作者压抑不住也不想压抑的怒火。”特别是，他提到了一个“大问题”，一个“对于整个知识分子，或者说绝大多数知识分子，对他们的地位、性质、作用、历史，对他们同祖国同人民的关系的根本估价问题”——

“本来，《共产党宣言》里早已明确指出，资产阶级把医生、律师、牧师、诗人和学者变成了它拿钱雇佣的仆役。可见，按照划分阶级的科学标准，知识分子的阶级地位，原是同一切雇佣劳动者在一起的。不知从何时起，对于知识分子使用了独特的划阶级标准，即按思想来划阶级的标准，于是知识分子都成了小资产阶级。就算是小资产阶级吧，本来应该也算人民，可又据说小资产阶级思想也属于资产阶级体系，于是知识分子又一律升级为资产阶级，顺理成章地成了‘无产阶级专政下继续革命’的对象。十年的血的教训，终于证明怎样确定知识分子的阶级地位，对整个国家整个革命事业来说，都不是小事，而是大事。”

我应该承认，由于自己的经历，自己在漫长岁月中身经目睹的事实，我对我国知识分子的遭遇和命运的确有自己的看法。正因为这样，我才决心把手中这支笔奉献给同时代的知识分子，如像那位朋友所说的“总是在写知识分子”，即使因此背上了一个“为资产阶级知识分子树碑立传”的罪名也不思悔改。过去读历史，我总觉得在字里行间到处流露出知识分子的哀怨，很为那些不幸的前辈们惋惜。到了自己也跻身于知识分子的行列，深受种种不公允的待遇时，充满心胸的就不仅是惋惜，甚至也不仅是屈辱感，而是一种难以压制的悲愤了。可是，历史偏偏喜欢嘲弄人。到了不久前曾经出现在我们这块神州大地上的那个疯狂的年代里，在知识分子群中，只要你是有着一颗正直的心，你的遭遇就绝不只是令人感到惋惜、屈辱和悲愤了。因为劫难遍及每一个角落，你即使幸存一息，也只能在同伴们的血泊中痛苦呻吟。只要想一想，曾经经历那个疯狂的年代，遭受了那么可怕的劫难，爬过同伴们的血泊后终于得到了一个痛定思痛的喘息时间，我怎么还能保持沉默呢？

但是，我实在是写得太少了。就拿这本《炼狱中的圣火》来说吧，全部12篇回忆文章，只有5篇是追念倒在血泊中的死者，两篇是记述劫后的幸存者的。其实，这7篇文章所写到的，只不过是壅塞在我记忆中的实际见闻的多少分之一吧。《炼狱中的圣火》问世后，曾经收到很多位朋友和读者的来信，希望我能继续写下去，再出版几个续集。事实上，在我的笔记本里，也的确还列有一些无法瞑目的屈死者的名字，记录着有关他们的不少事迹。我总觉得自己还欠着一笔很大的债，应该及时偿还。我还觉得，这样做也不仅是对死者的，他们已经化为尘土，不会再计较这类事情。那位把我这个集子称之为“发愤的书”的朋友不是说我写的是历史吗？那么，我想也许不妨说，我的债是欠给历史的，应该偿还给历史。可是，我这样说显然是夸大了自己这份工作的作用。区区几篇纪念性的回忆文章，怎么能扯到什么写历史上面去呢？老实说，在执笔的时候，我甚至连有关知识分子的地位、性质、作用的“大问题”也没有认真考虑；我所有的，的确只是为了解除自己几近窒息的心胸，的确只是为了个人的目的。至于在自序里也发了一点关于知识分子的空泛议论，那是在把那几篇随写随发表的回忆文章编集起来以后，总觉情有未已，完全是一种即兴式的感想。而且，我一直认为，要反映中国当代知识分子的命运，描述他们的遭遇，需要有几位既有才华也有魄力的作家，几部结构和篇幅都很宏大的作品。既然有那么多同时代人经历过那场空前浩劫，我相信这样的“人间喜剧”或“人间悲剧”正在产生，也很可能已经产生。亘古以来，历史从不缄默。

但是，我还是回到这个单薄的集子上来，就那里面的几个小问题向读者作一些交代吧。当《我所认识的黎烈文》一文在刊物上发表时，曾收到远在美国的雨田的来信，指出我因记忆模糊所招致的几处失实的记述，例如把雨田和黎烈文结婚后所生的一男一女都说成是女孩子之类。在《辛勤的播种者》的第六节里，记到弘一法师圆寂于福建泉州的开元寺，也有一位朋友给我指出应该是“温陵养老院”。现在我都趁这个重版的机会，商请出版社在原来的纸型上作了改正。尤其是《种子落到泥土里》一文里记到邵荃麟同志于1941年年初“皖南事变”爆发前夕，为了逃避国民党的通缉，从浙东金华跑到闽西北山区永安，在黎烈文的掩护下进入改进出版社暂住。我凭记忆说那“大概是2月间”的事。可是，最近接到永安县委党史资料小组寄来的几份“参考资料”，上面写明荃麟同志是于1940年四五月间因中共金衢特委被破坏时“疏散”到永安来的，和我的记述相差较远。因此，我找出当时由我主编的《现代文艺》月刊，检查它的创刊日期和发表在那上面的几篇有关作品，来印证自己的记忆。我是1939年冬以荃麟同志的建议从浙东家乡去福建永安开辟文艺阵地的，经过几个月的筹备，《现代文艺》于1940年4月间创刊。发表在创刊号上的荃麟的中篇小说《英雄》，即使不是我从金华带到永安的，也是荃麟从金华寄到永安的，这一点没有问题。荃麟到达永安后，我和他曾在出版社编辑部所在地的虾蛤村谈论过我发表在《现代文艺》第三期上的一个题为《折翅鸟》的短篇小说，他对我说：“你受契诃夫的影响，可是光学他描写社会生活的阴暗面，不够注意他作品中的另一种乐观色彩。”我记得我们是在村前河边一条荒凉小径上谈这些话的，由于他对我提了上述的批评意见，我的印象格外深，绝不致有误。而这一期刊物是6月25日出版的，荃麟和我的谈话不可能在这以前。我还查到第八期上发表有荃麟同志署名“契若”的短论《从××风谈起》，葛琴同志的短篇小说《出奔》和聂绀弩同志的短篇小说《姐姐》，我记得这些稿子都是从金华寄来的。此外，我又记述到当荃麟和葛琴夫妇俩突然来到永安时，黎烈文向当时任国民党省主席的陈仪请示的结果，只能留下他们两位，另一位和他们同来的杜麦青同志就只好只身去桂林了。也是永安县委党史资料小组的《参考资料》上写明麦青同志实际上是去找新四军的，由黎烈文以预支葛琴的稿费的办法送给足够的路费。不用说，在当时的国民党统治区，又在那样紧急的情形下，怎么可以公开说是去找新四军呢？“去桂林”的说法正是一种掩护。所有这些，这一次我都没有作什么改动。我想，这样也许更有便于知情人提供更可靠的史料吧？

那位把这个集子称为“发愤的书”的朋友，曾说我是“从知识分子这个大问题的角度”参加对十年浩劫的教训的总结的。这虽然并不是我最初的动机，但也不想否认。为了让历史翻过新页，十年浩劫当然应该总结。实际上，历史也已经给它作了总结，而且今后还将继续作出更加深刻也更加全面的总结。我们饱受苦难的人民决不会忘记这场血的教训。作为一个良心未泯的作家，在我有限的晚年里，我也要以手里这支尽管是拙笨的笔，继续参加这份工作。那位朋友说这种方式的总结“未必是最根本”的，但我相信文字的力量，相信我们这一代人的呼声将永存世间，成为后世评判历史现象最公允的标尺。

1984年6月19日上海

（原载《羊城晚报》1985年2月4日）

《第一块基石》后记

王西彦

1957年夏，我曾把建国以来所写关于鲁迅的理论性文章，编印《论阿Q和他的悲剧》一书。第二年重版时，又把它增订了一次。从那以后，到1966年初，我又陆续在报刊上发表了几篇同类文章。接着，就经历了一个较长的沉默时期，直到一九七二、七三年间，才又写下几篇同类文章的初稿。现在，我在写于这三个时期的文章里，选出24篇，作了一些修删，再加上两篇谈论鲁迅崇高品质的杂文，和一篇为批判“四人帮”而写的近作，作为附录，编成这个集子。

我对文艺理论缺乏知识，也没有系统地研究过鲁迅的著作。只因为是鲁迅的热爱者，有时出于对某些“研究”的不尽同意，为了参加讨论而写些带有批判性的文章；有时则是为了加深自己的理解，一面读，一面就写些笔记；这样写得较多了，碰到有地方要我谈谈读书心得，有报刊要我写点关于鲁迅的文章，就把那些原是琐碎零乱的笔记，整理成篇，应付需要。上面所说写在前两个时期的，大都属于这一类；只有一九七二、七三年间写下的几篇初稿，情况稍有不同，应该在这里作点简略的说明。

在那个较长的沉默时期里，“四人帮”以豺狼的凶残和白痴的愚蠢，在文艺界推行空前的封建法西斯专政。他们把我归入要清除的30年代“黑线人物”的行列，无限期剥夺我的公民权。我被专政到第7年，那个叛徒的儿子兼特务头子的干儿子姚文元，还要宣判我为“要看管起来”的人。即使到1975年8月，迫于形势，他们不得不把我“解放”

了，却仍然继续制造种种莫须有的借口，给我更为难堪的折磨。现在回忆起那些日子，恍如做了一连串漫长的噩梦。就在那种情况下，在一间小屋子的北窗下，我忍受着日趋严重的脊椎宿疾的痛楚，断断续续地读鲁迅的著作，写关于鲁迅的笔记，从那位先驱者燃烧着强烈爱憎感情的战斗文章，吸取温暖和勇气，度过每一个阴暗的清晨和寒冷的黑夜。我手头那部《鲁迅全集》，是在从我全部被长期封闭的存书中取出马克思主义经典著作时，经我向办事人再三恳求，才幸获解放的。我怀着犯人感激好心肠的狱卒一样的心情，感激那位好心肠的办事人。读者当能发现，那时写的笔记里，有关于《野草》和《二心集》的两篇。在鲁迅思想发展的历程中占有特殊地位的散文集《野草》，作者自说是在“碰了许多钉子之后写出来的”。鲁迅身处当时的北京，那里是受到各个帝国主义列强豢养的各派封建军阀的巢穴和角斗场，黑暗势力很强大。反帝反封建的英勇战士鲁迅，一面挺身与之斗争，一面却又感到处于“荷戟独彷徨”的困境，感到作为一个“游勇”的力量不足，感到胜利的难期，因而陷入苦闷和忿懑。《野草》里面，不是有一篇《失掉的好地狱》吗？据我的理解，鲁迅笔下原归“魔鬼”统治的“好地狱”，指的是军阀统治下的地方，他预告了这个“好地狱”的必然要“失掉”，即军阀的反动统治必然要垮台。因战胜“魔鬼”而取代之的“人类”，它对“地狱”的统治远较“魔鬼”严酷，以致原来萌生在“魔鬼”的“废弛得很久”的“地狱”里的惨白的曼陀罗花，也因此焦枯了；原来曾“发一声反狱的绝叫”的被统治的“鬼魂们”，也得到了“永劫沉沦的罚”。但我想，“魔鬼”统治下的“好地狱”既然失掉了，“人类”统治下的更为严酷的“地狱”，总绝不是能永保长存的吧？《野草》里不是还有一篇《这样的战士》吗？鲁迅笔下的战士，能够识破一切虚伪的假面，揭穿一切花样的欺骗，执拗地“举起了投枪”，坚持不懈，毫不妥协。当时我虽不敢以“这样的战士”自勉，但确实相信“四人帮”的统治不论怎样严酷，雇用了多少“牛首阿旁”，设置了多少剑树刀山，绝不可能永保长存，确实曾从《野草》的诗篇获得信心和鼓舞。就在陷入“四人帮”这个油锅沸腾、钢叉林立的严酷“地狱”的那些日子里，他们钦定的大批“学习资料”中，不是有一份特别重要的什么“座谈纪要”吗？就在这份“纪要”里，叛徒江青不是胡诌建国以来 17 年间，在文艺界有一条“专政”的“黑线”，它的一个思想来源是“三十年代文艺”吗？可是，你去读一读《二心集》吧，它会给你一个截然相反的回答。收容在《二心集》里的，只是鲁迅写在 30 年代初期的部分战斗文章，只是 30 年代文艺战线上伟大斗争的序幕；但单从《二心集》，人们就能看出当时文艺战线上斗争的性质和任务，看出鲁迅这本重要著作是一个有力的佐证，它证明了蓄意制造的“文艺黑线专政”论是最卑鄙的谎言，最无耻的诬蔑。当我写关于《野草》和《二心集》等等的笔记时，颇有些抒愤懑的意思。因此，现在能把这几篇初稿加以修改或重写，把原来措辞隐晦的地方改得明显一些，并加进粉碎“四人帮”后才能写出的语句，收容在这个集子里，我确实感到一种胜利的愉快。

建国以来，关于鲁迅的研究文章，为数颇不少，也取得了一定的成绩。但不可否认的是，这中间也不免瑜瑕互见，莠莠并存。特别是经过“四人帮”的鹰犬“石一歌”之流的恶意歪曲，对鲁迅的研究工作的确需要重新开始，在已有的成绩上继续提高。无论是思想的评述，艺术的分析，鲁迅的著作仍然是一座有待深入开发的深山大泽。收容在这个集子里的文章，编集时的分辑和目次，尽量做到按照鲁迅著作的体裁和写作的年月，使之大体上自成单元，希望能成为后来的开发者手中小小的草刀和树剪。

在许广平同志写于 1939 年 10 月间的《鲁迅先生的晚年》一文中，有如下一段话：

> 在中国这一大片地基上，要从几千年来的积习，半封建的余毒，和几十年来被侵略，半殖民地魔手之下，建筑起民族自由、解放的合乎现代化社会的国家，这建塔者的任务，第一块的基石，鲁迅奠起来了，很稳固地扎住了，遗留给我们的未完任务，凡相信鲁迅的人们，一定知道用什么方法，很快地把这一建筑赶紧完成。

这话说在近 40 年前，当时的中国还陷在半封建、半殖民地的悲惨命运里。现在，鲁迅生前热切期望并为之毕生奋战的民族自由、解放的新中国，已经由中国共产党领导下的广大人民经过艰苦卓绝的斗争建立起来了，我们当然不会忘记那些奠置第一块基石的建塔者的不朽功勋。因此，读者当能看出，我之所以要把这个集子题名为《第一块基石》，也不单单是由于它里面收有一篇同一题名的文章。鲁迅的光辉业绩，绝不止于在文学战线上是一个为我们开辟道路的先驱者。

流光飞逝，编入这个集子里的文章，从最早写于建国初期的，到最近写于“四人帮”被粉碎以后的，时间相距近30年，还经历了那些“四人帮”统治下的黑暗的“地狱”里的日子，真是感慨不已。现在，“四人帮”严酷的“地狱”既已彻底毁灭，在全国大好形势下，我们文艺战线上正出现一片蓬勃新气象。我满怀喜悦把自己近30年间所写关于鲁迅的理论性文章，编成这个集子，作为衬托文艺园地似锦繁花的一枝一叶，也给自己在这方面的工作做个小小的结束。

1979年12月10日上海

（原载1980年《读书》第8期上海文艺出版社1980年7月第1版）

踯躅者的喜悦

——《书和生活》自序

王西彦

现在，我终于把这个收容读书笔记的集子选编出来了。面对一厚叠书稿，我怀着一种颇为复杂的情绪——虽有欣慰，但也不无惆怅。

从青年时代起，无论是读书或写作，我都有过一个独自摸索的阶段。在别人也许是一件十分轻易的事情，我却不得不付出成倍的辛劳。我经常觉得自己是一个闯入密林的孩子，满目榛芜使我陷入迷路的惊慌，遍地花草却又成为对我的强烈诱惑。正是在这种惊喜交加的情形里，我举手攀折一朵奇花，俯身掇拾一棵异草，即使难免踯躅不前，应接不暇，仍不忘记把它们一一纳入自己的衣兜。只要和我有过类似的经历，你就会懂得我说的是写生活和读书笔记。有时是一些感想，有时是一段情节，有时则只是一点启示或一个警句。反正没有别的读者，不会招来讥笑和鄙视，完全用不到掩饰自己的贪婪和肤浅。这样锱积铢累，日子一久，居然颇有些可供自珍的“贮存”。但在我们的国土上，纵然只是一个拉衣兜的孩子，也不能避免无妄之灾的袭击。我最初出于一个年青人的热情的“贮存”，虽然“七七事变”时侥幸带出危城北平，却全部被毁在上海“八一三事变”的无情炮火中。在八年抗日战争期间，东奔西走，席不暇暖，虽然已经养成的习惯难以戒绝，也随写随失，除了曾在当时报刊上发表的部分，很少得到保存。也许年事渐增，阅历稍多，加上生活缺乏安定，过去那种对奇花异草的兴趣也变得淡薄了些，不再把衣兜攒得那么紧了。到了建国以后，有了一个比较能够安静读书的环境，我的“贮存”与日俱增，简直颇有些蔚为大观的样子。可是，命运竟然如此酷待，你的“贮存”越多，你遭受的劫难也就越大。发生于1966年的那场“史无前例”的大动乱里，“四人帮”的封建法西斯文化专制主义索性给你来了一个几乎片纸不留。连人的生命和尊严都难以保全时，谁还顾得上那些身外的赘物呢？

情形即使是这样，我觉得自己也并不是完全没有收获的。首先，在我寻求方向的过程里，我曾经有过摸索的记录，它们已经充当过我的食粮，今后也将继续供给我营养。有时我发觉自己原来是匹反刍动物，经常靠咀嚼过去的“贮存”来维持生命。再则，纵然只是十分之一二吧，我毕竟还是保留下“贮存”的一部分，经过一段时间的搜求，得以充实在现在这个集子里，使自己能看到往昔那种双手紧攒衣兜的憨态。不管怎样，这总不失为一种欣慰。但自然，当一个人抚摸劫剩的物件时，脑际不能不重现出曾经遭受的劫难，胸中也不能不浮涌起痛惜之情。你就是再冷静，再善于自慰，恐怕也很难完全排除浓烈的惆怅。

提到惆怅，我还应该在这里说一说这个集子里第一辑《书和生活》的写作。就是为了回敬“四人帮”骇人听闻的文化专制主义，我决定利用残剩的材料，凭借零星的记忆，重新整理过去的“贮存”。从最初对文学产生兴趣的时候起，我就是一个俄罗斯文学的热烈爱好者。当我还是个缺乏人生经验和对文学的欣赏能力的中学生，就借助于早期的中译本，如饥似渴地耽读果戈理、屠格涅夫、托尔斯泰、陀思妥耶夫斯基、契诃夫和高尔基的作品。我不仅把这些文学大师的作品看成文学读物的范本，更把它们当作自己的生活教科书。《死魂灵》里面那一大群可笑而又可憎的地主老爷，《贵族之家》里面善良而软弱的拉夫列茨基和勇敢而纯真的丽莎的失败的恋爱，《安娜·卡列尼娜》里面渴望爱情生活的美丽的安娜的悲剧遭遇，《罪与罚》里面杀死女房主的大学生拉斯柯尔尼科夫的悔恨和痛苦，还有契诃夫短篇小说里面那些形形色色的“小人物”们的悲愁和欢乐，高尔基初期作品里面那些贫困而自由的流浪汉，都曾经强烈地激动过我，使我和作品里的人物一同叹息，一同流泪。这些作品，的确曾经成为我认识生活的门径之一。我经常用这些作品里面生动而真实的描写，和自己的生活遭遇相对照，作印证。尤其是，我的走上文学创作的道路，也多少受到这些作品的引导和鼓舞。我无法掩饰自己对俄罗斯文学特异的亲切感。在我的读书笔记里，写的也大都是关于俄罗斯文学的感想，从它们所得到的启示。我的“贮存”虽然遭受了劫难，我要在《书和生活》这个总题目之下重新写过。而且，我还打算结合自己的生活遭遇和创作活动来写。我要把它们写成既是读书笔记，也是生活和创作的回忆录。我的计划比较大，要从高尔基和契诃夫，一直写到果戈理和普希金，包括最重要的俄罗斯现实主义文学大师。我甚至企图从自己所热爱的俄罗斯大师，写到西欧一些曾经对我产生过影响的巨匠。我准备用二、三十万或更多的字数来完成这个计划。我还得到了一些热心读者的赞许和鼓动。但是，工作毕竟不能单凭冲动。我开了一个头，刚写了关于高尔基和契诃夫的若干片断，就碰到了困难——时间和健康的限制，还有一些其他的干扰。有的困难还是自己设置的。要写的东西太多，我未能充分估计实现的可能性，因而不能不对读者失信，暂告结束。现在，我把已经写成的部分先编在这个集子里，连同自己的歉疚，一起呈献给读者。

跟《书和生活》不同，第二辑《读托尔斯泰札记》和第三辑《契诃夫与现实主义》，则是50年代的部分读书笔记。前者发表时，曾加了一则“附记”，里面有几句是：“托尔斯泰太伟大也太复杂了，他所遗留下来的作品，是人类永久的宝藏。我虽然读了他一些最著名的作品，但理解很肤浅，因此我的札记也只能是点点滴滴的；例如对于像《战争与和平》、《安娜·卡列尼娜》和《复活》等巨制，我只能感想式地谈一谈其中的一点一滴。这样的一点一滴，对初读托尔斯泰作品的人，或者也能有一点一滴的好处吧？”其实，稍后我就应一个刊物编辑部的邀约，写过一篇《论〈安娜·卡列尼娜〉》；在十年浩劫期间，为了排遣忧愤，又写了一篇《论〈复活〉》。不过那都是万言以上的长文，只能收容到别的理论文集里。后者是为了纪念契诃夫诞生100周年整理的，发表时文前有一段引文，就是契诃夫写在书信里关于文学上的现实主义的名言：“最优秀的作家都是现实主义的，按照生活的本来面目描写生活；不过由于每一行都像浸透汁水似的浸透了目标感，您除了看见目前生活的本来面目以外，就还感觉到生活应当是什么样子。”我觉得，契诃夫的全部作品，都是他自己这种精辟见解的最好实践。因此，我就把这一辑札记定题为《契诃夫与现实主义》。关于契诃夫的读书笔记，由于刊物篇幅的限制，我写下的要比已经发表的多得多。我手头的一个笔记本里，还保留着几十个篇目。我想，今后总还会有机会容许自己联系生活和创作重写它们。我应该坦白承认，在我的有些习作里，的确明显地存在着契诃夫的影响。读者可能会注意到，收容在这个集子的“附录”里面的五篇有关俄罗斯文学的随笔式短文，《契诃夫和他的〈可爱的人〉》不仅是篇幅最长的一篇，而且我在写作它时，充满难以遏制的激情。

也许应该多加说明的，还是第四辑《蔓荆草》。给这一辑读书笔记取这样一个题名，是由于我对蔓荆这种小灌木的特殊感情。它生长在海边或江边的沙滩上，看不出有什么可供汲取的养分，到了八、九月间，枝头却会开放出玫瑰色的美丽小花；而且，它的茎叶可以提取芳香油，果实还能充当药材。不论我的笔记能否引起读者的兴味，我自己却对它有着偏爱。至于在题名上又加个“草”字，自然又兼有蔓草的意思：既是读书所得的感想，不就像蔓生的草吗？写这些笔记的时间，是抗日战争中期，正当“皖南事变”以后。发表时也曾加了附记，说：“写这些笔记的当时，自然都是‘有所为’的，但因生活在黑暗的反动统治之下，说话没有自由，读书也没有自由，所以只能通过一些旧时代的读物，隐隐约约地表达出一点其实是非常无力的意思”。又说：“在我陆陆续续地写下这些笔记时，通过它们，对现状的黑暗，我表达了自己的悲愤和抗议。”读者想必没有忘记，当时正当政治形势逆转，进步文艺界承受着愈来愈沉重的压力。我自己原来在一处地方参加工作的一家报纸和一个学校，都被查封；接着到另一处地方主编一个文艺刊物，也因环境困难，不得不怅然离开。我在这一辑开头几段关于丹麦文学史家勃兰兑斯的名著《十九世纪文学的主流》的读后感，就寄托着自己的悲愤情绪。我在主编那个文艺刊物时，曾经请人翻译过奥地利作家茨威格和法国作家莫洛亚的一些传记作品，我也通过他们的著作，抒发了类似的情绪。也许会有读者觉得我当时的读物过分杂乱，有些作家的政治倾向分明不是进步的，我自己的见解也有不完全一致的地方。我不想在这一点上多作辩护，只想说明一下当时的环境和动机。我的目标很简单——揭露黑暗，表扬反抗，歌颂真诚、正直、勇敢、自我牺牲和对人类的热爱。

因为笔记是断断续续写成的，有时连找书也很困难，因此，引文的情况也无法统一。有些出于早期的译文，难免有误译或意义暧昧不明的字句；有些出于我当时所能得到的原书，例如嘉莱尔的著作就是《万人丛书》（*Everyman's Library*）本；也有些是出于英译，例如莫洛亚的著作就是《企鹅丛书》（*Penguin Books*）本，Ella D'ancy 的译文。大部分中译本的引文，在报刊上发表时曾注明译者姓名，但这次校阅时删掉了，因为有的我又根据新的译文作了文字上的修改。虽然引文的情况不够统一，但既经校阅和修改，如有错误或不妥当的地方，责任就应该完全由我来负担，自然是不待说的了。

在这篇短序的最后，我要怀着一颗虔诚的心告诉青年读者：我这个内容芜杂而肤浅的集子是奉献给你们的。我这样做，自然绝不是说，在怎样读书的问题上，我能给你们提供什么经验；而只是希望你们能更热爱书，更珍惜前人积累下来的智慧。书是人类进步向上的阶梯，我们生活里的阳光。世界上没有比书更值得我们宝贵的，尽管我们的世界上也曾经出现过一些视书为仇敌的人形兽。歌德老人说得好："如果你能读书，就应该读懂；如果你会写，就必须有点知识；如果你相信什么，就应当理解；你有了欲望，就得有行动；当你只提出要求时，你会一无所获；当你成为有经验的人时，你应当对别人有用。"借花献佛，我愿意把这位伟大诗人的名言，一并作为我给你们的赠物。

1981 年 2 月 25 日上海

（原载花城出版社 1981 年 6 月第 1 版"花城文库"）

五卷本《王西彦选集》自序

王西彦

从 1933 年发表第一篇小说算起，转瞬已近 50 年了。回顾自己漫长的创作历程，我有着一种颇为复杂的心情，既有惶惑和自惭，也有坚信和自慰。我自觉沿着一条大体上接近现实主义的道路，一直走到现在，情形有如一个力弱的旅人，虽然有时难免感到处境的寂寞和步履的滞重，但始终朝着原来选择的目标，它通向我的乡土、祖国和人民。因此，当我决定编选这部《选集》，给自己过去的工作做一个小小的总结时，就无法克制一种想向读者倾吐长途跋涉的甘苦的冲动。

但是，创作既是十分复杂的精神活动，而回忆又往往彼此纠缠，互相牵连，一经触动就会纷至沓来，不易理出一个清楚的头绪。我将向读者说些什么呢？踌躇再三，我想还是谈谈自己选择题材的依据和对待描写对象的态度吧？也许这会是读者所关心和所愿意知道的。

不久以前，在一封来自浙东家乡的信里，把我称作"乡土作家"。虽然这个称呼并不十分贴切，我还是感到喜悦，并且想起了一位外国作家的隽言。那位外国作家在回答自己提出的"到底是什么决定艺术作品能否经受时间的考验"的问题时，举出三个条件，其中一个就是"对乡土的感情，对母亲的崇拜"。我曾不止一次地引用过这段使我感到亲切的话。有一次我用自己的语言复述它的大意，把对乡土的感情和对母亲的感情说成是互相联系甚至是同一的东西。理由很简单，因为正是对乡土和母亲的感情迫使我走上了文学道路的。这一点，在这次编选《选集》时，就看得格外明显。

我没有给自己迄今为止的全部作品做过精确的统计，说不出到底有多少篇是描写家乡农村生活的。我只记得，在 30 年代初期最初学习写作时，我采用的几乎都是浙东家乡的题材。就拿收容在这部《选集》里的最早几篇来说吧，从《车站旁边的人家》和《摸秋》直至《寻常事》和《鱼鬼》，都没有例外。我还曾经把初期作品中四篇短短的小说，编缀在一起，给它们取了一个题目，叫做《悲凉的乡土》；只是由于篇幅的限制，未能编入这个《选集》。此外，更有一些发表在 30 年代报刊上尚未搜集到的，我还记得起其中有些习作的题目，也莫不是如此。还应该承认，我非常喜爱《悲凉的乡土》这个题目。直到现在，只要一回忆起自己童、少年时代的家乡农村生活，就会在脑子里展现出一连串令人颤栗的悲凉景象。

但是，令人颤栗的也不止是往日家乡的农村生活。自从青年时代离开浙东家乡以后，我带着安徒生童话里那只丑小鸭的惊慌和惶惑，投身到城市生活里，获得了远较家乡更为长期也更为复杂的经历。就在这个时期里，自己成为知识分子，而且一直和各种各样的知识分子为伍。当然不能抱怨自己的命运，但我不能不说，我觉得一经进入这片特异的国土，愈是熟悉它，痛苦也愈深沉。大概也是在这个时期里，我已经凭着初生之犊的勇气，起意选择写作作为自己终生的职业。因此，我毫不犹豫地拿起笔，要为自己所属的一群诉说苦恼。单从这部《选集》里，读者就不难看出，从《两姐妹》以后，我的作品主要就描写两类题材，两种人物——农民和知识分子在过去那个黑暗时代里所遭受的苦难，以及他们的挣扎、呼号和反抗。而且，愈到后来，描写知识分子的题材就愈多。这自然是因为，一方面和家乡农村愈来愈疏远，另一方面对知识分子的命运却体会得愈来愈多，也思索得愈来愈经常的缘故。

早年读杜诗时，对这位伟大诗人所描写的当时农民的悲惨遭遇，深深感动，在吟诵诸如“眼枯即见骨，天地终无情”、“夜久语声绝，如闻泣幽咽”和“幸有牙齿存，所悲骨髓干”之类诗句时，忍不住热泪盈眶。杜甫所描写的虽是一千多年前的华北，何常不适用于一千多年后的浙东！历史学家告诉我们，在奴隶社会里，农民多半被分化为奴隶；在封建社会里，农民则被地主阶级纳入农奴化的轨道。无论是奴隶也好，农奴也好，农民始终无法摆脱被奴役的悲惨命运。到了我开始懂事的年代里，农民的遭遇即使不是更悲惨，至少也没有比杜甫所描写的景象有多少改变。由于出身不同，我的母亲和姐姐都是童养媳，叔伯兄弟们也多是贫苦农民，我并没有经历过鲁迅所说的“看得劳苦大众和花鸟一样”并“羡慕他们的安乐”的阶段。我少年时代曾经侍候过牛嘴巴，知道为了使牛能够拉犁拖耙，非得让它们吃饱肚子不可；要是在放牧后牵牛回家，被大人发觉牛的一边“草肚”没有塞得鼓鼓时，就会受到责骂：“这样瘪着个肚子叫它怎么下得田呵！明天只好劳你去背重犁啦！”而且，夏天还要给它摘牛虱，冬天还要给它填牛床。总之，要给它以温饱。就这方面说，我的有些叔伯兄弟们所得到的待遇，的确在牛马以下。

问题不只在物质生活上的受盘剥，更可怕的还在于精神上的受毒害。即使同是农奴吧，也还有驯顺和不顺驯的区别。在奴役者的眼睛里，当然以驯顺的为可取。既然不公允的社会地位在不间断地制造不驯顺的农奴，为什么不设法来制造驯顺的农奴呢？因此，佛教的宿命观念和忍受哲学就成为最有效果的麻醉品。布施得福、许愿免罪、净土地狱、六道轮回等观念深入人心。在我的童、少年时期，我家楼上有间房子里，就一直设有一个庄严的佛坛。我那位经常坐在灶门下暗自流泪的母亲，就是一个最虔诚的信奉者，她一直以忍受作食粮，把希望寄托给渺茫的来世。她还以自己的切身体会，来劝戒我的三个姐姐，她们都是从小就被“抱”给别人作童养媳，过着以泪洗面的日子。后来我进县城读初中，校址是一处久已荒废的文庙，它右边是城隍庙，左边是东岳庙。在城隍庙里，大殿两侧塑画着阴森可怖的六道轮回和阿鼻地狱的图像，却在正面檐下挂起一块金碧辉煌的横扁额，写着四个大字：“神道设教”，把权势者建庙塑像的深远用心点得一清二楚。可是，这并不妨碍一些面容枯瘦、衣着褴褛的善男信女前去烧香磕头，捐烛助油。有什么办法呢？造物主总是公平无私的，如果不是罪孽深重，何至祖祖辈辈都受苦不尽？当然也渴望改变命运，但今生既已无望，除了向神圣祈求来世，还能有什么别的道路可走？

正在这个时候，我读到了鲁迅描写浙东农民的《故乡》和《祝福》。

我觉得，闰土和祥林嫂就是属于我的叔伯婶嫂一群的。因为今生的受苦是由于前世的有罪，只好在别人的施舍中特别去索取香炉和烛台，用来向神明祈求福泽；只好到土地庙捐助门槛，“给千人踏，万人跨，赎了这一世的罪名，免得死了去受苦”。写得多么真实，多么令人颤栗！虽然当时我已经见过家乡农民有组织的扑城运动，也见过驻扎在学校隔壁城隍庙里的省防军不分昼夜地拷打和枪毙从四乡捕捉来的“农匪”，但我的注意力仍然被普遍存在的闰土和祥林嫂们所吸引，在提笔从事写作学习时要走鲁迅所开辟的道路，因为闰土和祥林嫂们是我最熟悉的，他们渴望改变命运的努力也是给了我最深刻的印象的，而且我还凭着自己肤浅的理解，确信治疗农民灵魂的被毒害，远较改变他们的生活境况和社会地位更为困难，也更为重要。特别是到了抗日战争时期，贫苦农民既忍受保甲长们变本加厉的敲诈盘剥，又遭到异族侵略者残酷无人性的蹂躏屠杀，他们在肉体和精神两方面的创伤，呈显在一种异乎寻常的状态里。可是，实际上他们在这场全民族的生死搏斗中，不仅是真正的牺牲者，更是真正的给予者。我曾经在鲁南苏北的北运河两旁战地上停留，又在后方的乡村和城镇里奔走，我的确看得很多，也想得很多。正因为这样，我才会为回答“谁在抗战”的严峻问题而寝食不安。我甚至觉得，如果自己在这个问题上做出错误的答案，就等于在叔伯兄弟们肉体和精神的创伤上加上一刀，就是对他们犯罪。当时我还是一个年轻的初学写作者，对艺术创造还缺乏经验，但已经明确地意识到一个作家的良知和使命。

现在读者可以看到，我在这方面的努力，远远没有达到当时对自己的期许，情形很有些像一个心志高远的孩子，空望着遥远的目标发愣。且不说内容的深刻和艺术的完美了，单是原先预定的计划也没有完成。在把自己的生活经历尽可能地纳入短篇和中篇小说的形式里的同时，我也曾计划创作三部描写我所熟悉的婶嫂姐妹们悲惨命运的长篇小说，并拟了个“农村妇女三部曲”的题名。但结果只写出了《村野的爱情》和《微贱的银花》两部，第三部《换来的灵魂》只保留着一份粗略的提纲。如果今后缺乏一个偿赎宿愿的机会，那就将使自己陷入类似终生怅惘的窘境了。

描写现代中国知识分子忧郁凄凉面容的第一人，也是鲁迅。他的名篇《在酒楼上》和《孤独者》，描写一个原是朝气蓬勃的青年，大约十年以后就变成了“敷敷衍衍”、“模模糊糊”、“随随便便”的自欺欺人的麻木者；又描写了另一个原是被人看作“吃洋教”的“可怕的新党”，他在到处碰壁以后竭力保持自己的倔强，结果竟然堕落成为原来被自己所不齿的人物，最后吐血而死时，“口角间仿佛含着冰冷的微笑，冷笑着这可笑的死尸”。从学生时代起，几十年来我曾经无数遍地重读这两篇令人颤震的作品。而且，每一次重读它们时，总要使我联系到另一位我所终生崇敬的文学大师、俄罗斯伟大现实主义者契诃夫，联想到契诃夫那些描写知识分子的小说和剧本，我指的是例如《带阁楼的房子》、《第六号病室》、《我的生活》、《醋栗》和《没意思的故事》以及《伊凡诺夫》、《海鸥》和《万尼亚舅舅》等名作。请听一听那个最终走上自杀道路的伊凡诺夫怎样劝告旁人吧：“我亲爱的朋友，您去年才大学毕业，您还年轻，还生气勃勃，可我已经是35 岁了。我有权利给您忠告。按照老一套来生活下去吧。背景愈灰暗，愈单调，就愈好。亲爱的老弟，不要单人匹马和千万人对抗；不要和风车决斗；不要拿自己的脑袋去碰撞墙壁。把自己关在甲壳里，去尽上帝给您规定的卑微的义务吧，这样反而舒服得多，幸福得多，也诚实得多。”这难道不就是出自吕纬甫和魏连殳之口的声音吗？我想，这总是由于当时俄罗斯和中国知识分子都有着相似的遭遇，才会在两位现实主义作家的笔下出现面容和声音都如此相似的知识分子的吧？但不论怎样，从契诃夫和鲁迅的作品里，都可以使我们看到了知识分子曾经走过一条怎样曲折的道路，遭受过怎样的磨难，经历过怎样的斗争。

由于年龄和阅历，我在对现代中国知识分子的认识上有着很大局限。我只熟悉自己曾经接触过的人，我的祖辈、父辈以至于儿孙辈。自然，我最熟悉的应该是自己所属的一辈，即经历了二、三十年代直到现在这半个多世纪以来充满惊风骇浪的年代的一群。不待说，我也曾经以自己微薄的学识，从史籍中去窥察过更早时代前辈们的功业，对那些被鲁迅称之为“中国的脊梁”的伟人充满尊敬。但给了我最深切的激动的，仍然只能是自己所亲身接触过的同时代人。在历史上，我们既有“可杀不可辱”的传统，也有“明哲保身”的哲学，但知识分子好像从来没有过好命运。到了我自己也属于这行列的漫长的动乱年代里，知识分子的遭遇显然更为凄楚了。因为这是我们的人民最受苦难的年代。我觉得，无论过去和现代，正直的知识分子都和人民共呼吸，同命运，一起受苦难，也一起反抗和流血。这是当然的，知识分子不仅是人民的一部分，而且是他们中间的先知先觉者。曾经有人说，知识分子中间有叛徒，但也有隐士；其实，在大多数场合，隐士也就是叛徒，归隐只是反抗的另一种形式。“翩然一只云中鹤，飞去飞来宰相衙”，那样的人自然是有的，不过决不是知识分子的全体，也不能说是多数。

我就是本着这样的认识，来描写自己同时代的知识分子的。读者当然可以看出，我使用在这类作品上的色彩未免太阴暗了。我的主人公们不仅大都在灰暗的背景里行动，而且莫不有着一副阴沉悲苦的表情。有些评论家和文学史家曾经在这一点上表示过惋惜甚至不满，我自己也曾经认真思索过这个问题。我所生活的年代毕竟和鲁迅当时不尽相同，离契诃夫的时代则更为遥远，还有着国土的相异。据研究家们说，就是契诃夫吧，他也觉得有负于读者，因为他只是揭露了人类关系中残酷的喜剧和生活的矛盾，却没有指明出路，明确回答经常出现在他作品中的“怎么办”的问题。我还特别注意到契诃夫的讽刺喜剧中透露出来的欢乐气息和对美好未来的热烈憧憬。至于鲁迅，大家更不会忘记他曾在自己过分阴冷的作品里加添“亮色”。契诃夫和鲁迅都是光耀史册的文学大师，尚且如此尊重读者，我这个不成材的小学徒自然更应深抱自惭了。但我也曾作过自我辩解。不久以前，在一个专为海外读者编选的描写知识分子的小说集的序言里，我写下如下一段话：

> 当我重读这十篇作品时，眼前仿佛出现着“折翅鸟”和“家鸽”们凄苦的表情，耳际也仿佛听见了“醉汉”悲凉的叹息和“小人物”愤怒的控诉。“在时代的暴风雨中，难道就没有振翮高飞的雄鹰，鼓翼搏斗的海燕吗？”如果有热衷题材问题的读者发出这样的质问，我的回答将是：“在一个暴风雨的时代里，的确既有折翅鸟和家鸽，也有雄鹰和海燕。这弱者和强者，都曾经出现在我

的经历里，都引起过我热切的注意。不过在我描绘下来的画幅里，更多的却是折翅鸟和家鸽。”我这样说，当然不是否认雄鹰和海燕是我们时代的“脊梁”，是知识分子的骄傲；而且雄鹰振翮和海燕鼓翼的姿势也应该是最美丽动人的。实际上，我也曾经有过描绘雄鹰和海燕的努力，并在这种努力里深感自己职责的庄严。我只是说，我们文学艺术的画廊很广阔，能容纳多种多样的题材，多种多样的人物。折翅鸟和家鸽也好，雄鹰和海燕也好，它们在艺术表现上各具特色，各有千秋。这才能呈现出丰富多彩。我在这里，不过给读者打开我自己的这个窗口。……

很明显，我这个辩解很无力，有些近于自我原谅。尤其是，我并没有说出自己更深藏的想法。契诃夫名剧《伊万诺夫》里的主人公，不是劝告旁人“不要单人匹马和千万人去对抗吗？”我觉得，出现在契诃夫和鲁迅笔下的知识分子所走的只是一条“单人匹马”的道路，所以他们只能得到失败的结局。在过去那个时代里尚且如此，那么，到了我所描写的那个年代里，知识分子的斗争如果不能改弦易辙，失败岂不要更加悲惨吗？但在事实上，在这条通向失败的道路上，当时的确曾经拥挤不堪，我不过只是摄取其中的少数场景而已。在艺术创造上，我是始终相信，描写了“不应该这样做”，只要写得真实，写得诚挚，读者是能够得出“应该怎样做”的结论的。这也正是文学艺术的力量的一个重要方面。

现在，我愿意回到这篇序言第一段里说的自己所走道路的问题。在过去的漫长岁月里，我有时的确产生过无法排除的孤寂感。远在40年代初，我就曾经在一个小说集的题记里，称呼自己的集子是一本“寂寞的小书”。也曾经有好心的读者写信给我，劝我放弃原来的写法，去采用较为华丽的辞句和更吸引人的情节。我知道，如果听从这个劝告，自己也许能够改变类似踽踽独行的处境。我感谢读者的关怀，却无法接受这种劝告，因为我知道自己的寂寞感，主要来自作品写得不深刻，也缺乏足够的独创性。此外，在创作上我还有自己遵循不渝的信条。契诃夫要求文学艺术在描写生活时，要做到“无条件的、直率的真实”。他又要求作家采取平凡的题材，要写得朴素，不必去写“例如一个人坐上潜水艇，到北极去探求静心养性之道，同时他的爱人发出悲惨的哭声，从钟楼上跳下来。”之类的情节。他认为，“短篇小说的首要魅力就是朴素和诚恳”。这些话都说在近100年以前，而且出于一个外国古典作家之口，看起来可能已经过于陈旧了。但我要坦率承认，正是契诃夫这些名言，通过自己的实践，形成了我的信条。文学艺术既是社会生活的反映，我不知道除了努力使这种反映达到最高程度的真实以外，一个作家还能有什么别的追求。反映生活的真实，又和作家诚恳的态度以及朴素的风格不可分；因为生活有它自己的逻辑，要求作家用最真挚的心去发现，并用最纯朴的形式去表现。

我的选择写作为终生职业，最初是由于童、少年时代身经目睹的农村生活的迫促，后来又受到一个庄严的目标的鼓舞。这种庄严的目标，也可以借用契诃夫另一个名剧《海鸥》里面一位文学家的自我表白来说明它：“我喜欢这湖水、树木、天空，我爱大自然，它在我的心里引起一种热烈的不可抗拒的写作欲望。可是我到底不单是一个风景画家，我也是一个公民！我爱祖国，爱人民，我觉得，既然我是一个作家，我就有责任写人民，写他们的苦难，写他们的未来，就应该谈到科学，谈到人民的权利，等等，等等。”正因为我爱自己的乡土、祖国和人民，我是为自己的乡土、祖国、人民而写作的，所以我立志要对生活和艺术怀抱诚恳的态度，力求反映生活的真实。现在奉献给读者的这部《选集》，就像是一个小学生交出来的一份试卷，我惴惴于试卷里的答案会远离自己的要求。即使情况确是如此，我也不会放弃自己的信条，并有勇气在未来的努力里谋求补救。

收容在《选集》第一、二卷的60个短篇和中篇小说，约占我写于三四十年代的同类作品中的三分之二。不无遗憾的是，由于历经动乱，有相当一部分散见于各种报刊的作品，一时未能搜集齐全，只好等待以后重新编选的机会。第三、四卷的六部长篇小说，都写于40年代。这些作品，我都作了不同程度的文字上的修改，有的连题目也更换了。在修改过程中，我时刻为过去在语言锻炼上的不够刻苦而深感惭愧，也更加明确地认识到语言锻炼的确是写作的基本功，并对著名的语言大师福楼拜在书信里所说的“夜晚文句象罗马皇帝的辇车一样在我脑子里滚过去，我就被它们的振动和轰响声所惊醒”的名言，有了更真切的体会。有些作品，在发表和出版的当时，曾经遭受审查官的删改，现在也都凭记忆作了补充，尽量使它们恢复原来的面目。我始终相信，一个认真严肃的作家，应该不间断地修改自己的作品。这样做，既是尊重艺术，也是尊重读者和自己。

作品目次的排列，我都尽可能做到按照写作时间的先后。个别经过重写的作品，则以初稿为准。顺着目次重读一遍入选的作品，就更清楚地看到自己走过来的道路，看到深印在这条道路上的足迹有多么曲折，多么零乱，看到一个力弱旅人曾经有过怎样的徘徊踟蹰。

在短篇和中篇小说方面，我只选了三四十年代的，因为到了 50 年代以后，不仅写得比较少，更需要作较大的修改。此外，也还有字数的限制。长篇小说方面，除了写于 40 年代的六部作品，又选入写于 50 年代的《春回地暖》，因为它不仅是我作品中篇幅最大的，尤其是在这部作品里比较充分地反映出自己对农民面貌和性格的看法。另一部也是写于 50 年代的描写知识分子的《在漫长的路上》，只是计划中的三部有连续性作品的第一部，尚未完成，也要等待以后编选的机会。散文方面，选入了童年杂记、报告和游记、回忆录三部分。也许会有读者提出疑问：几十年间，你不是还曾经发表过不少评论文章，出版过好几本评论文集吗？为什么不也选一些呢？我也要坦率告诉读者，首先编选自己的创作，是因为我本来是学写小说的，评论文章只是偶然的产物，我本来没有想到要当一个评论家；我愿意遵从歌德老人要“懂得限制自己的范围，不旁驰博骛”的劝告，在今后有限的晚年里，把时间和精力集中到创作上去，认真完成预定的计划。在这个《选集》里暂时不收评论文章，就是为了对自己表明决心，杜绝长期养成的旁驰博骛的习惯。

1982 年 4 月 24 日上海

（原载 1982 年《浙江师范学院学报》第 3 期）

研究论文选编

王西彦的《寻找道路的人》

许　杰

内山完造记着鲁迅的话，说：“老板，道路这个东西，并非从开头就有的，都是由人去走成的。”

是的，一条路，总是由一个开路的人打先锋，接着，就有许多人，踏着前人的脚步，不断地踏了过去，方踏成了一条康庄道路。

可是，这些路，也得细细考虑一下；因为，有些路，我们后人，是值得踏着前人的脚步的；但也有一些，要是后人们走了上去，是会通到牛角尖里面去的。那个时候，恐怕只有死路一条，已经悔之晚矣了。——不信吗？你看当今的世界，就有许多人在走着奴隶之路，也有许多人在劝着人、强迫着人走上奴隶之路的。

所以，走路，倒是第二义，——虽然说走总比立着不走的好一些；而找寻路向，却是第一义了。在现代做人，甚至于我们的民族国家，应该走上什么道路呢？徘徊在三岔路口，始终是不行的吧！这倒是值得我们考虑的问题了。

因此，王西彦的《寻找道路的人》，就是这么一个题目，也引起了我很大的注意。

这小说写一个在北平讨了一个老婆的关外青年，他因为不就他叔父给他在关外谋的职业，要守一点气节，便在北平失了业，受到丈母娘的奚落，终于下了决心在雪天里出走，去自己寻找道路的事情。他说：

“我现在悟到已经是使自己的生命发生力量的时候了！我的生命……我守着气节，然而这社会所给我的只是屈辱饥饿和讽刺……我的那个产生在狼嘴里的腐肉上面的叔父提醒了我，他说，‘你要气节，你只能使妻子使自己饿；此外，你还有什么路可走呢？’是的，我应该还有路可走的，现在就是我走路的时候……”

他在绵绵的雪浪飘落着的大地走去了，他去找他自己的路了。可是，他究竟走上什么路呢？他是否能走通这一条路呢？这在作者，虽曾告诉我们一个大概，说他已经晓得出路问题，不是个人问题；那么，他的路向，我们虽然没有看见，但也可以想得清楚。他如果不走错了方向，就是艰难一点，走总要走到的。

可是，我们的作者，他却太感伤了。虽然他在雪中，把我们的主人翁送了出去，说是“踏着他的印在雪地上的脚迹”，但他毕竟停住了，看着雪浪吞没了这苦斗者的背影，而自己掉起“辣辣的”的眼泪来了，这是什么道理呢？

我跟着作者，送着这位主人翁出走，自己去寻道路；但我却讨厌着作者的感伤的情调，我好像在看娜拉的走，我好像在看卓别林的马戏的收场，也好像在看甘宁的“肉体之道”的风雪的圣诞夜的结尾；我讨厌作者把这主人翁的前途的空气弄得太凝重了。

（原载1936年12月20日《立报·言林》）

“笼”与“鸟”

——关于《家鸽》及其他的一段杂感

罗　荪

自从“妇女”成为“问题”以来，颇使一些大人先生们感觉头痛。过去有一套礼教，和什么“三从四德”的教条，使女子不能不低头。然而，时代毕竟向前了一步，永远那么一种老套，也就不行，必须加点新的方法，在这20世纪科学昌明的时代，也就有了科学的“御妇术”，甚至可以在表面上、口头上赞成男女平等，而另一方面，却在用种种方法证明女子总是女子，永远不能和男人并肩的。比如：希特勒提倡“三K主义”，但是不好径直响应，于是尽用旁敲侧击的方法，来证明女子的真正位置是应该在家里的。况且在我们中国是“古已有之”，不是说过“男子主外，女子主内”的话么？虽然在今天应该有点变通了，但她们的“真正的位置却必须是在家庭里面”的。偶尔外出“活动”要也不过是一种寂寞的家庭生活之外的“消遣”而已！

前些时候，曾为了女职员问题，哄了一个时期，聪明的主政者，也不喊，也不叫，暗暗的订些条例，或者慢慢的藉故裁退了，叫你知难而退。这回为了彻底起见，不再从枝节上谈问题了，因为要说妇女不该有职业，岂不有碍于“男女平等”之说吗？如果径直喊出妇女都应当一律回家，也未免稍嫌太直率而易于引起刺激。因此，在“别宗明义”的第一章，必须说，男女是应该平等的，而且是真正平等的。这种平等乃是建筑在生物的平等之上的。这种生物学的平等说是男女在性的行为上是绝对平等的，甚至女性往往是占优势的，因为“她不怕丈夫以不平等待她，因为她常具特有‘性’的武器，可用以强迫男子就范，他就范，‘平等’——生物的，真正的平等——就得到了。”（尹及《谈妇女》）而且得到如下的结论说：“从这个基本观点我们又可以推得以下的论断：即女人的真正位置是在‘家庭’（HOME）里，因为只有在‘家’里方能得到真的、生物的、长久的平等，在‘家’外——譬如说，参政会——得到的平等是假的，人做的，暂时的。”（同前），这就很明白了，而且也非常透彻了。一句话就够：你们女子如果要得到真正的男女平等的话，那只有一条路，就是必须回到家庭里去，否则，即使你们之中有的参了政，做了官，也还是假的，人为的平等。这样的狡辩家，不再提贤妻良母，不再谈男女不该平等，而且指给你获得真正平等的一条道路，要你把握住“性”的武器，占据家庭，则“男女平等”云云都可迎刃而解了。

接着是沈从文先生的指迷，他“用一种较新的观点来解释妇女问题”了，因为这“新的观点”无论如何要比那些三从四德之类来得动听，他认为“妇女之中大多数并不明白自己本性上的真正需要是什么，而违反了生物的习惯，社会的习惯，在不可能的情形中，一切都希望同男子一样”，实在是近于“不识相”的。最后则断言“在女子由于意识朦胧不自觉，在男子则由于糊涂不管事”的缘故，致使“妇女问题转趋复杂，直到国家没一个妇女来处理它……”。如果依照沈先生的意见，妇女原不成什么问题的，正如另一个论者所说：“妇女问题，就是知识妇女的问题，大多数妇女仅可说无什问题。”而沈先生在这里便替少数的“知识妇女”的问题，找到了一条解决的道路。那就需要一个像样的“家庭”，并且举了一个“实例”，女的是一个妇女解放论者，男的是反对论者，两个人曾经写过很多论争的文章，后来被好事的朋友把他们撮合成为一对夫妇，女的便不再写文章反对家庭，男的也不再歧视女子了，沈先生从这里推得了一个论断，就是说妇女只要有一个“像样的家庭”，便一切都没有问题了。沈先生的这个“新的观点”，只在阐发“生物平等”的家庭论，把妇女问题缩小为家庭问题，提倡了新的主妇论。把它和社会问题一刀切断了，使它孤立在“生物的习惯”中，去把握“性”的平等武器，这就是沈先生和其他的“大政治”们的新的观点所在。

最近又读到了载在《现代文艺》第3卷第1期上的王西彦先生的《家鸽》。

王西彦先生在他的小说的开头引了一句A·拉玛尔丁的话说："笼鸟的羽毛，是永远不适宜于海燕的。"作者将妇女比着"笼鸟"，而使"女子的真正位置是在家庭里面"的论断形象化了。先来叙述一下故事的梗概吧。

一对年轻的夫妇，带着两个孩子过着美满和好的生活，主妇姚文英为了参加第二次的三八妇女节，在睡梦中辗转反侧地期待着这个美丽而热闹的日子，特别使她兴奋的是在明天的纪念节目中，有她的演讲。在第二天的整个上午都在忙碌着化妆和背演讲稿，男主人洪志彬则用一种怜悯的心境帮助太太去完成一种"新式的消遣"。待到把太太打发到会场之后，就回到家来叹息了。作者同情地叙述着："对于他生活永远是一根无情而紧逼的鞭子，永远不让他有喘息的余暇。"等到太太从会场里兴高采烈地回家的时候，追问着他对于今天的观感和自己在大会群众中应得的美誉的时候，他只好茫然地敷衍着了，而一面却在男主人的心中呐呐的可怜着她："你分明只是一只家鸽……"而已。

女主人在追求新生活的路上，她参加了妇女慰劳队，预备出发到前线，男的虽然不高兴，但是为了怜悯，就慨然地想着："就让她飞向风雨去试一试自己的翮力吧。"放他太太到前线去。但是女主人一走，孩子就发起烧来，屋子也变得零乱不堪了，叹息着，"一个家庭没有主妇"怎么成呢？男主人完全沉落在狼狈的境地中了。然而作者的笔一转，主妇姚文英回来了，而且眼睛一红投到男人的怀里，委屈的诉说着："雨水把公路泡松了，弄滑溜了，前面的一辆客车翻下了河，好险！……我们的车子总算开过了，半路的一座桥又给水冲坏了……志彬，我不该不听你的话……"男主人胜利了，而且安慰着："可怜的英……你是一只家鸽，只会生活在春天的阳光下，和风雨是无缘的……不要哭，回来就好了。"

作者在这里完成了他的"结论"，故事铺叙得非常美丽，比较沈从文先生所举的例，是更为动人，更为证实着"妇女的真正位置是在家庭"的结论之正确。而且更进一步：叫你去试试吧，家鸽是不适于风雨的；你一离开"家"，不但家不像家了，你自己也会吃不消，而败退回来的。不但败退了回来，而且要眼睛一红地投入男人的怀里，说一声，“我回来了，此后再不离开你…！”这回可是出于自愿，飞也飞过了，但是飞不远，叫你非回来“投降”不可！不是比起沈从文先生的“某夫妇”更是彻底更为动人吗？

作者曾用心的描写着他的女主人公姚文英，在开头的一段里写着：“一个由于一具精细的心肠所布置的优美的房景，而是表现了她是一个好主妇，很能处理自己的生活。但是她这时候却憧憬着一段新的生活：参加社会活动。自然在有些地方，喜欢出风头，爱好虚荣，应该是初出参加社会活动者的通病，在男子方面也何尝缺少。”作者在第一二两段中，几乎用了全力来描摹女主人公的风头主义和虚荣的憧憬，却把她本能的追求新生活的要求压抑下来。但也终不免泄露出一点真正的意欲来，作者用男主人的回忆追述着：“在照片上，妻正是一个朝花一般的少女，纯真、骄矜、慧敏，不知天高地厚……在那时，仿佛这世界上时常有一种东西，一些生活中看不见的奇珍；一串美丽的明珠似的梦，使得他近乎盲目的热情的追求着，捕捉着……可是一过了那光辉的结婚日，就像路过了命运的界限，人事追逼上来，生活开始浸淫在一种酸液之中，很快的，世界跟自己一同衰老了，枯竭了。可怜的妻！在少女时代，她企图做一个生活的冒险家，她的梦想更其美丽，她像飞蛾扑火似的追逐着一种永远的奇遇，然而眼前的世界却是既平凡又沉闷，有了家庭，不久便有了孩子，自己亲手架造起来的梦的楼阁，业已由自己亲手将其折毁，于是热情被逼着从衰颓跌到死灭，而她的青春也连同梦想一起沉入生活的深渊……。”这一段追想，一方面说明了主妇姚文英曾经热烈地追求过美丽的生活。一方面却说明了男主人洪志彬的观点，认为妇女一走进家庭，即所有轰轰烈烈的理想和幻影，都应该破灭了。作者籍了男主人的身份，怀着一种怜悯而理解妻子的情绪，批判着女人的行为：“女人是一种奇怪的动物，直到现在，从感情的废墟上还在不断地茁发着新苗。如今她岂不是又在找寻激动，又在追求另一种梦，或者说，又在企求一种沉闷的生活中的消遣物了吗？”作者在这里把妇女的社会活动是看作为生活中的消遣物，是平凡和沉闷的家庭生活中的一个刺激。而且可以说完全忘掉了“家庭”以外的广大社会的存在。

作者在这故事里，安排了他自己所想象中的男人和女人的代表，而把同情完全放在男子这方面，用一种怜悯和感慨的心境描写了他的女主人公。在第二段中，女主人几乎在使用了她的特殊性：撒娇取得她的胜利，使男主人到莫可奈何的地步。在第三段和第四段的叙述中，则完全表现着男人是怎样用了他慈悲的怜悯心对待女人。这种怜悯贯穿了全篇的意旨，也就是由于男主人公的怜悯，才使她“任性的”参加社会活动，使她“在风雨中去试一试翮力”，使她“追求一点梦似的幻想，”“企求一种沉闷生活中的消遣物。”这里不谈权利，也不谈义务，而只是一种“怜悯的赏赐”。

如果进一步的考察，从这里面找出了男主人公洪志彬潜在的残酷意识，他在这里表现了“欲擒故纵”的心理，放纵她投向社会。作者写着：“英，你分明只是一只家鸽，现在，想飞向风雨，唉，怕你幻想的翅翮又将受着那不可避免的伤残了！”而且判断她“实在只是一只家鸽……”永远不会飞得远的。

比较，男主人公洪志彬是比沈教授更彻底，更有手段些。第四段中几乎完全是替“谈家庭”做翻版，男的不但是完全赞同，而且更为彻底，他说：“你们女人……老实说，一向被称为‘没有灵魂的动物’，根本不配谈什么平等，我是说，你们女人根本受着生理上的限制，这种限制是天定的，人为没有办法去更改……。”男主人公更为证实着沈教授的论据，他继续教训着女人说：“那位小说家的话是很有根据的，他所根据的小半是别人的成例，大半却是自己的经验。理论总是敌不过事实的经验的，那位小说家自己的太太不是上海赫赫有名‘黑牡丹’吗？不是说，也很有学问，很会写文章吗？……那位小说家追求她的时候，写了多少情书，花了多少心血，她向他摆了多大架子！人家都预料他将要得到一个可怕的悲剧，可是一旦结了婚，她便归他所有了……如今还不是变成了一个道地的太太，一个上等的贤妻良母！”他的结论是女人没有自主的灵魂，总归得给男人同化的，而且断定：“女人的生命和幸福的代价就是牺牲，女人的全部责任就在‘牺牲’两个字——。”这真是再彻底也没有了，不但不会平等，而且是连灵魂全没有了，剩下来的是在家为父母牺牲，出嫁后为丈夫牺牲，丈夫死后，再为儿子牺牲，这还不是彻底的三从论吗？不但是尹及先生的“性武器”失掉了作用，连沈从文先生的“美满家庭”也一并失效了。女人在这里只是“一个没有自主灵魂的附属物”而已。

不过，我们从这里也可以找到了家庭生活在这样的社会环境里面所有的矛盾，男主人公与其说是为了使“家鸽”去试一试翩力，则毋宁说是要调剂一下沉闷而无聊的家庭生活，要减少一点夫妻间在感情上的某些矛盾，而借了这个新的刺激物，便于引起一点兴味。正如作者曾细心描写的一段，说：“生活太沉闷了，烦琐的人事使得她失却一切梦想，变成忧郁而厌倦，心身迅速地衰老下来，主宰着她的，只是一种自暴自弃的心理，一种对于生命的卑弃，因而成为一个永远的精神的囚徒。现在，他从倦怠的窒息的生活里发现一样新鲜的事物了，如像摸索在海底的人发现一颗明珠，她正以小孩子的热情奔向它，纵使他明知她所追求的只是一个幻想，但在这个幻想没有破灭以前，他愿意她的热情能够保持得很久，如像愿意她在某一种沉闷生活中意外的消遣物上的兴味能够保持得更久一样。”但是作者的笔触停止在这个段落上，而没有把问题发展下去，或者可以说，作者并没有企图把这个“家庭生活”的矛盾及其症结所在，以致于作者在处理这样一个题材的时候，只看见了表面的某一、二现象，并没有把这些现象和现实联络起来，所以才把家庭生活的苦闷孤立了起来。把妇女问题拖进污旧的泥淖里面，肯定地解答了“女子是没有自主的灵魂”的。如果作者能够更进一步的考察他的男主人公和女主人公在“沉闷的生活”里面反映了怎样的意欲？又，怎样的环境，怎样的现实，致使一个美满的家庭会沉入于烦闷生活中呢？作者在这里没有把握住这些纠葛，虽然在作者所表现的事象里面，企图绘出一幅家庭生活的小喜剧，其结果，不过是在证明一个家庭妇女，——一匹家鸽，便只合生活在平静的“笼”子里面。要想飞出去，那一定会碰壁的。

然而，女主人公姚文英是不是一定会达到“碰壁”的结局呢？她有没有受到一点环境的影响和教育，使她更为勇敢一点呢？关于后者，我以为从故事的发展上看来，姚文英在开初或者是为了刺激沉闷的生活，追逐一点新异的幻想而参加了社会活动，到后来，她被选为慰劳队代表的时候，她是兴奋而且是纯真的，即使仍然有风头主义的成份，却也不能忽略了她受着的影响：她说：“想不到自己，也还能为国家民族效点劳!"并且在丈夫用种种方法和语言来阻难的时候,她断然地说:"难道我不应该替民族国家效点劳吗?难道我就这样没有用吗?难道女子的世界只能是厨房和寝室吗?"她终于能够毅然避开那些袭来的打击而走了,并且使得丈夫洪志彬也只有捏了一把汗,把她放走了。这时候,一个没有主妇的家庭,变得没有了秩序,孩子也就在这个时候病了,假设作者不准备使姚文英败退回来,这个暂时失掉了主妇的家庭是不是便生活不下去了呢?或者是弄得更糟糕了呢?自然,这个社会怕还只能如作者所描写的那幅凌乱而失掉秩序的家庭画面,但是女主人却未必就那样脆弱,在雨水的阻碍,而败退回来吧,但是作者安排的结局是要使一只是试一试翮力的家鸽,永远不会远飞的,这正如养鸟的主人,在一定的时候,要到郊外去放鸟一样,无非是一种消遣而已,这就是作者所下的结论。然而,我相信如果作者能够多看到一点翱翔在广大的原野上、森林中的飞鸟,那结果,也许会不同些吧。

我写这篇感想,并不一定仅仅读了《家鸽》的原故,也并非是要求作者把姚文英飞得更远些。我以为,一个作家更应该把视野放得广阔一点,把例证引用得更普通,更多一些,仅仅凭着自己的一点经验,或是以一、二点特殊的现象,来概括一般的时候,是容易流于偏颇的,比如沈先生之以某夫妇为例,而判断"女子的真正位置是在家庭",似难免不失之于"武断"。尤其是抗战以来,妇女所生活过的"狭的笼",有多少是被敌人的火力粉碎了,但也正因此,而有多少妇女走向了战场,走向了各种斗争生活的场所。所以,仅仅认为笼鸟的羽毛,已不适于高飞,而忽略了那笼子,和那笼子外面的社会,是不能正确地来判断"笼鸟"应该是永远关在笼子里的。

这篇杂感就写到这里为止。

1941年9月4日写

1942年2月改写

王西彦的《深渊》

林　晴

（一）

短篇小说在中国是一个较为发达的文学部门。对于作家，是一种熟悉而接近的文学样式；而对于读者，也是最易被接受与欣赏的一种文学产品。新文学运动以来文学部门中发展得最有成绩的是小说，其次是戏剧与散文，而比较幼稚与年轻一点的是诗。我们不能忘记新文学运动初期是鲁迅氏卓越的小说奠定了新文学的坚厚的基础。小说在新文学中是有其最初的光荣的历史的。新文学随着中国划时代的抗战而生长，而在抗战期中较大的文学上的收获是小说部门的丰收，小说部门最先而且最多有优秀作品的产生。而新兴的报告文学的发达固有其时代的背景在，然而也由于小说的部门底发达，两者是有其血缘关系的。小说部门在中国文学领域里是一个有成绩重量的部门。

短篇小说在今天，还没有更伟大的作品出现。在中国还没有出现有能与莫泊桑、巴尔扎克、柴霍甫、高尔基，等等巨匠相媲美的作家以及与其作品相匹敌的作品产生。这除了社会原因之外，我们还企图在作品里分析作家思想的深度，写作技巧上的缺憾与瑕疵，作家在艺术修养上贫弱与认识上肤浅的因素。对于当前的小说发展上，这许是并不浪费的工程。

（二）

中国优秀的短篇小说家之一的王西彦先生，在文艺杂志（鲁彦编）上先后发表了两个短篇：《古屋》与《深渊》（《古屋再记》）。后者可说是前者的续篇。作品里的地点是同一的，写作的手法上完全一致的，然而人物与故事却可说完全相异。《古屋》里是描写一个农村中由官宦而变成地主的大家庭没落后的人物与环境。悲惨命运的人物，凄凉阴暗的氛围，这中间曾经贯穿了一串繁荣兴盛时与衰败冷落后的故事。小说中的时间是抗战后，而由作者寄居到古屋时展开了小说的场面。而《深渊》呢，是“四个月以前离开这古屋开始跨入流转动乱的世界里时，好像自己突然地走出了一个噩梦一般”的作者“现在又怀着凄苦的情绪重新回到这古屋里来，或者说，又重新投身到这个荒唐的梦境里来了”。在这“古屋”里，这“梦境”里，作者遇到了三个寄居在这里的家庭，有两个家庭中的都是“灾民”，因战争流离失所的灾民，在这古屋被军队驻过后移居进来的。第一个被作者记下来的是作者的“邻居之一的那一对奇异的母女的印象”。这的确是一个奇异而凄惨的家庭，母亲是一个“五十五六岁上下”的中下家庭的主妇，生有一副可笑的外表：“她的整个脸孔使人一看见立刻就会联想到一个山羊的头，甚至说话的声音也是像极了山羊的鸣叫”的。然而，“她的外表虽然是这样的恶俗不可亲近，她的内心却是很和善的”。另外她有一个“在胎儿时期就带有着先天的不治的病症，生出后四肢绵软，一直到5岁，还不会说话，走路和没有定准的使用双手”的女儿。这样一个阴惨而奇异的家庭母亲时刻惦念一个遥远的在边省“寂寞凄苦地寄身”的“老头子”，她的年老的在外求生、地位卑微的丈夫。这家庭整天是阴暗、惦念，“濡湿的眼睛”，“轻轻啜泣”，与“不幸的病人哭诉一般的求死的祈祷声”。生命对于这两个不幸的母女是一种可怕而残酷的负担与折磨。

另外呢，是一个较为高尚的家庭。作者和这家庭年老的女主人谈话了之后，“知道她们姓洪，她自己过去是一个官家子女，经历过不少地方，现在家乡沦陷了，她的儿媳还在陪都重庆供职，跟随着她来这里避难的，那两个小孩子是她的孙子，那位年轻女子自然便是她的女儿——她名叫洪翰真，在这古屋旁边的一个难童学校里做事”，洪老太太，健谈，世故，“态度端重”，高尚家庭里年老人的风度。洪翰真“也是一个热情爱客，爽畅坦白，容易激动的人，她的说话实际上是很少考虑的，而且往往喜欢采用坚决的语句和极端的例子……”，一个“眼眶边业已呈露出不少不易觉察的皱纹和一种衰败的青灰的颜色”的独身主义者，有热情，也有理想，但也就免不了有些偏执与冲动。她们有一个“布置得很雅致的家庭”，能够有“殷勤招待”，能够有爽朗欢愉的笑，这与前一个奇异的家庭，姓杨的母女，是如何一种不同的境界，即便都在苦难中！

此外呢，作者单单将古屋里的主人孙尚宪先生拜访了，写出这位“养晦斋主”对于他自己的“快乐主义”也显得冷淡与倦怠了。再另外，作者只约略地写出一个“种田人”家，与写出一个啼泣的难童，这古屋的附近的一所难童学校。

在《深渊》里作者刻意地描写了这些形形式式的，不同的生活方式，不同的教养，所谓命运安排他们各不相同而战争把他们变成“灾民”，如今聚在这同一“古屋”里的人物。狭义地讲，这小说本身并不会有一个故事，作者只是将这些表现人物的场面做一番“剪接”的功夫，正如一个电影导演的工作一样。当作者在这深渊一般的古屋里，为一些悲惨的气息所烦闷、所苦恼的时候，他便走出门去，向初夏时节的晨昏中的田野，“呼吸着清新的净洁的空气，人胸腹充满着生命的气息”。“原是闷窒的心完全舒畅了，我的胸怀里充满着轻快静谧的感觉。”因此《深渊》里便有几段关于自然景物的描画，甚至还带着歌颂。

（三）

在古屋里，我们感到一些阴暗的气氛，与和它相承的人物。处了令人有今非昔比人事沧桑的感觉，对于这些在守着昔日繁荣的残骸与记忆，生活一如梦游病症的人物，我们是如何的感到怜悯而又替他们感到悲哀。古屋给我们是一幅惨淡凄凉的画图，而在《深渊》里我们有不相同的感觉了。王西彦先生给我们看了一个奇异的陷在悲惨命运里的家庭，而后又显示了一个较为高尚快乐的家庭，自然这两种全不相同的景象使我们产生一种对照之感。对于前者作者写下他的心境，当他看了这两个不幸的母女回来：

……“我又回来了，”我对自己说着，“我又回到这荒唐悲惨的梦里来了。”于是指头把眼线投向窗外，我看到在那小小的正方的天上正有一朵灰色的薄云纡缓地浮游而过。我感觉到自己的心上正被一块同样的暗云埋掩着了，于是好像行深呼吸似的透出一口长长的气……

然而，对于后者的家庭作者写下了他的印象：

……所有这些，第一种印象，便会使你感觉到这种优美适当的饰物设计，必然是出于一个颇富艺术修养的女性的手。不消说，在这样的场面间，尤其是在这样的古屋里，这种虽然简单却也悦目的陈设已属难能可贵的了。

在这两段里也隐约地写出作者的两种心情，他的同情与喜爱。然而，这里我们很难说明作者写出这两个家庭的作用是否为对照？而这种对照存在着怎样的意义与力量？巧合得很，两个家庭都是两个母女，没有一个男人出现其间，这两个母女的性格等等是完全不相同的。自然这两个家庭也是毫不相同的。然而，这两个家庭的相异并不是本质上的，假使那一个家庭没有那个带着先天病症的女孩子，就不会有那些悲惨的气氛形成与那个“山羊脸”的母亲更悲凉的遭遇，产生这样一个家庭不是可以和现在笔下形成的全然不同？以一个“小户人家”独特的非普遍的凄惨的境遇来和一个“有身份的”人家的正常的家庭相并立，我们是找不出对照的意义与力量来的。另外在两个母亲与女儿的身上，也同样找不到衬托、对照或是性格补充的地方。因此，这些似乎是作者对实际遭遇的“写实”，而并没有在下笔前有所“企图”与“安排”下一点结构或其他什么在其中的。

在我们作者的笔下还出现了一个农夫的家庭，作者以为“外面是一个艰苦的充满着欢愉的世界，而在我所寄住着的这古屋里，除去那‘种田人’的一家，却是平静一如浮游在深渊死水里的鱼，沉重、闷窒、生气毫无。”然而，作者并没有绘出一幅他认为是这“深渊”里有“生气”的“种田人”家的图画。在他的笔下，也只能听到农人家夜深的纺车声，打女儿的声音与看到这“种田人”家所工作的第一熟的行将收获的田野。夜深的纺车声有时使作者感到“好像有谁在作着苦诉”，有时又以为“如果说那患残疾的病人的求死的祈祷是清晨的音乐，那么这纺车声便可算是我的晚间的音乐了。”而当“种田人”家女儿被打后的啼哭声停息后，作者说出“辛劳的生活是可怕的！”作者所以为有别于这“深渊”里其他人物的“种田人”家值得使人羡慕的是什么呢？它为什么超出于“深渊”之外？除去作者对这家庭的淡淡几笔描写外，我们便毫无所知了。这样一个农人的家庭，作者说明是一个“佃户”的家庭，在这里就成为一种多余的空虚而模糊的存在。在这篇文字里它没有发生任何作用，因为呈现在读者面前是极其模糊的影像，正如同作者对这农人家庭表示理解，表示它是“深渊”之外的存在的这种思想一样模糊。所以当作者烦闷时走出古屋外，看到农人们辛勤耕种后，现在是时值收获期的大快时，便令“心胸里充满着生命的气息”，“胸腹里充满着轻快静谧的感觉”同时，又觉到“大地上的一切都沸腾着生命”然而当听到农人妻子打女儿的时候，作者便又说出“辛劳的生活是可怕的！”了。我们的作者是有着如此复杂的人情！

（四）

在古屋里出现过的孙尚宪先生，又同样照屋主及“养晦斋主”的身份出现在深渊里。这和洪翰真女士，是两个“知识分子”，自然是全不相同，然而这两位是不是也永远沉沦在“深渊”里呢？将作者所写的这两个人物细味一下是颇为有趣的事情。

作者在小说中写给一个朋友的信上有这样的话：

> ……适才我正从他的“养晦斋”里出来，和他谈了近20分钟的话，虽然他依旧捧着水烟袋，吸着茶，热中于碑帖，而且崇尚生活修养，但是实际上却有着改变了，一种细微的不自觉的改变，你看时间的力量有多么大！……可怜的人！我不敢想像将来他会

变成怎样，是不是又会在新的刺激里重新兴奋起来，又崇拜起别的什么主义，换一种别的生活方式？谁能够知道？谁敢断定？……但他原非甘心如此，所以在百无聊赖的生活之中找寻一点：缀一点消遣，藉以自解自慰……

没有篇幅抄下这封“信”的全篇，然而这里也可看出作者对孙尚宪先生的怜悯与一点希望来了，然而这位“对自己的‘主义’什么的热情衰退得多了”的人，是不是正会“变”为“重新兴奋起来”呢？我们不能遑下判断，固然我们找不出这种可能性，甚至作者一面说他“除非甘心如此”一面又对他的将来说“谁能知道”？

洪翰真女士呢？她有理想，极端。她说“在严格的定义上说，一个人对于自己以终身相许的“事业”是不应该感觉厌倦，并且也不会感觉厌倦的——会生厌倦的不是“事业”。它是生命的寄托，是在生命的灌注之中所生长的花，一个对生命本身不感觉厌倦的人，何能对“事业”感觉厌倦呢？“在我未发觉这种新理想的缺点或不可能的时候，我自信不致发生厌倦之心的”。“但如果没有理想——即便是怎样渺小不足道的理想，生命又有什么意义呢？”自然这位喜欢说“百分之百对”的大姐有她的缺点，然而在作者笔下，在这“深渊”里她就是一个积极的人物，但是她所占的位置并不重要，作者并没有让我们看出她向上的可能性，与表现出她是一个可以跳出“深渊”的人物，因此洪翰真女士的面貌便也显得有些模糊了。

（五）

在深渊里，作者感到这古屋里的“沉重，闷窒，生气毫无。”然而他所显露的外面，“是一个艰苦的充满着欢愉的世界”，然而，这“世界”是“第一熟稻子收获期”的“广袤原野”，纯粹是一幅美妙的风景画，没有火药的气息，也没有在战争中农村的苦难，面对着这在“太平盛世”般的农村风景，如果不是作品中有难童学校的隐约存在，以及洪家在战争中悲惨的遭遇，难童们几段血泪的故事，那么这小说的背景我们可以以为是战前的某个时代。这“深渊”像是与现世隔绝孤立地存在着的。

对于沉沦在“深渊”中的人物，作者除了对于一些施与了“同情”与“怜悯”外，他还对孙尚宪先生这样一位“养晦斋主”寄予了“希望”，想他有一天会“变”，会“重新振奋起来”。而对洪翰真女士这一位较为积极的人物又给予一个虚幻的影子，这样读者的心便也真的掉向幻灭的深渊里去了！他也许单纯地赞美劳动吧，所以认为那“种田人”（佃户）家是超出于“深渊”之外的。但是在另一面又显出“辛劳的生活是可怕的!”给与他所认为不“沉重，窒息，生气毫无”的农人家庭21个极其模糊的影子，淡淡地在纸上涂了几笔，即当在古屋的氛围中感到忧闷的时候，他只要跑到门外的田野里舒散一下，便感觉“充满着生命”与“静谧”之感了，这样，王西彦先生在作品中给我们看到的是怎样一位有着虚幻的梦想与脆弱感性的作家！

我们似乎奇异这样一篇小说为什么题名为《深渊》，什么使这些人物沉落在“深渊”之中呢。作者藉“以塞亚书”（圣经旧约）的一段文字说明了这篇的主题：“你们的手都涂满杀人的血，你们要洗濯，自洁，给我的眼前涂掉你们的恶行，要止住作恶，学习行善，寻求公平解救受压迫的：给孤儿伸冤，为寡妇申辩屈。”但是，遗憾得很，作者并没有能恰当而有力地表现了这积极的主题，作者的认识与思想削弱了主题，甚至连最末一段带有象征性的一大片对自然景物的优秀描写，也为之失色，而变成空虚的了。

《深渊》使我想起一些自然主义与写实主义作家的小说来，中国小说应当选取的创作道路，是要作家加深思想与认识然后才能有正确的文学表现与答复的。

《深渊》里的文字的优美与人物对话的突出是作者最大的成功。为了篇幅，不能写出。请读者老不要以为这对《深渊》的详细的分析是“浪费笔墨”之举而请王西彦先生原谅这种“吹毛求疵”。

（原载1943年8月前线日报《文艺评介》第四、五期）

读《一双鞋子》

文 嘉

在目前的东南，王西彦先生可以说是一位多产的作家，也是一位有力的作家。这半年以来，我们几乎到处碰到他的著作。他一连写了许多个长篇，但也写了不少的短篇。姑无论他的这些作品，是否算是成功的巨著，但那种努力苦干、埋头实践的精神，却是令人佩服，令人赞颂不置的。

从事文艺工作，原是一种艰苦的事业。天才的作家，一鸣惊人的作品，固然不能说是没有，但历来文学史上的伟大而不朽的著作，却都是辛苦努力的成果。而且，文艺工作，原是实践的事，在生活中实践，在工作中实践，而又在实践中求进步。根据着这一点理由，则王先生近年来的写作精神，已够使我们一般文艺工作者仿效。而他的成功，也当成授在他这种不断的努力中的。

最近，王先生出版了一本短篇小说集，题名《一双鞋子》。这里面共收集了八个短篇。据他自己的题记，“所写的都是一些发生在战场上的寻常小事：里面的人物，自然也都是一些寻常细民。因为我自己是一个乡下农家之子，对于农民或农民出身的兵士，具有一份可笑的偏爱：简直不自觉的，这份偏爱在写作上也流露出来了”。

中国的社会，在大体上说，还该是一个农业社会；而最大多数的人民，还是离不开土地，而为土地之子的农民。近代社会科学家对于中国社会性质的讨论，证明中国的社会是半封建半殖民地的社会，这也不过说明中国的农民，于普通的农民性质以外，加上封建残余与殖民地剥削的两种性质而已。中国近代的文艺作家，大多数都因为自己的出身与素养的关系，能够在作品中表现出占中国最大多数的农民生活的，比较尚不甚多。但从文艺的观点来说，真正要表现出中国人的生活精神，理解这潜在着伟大的斗争力量的中国，却非从理解并且表现中国的农民生活入手不可。王先生这本《一双鞋子》，虽然不能是尽了表现中国农民生活的任务，但这个努力的方向，却是因为他是一个“乡下农家之子”，是具备了相当优越的条件的。这里有三篇文章，都是通过乡村孩子的眼光，来观察世界的。特别是题名《隔膜》的那一篇，从一个乡下孩子的眼光，来观察城里孩子的行动；——而这，也就反映了半封建半殖民地中国社会的特征来，——作者虽说对于他们的隔膜，深致感慨，但在字里行间，却到处透露出他对于农民意识的偏爱来。不过，对于土地的执着，“人逃得，田地可逃不得呀!”“我们靠田地吃饭，你总不能顶着田地逃难呀!”这固然是中国农民的可爱之处，也是这一次中国八九年对日抗战的最有力的支柱，但这种固执，却也不全是进步的农民所应有的意识。我们不晓得作者是否有意要用另一篇文章——《一双鞋子》——来弥补这个缺憾。在《一双鞋子》中，这农村的孩子便比较的进步了。

中国是在变动，中国这传统的农村社会，也在随着这个伟大的时代，在向前进步。就是在这《一双鞋子》中，那一位作母亲的农妇，虽然作者有意用来和他们孩子对照，表示一些农民典型的固执的特性，但她却从她的母爱出发，对于一个死了父亲、离开母亲的小勤务兵，也发生出同情来了。

《荒村》以下几篇，是一些速写，这里的主人翁，大概都是些农民出身的士兵。其间有一篇《四个鸡蛋》，却也很能够画出中国农民的性格。至于《荒村》与《遭遇》，则在笔者的偏见，未敢过于推崇，或者，这是因为抗战以后，这一类题材，这一类手法，被人滥用得太多的缘故吧!

中国是一个农民占绝大数的国家，要理解中国，要中国人能够发声，我们希望有这种优裕条件的作者，多在这方面努力，而在这贫瘠的东南文坛，我们更心愿推介这本著作。(《一双鞋子》，永安改进社出版)

（原载 1944 年 8 月 12 日前线日报《文艺介评》第 52 期）

王西彦的《海底呼啸》

许　杰

抗战以来，王西彦的短篇创作的产量，是相当的丰富的。这一下，他接连的刊印了《惆怅》、《乡井》以及《海底呼啸》等三四个集子；无论如何，在不断地努力的这一点上说，是很值得赞许的。

王西彦在中国文坛上的出现，还是抗战以前不久几年的事，那时，在《文丛》及《中流》等刊物上已时常有他的作品发表；他的作品，虽然不能说是怎样的成功，但一个青年人的时代感，却洋溢在他的每一篇作品当中。抗战以后，他从北平回南方，以后又到过武汉，参加过徐州突围。后来又到了武汉，又跑上南昌前线，再以后是长沙，是浙东，跑了许多地方，经历过这大时代中一个普通的文艺作家所不容易经历到的经历。因此，他便报告着、描写着他所经历到的，这时代给予他的有关于抗战的东西。他仍旧用他的笔杆，贡献给时代，贡献给抗战。

可是，他在写作的态度上，却并没有夸大，他不肯采取一些大场面的，在他自己的生活范围所不十分熟识近于概念的题材，他只是采取一些他所熟识而理解的、在他的生活范围以内、而且是和他共同生活着、活在他的周围的人们所发生的事项，作为他的写作的题材——而这些题材，却可都是从各种的角度，各种的人物，反映着而且反映出这抗战时代的多面相的。

他在某一本小说的题记上面说“我所写的全是一些平凡的人物和平凡的故事，……在这本小书里纵使没有一个轰轰烈烈的人物和轰轰烈烈的场面，它仍将不失为一种控诉。”这倒未必不是一种热情的自白。因为只要是一个活着的人，他生活在这个时代里，他的生活又怎能和这时代脱节，而不反映出时代的形象，喊出时代的呼声呢？从这一点说，作者的写作的题材，虽然是比较的琐碎，但因为都是实感，因为都是从实际生活当中提取出来的，却是很可以值得人们去注意的。

《海底呼啸》系今年5月在桂林印行的，但在我们这一切新的刊物新的画报不容易看到的东南，却还应该算是一本新书。

在这一个结集里面，一共收集着：一、《悬崖》；二、《或人手记》；三、《遭遇》；四、《涡河的黄昏》；五、《山村》；六、《希腊主义者》；七、《炉烬》；八、《手持稻穗的人》；九、《沼池》；十、《海底呼啸》等十个短篇。在这十个短篇当中，据作者在他自己的题记上面说，是几个不同时候的作品，但我们如果从题材上来划分，便大概可以分成这样的几类。即一、是以抗战中的知识分子为题材的：如同一，二，六，七，八，九等篇都是；二、是从直接的战斗的场面用侧面的描写方法，剪取一部分劫后的乡村的：如三，四，五等篇是；三、以海滨的渔民的抗战斗争为题材的，正如作者自己所说，是“比较特殊的一篇”，如《海底呼啸》是。在这三类的题材当中，关于第一类的，其间又可以分两个小类，一、是以学校生活为中心的，如七与九；二、以公务人员为中心的，如同一与六；至于第二篇，则据作者所说是作为第一篇的批评的答复的，写一个没落的家庭的青年，怎样坚强着自己的意志走上时代的道路，负起时代所赋予的任务的；而第八篇呢，却是写一个空头的农业指导员忽然对于自己的工作与事业的幻灭起来，想当教员的事的；——这两篇呢，可以说是介乎两者之间的东西。

在这些作品里，如第六篇的《希腊主义者》，使人读了以后，大有张天翼的华威先生的感觉。而第七篇《炉烬》与第九篇《沼池》，虽然以学校教员作对象，以及这两篇作品中的主人翁，也只是或多或少的带有华威先生之类的气派的，在抗战中说是应该当作时代的渣滓，而其实却仍旧到处充满在的腐烂的知识分子的类型，如果我们要把这眼光推广开去，那末，第八篇的《手持稻穗的人》，也应该是属于这一类。

这一类题材，大概都是作者所最熟识的缘故吧，所以写来也就比较的亲切，而且在作者的笔下，虽然并没有加以怎样的渲染，以及怎样的加以主观的痛贬或讽刺，但这一批人物之在我们读者的眼下还是有意无意地赋予极大的同情的。

老实说，现在的一些文艺阅读者与文艺爱好者，一大半还是我们这一批所谓文化人和知识分子，而我们这一批所谓文化人与知识分子，在抗战当中，虽然赶不上囤积居奇的奸商，贪污枉法的官吏，出卖民族利益的汉奸那样的堕落，不争气，那样的荒淫与无耻；但他们的堕落与不争气，却也是值得注意，值得揭发的。特别是我们读了，我们除了觉得亲切，感觉这些人物是生活在我们自己的周围和我们共同生活着以外，因为我们自己也是知识分子，对于这替我们自己画像的作品，总该给予我们一个反省的机会，自己会把他当作镜子来照一照的吧！

至于以劫后乡村为对像的作品，像第三篇《遭遇》，——那是写会战后一个受了伤离了队的班长，在劫后的乡村中碰到受伤频死的士兵和发了疯的老婆婆的遭遇的；第四篇《涡河的黄昏》，——那是写几个从前线退下来的士兵过河以及撑船的人的故事的（严格的说，这一篇东西，不像一篇小说，只是一篇随笔或报告，因为他没有一般小说的所谓结构，与人物和故事的发展。这一点，高明的读者，和大度的作者自己，当能恕我这样说的）。第五篇《山村》，写一个劫后的乡村的中年妇人遭遇到兽兵的强奸的事；在取材方面，大概都是根据作者在前线的经历，但这些东西，使人读了，却仍旧有一些公式化的感觉；特别是《遭遇》与《山村》的结尾，似乎不得不使人有抗战尾巴主义之嫌的。

第十篇《海底呼啸》，题材是特殊的，风格可也不大相同，这里面有牧歌式的恋爱故事，插入朴素的渔村和抗战斗争；如果从政治意识上面讲，他的指导意识也并不怎样的强烈；从文艺美学的观点上面说，结构也不见得十分完整；尤其是写渔民与敌寇斗争的场面，形象更显得含糊。这一篇，据作者自己说，“如果由于对渔民生活的体验不够，以及技巧上的拙劣，写出来的却是一篇失败的东西。……我把它放在集子后面，……恐怕以后不会再能写出这样的作品，当做自己写作历程的一个标志”的。

《海底呼啸》的作者的作品，如果据笔者的偏见来说，当推一篇题为《静水里的鱼》的作品为最佳之作，其次就要算到《古屋》，其余如最近发表的《深渊》等似乎都还赶不上这两篇。再说在这一本集子里面，在技巧的运用上，似乎也就有许多缺点，可以指摘。比方上面曾经说过的《山村》的结尾，加上一句“翌晨，——附近的一个庄子里，三具臂上佩着太阳章魔鬼的尸体，笔直悬挂在杏林里”，这是非但有抗战尾巴主义之嫌，而且是找不出发展的线索与故事的出处的。又如在《希腊主义者》里面，接连写了主人翁范科长在心里记下了两笔仇恨的帐，而一直到了小说的结尾，也不见得有什么呼应等都是。而在悬崖、《或人笔记》以及《希腊主义者》里面，老是写一对夫妇的打架或吵嘴的场面，老是用另一对夫妇作陪衬，在技巧上也未免使人有相同的感觉。

不过，这集子虽然有这些小疵，但在一个文艺爱好者，一个文化人或知识分子，甚至一个文艺工作者，都是值得注意的。

（原载《现代小说过眼录》1945 年 7 月立达书店版）

论乡村小说的写作

许　杰

这是许杰先生读过王西彦先生写的《村野恋人》以后，给王先生写了一封长信。王先生把信寄给我看了，并且说："士仁先生的指摘很正确，很有力量，很能使我心折。"按《村野恋人》的重庆版已列为良友文学丛书之一，东南版印行后，也颇使读者注意。而许先生的这封信，说出了许多小说写作上的方法，可以作为极出色的一篇论乡村小说的文艺批评读。为了眉目清楚，我加了一个总题，又分为七小章，每章各列一副题，有少数地方以无关大旨，经我删去的，则加以"略"字。这样分法，使之更适宜于副刊刊载，为此特向作者致歉。

——《笔垒》编者

人生与写作的实践

西彦兄：你的《村野恋人》，我在收到的那一天，便花了一个下午和晚上的时间把它看完了。写得真好！这倒不是我的客气话，因为它有这种吸引力，迫着我，一定要一口气把它看完，就是证明。

我现在掩卷想想，觉得好处实在太多了，譬如人物的生动与刻画的周到，故事的动人与结构的严谨，以及乡村风物的美丽的描绘等等，都是见证，我不过在这里对你举例。要是要我写起批评来，这种地方是不难写上许多篇幅的。但是，我现在是在对一个作者说话，作品的好处，你自己也看得出来，别人也看得出来，要是我还在滔滔的讲这些话，你会觉得有些讨厌的，是吗？我现在写这封信的目的，只是想对你说一说我认为可以商讨的地方。（略）如果你以为我的话还有一部份理由，那末，或者还可以作你写作时的参考。

我从前也曾写过乡村小说，但后来却不敢写了。我不敢写的原因，现在想想，大概是因为：一，我近年的生活已经离开了乡村，对于乡村的认识，慢慢的有些模糊起来。二，我近年来的认识，同过去也有点不同。我在过去，觉得有题材可写，于是信笔写来就是。写就之后，再也不去想，有机会发表就给送去发表了。可是现在呢，我却时常想起一些理论问题，终于这边想想，那边想想，结果是这也不对劲，那也不对劲，于是就不敢写了。比方以乡村小说来说吧，我理想中的乡村小说，应该是通过现代的科学精神，而提炼了乡村的落后意识，指示人生与社会的前途的；但是，在这一点上，我却做不到。我想，这或者是我的学力、我的生活认识不够的缘故；或者，是现代的乡村生活，它的现实的情形，还根深蒂固的和封建意识胶结着，我们无法给他显现出新生的气氛的缘故。但不管是怎样的原因，我的写不出东西来，却是一个事实。在这里，你听了我的申诉或者会笑着说，你是中了什么公式主义的毒素了吧！是的，我有时也这样想。但是，我自己却克服不过来，而且对于这点意见，这点认识，又仍旧还不肯放弃。我时常想，这一定是我自己的学力，或者我的人生实践和写作实践不够到家的缘故了。

如果我这一点见解还有几分可取之处，那末，根据我这一点认识，我说你的《村野恋人》也难免有这种毛病。

悲剧的造成

这里，我先说一说我对于悲剧的观念。我想，关于造成悲剧的横加的力，也就是所讲造成悲剧的因素的力，是跟着人类演进各阶段而演进的话，是无庸我来再加说明的。希腊的悲剧是命运悲剧，悲剧的主宰者是神，是命运；文艺复兴以后的悲剧，是意志悲剧，或者人生悲剧，造成悲剧的主动者是悲剧的遭际者自己的意志和行动。而近代的悲剧，却是社会悲剧，造成社会悲剧的动力，则是社会制度与社会组织。这些情形，你自然比我知道得更加清楚。因为这非但可以用希腊悲剧、莎翁悲剧及易卜生的社会问题剧等转化的情形可以证明，就是从人类思想的演进，从神权时代，到玄学时代，再到科学时代的说法，也可以证明的。从普通的意义上说，人类的悲剧的造成，是因为人类为自己的幸福而努力的结果，终于得不到幸福，战胜不过另一种造成悲剧的动力，因而就造成了不可避免的命运。所以，从理论上说，不可避免的，势逼处此的，所谓必然的悲剧，或悲剧的必然，是最可悲，最能引起人们同情的，而在艺术的意味上说，同时也是最上乘的悲剧。如果悲剧在某一点成份上说来，仍旧有偶然的或者可以有避免的可能的，那末，这种悲剧至多只能引起别人的一些同情或者惋惜而已，于悲剧的意义上，是不见得怎样高明的。不过，人类的思想有进步，当神权时代，以为神的意志或命运是无可逃避的力量的时候，我们固也觉得命运悲剧的可悲；但等到人类的思想，进步到对神或是命运的存在发生怀疑时，命运悲剧就失去了时代的意义了。同样的情形，当人类走进了近代科学的阶段，认为个人的意志或是主观的理念，并不一定就是支配力量的中心时，意志悲剧也会失去了时代的意义。近代的悲剧，已经跟随社会科学的昌明，跨过了易卜生社会问题剧的阶段，它是非但纯客观的提出了一个问题，而且主客观综合的指出造成悲剧的症结之所在，暗示或者诱导人们，去避免或者解决这种悲剧的方法了。

我们时常说，文艺是反映人生，又是指导人生改进人生的；如果这话是不错的话，一个作家的对于悲剧的题材的处理，就不应该仅仅注意到反应，而忽略了指导与改进的。同时，如果我们时常说的，文艺是时代的反映又是时代的先驱的话是不错的，那末，一个作家的处理乡村生活的题材，我们也就有权要求，一面反映现实，一面又通过这个现实，而指导着将来了。

时代悲剧

根据着这两点理由，我要对你的《村野恋人》，提出两点小小的意见：

第一，你在这本作品中，把庚虎一家，以及庚虎本人的运命，太渲染得过分了。你在全书中，一开头的时候，就说出庚虎一家的不幸，说是命中注定的，而接着，又借着全村子的人们的眼光。——譬如金魁爷，譬如集中在春五娘酒店中的一些人物，特别是那位走过广东和上海的浪荡汉，这位乡村里的清谈家歪嘴老八，说出他们一家的悲剧的定命。而你自己，也在第四十四节的末尾上，慨叹地说着："呵，命运是怎样一个折磨人的鬼魔！"此外，你还用"神仙父亲"的故事，作为这乡村里青年男女热烈的恋爱的引子，用那一座神秘的竹林，以及那一对在神秘竹林中双双自杀的青年男女，作为衬托，你到处在暗示着他们的恋爱，和他们的恋爱的悲剧的定命之不可免。你好像在说，庚虎和小金兰的恋爱的热烈是传统的，里面有"神仙父亲"的气质或"风水"的，而他俩的悲剧的结局，也是定命的，而且要继承着神秘竹林中的那对吊死鬼的衣钵或做他们的替身。

这种地方，如果从小说的结构的严谨说，这是十分成功的。可是，如果从悲剧的意义上说，这种命定的悲剧，就可以使人怀疑，不一定算得上是时代的悲剧了。

是的，你也可以说，庚虎与小金兰的悲剧演出的定命，你也承认，若说不是时代的悲剧，你却不能首肯。你说，庚虎与小金兰，在你笔下安排着的，可显然不是神秘竹林中那一对情死者的重演，庚虎是死在我们的民族敌人手里的，而小金兰也没有自杀。对的，你已经尽了你最大的努力，你要把这颇带原始性的乡村男女的恋爱故事，和这个抗战时代联系起来，而且要把这幕悲剧造成的动力或者罪魁，加在民族敌人的身上，这都是你煞费苦心的企图。

但是，我得追问，如果庚虎他们的恋爱，他的悲剧的结果是定命的，必然的，那就根本和敌人没有什么关系；如果一定说有关系，充其量，也只不过是命运之神，假乎于敌人之手就是了，与敌人的怎样凶残与横暴，又怎能说得到呢？再说，庚虎的被拉伕与被击死而终至于不能回来，虽然也是"可能有的事实，但毕竟偶然的成份超过必然的因素，必然的成份太少，悲剧的意义与力量，也会被减少了许多去的。我们试想，和庚虎同时被敌人拉伕过去的，另外还有两个农人；而那两个农人，都活着逃回来了，只有庚虎不幸，他的行动给那失掉人性的暴徒发觉了，才遭了枪杀。我们姑且莫说庚虎也有活着逃回的可能，就以这村子被拉的三个农民来说，庚虎的不幸的遭际，也只是三分之一的可能罢了。我们说过，悲剧的遭际，必是逼得非如此结果不可，这才是最大最成功的悲剧。如果其间还有几分可以幸免的成份，那么，这悲剧的教训，只是教人投机，找机会避免这不幸而已。你得想想，这种幸免的心思，难道可以让它在读者的胸坎滋长的吗？

因此，我对于你的《村野恋人》的结局，提出几点意见，即一，庚虎他们的悲剧，不应该是命运悲剧，而应该强调着时代的意义，使之造成一个时代悲剧。二，庚虎的结局，不应由这种偶然性很大的遭际所支配，所造成，而应该出于一种悲剧的必然的安排，使他不得不走上这一个结局。三，全书对悲剧的气氛的渲染，似乎不应该如此强烈。

农民意识的贴合

其次，我说你把落后的乡村生活和带着原始风味的农民意识，没有和这抗建时代的时代精神和时代意识，调剂得非常贴合；也就是说，你要使这乡村男女的恋爱故事，和这抗战建国的大时代连结起来，要以那种乡村男女的恋爱的内容，通过这个大时代的洗礼，再把他创造成一个时代悲剧的这一种企图，是并不怎样成功的。

这工作实在非常难！中国的乡村农民与其意识，和现代的进步的意识，也实在离得太远。一个作家，在自己的脑子里摇荡着的是现代的意识，但现实的农民生活与其意识，却是封建的落后的典型，你至少也有点和我一样，中了一点所谓理论的毒！你觉得纯客观的写了，与时代没有关系，对人生没有什么意义与贡献，你不肯那样做。于是你想，你得把农民的生活，和这个抗战时代结合起来，你要努力造成它，使它成为时代的悲剧。是的，你这见解是对的，你的效力也不算白费。因为我同你说过，我也有过这种见解和这种企图，只因自己觉得无此能力，因而不敢动笔就是了。

不过，我也得对你不客气的说出，我觉得你的这个努力，却也不见得十分成功。如果我的推测不差，那么，我说，你所写的乡村生活的题材，是你过去在乡村生活留下来的影子，现实的乡村，特别是在这几年来受过敌人的炮火的洗礼的乡村，究竟情形如何，你也难以把推。至于你现在脑子中摇荡着的现代意识和所谓文学家的良心，却是你的现实的存在。你如今要把这两者协调起来，如果你的生活认识，是足够运用，而且游刃有余的话，你是不会感觉得勉强的。如果你的生活认识，你的写作实践，不能支配这一种隔阂，那么，你虽则也化了很大的努力，但这中间的接缝之处，却仍旧未能粉刷得了的呵！

如今，我对于你的《村野恋人》，也有这种感觉。

你这小说的开始，是以“神仙父亲”作为引子的，而这，也是世代相传的，充满着原始牧歌的传奇故事。接着下去的，是他们两对青年男女的私恋，你时时引用着神秘竹林及其情死者的故事，做了他们的陪衬，而这些，就一点也闻不到时代的气息。及到十三节以后，你才叙到兵役抽签，叙到春五娘小酒店中关于抗战和关于委员长的谈论。从这以后，你的小说的发展便分着二条线索，一面写他们的恋爱的进行，一面则在不时的写着时局的紧张与变化。自然，你这两条线的发展，在一个紧要的地方，是合拢了，而且他们的恋爱结局，也和敌人的流窜结合起了。但在事实上呢，这二条线中间，却始终还存有一条很阔的裂缝，要是我们有意把这接触到抗战的一部份抽开，对于全篇故事的发展，也不见得有什么影响。你说这是为什么呢，我说是因为你写乡村生活，写庚虎他们的恋爱，还没有把这时代，这时代气息，渗透在他们的生活与恋爱中，而使之成为有机的组织的缘故。

牧歌生活的幻灭

我说这话，你也许认为不大合适，说是揣摸不到作者的匠心。或者你也会说，这一批乡村农民的生活，原来就与现代生活离得很远，你要勉强给他们装上现代头脑，于事实也未能切合。但是，我得指出，人类的生活，总脱不了经济的支配；抗战以后，中国的农村，已经普遍的受了通货膨胀的影响，农村生活的牧歌式的自给自足情形，恐怕已经不容易在某一个偏僻的地方找到。抗战开始以后，中国各地农民生活所亲身受到的，第一是救国公债的摊派，第二是乡村保甲的各种捐款，第三是壮丁的抽调，……这些事情，没有一种不与他们的生活连结得非常紧密，深深地打入他们宁静而朴实的心坎。但是，你在这作品当中，却到处溶漾着抒情的气氛，牧歌的情调，似乎他们的经济生活，是有别世界，大家都乐天安命，不食人间烟火似的。自然，你也会说，你这作品的主题，乃是青年农民的恋爱的悲剧，关于他们的经济生活部分，自然无法涉及；至于抽丁的事，则已在作品中说起，也不能就说与时代毫无关系。你的这些说话，也许很对；但依我的推测，你之所以写到抽丁，原来只为敌人流窜的伏线，并不曾留意要把这摇荡乡村生活的宁静的大事，当作他们生活当中有机的一部份。至于他们的经济生活，你却在有意无意之中，完全给它忽略了去。我总觉得，在你的笔下，庚虎一家的生活，乃是一个自耕农，而且是一个贫农。试想，这历代单传，历代都充满着寡妇的哀伤的家庭，能不在这农村经济破产，农产物狂跌的抗战时代，渐次转化而为赤贫？在过去的时候，靠着像庚虎这样的年青力壮的农民，和安隆奶奶及小隆婶婶们的勤俭的操作，这种家庭，本是可以维持下来的；但在这抗战的时候，却就非在这巨大的经济浪潮中，被卷到赤贫或破产的地步不可了。依我的推想，你这小说的发生的时代，当在太平洋战事发生，及联合国宣言以后，——因为在这部作品中，你曾经借着歪嘴老八的口吻，说出“我们的委员长是世界四大领袖之一，”及“世界四大领袖”等话——而联合国宣言，则是发表于1942年元旦，从此以后，才有四大领袖的名称。如果这个推测不错，那么，我得确定，这一次的敌人流窜凤尾岙附近，该是指的三十一年四五月间的浙赣战事，而这小说的发生地点，也该是我们家乡一带的浙东。

根据这一点理由，则在抗战以后四五年的浙东农村，无论地方如何偏僻，但那种充满原始牧歌式的生活，以及自给自足、乐天安命的经济情形，似乎是不可能存在的。你在这个作品当中，你曾经写虎妹托庚虎买把梳子，并且嘱咐多买一把，送与小金兰的事，写庚虎卖鸡买牛的事，写小金兰和她的母亲去看龙灯，并且在小馆子里吃点心的事，而特别时常写到的，是春五娘小酒店的吃酒买卖的事，……这些题材，都是直接涉到经济生活的，但你却没有一笔提到通货膨胀及物价高涨等话。这难道是你有意避开的吗？再说，近代中国的农村，无论哪一个偏僻的角落，就是不受这一次战争的影响，也早就在殖民地深化下的帝国主义剥削与封建剥削之中，你那种一开始就在纸面上洋溢着的原始的牧歌的气氛，又怎么能够存在的呢？在近代中国农村中，贫富悬殊的情形也是显然存在的，就是这偏僻的凤尾岙，我想也不能例外。但是，我在你这部作品当中，却看不到这乡村的经济的全貌，更不能看出一个剥削者的面影。这究竟是为的什么呢？是你有意避免的吗，还是你在写作时没有顾虑得到呢？因而就造成这种遗憾的呢？如果说是前者，作兴你也可以这样自认，但你的企图是不值得的。如果说是后者，我却未敢如此肯定。不过，我可用你自己所写的元宵玩龙灯的故事，证明你的疏忽，以及，你之所以忽略了经济生活的描写的原因。小金兰和她的母亲到镇上去看龙灯，便是在那年敌人在四五月间充实凤尾岙一带的元宵；而在前一个冬天的日子，敌人也早有进攻省城的谣传以及时常有一架或是几架太阳飞机在凤尾山顶的飞翔的事迹。在这样的紧张的时局当中，我想，便是农民们每年有这种风俗和这种兴趣，而我们的当政当局，却一定是不答应的。但是，我们要问，我们的作者为什么要把当时代错误的龙灯穿插在这个故事当中呢？如果我可以代你回答，那么，我说，这是你出身在农村，是一个农家之子，（根据你“《一双鞋子》”自序），因而你喜爱农村，喜爱农村生活的纯朴与天真，你牢记着这些生活，这些镜头，因而这生活这镜头，也常常在你的脑子里浮现，你憧憬着这些生活的幻象是不可复现，及到一有机会，你就在有意无意之间，编织入你的作品当中了。

便是这样情形，我说你在写作中有一种矛盾，有一条裂痕。你不能把你现实的认识，去调遣你脑中原有的题材，你不能克服，也不能调和这些矛盾，你更不能操纵这些题材，使它服从于你的主观，作为你的主观的注释，完成你的创作的企图，因而你的作品，就生出这种裂痕来了。我的这样的替你解释，你说还有一部分是颇合你的实际没有呢？

“命运”与写作实践

我上面说的，你写这个农村中的农民生活，你忽略了他们的经济全貌，这不过是主要的一点，此外，如你写玩龙灯与看龙灯，你写牛市，你写清明节“踏青”的习俗，甚至说到庚虎金豹两对恋人的恋爱故事，都可以发觉到这些情形。特别是你自己在字里行间流露出来的意识，到处以他们的思想为思想，他们的观点为观点，你爱他们，你站在他们的一旁，你替他们同情，也替他们解释。你这种工作，从一方面说来，是非常成功的。因为我们读者，已经受了你的笔力的感染，几乎也把自己带到凤尾岙去，目击着这一切，不，这两对青年男女的牧歌式的恋爱过程与其结局，我们也从你的笔下，分开，他们的快乐与悲哀，这完全是你的努力的成功处。但是，在另方面呢，你自己也因为喜爱这种农村生活与它的善良而热情的男女，你就无意中把自己陶醉在这一个境界中；你忘记了现在，忘记了你现在的主观，你把一些定命的、原始的、封建的意识，以及许多陋俗的故事，也不加批判的给接受过来了。是的，你也可以说，要写乡村小说，如果要避免这些乡村生活的特质与其习俗，这就会造成乡村小说的致命伤，那倒还不如不写的好。可是，我的意思，却不是这样。我是说的批判的接受，我不是说的阉割，或是避免。这就比方对于命运的强调吧，你借着这农村里的人物，由他们的口吻，自己去说说，倒也罢了；但你自己的叙述，却是应该稍稍加以批判或是提示的。但在这种地方，你只因爱之深，思之切，无形中受了他们的感染，便无形中受了他们的影响，替他们说教，把你自己写作时的任务完全忘记了。这里我且举两句例子，一句是“偶然往往是人生的主宰”（第九节）一句是“这场巨大的灾祸，我已把他们的命运紧紧的连系在一起了。”（第四十一节）至于我在上面曾经引过的那句“呵，命运是怎样一个折磨人的鬼魔！”则更是代表着你的见解，和他们的思想的统一的证明。不然的话，难道我们现在还想复古到乡村纯朴里去吗？但这一点，我晓得你是不是的，因为你把这悲剧的主题，牵连到这一次的抗战，就是很显然的证明。

我说，你一面不肯放弃现代的观点，一面又憧憬着乡村的纯朴而可爱的生活，你是把这些原先的故事式的故事，编织入抗战建国时代的故事里，而你的写作实践，又不能克服这种矛盾，不能操纵支配，甚至于批判这些题材，使他们为你所利用，因而就在无意之间流露出这条裂缝来了。

文艺批评的现实性

我这样说法，你或者会嫌我太苛刻了吧！是的，我也这样想。我对于你这部作品，实在不敢这样忍心的指责。因为从全体说来，这的确是一部好作品，茅盾的《霜叶红似二月花》，我还只读了他的第一册，没有看过他的全部；其余许多作家写的东西，据我的偏狭的眼光，近年出版的东西，没有一部可以和这本《村野恋人》相比拟的。你的作品，自有你存在的价值，我的指责，也绝对不会影响它的毫厘。只因为我自己也有此同感，只因我也非常敬爱你的劳作与你的前途，我便这样不客气地说了。(略)

这本《村野恋人》的好处，我几乎一点也没有说起，如果有这种机会，有一个闲暇，我想光从你的描写手法，如同人物描写，自然描写，心里描写等，都可分写几篇文章。

至于你运用成语谚语的丰富与自然，你对动植物名词的熟识，与所用的名物的丰富，要是有功夫列举出来，对于文艺青年的教训与影响，也是很大的。但是这些，我都不想在这里论列。(略)

此外，还有两点无关紧要的意思，一并附在这里。第一，金豹与虎妹的恋爱，是从金豹听了他爸爸对于小金兰的关心以后，用回忆的方法来补叙的。原文是“大约在三个月以前，……”于是就展开他们初恋的一幕。我说这三个月的“三”字，应该改作“半”字或者“一”字。我的设想，金豹与虎妹，也应该是热情的，是“神仙父亲”的遗风，他们两个人的性格，固然有些和庚虎小金兰不同，——他们比较的沉默，也比较的幸福，但在他们尝到初恋的滋味以后，说是一直就蕴埋在自己的心里，甚至有三个月之久，一点也没有表现，似乎是绝对不会的。更何况他们这一次的热情复燃，相互追求，又相互逃避的情形，还在受到了庚虎与小金兰的事情暴露与暗示以后呢？庚虎与小金兰的恋爱，是什么时候，什么机缘开始的，你没有交代。你在一开始的时候，就写小金兰与庚虎在早晨浓雾中河边的幽会，可知他们的开始，还当早些。青年男女的恋爱，大概在开始的时候，是慢慢的接近的，所以时间也比较的长些，及到后来，恋爱愈来愈热烈了，于是便心心念念的，一日紧似一日。所以，如果这样推测起来，庚虎与小金兰的开始恋爱，也应该在个把月之前。而因此呢，金豹与虎妹的事，却似乎不能延长到三个月以前之久了。即以金豹与虎妹的本身而论，他们那一种初恋时热烈的拥抱，已是纯爱的表现，从此以后，绝对不能够再沉默到三个月的。根据这点理由，我说这三个月的“三”字，要改作“一”字或者“半”字，因比较紧张比较合理些，不知你以为如何？

又，你在三十一节中，写庚虎去买牛以前，家里来了两只燕子，说安隆奶奶认为这是吉庆的鸟，要庚虎先给他管理好旧窠，这都没有什么。但是，你写燕子的地方，似乎写得太过于“通人性”了，似乎有些不近事实。你写燕子的地方，说安隆奶奶弄水弄米给它在凳子上啄食，而它也毫不避人，真的前来啄食，而且它也懂得人语似的，这就未免太过渲染了些。因为据我的经验，这样懂人性的燕子，非但没有看到过，而且也没有听说过呢！在行文方面，如果要有什么指责的话，我倒要指责这一点了。不过，这是极小极小的事，实在是无关大体的。

我是比较现实的人，我在文学的见地上，也颇倾向于现实主义，但我却不敢以什么现实主义者自居。不过，你看了我的说话，你总也晓得，就是在比较细微的地方，都不肯轻易放过的。在这里，我得声明我的态度，我的一切指责，几乎都是从这种态度出发的。如果换个态度，来看你的这部小说，那么，我想，你这小说的好处，当被发现得更多，而这些被我指责的微疵，恐怕也就完全隐盖了吧？

话说多了。就此带住。顺颂

善安

许杰　八月四日

（原载1945年8月19日至27日南平版东南日报《笔垒》。）

《神的失落》读后

劳 宁

要能深入正确地了解一部作品，那是一件相当困难的事情，需要先明了制作这部作品的作者，他的身世、经验、思想、感情、学识、道德观、人生观等等，因为这些都是形成作者个性的因素，而作者个性对于作品是有非常大的影响和非常重要的限制的，所谓“艺术是通过气质看来底自然的一片”便是这个道理。其次作者时代和作者以前的所有作品也都要予以严密的注意：每个人都是过着他那一时代的生活，思索他那一时代的思想，诉说他那一时代的话语，作家自然不能例外。以前的作品，依着时间的顺序研究下去，当能发见作者的思想底迂迴曲折之路，感情底或升或降的发展的过程，对于社会事件底诠释，人生底见解，概括地说，表示他底一种哲学。显然地，这些对于直接认识作者，间接理解他底作品，都是有帮助的。

真正理解一部作品是这么不容易，则我对于《神的失落》所说的是无力及此，只就读后所感，略写出个人的意见而已。

全书十万字左右，试把作品中的故事大要记述出来：故事开始是作者（书中的谢大鹏）与男主角马立刚分别多年不通音讯的两位老同学邂逅相逢于一个县城里，各在一个中学里教书；接着作者回过头去介绍马立刚是个农民之子，因秉承父亲“争一口气”的意思而读书。然后顺着时间的进展而叙写故事：由马来访作者，略述别后迄今自身之经过，介绍出女主角高小筠，并点明伊是他的神；马偕高同来访，由作者眼里看高是个孩子气，“应该是一个马立刚的爱人，一个能够爱他，而且使他幸福的人”；作者回访马，知其过去颇受打击与种种失意，今是由高与其妹马海兰支撑着生命的；作者马高三人游花坟，写出高反对自私自利，深切同情追求幸福而不得的不幸者。就读者情绪的感应说，故事到这里可告一个段落。其次是：马因系外地人之故，被骗离校，其间表现其倔强与固执；作者见出马与高之一体（前面提及马来此是为要跟先已在此小学教书的高在一起）；高时常从对面渡河来安慰城中失业闲住之马；马为高故委屈任职于另一中学（即与作者同事），期望仍能与高一起；马入新校后赞美高之质朴天真，欲与之永远从事小学教育，以求得心理上之安慰。而这里可说是第二个阶段。第三：高病，马说高不好他也活不了，书中人物与读者均是浸润在与前相异的情绪中；但高病快好时，马在医院突遇高之表哥（前面提过一句高在初中毕业时被家庭迫嫁给他，她因想到老师马立刚乃生起勇气逃出来的），读者跟着书中人物马上又心怀不同的情绪了：马愤怒，大发牢骚，谓不能获得高，即最后一次考验，人生全部失败，欲向高提亲事作为试验；作者会高获悉伊表哥确系不怀好意而来，要马千万别提婚事；高访作者，告知表哥恶势力之大无法反抗，只好忍受，劝马勿要念她放她去，千万不要干涉而有污清白，为爱她而受害；继而高来信诀别随表哥离去，马坠入疯狂状态，病倒。到此，读者紧张兴奋的情绪随高小筠之离开而失去，以后是不打兴趣阅读的。为转换环境马下乡；其妹来信刺激了他不甘做懦夫起而要反抗，终于不久离开乡下去找高之表哥“清算”去；马海兰来到，马上又离开去找寻伊兄，结果兄妹失败归来；同到乡下由妹教书负担身心皆病的哥哥之生活费用；不久高受遗弃遭表哥“正室”虐待，生下儿女是瞎眼浑身肿烂的，至此全书结束。

事件底梗概既如上述，我们首先便要问这本书底主题到底是什么，则它的目的何在呢？这是一部作品的重心所在，为作者应该具体地表现出来，读者应该切实地理解得的。但回答这个是令人失望的，本书只是在显示高小筠之为神，为主宰马立刚生命的神；和这位神之失去，被她的表哥夺去底经过，就是这么一回事。这么一回事当然未尝不可以表现，只要它确实有意义；然而它是表现得不真实（真实不是事实），不能实现人生的某一面底真理。所以它（这么一回事）是不值得写的，至少写得不够。下面分开来仔细地说一说：

艺术地表现在小说里的人生和实际的现实的人生不同，这是显然大家都知道的事情，前者是有系列的事件底表现。所谓系列不单是含蓄继续的意义，并能被预想到脉络和系统，有着时间的顺序，而且应当是理论的，在理论的关系里含有因果关系；事件不单是事故的意味，而应该是行为、行为者，背景三者一致的时候所发生的。后者则不然。那么同看《神的失落》是否是“有系列的事件”底表现呢？回答是否定的。在作者相当成功地确定了高小筠为马立刚的生命的主宰之神以后来叙写这神的失落，这失落的过程却叙写得失败了。事件虽是在顺着时间继续着，但读者未能预想到这神将失落的脉络和系统，更无理论关系及在理论关系里含有的因果关系；要说有也是非常非常勉强薄弱，没有暗示给读者意识到。反之，其间却有矛盾不自然之嫌了。

分析得事件确是这样，它是现实中可能有的事实，而不是小说中应表现的真实，所以它（本书）实在未得实现人生的某一面底真理。以刻划人物性格言罢，马立刚那追求幸福反抗现实的固执的硬骨头给最后的事实粉碎了；高小筠底爱幻想美梦，愉快活泼，“依然是一个小孩子”样的倩影也跟着汽车飞逝了，那个在读者脑里留下一个鲜明的独立的人格底影像呢？次就暴露社会的恶势力而言，那是非常抽象的，只说那个流氓型的高之表哥有手枪，开汽车发国难财有的是钱，什么事都干得出，这教读者知道什么呢？具体地突出地描绘了恶势力，使读者痛切感到它底可怕可恨，从心底强烈地产生出反抗它消灭它的意志之力量，显然本书是无能为力达到这个目的。而作者在全篇中不时地慨叹：那（指高之表哥）是社会的力量，时代的力量，我们太没有力量了啊，我们反抗不了它啊。这教读者作何感想呢？如不为艺术而艺术，艺术底功利是应该的话，则对这部作品的评价是有限的。因为我们读过它，除看了一个故事以外，没有得到什么；反之，在心灵上抹上一层淡淡的迷惑不解的阴影。

再就结构来考察一下，作者以配角的视点来讲述事件，固然有走遍故事的全局面结构的全体的便利，这事件他作者在场固以目击者的姿态方便地说出来，否则由主人公告诉他时也轻易地借此告知了读者；但也就碰到困难所在：作者陷于知与抽象，无法将事件具象化，使现于读者眼前底有目睹之感；作者对事件时加批判，不容读者自裁，不免有强人意之嫌；作者不可能客观地再详细地解剖其中人物性格，令读者抱有无法窥见高小筠的内心，甚至马立刚的心理变化的遗憾，其次在结构中还有个缺点值得一提的是全篇中“偶然”太多了。马立刚被驱离校失业，不久作者的中学里就有机会空出个位置介绍了他，使得他仍能在此县城与高小筠朝夕见面；马失高后病倒，要转换环境，马上有个乡下开明的小地主办的一所小学（后来马海兰即在此教书，供养卧病休养的伊兄）接受了他等等，固然是作者处理故事的自由，不可非难，但有的却未免不自然了：高小筠底表哥用手枪威胁了她以后，过几天开汽车来接，她就乖乖地跟着走了；马立刚找流氓去“清算”时，结果是扑上他的汽车被撞伤了回来，就这样“反抗”完事。诚然这些也都是可能有的“偶然”，但非必然，所以读者意识里感到不自然，认为是作者困窘于无法圆满地发展与结束事件，故不得不如此生硬地安排。

最后词句方面也略有微疵，如“他带着一种揉合激情和沮丧的神情接着说”句中的那一种揉合了“激情和沮丧”的神情在读者是不可想像的。作者原意系欲不用两个形容词来加强力量，但可未妥为选择词汇，则反而吃力不讨好了，可见这些地方也是不小心的吧。

十月十二日晚

（原载 1946 年 10 月上海东南日报《笔垒》）

《神的失落》

任　柯

《神的失落》是今年三月间王西彦先生在福州出版的一个 14 万字左右的长篇，人物不多，故事也极简单。

主要的人物是马立刚，是那种不易说服，具有农民的固执和热情的人。正当全中国展开对法西斯暴徒日本的战争，全国人民都落在极大愤怒和抵抗暴力的斗争中时，马立刚却在一个僻静的小县城里安顿下自己，担任起清苦的教书工作，不用说，生活是寂苦的，于是，恰在这时，通过了他妹妹马海兰的关系，他结识了高小筠。

如同生命有了主宰，高小筠迅速成为了他以全生命力供奉着的神，而于同时，不幸也滋生在这里，高小筠并不是神，而是懦怯的，服从于命运的，缺少斗争力的。她有着纯洁的想法和憧憬，却缺少争取她所渴望的东西的努力；她等待着外来的安排，却昧于主动。等到她那位流氓表哥，一位司机，用手枪威胁她结婚的时候，她便向命运低头了，屈服于这种恫吓了。忍受着不可忍受的侮辱和无穷无尽的痛苦，高小筠抛开了一个把全部生命灌注在爱情里的男人的爱，跟随无恶不作，发了国难财的流氓表哥走了，投向为马立刚所憎恨的人去了。

对马立刚这自然是最大的打击。几天以后，他决定对那个夺去了他的幸福的流氓“清算”去，他决定向那可怕的人为社会的支配力量实行反抗。他的朋友和他那妹妹都站在他一边，但，同情对实际是无补的，马立刚失败了，跳进命运所支配的生的漩涡里的高小筠也终究是毫不值得的牺牲了，不满一年，便被那位表哥所遗弃，开始了漫长，咽泣吞声的日子。

这是在保卫祖国的神圣战争期间，作者所揭示的我们的业已变质了的社会的一方面，透露着作者所看到的一种时代的苦痛，一切有良心的人的内心的愤怒和同情。这在今天看来，在一切社会现象依然颠倒不堪的时候，这种揭示，是有意义的。

没有反抗黑暗的决心，没有与暴力相抗争的胆量，以致一个纯洁的灵魂，终也不免感觉无立身的地方，无论如何，这现实是可怕的，这样的生命是可悯而又不可悯的。

因为一直沉在那份狭小的生活圈子里，既不能和整个民族对外斗争的洪流相融合，又复缺少挣扎的决心和毅力，马立刚的失败便不免含着可悲的成份，反抗也就减少了光辉。这不能不令人警惕。

但，对于没有大决心，没有大胆量从事反抗黑暗的人，这该是一种教训，一面镜子。

文章是光滑，明朗，犀利而有力的，对话中议论多，读来略感沉闷。那位流氓也没有予以必要的刻画，而令人多少感觉写马立刚的文字用得多了些。

（原载1947年8月21日《上海大公报·文艺》第一〇五期）

关于《古屋》

袁徽子

去年夏天，像一片落叶似的，我偶然在闽江上游称为古剑桥的溪畔，一个小小山坡上住了下来。山坡有几座新造的屋子，屋子后面是光秃秃的山，蔓草中间隐藏着许多荒冢。据朋友说，这儿原来是一块义冢地，房子便建筑在坟墓上面。我傍晚在屋子前面的斜坡上散步的时候，偶尔可以发现一个泥土松动的小孔，用棒戳下去，里面却是一个大洞，仿佛其中便有风化了的人骨。晚上，江边的风很大，呼呼地，吹过整个山坡，望着隐在树枝中那惨淡的路灯，想起多少年来在此地生活过的人们，如今长眠在我们的脚下和四周，便不禁倒抽一口冷气。

就在这样的夜晚，我零星地读着王西彦先生的《古屋》发表在杂志上尚未印成单行本的断片。

这时候，他的另一部长篇小说《神的失落》已在报纸上连载，为附近那些当天或隔一天能看到这报纸的年轻读者（尤其是大中学的女生）当作日常谈话的讨论中心。甚至有这样的读者写信给报馆，说他马上要到别的省份去，不易再连续看到我们的报纸了，可否请把高小筠（《神的失落》中的女主角）的结局告诉他？

实际上，这时候，王西彦先生正在剑溪对面山村一个专科学校里教书。他常常戴了黑色的帽子，拿了一根手杖过溪来。这一天，下午三点钟左右，我们一道过了渡，在乡村的公路上走着，他用手杖打断了路边一根芦苇，问："你觉得《古屋》写得怎样？"

我忘记当时是怎样回答的了。我的话说得很多，现在仅记得一个大概。那是说：我读过他的新著《村野恋人》，故事很美丽，像一首农村的牧歌，不过觉得在色调上鲜艳了些，而本质的表现上却不够浓。至于《神的失落》，是一个屈辱的女性的悲惨故事，其中包括有理论与现实的矛盾，他一面按照其必然性予以形象上的表现，一面却不惜费力地，用理论来分析这矛盾的由来。这两部小说，都是描绘更重于提供问题、问题的进展，以及问题可能的解答。至于《古屋》，这简直是用笔触刺着当前更大的问题，抗战时期的“蜕变”，从一个旧式大家庭的没落，提示到胜利到来可能有的新希望。叶圣陶先生在读《虹》一文中说：

> 描写描绘之前，还有鉴识，鉴识又决定于生活体验跟思想途径等等；概括的说：就是作者的哲学。凭着作者的哲学，把真实生活中种种材料加以提炼，取其精华，这是鉴识的功夫。又把这精美构成意境，塑造人物，这是表现的功夫。

在《古屋》中，作为作者的代言人的“我”，不但直接提出他的哲学——他对人生、对抗战的看法，也在他所塑造的人物中安排了各个不同的人生观。将许多“精美”的人物，聚会在旧中国的代表，大门上题着“覃恩诰封二代”的“古屋”里，叙述他们的思想、生活、以及最后的发展。以这小说作为旧中国的缩影，这是个大气魄，作者的一个不小的企图。

全书以朝议大夫和布政使的后代“孙家大屋”的主人养晦斋主孙尚宪先生为主干。作者为了探寻“古屋”的“荒唐梦境”，先把这个“我”安排在正屋以外的“门廊间”，可以从容地介绍屋主。由屋主的侄女被连长诱奸遗弃，暗示对外力无从抵抗；由自己的“末代子孙”的长房侄儿，一个只会嗄嗄叫着的哑吧，暗示旧家的必然崩坏；又从自己的儿子，一个麻木了的年青教徒，说明着这所古屋，好像粉刷着的坟墓，外面好看，里面却装满着死人骨头和一切的污秽。

在正屋里面，先叙述几家因抗战而逃难的难民。一对是杨家母女，女儿瘫痪了，山羊脸的老太太靠着远方什么机关里服务的丈夫寄来的钱维持生活，终日念佛，求得唯一的寄托。另一对是洪家母女，父亲给敌人杀害了，原先的“洪家大屋”，也只剩有记忆，然而坚强的女儿洪翰真，却有着她的信仰和理想。她终身奉献给教育，办难童学校，倡教养合一，为了女子的事业牺牲了自己个人，抱了独身主义。全书充满了活力的一对，作者也寄与极大的希望。

长房侄儿哑吧夫妇和三房侄儿孙宏荫夫妇是对称着的两对。哑吧的妻子对着自己的命运，起初任意放纵自己，吃赌挥霍，及后想自杀，不成；逃走，被抓回，终于发了疯，在铁笼中自杀了。像一只灯蛾，知道向光明，却盲目的走。孙宏荫的妻子廖慧君却是有计划，有决心的。抛开了家庭，因了好友秦一冰（也是个坚毅的女性），便跟着高飞远扬去了。自瘫痪的杨家女儿到哑吧妻子，到廖慧君，到洪翰真，安排着旧中国女性的几条弯曲而悲惨的路，有的在路上死掉了，有的却终于自拔。

然而养晦斋主一面高唱其伊壁鸠鲁主义和享乐主义，乃至给予说，由养晦斋改到为善至乐斋，一面却像斗风车的唐吉诃德一样，企图用“可笑的咆哮，撞破自己的宿命”，他逼着孙宏荫出去寻找出路；他希望廖慧君即使出走，在名义上仍算是孙家媳妇，她鞭打企图逃走的哑吧妻子以至于死，他不答应孙宏荫卖房子，他甚至要替哑吧续弦。到了无可挽救的时候，还想借从给姨母做寿的事，来转换空气，制造幻想中的桃花源。然而姨婆病重了，老女仆也走了，屋子也只得让给难童学校租住了。孙家大屋孤零零地只剩了孙尚宪和哑吧两个。而在希望的那边，“……一群隔壁难童学校里的孩子们，由于得到新宿舍的喜悦，个个满脸兴奋，搬桌背凳，蜂拥而至，只一刹那间，便把半边古屋，完全占据了。”

从“古屋”中，作者有意构造一个由古老的半封建走向新路子的国家的缩影。和巴金的《家》，曹禺的“家”，茅盾的“霜叶红似二月花”一样，借一个家族的故事，叙述一个时代的典型人物及典型事件。王西彦先生虽然花了15万以上的文字来抒写，看起来并不觉繁重。如果吹毛求疵地说，他还只写了一副骨骼；虽然这副骨骼已经是那么平稳而完备。

可是，他并不会故意的虚构人物，虚构场面，甚至于虚构这么一个配合着的故事。这位养晦斋主当人家告诉他作者已经把他写进小说去的时候，他为了“诰封二代”的面子，曾拉了几位场面上走走的人，向作者正式办过交涉。但那个真实的人可并不姓孙，而那“大屋”的主人却并不完全能有头有脑的叙述他的人生观。坚强的洪翰真也有她的模特儿，为了事业而永远独身的人，在我们这国家里，又何止洪翰真一个呢？

这种交涉，对写小说的无疑是一种夸大了的蔑视。看到一篇作品，中间有一两句像是说着自己的烂疮疤，便派定作者在影射他，这就变成了笑话。然而，却也正因此可以证明作者所描写的是一个典型的人，愈益增加了作品的真实性。

看到《古屋》已经在上海文化生活出版社出版了，于将全书重读过一遍之后，掇拾零碎断想，作为我自己的读后感，写下了这篇短文，不知作者看见了，会以为我是在“盲人摸象”否？

三十五年十月杭州

西彦附言：拙著《古屋》的写作，开始于一九四一年冬，直到一九四四年夏才全部完成。前面的三部，以三个不同的题目，陆续发表于桂林《文艺杂志》；后面的两部，则在湘桂战役之后，发表于江西和浙江的两个报纸上；单行本于今年一月才在上海文化生活出版社印出。在单行本出版以前，袁微子先生是第一个读完《古屋》的全部发表稿的。最近，他在看到单行本之后，写下了上面的一篇短文，而且寄来给我，要我为他发表。这事情使我很感踌躇。不过，我想，微子先生的用意，大概是在表示对一个朋友的作品，能够在这样艰辛的时候出版问世的喜悦的吧？那么，于感激之余，我也似乎不能违抗微子先生的意思，不让大量的读者分享他的喜悦，不论是否有人用一种不同的心意来推测此事。这是要预先在这里声明的。

十一月十九日夜

（原载1946年12月2日福建时报《文艺专刊》）

评《古屋》

张明文

一

封建的题材，在中国社会还没有改变以前，前进的作家抓着它，是很有现实意义的。这数千年的封建幽灵，自“五四”后，它有着新的发展。西洋的资本主义输入虽给它以无情的打击，但也给它不少的帮忙，使它转变，使它改装，使它充实，我们简直无法看出它是可怕的古老的封建幽灵，而形成一个中西合璧的恶魔。孙尚宪便是这种人物。

写这种封建家庭所造成的悲剧，难免人想起巴金的《家》，可是毕竟是“五四”的时代已经过去，反封建的斗争已有了进一步的表现。抗战是个崭新的时代，是一面明亮的照妖镜，它会把真的假的分开，使魔鬼无法遁形，也无法躲闪逃避这一场试炼。在最动荡的大时代中可以看出人的本性，无论是好的坏的，在迫在眉睫的危急关头人的真性情会表露出来。封建的古屋无论想怎样隐蔽起来，它的秘密和丑恶，用高墙，用铁窗，想隔绝古屋外的骚扰，企图保守屋内的平静和往日的威严，社会的力量究竟比人强万倍，就算是受到高等教育的孙尚宪在这方面也显得无能为力了。新的时代激起了猛烈无比的骚动，古屋的结构原是松懈的陈腐的，所以新的时代到来，便注定了这古屋崩溃的命运。这封建幽灵最后的一代——孙尚宪尽管怎样的奸诈、聪明、学贯今古中西，言词灿烂，善辩多才，任他有多大的力量和热心，他也不能把一辆走下坡的破车停顿住或拉回头，要是真有一个有点傻气的英雄唐·吉诃德先生式的人物，要在车子面前挡一下，最多它的车轮稍微被英雄的尸体耽搁一忽，跟着它又浩浩荡荡继续前进了，直至这辆破车把自己摔得粉碎为止。孙尚宪就是这种不自量的有点傻气的唐·吉诃德式的英雄，他的命运注定是旧时代的牺牲者。

孙尚宪以一个卫道者出现。他伪善、残酷、自私、迷信，作者用讽刺和严辞敲打他的灵魂，评判他的理论，描绘他成一个数千年遗留下来的封建人物，什么伊壁鸩鲁派的快乐主义，什么养晦斋，什么为乐至善斋都不过一具易变的招牌，他想用中西的美名来装成伪善者。而事实的发展却步步追迫他走到穷途，他的面子逐一剥落，他的架子逐一崩溃。他宿命的悲剧一幕幕演出。他的生活嗜好可说集中没落士绅的大成，种花田，品茶，捧水烟壶，爱好古字和古画，这些虽可说是消遣，但重要的是装饰自己的家世，这适足以显出“古老财主”的悲哀痕迹。这东方式的封建典型人物，在别的小说里很少写得如此成功的。

二

新旧交替的今天，从封建火坑中怎样走上一条新的胜利的道路，这是一场艰辛的、充满鲜血和热泪的惨烈无比的斗争，因为现实并不存在有反封建的坚强的社会经济基础，封建和买办结合的都市经济，浓厚的封建性的乡村经济，封建和官僚结合的政治机构，这些无一不是从封建火坑中逃出陷阱者。抗战当然是最好的机会，以为一切都会好转来，以为抗战的洪流会把古老中国的千年污秽冲刷净尽，故抗战初期主观极度的高扬；可是，愈接近胜利的时候，人们愈陷于失望了，抗战几年，政治还是腐败，贫富还是悬殊，人们由于辛劳与牺牲而感到不满和怠倦，这是事实，《古屋》的作者不曾涉及，只是指出古老残破的封建家庭在抗战中没落和新生，其实还有更新的现实障碍在阻止中国的进步，在羁绊着由封建火坑中逃出的脚步。

古屋中新生的女性就处在上述情形中。由此我觉得廖慧君的出走是成问题的，对她描写已有点概念化，而且转变的逼力不很够，作者郑重地指出，就是没有女革命家张一冰的到来，她也会逃走的。这正说明了她在这四面楚歌的环境中，只有走一条张一冰的路线为最可能，最方便——一个在封建牢笼中困得太久的且不从事劳动的女性其实也无新路可走。至于她为什么会出走呢？难道是受不起抽大烟的丈夫的压迫吗？这当然是一大原因，可是问题就是这样的简单吗？她这样的理智吗？中国的女性，尤其封建古屋中的女性，她本身在感情上理智上有着怎样的弱点，（这是历史和社会所造成的）她走上一段新道路，绝不是一朝一夕的事，她比男人在生活上负荷更沉重的压迫，故她对追求光明也有着勇猛的热情，唐人“金屋无人见泪痕”之句，可见女性生活的悲哀和内心的苦痛，何况孙府已不是“金屋”，而是破落的“古屋”呢。故廖慧君的悲哀绝不是单单写出她有着堕落的丈夫，或丈夫生理上有了缺陷，或翁姑不仁等便可构成悲惨的生活血泪图，作为出走的根据，使她忍受不住这痛苦的煎熬，跟着便透露出一线希望，让她投进抗战的洪流中。这种娜拉出走的情形在中国可说是有的，但这公式化的发展，对人物的个性刻画犯了概念之嫌，便使读者把她看成缺乏血肉的人物，小说不在故事的如何怎样，而在人物何以会如此这样，这一关键不加强渲染，增加色彩气氛，则前一段古屋中的悲剧成分不够逼力，逼力不够，转化和发展便不自然甚至不真实了。我亲耳闻过封建压迫下的女性的号哭哀诉：“你不要以为我装腔作势，实在我认为我是世界上最可怜的人呀！”她的家还不像古屋那样败落，却说出如此沉痛的话来，可知封建中女性的悲哀是何等的深沉而无告呵！

三

《古屋》用第一人称写成，在技巧上有点顾此失彼，使得作者直接叙述，缺乏人物心理描写。写作设若逃避这一条心理描写的道路，丧失了人物内心的发掘，个性不大逼真。至于作者为什么这样做呢？由小说中故事的展开，我们看出他非走这条路不可，作者与这群人物的接触都是访问式的，只从言语行动及古屋的环境去叙述，这群古屋人物的内心境界对作者还是陌生似的，就不说是陌生吧，至少有着相当的距离。我相信作者冲破这一段距离，这本小说的写作形式或许会改变的，当然，这种写法并不是没有好处，而且小说的形式是由内容决定的，作者可自由采用的。这种现有说法的形式可以增加读者的亲切，因为读者不特可看见故事的发展，同时也可从作者的思想和感情而获得很多启示，使读者的情感追随着作者以达成艺术创作的最后任务。这类作品大多是自叙式的小说。作者这样做可能有下列原因：

一、用作者身经目睹，使这故事连贯起来，发展开来。这方法在结构上则较为方便，可减少组织上的纠缠。这故事就作者看是直线式的，但就古屋的人物说就有点错综复杂了。古屋所发生的故事，扮演者大都是来自不同地方的人物，为了避免对这些古屋的闯入者作过多的追叙起见，使焦点更集中在古屋的中心人物孙尚宪的表现，用这种写作方式，则使故事更简化了。

二、用作者的身份来直接发挥自己的思想。因为书中几个角色都是知识分子，如孙尚宪、洪翰真、廖慧君、孙宏荫、作者，孙尚宪的儿子，秦一冰等，在这些人的对话中常常涉及更深一层的人生哲理，从各人所抱守的人生哲理也可看出各人的个性，用这种方法可省了心理描写，同时也可有意地直接刺中这封建的主题。

三、使小说的文字形式更多牺牲。作者用象征法把气氛烘出，有时用扫情法把作者实感写出，这样的叙述和描写，主观和客观的写作方法都可运用自如，以增加小说的多样性，使每一情节都有变化，且可找得到适当的表现法，书中我们可找到散文的描写，戏剧的对白，及诗歌的抒情，尤其诗的气氛在书中十分浓厚，作者散步时，写晚霞、写浓雾、写田野、写大自然的景物，句子都像诗样的美丽动人，其他地方的描写也像诗样富象征意味的。

这书有一奇怪的现象，就是古屋中的人物多是有些畸形的。有哑巴，有痨病鬼孙宏荫，有软骨病的杨氏女，及佝偻的老妇，这些都是身体上有畸形的；其他也有精神上怪癖的，如孙尚宪的儿子是笃信耶稣教的大学生（留意这是抗战中大学生）和哑巴的妻子是个泼辣的妇人（后发疯）。有精神怪癖的畸形者可能合乎情理，但《古屋》中的悲剧常常发生于身体上有畸形的人，这会令人误会这不是封建制度产生的悲剧，而是残废者形成的悲剧。也许是封建古屋中的人物，缺乏劳动和阳光，使他身体的机能自然地衰退，而形成身体上的不健康，所以有盲眼、跛脚、软骨、哑巴等先天带来的身体的缺陷，或后天带来肺痨、萎弱、苍白等毛病。但前者先天带来的究属畸形的畸形，不是普遍存在的事实，若把这些畸形的人在古屋中集中起来，就算没有人怀疑到真实与否，至少也会引起读者的奇怪的。反常的人物在社会也存在着，那么小说也不容否认可以描写他们，所以我并不深怪作者，说他不应该这样写，只是说值得注意，至于是否一般读者也引起奇怪呢？我就不得而知。或者是作者故意这样安排，使得古屋中残废的人物和健康活泼的人物（廖慧君、洪翰真等）对照起来，企图两种典型凸出和明显，像写古屋的气氛和难童的气氛相对照一样，这样看来也许是对的。

我未曾第二次详阅这书，胡乱批评一通，也许有褒贬失宜的地方；但我对这书的价值委实存有很大的敬意，我认为在抗战文学中这是一部难能的作品，不但超过那些抗战八股的小说万万倍，且的确能刻画出那个时期的真实，描写出一个东方的封建典型。在没有伟大作品产生的中国，《古屋》诚是一本值得读的作品。写完《古屋》的批评后，我总有这种感觉，不论我们如何高评一部作家心血结晶的文艺作品，但还是希望它能有更高的成就。

（原载《艺苑》第三十四期）

我看《村野恋人》

尼西亚

提起了王西彦先生的作品，在东南这一隅的人们，该不会感到生疏，甚而有一种炽热的心情在联系着的吧！由于他美丽生动热情荡漾的笔墨的感人，曾激起不少人的爱好和羡慕。当抗战胜利前后的时候，在东南日报连续登载的《神的失落》就是一个明显的例证。记得当他的《神的失落》在东南日报刊完的时候，也曾应师专的文艺晚会讲解《神的失落》的全貌。当时西彦先生的文章是怎样被一般青年所憧憬，所爱好，所欢迎和推崇的呵！

《村野恋人》是一幕美丽温柔的牧歌式的恋爱故事，故事是发生在一个曾经有过一段美丽动人的罗曼故事的纯粹农村社会的凤楼山凤尾岙里，全书描绘两对热情坦白，果敢挚诚的青年农夫庚虎和小金兰及金豹和虎妹恋爱的故事。虽然故事的收场是一个悲剧和一个喜剧，但由于西彦先生动人的手笔，刻划在美丽的大自然的乡村里，所以全书依然渲染着不退色的年青的热情的火花，在悲哀处依然扬抑着美丽的布景；在温柔婉转的地方，正像一个年轻美丽活泼的女郎，立在凤楼山上，唱着媚人的牧歌；又像一个烂熟的大画手，用着珍贵鲜艳的颜料，在山明水秀的原野里写生一个大自然的图案一样。

但要如何在这自然的风景后面反影出一幅原野的质朴的现实性和艺术性来，这都要看这个大画手，是不是熟悉于自然生活的本质，是不是熟悉于自然的无穷的变幻，是不是能够体味自然变迁中的每一个变迁的真意义。

一张画若仅是具有美丽动人的颜色，而缺乏力锋，缺乏骨骼也不过徒然是一幅美丽的画图而已。小说也是一样，若仅是旁观的，外在的腔架，而缺乏自己内在的主观生活的实践的作品，虽然词藻够美丽了，文体够生动了，但其真实的价值却未免有些减色。尤其是一种乡村生活的写实，更不是凭空能够钩搭得出乡村生活的真实性来的。传说施耐庵写《水浒》传写到武松打虎时，他为了明了打虎动作的真实性，他便跟狗打起架来。这未免说得过火，但从真实生活中探求出来的文章气魄才是永恒的，不朽的，却是铁的事实。

《村野恋人》由于作者技巧烂熟，刻划生动，所以在故事的每一节，每一段，甚至每一句，每一字，都洗涤得美洁无瑕，似乎王先生有一种力量，把读者带进他所描绘的凤楼山跟着农夫们共同欣赏这曾经有过一段美丽动人的故事的凤尾岙，同时亲眼看着这两对年青热情的农夫怎样用他们纯洁的爱情，出在这种牧歌式的场面中，这种力量该是作者成功的地方。不过作者因为没有深刻地过着乡村生活，（虽然作者自己也说过他是爱好田园风景，喜欢农民质朴的生活和同情农民们辛苦的耕耘，同时他在孩子时代也是在乡村生活的。）因此有些地方对于农村生活的实质，缺乏了理论的论证，以及忽略了搜索农村经济和社会背景的原动力，因此在某些地方也不过仅仅留给读者一种对乡村美丽的憧憬而已！

其次是居住在乡村里的人，尤其是农人们，他们因为见识小，气量狭，因此排异的心理时常可能在他们中间发生。以仅一家异姓人家，寄居在一大群其他单纯一姓的环境中，一种门庭衰败，气象不振，世谱败弱的苦痛，与其说是命运暗弱的剥蚀，还不如说是乡下人眼睛过于近视，气度过于狭小，在这近视、狭小、排异的种种威迫，用一大姓的力量来排斥，鄙夷，轻视，侮辱这单纯的异姓，当然这一家异姓的结果如何？是不难想像的。像书中的歪嘴老八，就是饱藏着排异心理的典型人物。但西彦先生却开头便把庚虎一家的盛衰完全归宿到命运里，似乎命运在掌握着他们的一切，而忽略了乡下人浓厚的排异心理，因此在安隆奶奶家里，西彦先生未免过份现出宿命论的主观说教者来。再说金魁爷会不愿把女儿嫁给庚虎，虽然一方面是鄙夷庚虎家庭的败落，世代的单传早寡，但主要的原因还是因为排异的心理在浓厚的生长着，在驱使着。

还有就是二十六、二十七两节，当庚虎明白小金兰的父亲金魁爷，因为他和小金兰的事，曾经到他家里当面羞辱他的老祖母安隆奶奶后，这该是多严重的悲苦呵！但这是出现在西彦先生笔下的庚虎，却仅仅是一种震撼全身的颤栗和紧紧咬着牙根的表示，与前一个性格暴躁、个性屈强不愿受辱的青年庚虎，相比一下未免差得太远了，虽然庚虎在那时候也还不完全明白刚才发生的事的底细，但作者已替庚虎饰上一句“刹那间他明白了事情的全部”的话语，那末以一个性格暴躁屈强纯洁忠实的乡下农人，刹那间听到了自己一生的希望将陷入失败的深渊时，决没有这样简单地把这件事放过的。所以在这一点上我认为应该把庚虎的动作的颜色强调一点。（不过这种动作并不是对金魁爷有作什么直接敌对的表示。）就是当时庚虎追随虎妹到小空坪柑园篱笆旁边时，庚虎对他的妹妹也需要多说两句愤恨的话，来压迫她要说出金魁爷真正的来意，（当然这个来意在没有说出前，他的老祖母安隆奶奶已经赶到了。）这样或许更能表示出乡下农人纯洁坦白而急迫的个性来。

虽然《村野恋人》在生活的本质上还没有够浓厚，但在辞句美丽的引力上西彦先生已经够成功了；也就是因为辞句上的成功，所以我们才不能简单的在一二点上抹煞他伟大的气魄哩！

（按王西彦先生的作品《村野恋人》，关于暴露农村黑暗部份，曾经有二十多处被删改、因此该书出版后曾受渝、桂各地杂志，副刊刻毒的批评。近王先生为解释该书内容起见，特撰《村野恋人后记》一文，不日可在上海大公报副刊发表，希读者诸君注意。良光）

（估计载1946—1947年间福建的报刊上，作者可能是当时的熟人，知道《村野恋人》的原稿曾遭遇国民党图书杂志审查处的删改。）

读两篇描写知识分子的小说

翟奎曾

描写知识分子，对今天的文学创作来说，还是一个较新的课题。王西彦同志去年发表的《艰辛的日子》(《人民文学》8 月号）和《新的土壤》(《文艺月报》11 月号），是其中值得注意的两篇。

摆在知识分子面前，最重要最艰巨的任务是时刻不停地认真进行思想改造。知识分子的思想改造，总是要经过相当长的时间，经过一段相当艰辛苦痛的历程的。《艰辛的日子》所反映的正是这样一个“历程”。

作品的主人公，某大学的历史系教授白晓天，和千千万万正直的知识分子一样，在旧社会里，也是个没有地位，穷愁潦倒的人：战争的离乱，使他和刚结婚不久的妻子“从北到南、从东到西，简直没有在一个地方住上过一整年”；生活的重担压得他喘不过气来，他虽得到了教授的头衔，他妻子却变成一个蓬头垢面的烧饭婆；他们连几个孩子也没有养活；而最后，国民党反动派更捕去了他的大儿子，并给他加上一个“叛党分子家属”的罪名，关押了一个礼拜，受了好几次屈辱的审询……

白晓天对旧社会对国民党的反动统治是恨之入骨的，他轻蔑地称他们为“两脚兽”。可是，现实的教育并没有改变他的脱离政治的习性。解放之后，他仍然生活在他个人的小圈子里。轰轰烈烈的土改运动，他仅仅因为听不惯一个青年讲师在动员大会上讲“知识分子要做群众的学生”，一怒之下没有参加；全校展开思想改造运动，他只是得到了更多的痛苦，并且和那个满脑子崇外思想，曾经用英国皇家学会会员的名义到新加坡一带做过关于民俗学调查的英国留学生曹亨“发生了朋友的感情”。因为他避免和政治生活接触，所以他也就无法理解周围的变化，甚至不能理解他自己的妻子和儿子对新生活的向往。他悲叹了：“我觉得自己的确已经衰老了，身心两方面都衰老了。”

他在时代的激流里停滞了。别人感到年轻和欢乐，他却感到衰老和悲伤。然而，时代在前进，不论你的生活圈子关得怎样紧，时代的巨浪还是冲了进来。

他，教学是认真的。教了多少年的“中国农民革命史”，“每讲一遍，我的讲稿就得有一次很大的修改。我不仅在自己的讲稿里不断地加添新的材料，还要随时补充新的意见。”但是学生对他还是不满意。学生们对他儿子说：“你爸爸呀，讲农民革命史，理论上很有一套，可惜不愿意去联系实际，比方说连土改……”“理论不联系实际”对他真是一针见血的批评。他是毫不苟且、律己极严的人，他说：“我决不是一个没有自我批判精神的人，我能够反省，也有反省的勇气……”于是，他痛苦了，“心头沉甸甸地，失掉了往日的平静。”

他儿子这时带来了他的朋友，一个农业社的副社长兼生产队长。这给他们家庭带来了从未有过的生气。接着，他们全家访问了这个高级农业生产合作社。农村的种种新气象，使这个自命熟悉农村的人感到惊讶和难堪，而农民们那种热爱生活的纯朴感情，恰恰又和他那位不满现实、乱发牢骚的朋友曹亨成为强烈的对比。他这次“走下心灵深处‘小资产阶级王国’的宝座”（人民日报社论《教育者必须受教育》）的举动，对他世界观的改变起了决定性的作用。

作者没有正面描写他的思想斗争过程，但在上述描写中，我们清楚地看到白晓天的思想的跃进。这种跃进是真实的，不是简单化的。他每前进一步，他同曹亨的距离也就越大，最后，终于激起了他们之间的冲突。与儿子的距离则缩短了。整个故事在深夜与儿子谈话中结束了，但是对一个人的思想改造来说，并没有结束。白晓天不过是只向前跨了一步，虽然这是重要的一步。在这个过程里，我们看见了一个正直的知识分子的灵魂，我们为他这跨进的一步而喜悦；同时也看到了知识分子的思想改造的必要与艰辛。

这篇小说不是没有缺点的。我以为作者对1951年思想改造运动的描写，就值得商榷。作者这样写道：

……这一次的痛苦，比解放前夕失掉儿子时还要深重得多。老实说，对周围的世界，我开始从怀疑变成畏惧了。……

就在这时候，我接近了曹亨，跟他一下子就发生了朋友的感情。……当时的情形，很有些象在荒郊野外遇到一个同行者。我们很谈得来，当我们在一起时，谈话的源泉仿佛就永远不会枯竭。

作者在这里只描写了思想改造运动对于白晓天所发生的消极影响。当然，这是人物的自白，未必就是作者的观点。但是，作者既然在描写中接触到了这个问题，那就应该作比较全面的反映。思想改造运动虽然在某些问题的处理上比较粗糙，但毕竟"帮助了知识分子的绝大多数基本上渡过了社会主义革命这一关"（周总理《政府工作报告》)。在描写中忽略思想改造运动的深广的积极影响，这不能不是一个缺陷。

如果说，《艰辛的日子》反映的是知识分子在世界观改变以前的苦闷探索，那么，《新的土壤》就是描写他们在获得正确的世界观的前进途中的愉快和欢乐。

就个人遭遇来说，地理学教授严仲良比白晓天更为不幸。在旧社会里，他不仅没有金钱和地位，不仅在抗日战争中也遭受到颠沛流离之苦，而且还失去了自己的妻子和唯一的女儿。他没有白晓天那样一个温暖的家庭，而是孑然一身的鳏夫。还有比这更加不幸的么？

然而，生活在我们新社会里，生活在这新的土壤中，他却得到了莫大的幸福。他的养女——一个渔民的孩子，现在已成为出色的话剧演员，她聪明、漂亮、有才能，而且处处体贴关怀着他；他自己，现在已是某大学里的教授，经常受到人们应有的尊敬。

他和白晓天不同，他关心国家政治和周围的事物，他是这么说的：

"我女儿总是批评我，叫我不要一头钻在自己老一套的'山脉分布'和'河流溯源'里，应该睁眼看看现实世界，地理学可不是什么纯粹的自然科学。自己想想，也真是这样的。在现在的社会里，你想，还哪里有什么纯粹的自然科学呢？"

所以在他身上，完全看不到白晓天的那种暮气和压抑。他尽管已经是头发灰白的人，但他却依然那么年轻、富有朝气。看了小说，你不能不为严仲良身上的那股强烈的幸福感而陶醉。过去的辛酸，严仲良并没有忘记，而这些却成为鼓舞他前进的力量。所以他说："应该让他们（指青年）多看看这样的作品（指《日出》），叫他们晓得新社会可不是天上凭空掉下来的！"正因为他没有忘记旧社会的辛酸，所以更懂得珍惜今天的幸福。整个小说正是在这样一个基调上展开的。

在这两篇小说里，值得注意的是作者对年青一代的描写。特别是白晓天的儿子家玮和严仲良的养女小薇。对这两个人物，我不想作具体分析，我只想指出一点：他们对于经历了近半个世纪的老一代知识分子所起的作用。"不是说一个女孩子象一朵鲜花吗？"地理学教授严仲良，在和作品中的"我"谈到他的养女时，曾发过这样的感叹："如果是鲜花就需要很好的土壤和阳光"。这土壤和阳光不是温暖的家庭，而"应该是她所遭遇到的时代，她所生活着的社会！"对青年一代如此，对老一代何尝不如此。而家玮和小薇，正是促成白晓天和严仲良转变的"新的土壤"的一个重要组成部分。我们不应该把这看成是"技巧"上的问题，固然作者是十分善于运用种种对比手法来刻划他笔下的历尽艰难困苦的知识分子的。这是现实生活提供出来的创作构思，所以这，就很值得我们注意。

作者对知识分子——大学教授这一阶层的生活是相当熟悉的，所以才能在作品中写得那么细微具体，那么真实生动。而且避免了教授生活往往是在"书斋——课堂"的小天地里兜圈子的毛病。我们在这两篇作品中看到了比较广阔的生活面：有公园、有农村、有今天、有过去。

作者是擅长于说故事的。这两篇都是以第一人称的手法，以平静缓慢的调子，有条有理地叙述着，给人以十分亲切的感觉。故事情节本身虽然并不怎样引人入胜，但作者往往又能用"大故事套小故事"

的方法，吸引起读者阅读的兴趣。语言本身也比较洗练明快。

特别值得注意的是，从这两个短篇小说中，我们可以看到作者对描写知识分子所做的努力。我觉得，以今天来说，从知识分子思想改造的角度来反映中国当前知识分子的生活和精神面貌，的确是文学创作中一个值得重视的课题。王西彦同志在这两篇小说中，实际上是看到了中国知识分子所走过的一条道路，也看到了知识分子思想改造和工农相结合的前景。这样一个具有历史意义的知识分子前进道路，是值得我们的作家去深入地发掘和正确地表现的。这样的题材的文学作品，无疑对当前生活将发生有益的作用。

（原载《文艺日报》1958 年 3 月号）

写真话

《随想录》五十二

巴　金

朋友王西彦最近在《花城》上发表了一篇文章，讲我们一起在“牛棚”里的一些事。文章的标题是《炼狱中的圣火》，这说明我们两个人在“牛棚”里都不曾忘记但丁的诗篇。不同的是，我还在背诵“你们进来的人，丢开一切的希望吧”[1]，我还在地狱里徘徊的时候，他已经走向炼狱了。“牛棚”里的日子，这种荒唐而又残酷、可笑而又可怕的生活是值得一再回忆的。读了西彦的文章，我仿佛又回到了但丁的世界。正如西彦所说，1966年8月我刚在机场送走了亚非各国的作家，“就被当作专政对象，关进了‘牛棚’。”他却是第一个给关进上海作家协会的“牛棚”的，用当时的习惯语，就是头一批给“抛出来的”。他自己常说，他在家里一觉醒来，听见广播中有本人的名字，才知道在前一天的大会上上海市长点了他的名，头衔是“反党、反革命分子”。他就这样一下子变成了“牛”。这个“牛”字是从当时（大概是1966年6月吧）《人民日报》的一篇社论《横扫一切牛鬼蛇神》来的。“牛鬼蛇神”译成外文就用“妖怪”（Monster）这个字眼。我被称作“妖怪”，起初我也想不通，甚至痛苦，我明明是人，又从未搞过“反党”、“反革命”的活动。但是看到“兴无灭资”的大字报，人们说我是“精神贵族”，是“反动权威”；人们批判我“要求创作自由”；人们主张：

[1] 见《神曲》第三曲。

“无产阶级对资产阶级实行全面专政”，我就逐渐认罪服罪了。

我是真心“认罪服罪”的，我和西彦不同，他一直想不通，也一直在顶。他的罪名本来不大，因为“顶”他多吃了好些苦头，倘使“四人帮”迟垮两三个月，他很有可能给戴上“反革命”的帽子。1967年在巨鹿路作家协会的“牛棚”里，我同西彦是有分歧的，我们不便争吵，但是我对他暗中有些不满意。当时我认为我有理，过两年我才明白，现在我更清楚：他并不错。我们的分歧在于我迷信神，他并不那么相信。举一个例子，我们在“牛棚”里劳动、学习、写交代，每天从大清早忙到晚上10点前后，有时中饭后坐着打个盹，监督组也不准。西彦对这件事很不满，认为这是有意折磨人，很难办到，而且不应照办。我说，既然认真进行“改造”，就不怕吃苦，应当服从监督组的任何规定。我始终有这样的想法：通过苦行赎罪。而据我看，西彦并不承认自己有罪，现在应当说他比我清醒。读他的近作，我觉得他对我十分宽容，当时我的言行比他笔下描写的更愚蠢、更可笑。我不会忘记自己的丑态，我也记得别人的嘴脸。我不赞成记帐，也不赞成报复。但是我绝不让自己再犯错误。

十年浩劫绝不是黄粱一梦。这个大灾难同全世界人民都有很大的关系，我们要是不搞得一清二楚，作一个能说服人的总结，如何向别国人民交代！可惜我们没有但丁，但总有一天会有人写出新的《神曲》。所以我常常鼓励朋友：“应该写！应该多写！”

当然是写真话。

10月4日

（原载1980年10月15日香港《大公报》）

王西彦的梦境剖析

尹雪曼

自称文学于他是业余工作的王西彦，是浙江省义乌县人，由于他父亲是农村私塾的一个教师，所以他所描写的题材也大多以农村和知识分子为主要对象。

王西彦的《报复》中收的短篇小说有十篇，多半是抗战初期写成的，从抗战的前线到后方的社会，所写的范围很广，以后又有《乡下朋友》短篇小说集出版。此外，《古屋》、《村野恋人》、《微贱的人》、《寻梦者》等则是长篇。

如果我们看过师陀的《果园城记》，再看看王西彦的《乡下朋友》，我们会发觉师陀所怀念的果园城中的人物，景色，又在这《乡下朋友》中出现了。然而师陀是带有伤感忧愁性的，而王西彦却有着讽刺条理性的执着。

《乡下朋友》，是说一个久居都市却极力赞美农村田园生活的人，终于决定下乡去探望一个旧时的朋友。他亲身体会到乡间的生活乐趣，却对乡间农人的辛勤耕作生活，以娱乐性的消遣心情来看，作一些“农民的生活和劳动本身就是诗，大自然的一草一木都是诗，农民便生活在诗里”的虚伪赞美。及至等到乡间真正遇到困难，有天灾苦难发生时，他又立刻表示退缩畏惧，总想着都市生活的热闹多趣，而不禁归心似箭了。

王西彦的文笔很犀利，对都市人满口美丽谎言的辩才，与真正富有经验却又讷于言词的农民，有着很好的讽刺效果。不过，虽说他是尽量描写农人辛勤耕作的一面，但似乎不够深入；只用天灾来表示农人面对的祸害，稍嫌单纯了些。如果能从人性出发，且反映当时农民对天对人困顿、纷争的感情，继之以倔强、质朴的天性描绘，可能使整个情节的冲突更加强烈，更具有震撼力量。

一进入《古屋》，我们就被作者刻意安排的阴霾气氛给笼罩住了。仿佛又掉入师陀的《果园城中》，听他诉说每一个地主的衰败兴亡史。同样是一个题材，一个古老的悲剧，师陀有着眷恋，有着直诉于感情的哀伤笔调，仿佛逝去的日子是美好，值得珍惜似的。但王西彦却不同了，虽同样有着那份无奈的感情，却是以客观、犀利、流畅的文笔，剖析那些大地主的没落。他没忘记那时候仍是处在抗战的时代，对于处在抗战艰苦时代，一些仍存有享乐主义思想的自私份子，他对他们发出了呐喊。

《古屋》里的没落地主孙尚宪，本身是一个享乐主义者，一切都以他自己的快乐为主；同时也不允许别人有损他家庭颜面的事情发生。他是一个极端的自私者，可是偏偏他有一个哑巴侄子——他的妻子因受不了哑巴及孙尚宪的折磨而死——而他的儿子也不满于他。至于另一个侄子，也就是小屋屋主，整天则沉沦在麻将牌桌上。数来数去，唯有一个识大体，秀外慧中的女主人廖慧君——他的侄儿媳妇，在支撑着这个日渐腐朽的老屋；但她也忍受不了这幽囚禁居似的生活，终于与一位来访她的同学秦一冰出走，跑往前线参加妇女救国工作。这一切的打击，使那位享乐主义者的孙尚宪，有了重重的阴影；虽然他想努力振奋自己，不让这些阴影困扰着他，可是最后来的一条阴影，也是最后的一记打击，却是来自沉沦于牌桌的小屋主，突然把房子给押掉了。虽然后来又取了回来，但仍逃不掉步向没落的命运。最后，终于不得不把这栋庞大的古屋，租给隔壁的难童学校。

作者在《古屋》里暗示的主旨，读者都可以体会得出来。他以一个朝气蓬勃的难童学校来代表古屋的新生；虽然表现得很朦胧，但未来光明的曙光，仍可看得出，这也就是他与师陀的《果园城记》最大的不同处。他眼前始终有着那幕时代的背影，刻划着过去、现在，也刻划出未来。

在故事中，作者穿插了难童学校的教育家——洪翰真。藉着她，作者发挥了当代热血青年对国家民族热切的希望，以及乐观进取的心态。相反的，孙尚宪那种自私的享乐主义的行为，对年轻人而言，不但激起了相当的反感，而且更激起了相当的愤怒。当话题一涉及孙尚宪要举办庆典，重新整修他家的门面时，年轻的洪翰真不禁愤怒地说：

> "简直是腐化，"……她愤然地说道，"在抗战期间，更是一宗无可饶恕的浪费！"

在这里作者故意处在一个缓冲地位，他以一个第三者的立场，缓和的说着，更引起一连串的反应。——

> "孙尚宪先生却是在实践他的人生哲学，"我笑着说。
>
> "什么哲学！"她简直叫起来了，"亡国哲学！任凭你什么哲学，难道还有比复兴民族国家更重要的哲学吗？凡是一切不利于民族国家的哲学，在这样的时候，我们都不需要；如果真有那样的哲学存在，一定是一些胡言邪说，都在应该打倒之列！"
>
> "自然，你也有你的道理——"
>
> "不只是道理，而且是百分之百的真理！我最讨厌那些什么哲学家之流了，在民族国家生死存亡的关头，还在那里谈什么人生哲学，仿佛他们那种胡言邪说，可以使自己置身于民族国家之外似的！等到国家亡了，做了别人的牛马，那时看他们怎样去谈哲学，怎样去实践他们的哲学？分明是浪费，却要拿哲学呀什么的来掩饰自己的罪恶，自命风雅。这样的人，比那些囤积居奇的投机商人还要坏一百倍，一万倍！"

这是处于那个大时代中，血气炽盛的年轻积极分子的心态他们不屑于孙尚宪的作为，敢说也敢骂。在他们看来，像孙尚宪那种人，是"时代的残渣"，是进步的一种障碍，是社会的寄生虫。作者借洪翰真热烈无比的语调，对这种人发出了严厉的批判。

这是《古屋》这篇小说积极的一面，而对于似乎看透世事，感情没有洪翰真那样热烈，那样急遽的知识分子，他们在感情大半沉淀了后，对于孙尚宪这样的人又如何呢？我们不妨来看一段论辩，藉以了解那享乐主义者的所谓快乐主义，本也是似是而非的。从下面的一段对话中，我们可以获得一个清晰的了解——

“也有把自己的生命，贡献于探求知识，以服务于自己以外的人群的。”

“自然，那样的人，乃是革命志士一流人物，舍己为群，杀身成仁；但为我们快乐主义者所不取。”

“为什么？”

“因为他们的目的为人，而快乐主义的目的为己。在我们快乐主义者，凡是不能使自己快乐的事，不管它在一般道德标准上占若何位置，对我们却全无价值可言。问题便在这里。”

“这是分明的自私，”我忽然想起洪翰真的话了。

“不错，这是一种自私。不过要注意的，快乐主义者的自私，乃系于己有益，于人无损的——

“不，”我截断他的说话，“如果既称为自私，便决不能于人无损。世界上还没有于人无损的自私；如有，那么就不成其为自私了。”

这是王西彦在《古屋》中所呈现的双方的论点。作者企图使整个理论完整无缺，然后才能攻破对方的论据，而使人心服口服，所以他又继续让对方发挥他的强辩——

孙尚宪先生放下水烟壶。

“我不能同意你这种理论，”他开始反驳，“自私和损人是两件事情，不可混为一谈，问题就在这里。举例来说，如像我们现在这样，在中秋之夜，一杯香茶，几许点心，泛舟河上，纵谈古今上下，乃是一种享受，一种快乐。对那般在前线和敌人浴血冲杀，以保卫民族国家的将士们，我们自然是自私者；但和另一些汉奸们，贪官们，商人们的危害国家相比较，我们的自私不便是一种不损人的享受吗？”

“不然，我们的享受仍旧是有损于人的。享受必须有人给予。我们的泛舟赏月，同样是从别人的给予之中获得的。如果我们的享受乃是给予的准备，如像前线将士的接受慰劳品那样，自然又属例外。但我们分明是为享受，只有享受而没有给予，这便是损人之举。”

“不，我们快乐主义者也有给予——”

“可是那算什么给予呢？”我懂得他的意思，便抢先说道，“试将你的享受和给予相加减，便可以发现所谓给予者，是多么的不足道！”

王西彦的有关给予和享受的辩论写到这里，就不再继续下去了；而以月亮上升，船达水车旁而把话题岔开。这是他把握自己论点的高明处；因为他已把重要的论点告诉读者了。他并不需要完全地告诉读者他的结论；因为这样的故意留一个空隙，可以让读者有余地去沉思，去判断倒底孰是孰非。无疑地，王西彦藉《古屋》的故事，对那个大时代的确作了一番针砭的功夫。对当年的知识分子而言，不管是热烈的或是平凡的，多少都发生了一些“刺激”的作用。

除了长篇小说《古屋》，以及一些短篇小说的题材，含有积极的社会意义之外，王西彦别的作品，多半是写生活在自己圈子里的没落地主，或远处深山中的居民，以及躲在山林里的隐士等等。他把自己局限在一个圈子里；那个圈子是作者自己的理想国。他写一个叔本华的崇拜者，想从一个浑朴的少女身上，得到自己已失去的纯真。也写了一个地主，在享乐主义理论下，如何地自我欣赏，其中充满了浪漫的、凄惋的、感伤的情调。

例如在那篇《村野恋人》里，作者虽也点缀了一些日寇暴行的描摹，多少反映了战争带给人民的痛苦，但他主要的目的，还是写农民的爱情故事，以及不幸的结局，而且充满了神秘的情调，和宿命论的观点。他把故事背景放在一个差不多与世隔绝的小山城里，企图歌颂一种原始性的欲和力；但结果是未能跳出旧小说的影响，一再地落入传奇性的“巧合”里。作者以这种巧合来编织他的梦，当然要流露出不少浪漫的、感伤的和哀惋的情调。

《微贱的人》，写一个被侮辱与被损害的女子一生的屈辱。她是一个“富有野性的人”，在受尽命运的播弄后，终于发疯而投河自杀了。这篇小说的背景摆在抗战发生以前，书中充满了阴暗气氛与宿命论的论点。

在《寻梦者》中，作者描绘了一个隐士。虽然这位隐士后来还是出山了，但作者并未指出隐士出山后的道路，只表示了下面的观点：“我们谁都是梦的寻求者；如果一个人对梦的追寻失去兴趣，那便无异于对生命失去兴趣。”

总括来说，王西彦的这些作品，说明了作者是不满当时的现实的。他感到环境压力的沉重，因此想以未来的梦境来安慰自己，想以原始的野性来武装自己；但实际上却只落得更深的伤感。于是他只好歌颂那种超然的精神快乐，赞美农村中的自然静穆，以及农民们的纯朴。他想以这种气氛来避难；所以他虽然喜欢写农村与农民，但实际上他对农民与农村却很少了解。如果有，也只是写农民被剥削，以及落后的一面；并不能深入的刻划出农民们灵魂挣扎的一面。

总之，王西彦的作品，除了长篇小说《古屋》，提供了一些光明的憧憬以外，别的作品，一直使他自己陷入《古屋》的阴霾气氛中。他的作品，人物总是在苦苦地经营自己的小圈子，想把这个小圈子缩小巩固起来，然后在那里面追求自己的梦。这种心思自我闭锁的思想，大大地影响了他的作品的价值。

（原载台湾成文出版社有限公司 1980 年初版
《抗战时期的现代小说》）

时代的镜子

——读《王西彦小说选》

王正湘

“窗外是一个初秋的雨夜，檐滴声应和着草木在风雨之下发出的颤慄声，把整个宇宙衬缀得格外凄清寂寞。时不时从窗口冒进一阵阵夹带雨丝的夜风，给人以一种悲凉的情思，仿佛在这样的夜间，人世的欢乐将是不可能的。……”

这是作家王西彦在短篇小说《雨天》中的一段景物描写。我想，此情此景，又何尝不是他笔下的旧时代的影子和某些人物心情的真实写照！

湖南人民出版社最近出版的《王西彦小说选》，收集了王西彦在30年代和40年代创作的短篇小说25篇，基本上包括了他当时的代表作。

这个选集里的作品，题材主要分两大类：一是写贫困的农村生活；一是写知识分子的坎坷遭遇。

王西彦出生在农村，并在农村中度过了童年和少年时期。耳闻目睹的，是旧中国农村的贫穷破产。在反对统治者的残酷压迫和剥削下，广大农民陷于水深火热之中，特别是农村妇女，她们的命运更为悲惨。所以王西彦一走上文学道路，就把注意力放在反映农民的痛苦生活上。《车站旁边的人家》由三个故事连缀而成，集中地反映农村贫困的面貌和妇女被迫卖淫的惨景。尽管作者当时还是一个不足二十岁的小青年，刚刚开始学习写作，但他的眼光是敏锐的，对社会的剖视是比较深刻的，对旧时代的鞭挞是无情的。《两个乞丐》描写月台的栅栏旁两个女乞丐争夺一位旅客的施舍物——一枚镍币，从另一个侧面反映农村妇女的悲惨命运。作者采用工笔书的手法，细致入微地刻划两个乞丐的肖像和争夺镍币后又互相推让的语言和行动，并烘托以看热闹者的表情和反映，后又通过小生意人叙述婆媳俩破产的经过，有力地鞭挞了旧时代。《摸秋》则通过一个贫苦农民在“摸秋”中被打伤的事件，揭露了农民的悲惨遭遇。“摸秋”是当地的风俗，中秋之夜到别人的地里偷瓜，说是可以使没有子嗣的人生儿子，即使被物主看见了，也当作没看见，所以偷瓜者是不必担心受骂挨打的。那贫苦农民为了有东西供四个儿女过节，不顾妻子的劝阻去别人的地里偷瓜，却意外地被人打断了腿。作者选择中秋和“摸秋”这个特定的环境，展开故事，层层烘托、渲染，从而取得了强烈的艺术效果。读着这些作品，不仅对命运悲惨的农民和妇女寄予深切的同情，而且对造成他们生活痛苦的旧时代产生最大的憎恨和愤怒。

王西彦写得更多的是知识分子的题材，这当然和他的生活经历很有关系。他投入社会后，接触了许多知识分子。他非常熟悉他们，了解他们的坎坷遭遇。他在许多作品中描写了他们同黑暗势力作的斗争，在旧传统束缚下的悲愤和哀叹。他们善良、正直，有的人还富有理想，奋发向上，但他们软弱、动摇、空虚，清高。他们在反动统治者和习惯势力的束缚下，一筹莫展，只能作无所作为的“折翅鸟”和“家鸽”。作者的爱憎非常鲜明，同情他们，惋惜他们，对压抑和迫害他们的旧制度、旧时代予以充分的揭露和无情的鞭挞。《走向旷野》和《雨天》两篇小说，刻划两个女性知识分子决心摆脱一切羁绊，走向一种新的生活，即投入革命洪流，把自己的力量贡献给民族和人民。作品的格调是高昂的，两个人物形象给人以面目一新之感。可惜这样的作品，在王西彦当时的创作中还不多见。

王西彦笔下的知识分子形象，不仅广泛而深刻地反映了当时社会现实的本质，体现了一定的共性，而且又由于生活经历、家庭教养和环境影响的差异，又各自具有鲜明的个性。如《两姐妹》中的姐姐、《失去手指的人》中的陈孝青、《在沼池里》的谭尚文、《折翅鸟》中的魏聿德、《家鸽》中的姚文英、《雨天》中的夏小兰、《假希腊人》中的贾自我、《清醒的醉汉》中的单竟成，等等，个性都栩栩如生。作者不仅描叙了人物的肖像、语言和动作，而且细腻地描绘了他们复杂的心理状态，给人的印象甚为深刻。

读着《王西彦小说选》，我感到王西彦是执着地走着现实主义的创作道路。在长期的创作实践中，他为文学书廊塑造了众多的典型形象。他的作品是旧时代的镜子，真实地反映了那个时代的风貌。正如他在自序中所说的“一方面着力于写出社会生活的真实面目；另一方面却又具有强烈的抗议精神和思想倾向”。他在现实主义道路上勤奋地而又寂寞地探索，逐步走向成熟，取得了较大的成就。

在艺术上，他的作品不以情节取胜，而以感情深沉，人物刻划细腻见长，结构严谨，文笔凝练，这是他多年来苦心孤诣所形成的风格。自然，某些篇什要是能更多注意情节的生动性，那艺术效果将会更好些。

（原载1982年7月30日香港《新晚报·书话》）

洁白的灵魂　光辉的业绩

——读王西彦的《炼狱中的圣火》

尚　允

人民文学出版社出版的《炼狱中的圣火》是一本忆念故旧之作。如果单从书名来看，似乎只是记述作家在十年动乱中的苦难经历，但实际上远不止此。它要记述“我们这个多灾多难的民族值得自豪的脊梁”，反映半个世纪来“饱经忧患”的现代作家的战斗历程。作者是“把自己所属的全体正直的知识分子都看成经受了苦难和考验，证明是完全无罪的灵魂”，指出：“即使在过去那个黑暗的时代里……从他们身上发出的光和热，就温暖过我们脚下这块土地，燃烧过当时千百万人的心灵。……历史将永远用热情的字句记载他们的业绩。”

作者王西彦早在30年代就积极从事文学活动，是著名的作家，曾主编过《文艺杂志》、《现代文艺》等期刊，并先后在桂林师院、湖南大学、武汉大学、浙江大学、浙江师院担任教职，在文艺界有较广泛的联系。作者根据他的身经目睹，深感“知识分子遭受的苦难很深重，经历的考验也很严峻。”因此，饱含激情，写下他们的奋斗和受到历史的不公允的待遇。

本书共收文章12篇，根据忆念对象的不同情况和遭遇，分为三大部分。

第一部分收文章两篇：《炼狱中的圣火》和《面临撒旦的挑战》是记述巴金和张天翼这两位“饱经摧残却依然活着的朋友”。前者是写与巴金一起在四人帮的“牛棚”、“干校”经历的非人生活，反映了巴金

"即使饿死也不出卖灵魂"的意志和信念。经过炼狱的考验，巴金那"原是无罪的灵魂就变得更加洁白了。"后者主要记述与张天翼的交往，从而反映出张天翼在文学创作上的卓越贡献。作者认为《新生》比《谭九先生的工作》和《华威先生》写得更深刻，是张天翼跨入创作"新阶段的一个精美的序幕……却不幸竟成为绝唱"。文章对张天翼在抗战时期以至建国后的文学活动，都有非常生动的描述。

第二部分共收入《向死者告慰》、《辛勤的播种者》、《种子落到了泥土里》、《坠落的鹰》、和《怀澍德》等五篇文章，分别记念在十年动乱中的牺牲者魏金枝、丰子恺、邵荃麟、丽尼（郭安仁）和刘澍德。作者与丰子恺、邵荃麟初次见面都在一九三九年，但由于工作关系，与荃麟夫妇有较多的交往，文中具体描述他们在文艺领导工作上的艰苦斗争及取得的成果。对丰子恺作为出世的居士，经历曲折的道路，终于"成为一个向反动势力冲锋陷阵的无畏战士"给予热情的歌颂。作者与魏金枝、丽尼都是在解放初年先后在上海、武汉因工作关系而有较多的接触，对他们的思想、生活和成就都有深刻而具体的描绘。刘澍德是作者30年代在北平二龙坑中国大学国学系的老同学，经历过"二十年塞北，十年京华，二十年滇南"的流浪、漂泊生活，为当代文坛写下《桥》、《老牛筋》、《归家》等一大批优秀作品。他的屈死，使作者"又一次地思索同时代知识分子的命运"。

第三部分包括《高大的拱桥》、《从学者到战士》、《回忆统照先生》、《在魑魅的追逐下》、《我所认识的黎烈文》等五篇，除《高大的拱桥》是悼念茅公之作外，其他四篇都是追怀早已故世的师友吴承仕、王统照、鲁彦、黎烈文的。其中有关吴承仕和黎烈文的文章特别值得重视。吴承仕是作者曾就读过的中国大学国学系主任。他曾应过科举，有过功名，师一代儒宗章太炎，是著名的经学大师。作者记述他在现实的教育下逐步走上革命道路，以至被日伪杀害的经过。他的殉国，延安当时曾隆重追悼。黎烈文在30年代先后主编《申报·自由谈》、《中流》，鲁迅不少匕首、投枪式的杂文就在他主编的报刊上发表。抗战爆发以后，在福建永安任改进出版社社长和主编《改进》半月刊，邵荃麟为开辟新阵地，由作者主编的《现代文艺》能在福建出版，也是得到黎烈文的支持。1946年黎烈文应陈仪电召赴台湾工作，作者曾亲自送他上船。黎烈文在台北曾任《新生》副社长，后应许寿裳邀到台湾大学任法国文学教授。1972年11月在清贫中默默的去世。人们是永远不会忘记他为人民做的好事和在现代文学史上作出的巨大的贡献。

《炼狱中的圣火》这部忆念故旧之作，写得非常真切动人，作者是以他整个心灵投入写作的，不仅写出与他们的交往，更热情地歌颂了他们的灵魂和业绩；反映从30年代直到建国后我国现代、当代文学史的一个侧面。这是一般文学史著作中所看不到的，更显弥足珍贵。

（原载1983年9月27日香港《大公报》）

关于王西彦的小说

王　瑶

王西彦的《报复》中收小说十篇，多半是抗战初期写的，从前线的抗战到后方的敲诈，所写的范围很广。以后有《乡下朋友》和《幸福之岛》短篇集。其余《古屋》、《野村恋人》、《微贱的人》、《寻梦者》、《人的道路》等，都是长篇。《古屋》写一个封建地主家庭的没落故事，他用了一个蓬勃的难童学校来暗示代替了古屋的新一代的力量，意识虽然很朦胧，但对光明的憧憬是可以看出的。此外有一些短篇的题材也还有积极的社会意义。其余就多半是写生活在自己圈子里的没落地主，远处深山中的居民，甚至山林里的隐士等等了。例如在《村野恋人》里，虽然也点缀了日寇的残暴，但他主要是写农民的爱情故事的不幸结局的，而且充满了神秘的情调和宿命的观点。他把背景放在一个差不多与世隔绝的小山城，企图歌颂一种原始性的欲和力；他流露着不少浪漫的和感伤的情调。《微贱的人》写一个被侮辱与损害的女子的屈辱的一生，她是一个“富有野性的人”，受尽了命运的播弄，终于发疯投河自杀了。背景摆在抗战以前，书中充满了阴暗的和宿命的气氛。在《寻梦者》中，他更写了一个隐士，虽然这个隐士后来是出山了，但作者却并未指出他的道路，只表示了这样的意思：“我们谁都是梦的寻求者，如果一个人对梦的追寻失去兴趣，那便无异于对生命失去兴趣。”这说明作者虽然不满现实，但只感到压力的沉重，因此要以将来的梦来安慰自己，以原始的野性力量来武装自己，实际上却更其伤感了；因此他要歌颂那种超然的精神快乐，赞美农村中的自然静穆，和农民的原始单纯，他要在这种氛围中避难。所以他虽然喜欢写农村，实际上对农民是很少了解的；如果有也只是农民的被奴役的落后的那一面。总之，他作品中的人物总是苦苦经营自己的圈子，想把它缩小巩固起来，然后在那里面追求自己的梦境。他写出了一个叔本华论者想从一个浑朴的少女那里得到自己已失却的纯真，也写了一个地主在享乐主义理论下的自我欣赏，其中都充满了浪漫的凄婉感伤的情调。《幸福之岛》和《人的道路》写于解放战争期间，内容有了一定的进步。《幸福之岛》中有五个短篇，写的都是国统区知识分子的贫困生活，是暴露现实的作品。作者在《自序》中说：

> 在我们这时代，知识分子的道路原来非常明显——踢开弱点，跨越自己，走向人民大众。然而，在知识分子之中，并非每一个都是强者，都能对苦难战斗，且都能在战斗里获得胜利。由于所受教养的关系，或者更确切地说，由于所属阶级的限制，他们之中也并不缺乏弱者，自私而懦怯，在这苦难的时代里只合扮演悲剧的角色。作者所以挑选这些人物，对知识分子的转变认识不够，也就是对新事物认识不够，而知识分子的缺点是他们的痼疾，是作者所熟悉的。

在1949年写的《人的道路》里，他写了一个革命知识分子克服了自己的个人主义意识，勇敢地参加了集体斗争的经历。这部作品虽然缺点还很多，但从他个人的创作历程看来，却很重要。他在抗战初期的热潮中写过一点与战争有关的现实性的作品，以后虽然在创作上也很努力，在量上写得并不少，但那些内容只说明作者有点被黑暗势力挤扁了，是一种想逃避而又不甘逃避的情绪。人民革命的力量把他唤醒了，他走上了他所说的典型的知识分子中的道路。个性的强弱原不是一成不变的，更不能因此而原谅所谓知识分子中的弱者，这实际上也就是原谅自己。这种思想上的不开展大大地影响了他这些作品的成就。

（摘选自《中国新文学史稿》下册，上海文艺出版社1982年11月修订重版。标题为本书编者所拟。）

驰骋文坛五十年

梅萼华

活跃文坛五十年

王西彦的《炼狱中的圣火》是一部怀念故旧的作品。近年有相当多的作家或富有经历的人执笔写这类内容的文章，给年轻一代以至后人留下宝贵的史料，其中不乏文情并茂之作。但我以为王老这一部具有自己鲜明的特色。

作者早在1933年已经从事文学创作，是著名的小说家，编过《观察日报》的副刊，主编过《现代文艺》等期刊，并先后在塘田讲学院，桂林师范学院、湖南大学、武汉大学、浙江大学、浙江师范学院等担任教授职务，解放后还任《文艺月报》编委，1955年起才转入专业创作。

在长达半个世纪的积极文学活动中，作者与中国文艺界有着广泛的联系。他在《炼狱中的圣火》中写的巴金、张天翼、魏金枝、丰子恺、邵荃麟、丽尼、刘澍德、茅盾、吴承仕、王统照、王鲁彦、黎烈文，不是作者亲炙过教诲的前辈，就是有密切交往的文坛战友。笔下的材料是第一手的，评论才不致隔靴搔痒。

记述民族的脊梁

《炼狱中的圣火》是整部作品的书名，也是书中第一篇记巴金在“牛棚”和农村“劳动营”的篇名。王西彦从但丁《神曲》有关罪人在地狱里经受了苦难，能升入炼狱，由天使在他额上拭去罪恶，使他们的灵魂返璞归真，完全无罪的描写，把记述作家在那十年中的苦难经历比为“炼狱中的圣火”，“把自己所属的全体正直的知识分子都看成经受了苦难和考验，证明是完全无罪的灵魂”。

但是，这部作品的思想意义还不仅在此，实际上是通过有关12位作家的怀念，记述“我们这个多灾多难的民族值得自豪的脊梁”。我读《炼狱中的圣火》时，常常联想起杨绛写的《干校六记》，因为这也是具体地形象地写十年动乱中正直知识分子受到的折磨和“衣带渐宽终不悔”的强烈的爱国感情。

王西彦写的是曾被人骂为“臭老九”的知识分子，但他“知道他们中间的绝大多数都热爱祖国和人民，愿意尽自己的所能为祖国和人民作贡献的”。“即使在过去那个黑暗的时代里，他们就在那样做了，从他们身上发出的光和热，就温暖过我们脚下这块土地，燃烧过当时千万人的心灵。他们中间的先驱者，已经成为后继者前进的火炬，历史上将永远用热情的字句记载他们的业绩。”

形象地阐述真理

读王西彦的《炼狱中的圣火》，作者没有那些拔高的语言，拔高的评价。你像听一位长辈平和而又充满着感情，叙述着一个个正直善良、为人类的文化事业作出过贡献的知识分子的故事。他用他们看似平凡而又不平凡的事例，去表现他们激励人心的道德力量。

作者在《高大的拱桥》中，用茅盾这位文学巨匠怎样帮助年轻作家提高，怎样严于要求自己的多个事例，去表现“他也是一座联接过去和未来的高大的拱桥——它耸立在原野上，使我们的后来人将能长久地凝视它、景仰它，从它获取前进的勇气和力量”。

作者写一代经学大师——章太炎的学生，也是作者的老师，当年帮助过素昧平生的作者入学的吴承仕，不但写他的道德学问，更重要的是写他救过不少革命者，将书斋作为左联负责人开会的地方，直至以自己的高风亮节殉了苦难的祖国。吴承仕的身上体现了知识分子的高贵品质，殉国后，延安曾为他举行过隆重的追悼大会。作者把鲁迅对章太炎的赞颂来赞颂吴承仕——“这才是先哲的精神，后生的楷范。”是铢两悉称的。

文学作品激发人们向上的力量，不在于剑拔弩张的语言和铺排，而在于形象地阐述朴素的真理。读《炼狱中的圣火》，我鲜明地有这样的体会。

掩护邵荃麟

在《炼狱中的圣火》中，王西彦写了一篇“我所认识的黎烈文”，但是在另一篇写邵荃麟的“种子落到了泥土里”，却也侧面写到了黎烈文。

王西彦用饱满的热情去冷静地写出与邵荃麟的一些交往，读着令人感到这篇出色的散文是出于一位小说家的手：刻划得很细致，形象很突出，那是一位稳重沉着的党的文艺工作的领导者，一位忠诚的革命战士。他胸怀坦荡，无私无畏，关心别人，善于工作。他帮助过王西彦在浙江金华落脚，在危险的关头，王西彦帮助他夫妻俩在福建安顿下来。

其中，有黎烈文的一份功劳。在王西彦笔下，这位出版社社长，有着正直的文化人的善良，利用了当时省主席陈仪跟蒋介石的矛盾，掩护了邵荃麟夫妻俩在福建工作。

王西彦跟黎烈文的交情很深，不但黎烈文在1939年冬邀请他前往福建创办一个文艺刊物——《现代文艺》，还出版了一套《现代文艺丛刊》，而且是1946年初黎烈文从福州去台湾时，他亲自送黎上轮船的。王西彦对于黎的描述，我以为跟巴金写的《怀念烈文》，是帮助内地年轻一代认识这位对中国新文学作过贡献而死在台湾的名作家、编辑、教授、翻译家的两篇好文章。

整个心灵的投入

《炼狱中的圣火》共收文章12篇，按忆念的对象的不同情况分为三部分。第一部分的两篇写巴金和张天翼，都是“文革”中饱经折磨的幸存者；第二部分的五篇写魏金枝、丰子恺、邵荃麟、丽尼（郭安仁）和刘澍德，都是“文革”的牺牲者；第三部分五篇写茅盾、吴承仕、王统照、鲁彦和黎烈文，都是作者的师友。

不论写的是哪一位，王西彦都以整个心灵投入创作，行文中常常感到作者激动的心弦，令读者发生强烈的共鸣。他写国际知名的作家巴金以副团长的身份，刚送走参加亚非作家会议的外国友人，回到上海立刻被关进“牛棚”。作者也是在这场“史无前例”的折磨中，首先成为上海文坛最早的一个“牛鬼蛇神”，早就被抄了家，剪了头发，戴了高帽子，挨了打，罚了跪，游了街，与巴金等同是“难友”。

作者说巴金比较顺从，肯定地相信“将来历史会作出公正的裁判”；而作者则自称“心已经被磨得比较硬”，不那么迷信神，因而内心充满反抗的愤激。读这些真情流露的文章，使人沉痛感到——历史再不能重蹈如此开倒车的黑暗覆辙。

文艺论著

对于作家、教授王西彦的作品，我首先接触的不是小说，而是文艺评论。1957年，他的《论阿Q和他的悲剧》初版到澳，我买到了一本。当时，我醉心于新诗，也醉心于鲁迅的小说和杂文。这部文艺评论集，18篇文章都是围绕着鲁迅和鲁迅作品而写的，其中谈到了《阿Q正传》、《药》、《故乡》、《祝福》、《伤逝》、《故事新编》和《朝花夕拾》，启迪着一个二十多岁的文艺青年走进鲁迅精深博大的文学宝库中来。

这部文艺评论集曾经增订重版，但是我碰不着，手边一直只有那部初版本。直到1980年，作者在它的基础上增改为《第一块基石》出版后，我才得到更为丰富充实的一本。作者无限感慨地在“后记”中谈到他被“四人帮”专政了近十年，即使迫于形势，在1975年8月不得不把他“解放”了，还以各种莫须有的借口继续进行折磨。作者是在忍受着日趋严重的脊椎宿疾的病楚中，断断续续地读鲁迅的著作，写关于鲁迅的笔记的。

（原载1983年10月《澳门日报·新地杂掇》）

向王西彦致谢

董鼎山

近来收到老作家王西彦自上海寄来的一本《炼狱中的圣火》，读完了后，我的愤慨又感激的情绪难以抑制，愤慨是书的内容所引起，感激是王西彦这个集子给我起了一种教育的效果。我要在这里特向他致谢。

我的激情并非没有理由的。几十年来对国内实情的生疏使我十分惭愧：对文革时期国内文友们的遭遇情况，总怀了一个始终难以满足的好奇心。慢慢的，真相一点一滴地暴露出来。试看书中首篇《炼狱中的圣火》（“炼狱”指“牛棚”，“圣火”是巴金）的形容：

> ……抬运粪水，这是我们“老牛鬼”的“专业”……大概为了照顾老年的巴金，他经常被派到化粪池畔倒粪水。当粪水哗的一声往池子里倾泻下去时，池子里的积粪也相应地喷溅上来。因此，干完一场运粪水的活儿，巴金的脸孔就成了“花猫”。这个印象也深刻在我的记忆里，只要一想起那段经历，脑子里就会浮现出巴金那副透露微笑的面容……不论碰到什么窘迫的事情，巴金总是默默地忍受，很难得见到他的惊慌或是激愤的表情。

这一段生动的描写，我读了好几遍，读了后总是热泪盈眶，好像是自己的老父在受折磨，因为巴金是我在初中时即开始敬慕的作家。

去年七月，我在上海时，第一次有机会到巴金家去拜访他。他的老迈微弱的语声不能遮没我自幼即拜服的《家》里觉慧一样的青年气概与精神。

次日在上海文艺出版社向文艺翻译界朋友作有关美国出版界与文学界情况的报告时，我也初次会见了满头白发但是精神十足的王西彦。我们没有时间作长谈，可是一年以后，他还记得送我一本他的新书，证明我们之间的精神交流。《炼狱中的圣火》所收的几篇文章都是有关作者文友的回忆录，除了巴金外还提及魏金枝、张天翼、丰子恺、茅盾、王统照、丽尼、黎烈文、鲁彦、邵荃麟等，因此令我特别感兴趣。

有多少天才作家替共产党革命作了莫大的贡献，结果在解放后遭了悲惨的命运。根据王西彦书中的形容，以上海作家协会当时工宣队的残酷行为（将名作家抽打、责骂、羞辱）为例，所谓“革命群众”奉了红皮“语录”当圣旨，听信了张春桥、姚文元之流的指导，都变成了虐待狂者（Sadists)!

革命竟会造成一大批把权的精神病患者，这是当初马克思所想不到的吧。我要向王西彦致谢，不单是为了他送我一本书，而也是为了这本书可以成为预防未来精神病虐待狂者大批产生的医疗书！

（原载1983年11月8日纽约《北美日报》）

发愤的书：《炼狱中的圣火》

舒　芜

我不相信炼狱，也不相信圣火，然而我一气读完了王西彦兄寄赠的《炼狱中的圣火》，提笔就给他写信说："你这是一本'发愤的书'。"又说："为了历史，我感谢你。"

我并不是说，西彦的《炼狱中的圣火》，已经可以和司马迁的《史记》相比。我只是想说，西彦也是在"发愤著书"，写的也是历史。这里面何尝有什么炼狱？只有十分现实的人间。何尝有什么圣火？我只看到西彦的压抑不住也不想压抑的怒火。曾经有过这样的名言：愤怒出诗人，而不哭不笑才能认识真理。可是鲁迅说《史记》是"史家之绝唱，无韵之《离骚》"，可见愤怒也能出历史家，而这样的历史家同时能是诗人，或者说，愤怒的诗人同时也能是历史家。所以我要以感谢历史家的心情，向西彦致以老朋友的感谢。

《炼狱中的圣火》是回忆录的集子，包括 12 篇回忆录，按文篇排列次序，写的是这 12 位：巴金、张天翼、魏金枝、丰子恺、邵荃麟、丽尼、刘澍德、茅盾、吴承仕、王统照、王鲁彦、黎烈文。他们都是西彦的师友，除了吴检斋（承仕）先生是学者、教授而外，都是著名的作家，他们是中国的"过去和现在都饱受痛苦和考验的知识分子"（西彦语）的优秀代表。西彦写的就是他们在过去和现在、特别是在十年浩劫中饱受痛苦和考验的历程。西彦在自序中说到他们在浩劫中的遭遇时，这样质问道：

> ……可是，如今他们却在一阵天昏地暗的旋风中成为罪大恶极的“罪犯”，人类以外的“牛鬼”，别人有权利处罚他们干脏活苦活，给他们戴高帽子，画鬼脸，剃阴阳头，强迫他们站队背诵《敦促杜聿明投降书》，扭他们胳膊做“喷气式”，押他们游街示众，关他们隔离室，下他们监牢，逼他们跳楼或上吊，以至于把他们拷打致死。面对着无休止的虐待和无穷尽的屈辱，你竟完全不明所以，既无法申辩，也无力反抗，而且这一切还都是发生在革命的名义和光天化日之下的，请想想世界上还有什么更荒唐、更不堪、更折磨人类良知和嘲弄历史正义的事情呢？

什么是“发愤”？这就是“发愤”。西彦还向一切劫后幸存者提出问题：“冤死者已经尸骨成灰，我们后死者应该怎么办？”（第165页）他自己答复道：

> 不错，类似的悲剧绝不能再让它重演了。但这需要不懈的斗争，首先是不能忘记曾经发生的黑暗的过去。流在大地上的血迹将受到雨水的洗涮，印在人们记忆里的往事也将随时间的推移而淡忘，只有把它镌刻在文字记载里，它才能给后世读者留下鲜明的印象，引起他们强烈的悲愤和应有的警惕。

什么是“发愤著书”？这就是“发愤著书”。原来，西彦自己十分自觉是在写历史，首先是在向历史的永恒法庭的墙幕，放映一套套的幻灯片，正象在审判林彪、江青反革命集团的法庭上曾经放映过的那样。

看吧！一位老人，白发如银，眼看病危的妻子行将永诀，请求缓几天回“干校”，执法如山的工宣队头头答复道：“他不是医生，留在家里有什么用处！留在家里对他改造不利。”对他改造有利的地方是“干校”的春雨泥泞的化粪池边，别人运来粪水，老人站在池边专管倒进池内，当粪水哗的一声往池子里倾泻下去时，池子里的积粪便喷溅到老人的脸上，一场活儿干完，他的脸孔便成了“花猫”。忽然一声令下，他又被押着乘长途汽车，送到什么工厂什么学校去游斗，一去就是几天。一回来，他又总是立刻戴上小草帽，颈上围起小毛巾，赶到对他改造有利的地方去了。这是谁呢？这是巴金。再看吧！又一位老人，瘦得近于骷髅，因为主张文学上描写“中间人物”，被投入监狱。以下的幻灯片缺了很多。最后是监狱里送回来他的一堆遗物，棉被上裤子上都是粪便，喝水的杯子里黑糊糊的，年轻人不知道是什么东西，老年人才认识是橡子面。这又是谁呢？这是邵荃麟。再看吧！又一位老人，已经72岁的高龄，还被迫下乡劳动，住农舍，睡湿地，在河浜中洗脸。他在被批斗时，往往闭目沉思，有如老僧入定，使得那些向他跳脚叫骂的人无可奈何。直到他临终之际，儿女们围在床前，泣询有何遗言，他只微微摇头，轻轻地吐出了“没有话可讲”五个字，同时一行泪水从眼角直流下来，就此停止了呼吸。这又是谁呢？这是丰子恺。……好了，还有白发如麻的魏金枝，正罚在厨房里洗碗端菜，抬菜缸，忽然又被大字报宣布“罪大恶极”，要防他下毒，立刻从厨房里轰了出来。还有身患癌症的刘澍德，每天干完了最重的活儿，收工后，还要在黑暗的野地里“请罪思过”，蹲到众人完全入睡，才能进入宿舍，第二天又要黑早起身烧水，喂猪。还有一些集体场面，例如“牛鬼”们每天三次站队“请罪”，旁边站着监督人员，每次总要拉出几个“牛鬼”来，或是指责他们的头低得不够要求，或是背诵《语录》和《投降书》的声音不够响亮，给你一顿铜头皮带，甚至关进隔离室。这些都不一一详细介绍了。但是，还有一些关于西彦自己的镜头，我却不想省略。

西彦比我大10岁，是我的老长兄，他在这本书里回忆的12位师友，大多数我根本没有见过，少数几位虽然见过，也因年辈相差太远，没有更多的接触。西彦这本书里，我唯一熟识的，还是西彦自己。1966年“文化大革命”刚开始，我在北京就被送进了规模巨大的“集训班”。从报纸上，我看见西彦被点了名，罪状是他的文章里用过三个字的古典成语：“批逆鳞”。什么文章呢？上下文说什么呢？何时，何地，何人，为何要批，又是如何批了何人的逆鳞呢？都不知道。但当时谁都明白，只要一宣布这样的三字狱，那罪名是极其可怕的，属于“十恶不赦”的前一两条。我为西彦担心。从此再没有听到他一点消息。然而后来又仿佛听到他还在人间，所以1979年第四次文代会上相遇时，只是欣喜，并不惊讶。1980年夏天到上海，到他家中谈过两次，虽然总不免谈及“文革”中的遭遇，但不知为什么，对于那些不愉快的具体情节和细节，彼此都不愿太详谈。所以这回读《炼狱中的圣火》，读到有关西彦自己的地方，我自然有特别的印象。例如：

> 有一天，我因腰脊宿疾复发，请假躺在家里的床上，被一个监督组成员不由分说地揪到机关，刚押入大厅，一群如狼似虎的青年“造反派”就一拥而上，把我按在一张横桌前面下跪受审，而且不容我自报罪行，兜脸就是一拳，不仅鼻血直冒，连一排假门牙也打落了。当我又被按到一处墙边匍伏下跪时，我发现巴金也在几十个跪成环形的“牛鬼”中间。原来这群青年“造反派”是上海戏剧学院赫赫有名的“狂妄大队”，他们挥舞拳头和皮鞭，几乎冲遍了全市的文艺团体。

看到这里，我立刻能想象出西彦那样的特大个子，向他脸上挥拳和按他的头要他下跪的英雄，如果没有他那么高，便得仰起头挥拳，跳起来按头了。又如，西彦描写他所在的东海之滨的一所“干校”：

> 这个地方在海塘以外，离海滩很近，海风吹来，可以闻一阵阵浓重的腥味。由于含有盐分，水是咸的，泥土是白花花的，植物很难生长。不论冬夏，只要一眼望到地面上那一片荒凉凉的颜色，就使人联想到苦难、灾祸和死亡。
>
> 上海郊区农村本来多的是蝮蛇，可在这个海塘以外的地带，就是蛇类也无法容身。只要站在高坳上往前面眺望，出现在你眼前的，远处是一排芦苇的长堤，近处是一片白茫茫的盐花。高空云雀悲凉的鸣叫，更增添你情绪的凄怆。

看到这些，我又立刻拿我住过五年的“干校”来相比，那是在湖北咸宁的斧头湖边，有些比西彦那里好，例如我们是围湖造田，不象海塘以外的盐滩那样荒凉；有些又比西彦那里坏，例如我们那里常见银环蛇，就是柳宗元所谓“黑质而白章”的那种特级毒蛇；但高空里云雀的悲凉的鸣叫，我们那里也有。西彦写到这种鸣叫，立刻使我觉得我们似乎是同一“干校”的“同学”了。

那些日子里，全中国知识分子差不多都是“干校”的“同学”，正如成千上万中国知识分子的优秀代表，都曾经是“牛棚”的“同棚”。今天读到西彦这本书的人，恐怕都会回忆起这种“同学”“同棚”之雅。西彦自己也说明了这一层意思：

出现在我眼前的，并不只是那些含冤倒下的死者和那些饱经摧残仍然活着的朋友们的面容，而是成千上万的知识分子的身影。我记下他们中间少数几位自己所熟悉，所尊敬的，看起来好象我只在写个人，写自己，实际上我是在写所有正直的知识分子，写他们所曾经遭受的不公允待遇。

这些人间地狱的幻灯片，都是西彦用他的怒火作照明，一套套一张张在历史的法庭上放映出来的。问题是：它们究竟是怎样发生的？正如本书附录巴金同志的随想录《写真话》里面正颜质问的：

十年浩劫绝不是黄粱一梦。这个大灾难同全世界人民都有极大的关系。我们要是不搞得一清二楚，作一个能说服人的总结，如何向别国人民交代！

巴金同志自己，这些年来几乎每篇文章都在做这种总结。而西彦这本书，也不只是记事、提出问题而已。如果只是那样的话，我也不说他是在写历史了。书中有这样一段：

“四人帮”所以能在上海发迹并以上海充当他们的基地，决不是一种偶然的现象，而是有其深刻的历史的、政治的原因的。1961年由周恩来同志主持召开的“广州会议”，不是在上海被污蔑为“黑会”吗？用以抵制“双百”方针的所谓“写十三年”的号召，不是从上海发出的吗？当时出现在上海的文化专制主义者，横蛮采取“一言堂”的霸道行径，任意蹂躏党的文艺政策，在文艺界大肆挥舞“五子登科”（框子、辫子、根子、帽子、棍子）的棍棒。

这是非常明显地在做总结，有几个语汇和句式都是总结文件中习用的语汇和句式。然而还不仅是这样。西彦这本书，更深入地总结了历史之外还别有所在，那就是在一个大问题上面，即知识分子问题上面。

解放以前，从1947年冬，到1949年秋，我与西彦同在南宁师范学院国文系教书。当时他的小说，每篇我都读过，有些我还是第一个读者。我发现他总是在写知识分子，对此我有点把握不定：能这样写吗？可是，又为什么不能这样写呢？就这样，总是觉得似乎有问题，又总是觉得似乎不应该成为问题。那时我们天天谈，早也谈，晚也谈，什么都谈，这个问题肯定也谈过。解放以后，由于工作，“文革”以前我几乎不读现代小说，西彦发表了什么小说，我都不知道。这回读他的《炼狱中的圣火》，几十年来积在心里的问题，虽说未必成问题而究竟还是问题的那么一点把握不定的东西，一下子解决了。西彦在这本书里，多次提到他熟悉知识分子，惯写知识分子，十年浩劫中曾因此背上一个“为资产阶级知识分子树碑立传”的罪名，现在他还认为应该这样写，需要这样写。下面这一大段话，我实在不能不引录，也实在无法加以删节和压缩：

> 我愿意承认，我的确是把自己所属的全体正直的知识分子都看成经受了苦难和考验，证明是完全无罪的灵魂的。就我所身经目睹的范围来说，知识分子遭受的苦难很深重，经历的考验也很严峻。从我稍稍懂事的时候起，我就生活在知识分子的圈子里。我所接触的知识分子，有革命家，有大学教授，有工程师、医生、新闻记者、作家、演员，也有地位低微的小职员。我不敢说自己怎样了解他们，但至少可以说我相当熟悉他们。我知道他们中间的绝大多数都热爱祖国和人民，愿意尽自己的所能为祖国和人民作贡献的。他们都在寻找那条自我贡献的途径，在造福人类的业绩里发挥自己的光和热。我知道，即使在过去那个黑暗的时代里，他们就在那样做了，从他们身上发出的光和热，就温暖过我们脚下这块土地，燃烧过当时千万人的心灵。他们中间的先驱者，已经成为后继者前进的火炬，历史上将永远用热情的字句记载他们的业绩。回顾过去那个时代的遭遇时，人们每多采用“饱经忧患”

这个词儿。这是一个内容非常丰富而复杂的词儿，也许只有亲身经历的人才能懂得它的含义。

这可真是一个大问题，是对于整个知识分子，或者说绝大多数知识分子，对他们的地位、性质、作用、历史，对他们同祖国同人民的关系的根本估价问题。本来，按照划分阶级的科学标准，以出卖脑力劳动力为生的知识分子的阶级地位，原是同一切雇佣劳动者在一起的。不知从何时起，对于知识分子使用了独特的划阶级标准，即按思想来划阶级的标准，于是知识分子都成了小资产阶级。就算是小资产阶级吧，本来应该也算人民，可又据说小资产阶级思想也属于资产阶级思想体系，于是知识分子又一律升级为资产阶级，顺理成章地成了“无产阶级专政下继续革命”的对象。十年的血的教训，终于证明怎样确定知识分子的阶级地位，对整个国家整个革命事业来说，都不是小事，而是大事。（后来康生提出对一切人都要按思想来划阶级，其实正是从知识分子这个“试点”得来的经验，推广应用于“全面专政”。）

目前，“知识分子的绝大多数是工人阶级的一部分”这个思想，正大力在宣传，并在对待知识分子的政策上艰难地逐步体现。但是，在许多地方，对待知识分子，特别是对待所谓“旧社会过来的知识分子”，总还是觉得“非我族类”，不大放心。这种心理状态由来已久，“谁知道你们国统区作家过去干了些什么呢!”这是二十多年前某省一位文艺界领导人的名言。不能不承认其中确实也有相当的道理。工人农民在旧社会干些什么，很容易想象；知识分子在旧社会干些什么，本来就不大好想象。西彦在他这本书里写的正好都是“从旧社会过来的知识分子”，——不，有三位根本没有“过来”，而是死在国统区、沦陷区，——正好给人们看看，这些知识分子在旧社会究竟是干什么的。

这里只拿魏金枝同志的例子来看看吧！“五四”时代的老作家，作品受到鲁迅的赞赏和推荐，做过中小学教师，统捐局小职员，常常失业赋闲，两次被反动政府拘捕，一直没有离开革命，没有离开中国共产党的领导和影响，这就是魏金枝同志在旧社会的全部历史。12个人中，比较起来，他该算是最平凡的了。解放以后，他也一直踏踏实实地做着不显眼的文学编辑工作。“文革”一开始，他忽然成了“罪大恶极”。拖了六年多，他终于在没有获得“解放”，也不再希望“解放”，身分不明不白，订报的钱都没有的情况下，凄苦地死去了。他逝世前七八天，最后一次同西彦谈话，明知自己这支风前残烛就要熄灭了，还十分遗憾再没有为社会主义添砖加瓦的机会。他临别又回头说的最后几句话，西彦是这样记载下来的：

> “告诉你儿子！”他突然站住，回转身子，向我顿顿手杖，“告诉他是我魏伯伯说的，要他好好争气，好好工作，好好干社会主义！……要他相信，太阳一定还会从东边出来！一定！”

我认为西彦这几行，真正不愧称为“史笔”。看吧！这就是“从旧社会过来的”知识分子的形象。即使对他的历史毫无所知，单凭这个形象，一切有起码良心的人都该相信，他在旧社会是对得起祖国，对得起人民，对得起真理的。当然更不用说邵荃麟同志那样在国民党统治区为了党的工作吐血，坐牢，流亡，二十余年如一日的坚贞的布尔什维克的形象了。

十年浩劫的教训应该好好总结，巴金同志这个主张我完全同意。西彦这时出版他这部“发愤的书”，是从知识分子这个大问题的角度，参加了一份总结工作。这未必是最根本的，但显然是相当独特的，我根本没有把这本书当作“文学回忆录”来看，所以对它的文学价值如何，一句也说不出。我只想说，《史记》既然不仅是史家之绝唱，而且是无韵之《离骚》，可见愤怒的诗的价值，也未必就在温柔敦厚之下。在南宁时，我就佩服西彦虽长我十年，而严气正性，疾恶如仇，远过于我。世事波涛，三十余年之后，得见老友此气此性，仍不稍衰，这又是我十分欣慰的。

1983年4月2日北京天问楼

（原载《读书》杂志，1984年第1期）

试论王西彦的短篇小说创作

张晋业

在三、四十年代的国统区，尤其是东南地区，王西彦是一位深受读者喜爱和赞赏的作家。人们喜爱他清淡朴素的笔致，平平之中有着一种动人的魅力；人们赞赏他诚实的性格，在“瞒和骗”的黑暗中，他让读者看到了一些社会人生的真相。

诚实的人大都是不幸的，十年浩劫过后，这位年近古稀的老人大难不死，从牛棚里又回到了读者中间，然而——人们对他却感到陌生了。

王西彦是一位勤奋、多产的作家，仅以解放前的创作而论，他总共奉献给了读者十多个短篇小说集子和六、七部中、长篇小说，这是一笔不应当忘记的文学财产。本文拟在短篇小说的范围内，对王西彦解放前的文学创作谈谈笔者一些不成熟的看法，试图将这位曾经以不懈的努力和突出的实绩为新文学作出过一定贡献的作家，介绍给今天的读者。

一

1933 年，天津一家颇有名气的报纸刊载了一篇题为《车站旁边的人家》的小说。小说描写的是这样一幕悲凉的生活场景：一个已经做了母亲的农家媳妇，在大雪纷飞的寒夜里，在女儿的啼哭声中，捂着一颗被悲哀和痛楚啮碎了的心，踉跄地踏上了一条可怕的路——去车站附近的小客栈做出卖自己的“生意”。……这是王西彦公开发表的第一篇小说。

继这之后，他又接连写下了《小喜剧》、《夜店》、《寻常事》、《苦命人》等一系列同样取材于农村妇女苦难遭遇的短篇小说，在这些处于生活最底层的不幸的人们身上，作者几乎倾注了他全部的同情和无边的愤怒。

王西彦的童、少年时代，是在浙东一个偏僻、愚昧、苦难的山区度过的。在那里，他过早地接触到了血淋淋的生活现实。故乡的农民，特别是那些枷锁重重、在命运的各种打击下辗转无告的妇女，他们苦痛的生活情形，在他幼小的心灵里留下了一段无法抹去的漆黑惨怖的记忆。儿时的经历，对王西彦的整个创作道路发生了重大深远的影响，它一方面激励作家致力于改变现状、谋求新生活的顽强探索，另一方面却形成了一抹浓重的阴影，长时间停留在作家的笔端。

《报复》一集所收的十来篇小说，几乎全部都有着一种阴郁黯淡的底色。

《小喜剧》描写一位名唤金来家的女人，被生活逼迫到“客栈”这种混杂着文明和野蛮的地方，服服贴贴地供人凌辱、取乐。

——又上楼去啊？……

她记起自己今天给人家舂了大半天米，一只膀子象折断了似的发麻，腰肢也酸得站不直。家里那个疯瘫了的男人在床上打滚，只知道没来没由地咒骂她。……自己被逼到这个没脸见人的地方来，偏生送走了一个又来一个。……

——三十来岁的精壮汉……三只大洋……

疯瘫男人的面影在她眼前闪了闪，她跄踉了一下。

这是令人不忍瞩目的惨痛情景，但是，谁能够指责作者不应该把生活写得这样苦、这样悲、这样惨呢？在日渐破败、荒凉的农村，用各种方式出卖自己的妇女几乎随处可以看到。该诅咒和抗议的，是生活本身。当看到这个一夜间连续遭到残暴蹂躏的可怜的女人，竟会为“三只大洋”生出一丝痛苦的希望的时候，我们感到了自己灵魂的震颤！

没有切身的体验，没有对于人物命运的深刻理解，这种在屈辱中求生的复杂心理，是不可能表现得如此鲜明有力、细致入微的。令人惊叹不已的是，这些饱含着血泪和辛酸的作品，竟出自于一个年仅20岁的青年人的手笔。

描写妇女悲惨遭遇的作品，早在五四时期就出现过许多，鲁迅先生的《祝福》，便是在这一创作领域里的不可企及的杰作。王西彦是沿着新文学的前辈们奠定的现实主义道路起步的，但他并不是迈着因袭和仿效的步子，而是以一种独立的个性、“一种确定的身份”参加到了文学创作的过程中。对于艺术，他有着自己的理解和追求，“把真实告诉人民”，力求写得朴素些、简短些——这是他最初抱定的宗旨。

按照普通的说法，王西彦描写浙东家乡的生活风俗的小说，当属于“乡土文学”之列。同早期的一些乡土作家不太一样，他是从自己深知熟悉、有着真切感受的生活经历里面，提炼出具有一定社会意义的生活画面，写出底层人们的痛苦和不幸，不但寄予同情，而且在灵魂深处同他们打成一片。这是王西彦乡土作品的值得注意的新颖处。

王西彦的一些作品，既可以说是小说，也可以说是自传，如以母亲为原型的《苦命人》和一些用第一人称叙述儿童生活的作品，便是这样。作家笔底下的人物，甚至让我们觉得就是他自己灵魂的一部分。

关于这一点，我们只要看看他本人家庭的遭遇，就很容易理解了。王西彦的母亲以及他的三个姐姐，无一幸免地落入了做童养媳的火坑。他小时候常看见母亲独自坐在灶门前，默默地流泪，那一凄凉的情景，作家一直到了晚年都不能忘怀。姐姊们更惨，大姐在婆家的虐待下痛苦的活着；二姐成家后，经不住丈夫的拳打脚踢，不到两年就离开了人世；三姐年青守寡，被迫把自己“典”给了别的男人，最后惨死在日寇的刺刀下。作者后来说他早期作品的人物，“几乎都可以从实际经历中找到真实的模特儿”[1]，这句诚实的自白，包含着怎样难以诉说的悲愤和苦痛啊。

难能可贵的是，王西彦并没有将目光和笔端停留在个人悲哀之中，而是极力地延伸开去，探讨整个底层社会的普遍命运。《寻常事》中的故事告诉读者：农民所以会痛苦地出卖自己和自己的亲生骨肉，是因

[1] 《王西彦小说选·自序》

为他们失去了赖以生存的唯一依靠——土地。《车站旁边的人家》等作品，则向人们揭露了日渐渗透到农村的城市资本，给农民带来的新的灾难。在小农经济遭到彻底破坏的故乡，妇女们唯一的出路，就是做童养媳或被卖到城镇做妓女。

王西彦的早期作品是一幅幅悲凉的乡土图画。诚然，他所描写的范围是狭小了一些，“几个平常人，一些琐屑事”，但它们仍在广大读者中间引起了自然而强烈的共鸣，因为——“大家的情绪是一样的。”

在把过去的记忆写成小说的时候，王西彦已经是一个远离故乡，在外求学多年的游子了，这种客观存在的时间上的距离，使得他作品的时代色彩比较模糊。他笔下的人物大都是一些忍气吞声、默默承受着命运打击的力弱者，甚至连《报复》中的那一群不谙世故、像初生牛犊一样敢于向不公平的命运挑战的孩子，最终也只是感到了“敌对力量”的不可动摇的强大，在绝望中伤心地哭喊起来。一种无可奈何的悲愤，淹没了生活中原有的并在日益增强着的高亢音调——这是作家暴露出的一个比较明显的弱点。

《曙》和《古城的忧郁》，是描写乡土以外的生活的作品。前者反映的是城市工人的生活和斗争，后者描述的是作者在北平看到的一些“特异现象”——侵略者的横行霸道和古都人民的反抗情绪。显然，这是左翼文艺运动影响的产物。由于作家对所描写的这些新的对象，毕竟不是很熟悉，所以写来远不及他的乡土小说那样“入乎其内”，真切动人。王西彦后来一直坚持在自己熟悉的“家园”进行创作，与他早期的多方面的尝试是分不开的。尽管如此，我们从这里却清楚地感到了作家的敏感和对社会前途的忧虑。

二

1937年，随着抗战的爆发，整个社会生活发生了极大的变化，孕蓄在社会底层的激烈的反抗情绪和被压抑被扭曲的民族精神，如同岩浆喷发一般地震荡在沉寂的大地上。

在抗战的烽火中，王西彦迎来了自己创作的春天。从这时到解放战争结束，可以看作是他创作的成熟时期。在这个时期里，他写出了

《眷恋土地的人》、《海的喧嚣》、《夜宴》、《家鸽》、《人的世界》等较有影响的优秀作品。

1938年春，王西彦随党组织的一个战地服务团，到鲁南苏北去做战地宣传工作。这使他有机会接触到了经受战争考验的运河两岸的农民。“看起来，鲁南苏北也好，湘西南也好，浙东也好，人民特别是农民的遭遇，并没有什么不同。虽然他们受着土地的盘剥，但毕竟也依靠土地为生，他们热爱土地，总希望和土地共存相守。”[1]正是由于对土地的深情眷恋，那些在生活中默默忍受着痛苦和灾难的农民，当故土面临沦陷的关头，毅然地向侵略者昂起了头颅。战区农民表现出的新的精神气质——“对于生的坚强，对于死的挣扎”，使作家产生了浓厚的兴趣，他开始对他们进行新的观察和思考。

《眷恋土地的人》是王西彦从前线回来后写下的一曲深沉悲壮的歌。小说以气势磅礴的运河为背景，展开了一幅宏大的战争画面。主人公杨老二是一个憨厚耿直的船夫，起初，他不明白为什么在日寇步步进逼的时候，那些自称为老百姓打仗的“中央军”竟一个劲地渡河南退，把大片的土地送给了敌人。他从挑伕队伍里偷跑出来，也只是受着一个单纯愿望的驱使——回到家乡去。然而，就是这样一个愚昧无知的农民，在弄明白事情的真相后，毫不犹豫地只身把枪口对准了敌人，最后倒在那块生他养他的土地上。

作者没有选择那些自觉进行革命斗争的英雄人物作为自己歌颂的对象，而是避开硝烟弥漫的战争场面，从一个不惹人注目的侧面，描写了战争在他心爱的“小人物”身上引起的反响。这是一般读者难以理解的。事实上，《眷恋土地的人》的主题思想比我们想像的要深刻得多、新颖得多。善于观察和思索的作者在这里暗示读者：这场捍卫土地的战争的真正战斗者，只会是那些溺爱着土地的人们。同时，战争将唤起不可思议的民族力量——甚至连一个有着狭隘意识的不觉悟的农民也拿起了枪杆——谁能够怀疑这一点呢？

不单是这篇小说，几乎是这一时期的所有创作，作者描写的都是时代大潮流以外的微波涟漪，也许他认为只有在这些地方才能更深切

[1] 《王西彦小说选·自序》。

地感受到时代的脉搏。

《海的喧嚣》描写日寇残暴的行径在浙东南一带海滨激起的愤怒和反抗。小说逼真地刻划了一个桀骜不驯，有着烈火一样性格的姑娘——野鸭子。这篇作品同法国作家梅里美的名著《高龙芭》有点相似，不同的是，野鸭子的复仇意识是基于民族义愤之上的，而高龙芭极力怂恿哥哥去进行的，不过是一场家族之间的打冤家而已。

《鱼鬼》是一则悲惨的故事。主人公鱼鬼有点象《祝福》中的祥林嫂，也有点像契诃夫的《苦恼》中的马车头。他是那样善良、勤劳、与世无争，然而命运却没有因此宽恕他半分。鱼鬼这个形象是我们熟悉的不幸人们中间的一个，但似乎又不完全如此，在他丑陋的外貌里面，作者揭示出了一个不甘屈辱的高贵灵魂。当鱼鬼被生活逼上绝路时，他一反常态地怒吼起来，把粗鲁莽撞的拳头抡在了乡间大人物“议员五爷”的身上，然后纵身投入了洪水。这种原始的自发反抗是无力的，但它毕竟证明了：“这些逆来顺受的人的大部分……心里还是牢牢地，深邃地，甚至连他们自己也是漠然无知地保持着活跃的灵魂以及对自己在生活和幸福方面的人底权利一种永恒而又不为任何痛苦所能根绝的自觉。”❶

王西彦写过一些战地经验的作品，但比较起来，他写得更多的是战地以外的经验。在谈到对抗战文艺的看法时，茅盾曾经说过：“我以为那一时期的作品之绝少令人满意，症结不在于作家之深入生活者尚少，而在于描写壮烈事件之风气者实多”❷事实证明，作者坚持在自己熟悉的领域里，汲取创作的养料和素材，不去生拼硬凑的趋时，这是一条正确的路子。法国文艺批评家安·莫洛亚甚至认为：“对于一个艺术家来说，善于限制自己研究的范围，往往是出色的高招。”❸

《夜宴》、《刀俎上》等，是一批暴露国统区阴暗面的作品。《夜宴》写一群压根就不知道前方有人在流血的无聊文人，在那里出演勾心斗角、争风吃醋的丑剧。在刻画这类人物的嘴脸时，作者显露了他的讽

❶ 《杜勃罗留波夫选集》第2卷第519页。

❷ 《茅盾文艺杂论集》下册《八月的感想》。

❸ 安·莫洛亚《屠格涅夫的艺术》《外国文学评论选》下册。

刺才能。《刀俎上》反映的是在战乱中，兵痞、恶棍趁机对农民进行残酷敲榨的罪行。“抗战的现实是光明与黑暗的交错——一方面有血淋淋的英勇的斗争，同时另一方面又有荒淫无耻自私卑劣。”[1]只唱赞歌，是不能反映这个时代的社会生活的全貌的。

随着城市生活的积累，王西彦在题材上有了新的开拓。这主要表现为他描写知识分子生活遭遇的作品日渐增多。也许由于接触到颓唐潦倒的知识分子较多，也许由于对他们抱着过高的热忱和希望……总之，他描写知识分子的作品，是“一幅色彩暗淡的知识分子的流亡图”。

这一类作品有《家鸽》、《折翅鸟》、《静水里的鱼》、《假希腊人》、《清醒的醉汉》等，作者把它们命名为“给不幸的力弱者的一阕凄凉的挽歌”。作品中的人物大都是曾经有过理想和抱负的知识分子，他们也曾怀着满腔的热情奋斗过，但由于自身的这样和那样的弱点，他们最终是潦倒灰心了，“被黎明前的黑暗所窒息”。

《家鸽》写的是“一个可怜的人，一个脆弱的女性，一个徒然的高远的幻想，一个容易破灭的梦”。主人公姚文英不甘于家庭的寂寞，幻想走入社会，干一番轰轰烈烈的事业，但这一切不过是受着一种强烈的虚荣心的鼓动。她终于挣不脱家庭套在她脖子上的绳索，在兴冲冲奔赴前线的途中，忽然沮丧的折回了。小说发表后引起了强烈的反响，作者甚至收到了一些女学生的来信，指责他不应该把女性描写得如此脆弱。事实上，表现生活中这类令人痛心的悲剧，这在作者自己也不会是件愉快的事。王西彦自己说过，这篇作品是使他“最感痛苦的”，他只是希望现实生活中的姚文英能够在这篇小说中照见自己，从而对一切加以冷静的思考。

王西彦笔下的知识分子，并不尽是一些《家鸽》或《折翅鸟》。在《走向旷野》、《母性》和《炼冶》等作品中，他用一系列真实可信的形象对那些曾经责难过他的人们作出了答复——只要去掉自身的弱点，知识分子是能够成为搏击长空的雄鹰，展翅飞向理想的所在的。

对于知识分子的不幸和苦难，作者抱有过分的同情，这种同情有时甚至妨碍了他对人物身上的弱点去进行必要的鞭挞。作者的目光是

[1] 《茅盾文艺杂论集》下册。

犀利的，思考是深刻的，他看到了从知识分子的忍受、挣扎和抗争中反映出的中国命运的一个侧面，也看到了时代对于知识分子的召唤以及知识分子在响应这种召唤时所遇到的重重障碍。但是，对于知识分子赖以生存、觉悟、奋斗的，他们自身的坚强的一面，他却观察得不够，过多的眼泪和痛苦，令人觉得作家本人在时代的重压下，也有着徘徊和观望的忧郁。

王西彦最关心、最同情的还是苦难深重的农民，但是，直到最后他也没有能够给他们指出一条实际的出路，也许有人会因此觉得遗憾。

在一篇题为《乏味的故事》的小说里面，契诃夫让人物道出了他自己的这样一种心曲：

“尼古拉·斯吉帮尼奇！看在真诚的上帝的份上……我该怎么办？”

“……凭良心说，卡嘉，我不知道。”

对于一个诚实的艺术家，把看到的真相告诉读者——这就够了，“怎么办”的问题应当留给人们一起来思索。从这个意义上看，王西彦尽到了一个严肃的艺术家所承担的社会责任，他努力去做的工作，就是把生活中好的一面和坏的一面，把人性中的丑恶和美好东西全都收集起来放到读者面前，让他们从中得出自己的结论。我们可以抱憾于作家的这一工作做得尚不是十分完满，但却不能怀疑这一工作的正确。

三

“中国优秀的短篇小说家之一”[1]，这是王西彦曾经得到过的盛誉。在短篇小说发展到很高水平的现代文坛上，王西彦能够赢得读者的喜爱和批评家的重视，这一方面是由于他的作品有着较为新颖深刻的思想内容，另一方面，他在创作中表现出的那种独特的艺术个性和才华，同样也是一个重要的因素。

艺术个性，赫拉普钦科称之为“美学的偏差”。对于一个成熟的作家，最重要的莫过于保持自己与众不同的风格。同样是描写浙江农村的生活风俗，许杰的作品给人的感受是浑厚粗犷，大笔勾勒，有着浓

[1] 林晴：《王西彦的〈深渊〉》

烈的色彩和激越的音响；王西彦则是清淡朴直，细腻流畅，在真实的画面中透出一股诗意；同样是描写知识分子，骆宾基善于因微显著，给人以言近旨远的感受，王西彦则长于从矛盾变化中刻画人物的性格和灵魂，处处闪露出讽刺的锋芒。

前面提到过，王西彦把"真实"视作艺术的第一要义。他给自己立下了宗旨，是以鲁迅和契诃夫为榜样，"要描写现实生活的真面目"，"要按照自己的真情实感来写作"。基于这样一点，他总是以一种客观、冷峻的笔触描写生活中发生的一切，即使是在叙述一个撕裂人心的悲惨故事，他也决不让读者看到自己的眼泪。

在那些描写悲凉乡土的作品里面，除过一幅幅真实具体的生活画面外，几乎就看不到别的什么。为着增强作品的实感，作者几乎摈弃了一切形象以外的主观情绪。

《车站旁边的人家》里面有这样几段描写：

作娘的默不出声，正专心一志地在自己脸上做工夫，想把那张日晒风吹得粗黑了脸孔重新擦得细嫩起来。她用干手巾擦个不停。擦着擦着，在那双映在破镜子上的眼睛里，凭空簌拉拉地窜出了两颗泪珠子，把张白白的粉脸上立刻划起两条小溪流，而且一不做，二不休，泪珠子索性连成串，小溪里涨水似地直往下冲。

这是农家媳妇在去客栈之前的心理描写，读来那样实在，那样层次分明和富有节奏感，我们仿佛清楚地看到了这位农家媳妇的凄楚的面容，感受到了她深深的无告的悲痛。

小说的结尾是——

……雪片更加放肆地团团飞舞起来，简直分不清是从天上飘散下来的，还是地下冒涌出来的。……

"呜——呜呜"，山坡那边，火车又扯起喉咙叫了。

没有凄惨的呼号，也没有痛苦的呻吟，一切都是那样的平静，仿佛一切风暴过后全都归入了死寂。然而，读者却渐渐地落入了无底的悲哀。……

王西彦的乡土小说都是这样一些客观真实的速写，象《报复》、《摸秋》、《鱼鬼》等，这些真实的速写，构成了一幅富有浓厚地方色彩的、丰富新颖的浙东农村生活的图画。必须说明的是，作者并不认为只要如实地罗列一些生活现象便尽到了文学真实反映人生的任务，在他所有的作品当中，或强或弱，或远或近，都响着这样一个严肃的声音——不能再这样生活下去了！这也就是契诃夫所说的那种"浸透在作品中的目标感"。

把所见到的，所感到的东西用朴素的形式表现出来，是王西彦短篇小说的又一特色。他这样说过："从年轻时期学习写作以来，我一直自以为在追求朴素和真实，对离奇的情节和华美的字句没有兴趣。"❶

底层社会的凡人小事，是王西彦始终用来描写的对象。这与他的生活经历有关，但也表明着他在美学意义上的选择。19世纪的俄国作家谢德林在谈到文学表现"琐事"的问题时，有过这样精辟的见解："从琐事的漩涡里，有多少触目惊心的悲剧会浮到表面上来啊，然而这些琐事充斥于日常生活，以致在悲剧发生的时候，人们无论在情感和理智上都无动于衷。"

写平凡的人生，写"几乎无事"的悲剧，这在五四时期就形成了一个普遍的文学现象。左翼文艺运动时期，文坛上出现了一股不好的倾向，一些受公式化、概念化影响较深的作家，热衷于凭空捏造不食人间烟火、以救世主自居的"革命英雄"。张天翼、沙汀、艾芜以及王西彦这些"文学新人"的重大功绩之一，就是把社会底层的小人物的命运重新带到了文学中，这是对五四时期现实主义文学传统的一个恢复和发扬。

《寻常事》、《小喜剧》这些故事力图使读者明白这样一点：那些本来不应该发生的生活悲剧，在现实中竟是如此平常，如此合理——这是怎样一个颠倒了的社会！

《人的世界》是一篇有着朴素美的代表作，著名散文家丽尼曾热情称赞这篇小说是"契诃夫式的作品"。小说没有什么故事，不过是一组小小的生活场景，作品以"我"的邻居的几次更换为线索，描写了生

❶《王西彦小说选·自序》

活中那些安分守己、毫无奢望的小人物的悲惨命运。小说题名为《人的世界》，实则写的是非人的地狱，作者不用浓墨重彩，照着生活的原样，甚至是漫不经心的写来，但作品却有着一种动人的魅力，这就是朴素艺术的力量。

契诃夫说过这样一句意味深长的话：“写苏格拉底比写小姐或厨娘容易。”要真实地表现生活中普通寻常的人和事，并能从里而发掘出深刻的社会意义，的确不是件容易的事，它需要作家具有厚实的生活根基，具有敏锐的目光和高度的辨别力。“成如容易却艰辛”——这正是王西彦的作品给我们的启示。

在描写都市阴暗生活和知识分子遭遇的时候，王西彦显示了他独创的讽刺才能。

《夜宴》中的史地教员廖淑宇，是一个贪婪自私、掩饰不住本性却又死不肯放下“斯文”架子的人。他一出场就让人闻到了一股酸臭的味道：

> 墙壁上尴尬的影子晃动了一下，他举起右手熟习地按了按鼻梁上的眼镜架，然后，随手从脚下筐子里掏了个黄橙橙的福橘，剥开皮，仔仔细细地去了橘络，拿一瓣肉，像要魔术似地老远掷进自己青鱼般张开着的嘴，但马上惊觉似地向四下张望了一下，提防有个什么工役之类的人躲在门边窥视。很幸运，张望的结果是毫无所得，这才放心大胆地咀嚼起来，吐出一颗颗细小的橘核。

作者用犀利的文笔，为读者活画出了一副贪婪可鄙的嘴脸。

王西彦在小说中常用的讽刺手法，是先将与人物的本来性格相悖的东西，尽力地加以渲染、铺排，临终忽然逆转，让人物自己嘲笑自己，收到一种“曲终奏雅”的效果。《家鸽》、《乡下朋友》等作品，都是如此。

《乡下朋友》中的庄道耕先生，身居都市，却想象着农村田园生活如何如何的美，幻想作一个自食其力、与外界隔绝的农民。等到他终于有机会来到了农村，方知现实和想象的大不一样，于是，不到几日，便“悬想着都市生活的热闹多趣，不禁归心似箭了”。

在艺术创作上，王西彦是一位严肃认真的作家，他的许多作品都经过反复修改，甚至是重新写过。他的短篇小说所以有着较高的艺术价值，是因为他曾经付出过艰苦的劳作。

王西彦解放前创作的中、长篇小说，像《古屋》、《村野恋人》、《神的失落》也是现代文学中不可多得的作品，限于篇幅，不在这里加以论述了。

（原载华中师院《研究生学报》第五、六期合刊，1984年3月出版。）

关于王西彦的第一篇小说

——兼谈他对《大地的女儿》的介绍

艾 以

王西彦同志曾经在《文汇报》(1982年2月17日《笔会》)上写过一篇短文，题目叫《我的第一篇小说》，回忆了他写作、发表第一篇小说的经过。根据王西彦同志的回忆，他的第一篇小说写于1933年上半年，即发表在天津《大公报》文艺副刊上的短篇小说《车站旁边的人家》。王西彦同志回忆了当时的情况写道：

当年暑假，我从民众教育实验学校毕业了。我是一个官费生，三年学杂费用都由本县负担，按规定要回义乌去当新成立的民众教育馆的馆长，不然不仅要缴回费用，还要受到惩处。可是凭着一股向往广大世界的热情，我带着和毕业班提前结束课程而剩余的膳费，还不够买一张从杭州去北平的三等火车票，就不顾一切地先跑到上海，买了张英商太古轮的统舱票，挤在甲板上，登上北去的“征途”。随身携带的，除了简单的行李，就是那几页小说的初稿。

我经由大沽口到达北方古城，在北国寒冷的冬夜里，我把《车站旁边的人家》认真修改了一遍。小说描写一个已经有着好几个孩子的母亲，被饥寒所迫，在大雪纷飞的晚上，踏着泥泞的村路，上车站附近的一家客栈里去做“生意”。一面修改，一面脑子里浮现出我所熟悉的那些婶婶嫂嫂们满脸愁苦的表情，我感到仿佛自己也已经置身在冰雪弥漫的田野里，全心灵都起着剧烈的颤栗。

第二天，我把稿子装进信封，投寄给天津一家大报的文艺副刊，去试一试难测的命运。大概是第五、第六天吧，总之不满一周，编者的回信就来到了，他很给我写了一些鼓励的话。随后，小说也很快就被刊登出来。这给了我很大的信心——命运原来并非难测，尝试竟然能换取成功。但作品毕竟写得不够深刻，文字尤其拙劣幼稚，虽然发表了，但也就默默地过去了。只是对我自己来说，它毕竟是第一次的尝试，是一个值得纪念的起点。因此，几年后，编选第一个小说集时，我把它放在第一篇的地位。它也的确是第一篇。

最近读《新文学史料》（1980年第三期），王西彦同志在他的《一间阴暗的小房子》（《乡土·岁月·追寻》之四）的自传体回忆录中，再一次回忆了他创作第一篇小说《车站旁边的人家》的经过，内容和两年多前发表在《文汇报》上的上述文章基本相同。

可是，前不久我和其他三位同志为了编辑《王西彦研究资料》一书，在复旦大学图书馆查阅旧报刊时，却意外地在《新时代》杂志上发现了王西彦同志发表在该刊第二卷第四、五期合刊上的短篇小说《铃凤姑娘》，出版日期是1932年7月1日。《新时代》杂志为大32开本的纯文艺刊物，在上海出版。文后写明1931年9月5日于杭州。由此可以推断，这篇小说是王西彦同志在杭州民众教育实验学校读书时所写。这一发现，可以相信，王西彦同志的第一篇小说应该是《铃凤姑娘》，从而使他的创作时间推前了两年——即1931年，王西彦同志就开始了他的文学生涯。

短篇小说《铃凤姑娘》约5000字。小说主人翁铃凤姑娘是一个遗腹子，“在她向人间第一声啼诉自己的乖运的当儿，她的慈母，也就在这刹那间和她永别了。”她从小没有看到过自己的父母，乖运的女儿一定要在人间扮演悲剧中的主角的，她出生几个月后被一个亲房卖给一个妇人，9岁那年又被卖给人家做婢女。如今，她18岁了，变得如此聪明、活泼、温柔、美丽，于是，她成为一个被少爷看中了的婢女，被少爷视为“一只活泼可爱的黄莺儿”。慢慢地，她开始朦朦胧胧地怀疑起自己来了，她百思不解：作为一个婢女，一个奴隶，服侍主人是自己的天职和命运，但难道还要给主人以肉欲上的满足吗？铃凤姑娘深深地坠入了深渊，她饮食不安，渐渐地变得消瘦了。于是，四周议论纷纷，可怕的现实给她带来极度的不安和恐惧。但是，最使她感到痛楚而心肠迸裂的是：“当铃凤姑娘的身体起了极大的变化之后，少爷对她的热情也就立刻冷了下去。”苦难的铃凤姑娘终于在被侮辱与被损害之后，度过了处女的桥梁……。

当然，《铃凤姑娘》算不得一篇佳作，无论在题材的取舍、情节的构思、主题的发掘或是人物的塑造等方面，都还显得单薄，甚至幼稚。但是，作为一个起点——一位年仅17岁的作者的处女作来说，无疑是一篇希望之作，它预示着王西彦同志在创作道路上的一个良好的开端，它不仅是现实主义的，而更重要的是这位年轻的作者的同情一开始就在劳苦大众、特别是在劳动妇女方面。当我读着王西彦同志这篇短篇小说《铃凤姑娘》时，很自然地使我联想到曹禺同志在稍后几年问世的著名话剧《雷雨》，铃凤和四凤这两个不幸的姑娘，就像孪生姊妹一样在我脑海里浮动起来，虽然她俩的际遇各异，但命运却很相同。这两位在30年代初期走进文学画廊的苦命的艺术形象，给我留下了深刻的印象。

同时，王西彦同志在他的《乡土·岁月·追寻》之三的《船儿摇出大江》一章里，曾记述到他最初的习作是《西子湖畔之夜》。他说：“如果这篇散文就是我最初的习作，那么它同时又应该是我所选择创作方向的起点。在以后相当长的时间里，我就沿着这条现在回顾起来总觉过于狭窄的道路踽踽前行。”[1]据我所知，《西子湖畔的夜》写于1933年2月28日，也是在杭州读书时写的，发表在1933年4月1日上海《大陆》第一卷第十期。它不仅和《铃凤姑娘》的写作、发表日期相去甚远，同时和发表在《橄榄月刊》1933年新年号上的短篇小说《仇》的发表日期，还要迟一、两个月。因此，王西彦同志最早的习作不是散文《西子湖畔的夜》，第一篇小说也不是《车站旁边的人家》。在此

[1] 见《新文学史料》1984年第2期。

之前，他就已经在报刊上发表了短篇小说《铃凤姑娘》和《仇》了。

在谈到王西彦同志最初发表的几篇著作时，我认为特别值得一提的是：除他的短篇小说和散文之外，他还写过一篇书评《读〈大地的女儿〉》，发表在 1933 年 4 月 9 日北京《晨报》上。《大地的女儿》是美国革命女作家、中国人民的真诚朋友史沫特莱写于 1927 年的自传体小说。王西彦同志的这篇介绍，写于该书在上海湖风书局刚刚出版之初，这是中国读者对史沫特莱著作的最初的介绍文字之一，距今已有半个多世纪了。如今，王西彦同志以他的实践，在文学事业上作出了自己的贡献。每当他回顾、总结自己的文学生涯时，还以一种感激的心情谈到自己当年读了这本书之后所得到的鼓励和启发，以及对他以后人生道路所起的影响。王西彦同志从史沫特莱的自传体小说联想到希腊神话里的为世人盗火的普罗米修斯的故事，“觉得自己既然接受了火种，总应该如鲁迅所说的‘有一分热，发一分光’，来照亮自己也照亮别人”❶。由此可以想见，这篇评介文字虽然只有 1000 多字，但对这位年轻的、刚刚步入文坛的作者来说，却是一个重要的、坚实的起点。因此，这是一篇值得重视的、很有价值的书评。

1984 年中秋节于上海

（原载《艺谭》1985 年第 2 期）

❶ 见《新文学史料》1984 年第 2 期。

王西彦的乡土小说探析

苗　山

现代著名作家王西彦于 1933 年登上文坛。半个多世纪以来，他用那饱蘸着感情的笔触，写下了 500 多万字的文学作品，在现代文学的巨幅画卷上留下了自己的色彩鲜明的印记。在这些作品中，我们看到作者的生活经历丰富，创作题材广泛，其中尤以写知识分子生活的为最多，因而这一领域多为评论者所涉足。然而，追溯他创作的源头，我们发现，其初期的作品大都是“以家乡农村生活为描写对象”[1]的，作者还因这类作品的成就被人誉为“乡土作家”。[2]因此，研究王西彦的乡土小说，对于全面地、历史地了解王西彦的创作道路，正确评价王西彦在现代文学发展史上的地位，是很有意义的。本文拟在短篇小说的范围内，对王西彦在解放前创作的乡土小说作一些探讨。

一

王西彦的童、少年时代是在浙江义乌一个偏僻、穷困的山村里度过的。这个“充满着叹息和眼泪的乡土”[3]，使他过早地接触到了血淋淋的生活现实。农民凄苦的呻吟，农妇斑斑的血泪，特别是苦命的母

---

[1] 王西彦：《自己的家园》，载《新港》1982 年第 5 期。

[2] 《王西彦选集 · 自序》，四川文艺出版社 1985 年 2 月版。

[3] 王西彦：《悲凉的乡土 · 自序》，花城出版社 1982 年 11 月版。

亲和三个姐姐的悲惨遭遇，都在他幼小的心灵里留下了深深的印记。儿时的经历，对王西彦的整个创作道路发生了重大深远的影响。它既培养了作者关心农民命运，同情农民遭遇的思想感情，也形成了一抹浓重的阴影，长时间停留在作家的笔端。我们看到，从 1933 年的《车站旁边的人家》到 1945 年的《刀俎上》，几乎都不同程度地笼罩着一层悲凉的色彩。

展示“悲凉的乡土”的实际人生，作者是从描写妇女的悲惨命运开始的。作者说过：“只要拉开童年时代的回忆大幕，我的眼前就会成群地浮现起家乡农村妇女的愁惨面容。当然不是当时村子里叔伯兄弟们的命运有什么不同，而是婶婶姊妹们的遭遇尤其可悲悯，她们的身世给了我易感的心灵特别深刻的印象，因此，到了自己能够提笔写作时，就无法压制一个强烈的冲动——写出她们的身世和遭遇、叹息和眼泪、灵魂的麻木状态和改变命运的朦胧渴望。”[1]处女作《车站旁边的人家》描写了一个已经有两个孩子的农家媳妇在生活的逼迫下含泪去车站附近的小客栈里卖身的悲惨遭遇：

> 作娘的默不出声，正专心一志地在自己脸上做功夫，……擦着擦着，在那双映在破镜子上的眼睛里，凭空簌拉拉地窜出两颗珠子，把张白白的粉脸上立刻划起两条小溪流，而且一不做，二不休，泪珠子索性连成串，像溪里涨水似地直往下面冲。

作者用细腻的笔触描绘了这位农村妇女临行前的一幕。这两行止不住的泪珠，隐含着多少潜台词呀！由于失去了赖以生存的唯一依靠——土地，为了养活年迈的公公和两个不懂事的孩子，这个“规规矩矩的好媳妇”被逼上了这条绝路。作者把这令人颤栗的悲剧真实地展现在读者的面前，使人们看到的不仅仅是一个农家媳妇的悲惨命运，而是生活在社会最底层的广大劳动妇女的共同命运。继这之后，作者又写出了《夜宿》、《小喜剧》、《风囡》、《寻常事》、《苦命人》、《命运》等一系列同样取材于农村妇女苦难遭遇的短篇小说，在这些受压迫最深的

---

[1] 王西彦：《飞翔与大地》，载《青春》1982 年第 1 期。

不幸的人们身上，作者倾注了自己全部的同情和愤怒。从刚出世就被掷入尿桶的女婴，到被卖到小镇客栈的农村姑娘；从身心备受摧残却只能忍气吞声的童养媳，到靠卖身养家糊口的农村妇女，作者真实地、完整地展示了一幅30年代劳动妇女的苦难图。王西彦从生活的最底层入手来解剖《悲凉的乡土》，写出了催人泪下的一幕，也可以说是抓住了社会生活的本质。

妇女的命运是如此的悲惨，那么家乡的父老兄弟又如何呢？《明亮的月光》为我们打开了一户农家的窗口。这是一户被社会挤扁了的家庭，饥饿威胁着全家的性命。为了救活一家人，爸爸忍痛出卖女儿，可表面上却装得这样冷酷无情：

> 他把大姐从墙角边拉到灯光下，咬牙大声骂道："你不肯走，老子要你的命！"

他狠着心把亲骨肉推出了家门，任凭路上传来痛彻心脾的啼哭声。这同样是一幕令人颤栗的悲剧，然而，我们能责怪当爸爸的无情吗？！该诅咒和抗议的，应该是那个社会。爱着女儿又不得不卖掉女儿，这种矛盾是社会环境造成的。通过这幕悲剧的描写，能够引起人们憎恨的，正是那个夺去了父女之间挚爱之情的悲凉的社会。

如果说《明亮的月光》只是从横断面上摄下了农民命运的一个悲惨镜头，那么《疯人》就是从纵的方面录下了农民悲剧性的一生。这篇结构上同鲁迅的《故乡》相类似的小说，通过主人公"我"回到故乡所见到的"金顺佬"和记忆中的20年前的"金顺佬"的对比，展现了一个比闰土的命运还要悲苦的农民的一生。闰土是鲁迅笔下的一个不朽的农民典型，他在多子、饥荒、苛税、兵匪、官绅的重重压迫下，从一个英俊活泼的"少年英雄"变成了一个精神上极端麻木的人。但闰土毕竟还有一个可以容身的家，还能得到一点妻儿老小团聚时的天伦之乐，而金顺佬却连这一点都失去了。在社会的逼迫下，他的妻子跑了，房子卖了，仅20年功夫，这个昔日"挑八秤担不要用担柱的健汉"就成了一个上无片瓦、下无寸土、孑然一身，被人戏弄的疯人。小说描写金顺佬比闰土更为悲惨的命运，正是旧中国农村愈益走向破败的真实写照。随着30年代中国社会殖民地化的日益加深，国民党统治的日益腐败，中国农民的命运也就日益悲惨。从闰土到金顺佬，我们可以清楚地看到这种历史演变的轨迹。

1937年，日本帝国主义发动了大规模的侵华战争，给中国人民带来了空前的民族灾难。作为社会生活的反映，王西彦的乡土小说，又染上了农民新的苦难。就在“整个浙东处于动荡危急的情形下”，王西彦回到了故乡。在那里，他亲眼看到了父老兄弟们“悲戚的面容”，亲耳听到了他们“绝望的呼嚎”，以后又“不断地得到来自家乡的消息”。“沦陷前后家乡父老兄弟们的遭遇，迫使我不得不提起笔来。在我过去的写作历史上，至少是40年代里，这一时期写得最多的，题材，也主要是得自家乡的见闻。”[1]的确是这样，暴露侵略者的罪行，反映家乡人民受到的空前浩劫，成为这时期王西彦小说的最主要内容。从被飞机炸死在玉蜀地里的老农身上（《玉蜀地的悲剧》）、从死于鬼子疯狂的兽欲下的8岁小姑娘身上（《荒村》）、从被日寇强行霸去“命根田”的庚保一家身上（《乐土》）、从因战乱而被迫出卖相依为命的耕牛的荣林爷身上（《刀俎上》），都使我们看到了侵略者留下的桩桩罪证，都可以引起人们对那个灾难性岁月的痛苦回忆。

值得一提的是，在描述抗战期间乡村苦难生活的图画时，王西彦的小说还表现了家乡农民英勇抗击侵略者的一面。在《麻舅舅丢掉了一条胳膊》中，作者一方面鞭挞了国民党的消极抗战和对人民的愚弄，另一方面则塑造了麻舅舅这样一位深明大义，甘愿为国捐躯的农民形象。在民族危亡之秋，他主动从军，奔赴抗日前线。在战斗中失了一只胳膊，他非但不后悔，反而感到这是自己的光荣。作者在麻舅舅身上寄托了自己诚挚的爱国之心，并通过这一形象告诉人们，在抗日战场上，真正为国流血牺牲的是生活在社会最底层的广大人民。在《荒村》、《乐土》的结尾上，作者都表现了家乡人民不屈的民族精神。在故土面临沦陷的关头，王西彦笔下的农民已不再是杀人场上麻木的看客了，因为一个蕴有力量而又富于自信心的民族，面对着侵略者的刺刀与铁蹄，它的文学必然会从哀怨变成怒吼的。王西彦的乡土小说内

[1] 王西彦：《悲凉的乡土·自序》，花城出版社1982年11月版。

容的变化发展，正说明了这一点。由于融进了这样的社会内容，就使王西彦的乡土小说带上了鲜明的时代特征。

二

以上，我们对王西彦的乡土小说的思想内容作了一些简略的分析。那么，把这些作品放到现代文学发展的历史长河中去作宏观的考察，并把它同初期的乡土文学和30年代农村题材的小说作一番对比，又会得出一些什么结论呢？

形成于20年代中期的乡土文学，是为人生派文艺观发展所产生的必然结果。从探求人生的真谛、追求自己的理想的生活，逐渐地把眼光转向生活实际，关心最广大的农民群众的生活问题，这是“五四”以后现实主义发展的总趋势，乡土文学的勃兴正反映了这一趋势。出现在当时文坛上的一批青年作家，在鲁迅的影响下，把笔触伸向自己生活过的故乡农村，描写农民遭受的种种苦难，同情农民的不幸遭遇，展示了一幅幅色彩斑斓的异域图画。他们的创作开拓了文学创作的题材，为当时的文坛带来了一股新鲜的、真气扑鼻的空气。

王西彦的乡土小说是与20年代乡土文学的现实主义传统一脉相承的。由于融进了新的时代内容和作者特殊的生活经历及感情气质，又使他的小说呈现出自己的风格和特点。

从自己的切身体验出发，提炼社会生活，不但写出农民的痛苦，而且在灵魂深处同他们打成一片，这是王西彦乡土小说的一个显著特点。我们谈到的上述饱含着辛酸和血泪的作品，大都是作者在自己切身的生活经历的基础上写成的。如以母亲为原型的《苦命人》、以堂房兄弟为原型的《鱼鬼》、以堂房叔叔为原型的《老太婆伯伯》、以小姐姐的不幸遭遇为基础写成的《黄昏》，以及一些用第一人称叙述儿童生活的作品如《爱的教育》、《隔膜》、《疯人》等都让我们觉得就是作者自己灵魂的一部分。王西彦乡土小说的这一特点是与作者的生活经历和家庭遭遇密切相关的。作者的父亲是农村的私塾教师，母亲与三个姐姐却皆是童养媳，命运凄惨。在他9岁时，受尽婆婆虐待的母亲一病未起，含泪谢世；他的姐姐更惨，大姐在婆家的棍棒下，受尽凌辱，常常痛哭着逃回娘家；二姐经不住丈夫的拳打脚踢，不到两年就离开了人世；“小姊姊则在男人死后，把自己出‘典’了，最后却死在日本侵略者的刺刀下”[1]。王西彦的这种家庭遭遇和经历，是一般的作家不曾经历过的。正因为如此，他的乡土小说才显得格外真实、动人，具有一种震憾心灵的艺术魅力。鲁迅在谈到20年代中期的乡土文学时指出:“自招为乡土文学的作者”，必须有生活的“实感”，才能“活泼的写出民间的生活来”，否则，“只见隐现着乡愁，很难有异域情调来开拓读者的心胸，或者炫耀他们的眼界”[2]。早期的乡土文学作家，由于缺少对农民从生活上、感情上的真切体验，因此就往往存在着鲁迅所批评的这种弊病。相比之下，他们与王西彦在生活“实感”上的差距是显而易见的。

有什么样的生活就会有什么样的创作。王西彦的这种特殊的生活经历和家庭遭遇，使他的创作呈现出与30年代其他作家所不同的特点。同样是写农村，张天翼善于写封建阶级的丑恶面目和对人民的欺压；沙汀善于写基层政权和军队的压迫给农民造成的苦难；吴组湘善于描写封建道德的崩溃来反映农村的现实；而王西彦则善于通过自己熟悉的“叔伯兄弟”、“婶婶姊妹”们的悲剧命运的描写，来反映中国农民的共同命运，进而探索造成广大农民悲剧命运的社会原因。

早期的乡土文学探求农民贫困的原因，往往着眼于封建习俗和农民作为小生产者自身的弱点。或写冲喜造成了妇女的终身悲剧（台静农《烛焰》)，或写狂赌造成农民的破产（许杰《赌徒吉顺》)，而很少触及造成农民贫困的人为的原因。王西彦乡土小说的深刻之处正在于准确地把旧社会人吃人的社会现实赤裸裸地揭示了出来。《鱼鬼》叙述了鱼鬼一家两代人的悲惨故事。鱼鬼父子都是勤劳善良、与世无争的旧式农民，他们只希望靠着拼命劳动，以血汗来换取一点可怜的温饱。但在财主“议员五爷”一家的残酷剥削和压迫下，就连这点微弱的希望也破灭了。鱼鬼父亲给地主干了七、八年的长工，不但工钱没拿到一文，反而因说了一句对东家“不敬的粗话”，就被逼得投水自尽。鱼

[1] 《王西彦小说选·自序》，人民文学出版社1982年版。

[2] 鲁迅:《且介亭杂文二集(中国新文学大系)小说二集序》，载《鲁迅全集》第六卷。

鬼租种地主的几亩贫脊的“大水田”，拼死拼活的干，可是“每年的收成还不够交纳田租”，最后竟在议员五爷的逼债声中跳进了汹涌的洪水。作者通过这个悲剧告诉读者，造成农民悲剧命运的根源不在于天地，也不在于农民本身，而在于地主阶级的残酷剥削和压迫，在于维护这种剥削制度的不合理的社会。王西彦从阶级压迫上来揭示农民贫困的根源，正是对社会生活本质的把握，也是他的乡土小说在思想深度上高于20年代乡土文学的显著标志之一。

探索农民贫困的根源，作者并未就此结束，而是极力地把笔触伸延开去，从更广阔的社会生活中去寻求造成农民贫困的多方面的原因。《福元佬和他戴白帽子的牛》揭露了国民党军队“抢市”给农民造成的灾难：

> 突然从镇西方向传来几下枪声。……“快跑呀，日本兵来啦!”有人喊叫着。接着，就是几个穿灰色军装的枪兵，追逐在人们后面，也哇哇地喊叫着。……福元佬完全着慌了。……他只顾双手紧牵着牛绳……。“你不怕死！日本兵来啦，还不快跑!”有个枪兵一把就把牛绳抢夺过去，另一个枪兵的枪把同时重重地落在他的背上。

就这样，福元佬的牛被稀里糊涂地抢去了。与白居易《卖炭翁》中揭露的抢市略为不同的是，“黄衣使者”是打着皇命明抢，国民党中央军是乘战之机“巧夺”。相比之下，只是手段更高明，掠夺更彻底罢了。《寻常事》揭露了国民党地方政府的腐败。16岁的农村姑娘阿凤，被迫去“客栈”卖身。谁知“客栈”却是官府敲榨人民的风水宝地。卖身的首先要让衙门官员享受初夜权，同时还得“效敬”警察局。如有不周，就会被扣上“违法”之帽关押起来，而解脱的唯一办法就是“要花一点钱”。日寇的烧杀、政府的腐败、军队的堕落、基层政权的敲榨、地主阶级的剥削，这一切构成了一副密集的压迫网，从而把广大农民逼上了穷困的边缘。王西彦从多方面挖掘了造成农民贫困的社会原因，就使得他的乡土小说包含了相当广阔的社会内容。透过农村的一角，我们看到的是中国整个半殖民地半封建社会的全副图画，听到的是千千万万生活在社会最底层的人民的痛苦的呼声。这种以小见大，通过“几个平常人，一些琐屑事”[1]来反映广阔的社会生活的特点，正见出王西彦乡土小说思想的深刻之处。

与30年代一些左联作家不同的是，王西彦在写这些小说时并未明确意识到要用阶级的观点去分析中国的农村社会。作为一个忠实于现实的作家，他只是把自己耳闻目睹的一切通过敏锐的洞察力和忠实的形象化过程真实地传达出来，让读者在一幅幅浓笔重彩的图画面前自己去思索，去分析，从而得出自己的结论。虽然，它还缺乏茅盾作品中那种宏大的“历史内容”和“巨大的思想深度”，但它的确比当时文坛上一些图解政治概念，充满“抽象的、人造的”说教的作品来得真切感人，具有生命力。

从描写农民的麻木和不觉悟到描写农民的自发反抗，再到“阶级意识的觉醒”，是乡土文学乃至农村题材小说思想内容发展上的一条明显的轨迹。我们可以看到，早期的乡土文学描写的多是农民的麻木和不觉悟。如许钦文的《鼻涕阿二》、彭家煌的《陈四爹的牛》中的主人翁都是这一类受尽欺压却毫无觉悟的农民。随着1926年农民运动的高涨，彭家煌、台静农的一些作品开始表现农民的反抗，但总的看来还缺少精细的刻画和丰富多彩的纵深展开。直到左联文艺时期，农民的反抗斗争才得到比较普遍和深入的反映。蒋光慈的《田野的风》、茅盾的农村三部曲、叶紫的《火》三部曲都不同程度地反映了那个时代农民运动风起云涌的社会风貌。由于生活的局限，王西彦不可能和左翼作家采取同一步调，去描写共产党领导下的农民革命，但他笔下的农民已确比20年代的“鼻涕阿二”、“周三哈”有了长足的进展。从挥拳怒打“乡间大人物”议员五爷的鱼鬼（《鱼鬼》）、冲进狗腿子章富家“算帐”的猪栏（《刀俎上》）、放火把保长家烧为灰烬的路三（《命运》），我们看到的是一代由怯弱向抗争转变的农民形象。诚然，他们的反抗缺乏明确的革命意识，最后的结局也往往是悲剧性的，但我们不能因此指责作家，从而否定这些作品的价值。一个作家“写什么”是由他的生活决定的，我们不能苛求作者跨越生活去描写自己不熟悉的人物

[1] 鲁迅：《且介亭杂文二集(中国新文学大系)小说二集序》，载《鲁迅全集》第六卷。

和事件。鲁迅先生在《关于小说题材的通信》一文中明确指出："现在能写什么就写什么，不必趋时，自然更不必硬造一个突变式的革命英雄，自称'革命文学'。"他还说："只要所写的是可以成为艺术品的东西，那就无论他所描写的是什么事情，所使用的是什么材料，对于现在以及将来一定是有贡献意义的"[1]。鲁迅先生的话明确指出了作者在选择创作题材时应取的态度。因此，我们评价一部文学作品，不能只看它"写什么"，更应该看它"怎样写"。王西彦的这类作品写出了农民在地主的残酷剥削和压迫下奋起反抗的必然性和合理性，也写出了这种原始反抗的盲目性和必然失败的结局，应该说这样的把握是准确的，也是真实的。王西彦通过他的小说否定了在恶势力的压迫面前逆来顺受的奴性，也否定了那种软弱无力的盲目反抗，虽然作者未能给农民指出一条实际的出路，但他毕竟启示着人们对生活作出新的思考与追求。从这个意义上说，王西彦是尽到了一个严肃的现实主义作家的责任的。

三

从以上简略的述评中我们看到，王西彦在乡土小说的创作上成绩是显著的。不论在作品的真实性上，还是在反映社会生活的广度和深度上，都比20年代的乡土文学有了长足的发展，即使与30年代农村题材的作品相比，也是各有千秋，难以简单地分出谁高谁低谁优谁劣。然而，对王西彦乡土小说的总体把握，仅仅局限在思想内容的分析上还是远远不够的，我们还必须进一步从艺术的角度对这些作品作出论述。

乡土小说是以乡土色彩鲜明的艺术表现获得久远生命力的。而乡土色彩又最集中地体现在作品的环境、语言和人物上。因此，本文试图从这三个角度对王西彦的乡土小说进行艺术探讨。

茅盾在谈到"乡土文学"时，曾把具有"特殊的风土人情的描写"，展现"一幅异域的图画"[2]看作一个重要的艺术特征。著名的乡土文学

---

[1] 鲁迅：《关于小说题材的通信》载《二心集》，人民文学出版社1973年5月版。

[2] 茅盾：《关于乡土文学》，载《文学》第六卷第二期，1936年2月出版。

作家蹇先艾也把表现“各地的习俗风光，使读者嗅到一股泥土气息”[1]作为构成乡土文学的要素之一。正如茅公自小生活在江南水乡，故他的农村三部曲中到处可见江南水乡的河湾港汊一样，王西彦的乡土小说描写的是义乌农村的生活，因此除了具有一般江南农村的风光（如村头的老樟树、溪塘边的大水车、挤满田塍豆的窄田塍等等）外，更具有义乌农村所特有的“习俗风光”和“风土人情”。

义乌是著名的南枣之乡。“七月半，爬枣山，过了中秋拾枣残”这是当地一直流传的俗谚。作者在他的回忆录中曾说过：“我们那里的旱地几乎遍植枣树”，他家的村后就有一片使他“乐而忘返”的“浩瀚的枣林”。[2]所以枣树、枣花、枣林、枣市成了王西彦乡土小说出现频率最高、最有地方特色的景物。同时，由于融进了作者深沉的乡情，更使得他笔下的枣乡风光充满着纯美的诗情画意。请看《福元佬和他带白帽子的牛》中的一段描写：

> 一刻后，从密密层层的枣荫里，斜滤下丝丝缕缕的阳光，整个世界倏地光亮了许多。不知道什么时候起，枣林里已经普遍响起蜜蜂的嗡鸣，蝉儿也开始它们嘹亮的晨曲。

这是一幅田园牧歌似的枣乡春晨图。密密层层的枣荫、丝丝缕缕的阳光、成群的蜜蜂、报晨的蝉儿，组成了一幅充满生机的、义乌农村所特有的风景画。

难能可贵的是，作者对家乡风光的描绘并未停止在牧歌般的缅怀中。就象《春蚕》中河里突突行驶的小火轮反映了当时的社会背景一样，王西彦的枣林上空擦枝而过的“红心膏药飞机”（《老太婆伯伯》），同样点出了那个时代的社会背景。由于日本飞机的狂轰滥炸，那田园诗般的美景变成了血肉横飞的屠场，从而使王西彦笔下的环境带上了鲜明的时代特征，包孕了深广的社会内容。

王西彦乡土小说的人物环境与地理环境一样，同样具有浙东义乌

---

❶ 蹇先艾：《我所理解的乡土文学》，载《文艺报》1984年第2期。

❷ 王西彦：《忧伤的世界·拾枣残》，浙江文艺出版社1984年11月版。

的特色。各种工匠多、出门做生意的多是地少人多的义乌农村劳力结构上的一个显著的特点。因此在王西彦的乡土小说中，读者可以经常看到各种类型的手艺人、生意人：如当石匠的鱼鬼哥哥、做糖生意的福元佬的儿子、卖豆腐干的二麻子、贩东阳花布的货郎担等等。这些人物在小说中虽不占主要位置，但也绝非可有可无，而是王西彦乡土小说地方色彩的重要组成部分。作者通过这些“异域的图画”的描绘，不但加浓了作品的地方色彩，而且为人物的活动提供了能使人领略到义乌农村生活和情趣的典型环境。

作品的地方色彩同时也由语言来体现。大凡有成就的作家，都是比较注意语言的地方色彩的。从鲁迅到老舍，从沙汀到赵树理，我们都可看到他们在地方语言的运用上所独具的成就。王西彦有较长的农村生活经历，从小听到的是义乌话，运用的也是义乌话，因此，义乌方言就在他的作品中，特别是以家乡农村为背景的小说里留下了深深的印记。如“田骨培得厚，金谷满簸斗”、“东阳花布，门口担头里扯的，”“你们这班麻痘鬼”、“放夜学啦”、“后生人说话不要不顾轻重”等等。这固然加浓了王西彦乡土小说的地方色彩，但它更重要的功用则是增强了语言的形象性和生动性。如在小说中，说一个人坏，作者用“走路也宁愿和他隔条田塍”来形容；写地主的凶残，作者用“连衣裳角也碰得死人”来作比；写日本鬼子和国民党军队轮番敲榨百姓，作者用“梳子加篦子”、“连鸡毛都不留一根”来比喻农民被搜刮的程度；至于“骑两脚马”、“朗朗朗”这种富有生活情趣的方言的运用，更增添了小说语言的生动感。其它如“人多好种田，有片田，顶片天”、“有田有子不怕穷，有田无子一场空”、“天上出煞星，地上苦仃伶”、“茅草丛里出老虎”、“七晴不过九”这类话在家乡农民口头上的谚语、俗语，在王西彦的乡土小说中更是俯拾皆是的。这种溶地方性、生动性于一体的语言，为王西彦的乡土小说增添了光彩，也给家乡的读者带来了一种特殊的亲切感。从中我们不难看出作者对农村生活的熟悉程度和在语言运用上所作的努力。

在这里还要特别指出的是，王西彦运用方言是经过选择和锤炼的。他几乎不用外地读者难以理解的生僻的方言。有时非用不可，就采用加注的办法（人民文学出版社出版的《王西彦小说选》第193、第296、第379等均有例证）。因此他的乡土小说既有地方色彩，又能在外地广为流传而毫无生硬之感。

艺术上的地方色彩不仅仅体现在环境和语言上，更重要的是体现在人物上。文学是人学，乡土小说成败的关键之一，就是看它是否塑造出了带有乡土气息的活生生的农民形象。

王西彦当过“小放牛”，[1]“侍候过牛嘴巴”，[2]因此最了解家乡农民对牛的感情，也最擅长从这一角度来写农民。《刀俎上》、《福元佬和他戴白帽子的牛》等几篇小说，都反映了作者的这个特点。下面我们试以《刀俎上》为例，来看看作者是怎样通过农民与牛相依为命的感情的描写，来塑造老田人荣林爷这一形象的。荣林爷是闰土、老通宝式的旧式农民，在小说中，作者用细腻的笔触，从不同的角度，把一个老农对牛的感情写得细致入微、真切感人。他爱牛，把牛“看作贫穷生活中和小孙女同样美好的东西”；他抚养牛，每天清晨踩着露水带牛去溪岸啃草，为的是“新鲜的露水草是特别滋补的。”为了防止牛踩空了步，他总要像提醒人一样时时提醒牛：“脚！脚！”在耕作时，为了阻止儿子任性抽打，他不顾年老体弱，宁愿“自己跄跄踉踉地去扶犁尾巴。”甚至在歇力时，“自己汗涔涔地喘息不止，”却还要替小黄牛扇风。这种把耕牛看得比自己的生命更重要的描写，简直到了令人难以置信的程度。这对于常人来说当然很难理解，然而对于与耕牛相依为命的农民来说，却是异常真切的。正因为有这样的写作基础，所以当荣林爷为生活所迫，不得不卖掉耕牛时，在牛棚里与牛洒泪告别的场面才如此感人；牛卖掉后荣林爷那可怕的憔悴和难言的忧伤才能如此震憾人心。王西彦抓住了这个最能表现浙东农民心理特征、思想感情的角度来写农民，无疑是抓住了塑造农民形象的突破口，从而使荣林爷的形象栩栩如生，呼之欲出，具有一种感人的艺术力量。

王西彦笔下带有泥土气息的农民形象还有许多。如《玉蜀地的悲剧》中的老吉爷爷、《老太婆伯伯》中的老太婆伯伯、《鱼鬼》中的鱼鬼、《刀俎上》中的猪栏，都浑身充满着泥土气。就连《隔膜》中的农家孩子根生，也带着一种农家孩子所特有的童贞，给人留下了难以忘怀的印象。

---

[1] 《王西彦小说选·自序》，人民文学出版社 1982 年版。

[2] 《王西彦选集·自序》，四川文艺出版社 1985 年 2 月版。

王西彦立足于写自己熟悉的生活，因此，他的作品朴实、自然，他笔下的人物生动、形象。这同当时文坛上普遍存在着的写农民不像农民，穿农民衣裳、打知识分子腔调的作品相比，无疑是高出一等的。从这个意义上讲，王西彦的创作同张天翼、沙汀、艾芜等文学新人的创作一样，是对“五四”时期现实主义传统的一个恢复和发扬。

我们肯定了王西彦乡土小说在思想上和艺术上所取得的成就，但并不否认他的创作还存在着一些不足之处。从总体上看，王西彦乡土小说的色彩往往比较暗淡，基调多半是压抑和低沉的，读后给人的常常是眼泪和叹息，缺少一种催人奋进的力量。从作品的时代性上讲，由于写这些作品时，作者已是一个远离故乡多年的游子了，这种客观存在着的时间上的距离，使得他在把握时刻变动着的乡村社会生活时显得力不从心。因此，他写的多是记忆中的或偶尔回家所见到的“悲凉的乡土”，而无法及时反映出农村中新的，并在日益加强的时代因素。因此，生活的局限性多少影响了他的作品的时代性。再加上40年代以后作家创作题材的转移（从写家乡农村为主转向写知识分子生活为主），也直接影响了他在乡土小说创作上的进一步开掘。在艺术上，他的乡土小说也是不平衡的。有的作品比较粗糙，像一幅匆匆完成的素描，仅仅勾勒出了一个场面、一个事件的大致轮廓，缺少对人物性格多层次、多侧面的精心刻画。有的作品在叙述上平实有余而奇警不足，节奏尚欠明快，笔调尚欠活泼，给人以一种沉闷板滞之感。这些都反映一个刚踏上文坛不久的作家在艺术上不够成熟的一面。

一个时代文学繁荣局面的形成，不能单靠一二个代表作家，而是一大群忠实于生活的作家共同努力的结果。王西彦作为一个在现实生活的丰沃土地上站立起来的现实主义作家，“虽然没有引人注目的喧闹，也没有气势奔腾的急湍，却默默地滋润着溪边的泥土，默默地通向大河、汇入海洋”，[1]为文学繁荣局面的形成作出了自己应有的贡献。

1985年5月13日

（原载《绍兴师专学报》1986年第2期）

---

[1] 王西彦：《乡土·岁月·追寻》之一，载《新文学史料》1983年第四期。

王西彦笔下的知识分子群像

赵 园

沙汀的人物也更“政治化”，——又使他在面对相似的性格时、与王西彦等在取材与视角上相区别。

我已经提到了王西彦，提到他与巴金、靳以的风格上的联系。但也如上文所说，“差异”是更值得关注的。不同于巴金也不同于靳以，王西彦富有农民式的固执与倔强——正如他的不少小说主人公那样。透过他的文字，你分明地感觉到这种个人气质。也与巴金相近，王西彦有极敏锐细腻的道德态度，使巴金、靳以也使王西彦，在对善恶的单纯描绘中多少涵容了对生活的复杂性的理解，因而“单纯”才不同于简单和肤浅。真实地描述一个作家，决不会比作家真实地描述他的对象更容易。

这简直是一种近于“宏伟”的景象，——在“五四”时期过去之后，在大革命失败的最初几年知识分子题材实现重大突破之后，到抗战时期（尤其是中、后期），知识分子题材的创作，才以其广度（从内容范围到情节框架）与深度，呈现出再度的繁荣。一大批小说家，由广阔的生活世界、题材领域回到了知识分子的题材，带着发展了或变动了的认识，扩大了的社会历史视野，较为成熟的或更加成熟了的创作个性。我首先想到的是茅盾、丁玲以及老舍、沙汀、艾芜、师陀。在造成上述“繁荣”的作家之中，我还想到了钱钟书，当时崭露头角的路翎，和到本时期小说丰收的骆宾基、靳以、王西彦等等。不会有人忽略巴金这个名字，因为他是始终执着于写知识分子、创作时期又几乎绵亘大部分现代文学史的极少数作家之一。

也俨然对于“五四”文学的回应，小说家们在抗战时期，重又以极大的热情，探索个人与社会的关系问题。至于激发热情的历史条件，两个时期间可决不重复。“五四”时期，是由于刚刚获得“社会人”的自觉意识的知音者，急于冲出宗法制的樊笼。在当时，阻碍作为“个人”的知识者履行其社会责任的，首先是宗族制度。大批小说家在宗法制度的阴影下，沉思着“个人与社会”。而抗战时期及其后的社会环境却复杂得多。既有空前沉重的社会压迫与政治压迫，又有战时条件给予人的某种“解放”，以及新社会诞生前夕的兴奋。“解放热”与“兴奋”，使这一时期文学关于“个人与社会”关系的表现，呈现出难得一见的明朗色调，这尤其在以青年知识者为主人公的一批作品中最为耀目。而现实压迫，则导致个人在强大社会压力下的自我渺小感。萧乾的《梦之谷》、王西彦的《神的失落》等，以爱情故事为情节架构，写命运对于人的胜利，就内容言，更像是“五四”小说的直接延伸。

中国现代小说在知识分子题材方面，有两度长篇创作的“旺季”：大革命后与抗战时期。两度丰收有不尽相同的条件和背景。前一次可以部分地归因于“五四”小说的形式探索，和大革命前后知识者生活印象、感受两方面的积累，后一次则至少与下述条件有关：由“五四”到抗战时期知识者人生经验的空前丰富，与抗日战争特定情势下小说家历史视觉的空前宽广。然而“背景”在下面一点上却是相似的：知识者在特殊的历史时刻，借助于文学家的笔，在长篇的宽阔空间（！）里沉思——内在的认识要求（这里首先是知识者自我认识的要求），则是推进创作的基本动力。

由茅盾的《霜叶红似二月花》、《锻炼》，沙汀的《困兽记》，巴金的《火》、《寒夜》，靳以的《前夕》，艾芜的《山野》，郁茹的《遥远的爱》，王西彦的《神的失落》、《寻梦者》，到其规模在现代文学史上罕有其匹的路翎的《财主底儿女们》，即使惯写短篇的笔，也在尝试长篇的形式。似乎人们过于丰富的人生体验，只有长篇的框架才能容纳。

“五四”小说家热衷写“穷”，但说老实话，中国现代知识者，在抗战时期之前，还不曾这样穷过，像郭沫若在《月光下》、《地下的笑声》，像巴金在《寒夜》，像靳以在《生存》，像王西彦在《假希腊人》

里所描写的那样。

自觉的道德意识，复杂化了知识者的心理。王西彦的那一组“古城景”之三的《长夜》里，“吃报馆饭”的主人公，为了关于“远东某帝国”所说的“真话”而付出了代价：丢了饭碗。这位记者不会像会馆长班那样，被“蛊惑”得心情“浮荡”（“古城景”之一：《蛊惑》）也不至于像拉板车卖果子的小贩，因悲伤而“弄得神志懵迷”（“古城景”之二：《失掉了女儿》）。他痛苦而清醒。因而这“灰色古城”元宵节“欢乐的喧嚣”，才使他“感到窒息”。他叹息着：“最要不得的是心的死亡……”即使这痛苦中，也有知识者特殊敏锐的价值判断。

如果说在抗战时期以前，现代文学对于“恶”的发现与批判，通常是以统治者及其帮凶为对象的话，那么这一时期的情况像是一种特例。中国知识者似乎还从来没有用如此冷峻的目光注视自身，没有如此集中地批判、清算知识界本身的丑恶。对于“恶”的发现和批判，也是抗战时期知识分子自我认识的一部分，而且就其文学价值而论，还可能是更其值得注重的部分。

“恶”以其力量无情地作弄着人们。“大后方”到处是痈疽和烂疮。贫穷饥饿固然能砥砺志节，贫穷饥饿却也能毁灭人性。宋之的写《雾重庆》，那是怎样的“窒息人的、烂人肺腑的”（巴金：《寒夜》）雾！王西彦的《神的失落》中的“我”不胜感慨：“……抗战以后，我们这社会起着一种大变化，一切常规都发生了颠倒，人类的尊严被践踏在脚底，全铸成了宇宙间唯一的度衡——至少对大多数人是这样。……”靳以则在散文《失去了题目》中，引了这样一则“俗谚”：“在这个倒霉的年代中，好人活该发疯的。”最具腐蚀力的，是“大后方”的投机狂潮，是诱灵魂下地狱、使人沉醉迷狂的“黄金梦”，你可以想到师陀的《结婚》，王西彦的《两钱黄金》，沙汀的《三斗小麦》，直到张恨水的《魍魉世界》，等等。

执着而沉痛地关注着这类过程，集中表达着知识者的上述批判态度的，也许就是王西彦吧。除《两钱黄金》外，他的《炉烬》、《手持稻穗的人》、《沼池》等一系列小说，以在同一方向上的持续发掘而呈现出一种特色。《两钱黄金》外的其他几篇，并没有写到“黄金投机”。其中的道德感却也更见得敏锐细腻。这是基于知识者敏锐的道德感之上的对生活的敏感，基于知识者对于自身严格的道德要求之上的对生活的严峻态度。

写《手持稻穗的人》等篇，作者的道德眼光也许显得过分挑剔。但作者的文字中仍然透着一丝悲凉。这不但是投机风潮中的知识者，也是经济重压下的知识者。作者由知识者道德传统的方面责备、轻嘲，又由生活的实际方面宽容、悲悯。矛盾心理中正有作者作为知识者的理性。

迫使物质条件与精神生活分离，从来是人类生活中的悲剧现象。因而物质被剥夺后精神的高扬，通常难免伴随精神的痛苦（至于宗教迷狂，自然是另一回事）。这使人不难理解，这一时期的作品，即使试图颂扬人物的知识分子美德时，笔端也往往有悲凉意味。而那些赋有“美德”的人物，既让人尊敬，又让人悲悯。比如巴金《寒夜》的主人公汪文宣，和王西彦小说中那些个善良、清白的小人物。

王西彦在十几年间写了许多道德纯洁的知识分子人物，而且在每一笔触中，都显示着作者本人敏锐细腻的道德感。那些“乡气”十足的知识者（如长篇小说《神的失落》、《寻梦者》的主人公），可爱的是那种“乡气”，可悲的也是那“乡气”。农民气质使他们迂拙，退守，满足于狭小的梦境，习惯于孤独的奋斗。“农民气”固然可能是“市侩气”的某种对立物，同时又必然是相对于“现代精神”的一种局限。可惜作者对后一方面并无相应的敏感。也因而这些作品所提供的人的内在精神境界过分单纯。我们有理由设想，倘若作者对于人物的“道德的矛盾”有更深刻的把握，他会以不同的心理和审美趣味对待他的人物，而他的这一部分作品的美学面貌也将有所不同。

如我上文说到的，抗战文学同时鼓励着讽刺，而且推出一批讽刺杰作。但这一批讽刺作品只面对某些公认的丑恶，很少带有“五四”式的“自讽”倾向。而且讽刺之作使你分明看到，那儿几乎不曾为“善”留一点余地。无论钱钟书的《围城》、《猫》，还是王西彦的《兽宴》，师陀的《结婚》，充满其中的，是极度的污秽和邪恶，犹如臭气熏天的“奥吉亚斯牛栏”。讽刺是“黑色”的，其压倒的倾向是憎，而无“悲悯”掺入的憎。那里同样少有悲剧意识与嘲讽意识的融合。情况很像是保持着良知的知识者，除了对于自身命运的悲剧感和对社会（包括

“知识界”在内）丑恶的嘲讽之外，已经很难以另外的态度感受世界。

有一些讽刺作品，就显然难以塞进上述论题之下。比如抗战时期影响甚大的《华威先生》、《谭九先生的工作》（张天翼）等。尽管如谭九先生者，对实际利益也有精细的盘算，但就形象的基本特质言，这主要的还不是借抗战自肥的投机家、生意人，而是借抗战自我扩张的“文化人”、知识者。他们借抗战以营私，但这“私”却也并非“黑货白货”（鸦片、大米），而是一种更精巧的东西。他们在“表演抗战”，或借抗战表演自己。这是一些更其精致的丑恶。小说中仍然包含着“道德的批判”，但毕竟不仅仅是“道德的批判”。再如王西彦的《炉烬》和张天翼的《新生》，写归人物的故态复萌，——以发“救国”宏愿始，以不能自救终，批判的首先是人物政治上的倒退。

在较为开阔的文学观念下，一些作者借了抗战时期及其后的“众生相”为材料，意在作“人性”的研究。他们的“企图”大得多。《围城》、《马兰》等作品中，道德的审视都不过是“掘发人性”的大工程的一部分，包含在那个大得多的意图之中的。即使萧红的《马伯乐》，王西彦的不少作品，人物的讽刺性也非止道德上的，甚至主要不是道德上的。

“五四”时期就有人自称“寻梦者”，陈炜谟即以此为短篇小说的题目。到 30 年代，戴望舒以之为诗题；到 40 年代，王西彦以之为长篇小说题。“梦”者，理想也，希望也。在这类意义上，“寻梦”也仍是“寻路”，不过寻得疲惫，寻得有点悲哀罢了。

（摘自《艰难的选择》，上海文艺出版社，
1986 年 9 月版。标题为本书编者所拟）

为什么把他们写得这样苦

曾庆瑞　赵遐秋

王西彦在抗日战争和解放战争的约十年时间内，先后出版的短篇小说集有《报复》、《乡井》、《惆怅》、《海的呼啸》、《家鸽》、《乡下朋友》、《人性杀戮》、《还乡》等，中长篇小说有《村野恋人》、《古屋》、《神的失落》、《寻梦者》、《风雪》、《微贱的人》、《古城的忧郁》等。

王西彦的童年和少年时代都在浙东农村里度过，学习写作却是在北方故都开始的。那时，面对 30 年代初期各种文学思潮流派，他这个带着浓厚乡土气息的年青人，真感到有些眼花缭乱，莫知适从。王西彦后来回忆说："正当我惊慌失措，不知道应该怎样来选择道路时，先驱者的身影不仅成了我的榜样，而且给了我勇气。我鼓励自己说：'你看哪，那不是鲜明的足迹吗？你就跟着走过去罢。'"❶

王西彦那时崇拜的先驱者，一位是鲁迅，一位是契诃夫。

有一个时期，他曾经趁课余的时间，躲在一间空无旁人的教室里，悄悄地把鲁迅的《呐喊》和《彷徨》里面那些描写浙东农村生活的名篇，虔诚地抄写了一遍。那倒不是因为买不起那两本书，而是为了自己能够咀嚼得更细致，体味得更深切。

读契诃夫的作品，最初是从课本或活页文选里读到了英译的短篇《询问》。这使他如饥似渴地去找寻这位俄罗斯文学大师的作品，并竭

❶ 王西彦：《〈王西彦早期作品选——悲凉的乡土〉自序》。本篇再引王西彦言谈，凡出于此的，不再注明出处。

力去理解这些作品。王西彦追述那时的情形说，在阅读契诃夫的作品时，眼前一直浮现着契诃夫那副善良而略含讥刺的笑容，那自然是从一些翻印过来的契诃夫像片上得来的印象。他总觉得，这位乡村医生是怎样用一个医生的眼睛看待病态社会和各种各样的病态人物啊！不说别的，单看出现在他笔下的那些小官吏，那些庶务官、巡官、预审官之类的人物，他们的精神状态是怎样的卑下可怜，他们的言谈举止是怎样的庸俗可笑。而这些人物，又正是我们在日常生活中经常碰到的，也正是我们这个病态社会的产物。

后来，王西彦又在契诃夫的书简里读到他关于文学上的现实主义的名言："最优秀的作家都是现实主义的，按照生活的本来面目描写生活；不过由于每一行都像浸透汁水似的浸透了目标感，您除了看见目前生活的本来面目以外，就还感到生活应当是什么样子。"王西彦觉得，契诃夫的名言，不就是和鲁迅不满中国"瞒"和"骗"的旧文艺，并说他自己的题材"多采自病态社会的不幸的人们中，意思是在揭出病苦，引起疗救的注意"，而且有时更在自己的作品里涂上"亮色"的主张相一致吗？王西彦想：

> ……自己既然立志当这两位前辈的小学徒，也就应该按照他们的主张和实践去做。首先，我要努力使自己的作品符合契诃夫对现实主义的要求——按照生活的本来面目描写生活；其次，还要使人感到生活应当是什么样子。我觉得，只有做到了前一点，才能做到后一点。
>
> 这就是我长期遵奉的圭臬，毕生追求的标的。

王西彦此后从事小说创作，实践了自己的誓约。

他的第一篇小说，是《车站旁边的人家》。初稿写于杭州，到北平后修改好了投寄给天津的报纸。

那是一个风云紧急的年代，整个华北地区都处在动荡不安的境地里，故都的青年学生发出了"北平城已经安放不下一张书桌"的呼吁。王西彦原来蛰伏在一条灰暗小胡同内的一间灰暗小房子里，抄写着浙东家乡农村生活的记忆，但也感到时代风雨的袭击，不得不走上街头去参加抗议的队伍。他身经目睹了不少发生在古城里的特异现象，以为这些特异现象到了一位文学巨匠的手里可以构成一部篇幅浩瀚的《人间喜剧》。他自己倒是有过一个规模较大的构思，还写下了部分初稿，想要反映那个给了自己如此深刻印象的伟大时代，可惜人事倥偬，诸多干扰，他始终未能实现初衷，只留下了《古城的忧郁》、《夜店》、《找寻道路的人》、《泡影》、《投靠》、《兄弟俩》(现名《哥哥和警察》)等短篇。

《古城的忧郁》写于1936年12月到1937年3月，由《蛊惑》、《蹂躏》和《灾祸》三个小小的短篇联缀而成，写了古城交错着存在的黑暗和光明，屈辱和抗争，丑恶和正义。《夜店（一个流亡者的故事）》写于1936年4月，《找寻道路的人》写于同年11月。这两篇都是写的一位朋友的故事，他是当时所谓“流亡”学生中的一个，从关外流落到关内来，过着漂泊无依的日子，他几次进出关内外，始终找不到一个啖饭处。《夜店》就是他一次出关的经历。《泡影》以下三篇，也写于1936年。《泡影》诉说的是古都的少女们在不体面的行业里让青春年华消逝在无穷无尽的屈辱里。《投靠》写一个9岁的小姑娘琴琴，父母在关外惨死在日本侵略者手里，孤身一个来到关内投靠姨父母，最后在冷遇中走下小河，“投靠”到他爸爸妈妈所在的那个世界里去了。《哥哥和警察》既写一家人的爱国之心，也写爱国旅行中救助负伤学生的一个警察班长的爱国之心。

1936年春天写的《曙》也比较特殊。这是王西彦作品中唯一一篇描写工人的生活和斗争的作品。

不过，《夜店》一类的作品，王西彦自己也觉得没有写好。他说：“这对我是一个教训，使我以后再也不敢去描写生活经验以外的题材。”

其实，一开始创作，王西彦就注意描写他生活经验以内的题材了——

> 有谁能够忘记自己的乡土，不对乡土抱有深切的感情呢？在我的观念里，乡土是和母亲相联系的，对乡土的感情也就类似对母亲的感情，或竟是同一的东西。

然而，王西彦不能忘记的，是充满了叹息和眼泪的乡土的悲凉景象。

正在这时，王西彦读到了西班牙作家比阿·巴罗哈（PioBaroja）风格别致的《山民牧唱》。《山民牧唱》描写那些没有人保护却就要被拉去当兵保护别人的烧炭人，失去了男人过着孤寂无助的日子的寡孀，被人叫做“地狱的巴提”的看坟人，抱着病孩子到处求医的母亲，陷入贫困的深渊而无法自拔的产妇，因接触到人世间广大的悲惨而发了“善心”的“坏女人”，调子都是凄凉的。读《山民牧唱》，使王西彦心胸充满凄苦，眼眶充满热泪。西班牙的国土不是离开我们很遥远吗？发生在那里的不幸的故事，为什么和发生在我们眼前的一样呢？人世间的悲凉为什么竟这样广大无垠呢？其实，王西彦已经读过写了《猎人笔记》和《木木》的屠格涅夫，读过写了《苦恼》和《哀伤》的契诃夫，也读过写了《故乡》和《祝福》的鲁迅，还有其他一些类似的名著。可是，《山民牧唱》仍然给了王西彦很大的激动。他把自己身经目睹的事实和那些文学大师们笔下的描写两相印证后，引起了莫大的惊讶和痛苦。这不能不影响到他的创作。

1934年到1935年，他先后写成的《寻常事》（现名《讨血钱》）、《月光曲》（现名《明亮的月光》）、《毒虫草》、《乡间的故事》（现名《凤囡》），就是向《山民牧唱》学步来写浙东悲凉的乡土的。无论是讨血钱的奶娘，还是在明亮的月光下被送去出卖的村女，或者因严重灾旱的逼迫而变成藐视神灵和“王法”的庄稼汉，以及身心备受蹂躏却只能饮泣吞声的童养媳，都是王西彦童年和少年时代所身经目睹的。写的时候，他眼前就一直浮现着他们悲戚的面容。也许会有读者觉得《寻常事》写得过分悲惨了。王西彦倒觉得，他脑子里还保留着更黑暗的记忆。象《苦命人》，写他自己童养媳出身的母亲，连故事情节也大体上是真实的。写这篇《苦命人》，王西彦就是为了纪念他那早离人间的苦命母亲的。另外，像《黄昏》，那不幸的福田媳妇身上，就有着王西彦惨死在日本侵略者刺刀下的亲姊姊的影子。在王西彦的心目中，他的乡土就是那么阴暗，那么悲凉！他把小说写成这样，遵循的法则就是努力“按照生活的本来面目描写生活”。

抗战开始后，王西彦依然写农村生活。不过，是和抗战结合起来了。他那时参加了鲁南苏北前线战地的民运工作，痛切地感觉到一个亟需回答的严峻问题——究竟谁在流血抗战？谁是抗战中的牺牲者？

《眷恋土地的人》、《麻舅舅丢掉一条胳膊》和《死在担架上的担架兵》，还有《四个鸡蛋》、《荒村》、《遭遇》、《仇恨的生长》、《在路上》，都写了这样的主题。

就是在这些作品里，他把农民和农民出身的士兵都写得太苦了。王西彦为什么要把他们写得这样苦呢？他说：

可有什么办法呢？尽管有人在那里高喊"全民抗战"之类的口号，但我在战地上实际见到的，或者说，给我印象最深的，却是农民和士兵们的受苦和流血。而且，这种受苦和流血，看起来竟是没有赎偿的。说是保卫自己的土地吗？可是，大片大片的土地——这上面布着他们相依为命的泥屋和庄稼——在一种近于无抵抗的情况下抛弃了。说是发扬民族正气吗？在当时的前线已经出现了所谓"摩擦"现象，后方更已经出现了发国难财者。既然要"按照生活的本来面貌描写生活"，我觉得自己别无选择。

鲁南苏北是这样，浙东又怎样呢？那时，王西彦还曾有机会回到自己的家乡，在浙东南海滨的一个小镇上住过一段时间。沿海渔村也在艰辛贫苦之外又蒙受着战乱的灾祸，渔民父老兄弟们悲戚的面容和绝望的呼嚎也长留在作家的头脑里。他于是写了《海的喧嚣》等作品，又从来自家乡的不幸消息里选材，写了《玉蜀黍的悲剧》、《疯人》、《一双鞋子》、《罪》、《乐土》等作品，他把家乡的农民也写得那样苦！

需要说明的是，那时，由"谁在抗战"的问题，王西彦在作品里又牵引起另一个问题——谁在向苦难的人民趁火打劫，汲取他们的血汗骨髓以自肥？为此，他写了《福元佬和他戴白帽子的牛》、《刀俎上》等篇。

随着自己远离家乡寄身于城市生活，王西彦不久也注意到了知识分子。他描写知识分子题材的作品也与日俱增了。开始，他从鲁南苏北战地的经历中取材，写了《旷野》、《炼冶》，歌颂的是知识分子中的战士、强者。从 1939 年冬写成的《手持稻穗的人》以后，象《折翅鸟》、《家鸽》、《假希腊人》、《清醒的醉汉》和《一个小人物的愤怒》等，他笔下的知识分子的面容又越来越阴沉了。王西彦以为，那时的知识分子中间并不缺乏弱者，这些弱者在那苦难的时代里只合扮演悲剧的角色。他描写的那些弱者，“抱着对旧有生活秩序濒临崩溃的恐怖感，彷徨失措，徘徊叹息，不能给自己寻觅一条新路——即使道路已经明显地存在，身边的人已有不少走上它。”[1]王西彦写他们是寂寞的，而且正在被寂寞所埋葬，实在是在给这些不幸的“力弱者”唱一阕凄凉的挽歌。

他把知识分子也写得那么苦!

这里还应该说到王西彦在1943年脱稿的长篇《村野的爱情》。

《村野的爱情》是王西彦计划写作的三个关于农村妇女悲惨命运的故事的第一个，描写的是一个爱情的悲剧。他写了两个家庭和两对恋人。一家是金魁爷夫妇的儿子金豹和女儿金兰，这是小康人家。另一家是安隆奶奶婆媳和第三代的两兄妹庚虎和虎妹。命运使两个家庭里的两对青年男女成为互相爱恋的情人。然而，歧视、迷信，保甲长的权势……阻碍太多了。他们为追求自由幸福不屈不挠地展开了斗争，不幸失败了。爱情受挫折，人性被毁灭，王西彦还是把他笔下的人物写得那么苦!

从30年代到40年代，王西彦以主要精力述说悲苦，描摹凄凉，刻画悲剧的角色，他确实是很特别的一位作家。有的论者说，这是因为作者自己有点被黑暗势力挤扁了的缘故。他自己则另有看法，以为那是他憎恶粉饰现实，反对“瞒”和“骗”的文艺的结果。孰是孰非，人们还可以议论。看来，似乎不宜于各执一端。作为作家，眼前只是一片黎明前的黑暗，那是不够的。作为读者，能从他的作品里去认识那黑暗中时代的苦难和人民的不幸，总还是有收获的。至于学者、专家着眼于文学发展的历史，把它当作小说百花园中自有其色香与丰姿的一花，似乎也是说得过去的。

（原载曾庆瑞　赵遐秋编《中国现代小说140家札记》，
漓江出版社1985年9月第一版）

---

[1] 王西彦：《〈王西彦小说选〉自序》

谈王西彦的小说作品

严 晖

王西彦在1982年由四个不同出版社出版了四部小说选集，那就是（1）《王西彦小说选》（1982年2月人民文学出版社）；（2）《王西彦小说选》（1982年2月湖南人民出版社）；（3）《王西彦中篇小说选》（1982年8月南方书屋）；（4）《王西彦早期作品选》（亦名《悲凉的乡土》，1982年11月花城出版社）。在《中篇小说选》里刊出的作者“主要著作目录”中曾说明《王西彦小说选》共三集，是从过去十多个集子中选编而成，约100篇，100万字。1982年底这四本小说选出齐了：第一本选收20篇，34万字；第二本选收25篇，32万字；最后一本选收28篇，29万字。总计共收73篇，95万字。其实不止73篇，第一本里《古城的忧郁》，就是三个短篇连缀起来的，第二本里《车站旁边的人家》，包括三个短篇，最后一本里《悲凉的乡土》，也包括四个短篇，算起来就有80篇了。《中篇小说选》收四个中篇，其中《还乡》一篇没有收入这三本小说选里。大约还有20篇左右，没有收入这四本小说选。此外除了文学论著、散文集、回忆录，他还出版了七部长篇小说，这充分说明王西彦是一位勤勤恳恳孜孜不倦的作家。据悉他在解放前出版的五部长篇小说都已重印发行，这也说明他的作品没有被时间淘汰。根据报道其中一部长篇《村野的爱情》，法国学者正在做研究评论工作，也成为国际瞩目的名著。

王西彦在30年代初开始写作，这三本小说选里所收最早的一篇小说是1933年写的《下雪的日子》，却不是收在《早期作品选》里。如果说30年代是他创作生涯的早期，在第一本小说选里有8篇，在第二本小说选里有9篇，都是30年代的作品。第三本《早期作品选》有点名不副实，因为其中有9篇是40年代的作品。出版社没有再用《王西彦小说选》，大概是为了避免和较早出版的两种书名雷同，使读者较易识别，免得读者误认为一本书。另一个原因第三本里有22篇是30年代的作品，占的分量比较多些。但读者倘若认为第三本都是“早期作品”那就错了，因为其中有抗日战争结束以后的作品，也有1948年的作品。其中不包括《王西彦中篇小说选》里的四个中篇，如果第三本名为《王西彦短篇小说选》，就比较恰当些。

王西彦在40年代大放光芒，他的长篇、中篇、短篇小说集大部分是在这个时期出版的，质和量都有令人瞩目的成就。因此在十年浩劫之后有四个不同的出版社都给他出版小说选，这在中国现代作家中是少有的。刘以鬯在香港主编《中国新文学丛书》，也有他一本小说集《两姊妹》。香港书商也翻印了他两三本小说。

夏志清的《中国抗战小说史》还没有出版，台湾尹雪曼已经出版了一本《抗战时期的现代小说》，其中评介了14位小说家的作品，有茅盾、巴金、老舍、张天翼、艾芜、靳以、师陀、王西彦、姚雪垠、田涛、碧野、陈白尘、丰村、张秀亚。其实尹雪曼把陈白尘列在抗战时期小说家阵容中是摆了乌龙，他评介陈白尘的两本小说集《茶叶棒子》和《小魏的江山》，都是战前出版的。抗战时期陈白尘写了好多剧本，是著名的剧作家，根本没有出版过小说。就像夏志清的《中国现代小说史》一样不能全都是大陆的作家，就用一章来写张爱玲；尹雪曼的《抗战时期的现代小说》，也不能全都是大陆的作家，便让张秀亚“敬陪末座”。张秀亚是一位有才华的女作家，但她在抗战的前六年还在沦陷了的北平读书，1943年才到重庆，在抗战的最后两年她出版了一本短篇小说集《珂萝佐女郎》，内收7个短篇。有人会觉得她比沙汀、吴组缃、端木蕻良在抗战时期更有成就么？（我们不提“共产作家”，也不提萧红、骆宾基、路翎等。）夏志清曾认真的找寻吴组缃的长篇小说《山洪》，要写在《中国抗战小说史》里。沙汀的作品，不算许多短篇小说和中篇小说，他的三部长篇小说《淘金记》、《困兽记》、《还乡记》又比张秀亚的《珂萝佐女郎》如何？至于端木蕻良在抗战时期的成就，尹雪曼应该找一本刘以鬯的《端木蕻良论》读一读。

尹雪曼评介王西彦的小说，标题是《王西彦的梦境剖析》，提到他的中篇《乡下朋友》，长篇小说《村野恋人》（即《村野的爱情》）、《微贱的人》、《寻梦者》，都只是写了三、五行，简单的说了几句。这篇文章主要是分析评论长篇小说《古屋》。他说："王西彦的文笔很犀利……有着很好的讽刺效果。""无疑的，王西彦借《古屋》的故事，对那个大时代的确作了一番针砭工夫，对当时知识份子而言，不管是热烈的或是平凡的，多少都发生了一些刺激的作用。……会有积极的社会意义。"这篇专论在书中有10页，却以6页篇幅分析评论《古屋》，这些话是说得不错的。

尹雪曼没有提到王西彦在抗日战争胜利前夕出版的第五个长篇《神的失落》，也没有评论王西彦的短篇小说。王西彦的短篇小说有10多个集子，收集资料很不容易。现在王西彦的四本小说选几乎是同时出版了，要综合分析评论总得写一本专书才成。

以上谈到的都是王西彦在北京建政前的小说作品，在50年代出版的短篇小说集《朴玉丽》、《新的土壤》等以及长篇小说《春回地暖》和《在漫长的路上》，笔者未曾见到。这时期的中、短篇小说，都没有编在他的四本小说选里。

王西彦是一位勤奋不息的作家，在十年动乱中受尽折磨，自然是什么都不能写了，可是"四人帮"倒台之后，他立刻又拿起了笔，除了出版许多部文学论著、散文集、回忆录之外，又写了一些小说，在四川人民出版社出版的《王西彦近作》中，就有《春寒》和《老花师傅》两篇小说，都是1978年写成的。

（原载《新加坡联合早报·星云》版1985年7月17日）

真挚的感情是最有力量的

——关于王西彦的散文

徐开垒

了解一个作家的作品，最好能先了解一下这个作家的经历。因为任何一个作家，总是依赖他的生活经历而存在。即使他所写的题材，看来与他的实际生活毫无联系，仔细一琢磨，却依然可以从这篇作品里发现他过去生活的脚印，和这些脚印给他留下的思想感情的影子。

受左翼革命文艺运动影响而进入文坛的作家王西彦同志，经过半个多世纪的不倦劳动，他的作品已是现代文学史上一份不容抹煞的业绩。这些作品最大的特点是极其忠诚地对生活的描写，臻于"无条件的、直率的真实"（契诃夫）。而这些"真实"，又无不植根在作者的生活经历里，都与作者从小生长在农村，和从青年时代起一直生活在知识分子的圈子里有密切的关系。这不仅在作者所写的小说里可以得到印证，即在他的散文作品里，也可以找到这种可贵的具有现实主义精神的内涵。

王西彦的散文，很大一部分记叙他在农村的生活。他所写的农民和农村中的一些其他人物，无不是他在童年时代所见所闻的真实的人：他们是褛褴孤苦的看庙人，庄严难犯的私塾师，受丈夫欺压的斋婆，受苦一世的童养媳，瘦弱无助的看牛工，婚姻不能自主的小孀妇，以及作者家里的一些自己人：在祖母高压下吃苦受难的妈妈，嫖赌成性的"败家子"哥哥，从小就被抱出去当养媳妇的三个姐姐，和赖在家里准备当"大娘子"的八妹，……在这些人的身上，都有一个悲惨的故事。这些故事集中起来，便是旧时代农村的一个缩影，也就是作者用以题作书名的“忧伤的世界”。

作家王西彦正是通过对这个忧伤的世界的回忆，描写了自己的童年与故乡。童年和故乡对一个作家来说，总是充满着炽烈的感情。王西彦同志曾在他的《散文选》中，倾诉他对自己家乡的感情：“我想起自己的家乡，自己的少年时代。每当暮春季节，跟一群看牛的同伴，在半湿的紫云英里抛镰刀赌草把，或是初秋大熟期，踏着离水不久的稻田，站稻床角‘打小老虎’的时候，那泥土是多么柔软可亲呵！清明一过，地气向上，你光赤的脚板就往紫云英田里踩吧，简直一步一个脚迹，还会给你一股暖融融的感觉，恨不得把脚步放得更重些，使脚迹更深些。”这样的描写，充分显示了作者对自己家乡感情的深厚。当然，在作品中对故乡人物所倾注的感情，就更超过上述对自然景色和劳动生活的描写。作者在谈到童年时代所接触过的那些人物时，曾说这些人“至今还活动在我的记忆里。他们自然早已入土了，但他们的声音面貌依然历历如在眼前。”在王西彦同志的散文里，特别可贵的，是在他写这些小人物时，倾注了一种由于观察深刻而从内心流露出来的非常自然的真挚的感情。比如他在《义父》中写作者由于生辰八字与父母相克，才由父母作主，把一个衣服褴褛孤独穷苦的看庙人认作“义父”，称呼“亲爷”，目的是想把因与相克而招致来的灾祸加到这个本来就十分不幸的人身上去。但是两个人身份不同，要“亲”也还是“亲”不起来，对方的穷相，反而增添了“我”在小伙伴面前的羞惭。作者写出这样尴尬的关系，无疑是进一步揭示了看庙人的悲惨境遇。等到作者离家读书，长大了重回故乡，才意识到“义父”处境的不幸，来到寺庙去找这个老人，只见他蜷伏在一堆稻草上，模样如一条病狗。作者禁不住发出感叹：“他老了，他的生命也将不再归他所有了，我去惊动他做什么呢？像他这样的人，承受别人的损害，代替别人承受损害，他生命的存在对他自己能有什么用呢？”这样深沉的悲叹，显示了作者对这个“承受别人的损害，代替别人承受损害”的被压迫者的深切同情，和对旧社会制度强烈的不满。

类似的例子是很多的。在《朱兰姑母》中，写一个以念祷词和信咒搞迷信活动的斋婆，长期以欺骗手段愚弄别人，她几乎是老祖母精神上的主宰；但是她自己却被一个男人欺凌着，逃不出对方的魔掌，终于流着眼泪被他带走了。最后作者又写了这样一段文字：“朱兰姑母原是一个和神灵相通的人，现在，她却被他‘找’回去了，这是一件怎样费解的事情！因此，我对神灵的热忱也一下子低落了许多。失去了朱兰姑母，对我来说，就等于失去神灵的佑护。但终于我又看到她了。那是很久以后，是一个冬天下雪的黄昏，她坐在厨房里，对老祖母和母亲流眼泪。她的脸孔既瘦又黄，还带着有几处青肿，嘴唇边也滞留着血痕，和从前那种宁静严肃的态度相比较，她现在显得十分畏缩，连说话的声音也很低微。‘我该打入十八层地狱呵’，她喃喃道。老祖母和母亲都叹息着。我立刻联想到打道场时四壁悬挂的图像，想到那些青面獠牙的鬼卒，想到把赤身女人丢入火滚的油鼎。我完全怔住了。这是我最后一次看见朱兰姑母，好像她当天晚上就冒雪走了。”作者在这里是既怜悯朱兰姑母，又谴责朱兰姑母。但是归根结蒂，是为这个世界而感到忧伤。作者的感情是十分深沉的。

同样的矛盾，还集中在作者的母亲身上。虽然，在作者二十来篇写农村的散文中，并没有一篇专题写母亲，但是却有不少篇出现了母亲的形象。对于自己的母亲，王西彦同志是以特别沉痛的笔调来写她身上的矛盾的。在一篇题目叫《浪子》的散文中，他说他的母亲“肚福”不好，和父亲成亲后，竟一连生了三个女儿，在家庭里的地位一直很不堪，老祖母甚至曾逼父亲写“休书”，因此在她为第四个孩子分娩的时候，母亲浑身发抖，如果仍然是女的，她下决心抱着她一起跳塘，谁知“天开了眼，竟给她生了个男的！”但这并不曾改变母亲作为童养媳的命运。在另一篇题目叫《八妹》的散文里，作者一开始就写到自己的母亲，他说：“从有记忆的时候起，我就觉得自己家里一直笼罩着一片令人窒息的乌云，它在母亲那张仿佛永远是愁苦的脸上扩展开，弥漫到了大姐、二姐和三姐的身上。即使还只是一个小孩子，我就很怕看见她们那副凄凄凉凉的表情。”但是当时大人们并不许他多嘴，却常常看到老祖母扯妈妈的耳朵，强迫她跪在灶君菩萨前面请罪。妈妈虽然过得这样苦，但是她仍然把自己的三个女儿从小“抱”给人家去做童养媳，也让她们去过自己一样的生活。更奇怪的是，妈妈还按着这个办法，去为作者“抱”了个“八妹”来当童养媳，按照老祖母的做法虐待打骂八妹。"每天起黑早生火时，只数给她两根火柴；每餐也只限定一碗锅焦饭，要是发现她偷吃，就要用鞋底针戳她嘴巴；如果不小心打破了盆碗，往往罚她跪破碗磕子，直至皮破血流。"有时，不知犯了什么祸，使老祖母大闹不已，母亲就把八妹关在猪栏屋里，命令她跪屋角，扯去她的上衣，用细竹棒子狠狠抽打，却不许她哭出声音。打到后来，母亲自己也哭了起来，还对作者说："什么都是命里注定的！你妈受了一世罪，八妹也要受一世罪，谁也逃不过！"……作者就是这样写出了旧时代的封建制度的不合理，它使人变得既残忍又愚昧，世世代代过着牛马不如的生活，而他们又并不自知。

作者写自己的童年，把那些折磨人的有关旧农村景象的记忆移到纸上去，用来减轻自己心灵上的长期负担。这些作品所表达的感情，都十分坦率，十分深切，毫无矫饰的成份，因为它们都来自自己的生活，无须作者弄虚作假。"一切文艺形式的作品，它们存在的价值莫不是反映真实的目的。……我说过：真挚的感情是最有力量的，应该说是文学作品尤其是散文的灵魂。"可以说，王西彦同志是以他自己的作品，实践了他自己对散文创作所树立的这一准则。

如果说王西彦的散文写农村的题材反映了他的童年和少年生活；那么他的另外十几篇散文，则可以说，多侧面地反映了他自己离乡成长后生活在知识分子中间，在青壮年时期和晚年生活中的所见所闻。

据作者自己说："从我稍稍懂事的时候起，我就生活在知识分子的圈子里。我所接触的知识分子中间，有革命家，有大学教授，有工程师、医生、新闻记者、作家、演员，也有地位低微的小职员。我不敢说，怎样了解他们，但至今可以说，我相当熟悉他们。我知道他们中间的绝大多数都是秉性正直，信任人类，热爱祖国和人民，愿意尽自己的所能为祖国和人民作贡献的。"他又说自己"有一个时期，每隔几天，就要去一次火葬场，参加给一些在十年动乱中含冤倒下的朋友们平冤昭雪的仪式。当我肃立在送葬的行列里向死者默默致哀时，听着死者家属们的哭泣，我感到自己的心灵也在哭泣。出现在我眼前的，并不只是那些含冤倒下的死者和那些饱经摧残仍然活着的朋友们的面容，而是成千上万的知识分子的身影。我记下他们中间的少数几位自己所熟悉、所尊敬的，看起来好象我只在写个人，写自己，实际上我是在写所有正直的知识分子，写他们所遭受的不公允的待遇，写他们脸上曾经出现过的凄苦的表情。”

这是完全符合实际的。读遍作者近年来所写的这一方面的散文，作者显然不只是在写一个人或几个人，而是代表整个知识界在向社会控诉“四人帮”这些人面兽们的滔天罪行。作者在这些散文中所渗透的思想感情，则比他写农村一些老乡们的悲惨命运，更有一番切肤之痛。这是因为他自己也身在其中，他与这些受害者同在一个炼狱里，他的呼喊就是这些受害者的呼喊。因而这些作品就不只停留在对这个世界的忧伤，而是充满着愤懑和不平，他要求：“那一幕‘史无前例’的历史悲剧，在我们这个世界上永远绝迹，永远不再重演。”

最明显的例子是《炼狱中的圣火》和《向死者告慰》这两篇散文。我们记得在“四人帮”倒台后，我们的文坛曾出现过大批为在十年动乱中受害者平反伸冤的文字，这些文字其中有许多篇是散文中的上品，它们曾在拨乱反正中起过积极作用，比当时一些被称作“伤痕文学”的短篇小说更早出现在报刊上，实际上是这些散文复苏了沉睡十年的文坛。巴金的《一封信》则是这些散文中的第一声春雷。王西彦的这些方面散文，特别是《向死者告慰》，它很早就写成了，与巴金的《望着总理的遗像》、《最后的时刻》、《怀念肖珊》、柯灵的《忆傅雷》《追思》、吴强的《怀念陈总》等等作品几乎同一个时期大量涌现到报刊里，它们追念逝者，历诉往事，代表亿万人民，声声血泪，向“四人帮”在十年中经营起来的极左思想堡垒猛烈开火，这些作品既是十年动乱现实的见证，又是政治上拨乱反正在文学艺术领域里的反映，文字又无不感情真挚，发自心声，为我国文学史留下可贵的一笔。如果我们看不到散文领域这些成就，必将受到后世历史的谴责。

《向死者告慰》是一篇非常感动人的散文。它写的是老作家魏金枝同志在“文革”中受迫害的经过。因为作者与他长期一起工作，十年动乱一开始，又一起蹲“牛棚”，一同吃苦受难，所以对他十分了解。“他那种从惶惑、希望到绝望的心情，以及最后凄苦的死亡，”王西彦同志是“身经目睹”的。把这些“身经目睹”的事实用毫不夸饰的朴素的文字记录下来，以表达自己的切肤之痛，正是这篇散文之所以真实、感人的原因。

他对在“文革”中受难的魏金枝，有不少这样真实的描写：

有一次，魏金枝同志被押到学校去接受批判，回到我们那间充当‘牛棚’的小房间里时，已是傍晚。排队去买了饭菜，我看到他精神恍惚，吃得很慢很少，颜骨一抽一抽的，好像连饭粒也嚼不动咽不下的样子，被皱纹挤得有些歪斜的眼眶里也隐着泪光。第二天大清早他来时，我发现一晚工夫，他老瘦了许多，脸上皱纹深了，须发长了，眼睛也浑浊了。……

……见到魏金枝同志时，他那种急遽衰老的情形，使我吓了一跳。1966年以前，我们总是称他是棵久经风霜的苍松，显得老，却结实；他也以一个乡下人的好体格自许，认为自己还能工作十几二十年。可是三年时间，他整个身子都弯了，缩了，轻飘飘的，像个扎得松松散散的稻草人，他握起根手杖，步履蹒跚，跨两步就得停下歇一阵气；……

王西彦运用这样沉痛的笔法追怀已逝的老友，作家，知识分子；还以同样的文字风格写在“文革”中的幸存者，最为突出的是那篇写十年动乱中巴金形象的《炼狱中的圣火》。这也是一篇极其感人的纪实散文。作者在这里继续表达了自己对丑恶的卑视，与对强暴的仇恨。他说：“有好心人劝慰说：‘受过的罪，流过的水，愈是忘记得干净就愈好’。但我无法照办，因为脑子自有它的独立性，并不完全听从你的使唤。我所能做的，只是尽量不让那连串噩梦像毒蛇似的继续啃啮我还在渗血的心。”因此，他再一次记述了在黑暗年代知识分子的受难：

我们挤坐在‘小牛棚’里的时候，命运对我们是完全不可捉摸的，这一分钟不知道下一分钟将有什么灾祸光临到头上来。每当监督组人员对我们吼叫：“现在我们要打死哪一个，就打死哪一个！你们每个牛鬼的性命都捏在我这手掌心里！”我就联想到契诃夫在《第六病室》里描写的那个惯于向病人拳打脚踢的看守人尼基塔。可是，尼基塔只有一个，监督组的名额却随时可以增加，而且，'造反派'里的尼基塔也为数不少。只要听到'牛棚'门口喊到谁的名字，那人就凶多吉少。我们中间的一位伙伴正在违反禁令偷偷打盹的时候，被突然闯入的监督人员一把拎起衣领揪了出去，再也没有回来，后来才知道已被投进监狱。……

在我们靠边人员中，有一个颇为特殊的人物。抗日战争时期，他充当过日军的翻译官，曾经随同异族侵略者光临过浙东我家乡。我的一个亲姐姐，就在侵略者的'扫荡'中惨死在日军的刺刀下，因此一看到他那副阴森森的笑脸，就好像看见死难姐姐的鲜血。可是作家协会的大小'牛棚'一合并，命运竟然使我和他坐在同排位子上，和他一起站队，一起背诵《投降书》，一起高呼"永远健康"和"万寿无疆"。他有一个惊人的"绝招"，就是在他口袋里藏有一大批告密信，只要谁不顺他的意，他就告谁。他一面是"牛鬼"队中的一分子，一面又是工宣队和"造反派"的得力心腹。对巴金和我，他特别看不顺眼，老是和我们为难。……

在这种"生命正在和暴政搏斗"的日子中，巴金"表面的顺从，正掩盖着内心的悲愤。"王西彦就是以与巴金共同受难者的身份，记述了像尼古拉一世统治的那样法西斯专政，和像狄更斯和但丁笔下所描写的那样苦难日子，最后并昭告人们："受苦的灵魂终于通过了炼狱，"原就无罪的灵魂更加洁净了。

王西彦的这些散文，不论写农村题材，或写知识分子，它的另一个特点是实有其人，实有其事，而且大都写出了人物的个性，这大概与他是个小说家有关。特别是《炼狱中的圣火》一书所收集的12篇散文，不但刻划了巴金热爱人类、热爱和平的圣洁、仁慈、坚强的性格，而且也用朴素的文笔写出了魏金枝的忿激之情，丰子恺的赤子之心，和邵荃麟对党的忠诚，以及王统照的负责精神。而这些人的优良品质，如果作者不具有同一的追求，是很难体会得如此集中，如此具体入微的。

散文的基石，是感情的真挚。这个真理，我在许多作家作品中得到证实；同样，在王西彦同志的散文中再一次感到这是不移的准则。

当然，真挚的感情，并不依附于虚无缥缈的幻想之中，而是来自实实在在的生活。那么，在农村中成长，和长期在知识分子队伍中与亿万知识分子共经坎坷的王西彦，他在自己的散文中所表达的对农民和知识分子的感情，像火一样热烈，像金子一样真实，也就是十分自然的了。

（原载《清明》1986 年第 6 期）

王西彦散文札记二题

郭　风

《文因德而益彰》

《文因德而益彰》是王西彦同志为祝贺尊敬的巴金同志八旬寿辰而作的散文，刊在上海《文汇报·笔会》（1984 年 11 月 25 日）。时光流逝，此作之发表眼见两年多了，而我却恍惚地感到读到本文好似还在几日之前。西彦同志自己曾说此作失之疏略，我却认为乃是抒写作家之间的情谊的一杯佳酿。作家与作家之间的情谊，包括同辈之间，后辈与前辈之间，包括几代作家之间的情谊，值得认真地写一写。我一直有此感觉，我国的作家，特别是老一辈的作家的人品道德，足以为当代人，为后代人之风范者颇不乏人；我国作家崇尚个人德性的自我完成。我记得高尔基、柯罗连科以至巴乌斯托夫斯基、爱伦堡等都写了许多记述作家生活以及作家彼此间的情谊的散文作品，脍炙人口。近来，我国的一些中年作家，特别由于工作关系（或师生关系）与老一辈作家得以经常接近、聆听教诲的中年作家，作了若干从日常生活中记述前辈作家品格的散文，例如周明、吴泰昌等同志描绘叶圣陶、冰心以及朱光潜等老人的晚景和为人治学之道的散文，崇敬之情流动于字里行间，颇为读者所传颂。

我以《文因德而益彰》为散文佳作，是由于西彦同志是从朴实地记述巴金同志的作家德性中间，自然出现一种尊敬之情，倾慕之情。西彦同志并没有写出尊敬的巴金同志有什么足以动地惊天的德行，他只记述作为一位作家的巴金同志之安于作家本分的勤奋，哪怕是在“逆境”之中（哪怕是处于“史无前例”的“逆境”之中），只记述巴金同志严于律己、宽以待人的普通举动；但正因为此真实，在我个人来说，我读时不觉老眼为泪水所模糊，在泪水中我看见中国作家的良心，看见在特定的历史条件下，中国作家的个人德性的自我完成之痛苦挣扎的历程，从而真正感到巴金同志是中国作家的骄傲，他身上集中体现中国作家的德行，他是我国人民的儿子。显然，西彦同志是在数十年中间，从对于巴金同志的神往、从以后对于巴金的交游、接近以至同在一座“炼狱”中间磨炼之间，得以逐渐理解巴金，并自然而然地生出一种敬慕之情。为此发之为文，始可得写出一篇为似随手写来而实非随手可以取得的柔情之文。

关于《朴素的美》

王西彦同志在散文方面的成就，似乎为他在小说方面所负的盛名所掩。早在1940年左右，西彦同志在福建永安，为改进出版社（社长黎烈文先生）主编《现代文艺》时，如果我记得不错的话，他曾以“施稔”为笔名，写了若干描绘村野儿童生活的散文；这些散文，和他以后所作有关这方面题材的散文，收入《忧伤的世界》中并且出版了。这是似乎带有自传性质的一册散文，但是，毋宁说这是通过一位可爱的村童的目光注视本世纪初叶浙东一带乡间的习俗和民瘼的一册散文，笔致流畅而似乎有些微的辛辣。如果我记得不错的话，西彦同志在福建还写过大量语言优美的、见解独到的、机智的读书随感，谈论契诃夫、屠格涅夫，以及谈论文学风格、文学和生活等等。这些作品后来似乎也收入《书和生活》中；我读这本散文集时，有时感到书中笼罩一种抒情论的氛围，有时会突然发现字里行间出现钻石般的闪光，那是警句。

近日读了西彦同志的《文因德而益彰》、《朴素的美》、《章太炎的故居和墓地》以及《访梁启超故居》。我是一个偶然的机会同时重读到这四篇散文作品的。此四作分别谈论巴金、丰子恺和章太炎、梁启超，表达作家内心的一种尊崇之情。从梁启超、章太炎到巴金乃至丰子恺，我们似乎都能够从他们的著述、作品中间，乃至他们的日常生活、交游以至传说中间，不只受到中国知识分子各自特有的经历、他们的追求和良知，他们的品质，也能从中受到中国近代历史所走的道路，中国革命的经历摸索和所受的挫折。我有一个感觉，从西彦同志的这四篇作品中，不仅使我对于中国知识分子有一个更明晰的理解，甚至对于中国近代史的理解也能得到某种充实。散文有如此佳妙之效，这在偏爱散文如本人者，也还是前此所不曾料想到的。

《访梁启超故居》、《章太炎的故居和墓地》之所以深刻有力，我意这得力于作家曾经大量阅读、研究梁、章的著述，对他们的行状亦知之甚稔，也得力于有自己的见解，否则此等作品不可能得手。这是顺便要说的话。我想比较从容地谈谈《朴素的美》。此作谈论丰子恺先生。我要说，我在少年时代就喜欢丰子恺先生的漫画、散文。我最初是在《中学生》上读到他的作品的，不知怎的，一开始就很喜欢；不知怎的，直到现在还喜欢。我要说，有些作家、诗人的作品，未能使我始终不渝地喜欢。例如，聂鲁达的作品，我有时喜欢，甚至很喜欢，有时会感到厌弃；这中间也许有这样一个原因：聂氏之作有时似乎显得造作？有时出现故作惊人之语？西彦同志在《朴素的美》中有一段话：

> ……当他觉得人生无常时，他就说和写人生无常；当他认为世界不可执着时，他就说和写世事不可执着。因此，他曾招致不少的误解和非议。

西彦同志本人，我想并非同意子恺先生的某些思想见解。但他指出丰子恺先生品质的动人处以及他的作品之所以动人处，这便是丰子恺先生显示出一个赤裸裸的自己；读他的作品感到他简直是事无不可与人言，有什么话就说什么，心里怎么想就怎么写。这种全无矫饰的朴质，是丰子恺先生的作品得以令人喜欢的缘由。另外，西彦同志把中国知识分子思想的复杂性，就中国历史、社会生活的特殊性和复杂性来考察，这是十分必要的；与此同时，对子恺先生前后期思想的变化，作明确的论证使人信服。《朴素的美》乃一篇演讲稿，发言稿，在有限的篇幅中，说了许多独到的见解，发了他人所未发的见解，热情中包含着冷静，视之为散文佳作，不亦可乎。

（原载《文艺报》1987年6月20日）

论王西彦抗战时期的小说

文天行

抗战爆发后王西彦创作了许多短篇，《死在担架上的担架兵》、《仇恨的生长》以及重作于永安的《鱼鬼》，就是其中颇有艺术感染力的篇章。此外还写了几部中长篇，1943 年创作了《村野恋人》（后改为《村野的爱情》）、1944 年完成了 1942 年着手的《古屋》、1945 年创作了《神的失落》、1947 年创作了《穿越废墟》，同时还完成了 1943 年动笔的《寻梦者》。

（一）

王西彦艺术地再现了变动着的现实，描写了民众的不幸，揭示了制造罪恶的根源。主要体现在两个方面：普通劳动者和一般的知识分子。日寇的侵略给生活在苦难中的劳动群众带来了更大的灾难，作家着力描写的就是他们，特别是农民。这与他是农民的儿子、熟悉农村、喜爱农村有关，也与在日寇的疯狂面前农民承受更大的苦难有关。《乐土》写日寇给占领区农民带来的罪恶、辱骂、捆绑、屠戮就不必说了，还修路白占农民的命根田。农民依赖土地为生，占了土地还有什么活路呢？《老太婆伯伯》不是写的土地问题，是写的失子之痛。绰号老太婆伯伯的受苦人 45 岁才结婚，好容易才盼来了儿子，可这幼小的生命经不住日机袭扰带来的折磨，很快就“从这世界上静静地消灭了”。揭露日寇暴虐仅仅是王西彦描写的普通劳动者遭受苦难的一个方面，他还描写了另一个方面，那就是国民党顽固派的罪恶。《福元佬和他戴白帽子的牛》写国民党军队中的人糟蹋尼姑，谎称日本人来了吓跑福元佬，抢走他的牛。《命运》也写了这样的人强奸少女，还写了保长拉壮丁逼得路三有家难归。还有几篇同样无情地揭露了顽固派军队给劳动者带来的灾难。小说揭示：侵略者和顽固派是梳子和篦子，弄得劳动群众没有活命的余地。

王西彦注意知识分子题材的创作，而且这种倾向越来越明显、强烈。如果将皖南事变前后写知识分子生活的小说比较一下，定然可以看出，皖南事变前写的多是短篇，皖南事变后不仅有短篇还有中长篇，无论从数量还是从反映生活的广博上看都超过了以前许多。出身农村、在学校接受多年教育的王西彦对知识分子比较了解，而他对鲁迅和契诃夫描写知识分子的作品又格外感兴趣，其结果就诱发了对中国知识分子问题的思考："如果说一部中国的近代史就是中国人民的受难史，那么知识分子不仅也属于这受难的一群，他们的痛苦还有着特殊的意义。这并不是说他们的神经分外细嫩，感觉过于锐敏，而是因为他们既然有了一些知识，总想把它贡献给祖国和人民，也就是希望能'报国有门'。谁料他们这个良好的愿望，虽然祖传父、父传子、子传孙地一代又一代地往下传，竟始终没有得到实现的机会，始终只能抱着'报国无门'的怨恨以逝。"[1]这些思想促使了他表现知识分子的生活，因此也就产生了《古屋》、《神的失落》和《寻梦者》。总体来看，表现了两个方面：经受的折磨和出路的找寻。知识分子地位之低下、生活之艰难已经到了难于忍受的地步。《牧人》中就写了大学里教授的困境，以及由"不值钱"生发出来的顺口溜："教授先生负债务，五年学问半瓶醋"。《两钱黄金》用对比写法向社会披露了周玄道为两钱黄金引起的家庭纠纷，可怜巴巴的教授生涯。《古屋》、《神的失落》反映的情况有所不同，不仅仅是有折磨和忍耐，还有反抗和出路的探求，即是冲破束缚自己的小圈子，投身到社会生活中，与时代潮流相配合，为自由和幸福、真理和正义而奋斗。这是有进步要求的知识分子的共同道路。在另外一些小说里，提出了家庭和进步事业的关系问题。《雨天》、

[1] 王西彦：《神的失落·自序》，江苏人民出版社1983年版。

《牺牲者》、《母性》写的都是从事进步工作要抛下自己的孩子，给人的印象是家庭和事业不能两全。这三篇小说都写在 1942 年 9 月和 10 月，可见作家这一段时间在集中考虑这个问题。这具有可理解之处，因为从事正义事业是会作出牺牲。如果从另一方面看，也反映了对进步不太理解的幼稚倾向。人首先是人，然后才是其从事的事业。如果缺乏一般人应有的感情难于让人理解，也不合乎生活的真实。《雨天》中的夏小兰在闻丈夫死讯不久就和竟成大谈屠格涅夫的小说，隐寓自己的境况和出走继承夫志的决心，似乎实在进步得过了点分。王西彦的某些小说还表现了田园牧歌似的理想追求，有点儿“采菊东篱下，悠然见南山”的味儿。1943 年创作的中篇《乡下朋友》和开始创作的长篇《寻梦者》都给人这样的感觉。不只是这两部小说，还有一些写农村的作品也有这样的倾向。《乡下朋友》表现得最为突出。虽然小说也写了农村有撒谎、赌博、盗窃等颓败现象，但从总体上看还是桃花源似的理想国。自然景象的优美、迷人就不用说了，穷富都过着男耕女织的生活，人与人之间存在着纯真的情谊。如果将 1942 年和 1943 年作家在理想方面的描写作一个比较的话，有差异的结论是任何人也可以作出的。类似《乡下朋友》这样的作品以后没有再出现。这篇小说是作家不满现实的产物，但属于空想社会主义之作。这个事实表明，进步作家在理想的追求时也可能出现一些复杂的状态。

几千年的封建社会，鸦片战争以来逐渐演变而成的半封建半殖民地社会，给中国知识分子一直在注射毒汁。这包括了比较多的内容。王西彦对此进行了思考，并予以形象的揭示。他并没有对知识分子应予否定的方面来个全面开花，而是抓住他认为的带根本性的问题进行描写。他说：“我所写的，如果要给它一个总的题目，应该是‘个人主义的灭亡’。在现在这样的战斗的年代里，个人的挣扎和苦斗有什么用呢？不管怎样富于正义感，怎样怀有澎湃的热情，怎样憧憬远大的理想，个人的挣扎和苦斗总只能给自己换来失败和绝望。”[1]《神的失落》里的马立刚并不是一个懦弱的人，他敢于为爱而奋斗、而牺牲，但还是败在了有整个旧势力作后盾的高小筠表哥手里，可叹的是他并没有

[1] 王西彦：《神的失落·后记》，江苏人民出版社 1983 年版。

找到自己失败的原因。《寻梦者》与《神的失落》一样，也写的是失败了的对爱的追求，但主人公成康农到底认识到由于个人主义自己才做了这一个荒唐的梦。这两部作品说明了：在强大的旧势力面前，“个人的挣扎和苦斗”不能赢得胜利；另外，即使不是与黑暗战斗，个人主义也影响对问题的正确认识和判断，从而导致失败。作家提醒人们：投入时代的洪流，抛弃个人主义，才能在胜利之路上行进。

（二）

王西彦塑造了一些生动的人物形象，如庚虎、金兰、成康农、赛男、马立刚、高小筠、孙尚宪、老太婆伯伯、福田媳妇、荣林爷等。塑造得比较成功的，多具有悲剧性格。黑格尔说：“悲剧人物的灾祸如果要引起同情，他就必须本身具有丰富内容意蕴和美好品质，正如他的遭到破坏的伦理理想的力量使他们感到恐惧一样，只有真实的内容意蕴才能打动高尚心灵的深处。”[1]王西彦塑造人物时，注意了“本身具有丰富内容意蕴和美好品质”。这些人物有诚挚、朴实、忠厚、善良等等为人称道的美德，也有以各种形式表现出来的应予否定的方面——这无疑是构成悲剧的一个重要因素。王西彦笔下的悲剧人物有比较丰富的悲剧性格。这种悲剧性格与悲剧境界密切相关。

作家描绘悲剧世界展示了悲凉悲壮两个颇有特色的艺术天地。悲凉境界能引起如亚里士多德所说的怜悯与恐惧，悲壮境界能使人们激动并产生强烈的敬仰之情。

构成悲凉境界的人物性格除了具有一般的悲剧性格之外，还有人为刀俎、我为鱼肉的忍让与懦弱，缺乏正确认识事物的愚钝与无知。《苦命人》中的妈妈是一个忠厚勤劳、逆来顺受的妇女，可她就像汉乐府民歌所描绘的焦仲卿妻刘兰芝那样，并未受到婆母的青睐。婆母要骂就骂，要打就打，要赶就赶；可她呢，不管自己对不对都认错、下跪，悲剧的结局不难预料。《神的失落》中的高小筠纯洁、真诚、善良，也能明辨是非。她对马立刚有深切的爱，但在旧势力的代表——她的

[1] 黑格尔：《美学》第三卷上，商务印书馆 1979 年版。

表哥伸出黑手威逼她的时候，她屈服了。虽然内心痛苦，她还是去了“地狱里”。不到一年，她就被送到他的前妻那“冷宫”里去了。她怎么想？“已经忍受过来了，现在也是决心来忍受”。《穿越废墟》中“我”的二姊也有类似的情景。她14岁就被嫁出，辱骂毒打是她的家常便饭。丈夫死后，公婆把她卖给了一个比她大一倍的鳏夫。什么她都咬牙忍受，任凭命运之船把她载到哪里。悲壮境界的性格也有自己的特殊性。这主要表现为坚定的追求和勇于牺牲的精神，拿王西彦的话来说，就是具有农民的固执。《遭遇》中的马其宝顽强战斗，敢于牺牲。他负伤躲避，考虑的是“如果敌人搜索到他，就旋开手榴弹来毁灭敌人，也毁灭自己。”他寻找部队，目睹了同班战士李尚义英勇的死，又目睹了一个老太婆家悲惨的遭遇，更增强了为国献身的意志。他只身和群敌战斗，还无畏地冲过去，献出了宝贵的生命。《在路上》中的老高、《麻舅舅丢掉一只胳膊》中的麻舅舅、《死在担架上的担架兵》中的担架兵都具有这样的品格。如果将两种悲剧境界中的主人公作一个比较，可以看出这样的势头：任人宰割的倾向在减弱，崛起奋斗的倾向在加强。消极忍受逐渐被对生活的积极参予和推进所代替。艺术上的这种变化是思想认识变化的表现。在尖锐复杂的民族矛盾和阶级矛盾中，只有百折不挠的奋斗精神才能解脱民族的苦难和清除罪恶的制造者。

作家写了一些敢于抗争者的悲剧。如果不局限于此，如果从王西彦整个小说塑造的人物形象来看，更可以体察到对敢于抗争者的注重比较突出的是原始强力的发掘。原始强力多体现在贫苦劳动者身上，而且还和应否定的方面混杂在一起。《刀俎上》的猪栏就是这样的人。他对遭有钱有势者的盘剥和压榨极为愤懑，明知有危险还敢于去找这些人论理。他粗暴地打毫无错处的妻子，这一方面是他的大男子主义发展到野蛮地步的表现，另一方面也是不满黑暗势力的原始强力的发泄——当然是不看对象的乱发泄。《命运》中的路三与猪栏相似。他不满于贫困和受压迫，一时又不敢去找那些使自己过非人生活的人，于是就把一肚子的火疯狂地发泄到妻子身上，打得无辜的妻子遍体鳞伤。后来，被逼得走投无路了，他终于铤而走险，放火烧了保长的家。对原始强力要进行具体分析，不能下一个简单化的、笼统的结论。这是朴素的具有正义性、反抗性的力，正因为这样也是有待于提高的力。

对于少年儿童，作家也注意描写了要强、向上的品格。这些孩子多出生在贫寒之家，过早地受着生活的磨难，尝着成人的忧虑。他们继承了父亲的耐力和勤劳、忠诚等优良品质，在抗战的熏陶下也养育出了具有时代感的爱憎和对未来的理想。《惆怅》中的小牙子生活在一个艰难的世界。日本人来了，妈妈死了，他随着父亲和姐姐开始了流浪。他以天真的眼光看待现实、回忆过去，但他也逐渐领略了生活的艰辛，希望赶走强盗回到故乡。《期待》中的小罗并不是小牙子那样的流浪儿，还有着上学的幸运，可自从父亲从军打日本去之后，他也开始分担家庭的担子。首先是停学，然后就是帮助母亲做那些平凡而琐碎的家内和家外的事，谈到去打仗的爸爸他感到自豪，但时刻盼望着打胜仗回来。也许是由于年龄的关系，小牙子和小罗都显得十分幼稚和天真，性格比较单纯，仅有点朦胧的民族意识。《隔膜》中 10 岁的根生就不同了。他的性格比小牙子和小罗复杂，自尊而又宽容，友好而又固执，爱与恨不完全自发而带有自觉的性质了，虽然还幼稚、天真，但毕竟减少了许多。他想去找逃难来乡下有钱的小客人玩，被“衣襟上挂金链子的先生”训斥了。他愤愤地想：“有钱的没有一个好人！”当小客人谈到外国人时，他非常不满小客人的赞赏态度，不客气地与小客人争执起来。在他眼里，外国人就是日本人，而日本人“把中国人不当人，用刺刀刺中国人的肚子”。认识自然是不全面的，会有不正确的成分，但表现了强烈的民族感情这一点，无论谁都会承认。

（三）

王西彦的小说是现实主义的，但也闪烁着浪漫主义的光辉。这位浙东乡村养育出来的作家，以农民的求实精神观察世界的种种现象，认认真真地描写农村、城镇、前线、后方。如果认为他的小说注重现实的客观描写，而不注重作家主观能动性的发挥，那也不是实事求是的。他某些作品理想的成分颇重，有的甚至还有神秘的色彩。《古屋》写了几乎占村子一半如城堡似的阴森森的古屋以及在“末代子孙”们中发生的那些令人心情沉重的故事。常不开黑栅门的悲哀的哑巴和他那不幸的妻子无休止的争吵，有进取心的妻子跟懦弱无能的丈夫孙宏阴的决裂，被当官的丈夫抛弃了的孙尚宪的侄女弃子与人私奔……都或多或少有些离奇。《村野恋人》描写了谧静田原上发生的庚虎和金兰、金豹与虎妹两对年青人的恋爱故事。茫茫大雾里在飘流着的小船中的拥抱和淡淡月光下在温柔夜风中的幽会，无疑具有浪漫的情调，还不必说作家多次写到的美奂常屋后那片曾有一对青年男女寻情的阴森可怖、使人战栗又向往的浓密的竹林与有关牧羊女的古老的有神秘色彩的悲剧故事。这些小说虽然理想的气息比较重，但作家并没有故意去追求那些远离现实的境界，而是为了更真实地反映生活。在现实主义的基础上对这种艺术方法的注重，不是未经认真思索的任意之举，而是将其作为使艺术形式完美的技巧。

王西彦的小说，无论是短篇、中篇还是长篇，都有颇重的感情色彩，内涵也是非常丰富。有对劳动者纯真的爱，有对愚昧无知者深切的痛，有对失足者难言的惜，有对不幸者浓厚的悲，有对凶残者无尽的怒，有对罪恶制造者强烈的恨。最基本的自然是同情与爱抚、厌恶与憎恨。虽然这两个方面常常交织在一起，有不可分割的联系，但作家描写的多属于前者的范畴。由此，很明显，作品表现出来的感情主导倾向是在同情与爱抚方面。主导倾向如此并不意味着对矛盾的另一个方面的轻视；更不能看成是作品的不足，应该看到这是作家在充分发挥自己的生活优势。作家以多种方式表露自己蕴蓄的情感。在塑造理想中的人物比如金兰、赛男时，她们的脸型、身材、穿着、思想、气质、行为，无不是美的象征，感情倾注于字里行间。在塑造赛男时，作家还多次以不同方式将她与城市姑娘作对比，对其百般推崇，对城市姑娘作不恰当的贬低。当然这有片面性，但另一方面也反映了作家对理想人物的深情。王西彦小说还带有很强抒情性的叙述。他是这样写庚虎对金兰的爱：

他爱小金兰！他爱她聪慧明锐的眼睛，爱她乌黑的发辫，爱她红润健康的脸庞和发育得异常丰满的体躯……

他爱小金兰！他爱她的倔强，她的野性，她过人的大胆，以及她那谜一般难以捉摸的性格……

他爱小金兰！他觉得有千百种理由可以证明，自己和小金兰之间存在着一种难以说明的默契；这种默契由命运铸成，非人力所能阻碍或破坏……

反复与排比，使深爱之波往复回荡，并带着一种甜蜜的柔情。

在情节安排上，主要有两种方式：一是慢起大落，一是平缓演进。慢起大落的结构多出现在悲剧之中。作家选用一些典型化的情节，竭力展示主人公合理的行为、全力的追求、待实现的愿望，在读者心目中渐渐形成并强固，希图主人公幸福或达某种要求的饱和感情；可就在这理想实现的门槛之前或感情的烈火燃烧得最旺的时候，突然地也是合理地让主人公陷于不幸，在读者心里引起难以平静的战慄震动。庚虎与金兰发生了如胶似漆的爱。虽然金魁爷阻止，他俩仍坚定不移。当有情人终会成为眷属的曙光出现在地平线上，庚虎突然失踪，结果是被日本人杀害了。金兰一下子消瘦了，精神还出现了恍惚。已到中年的老太婆伯伯盼子心切，可他的妻子因病重影响了生育，好容易病好了，生了个可爱的儿子，夫妻俩沉浸在充满希望的幸福的阳光之中；也就在这时，日本人侵略带来的灾难吞噬了刚出世不久的小生命，毁灭了他们的梦。王西彦是感情丰富的作家，对劳动者有深情，但他的笔带有铁石心肠的味儿，这从慢起大落的情节安排中是看得出来的。这是理智抑感情的结果，也是艺术创作的需要，中外文学史上许多悲剧作品走的都是这一条成功的路。平缓演进一般没有慢起大落引起的突发的感情震动。作家选用的是由某种因素连贯起来的典型情节，娓娓叙述，无大起大落，不少也没有引人入胜的故事。《惆怅》通过小牙子贯穿全篇，小牙子以他稚气的眼光观察眼前发生的一件件普通而又的确能表现生活艰难的事实；也正因为如此，他一次又一次回顾逃难前那也还平静的故乡生活，情节平平凡凡，也没有多大的发展。《家鸽》描写的是成人世界。作家写了姚文英甜蜜的早晨、准备三八节演讲、演讲后的兴奋、与丈夫的争论、拟妇女慰劳队的提案、去前线桥被冲毁又折回。尽管姚文英想走出家庭的圈子奔向社会，但总没有摆脱对丈夫的依赖，仍然是一只家鸽。情节虽是精选过的，但没什么错落，演进平缓。两种结构形式很难说孰优孰劣，似都可达胜利的彼岸。

王西彦的小说也有值得商榷的地方。如《村野恋人》就有宿命的气氛，仿佛安隆奶奶家发生的悲剧早就是老天安排好了似的，一切都按既定的意志在演进。作家说："就我自己童年和少年时代所熟悉的那个偏僻农村来说，人和鬼神是生活在一起的，而且鬼神是人的主宰者，人往往只能在鬼神的宽恕和保佑之下过活。"[1]反映迷信色彩很重的农村生活无可非议，但是，不能对天命论进行渲染，应更多地发挥自己的主观审视能力。

[1] 王西彦：《总算还掉了一笔债》，《村野的爱情》，湖南人民出版社 1983 年版，194——195 页。

王西彦：穿越乡土与人性的废墟

杨　义

一　悲凉乡土上的坚韧人性

在战火流离中，王西彦形成独特而复杂的艺术指向。当他被称为“浙东乡土作家”的时候，乡前辈鲁迅式的忧患，深刻地投射到他的作品中；当他思考着人性的失落和毁灭的时候，京派健将沈从文式的“乡下人”趣味又洋溢于字里行间。他穿行于鲁迅和沈从文之间，人性与社会性之间，使人们很难把握他的流派归属，因而作品缺乏轰动一时的社会效应，却始终不减其孜孜矻矻的艺术真诚。这种心灵的轨迹印证着他的人生轨迹。王西彦小名余庆，学名思善，1914 年生于浙江省义乌县福田乡青塘下村。其父守伦为清末秀才，乡村塾师，兼管族众拣日子、看风水之事。其母骆宝球和三个姐姐，都是童养媳出身。王西彦带着农村苦命人的辛酸，在县立初中就读时，接触到鲁迅的《呐喊》、《彷徨》，把其中描写浙东农村生活的名篇，虔诚地抄录一遍。1930 年考入杭州民众教育实验学校师范科。1933 年考入北平中国大学国学系，与同学于次年组织的“绿洲文艺社”，发展为北平左联的一个小组。在杭州写出初稿的短篇小说《车站旁边的人家》，于 1934 年在天津《大公报》副刊发表，此后在该副刊编辑萧乾举办的作者招待会上结识沈从文，常到沈处听取创作指导。他的第一个短篇集《夜宿集》，也是沈从文推荐给商务印书馆出版的。抗战爆发后，回故乡暂住，于 1938 年随战地服务团到徐州，访问了台儿庄战场。其后撤退到湖南长沙，到武冈县塘田战时讲学院讲授文艺与创作。1940年，去福建战时省会永安，加入黎烈文的改进出版社，创办《现代文艺》月刊。1941年冬，辗转到湖南攸县六轮陂村，以那里城堡式的"文家大屋"为背景，创作第一部长篇《古屋》。次年应王鲁彦之约去桂林，曾在王鲁彦患病期间，代编《文艺杂志》，又编辑《力报·新垦地》副刊。其后流徙于湘赣，于1945年2月重返福建永安改进出版社。光复后，任教于福建师范专科学校、广西南宁桂林师范学院。长沙解放后，受聘为湖南大学文艺学院中文系教授，武汉大学中文系教授。1951年调任浙江大学中文系教授。在此期间，参加过湘东、皖北的土改运动，并以此为题材写作60万言的长篇《春回地暖》。1953年举家迁沪，任《文艺月报》编委和华东师大教授。长期的颠沛流离，使王西彦加深理解了鲁迅的忧患意识，接近契诃夫纯朴而忧郁的心灵。他把契诃夫提倡的诚恳与朴素，当作现实主义的精髓，谛视乡土、民族和人的命运。他为此而不追求离奇的故事、华丽的字句和轰动的效果，"有时就难免形诸笔墨，说自己是个'寂寞的作家'，自己的作品是'寂寞的书'。我愿意在这条寂寞的道路上踽踽独行。"[1]

浙东土地上，似乎没有给这个作家留下多少翠绿色的童年之梦，或者说，这块悲凉凄苦的乡土使他的童年之梦也变得阴沉灰暗了。令人惊讶的是，他对乡土的悲凉感受不仅来自30年代左翼文学思潮的影响，而且在他童年时期那个信仰神鬼的世界中似乎也获得过某种意象性的暗示。他出于童性，自然也曾沉溺在族叔堂兄说得有声有色的《三国》、《封神》的神奇世界。但由于早年丧母，性格沉郁，他对一位老年长工讲的鬼故事，似乎更多一点"于心戚戚焉"。他形容这位长工道："好像他来自鬼的世界，和那些男鬼女魂沾亲带故，把他们说得那么刚直，那么善良，那么讲信义，还能装起细嗓子学女鬼的娇声。"[2]在某种意义上说，他部分乡土小说，也是从那些被灾难折磨成半人半鬼的村民的灵魂深处，发掘出倔强、正直和善良的品性的。《鱼鬼》展示的

[1] 王西彦致笔者函(1989年3月5日)。

[2] 《王西彦小说选·自序》，湖南人民出版社，1982年出版。

就是一个把人当鬼的世界，据传说，“鱼鬼”的驼背而喘咳的老娘于月夜把鱼干晒在竹席上，烧香祭告鱼们的灵魂，然后挑一担砂子倒在村前池塘里，那些砂子便都重新变鱼，各自收回已丧失躯壳的灵魂，这就是为什么“鱼鬼”能有那样多捉不完的鱼。正是在这种神鬼民俗中，小说层层深入地探究着一个从外县逃荒到“议员五爷”家中当长工的、绰号“鱼鬼”的农民的境遇和心灵。绰号本身，就带有几分神秘和受歧视的味道。他是村里的捕鱼好手，只因当过坟地里的弃婴，就被视为被妖魔换了灵魂的异物。他一家住在村边黑暗颓危的茅屋，以草席埋葬了苦命的母亲，以劳动养活着残废的兄长。这一切都使村民们感到他是一个难解、又有几分恐怖的谜，因为他竟敢挥拳打碎别人连恭敬都来不及的、村中第一位大人物“议员五爷”的墨晶眼镜。小说以第一人称叙述着这个童年时代阴沉的谜一般的梦，当“我”重回家乡，感到世事日非之时，只有“鱼鬼”依然茁壮地活着，母亲们依然拿他吓唬小孩，孩子们依然怕和他打照面而被摄去魂魄，连他死去的老娘因坟头不长草，也被传说在夜间爬出来给“鱼鬼”晒鱼。惟有“我”遇到他在田沟里戽水摸鱼、在坟地边垦荒种植的时候，才第一次发现他那张丑陋到近乎大猩猩的脸上，露出一个劳动者纯真无邪的笑容。随之，“我”应邀到他家里坐坐，听他残废的兄长诉述着“鱼鬼”一年三百六十天闷声干活，也交不足“议员五爷”的地租，“弟弟真是好弟弟，农忙时种地，闲空时捉鱼”。但是，连日淫雨，洪水决堤，淹没稻田，“议员五爷”气势汹汹地申斥鱼鬼兄弟护堤不力，扬言照常收租。“鱼鬼”挥拳痛打这位头面人物，然后纵身跳进洪波急流中了。作家以略欠修饰的文笔，编织着他悲郁的童年之梦，并且在这种悲郁的深处发掘着受损害、受侮辱、被视为异物的苦命人善良、勤苦、倔强的灵魂，使悲郁的梦透出一线奇特的光亮。但这线光亮也被权势力量吞没了，于是就只剩下作家反复咀嚼着的“乡土的悲凉”。在一个残破的思乡梦不可寻踪之时，作家站出来做了一番充满阶级义愤的发言：一切存在的人与人之间的欺压和蔑视，都是不可饶恕的罪恶。

作为一个乡土作家，王西彦关注着乡间父老质朴到有点麻木，而在诚挚中又包含几分生命的韧性的灵魂。因此，他笔下的乡土悲凉，不仅是土地的悲凉，而且是心地的悲凉。他自述：“我还依恋自己的童年，记忆里还保留着过去那个充满叹息和眼泪的乡土的悲凉景象。正在那时，我读到了西班牙作家比阿·巴罗哈（PioBaroja）风格别具的《山民牧唱》，它用一种仿佛从特异的乐器里弹奏出来的凄凉调子，描写那些没有人保护却将被拉去当兵保护别人的烧炭人，失去了男人过着孤寂无助的日子的寡孀，被人叫做‘地狱的巴提’的看坟人……西班牙的国土不是离开我们很遥远吗？发生在那里的不幸的故事，为什么和发生在我们眼前的一样呢？人世间的悲哀为什么竟这样广大无垠呢？”[1]实际上，《山民牧唱》这种凄凉调子，被作家对鲁迅的《故乡》、《阿Q正传》的深切感受所过滤，在许多作品中已化作从村民心灵中体味到的音调了。短篇《老太婆伯伯》是解剖国民心理之作。“老太婆伯伯”由于办事慢吞吞，又长着一张可笑地向外翘突的老妇人式的下巴，得了这么一个诙谐的外号。他喜欢逢人谈说自己的过去，那时他给人家打零星短工度日，“一双手侍候一张嘴”，换取几盅老酒，倒也逍遥自在。到了45岁，为了“传宗接代”，讨进27岁的女人。人们戏谑道：“老太婆伯伯，几时开花结子啊？”他答道：“孔圣人的四书上不是有得讲吗？不孝有三，无后为大——慢慢来，有树总归会有花，有花总归会结子的呀。”可是回家看见女人的扁肚子，他着急了：“是只烂母鸡也应该生蛋留种呀。”总算用偏方治好女人的喘咳症，她怀孕了。摸着她鼓起的肚子，他感到这里面埋藏着“他全部的希望，全部生命的意义”。幸而生下男胎，他就盼着婴儿“将来一品当朝，接爸爸妈妈到任上去享清福，去当老太爷”。孩子在躲避敌机轰炸时，犯急惊风死了，从此他面对那些向他戏谑的青年，再也举不起那柄不祥的狗粪耙把人们轰跑。情节比较单纯，却把人物的人生方式和心理状态，勾勒得颇有特色。它以一个微带喜剧色彩的人物性格，写出了宗法社会中以传宗接代为根本的道德信条所派生出来的卑微的人生之梦，以及这种卑微的梦在民族灾难中的破灭。如果说《老太婆伯伯》写的是一个有家室的阿Q，那么《福元佬和他戴白帽子的牛》写的就是一个牵着牛上市场的闰土了。作品写了主人公福元佬等待卖牛的机会时，蓦地想起的“牛和蚕的故事”：

[1] 王西彦：《悲凉的乡土·自序》，花城出版社1982年版。

原来牛和蚕都是天上的星宿，想下尘世看看，两相约定，由蚕儿载着牛从天而降，载到半路，彼此都饿了，蚕问牛的食粮是什么，牛说凡是一切青的它都吃；蚕又问，那么也吃桑叶吗？牛的回答自然也是吃的。蚕一生气，就把牛从自己背上掼下地来，所以牛的上唇没有门牙，蚕的背上还遗留着两排牛的蹄印……

这则稚拙的民间传说，充满了浙东农民对成为他们衣食之源的蚕和牛的天真无邪的爱。但是这种爱，毕竟压抑不住战乱年代农民对日趋破产的命运的忧虑。福元佬家中，接连病死了媳妇，瘟死了小鸡，连从女婿家里捉回来喂养的小猪也退了食。因此他的老婆、儿子都归咎于那头额上长白毛的牛“是天上白虎星下凡，是个败家精”，主张把它卖掉。然而，卖掉这头“力气大，口齿好”的牛，实在等于割掉福元佬的一块心头肉，牵牛上市场的一路上，那种留恋、负疚之情和惘惘然的失落感，简直令他难以承受。他不愿向砖窑窑主和捡柴火的小孩吐露实情，谎称把牛牵去给女婿犁地。他在路旁凉亭听花白胡子老头讲起十几年前养过白额牛，家道旺得象火，到白额牛死后才败了家，便颇有一点知遇之感。牵牛上市场的一路，也是福元佬走向心灵历程的一路。作家一再地运用笔外之笔，触动人物的精神深处，当福元佬走过青草塘边守夜看鱼人的“行床”和余烬之时，他恍若隔世地回忆起年青时手执红缨枪巡夜的情景，他感到自己精神衰老了。最后，牛因白额，不易出手，在一片叫嚷着“日本兵来市场抢牛”的骚扰中，福元佬的心也随着牛被乱兵抢走，而跌入绝望的深渊。这只戴白帽子的牛，作为一个独特的艺术意象，浑然天成地牵联着农村老一辈人的原始神秘的风俗信仰，和摇摇欲坠的生存依托、命运遭际。得此意象，作家便水到渠成地由乡土民俗写到了闰土式农民的精神世界。

在特定的角度上说，抗日战争是对安土重迁的中国农民精神世界的严峻的挑战。由于作家对厚貌深情的中国农民的恋土情结有着深切的体验，他的抗战题材的作品，往往表现为民族意识和乡土意识的错综。《眷恋土地的人》以战地速写的略嫌粗疏的笔致，描绘着淳朴的大运河岸边农民的单纯敦厚的性格。自耕农杨老二怀揣地契，别离乡土，到大运河的汽车渡口当船夫队长，为徐州前线摆渡载满弹药粮食的汽车。看着大批从前方退下来的伤兵和难民，他感到“总得把鬼子打退”才能安身立命，第一次把自己的命运和战争联结在一体。他随驻军撤退而失散之后，溺爱自己的女人、孩子、牲口和土地的质朴感情又淹没了战争意识，空虚而孤凄地踏上归乡之途，去追逐妻子叮咛“早去早回来”的声音。途中遇到日军进犯乡村，他在山林中伏击敌人，迸发出生命的最后火花。“咱们庄稼人，总是自己屋里好”，杨老二的这句话反映了宗法制农村中人生方式对家庭的根深蒂固的依附性，只是在蹂躏和凌辱降临头上之时，它才在无可选择中与生我养我的土地一道，选择了战争。《乡井》写作家故乡的民性，重复着类似的主题。杨大龙是山乡里风流倜傥的青年，天生一副侠义心肠，莽撞到在替全村鱼塘守夜时，竟把钢叉扎进鱼贼的肋部。不过，这种勇猛的性格未能转化为远走高飞的冒险精神，作为传宗接代的独子，他不能设想离开如此美丽如此亲切的乡井，投向遥远的战争。他遵从老父老母的意思，到深山里的娘舅家，躲避抽丁入伍，安心做一个按照祖传惯例生活的“杨大虫”。直到乡井沦陷，他从老父卑屈地向那些打着太阳旗的人们作揖求情中，感到屈辱和憎恶。但是作揖求情，并不能阻止枪兵四乡捉人去充炮灰，反而招致捉不到儿子就捉走老父。在乡井已非存身之所的时候，这个倔强的青年才背离“在家千日好”的古训，在夜色中走上了别一条路。无论是写杨老二在战火纷飞中对乡井的眷恋，还是写杨大龙在有乡难以依恋时的另拓生命之路，作家都在焦灼地思考着“谁在抗战”这个重大的历史命题，他既在沉思着宗法制度在世界民族生存搏斗中的沉重的精神负担，又在寻找着土地的儿子在旧的生存方式难以平静地继续下去之时升华出来的生命意志。作家以漫天的战火从悲凉的乡土中蒸馏出悲愤，即便这两篇作品写于抗战初期的 1939 年，但它们已经开始具有熔民族命运和农民心态于一炉的沉思文学的格调。

恋土的固执和人性的坚韧，是王西彦探索乡村男女的精神世界之时，逐渐明确下来的两条基本思路。他带着个人的身世之感，极其关心农村妇女的心灵和命运，曾计划以此为题材创作“农村妇女三部曲”，结果写成《村野恋人》和《微贱的人》，至于第三部《换来的灵魂》只留下了一份粗略的提纲。其中长篇《村野恋人》（福建永安立达书店

1945 年初版)，是王西彦最有艺术魅力的小说之一。它的创作冲动，起因于一种强有力的诱惑：

> 这种诱惑，我想我应该名之为坚韧的人性。生命的美丽和庄严，就在于它的忍受和反抗，执着和追求。我的努力很简单，我企图借用一个发生在山僻农村的小故事，写出生命的坚韧忍受和可惊的执着追求。我挑选了一些卑微的人，一些不幸的人，一些命运的牺牲者。……就拿安隆奶奶和小金兰来说，一个是将退出人生舞台的老祖母，一个是初尝人生辛酸的少女；一个久经命运的酷待，一个却准备去忍受。她们就这样生活到世界上来，又复离开了这世界。这是一个宿命。这宿命是否可以打破？应该如何打破？我不想作任何答案。[1]

这种“宿命”不同于沈从文《边城》中那种一清如水的田园牧歌式的宿命，它弥漫着阴森而不祥的山岚，充塞着悲惨的现实人生的重压。当精壮的青年农夫庚虎把情人小金兰擒上敞篷船的时候，他就感到这桩爱情“不会有好结局”。因为他一家是从外省逃荒到凤尾岙的异姓人，数代单传，每代男子在女人肚子里留下遗腹子，不到 35 岁就撒手辞世，成为全村婚姻嫁娶上不吉祥的家庭。小金兰是小康和平的金魁爷家中的掌上珠，她对爱情富有冒险的幻想，常常避开横加干涉的父母，到美奂常屋后面的竹林中与庚虎幽会。美奂常屋是全村祭祀祖宗、举办喜庆大事和公共议事的公屋，屋后竹林据说曾有一对年青男女，因无法团圆的恋爱而双双自缢，每当日落黄昏，他们的鬼魂便坐在青石凳上相对哀泣，因此竹林成了阴森的不吉祥的禁地。竹林幽会被金魁爷风闻之后，金魁爷就登门指责庚虎家的“好心的安隆奶奶”，说“鸡归鸡，鸭归鸭，你安隆奶奶也应该知道自己的来龙去脉，麻雀不要跟雁飞，矮人不要空心高”。这番风波使本来跟金家长子金豹相好的庚虎之妹，谢绝了金豹的追求，来了个“麻雀不再跟雁飞”的报复。日军进逼山村，庚虎牵着新买来的小黄牛到山里投靠亲戚，却被敌军俘虏去

[1] 王西彦：《村野恋人·改版后记》，上海晨光出版公司 1947 年版。

挑弹药。家庭的厄运使安隆奶奶发疯，唱着猥亵的山歌，跌倒在美奂常屋前面。金魁爷对过去指责安隆奶奶感到深深的歉疚，终于同意金豹向虎妹求婚，与这户不祥的人家结亲。小金兰也不屑理睬城里富商子弟的表哥的追求，深感庚虎被捉，毁灭了她生命中最重要的一部分，惟有搬去与安隆奶奶同住，才感受到分担苦难命运的安慰。庚虎在企图逃离虎口时被射死，此时小金兰跪在竹林中不吉祥的石凳之前，默念着这竹林能容纳她和庚虎双双自缢，在她该是一宗怎样的幸福啊！在这里，美奂常屋后面的竹林是全书的中心意象，它在阴森神秘的气氛中顺乎时序地自生自灭，又孕育着殉情者至死未休的神圣情感。这里的爱情充满村野林间的情趣，它以不计成败的精诚，去抗衡着无法选择自己成败的命运播弄。这种爱情与命运的抗衡，没有梅里美笔下吉普赛女郎嘉尔曼的泼辣豪强，却富有东方女性独具的沉默的专注和坚韧，因而它提供的是中国农村妇女含辛茹苦、笃诚去伪的人性受难图。作品也许把悲剧的原因归结到残酷的战争和侵略者，但在它行文的暗示性中，侵略者的战争似乎成了完成宿命的某种工具。正如作家自白，他的主旨并不在探究抗战现实的本质，或是表现抗战时期农村社会的变化，因而他的视角是人性的，淡化政治的。他的偏嗜在于用人的悲剧去实现道德的完善和人性的高扬，憎恶乡土陋习和崇敬乡民美德的矛盾心态，使作品把丑恶夸大成宿命，又把人性浪漫化到了有点超然世外了。

二 寻梦者的困惑和失落

乡土题材和知识分子题材，是王西彦小说的两个基本门类。在北上求学和嗣后出入于战区和后方的岁月里，他就把日夕与共的知识分子生活作为文学耕耘的“第二家园”。他笔下的知识分子形象，大都具有两个特点：一是身边性，既没有留洋博士的学历，也没有平步青云的幸运，不做“心存巍阙”的繁华梦，只不过在动荡的生活中寻找一些世俗理想和人性实现。二是心间性，他们或浓或淡地具有出身农村的作家本人的那种乡土气质，既非洋场浪子，也非书香哲嗣，他们的人性追求之中往往带有几分对淳朴乡土的怅然若失的皈依。作家一再地提到他早年的两篇小说《找寻道路的人》和《折翅鸟》，并且说："使我困惑不安的是，在知识分子群里混迹久了，逐渐发觉那两篇早期作品的题名竟是不祥的谶语。原来我所接触到的几代知识分子中的大多数，他们都不仅是正在找寻道路的人，而且几乎都是可悲的折翅鸟——不只是肉体上的，尤其是精神上的。"❶

长篇小说《古屋》(文化生活出版社1946年版)，既有对某种类型的知识分子心灵轨迹的探寻，又有对古老的乡土文化的反省。古老而闳大的城堡式的"孙家大屋"，正面堂屋悬挂着细工雕龙、朱红厚漆镌刻的"覃恩诰封二代"的金字匾额，已经显得斑驳黯淡了。住户们莫不各自守着一份阴惨奇异的生活，令人觉得一下子闯入了一个古老荒唐的故事之中。屋主孙尚宪排行老二，京师大学出身，自称早年参加过轰轰烈烈的学生运动，受生活打击而失去雄心万丈的美梦之后，就在他的"养晦斋"里以书画碑帖一类"清逸之品"来消遣人生，信奉起伊璧鸠鲁的快乐主义了。他也主张无知无识的乡巴田夫上前线，因为"伊璧鸠鲁主义不是人人可信，人人可行的，伊璧鸠鲁主义是人生的最高修养"，而他本人作为"一个真正有修养的快乐主义者，就得在生活享受的不可能中寻求可能，在乱离中寻求平静，在苦难的世界里自享安乐——一切精微之处全在这里！"不过，给他的快乐主义伴奏的，却是"苦恼"二字。作为城堡古屋的砥柱，他需要如同用锈腐的铁箍，去箍上老旧肢解的木桶一般，维护崩溃中的大家庭的"面子"。老大在烟瘾、牌瘾中荡掉家产之后，只留下整天嘎嘎惨叫的哑巴儿子，作为"家庭败落的征兆"。哑巴的妻子是抱着以青春换取痛快挥霍的日子嫁进孙家大屋的，等到家境一落千丈，她就百般折磨哑巴，然后深夜逃跑。她被孙尚宪捉回而发疯，锁进黑屋后撞墙而死。三房的命运也不见更好一些，老三死于烟瘾，留下的儿子孙宏莳是一尊扶不起的"泥菩萨"。他被孙尚宪强迫着到邻县当科员，不到半年就回到古屋玩牌聚赌，连房子也作为赌注输掉了。他的妻子廖慧君是古屋中最有才能的女性，能够从托翁的《安娜·卡列尼娜》和白朗蒂的《简·爱》领会"对女性命运的解释"。她自然不愿厮守着一个脓包丈夫，最后跟随一

❶ 王西彦：《人性的悲剧》。

个在重庆从事妇运的女友逃离古屋，追求“精神的自由”去了。孙尚宪经历一连串的家庭变异之后，自称看破了世俗享乐和荣华富贵，在做点造桥砌路、建庙立亭、布施乞丐的善举中，寻找心的安宁。他改用“为善至乐斋”的斋名，宣称信奉“人道主义”。“什么是人道主义?它的极终目的就是为善。我想从事慈善事业，从给予中寻求自己的快乐，也就是快乐主义的扩大。”他的“人道主义”却在杀戮人性，在逼死哑巴的妻子之后，又策划着买一个难民女人，为哑巴续弦。他为了给古屋增添一点喜庆空气，铺张着给丫头出身的姨母亲举办八秩寿礼。可是，时过不久，这位老一辈的最后一人，为儿女婚变而祈祷祖宗，竟然一跪倒地，离开了碌碌尘世。

这是一曲对古老家族和依附古老家族的知识者人生的哀婉动人的歌谣。它以第一人称旁观者的叙事角度，描写古屋这个作为古老家族制度的象征物所覆盖下的黯淡而荒唐的人生，也许它略欠驾驭展示大家族崩溃时惨象迭至的宏伟气魄，但它在探究人物心灵的颤动和变形之时，款款写来，绵密细致，散发着幽幽的抒情味。作家说：

> 在学生时代，我曾经读过俄罗斯作家梭罗古勃的著名长篇小说《老屋》，一直留有印象。我估计，自己所以要把这部作品题名《古屋》与它的印象有关。但我写《古屋》的动机，并不全在揭露一个官僚地主家庭的罪恶和它的崩溃。实际上，对那样的大家庭我也并不熟悉，也缺乏描写它的能力。我不过利用这所乡间大屋充当舞台，使我的人物有一个向读者显露身手的机会。[1]

在实现这种创作宗旨中，小说引进了一个特异的房客洪翰真。她本来也是世家子女，乘乱离而跳出本家族的“洪家大屋”，并且奉行独身主义，以摆脱家庭和男子的束缚，献身于战时难童的教育。行文着力强化她的精神气质和孙尚宪之间的反差，勾勒着她信心十足的人生理想，和教养合一、改造人、发展生命的事业追求，并且借她的口嘲讽孙尚

[1] 《关于〈古屋〉的写作》，收入《王西彦选集》第三卷，四川文艺出版社1985年版。

宪的“亡国哲学”。最后，当孙尚宪把侄子输掉的房屋转押给难童学校之时，她带着天真活泼的难童拥进古屋，使这座阴森的家族城堡漏进了一线春天的阳光。这部长篇的艺术匠心，一在于古屋的设置，二在于人物的选择。也许孙尚宪代表着古屋的全盘，洪翰真不过占领了古屋的一角，但这一角的被占领就是一种艺术的象征，封闭的古屋已经不能按照旧的气派和体面存在着，它迟早要经受新的社会文化精神的冲击和改造。

王西彦本来有意于写知识分子三部曲，跟同他的“农村妇女三部曲”形成双璧的。其后他把“知识分子三部曲”的最后一部《在漫长的路上》独立出来，扩充成为另外三部连续性小说，而把剩下的两部组装在《古屋》之后，这两部长篇是《神的失落》(福建永安新乐社1945年版)、《寻梦者》(上海中原出版社1948年版)。作家也许还记得起沈从文对他的艺术指点，但是在沈从文把乡下人的原始淳朴人性移置于城市的和战争的另一世界(如《灯》、《会明》所描写的)，从而反射出他们本色的稚拙美的时候，王西彦却在知识者心灵中唤醒对乡下人道德的向往，这种向往在命运的嘲弄下，反而使他们心身交瘁，感觉到自己苦苦追寻的只不过是掌上青烟的悲哀。他离开了沈从文，因为他看到了人性被扭曲、杀戮和毁灭的历史宿命。他只好叹息，自己的知识分子题材的作品，是“给不幸的弱者唱的一阕凄凉的挽歌”。《神的失落》的主人公马立刚出身于贫穷农家，自小放牛割稻，做着小农人的梦。父亲在旱天抢水中吃了富豪人家的官司，决心送他读书做官。他依然以农民耕田的方式刻苦攻读，人生的理想是将来娶个乡下女人。他在北平卷入爱国学生运动，以小孩子迷眩于天上霓虹的心态追求一个女同学，但这个校花式的女子眼中没有他，不久就成了发国难财的香港富商的妻室。他负着心灵创伤到闭塞的小山城任中学教员，“生命的主宰的神”有两个：一个是读高中的妹妹马海兰，一个是靠他资助完成师范学业的小学教员高小筠。他觉得：“高小筠虽然不是一个乡下女人，但她有乡下女人纯真的心地。”这部小说与王西彦不少作品一样，存在着一个潜隐的基调：命运感。它用《圣经》上的一些话来阐释人生，扉页题词引用《圣经·约伯记》：“人生在世，必遇患难。”马立刚也说：“我总觉得自己是一个圣经上所记载的约伯那样的人，撒旦永远跟随着他，总是在命运好转的时候，打击便来了。”他与高小筠的爱情，是在命运的打击下加深，又在命运的打击下破毁的。中学发生风潮，本地教员唆使学生排挤外地人。当马立刚中了地方主义的箭伤，移居旅馆的时候，只有高小筠的爱情才是他疗病的万应圣药。他萌发了一种理想：将来带高小筠到偏僻的乡村，好好办一座小学校，离开这个以非法得来的金钱去践踏人类尊严的世界。然而在高小筠染伤寒症住院期间，他们的爱情笼上了灾祸的阴影。高家父母原来要把她配给一个沉溺烟赌的表哥的，如今表哥已成了发国难财的游击商人，驾着汽车，腰缠重金，手持手枪，逼迫她到省城成婚。为了不让污水溅到马立刚的身上，高小筠服从了命运，决定自己一个人去承担不幸。马立刚由此失去了“生命的主宰”，朋友安排他到乡间，也无法弥合他心灵的伤口。于是，他决定实践“生命的崇高意志”，去反抗命运。但是他在省城迎头拦截装载着高小筠的小汽车，得到的只是在医院养伤十日的苦果。妹妹马海兰从外地赶来把他接回，他已是蓬头垢面，神情黯淡，只好靠妹妹在乡下执教，来支付他的生活费用了。这部作品也是以第一人称的叙事角度，用单纯的情节来考察“神的失落”这个痛苦的心灵历程的。这个失落了的“神”，就是一个农民气质的知识者的爱情追求和人生理想。马、高均非罪人，他们都有一颗悲天悯人的心，“神的失落”，乃是他们以纯洁的灵魂，在命运捉弄下完成的社会悲剧和心灵悲剧。所谓命运，则是乱离时世罪恶的金钱势力所造成的价值颠倒和祸福无常。小说是采取由心灵颤动透视社会黑暗的审美视角的，诉诸命运，只不过是不幸的弱者无法抗拒受宰割的灾难时所发出的“天问”。

一个有趣的现象是：王西彦的乡土小说多用第三人称，知识者题材的小说多用第一人称。后者限制了他的自然和社会的视野，迫使他在抒情和哲理交融中，拓展人物的心灵视野。这种审视角度，是受启发于屠格涅夫的。他说：“在青年时代，我曾一度耽读屠格涅夫，他的《罗亭》、《前夜》特别是《贵族之家》，曾反复阅读，出现在他笔下的少女非常使我喜爱。在我描写知识分子的长篇中，例如《神的失落》、《寻梦者》和《在漫长的路上》，都明显地受有屠格涅夫的影响。”[1]《寻

[1] 王西彦致笔者函(1989年3月5日)。

梦者》描写了一个风采动人的少女：赛男。她是流落异乡的难民，靠洗衣扶养老母，一身农家装束，在女性温柔中糅合着不可抑制的野性。她天真无邪地同古寺里做饭的村童追逐打闹，在阴沉得令人讨厌的老僧生病时，又能以悲天悯人的情怀像服侍老祖父一样给他喂饭。这种天真的爱甚至推及山间的草木禽兽，她建议主人公成康农把猎回的松鼠放归大自然。这种诗化的人物描写，是为了印证成康农了悟到的道德观："我看透了都市生活的内容，熟悉了都市里人的灵魂，才觉悟到原来的乡下才是世界上最干净的地方，乡下人才是人类中最洁净的灵魂。"成康农是"我"在山寺里养病时结识的，他本是农家子，靠父亲粜谷卖牛上了大学，却以中古骑士的浪漫热情追求一个城市风度的小姐。失败后，信奉起叔本华轻蔑女性的哲学，隐居古寺，赏玩山林风味，以求解脱欲望之痛苦。在心灵的荒地上，他发现了这个"没有那些都市女人的虚伪和矫饰"的农家少女，确认她是"叔本华所轻蔑的女性以外的一个真正的女性"。于是，帮她排忧解难，为她的老母亲疗病送终。岂料佃户出身的赛男，曾受东家少爷的凌辱，她牢记慈训"人不怕贫，只要贫得干净!"总把成康农看作"读书人"异类。成康农自嘲"一直生活在可笑的梦里"，但自嘲却使他陷入更为可笑的梦，他决心改变自己的生活方向，带赛男去开辟"幸福之路"——"回复农民地位，亲近土地，耕种土地，采用一些进步方法耕种它"。赛男表示愿跟他回乡，做他的妻子或女仆，以全生命报答他的恩情。然而当他了解到这是赛男违心报恩的行为，会因一已的幸福牺牲对方的幸福之后，他迷魂顿悟，知识者的幻梦破毁了。这位人格分裂，"一半是乡下人，另一半却是城市人"的知识者，实际上是民族灾难当头的年代，想在山野乡间寻找宁静的人生幸福和心灵凭藉而不可得的"多余人"。作品在山泉林鸟间写梦，写梦的破灭，于明快清新的抒情风味之中融进了渐渐浓得化不开的怅惘哀愁，颇带一点屠格涅夫式明丽深婉的音调和色彩。

抒情，包含着作家与笔下人物的感情交流；而嘲讽，则是作家对笔下人物的理性审判。从作家的描写笔调由屠格涅夫转向契诃夫之中，人们可以窥见他审美意识的另一个侧面。短篇《夜宴》讽刺了把学界化作官场和情场的乱世俗物。浙东某中学的教员，为和某要人有亲戚关系，到重庆去做官的师范部主任华大容饯行。用学校会计处的钱作赌本的校长，离开牌桌入席后，华大容即向他提议，把学生饯行的钱当作礼金，供自己与打扮得如同好莱坞影星的女英文教员到重庆作“蜜月旅行”。校长对学生中的捣乱分子被警察捉走，无动于衷，吩嘱牌艺、横箫、酒量堪称“三绝”的数学教员唱“孟姜女哭夫”来助兴。在猜拳豪饮的喧闹中，体育部主任和史地教员因争夺一个女人，而打得头破血流，把全桌的盆碗都掀翻在地上了。小说行文缺乏应有的节制，讽刺笔锋颇为外露，假若说它学了契诃夫，也只是“契洪特”时期的契诃夫罢了。把嘲讽的理性和悲悯的情感相融合，从而具有较为典型的契诃夫式的“含泪的笑”的，是作者 1946 的中篇《人的世界》。它依次以“第一家邻居”到“第五家邻居”为小标题，展示了“我”赁居一座旧式楼房时，同一大门进出的先后几户房客的诸生相，艺术结构颇具匠心。这里汇集了种种社会怪现象：教授的遗孀在拳打脚踢下，与做生意发点小财的半老大汉同居；奉公守法的小职员无钱给产后衰弱的妻子打补针，到她虚脱死去之后，连装殓费也支借不到；留法归国的艺术家一身穷酸气，他因美术学院院长是官迷，教务长盗用公款从商，在艺术贬值中耻于自称“艺术家”，到他咯血而去郊外古寺疗养之时，受他资助的天才学生也中断学业，不愿加重他的负担了；失业的记者为泥淖般的生活烦闷暴躁，把妻子毒打到流产后，又负着深重的疚愆，带妻子到山区小县找职业；退伍的中尉排长整天和一班酒肉朋友喝酒、唱戏、打麻将牌，得到收容退伍军官去打内战的消息，就把在外面姘上的女人捆绑回乡安置，以便自己“索性把国家打个完蛋大吉！”这里采取类乎走马灯的结构方式，随着画面的轮转推移，展示了小人物世界五光十色的人间相。它们从不同角度承受着社会在土崩瓦解中的压力和冲击，高尚与卑污颠倒，知识受金钱践踏，国家被黩武者宰割。写来都是一些生活琐事，一些小小的悲喜剧，却满纸辛酸，满纸忧郁。

契诃夫的《草原》是对王西彦的创作产生过直接影响的作品。当这位俄罗斯短篇小说圣手把这本“草原百科全书”奉献给读者的时候，他是“觉得四周弥漫着夏天的草原的香气”的。而王西彦也为这股草原香气而陶醉，他说：“我爱极了这篇作品，读了一遍又一遍，从最初的读英译本到后来的读中译本，可以说是契诃夫作品中我读得最多的。我觉得，《草原》可以说是契诃夫描绘伟大祖国的命运的诗篇”[1]。发表于1942年7月桂林《文艺杂志》上的中篇《风雪》，就是用类乎《草原》详记旅行印象的方式，来探讨民族的命运的。它选择的是战时后方发国难财的商人的“黄鱼车”，让它颠簸在腊冬风雪下的山野间，以象征民族的患难深重。不过，它在阴暗的“黄鱼车”的车厢里，安排了一双母女，到遥远的滨海省份投奔服从民族利益选择道路的亲人，到底也漏出了一线“光明”。1945 年王西彦翻译的《草原》刊于《浙江日报月刊》，兴犹未尽，又于1949年春上海《文艺春秋》上发表了他创作的另一个“旅行故事”《蜜月旅行》。值得注意的是，这部中篇全然以饱经忧患的中年人眼光来摄取旅行印象，它已经改变了契诃夫《草原》以9岁的男孩子在没有弹簧的旧马车上观察草原奥秘的清新纯真的色彩，而带有颇为浓郁的嘲讽意味了。35岁的中学教员唐世恭带着新婚的高足贺一美，坐上布商的汽车到大城市去作蜜月旅行。他向新娘大谈美国好莱坞电影的妙处，称赞“19世纪是英国世纪，20世纪是美国世纪”。但是，商车上已挤上了阔嘴下级军官夫妇等五、六个客人，那阔嘴军官对美貌的新娘馋涎欲滴，惹得他母夜叉似的老婆骂他一副“失魂失魄”的不要脸的“馋相”，有本事把新娘抢来当姨太太好了。车子在半途抛锚，夜宿小镇，饭菜馊臭得难以下咽，臭虫、蚊子，蟑螂不时骚扰。半夜，同车的商人宿娼被自卫队查获，这对新婚夫妇也因年岁相差过大，被怀疑来路不明，直闹到阔嘴军官过来做证明人，才风平浪静。次日，汽车又在一座石屋废墟前出了故障，布商连连骂自己车子是“王八蛋车子”以释众人的怒气。把车子推到路边茶摊，同屋入寝，阔嘴军官大讲谋财害命的黑店，拦路打劫的强人，以及关于女人的猥亵故事。半夜，新娘一阵叫“救命”的声音，原来军官已压在她的身上。车子上空气恶劣，军官索性横蛮到底，宣称“要不是老子上火线打仗，你们这些王八蛋就变成亡国奴，还结什么文明婚，旅什么蜜月旅行！”唐世恭叹息象自己这样的人，在社会上简直没有生存权利，当对面开来一辆返程的公路局汽车时，新娘象逃难一般挤上

[1] 《王西彦中篇小说选·自序》，香港南方书店1982年版。

去，他也只好疚歉地跟随回乡了。而布商的车子里，军官太太还在愤愤不平地数说着那花枝招展的新娘："等她养了两个小孩子，看她还能这样叫人着迷不！"汽车上这幕小小的悲剧，折射出这个时代是非法商人把人送上危险和苦难的道路的时代，是强权蛮横地毁灭弱者的幸福的时代。当契诃夫在一派花草香味中把他的小主人公送到旅途的终点，让他以悲伤的泪珠迎接陌生的新生活的时候，王西彦的心情是如此沉重，他把这番蜜月旅行写成了不堪忍受的地狱之行，甚至不能把这对新婚夫妇送到旅行的终点。他写的这个自叹在社会上没有生存权利的知识者，竟然成了但丁《神曲》地狱篇中灵魂既为天国所摈弃，也不为地狱所收容的懦夫。这毕竟是一个带有农民气质的作家，他是诚实的，诚实到不愿张开理想的想象翅膀漫天游翔，他写知识者梦的破毁，破毁到没有重新编织的意志，唯一使他留恋也许是那片笼罩着宿命感的乡土，由于那里有坚韧不磨的人性。

（原载《中国现代小说史》第3卷第4节，
人民文学出版社1991年5月北京第一版）

我心目中的西彦先生

戴光中

初见西彦先生是在 15 年前，我和他的儿子王晓明成为同学的时候。他满头白发，一脸严肃，坐在一张巨型写字台后面，周围八只大书橱，庄严地簇拥着，墙上则挂着沈尹默、林散之等大师的墨宝。这在一个刚从北大荒来的“老插”眼里，实在是前所未见的大气派！我顿时肃然起敬，油然生畏，只会怯怯地喊一声“老伯”，就再也没词了。

后来渐渐熟稔，畏怯之感自然消失了，但那严肃认真的印象却有增无减。80 年代初，中国的文学评论正由大批判转向大捧场，说不得作家半句孬话。当时，我开始研究赵树理，特地跑去向西彦先生请教，可他反覆强调的，却是文学评论应走“求真”之道，告诫我，万勿赶时髦，要讲出心中真切的感受和看法，好处说好，坏处说坏，不能因为钟爱研究对象而只见优点不见缺点，甚至曲意讳饰，蒙骗读者。说得我悚然动容，从此不敢随波逐流。而他自己似乎也不高兴别人称他为教授和理论家，倘有谁向他提及他所写的理论文字，他多半会摆摆手，显出一副不愿意多谈的样子，甚至会截断别人的话，说：“我是写小说的，不是写理论的！”作家大都有一种将创作看得比理论批评高的观念，西彦先生想来也不会例外，但他会那样明白地说出来，是否也因为他对自己过去某些理论著作不大满意呢？他坐在沙发上满脸严肃地告诫我的同时，大概也在用同样的标准衡量自己吧。

我有个强烈的印象，只要和西彦先生谈起 50 年代以后极左路线造成的种种灾难，更不要说文化大革命了，他都很容易激动，常常会讲得眉头紧皱，脸色沉重，言辞之剧烈，语气之激情，甚至会令人觉得他不像个年逾70的老人。想想也是，他对这些灾难的体验实在太深了。50年代，文坛上兴起过一阵“作家插队热”，柳青、周立波等人都举家到农村扎根，体验生活。西彦先生也自觉自愿地响应号召，从上海迁出户口，准备落到浙江老家去。但是，当他在故乡亲眼目睹了乡亲们的种种惨状，吃不饱饭，明明是自己的工分钱，却被扣在干部手中，你要想取出来用，先得要求干部，甚至是跪下来求，他实在禁不住要对自己回乡的意义发生怀疑了。于是，才一个多月，他就返回上海。在60年代，他还真诚地相信“社会主义社会无悲剧”，可经过“文革”的洗礼，他终于大彻大悟，一部《炼狱中的圣火》催人泪下，亦可看作他的自我“改正”。后来，他又出版了关于十年浩劫的另一部回忆录《焚心煮骨的日子》，单从书名就可以看出，他对“文革”的记忆是充满了怎样的血泪之情。我向来就知道，在西彦先生心目中，19世纪的俄罗斯文学始终占有至高无上的地位。现在目睹了他谈论“文革”时的那种激动的神情，我对这一点是体会得更深了。俄罗斯作家面对苦难的那种深广的忧郁和悲愤的情怀，的确是特别能打动像西彦先生这样从20世纪中国的苦难中走过来的作家的心灵。

然而，西彦先生并非永远地满脸忧患，悲天悯人。他追求真，同时也追求美。在生活上，他喜欢旅游，每到一地，总是兴致勃勃，一定要把所有的好景地都看过才肯罢休；他尤其喜欢杭州的山水，每到春秋两季，便跃跃欲试地想找个机会去看看西湖。他还很以自己年轻时的“英俊”自豪，甚至对儿子说：“我年轻时可比你漂亮多了！”这一点，我是相信的，我看过他年轻时的照片，梳着分头，西装领带，人又高，确实有几分潇洒。再加上作家特有的一份多情的气质，对女孩子的吸引力想必也不会小。直到现在，他已年过80，几位比他小50岁的“忘年交”中，就也还有女孩子。最近几年，他有时也会听听流行歌曲，但倘若从电视上看到哪一位男性歌星在那里引吭高歌，而又久久不肯退下，老人家多半会忍耐不住：“换一个频道，换一个……”他实在不爱听。从前，他极喜欢西洋古典音乐，买了一大堆唱片，常常听得心醉神迷，会不由自主地手舞足蹈起来。为此，他总是关上房门，以便更为自在。也因此，他特别喜欢跳舞。平时家居，他老穿舒适的中式宽衣大衫，平底布鞋，活像个村镇老秀才；但为赴舞会，他甘愿不怕麻烦，西装革履，全副武装，音乐响起，童颜鹤发就会伴着花容月貌，神采飞扬，仿佛又回到了当年“翩翩年少”的状态。有时候，他甚至不大愿意接受自己已是个老人的事实。脸上若是出现了老年斑，他可以花上几个月时间，用水磨功夫慢慢地把它消灭掉。对于身体内部的冠心病、糖尿病，更是十几年如一日，一把一把地服中成药，直到痊愈。其持之以恒的耐心，实在令人惊叹。

谈到耐心，我想起了西彦先生的一件往事。60年代初，他由上海作家协会派到某大学任兼职教授，其间，因为一个原则问题，跟党委书记发生了争执。书记同志位高权重，向来是说一不二的，几曾见过当面顶撞的事情？不禁勃然大怒，拍桌相向。谁知西彦先生也同样大怒、同样拍桌，并且当场辞职，要求回作协从事写作。这在书记看来，简直太丢面子了，岂肯善罢干休？于是，双方像顶牛似地僵持着，一个不放，一个要走，足足有一年半之久，西彦先生不去上课，也不领工资，一家三口，全靠稿费维持生计。而那个年头，正遭逢特大的天灾人祸，空前的饥饿威胁着每个老百姓，他家的困窘是不难想象的，但西彦先生凭着他那惊人的忍耐力，熬过这段岁月，熬灭了这位书记的冲天怒火，最后如愿以偿，返回作家协会。

提起这段往事，我不觉又想到另一件更早的事情。西彦先生的父亲是个乡村秀才，在农村教书，治病，兼管选日子和看风水，方圆十里内，也算得上有头有脸的人物。一次，不知何故，得罪了一条地头蛇，此人竟公然挑衅，手持一把铮亮的长刀，冲着正坐在茶馆里的父亲，骂尽了天下最难听的脏话，因而也招来了许多看客，包括少年的西彦先生。情况很明显，父亲陷入了两难境地，如果不自量力，冲出去迎战，必定是自取其辱；如果慑乎淫威，逃之夭夭，今后这脸面将往哪里搁呢？但他看到，父亲尽管气得脸色铁青，浑身颤抖，却既不出战，也不后退，在极其难堪的围观中，始终不可思议地不接腔，不动弹，稳坐喝茶。而僵持的结果，奇迹出现了，地头蛇居然首先泄气，悻悻地自动离去了。西彦先生说过，此事他终生难忘。我想，这对他日后的为人处世，想必会有深刻的影响。读他的回忆录便可以知道，舒心的日子其实不多，大大小小的挫折磨难，真是难以数计，而他所以能逐一化解，并在逆境中勉力前行，恐怕正是这种百折不挠超乎寻常的顽强忍耐力及由此而来的健旺生命力在支撑着他，恰似沉默厚实的大地，可以承受无穷压力而依然生机勃勃。“文革”伊始，上海市最早抛出八个“反动学术权威”，西彦先生是其中之一，在那远胜于当年地头蛇辱骂的批斗中，他没有步老舍、傅雷的后尘，宁折不弯、以死抗议，而是悄悄地告诉周雯伯母：要准备用沉默来对付一切打击，咬紧牙关挺过这场浩劫……

写到这里，心中颇觉酸楚，因为晓明讲过他家当年的生活。由此，我又想，这种大地上野草般的忍耐力，似乎并不同于鲁迅先生进行“壕堑战”的韧性精神，倒更接近于中国民间所谓“天无绝人之路”、“船到桥头自会直”的思路。这是非进攻性的，是善良的人们用以维持生命发展、维护人格尊严的力量。晓明告诉我，他见过父亲而立之年时的一张照片，脸上的表情分明就是：“你别碰我！”这一点，我也是相信的。西彦先生幼年丧母，9岁就离家读书，在义乌县城读书时，节假日，同学们都回家了，只剩他一个人，孤独地站在栅栏门后，怅望着街上的行人，心中说不出的凄凉。16岁到杭州读高中师范，第一次看见汽车，吓一大跳；随身带着一只装衣物的“篾笼”，是父亲当年考秀才用过的“传家宝”，可在这里，却成了丢人现眼、受人嘲笑的对象；更要命的是，他满口土话，与那些杭州的少爷小姐们格格不入，连起码的感情也无法交流。在同学眼里，他真像一只土头土脑的“丑小鸭”，而他自己，则用农村中常见的“陌生鸡”——鸡群中新来乍到、备受欺侮却无力反抗报复者——来自况。少年时代的如此境遇，对他的精神发展会有怎样的影响，我想也就不言而喻了。至少，他那种乡下人的忍耐力和警觉心是会一直坚持着的。他没有害人之心，但也决不轻信别人。

我还觉得，西彦先生虽有长者风度，却非事事谦和的老好人。与他聊天时，他会以渊博的知识和阅尽沧桑的眼光，来指点人生世相，特别是面对那种纠缠着真与假、善与恶、美与丑、高尚与卑鄙、光明与阴谋、充实与无聊的文艺风景线，他的议论往往深刻而尖锐，使我常有胜读十年书的实感。但久而久之，我发现，他说话其实极有分寸，内心似隐隐地划着一条界线。这界线，随着形势的变化而波动，其议论之深刻与尖锐的程度，也就随之波动，而无论怎样波动，总不会越雷池太远。我以前年轻气盛，常觉得这样不过瘾，太遗憾，后来涉世渐深，碰壁日多，才痛苦地领悟到其中的隐曲：在错综复杂的世界上，并不是仅有崇高的理想、心爱的事业和执著的追求，便能顺利地走过崎岖坎坷的人生道路的。面对西彦先生的这种分寸感，说是中国式的世故也好，说是老年人的睿智也好，反正，我是既有点伤感，也有点钦佩的。

不过，我最钦佩的，还是西彦先生的勤奋。他一生的理想、事业及追求，都与“文学”二字紧密相连。自1933年初，在上海发表处女作散文《西子湖畔之夜》起，整整一个甲子，他始终在这个神圣的领域奋力笔耕。当然，关于他的作品，自有评论家和文学史家作出评价，但显而易见，他的收获是大面积的。进入80年代，更是一本接一本地出书，旧著加新作，总计几近30部，光是“新时期”所作，就有200万字。著作等身，名符其实。他自己说，他一直奉行着“勤能补拙”的信条，这当然是一种谦词，单有勤奋，并不就能补一切拙。但与同时代其他作家相比，就可以知道，西彦先生的成就当中，确实有相当部分要归功于他的勤奋。去年，我见到西彦先生，发现他脚下有点飘。这对一位老人来说，当须倍加注意，于是我委婉进言，请他善自珍重。不料他的脸上一点儿没有赞同的神色，令我颇觉疑惑。后来听晓明说，才知道自己犯了小忌，老伯根本不服老，丝毫没有迟暮之感，自然不愿接受此类劝慰。在最近发表的一篇文章中，我看到他仍然强调，文学创作“是一种艰巨的创造性劳动，需要作家秉赋有一种忘我的虔诚态度，一种克私奉献的傻子精神”，并且重申，其他一切都不管用，关键是要能拿出作品，“让作品来说话！”看来，他仍然没有放弃那个“勤”字，不但自己身体力行，还以此劝勉他人。据我所知，他正在撰写一部关于“十七年”的回忆录，而且打定了主意，要像写《焚心煮骨的日子》一样，将它也写成一部老老实实讲真话的回忆录。八十老翁，犹能如此，我除了“钦佩”二字，还能说什么呢？

总而言之，在我的心目中，西彦先生正直、认真、勤奋、顽强。他是一位相当典型的现代中国知识分子。他和我的老师已故的许杰先生一样，都来自乡间，在20世纪中国特有的艰难困苦中苦苦追寻，心中的种种况味，想必是一言难尽。如今面临这样一个前所未有的社会“转型”，西彦先生那已经饱经忧患的心灵，又会添增一层怎样的情绪呢？我下一回再踏进他那间宽大的客厅，他又会向我发些怎样的议论呢？这一切，我都无从揣摩，也不愿深想。我只是在这里遥祝他老人家舒心宽怀，眠食俱安，面对这个纷纭多变的时代，您已经用文字尽了自己的心意，总应该过得轻松一些了。

1994年10月　宁波

（原载《收获》1995年第1期）

王西彦的小说创作

孙升亮

在三四十年代的中国现代文坛上，有这样一位作家：从走上文学创作道路的那天起，就坚守着一个不移的信念，像鲁迅、契诃夫那样，写得越真实越朴素越好；用手中的笔把家乡人民苦难生活的真象写下来，以表达自己的骨肉之痛和悲愤之情。在长期的创作实践中，他始终以农民式的固执和倔强，在属于自己的那方土地上默默而辛勤地耕耘，为我们奉献了 100 多个短篇小说和十几部中长篇小说，并对我国现实主义小说艺术作出了可贵探索和独特贡献。他，就是王西彦。

一

王西彦一再宣称自己是由于生活的逼迫而走向文学创作的。初期作品（1934—1937 年）虽然全部写于北平，却几乎都取材于童少年时期对家乡生活的印象和记忆。把这些作品放在一起，我们不仅能感受到作家对浙东那块“悲凉的乡土”的深切感情，而且还可以从中看出作家本人的某些真实的生活经历。这些小说近于回忆性的散文，作家似乎不愿也来不及进行从容的艺术构思，甚至干脆较多地采用儿童视角，直截了当地将自己身经目睹的往事和盘托出，以满足自己急切的倾诉欲。令人惊奇的是，在《月光曲》、《摸秋》、《好汉们》、《苦命人》、《爱的教育》和《投靠》等童年视角小说里，我们丝毫看不到童年生活应有的天真快乐和融融亲情，而只能感受到物质和精神生活的沉重压力。多数作品平铺直叙，艺术上缺乏感染力，基本上是以题材本身所展示的严酷惨烈的生活场景取胜的。《车站旁边的人家》中的章九爷爷，从年轻时就知道埋头苦干，拼命节俭，但生活却每况愈下，等到火车道将他仅剩的一块田地占去之后，一家五口无以为生，不得不在一个寒冷的大雪天让媳妇到火车站附近的客栈去出卖肉体。《悲凉的乡土》所描写的是在月夜里赶到孤老家里讨“血钱”的奶娘，也是受到婆家折磨的可怜的童养媳。其中《毒虫草》一篇写的是一个农民因久旱无水救苗而陷入绝望，最后一家五口服毒虫草自杀的人间惨剧。这些小说在题材和格调上都接近20年代乡土小说派的作品，这显然同作家有意识地取法鲁迅的小说有关。另外一个很重要的原因是：王西彦创作之初，正值“左联”清算以想象中的工农生活代替对实际生活进行客观描写的公式化、概念化的倾向，文坛上的一批新人如沙汀、艾芜等人以浓厚的生活气息和真切的人物刻画带动了创作界新的潮流。而北平又是乡土文学作家的大本营，远离工农运动蓬勃开展的南方。因而他的这些小说并不涉及农村的阶级矛盾和农民的反抗斗争，而是努力按照生活的本来面目，抓住细节和情感的真实，以情节设置、气氛渲染等手法将人物的悲剧命运推向极端，凸现出农村社会的阴暗和农民生活的悲凉贫乏，在阴郁的环境气氛中表现乡民们难以摆脱的宿命观念以及他们对痛苦所采取的忍受态度，为世道不公而叹息。但由于缺乏对社会矛盾的具体分析和典型概括，或者苦难制造者只有一个模糊的身影，或者把人物的不幸归于冥冥之中那只命运巨掌的拨弄，从而减弱了批判的锋芒。而由于弱者的困苦和屈辱占据了作品中的主要地位，悲叹和呻吟几乎淹没了作家对人物性格心理内涵的发掘，在作品中很少见出作家本人对农民命运的思考。相对来说，这些作品中透露出比较浓厚的生活气息，写实性强，通过作品所展示的生活场景和地方习俗，不难看出作家浓厚的生活功底，但近乎自然主义的描写方法阻碍了作家理性眼光的照射。这表明：光有生活和客观写实，而没有对生活透彻的把握与独特的理解、独到的发现，是无法达到高度的现实主义真实性的。

抗战爆发后，王西彦同大多数作家一道投身这场伟大的民族战争，自觉调整创作方向，为抗战的现实政治服务。由于作家把时间较多投人实际工作中去，也由于受整个社会在抗战初期的单纯热情的感染，来不及作更多的艺术上的修饰，多数作品近于通讯报告。这些作品一方面表现了广大农民为了保家卫国而激发出来的抗战热情，另一方面也揭示了他们身上因袭的历史重负和对未来命运的惶恐及艰难选择，表现了为抗战现实服务的清醒意识和功利目的。《在路上》、《仇恨的生长》、《玉蜀黍的悲剧》不再停留于对农民苦难生活的直观展示上，而是将仇恨的矛头对准了侵略者，开始更多地表现出一贯安土重迁的农民如何投身战火纷飞的战场，为改变自己的命运而流血牺牲。《眷恋土地的人》是作家在鲁南、苏北战地奔走的结果。小说中的主人公杨老二，在继承了辛劳一世的父亲仅留的一间半泥屋时，也继承了父辈拥有自己的一块土地的梦想。他在做了十年长工之后，竟然有了小小的一块地。可就在这时，战争的铁蹄踏上了那块土地，他被迫离开家乡，离开土地。凭着“俺只要回得了老家，要俺干什么活，俺就干什么活”的纯朴思想和热情，他在运河边的一个小渡口上做起了船夫队长，开始了新的生活和希望。他一刻不停地撑篙、铺板、推送车子，第一次明确地把自己的命运同民族战争联结在一体。到了五月底，正是金黄的麦子的收获期，渡口却笼罩着一片凄凉气氛：退却的军队象潮涌似地丛集在运河两岸，军队和难民争夺渡船，运河在纷扰杂乱里抽搐着、急喘着。杨老二被迫离开渡口，同军队一起撤退。这时，强烈的热爱土地的感情使他离开向后方溃败的军队，独自一人背着枪惶惶地向家乡跑去，最后同敌人遭遇。他的双手紧握着那支已经打完了子弹的枪支，保持着伏击的姿势，把自己的热血洒在那片难舍难分的土地上。中国的农民在肉体和精神上都遭受中外统治者的残酷蹂躏和屠杀，但他们仍然眷恋着那块他们与之相依为命的土地；在“打退鬼子好还家”的简单而执着的信念下，为保卫自己的土地而英勇作战，他们是这场全民族生死搏斗中的真正牺牲者和最大给予者。作者为杨老二安排了一个独自伏击日军而壮烈牺牲的结局，以此明确回答了“谁在抗战？”这样一个严峻的问题，表现了作家对农民的深深理解和同情以及一个现实主义作家的责任感。随着抗战转向深入和持久，作家对现实的认识也渐趋冷静深刻，逐渐摆脱了抗战初期单纯而浮躁的热情所导致的思想上的简单化倾向和对社会思潮的某种程度的盲从，在作品中越来越多地表现出对那个异常漫长而黑暗的历史时期里广大农民和知识分子命运的独特思考。

40年代初，国统区发生了一场持续数年的关于“主观力”的争论，这不能不对王西彦的创作发生影响。

胡风认为，现实主义就是“主观精神与客观真理结合或配合”，作家不应“追随生活”，而是要发挥自己的“人格力量”去突进生活，进而提出了应充分发挥作家“主观战斗精神”这一创作主张。应当说，胡风的一些理论主张，如认为“五四”现实主义反封建和促进“精神改造”的基本任务并未完成，揭示人民群众中“随时随地都潜伏着或扩展着几千年的精神奴役底创伤”仍然是现实主义的一项根本任务；现实主义创作过程本身，就是与生活同时也是与自我的“搏斗”，是“一下鞭子一条血痕”的斗争。这与王西彦40年代的创作思想和创作实践是相当接近的。但王西彦似乎是更倾向于他的同乡冯雪峰的一些观点。在福建永安主编《现代文艺》期间，王西彦就十分推重并在自己的刊物上发表了冯雪峰《论典型的创造》和《文艺与政论》两篇理论文章。在后一篇文章里，冯雪峰认为：“在要求作家深入生活、体验生活或接受某种思想概念的同时，还应该要求作家对现实生活的深入的正视，独立的思考，大胆说出真理的勇气和魄力”。这同王西彦当时对现实主义创作的理解是一致的，以至于王西彦在近半个世纪之后，还在他的回忆散文《乡土·岁月·追寻》里，把冯雪峰的这段话引录下来。冯雪峰在这场关于“主观力”的论争中，虽也对胡风派理论上的一些极端和偏颇提出异议，但另一方面也认为“主观力”思潮是“对教条主义和客观主义思想态度抗议”，同时“更多是对于压迫青年的生机和热情的旧社会和恶势力的反抗，也是对于部分知识分子的精神崩落状态的抵制”。他还指出：“所谓‘向精神的突进’，如果是指的作家被自己的对人民的热情和生活的理想所推动而燃烧一般从事写作，以及向人物的所谓内心生活或意识生活的探求，那么正是我们所要求，并且也正是几年来我们文艺上的一个大展开。”[1]因而基本上肯定了“主观力”对于现实主义创作的意义。

[1] 冯雪峰：《论民主革命的文艺运动》(《冯雪峰论文集》中册，人民文学出版社1981年版。)

我们还没有见到王西彦参加这场争论的材料，因而无从判断王西彦是否自觉地接受了胡风“主观战斗精神”的某些方面。但以王西彦40年代对文艺理论越来越浓厚的兴趣（发表了一定数量的理论文章），加上他与《七月》杂志（在《七月》上发表过一些小说）和“七月派”理论家（与舒芜过从甚密）的关系，这场争论肯定引起了他的关注，必然增进了他对现实主义的理解。他至少是从胡风、冯雪峰等有关“主观战斗精神”的论述中得到了鼓舞，更坚定了走自己的创作道路的信心。

王西彦宣称：“我只求所写的故事能够近于真实。我所要完成的，乃是我自己。”[1]因而既对叙述描写时的冷漠态度反感，也不赞成社会剖析派那种集团倾向和强烈阶级意识的描写，而是十分重视个体体验，注重发挥作家的主观能动性，在作品中融进自己的爱憎感情和对生活的思考。这使得他的小说在总体风貌上确与胡风影响下的“七月派”小说有一些共同的特点。如喜欢借人物心理的深入挖掘表现人物性格的复杂性；小说的感情基调都是浓郁悲凉的，显示出作家浓厚的悲剧意识。他的40年代的作品显示了越来越成熟的创作个性。同样是写农村妇女的苦难和不幸，作于1942年的《黄昏》完全抛弃了《车站旁边的人家》和《悲凉的乡土》等初期作品中那种外在的客观展示方法，而是努力突进人物的精神世界，大大拓展了作品的生活容量。女主人公原是一个童养媳，在结婚生子之后，开始慢慢享受叔伯婶嫂们所给予的重视和尊敬，有了自己温暖的家。但战争残酷地夺走了她的这一切：在两年前的一次逃难中，她与自己的丈夫孩子失散了，流落到现在的村子里，做了福田的媳妇，又为他生了一个孩子。而福田为了养家冒险到战区去卖粮，几日不归，又使她陷入惶恐之中。小说对于这些生活事件只是以主人公的回忆作简单的交代，集中表现的是她在一个黄昏的心理体验：在两个男人之间的苦苦等待，对两个孩子的牵挂，原先对生活所抱的希望和现在因“来历不明”而忍受的孤独和屈辱……在这些作品中，作家不再以人物那种活不下去的痛苦诉诸读者的感官，压得人透不过气来，而是重在表现那些勤劳淳朴善良的人们如何在命

[1] 王西彦：《村野恋人，改版后记》(上海晨光出版公司1947年6月版)

运的打击下走投无路、左右为难、彷徨无助，这使得他的小说真正具备了悲剧的品格。作于1937年的《他失去了手指》中的陈孝菁，原先春风得意：进政法大学获得法学士的头衔，还在城里挂过律师招牌，很红过一阵子；却因极偶然的原因被手中一只上锈的土枪炸掉四个手指，从此在窒息的乡村过着孤寂的生活，完全丧失了生活的热情和活力。这里人物不幸的根源只是偶然事件造成的肢体残疾，作品的悲剧力量是极其薄弱的。作于1945年的《春天》中的莫立明的肉体上的疾病固然也是痛苦的，但他更深层的痛苦却是与社会格格不入的矛盾：他怀着生活的梦想走出学校，做了一个公立学校的教员。他认为这是一项神圣的人的改造工作，便如一道强烈的闪光投入到激情的洪流中去。他赢得了孩子们的热烈欢迎与爱戴，却也惹起了地方势力的迫害，短短的三个月之后，他就被迫离开了这所学校。他并没有就此灰心丧气，不久又跑到大都市做了新闻记者，立志从事社会改造工作。但他很快就失败了，所招来的打击比第一次更大，他在社会上失去了立足之地。这时他又渴望寻求家庭的温暖和慰藉，于是选择了一个比自己更年轻的女孩子，重新焕发了生活的热情。谁知，幸福只是一抹幻影。在最初的激情过后，两人之间的矛盾冲突越来越多，他的妻子受不了他的那套社会习惯难以违反、生活不可克服的教训及明哲保身的生活态度和处世方法，在他们唯一的孩子病死之后，毅然冲出家庭走向社会，远离他而去，使他完全陷入生活的绝境。“哀莫大于心死”，莫立明的悲哀无疑要比陈孝菁的更为深广，更具典型意义，因而具更大的社会意义。在现代中国，知识分子肩负着特别重要的历史使命：唤醒民众，改造社会。但在实际生活中，他们却是同广大民众一道经受最痛苦的磨难，过分窘迫的物质生活和沉重的社会压力使得他们高远的理想成为自我嘲弄，一部分人只得沉入灰心绝望的深渊，成了找寻不到出路的“多余人”。从这个角度看，莫立明的悲剧不仅是他个人奋斗的悲剧，也是那个特定时代，那个社会的悲剧。

不过，同样是强调作家的主观性，王西彦不象路翎那样偏爱表现人物身上隐秘甚至变态的心理，一般人物心理变化幅度不大，也有着比较明确的现实基础。莫立明毕竟有着农村知识分子的朴实，他所要做的是切实的工作，所经受的也是具体的打击。现实甚至不能满足他最后一点点起码的生活愿望：退回家庭，建立一个可以遮风避雨的小巢。他不象路翎笔下的蒋纯祖那样充满了贵族式的骄傲，那样的狂躁不安、富有力度和动感，有那么多的焦灼的精神探索成分。这使得王西彦的小说同典型的“七月派”作品有很大区别。他的小说因此避免了路翎的因作者主观感情对人物精神状态的过强渗透而导致的人物性格在某种程度上违反自身逻辑的偏颇，另一方面却也使他笔下人物多迫于现实压力而放弃了精神探索和对生活不断追求的精神，因而在精神上呈现出自我收缩甚至自我否定的状态。作家本人将批判矛头指向社会，而对于知识分子的精神弱点又较多地持宽容态度，缺乏严峻的理性批判眼光，影响了他对人物心理的深层发掘。王西彦的许多作品境界狭窄，人物关系单纯，多以单线索表现个别人物的活动的心理变化，与路翎所具的史诗笔调和宏大的生活场面明显不同。

王西彦进行创作的基本动机是代苦难申冤，又接受了鲁迅、契诃夫等人现实主义精神的积极影响。他的作品关注人生，面对最令人悲愤的现实，努力把生活写得跟本来面目一样。在坚持现实主义真实性与客观写实的前提下，强调作家对生活的独立思考和社会责任感。这使得他的思想探索既没有局限于自我的悲欢离合，走上逃避现实的歧途，也没有过于向政治思想靠拢，以先验的政治观点、政治态度取代对历史具体性的展示，带来公式化、概念化的弊端。而是努力将小“我”提高到时代典型的境界，在写实性与主观性之间保持平衡，从而使他的作品在不损害艺术性的同时也具有较大的思想容量和社会意义，进入了现实主义创作的一个较深层次。

二

王西彦的思想探索集中体现在他对历史文化的反思和人性的探寻方面。

王西彦 40 年代成熟期的作品继承了鲁迅“国民性”批判的优良传统，在为农民们悲惨际遇洒下同情之泪的同时，对他们愚昧无知和浑浑噩噩的精神状态带着深切的忧虑。《老太婆伯伯》中的主人公是一个 40 多岁的男人，却因其外翘突出酷似老妇人的下巴、一切都慢慢来的习惯而得到“老太婆伯伯”的外号。他在经人撮合讨回一个27岁的女人之后，就做起了传宗接代的美梦。凭着他的善心和一束珍贵的草药，三个月后竟奇迹般地医好了女人的喘咳症，后来她又怀上了孕。从此之后，“老太婆伯伯”就挺起了腰杆，在面带讥笑的村民面前毫不掩饰自己的喜悦，做起了传宗接代的美梦，并以加倍的辛劳来感谢这生命的奇迹。谁知儿子生下不久，就因躲避日寇飞机而“惊风”夭折。在把那个尚未满月的小生命的尸体送进超生池后，“老太婆伯伯”的生命也迅速走到了尽头。作家在人物身上集中了中国农民典型的文化心理：将传宗接代视作生活的头等大事，“不孝有三，无后为大”；并在下一代身上寄托着自己对未来生活的可笑幻想，“一品当朝，接爸爸妈妈到任上享福，去当老太爷”，以此来逃避自己的现实苦难。因而“老太婆伯伯”在失去这一幻想的起码依据时，也就失去了整个生活的信心甚至存在的理由。《死在担架上的担架兵》中的李娃娃，由于他的钝拙和近乎可笑的忠诚，成为人们取笑的对象。他在田主的欺骗下，胡里胡涂地来到战地医院，十分辛勤地做起看护兵和担架兵，反而对田主的“照顾”怀着感激，对自己的处境也心满意足，只是同伴道出田主霸占他妻子的真象之后，才吵嚷着要回家。他后来也就同样胡里胡涂地受了伤，在被担架抬下来之后，又胡里胡涂地死在担架上。与他相象的是《麻舅舅丢掉了一只胳膊》中的麻舅舅。他同样是对于自己的现实处境浑然不觉：在上前线丢掉一只胳膊之后，一味夸耀自己的战功，却没有想到如何在保甲长的欺凌和盘剥之下维持一家人的生存。值得注意的是，在王西彦的笔下，他们身上在长期的反动统治下形成的愚昧麻木等精神病态同他们淳朴善良的人性善又是紧密相联的。王西彦没有孤立地去鞭挞人物的精神弱点，而是饱含着同情的泪水，透过人物的貌似可笑的言行之下所掩盖的传统美德的圣洁光辉，表现出我们整个民族的深重苦难。李娃娃始终以最纯真的善意待人，他为每一个受伤牺牲的战士而痛哭流泪，因此得到“泪娃娃”的外号。他甚至愿意为了满足伤员的要求而违犯军纪，他更是以农民的勤劳干着双份的活，为受伤的战士默默地作着奉献，从不抱怨自身所受的委屈。麻舅舅真诚地投身抗击侵略者的战斗，身残之后也完全没有计较个人的得失。《鱼鬼》的主人公是一个神秘而固执的乡民，他那超群的捕鱼技巧，还有他的孤独与沉默，使他成为孩子们畏惧的对象，同时也获得了标志着歧视的“鱼鬼”的外号。鱼鬼一家是从外乡流落到这个小村庄的，他们没有自己的田地，一家三口住在村外的一间破旧不堪的小泥屋里。哥哥做石匠时被压断了腿，母亲又是一个干瘦的老太婆，一家的生活重担完全压在鱼鬼的身上。他农忙时在租种的田地里干活，一有空闲就捉鱼晒成干儿到城里去卖，回家后还帮着哥哥做些石匠活。在谷物黄熟期的一场大雨中，鱼鬼不得不与这不可挽救的厄运抗争，白天黑夜地在溪边守护着堤岸，可结果洪水还是冲毁了鱼鬼家在溪边仅有的一块水田，也吞没了用身体去堵裂缝的鱼鬼。他以健壮的体魄，不知疲倦地辛劳着，来维持一家的生活。他渴望摆脱自己的孤独，主动同孩子们交朋友，为他们摘了一长串的山楂果，谁知却把孩子们吓得赶快跑掉，只留下自己的夕阳中孤寂的背影。他的许多原本善良、勤劳的举动都得不到村民的理解，甚至在母亲死后，他每天晚上到坟前小声啼哭，也被别人看作可怕的鬼魅。作者借游子归乡故地重游，把镜头对准了那个破旧的小屋，表现了鱼鬼兄弟之间浓浓的亲情，他的真诚的待客之道，层层剥析了人物不露喜乐哀愁的外表之下所掩盖着的忠厚善良、坚定执着、勤劳勇敢等性格特征。既表现了这个一向不为人敬重甚至遭到鄙视的人物身上所蕴含的人性美，又把怀乡之情和对人物的关切之情融为一体，自然地表达出作者对家乡人民的理解和对他们历史命运的思考。

对于农民，王西彦一方面确信疗救他们被毒害的灵魂，远较改变其生活境况和社会地位更为重要；另一方面对他们身上单纯善良的人性、对生活的坚韧忍受和对爱情的执着追求又倾注着满腔热情。特别是到40年代中后期，他更注重对农民的人性发掘，着力表现“生命的美丽和庄严”[1]。《村野的爱情》是在作家学生时代的散文《老坤和小孀妇》的基础上重新构思而成的长篇小说。它表现了农村青年男女的爱情生活和不幸遭遇。庚虎有着奇特的家世：从祖上开始，单传的男人总在壮年离世，村民们对此有着神秘的猜测和不祥的预感。但就在这种阴郁悲观的气氛中，小金兰像一个自然之子一样单纯而执着地爱

[1] 王西彦：《村野恋人，改版后记》，(上海晨光出版公司 1947 年 6 月版)。

上了庚虎。正当他们的爱情即将冲破歧视和宿命的迷雾的时候，不幸的命运降临了：庚虎先是被侵略者抓去做劳工，后又在逃跑途中被杀害。小金兰在苦苦等待中获此噩耗，因无法承受这巨大的打击而发疯。他们的爱情终于倒在了异族统治者的屠刀之下。这里的男女主人公不再是处于食不果腹、衣不蔽体的物质困境中的灰暗的身影，他们热烈地追求纯洁的爱情和美好的生活，力图冲破生活和爱情上的重重障碍。他们的爱情虽然最终归于失败，但他们在和命运所作的殊死抗争中显示出来的人性的光辉却是十分美丽壮观的。稍后的《微贱的银花》表现的是“被苦难所毁灭的生命”[1]。银花的一生充满了不幸：她被继父卖给一个山村寡妇的儿子做妻子，因来历不明而备受村民歧视，在生了一个女儿之后开始获得人们的尊重和享受真正的家庭生活。但好景不长，男人的病死使她很快成为寡妇。银花在一段时间的痛苦之后又开始寻求新的希望，爱上了赤贫的长工牛二坤，为此她承受了巨大的压力——本家叔嫂们一次次的凌辱和村民们不怀好意的议论。后来她的女儿又被门前水塘夺去生命，情人也被逼远走他乡，她最终不能摆脱封建宿命观念的束缚，陷入无法自拔的绝望，只得呼唤着女儿的名字，跳入曾夺去女儿的水塘来结束自己的生命。在银花的身上，已经很少见到祥林嫂的影子，尽管她们的身世、所处的环境及周围人们的心态都颇为相似。她把爱情看作生命的希望所在，不顾一切地追求自己的幸福，其大胆勇敢程度甚至使她的情人也显得黯然失色。银花的失败固然有着自身的原因，但社会环境的过分险恶却是悲剧的主要原因。王西彦没有站在高高在上的位置，以冷漠旁观的态度对农民作空洞的赞美，而是置身其中，毫不掩饰自己对她们的同情和偏爱，并将批判的矛头对准黑暗的农村社会现实。

王西彦在北平习作期间，曾接受过沈从文的亲自指导。他的第一部短篇小说集《夜宿集》，就是由沈从文编定并推荐出版的。但王西彦的初期创作，除了接受沈从文远离现实政治这一创作主张影响（王西彦大概还觉得鲁迅的“不趋时”讲的是相同意思），因而在题材取向上注重以家乡童年生活为创作源泉外，在文化批判及小说总体格调上都

[1] 王西彦：《家乡的尘土和童年的泪痕》(《暮钟》上海文艺出版社 1989 年版)。

与沈从文的小说有很大距离。到了40年代成熟期，当王西彦的创作在“国民性”和人性之间游移并逐渐向后者倾斜时，似乎才真正显示出沈从文所给予的思想影响。王西彦此时的作品相对减少了早期所滥用的悲哀成分，对农村生活有了更多的诗意表现，如《村野的爱情》对山村农民纯朴的生活形式所作的描写、《乡下朋友》所展现的田园风光等。他笔下的人物也由陷入物质困境而无可奈何的老一代农民转向充满活力的青年男女。在后者身上，传统因袭的重负较少，比较多地表现出自然人性的圣洁光辉。不过，王西彦笔下的浙东农村毕竟不同于沈从文的湘西世界。也许是由于王西彦的童年经历太惨痛了，在后来的生活中又身经目睹了太多的现实苦难。他既然不愿违反自己对生活的认识和作为一个现实主义作家的那种现实感，也就很难获得沈从文那样明朗而轻松的心境去从容构筑“优美，健康，自然而又不悖乎人性的人生形式”，而是为人性的实际上的受压迫而鸣冤叫屈。因而在他的作品中，更多地还是描写人性毁灭、爱情失败的悲剧性场面，并对造成这一切的社会现实提出强烈的抗议。

与鲁迅相比，王西彦似乎对农民又有着更多的同情与迁就。他不忍过多地抨击他们的因循守旧和对命运的顺从，以及他们那种深入骨髓的宿命论和忍受哲学。在文化批判的向度上有了转移，相对减弱了对他们精神痼疾的广泛揭示和纵深挖掘，因而在以人物的悲惨命运激起读者的同情时，批判的锋芒容易从人物的身上的弱点滑过去，较多地指向外部环境。社会环境固然可以说是人物悲剧的根源，但这一终极原因在作用于具体的个人的命运时毕竟又经过了许多中介。那种简单而彻底的结论，在王西彦的作品中多少取代了对具体社会历史、人物自身原因的细致考察，限制了王西彦反思的深度。小金兰同庚虎爱情失败的罪魁祸首似乎只是外在的原因——异族侵略者的屠杀上。银花的走上绝路，更多的还是因为她“来历不明”的身世、本家叔嫂的敌视以及乡保长的勒索。这样的描写，社会抗议的色彩是比较浓厚的，但缺少了鲁迅那种深刻犀利的文化批判眼光，极大地影响了王西彦对农民历史命运的更深入的思考。

在文化批判及选择上，王西彦有着比较矛盾的心态。我们可以从他的创作轨迹和主题演变上多少窥见出这一点。他的初期作品在对苦难生活的展示时有意无意地选取了现代文明的视角，40年代初乡土题材小说中文化启蒙的意味更加浓厚。但到了40年代中后期，也同沈从文一样，喜欢用“乡下人”的眼光打量一切，在自己所置身的城市文化环境和知识者身上，到处发现出因缘于“文明”的各种病态，有意识地用“乡下朋友”的淳朴善良勤劳来反衬城里人无聊空虚苍白的生活。《病人》中的郝立明到欧洲留学7年，回国后一直在上海的大学讲坛上高谈阔论，在报章杂志上发表文章，有着极高的学术地位。但他渐渐地发觉自己走的是一条虚夸的道路，于是开始诅咒那十里洋场的大都市，把上海看成“文明病”的最大传染院，认为那是一个最容易使人堕落的地方，因而接受了一个乡下中学的聘约，渴望走向乡村里疗治自己从都市带来的精神疾病。他的妻儿完全是都市的产物，一离开上海，妻子就有抱怨。不久，孩子又持续生病，夫妻之间的争吵越来越厉害。到了后来，他自己也无法坚持全力实行的自我改造工作，吃不惯带霉味的米饭，而中国农村的贫穷寒酸跟他所向往的欧洲田园风光又有着巨大的反差，最终像一个“失败的约伯”仓皇逃回城里。如果说郝立明的自我改造工作失败的重要原因是家室之累的话，那么在《乡下朋友》中的庄道耕身上则更多地表现出“城里人”的劣根性是如何阻碍着知识者进入真正的农村生活。庄道耕也是一个颇负时望的学者，一个真正的都市人。长期的都市生活使他的精神十分疲惫，又患上了失眠症和胃酸过多症。他对都市生活渐生厌倦，于是乘车到“乡下朋友”大学同学刘乐能的家中去，准备至少住上三个月。刚到乡下时，他确为田园生活的美好而赞叹不已，认为农民是最可尊敬的劳动者，具有人类一切美德，甚至农民的欺骗和罪恶都比都市的要可爱得多。不过，在骨子里，他仍然是把自己看作是不同于农民、高高在上的存在。对于刘乐能与农民一道收割、看田水、开玩笑，甚至替他们画神送符无法理解。不久，他开始觉得田园生活也有辛劳和危险，更有迷信和愚昧。他不仅不能亲身体味农民的甘苦，反觉得自己同农民也同刘乐能的生活越来越隔膜。在一个连阴雨天里，当农民们正在举行集会商讨如何应付这场天灾的时候，庄道耕“悬想着都市生活的热闹多趣，不禁归心似箭”。当沈从文把对故乡的爱上升到理想化的高度，把对都市的恨也极端化时，更多的是一种对比，王西彦却并不停留于此。他在继续探寻知识者从乡间找到出路的现实可能性。郝立明、庄道耕固然有到农村“治病”的真诚态度，但他们在生活习惯、思维方式等方面又与农民格格不入，这就注定了他们的归宿只能还是他们所渴望离开的都市。相对来说，王西彦笔下的知识者绝大多数都出身于农村。他们的实际生活地位以及由此而来的自我意识和社会意识，不仅与富裕的西欧知识层不同，也与郝立明、庄道耕这类城市知识分子有很大差别。他们与劳动者，特别是农民有着天然的联系。他们在走出乡村时，不满于农民的愚钝、粗鲁、贫穷和吝啬，抱着很大的热情投身都市生活的漩涡。但一连串的失败使他们逐渐看清了都市生活的内容和都市人的灵魂，又回过头来把乡下人看成是人类中最洁净的灵魂，走上了感情回归之路。漂泊于社会底层的那份人生经验还使他们有了更多的“平民意识”，因而更容易与农民认同。《寻梦者》中的成康农走的就是这样一条人生道路。为了摆脱那些烦嚣无谓的纠缠和紧张暴戾的纷扰，摆脱都市生活的痛苦回忆，他逃到了一所几乎与世隔绝的古寺里。谁知他的这种努力，非但没能给他带去轻松和愉快，反倒让他陷入空虚寂寞的深渊。就在这时，一个纯洁美好的农家姑娘赛男出现在他的生活中。赛男的天真愉快和青春活力，在使他意识到自己的懦弱和卑怯的同时，又不由自主地爱上了她。他便制定了一套计划：先回复农民的身份去亲近土地，然后再采用进步的耕作方法去开垦土地，从此走出虚幻的梦境，踏上坚实的土地。但他没有想到自己同赛男原本不是一类人，“鸡归鸡，鸭归鸭”，一个是“读书先生”，一个是难民。更重要的是，他的这种选择，全是为自己考虑的，不管赛男是多么的不愿意。后来他意识到自己完全是从别人的牺牲里寻求幸福，是一种不可饶恕的罪过，于是他离开了赛男，准备重新寻找一个切合实际的路。成康农的精神探索无疑有着较多的现实内容。但他毕竟无法真正地回复农民的身份，赛男的真正地位还是他的仆人——一个洗衣妇。现实决定了赛男也只能去给镇上的有钱人家做佣工。他所寻求的不过是又一个美丽的梦幻。王西彦笔下的许多知识者都曾经过类似的尝试，却没有找到现实出路的可能性。其原因自然是多方面的，一方面是由于知识者本身的弱点和历史局限性，另一方面则是由于农村的社会现实过于黑暗残酷。在这样一块充满了不幸与悲凉的乡土上，固然有着纯洁美好的人性和坚韧不拔的意志，却也有着更多的欺诈和压迫，如不能切实地改变赛男、宝贵等人的生活境遇和人生态度，他们也就只能过那样一种生活。

这就涉及到知识分子提高农民的精神境界和进行社会改造的任务上去了。中国知识分子肩负着异常艰巨的历史使命：唤醒民众，改造社会。但社会现实往往不能为他们提供进行这种工作的基本条件。到了抗战以后，许多知识分子与广大劳动者一样陷入颠沛流离的境地。过分窘迫的物质生活和沉重的社会压力，一方面固然可以使他们对劳动者特别是农民产生普遍的亲切感，另一方面，却也使他们高远的社会理想陷入虚幻，陷入悲观失望的深渊。《牧人》中的汤落雁有着从事“人的改造”事业的热情，但教书的微薄收入同银行练习生的优厚待遇之间的巨大反差，特别是大学教授因无钱治病而惨死的事例，不能不在他的心头打上浓厚的阴影。更为可怕的往往还是恶势力的排挤和打击，尽管他们没有退缩，但却像唐·吉诃德那样脆弱渺小，不堪一击，战斗一经爆发立即成为失败的勇士（《春天》）。于是，他们中有的干脆消沉下来，过着窘迫痛苦的生活（《折翅鸟》），更多的人不愿陷入沼池却又无力自拔（《沼池》），只好拿虚伪和矫饰作维持生命的主要粮食（《清醒的醉汉》），以所谓的“烟酒茶三位一体”的“希腊主义”来掩盖自己可悲的物质生活困境（《假希腊人》）。对于他们来说，抗战胜利的喜讯也不能冲破心头重重的阴霾（《阴霾》）。他们在茫茫人海中浮沉，人虽年轻，心却过早地衰老了。于是他们又渴望从爱情中寻找安慰，寻找继续生活下去的勇气。他们选择了年轻、纯结、善良的女性，把她们看作主宰自己命运的神。但他们的爱情又是一个美丽的梦幻，是在残酷社会压力下无法实现的愿望（《神的失落》）。他们又带着疲倦的心灵回到故乡，但他们所看到的又是亲人们更深广的悲哀和对自己的失望（《破了壳的蜗牛》），发出“真要命，全世界简直没有一块干净土——你说这可怎么办？”的哀叹（《静水里的鱼》）。他们善良而敏感的心灵承受了太多的现实苦难，在社会环境的重压下无可掩饰地暴露出自身的种种性格弱点，他们毫无力量与黑暗势力宣战，为自己开辟一条新路。作家不忍对他们作更多的指责，却也并不能为他们指出前进的方向，只是把批判的矛头指向那个不合理的社会。

与自己笔下的这批知识分子小人物相比，王西彦“觉得自己既是属于他们一群的，又是不属于他们一群的”，因而“在描写他们时的出发点却是在一个高坡上。”[1]这使得他在对人物的不幸命运寄予真挚的同情的时候，仍可以用冷静而清醒的态度去省察那些力弱者的性格缺陷及道德力量。《古屋》中的孙尚宪，这位出身京师大学堂的“养晦斋主”，在年轻时曾度过一段放荡挥霍的生活。后来家道中落，不得已才躲进这所古堡似的大屋里种花养草，玩赏字画，讲究饮茶，信奉起伊壁鸠鲁的“快乐主义哲学”。他的浪子回头式的醒悟主要体现在道德自律上，而他的快乐主义哲学的真正内涵其实是中国传统知识分子“独善其身”的无可奈何的道德选择。但孙尚宪所处的时代背景毕竟是抗日战争时期，“一面是庄严的工作，一面是荒淫和无耻”[2]。在心理上呈退缩状态的孙尚宪同穷凶极恶地压榨人民的反动统治者固然有着很大区别，但他的快乐主义哲学的生活基础却是筑在门廊间的种田人的辛劳，更有着前方将士的流血牺牲，这使得他的所谓“利已而不损人”的辩解显出虚伪来。后来随着哑巴妻子的自杀，另一侄媳廖慧君的离家出走，他就不得不收起故作平静的外表，再也顾不得自己一向标榜的德行和修养，做起卫道者的角色，企图以年轻的生命为牺牲来挽回家族的颓败之势。作者用了许多讽刺的笔调写他为哑巴续弦、为姨婆举行浩大葬仪的行径，也借另一人物洪翰真之口表达自己的愤慨，直到孙尚宪自认他的那套“快乐主义哲学”彻底破产，后又以“为善至乐”的新名目来掩盖自己可悲的处境为止。王西彦无意于展现广阔的社会文化内涵，使作品带有浓厚的道德批判色彩。

不过，王西彦并没有孤立、静止地对知识分子作道德判断，他仍然把笔下的知识者放在一个剧烈动荡的社会里去表现。他的小说中多数知识者有着无可挑剔的纯洁道德。马立刚、成康农是他笔下一大批“道德完美”却又迂拙退守，缺乏奋斗能力的知识分子“力弱者”的典型代表。作家也清醒地看到了他们的道德力量在现实压力下是如何的软弱无力，竟丝毫不影响他们在现实中到处碰壁。但过强的道德意识

---

[1] 王西彦:《为同时代人造像》(《暮钟》上海文艺出版社 1989 年版)。

[2] 爱伦堡的著名警句，常为王西彦所引用。

毕竟使他对这批人物寄予了过多的同情和迁就。道德尺度不应该是唯一的标准，马立刚等人的精神弱点如放在现代文明和“国民性”批判的角度考察，似乎更值得挑剔和深究，这是王西彦站在那个仍受时代和环境极大限制的“高坡上”所难以觉察的。

王西彦有强烈的社会责任感，对作品思想性的重视要强于艺术性，有着比较自觉的反思精神和忧患意识。不过，他对农民知识分子的精神世界和未来出路的探索一直没有明确的结果。这种不确定性固然可以扩大作品的张力，增加作品的思想容量。但这毕竟表明了作家的思考仍停留于矛盾状态和较低层次，与他所借鉴的俄罗斯大师相比，缺乏托尔斯泰那种博大精深的哲学思考和拷问时代的力度，也没有陀斯妥耶夫斯基拷问灵魂、对人的精神世界的巨大穿透力。他的作品也过于偏执于某一类知识分子，对于当时整个中国知识阶层的全貌缺乏宏观的把握。而要对中国知识分子的历史命运作出深刻的思考，作家尚需具备笼罩全局的历史感与史诗笔调，这又是擅长在一个较狭小格局中表现个别人物的王西彦所难以胜任的。

（原载《文学评论》1995年第3期）

王西彦的笔名

艾 以

王西彦，1914 年农历十月初六日生，小名余庆。父亲王守伦是乡间小知识分子，一个农村私塾师，他给自己的孩子取了一个很有意思的名字叫余庆，一是因为王西彦是五姊妹兄弟中最小的一个，二是吉庆有余的意思。

“王西彦”是他的学名，早在他读小学的时候，见课本里的选文，每有在结尾处作一小结：“西谚曰……”，觉得很有意思，就想把它作为学名，但又觉得“谚”字笔画太多，问老师老师答“彦”乃贤人之意，就取“西彦”为学名。后来即用为笔名发表作品，那是在他 17 岁那年，即 1931 年 7 月 15 日，他的第一篇处女作《残梦》在南京出版的《橄榄月刊》第 15 期上发表。他的第二篇作品则是根据英译本转译的契诃夫的短篇小说《询问》，也发表在《橄榄月刊》第 18 期上。这两篇作品发表时都署名王西彦，距今已是半个多世纪以前的事了。在这之后的漫长的创作生涯中，他的绝大部分创作都用王西彦的署名。

1982 年，王西彦曾在上海《文汇报》副刊《笔会》上撰文谈他的第一篇小说。根据他的回忆，他的第一篇小说是《车站旁边的人家》，1933 年上半年发表在天津《大公报》的文艺副刊上。[1]不久，我们在编辑《王西彦研究资料》一书的过程中，在复旦大学图书馆查阅旧报刊时，发现 1933 年 7 月出版的上海《新时代》杂志上，有王西彦发表

[1] 王西彦：《我的第一篇小说》，刊于《文汇报》1982 年 2 月 17 日。

在该刊第 2 卷第 4、5 期合刊上的短篇小说《铃凤姑娘》。据此我曾在《艺谭》上写过一篇文章，说明王西彦的第一篇小说是《铃凤姑娘》，而不是《车站旁边的人家》。[1]后来，在不断收集、查找王西彦著译和有关资料时，又在《橄榄月刊》上发现了比《铃凤姑娘》更早的他的作品，这就是前面提到的短篇小说《残梦》和译作《询问》。

在王西彦的漫长的创作生涯中，他除了常用王西彦的学名写作外，目前可以证实的，至少还用过 10 个笔名写文章。

1933 年 4 月 1 日，在上海出版的《大陆》月刊上，发表了王西彦的第一篇散文《西子湖畔的夜》，署名“王西稔”，这是他第一次启用的笔名，大概是取其王西彦的谐音吧。后来他时而用这个笔名发表作品，如 1934 年 3 月 22 日发表在天津《大公报·大公园》上的短篇小说《高六叔》，就署名“西稔”。

1938 年 11 月，长沙大火后，王西彦随《观察日报》迁到湖南邵阳。不久，又调到设在邵阳南路武岗县境内的“塘田战时讲学院”工作。报纸和学院都是中共湖南省委直接领导的。1939 年 4 月，“塘田战时讲学院”在国民党第一次反共高潮中被武装解散，《观察日报》也被查封。不久，王西彦东去浙江金华，和当时任中共东南文委书记的邵荃麟联系。随后，到省立衢州中学任教。同年 12 月，他在衢中任教时写了一个短篇小说《乡间》，第一次出现了“邵向阳”的笔名，由于《观察日报》和“塘田战时讲学院”都是在邵阳被国民党查禁和解散的，为了纪念曾经工作和战斗过的地方，在“邵阳”两字之间加了个“向”字，意在“向太阳”。这之后，他用“邵向阳”笔名发表过短篇小说《风浪》、《绝崖边上》等。同时，他还用这个笔名写过不少文学评论，如《论文学的特性》、《论文学上的功利主义》、《论文学与社会生活的关系》、《论文艺思潮的流变》、《论诗的成长》、《论近代小说的路》、《论戏剧的过去及其将来》、《论主题和题材》等等。

1940 年 4 月 25 日，在《现代文艺》创刊号上，我们第一次看到王西彦用“杨洪”的笔名发表文艺短论《批评家的任务》。接着又用这个笔名陆续发表了《关于形式主义》、《旧形式和新形式》等短论。当

[1] 艾以：《关于王西彦的第一篇小说》，刊于《艺谭》1985 年第 2 期。

时，他和黎烈文、邵荃麟等人曾用各种笔名在这个刊物上写文艺短论、书评和散文。

关于“杨洪”这个笔名，根据王西彦自己的解释，是从“洪杨之乱”这个词的前面两个字颠倒而成，寓有“叛乱者”的意思。他用这个笔名撰写文艺短论外，更多的是用来写书评。如对《新水浒》（谷斯范）、《风陵渡》（端木蕻良）、《沉渊》（林珂）、《他死在第二次》（艾青）等的书评，都署名“杨洪”。

王西彦除用过“王西稔”、“邵向阳”、“杨洪”等笔名外，还采用过“施稔”、“细言”以及“俞磬”、“忆津”、“斯远”、“南荒”等笔名。

1940年5月25日，在《现代文艺》第1卷第2期上，王西彦用“忆津”的笔名发表短论《一个建议》。据说“津”是指的夫夷水，它从广西省的资源县蜿蜒北上，经过湖南省的新宁县和回龙寺、金秤寺、塘田寺各镇到邵阳，然后和赦水相汇合，再经新化县入湖南境内四大河流之一的资水。在王西彦的长篇《回忆录》中，曾有《夫夷水边的斗争》一节，[1]就是回忆他在1938—1939年间在《观察日报》和“塘田战时讲学院”的战斗生活的，这就是“忆津”笔名的涵义。不过，据我迄今为止所知道的，“忆津”这个笔名，在王西彦半个多世纪以来的500篇左右的、包括各种文学样式的著作中，署名“忆津”的作品，我只发现仅此一篇。由于自己的局限性可能还有未被发现的，因此，我这里所讲的“仅此一篇”不能认为就是定论。正如王西彦认为他的第一篇小说是《车站旁边的人家》，而我却认定《铃凤姑娘》是他的处女作一样，结果都被事实否定了。（《车站旁边的人家》迄今未查到原始出处）。

1939年末，在邵荃麟的安排下，王西彦到福建临时省会永安，在黎烈文担任社长的改进出版社主编《现代文艺》月刊，永安是一座位于闽西北的群山连绵、交通阻塞的小山城，而《现代文艺》编辑部，就设在离永安尚有七八里路的一个叫做“虾蛤村”的小村子里。当时，正是抗日战争的艰难岁月，昔日的同窗好友，如今都各自东西为争取抗日战争的最后胜利而战斗在天南地北。在这时，他曾用“斯远”的

[1] 王西彦：《不由自主的选择》，《新文学史料》1985年第4期。

笔名在《现代文艺》上发表短论《韧性的战斗》和《爱与恨》。“斯远”就是“思远”的意思，也就是身处偏僻山乡的王西彦对远方、特别是对北平的思念。值得一提的是，这两篇署名“斯远”的千字左右的短文送审后，《韧性的战斗》被国民党检查官删去近百字，用××××填补了版面；而《爱与恨》一篇，则干脆给检查官临时抽去，致使这一期（2卷1期）的《现代文艺》开了“天窗”，除篇目外，赫然刊出“缓登”二字。

“南荒”的笔名，也出现在1940年出版的《现代文艺》上。短论《神话与现实》和《两种微笑》就是署的这个笔名。他和“邵向阳”、“忆津”相似，因为“塘田战时讲学院”设在邵阳南路。取名“南荒”，也是对那段战斗生活的怀念。

“施稔”也是王西彦用过的笔名，他第一次启用这个笔名是短篇小说《鱼鬼》，发表在1941年9月25日出版的《现代文艺》上。而据我所知，“施稔”的笔名更多的是用来写散文。如《山中文札》、《扇子和袜子》、《神·鬼·佛》、《黄杨木》、《绣湖书院和兰友先生》以及《斗牛》等等。

“俞磬”也是王西彦偶而采用的笔名。《关于新式风花雪月》和《关于翻译》两篇发表在《现代文艺》上的短论，就署名俞磬，这是取小名“余庆”的谐音。

王西彦所采用的一些笔名，大都出现在《现代文艺》上，这大概因为他是这家刊物的主编，从他的《编后记》中可以探索，当时因为抗日战争的战乱时期，作家们的生活动荡不安，刊物又办在偏僻山乡，交通阻塞，稿源来之不易，不得已时只好自己动笔。

在《现代文艺》上，王西彦还用“细言”第一次发表短论《不是驴子》，接着又用这个署名发表过《哭泣》、《新的主题和新的题材》等文章。这个笔名，一直沿用到建国以后。五六十年代，他的一些重要评论文章就署的“细言”的笔名。如他的曾经引起过争论的《关于悲剧》以及诸如《做新宅子的新主人》、《有关茹志鹃作品的几个问题》、《从题材的多样化谈起》等等。“细言”和“施稔”的笔名，都取自“西彦”的谐音。不过我认为，“细言”除了谐音“西彦”外，还有另外两层意义：一是表示“人微言轻”，只是一些微不足道的细小言论；二是取《庄子》“大言炎炎，小言詹詹”的语意，认为自己的“正业”是写小说，写评论文字属于多言。因此，这个笔名还显示了作家谦虚谨慎、胸怀宽广的思想品格。

建国以后，王西彦继续用“细言”笔名发表文章外，在他解放初期担任《文艺月报》常务编委时，还启用过“招明”的笔名写过《整顿队伍、开展创作活动》的短论和关于《铁道游击队》的书评。《文艺月报》创刊于1953年，当时刊物的主编和编委们都曾用笔名在《文艺月报》上撰写评论文字。如巴金用“余一”、唐弢用“若思”、魏金枝用“劳人”、孙石灵用“玄仲”、孔罗荪用“叶知秋”，王西彦就用“招明”的笔名。那是因为全国解放了，新中国诞生了，光明照耀着祖国大地。是招唤光明的意思。

粉碎“四人帮”以来，据我所知，王西彦发表作品时一概署名王西彦，其他的笔名还未曾发现过。

1986年夏写于厦门鼓浪屿

（原载《艺谭》1987年第1期）

著作年表、目录和研究文章目录索引

王西彦作品系年
（1931～1987）

说　明

一、本系年按作品发表时间的先后编次。凡作品注明写作时间的，则以写作时间为序。

二、凡发表时使用笔名者，均注出署名。凡未注出署名者，即系以王西彦之名发表。

三、凡未经发表的作品，则以最初收进单行本的出版时间为序。

一、建国前（1931年—1949年9月）

1931年

残梦（小说）

署名王西彦

作于1931年2月3日，杭州西子湖畔。

载1931年7月15日南京线路社版《橄榄月刊》第15期。

询问（翻译小说）

原著契诃夫

翻译王西彦

译于1931年8月21日，义乌

载于1931年10月10日南京线路社版《橄榄月刊》第18期

铃凤姑娘（小说）

作于1931年9月5日，杭州

载1932年7月1日上海新时代月刊社版《新时代月刊》第2卷第4、5期合刊

1932年

冬夜（小说）

作于1931年10月6日，西湖

载1932年6月5日南京线路社版《橄榄月刊》第20期

高六嫂（小说）

载1932年7月5日南京线路社版《橄榄月刊》第22期

奖章（翻译小说）

原著Fyederic Boutat译于1932年7月20日

载1933年5月5日南京线路社版《橄榄月刊》第32期

仇（小说）

作于1932年12月18日，在杭州

载1933年南京线路社版《橄榄月刊》新年号

1933年

杭州文艺界续讯（文化通讯）

署名西彦

载1933年2月5日南京线路社版《橄榄月刊》第29期

西子湖畔的夜（散文）

署名王西稔

作于1933年2月28日，杭州

载1933年4月1日上海南京书店发行《大陆》月刊第1卷第10期

大愚哥哥（小说）

载1933年3月南京线路社版《橄榄月刊》第30期

续杭州文艺界续讯（文化通讯）

载1933年3月南京线路社版《橄榄月刊》第30期

野菊花（小说）

作于1933年4月2日

载1934年3月1日《中国文学》第1卷第2期

无聊文人与无耻文人

载1933年4月5日南京线路社版《橄榄月刊》第31期

读《大地的女儿》

载1933年4月9日《晨报》副刊

关于《无聊文人与无耻文人》（理论）

载1933年5月5日南京线路社版《橄榄月刊》第32期

街头风景线（散文）

载1933年6月1日《西湖艺苑》第1卷第2期

野蔷薇（小品）

载1933年6月5日南京线路社版《橄榄月刊》第33期

车站旁边的人家（短篇小说）

作于1933年上半年杭州　1936年北平

载1933冬末天津《大公报·小公园》（刊期待查）

初收1940年8月上海商务印书馆初版《夜宿集》

又收1982年2月湖南人民出版社初版《王西彦小说选》

又收1985年2月四川文艺出版社初版《王西彦选集》第1卷

父子（小说）

作于1933年秋，北平

载1934年1月1日上海南京书店版《大陆》杂志第2卷第6、7期合刊

妇女怎样解放自己（评论）

作于1933年9月24日北平佘家胡同8号

载1933年11月15日《女子月刊》第1卷第9期

谈民众戏剧（理论）

载1933年11月19日北京《晨报·剧刊》第150期

贼骨头（散文）

载1933年12月16日《平明杂志》第2卷第24期

初收1980年10月江苏人民出版社《王西彦散文选》

又收1984年11月浙江文艺出版社版《忧伤的世界》

又收1986年11月四川文艺出版社初版《王西彦选集》第5卷

1934年

盲将军（小说，上、下部）

上部载1934年1月10日北平文化批判社《文化批判》第2卷第2、3期

下部同上第2卷第4期

来富婶（小说）

作于1934年3月20日北平

载1934月8月20日北京中国学院国学系出版科版《文史》第1卷第3期

高六叔（小小说，上、下）

署名西稔

载1934年3月22日、23日天津《大公报·小公园》

文学家与失节（散文）

载1934年4月15日北平中国学院国学系出版科版《文史》第1卷第1期

易水上

1934年4月1日深夜改旧作而成

载1934年5月10日《人民评论》第1卷第41期

三牛嫂的秘密（小说）

1934年4月12日夜改旧作而成

载1934年5月16日《平明杂志》第3卷第8期

母女（小说）

载1934年6月4日国闻周报社版《国闻周报》第11卷第22期

月光曲（小说）

载1934年6月25日国闻周报社版《国闻周报》第11卷第25期

初收1982年11月花城出版社版《悲凉的乡土》，改题为《明亮的月光》

瓷杯（散文）

作于1934年6月29日北平

载1934年10月20日北平中国学院国学系出版科版《文史》第1卷第4号

外甥女儿（小说）

载1934年9月15日文化批判社版《文化批判》第1卷第4、5期

枣（小说）

载1934年9月《黄钟》第5卷第3期

悲凉的乡土（小说）

作于1934—1935年北平佘家胡同

初收1982年11月花城出版社版《悲凉的乡土》

1935年

清明节（小说）

载1935年4月1日国闻周报社版《国闻周报》第12卷第12、13期

受赈者（随笔）

载1935年6月10日中华书局版《新中华》第3卷第11期

厄运（小说）

载1935年8月17日《大公报·小公园》第1768号（天津版）

两姊妹（小说）

载1935年8月26日国闻周报社版《国闻周报》第12卷第33期

初收1940年8月上海商务印书馆初版《夜宿集》

又收1981年香港文学研究社初版《两姊妹》

又收1982年2月湖南人民出版社初版《王西彦小说选》

又收 1985 年 2 月四川文艺出版社初版《王西彦选集》第 1 卷

报仇（小说）

载 1935 年 8 月 30 日天津《大公报·小公园》第 1781 期

初收 1982 年 2 月湖南人民出版社初版《王西彦小说选》

归家（小说）

载 1935 年 9 月 9 日天津《大公报·文艺》第 6 期

《“摸秋”》（小说）

作于 1935 年秋北平佘家胡同

载 1935 年 9 月 16 日国闻周报社版《国闻周报》第 12 卷第 36 期

初收 1940 年 8 月上海商务印书馆初版《夜宿集》

又收 1982 年 2 月湖南人民出版社版初版《王西彦小说选》

又收 1985 年 2 月四川文艺出版社初版《王西彦选集》第 1 卷

船（小说）

载 1935 年 11 月 25 日天津《大公报·文艺》第 48 期

金狗与黄龙（散文）

作于 1935 年北平

原载天津《大公报·文艺》

初收 1980 年 10 月江苏人民出版社初版《王西彦散文选》

又收 1984 年 11 月浙江人民出版社初版《忧伤的世界》

又收 1986 年 11 月四川文艺出版社初版《王西彦选集》第 5 卷

1936 年

村野恋人（散文）

作于 1936 年初北平

载 1937 年 7 月 20 日中流社版《中流》半月刊第 2 卷第 9 期

初收1940年11月桂林石火出版社初版《一段旅程》

老坤与小孀妇（散文）

作于1936年初北平，后改写成长篇小说《村野恋人》

初收1980年10月江苏人民出版社初版《王西彦散文选》

又收1984年11月浙江人民出版社初版《忧伤的世界》

又收1986年11月四川文艺出版社初版《王西彦选集》第5卷

玉凤子（小说）

载1936年2月19日天津《大公报·文艺》第96期

牛（随笔）

载1936年2月25日中华书局版《新中华》第4卷第4期

初收1940年11月桂林石火出版社初版《一段旅程》

又收 1983 年 12 月人民文学出版社初版《中国现代散文选》（1918—1949）第5卷

吕苇英（短篇小说）

作于1936年3月27日—11月19日

载1937年春《文艺工作者》新年准备号

一个被生活压迫的人

载1936年3月北平《文学导报》第1卷第1期

曙（小说）

作于1936年春北平

载1936年9月10日文学界月刊社版《文学界》第1卷第4期

初收1940年改进出版社初版《报复》

又收1957年6月作家出版社初版《眷恋土地的人》

又收1982年3月人民文学出版社初版《王西彦小说选》

又收1985年2月四川文艺出版社初版《王西彦选集》第1卷

暮（小说）

作于1936年春，北平佘家胡同

初收1940年8月上海商务印书馆初版《夜宿集》

又收1982年11月花城出版社初版《悲凉的乡土》，改题名为《苦命人》

又收1985年2月四川文艺出版社初版《王西彦选集》第1卷，改题名为《苦命人》

麻舅舅（小说）

署名：王西稔

载1936年4月1日中国文艺社版《文艺月刊》第8卷第4期

夜店（小说）

署名：王西稔

作于1936年4月，北平

载1936年6月1日文学丛报社版《文学丛报》第3期

初收1982年11月花城出版社初版《悲凉的乡土》

乡情（散文）

一封从乡下寄来的信

署名：王西稔

载1936年5月2日《永生周刊》第1卷第9期

兄弟杀人犯（小说）

载1936年5月6日天津《大公报·文艺》

1942年重作后载1943年12月《新中华》杂志复刊第1卷第12期

初收1940年9月永安改进出版社初版《报复》

又收1982年2月湖南人民出版社初版《王西彦小说选》

又收1985年2月四川文艺出版社初版《王西彦选集》第1卷

破灭（小说）

作于1936年北平南半壁街

署名：王西稔

载1936年6月1日中国文艺社版《文艺月刊》第8卷第6期

初收1940年8月上海商务印书馆初版《夜宿集》，改题名为《泡》

又收1982年11月花城出版社初版《悲凉的乡土》，改题名为《泡影》

歌（小说）

作于1936年6月26日北平

载1936年12月9日天津《大公报·文艺》第263期

旱天雷（小说）

载1936年7月《青年文艺》创刊号

寻常事（小说）

载1936年8月10日中华书局版《新中华》第4卷第15期

初收1940年8月上海商务印书馆初版《夜宿集》

又收1944年1月地球出版社版《第一流》

又收1982年3月人民文学出版社初版《王西彦小说选》

又收1982年11月花城出版社初版《悲凉的乡土》，改题名为《讨血钱》

又收1985年2月四川文艺出版社初版《王西彦选集》第1卷

船上（随笔）

署名：王西稔

载1936年9月10日中华书局版《新中华》第4卷第17期

毒虫草（小说）

载1936年9月15日上海作家社版《作家》第1卷第6期

初收1940年8月上海商务印书馆初版《夜宿集》

又收1982年11月花城出版社初版《悲凉的乡土》

虚墟（散文）

作于1936年9月18日北平

初收1940年11月桂林石火出版社初版《一段旅程》（文字有改动）

又收1980年10月江苏人民出版社初版《王西彦散文选》

又收1983年12月人民文学出版社初版《中国现代散文选》（1918—1949）第5卷

又收1986年11月四川文艺出版社初版《王西彦选集》第5卷

赏花记（散文）

署名：王西稔

载1936年9月生活书店初版《中国的一日》

和平的古城（通讯）

作于1936年9月29日北平

载1936年12月5日中流社版《中流》第1卷第7期

初收1940年11月桂林石火出版社初版《一段旅程》

又收1980年10月江苏人民出版社初版《王西彦散文选》

又收1986年11月四川文艺出版社初版《王西彦选集》第5卷

爱的教育（小说）

作于1936年秋北平南半壁街

载1937年2月1日生活书店版《文学》月刊第8卷第2期

初收1940年8月上海商务印书馆初版《夜宿集》

又收1982年11月花城出版社初版《悲凉的乡土》

又收1985年2月四川文艺出版社初版《王西彦选集》第1卷

兄弟俩（小说）

作于1936年10月北平南半壁街

载1936年11月1日文学大众社版《文学大众》第1卷第2期

初收1982年11月花城出版社初版《悲凉的乡土》，改题名为《哥哥和警察》

好汉们——一篇大孩子看的童话（小说）

载1936年11月1日生活书店版《文学》月刊第7卷第5期

初收1940年9月永安改进出版社初版《报复》

又收《现代文艺丛刊》第1辑

又收1982年2月湖南人民出版社初版《王西彦小说选》

又收1985年2月四川文艺出版社初版《王西彦选集》第1卷，凡收进集子时均改题名为《好汉们》

找寻道路的人（小说）

作于1936年11月18日北平南半壁街

载1936年12月10日光明半月刊社版《光明》第2卷第1期

初收1940年8月上海商务印书馆初版《夜宿集》

又收1982年11月花城出版社初版《悲凉的乡土》

生意经（小说）

作于1936年11月29日北平

载1937年8月1日生活书店版《文学》月刊第9卷第2期

初收1940年9月永安改进出版社初版《报复》

蛊惑——古城景之一（小说）

作于1936年12月15日，大雪之夜

载1937年1月25日光明半月刊社版《光明》第2卷第4期

初收1940年9月永安改进出版社版《报复》

秋暮——旅里证之二

载1936年12月20日《大众知识》第1卷第5期

投靠（小说）

作于1936年冬，北平南半壁街，1943年重作

初收1940年9月永安改进出版社初版《报复》

又收1982年11月花城出版社初版《悲凉的乡土》

失掉了女儿——古城景之二（小说）

作于1936年冬，北平

载1937年2月25日光明半月刊社版《光明》第2卷第6期

初收1940年9月永安改进出版社版《报复》，改题名为《蹂躏》

关于《找寻道路的人》——作者自白（创作谈）

作于1936年12月25日晨

载1937年1月25日生活书店版《光明》第2卷第4期

古城的忧郁（中篇小说）

作于1936年12月—1937年3月北平

（由《失掉了女儿》、《灾祸》和《蛊惑》三个短篇联缀改写而成）

初收1982年3月人民文学出版社初版《王西彦小说选》

又收1985年2月四川文艺出版社初版《王西彦选集》第1卷

小喜剧（小说）

作于1936年，北平

载天津《国际知识》（刊期待查）

初收1940年9月永安改进出版社初版《报复》

变（小说）

载1934—1936年间《华北日报·每日文艺》，徐霞村主编

1937年

家（随笔）

载1937年1月25日中华书局版《新中华》第5卷第2期

没有船票的搭客（小说）

作于1937年，郑楼

载于1937年3月20日中流社版《中流》第2卷第1期

初收 1940 年 11 月桂林石火出版社初版《一段旅程》
又收 1980 年 10 月江苏人民出版社初版《王西彦散文选》，改题名为《三等舱的搭客》
又收 1986 年 11 月四川文艺出版社初版《王西彦选集》第 5 卷

长夜——古城景之三（小说）
作于 1937 年 3 月北平
载 1937 年 6 月 10 日光明半月刊社版《光明》第 3 卷第 1 期
初收 1940 年 9 月永安改进出版社初版《报复》

看墓老人（随笔）
载 1937 年 4 月 10 日中华书局版《新中华》第 5 卷第 7 期（文学专号）

暗淡的日子——纪念亡父（散文）
作于 1937 年 4 月 30 日北平
载 1937 年 5 月 20 日中流社版《中流》第 2 卷第 5 期
初收 1940 年 11 月桂林石火出版社初版《一段旅程》

失去手指的人——梓里记之一（小说）
作于 1937 年 4 月北平
载 1937 年 6 月 5 日中流社版《中流》第 2 卷第 6 期
初收 1940 年 9 月永安改进出版社初版《报复》
又收 1982 年 2 月湖南人民出版社初版《王西彦小说选》
又收 1985 年 2 月四川文艺出版社初版《王西彦选集》第 1 卷，改题名为《他失去了手指》

两家人（小说）
作于 1937 年春，南半壁街
载 1936 年《国闻周报》第 13 卷第 28 期
初收 1940 年 8 月上海商务印书馆初版《夜宿集》

又收1982年11月花城出版社初版《悲凉的乡土》

《夜宿集》题记（序跋）

作于1937年6月27日

初收1940年8月上海商务印书馆初版《夜宿集》

（1959年香港某出版社盗版出书，改书名为《夜宿》）

一段旅程——记7月19日下午（随笔）

1937年7月28日于庆祝丰台克复声中匆写于上海

载1937年8月5日中流社版《中流》第2卷第10期（抗敌专号）

初收1940年11月桂林石火出版社初版《一段旅程》

又收1980年10月江苏人民出版社初版《王西彦散文选》，改题名为《屈辱的旅程——记1937年7月19日下午》

又收1986年11月四川文艺出版社初版《王西彦选集》第5卷

手持稻穗的人（小说）

作于1937年冬下静岩

初收1982年11月花城出版社初版《悲凉的乡土》

1938年

料车上的家庭（报告文学）

作于1938年3月武昌旅次

载1938年4月1日《自由中国》创刊号

初收1940年11月桂林石火出版社初版《一段旅程》

又收1942年12月桂林今日文艺社初版《惆怅》

又收1980年10月江苏人民出版社初版《王西彦散文选》

又收1986年11月四川文艺出版社初版《王西彦选集》第5卷

被毁灭了的台儿庄（报告文学）

作于1938年4月19日陇海线运河站

载1938年5月20日上海杂志公司版《战地》第1卷第5期

初收1940年11月桂林石火出版社初版《一段旅程》,改题名为《歌唱台儿庄》

又收1984年1月江苏人民出版社增订本《王西彦散文选》,改题名为《一个被毁灭的今战场》

给一个朋友——一封难以寄递的信(散文)

载1938年5月1日《烽火》第13期

难以寄递的信(之一、之二)(总题《在两个不同的世界》(散文)

载1938年5月9日武汉《大公报·战线》第158期

关于突围的几点感想

作于1938年6月14日武昌

载1938年7月5日《战地半月》第1卷第4期

四个鸡蛋——倥偬手记之一:徐州突围的一个断片(小说)

作于1938年7月1日武昌某旅舍

载1938年7月1日《七月》第3集第5期

初收1939年5月15日未名书店初版《第一年代续编》

又收1945年6月永安改进出版社初版《一双鞋子》

又收1982年11月花城出版社初版《悲凉的乡土》

王西彦启事

载1938年7月5日《战地半月》第1卷第4期

两个不同的世界——难以寄递的信(之三、之四)

作于1938年7月19日南昌

载1938年9月2日、3日武汉《大公报·战线》第181—182期

仇恨的生长（小说）

作于1938年7月20日南昌旅次

载1938年8月16日文艺阵地社版《文艺阵地》第1卷第9期

初收1982年11月花城出版社初版《悲凉的乡土》

在南昌（散文）

作于1938年8月2日南昌

初收1940年11月桂林石火出版社初版《一段旅程》

雪的原野（中篇小说）

载1938年夏秋之间在桂林复刊的《自由中国》

山村（小说）

作于1938年8月长沙旅次

1943年9月改作于攸县

载1939年11月30日永安改进出版社版《现代青年》第1卷第2期

初收1945年6月永安改进出版社版《一双鞋子》，改题名为《荒村》

又收1982年11月花城出版社初版《悲凉的乡土》，改题名为《荒村》

又收1985年2月四川文艺出版社初版《王西彦选集》第1卷

在路上（小说）原名《倥偬手记》

作于1938年9月14日长沙陈家垅，1943年修改于攸县六轮陂

初收1982年11月花城出版社初版《悲凉的乡土》

又收1985年2月四川文艺出版社初版《王西彦选集》第1卷

涡河的黄昏

作于1938年9月14日，长沙陈家垅，1943年9月改作于攸县六轮陂

载1939年8月1日生活书店版《文艺阵地》第3卷第8期（总23期）

初收1945年6月永安改进出版社初版《一双鞋子》

遭遇（小说）

作于1938年9月16日，长沙陈家垅

初收1945年6月永安改进出版社初版《一双鞋子》

又收1948年10月上海怀正文化社初版《人性杀戮》

又收1982年11月花城出版社初版《悲凉的乡土》

又收1985年2月四川文艺出版社初版《王西彦选集》第1卷

十月十九日长沙（散文）

作于1938年10月20日长沙陈家垅

载1938年10日《观察日报》

初收1940年11月桂林石火出版社初版《一段旅程》

又收1980年10月江苏人民出版社初版《王西彦散文选》

又收1983年12月人民文学出版社初版《中国现代散文选》1918—1949 第5卷

又收1986年11月四川文艺出版社初版《王西彦选集》第5卷

牛车上的伙伴（小说）

作于1938年11月1日陈家垅

载1939年12月10日《抗战文艺》第5卷第2、3期。

战地杂忆（随感）

载1938年《战地》（舒群主编）

玉蜀黍的悲剧

作于1938年冬，邵阳南路塘田寺

1939年12月1日修改于下静岩

载1940年1月1日生活书店版《文艺阵地》第4卷第5期

初收1982年11月花城出版社初版《悲凉的乡土》

1939年

海底呼啸（小说）

作于1939年1月29日塘田寺

载1940年1月《文学集林》第3辑

初收1982年11月花城出版社初版《悲凉的乡土》，改题名为《海的喧嚣》

又收1985年2月四川文艺出版社初版《王西彦选集》第1卷

眷恋土地的人（中篇小说）

作于1939年2月15日

载1940年10月25日永安改进出版社《现代文艺》第2卷第1期

初收1957年6月作家出版社初版《眷恋土地的人》

又收1982年3月人民文学出版社初版《王西彦小说选》

又收1985年2月四川文艺出版社初版《王西彦选集》第1卷

隔膜（小说）

作于1939年2月15日

1942年9月29日修改于六轮陂

载1944年12月25日改进出版社初版《改进》月刊第10卷第4期

初收1945年6月改进出版社初版《一双鞋子》

又收1957年6月作家出版社初版《眷恋土地的人》

又收1982年3月人民文学出版社初版《王西彦小说选》

又收1985年11月四川文艺出版社初版《王西彦选集》第2卷

希腊主义者（小说）

载1939年2月25日《抗战文艺》第35期，（3卷11期）

再论文艺上的现实——由《华威先生》出国所引起的感想（评论）

载1939年3月15日《力报》（邵阳版）附刊《战时塘田》第3期

朱兰姑母（散文）

作于 1939 年 29 日夜，塘田寺

载 1944 年 9 月 3 日、4 日《青年日报》（浙江天台版）文艺副刊《语林》第 43、44 期

初收 1980 年 10 月江苏人民出版社初版《王西彦小说选》

又收 1984 年 11 月浙江文艺出版社初版《忧伤的世界》

炼冶（小说）

作于 1939 年春塘田寺

载 1940 年 6 月 15 日文学月报社版《文学月刊》第 1 卷第 6 期

初收 1946 年 1 月“抗战文选第一辑”《兵》,（张惠人编选）

又收 1982 年 11 月花城出版社初版《悲凉的乡土》

弥月礼（小说）

初收 1939 年 7 月世界书局版大时代文艺丛书《十人集》

炉烬（小说）

作于 1939 年 11 月 2 日静岩

载 1939 年 11 月 5 日永安改进出版社版《改进》第 2 卷第 3 期

初收 1940 年 3 月永安改进出版社初版《风尘》

或人手记（小说）

作于 1939 年冬下静岩

载 1939 年 12 月 1 日浙江金华刀与笔社《刀与笔》创刊号

初收 1982 年 11 月花城出版社初版《悲凉的乡土》

牛车上的伙伴（小说）

载 1939 年 12 月 10 日《抗战文艺》第 44、45 期合刊（第 5 卷 2、3 期）

乡井（小说）

署名邵向阳
作于1939年12月28日下静岩
载1941年8月1日福建改进出版社《改进》第5卷第6期
初收1982年2月湖南人民出版社初版《王西彦小说选》
又收1985年2月四川文艺出版社初版《王西彦选集》第1卷

义父（散文）

作于1939年下静岩
载1944年8月3—5日《中央日报》（福州版）
初收1980年10月江苏人民出版社初版《王西彦散文选》
又收1984年11月浙江文艺出版社初版《忧伤的世界》
又收1986年11月四川文艺出版社初版《王西彦选集》第5卷

兽宴（小说）

作于1939年下静岩
载1941年6月15日上海新文丛社出版《新文丛》之一《兽宴》
初收1957年6月15日作家出版社出版《眷恋土地的人》
又收1980年5月人民文学出版社《中国现代短篇小说选》第5卷
又收1982年3月人民文学出版社初版《王西彦小说选》
又收1985年2月四川文艺出版社初版《王西彦选集》第1卷，
收进
以上两书时改题名为《夜宴》

修路篇（小说）

作于1939年12月17日下静岩
载1940年1月16日改进出版社《改进》第2卷第7、8期合刊

麻舅舅丢掉一条胳膊（小说）

作于1939年12月下静岩
载1940年2月1日改进出版社《改进》第2卷第9期
初收1945年6月永安改进出版社初版《一双鞋子》

又收 1982 年 3 月人民文学出版社初版《王西彦小说选》
又收 1985 年 2 月四川文艺出版社初版《王西彦选集》第 1 卷

1940 年

沼池（小说）

作于 1940 年春虾蛤村
载 1940 年 11 月 20 日《中学生》战时半月刊第 35 期
初收 1982 年 2 月湖南人民出版社初版《王西彦小说选》
又收 1985 年 2 月四川文艺出版社初版《王西彦选集》第 1 卷，在收
进以上两集子时改题名为《在沼池里》

车站（散文）

1940 年 4 月 28 日追记
初收 1940 年 11 月桂林石火出版社初版《一段旅程》
又收 1980 年 11 月江苏人民出版社初版《王西彦散文选》
又收 1986 年 11 月四川文艺出版社初版《王西彦选集》第 5 卷

《现代文艺》发刊词

署名黎烈文 · 王西彦
载 1940 年 4 月 25 日《现代文艺》（永安）第 1 卷第 1 期

编后记

载 1940 年 4 月 25 日《现代文艺》第 1 卷第 1 期—第 3 卷第 6 期
（《现代文艺》1—3 卷由王西彦主编，每期均刊有《编后记》，由王西彦执笔）

罪（小说）

作于 1940 年 4 月永安虾蛤村
载 1940 年《改进》（刊期待查）

初收 1942 年 12 月桂林今日文艺社初版《惆怅》
又收 1982 年 11 月花城出版社初版《悲凉的乡土》
又收 1985 年 2 月四川文艺出版社初版《王西彦选集》第 1 卷

人性杀戮（小说）
作于 1940 年 4 月虾蛤村
初收 1942 年 12 月桂林今日文艺社初版《惆怅》
又收 1948 年 10 月上海怀正文化社初版《人性杀戮》

死在担架上的担架兵（小说）
作于 1940 年 4 月虾蛤村
载 1940 年 4 月 25 日改进出版社版《现代文艺》第 1 卷第 1 期
初收 1982 年 3 月人民文学出版社初版《王西彦小说选》
又收 1985 年 2 月四川文艺出版社初版《王西彦选集》第 1 卷

批评家的新任务（短论）
署名杨洪
载 1940 年 4 月 25 日改进出版社版《现代文艺》第 1 卷第 1 期

《一段旅程》题记（序跋）
作于 1940 年 5 月 10 日虾蛤村
初收 1940 年 11 月桂林石火出版社初版《一段旅程》

折翅鸟（小说）
作于 1940 年 5 月 21 日虾蛤村
载 1940 年 6 月 25 日改进出版社版《现代文艺》第 1 卷第 3 期
初收 1981 年香港文学研究社初版《两姊妹》
又收 1982 年 2 月湖南人民出版社初版《王西彦小说选》
又收 1985 年 2 月四川文艺出版社初版《王西彦选集》第 1 卷

一个建议（短论）

署名忆津
载 1940 年 5 月 25 日改进出版社版《现代文艺》第 1 卷第 2 期

关于形式主义者（短论）
署名杨洪
载 1940 年 5 月 25 日改进出版社版《现代文艺》第 1 卷第 2 期

疯人（小说）
作于 1940 年 6 月 10 日虾蛤村
载于 1940 年《现代文艺》或《改进》（待查）
初收 1942 年 12 月桂林今日文艺社初版《惆怅》
又收 1982 年 11 月花城出版社初版《悲凉的乡土》

永生的灵魂（散文）
作于 1940 年 6 月 23 日虾蛤村
初收 1940 年 11 月桂林石火出版社《一段旅程》

旷野（小说）
作于 1940 年 6 月永安，1942 年重作
载 1942 年 11 月 15 日桂林现代出版社《创作月刊》第 1 卷第 6 期
初收 1982 年 2 月湖南人民出版社初版《王西彦小说选》
又收 1985 年 2 月四川文艺出版社初版《王西彦选集》第 1 卷，收进
以上两书时改题名为《走向旷野》

惆怅（小说）
载 1940 年 7 月 5 日《浙江日报》（永康版）文艺副刊《文艺新村》第 11 期
初收 1942 年 12 月桂林今日文艺社初版《惆怅》
又收 1948 年 10 月上海怀正文化社初版《人性杀戮》
又收 1982 年 2 月湖南人民出版社初版《王西彦小说选》

又收 1985 年 2 月四川文艺出版社初版《王西彦选集》第 1 卷

风浪（小说）

署名邵向阳

作于 1940 年 7 月 25 日夜

载 1940 年 8 月 10 日改进出版社初版《现代青年》第 2 卷第 4 期

还乡（小说）

1940 年 7 月重作于虾蛤村

初收 1942 年 12 月桂林今日文艺社初版《惆怅》

绝崖边上（小说）

署名邵向阳

载 1940 年 8 月 1 日改进出版社版《改进》第 3 卷第 9 期

神话与现实（短论）

署名南荒

载 1940 年 8 月 25 日改进出版社版《现代文艺》第 1 卷第 5 期

《新水浒》（谷斯范著）（书评）

署名杨洪

载 1940 年 8 月 25 日改进出版社版《现代文艺》第 1 卷第 5 期

老马（小说）

署名邵向阳

作于 1940 年 8 月 29 日虾哈村

载 1941 年 3 月 1 日改进出版社《改进》半月刊第 4 卷第 11 期

又载 1943 年 2 月 1 日重庆学习生活社版《学习与生活》第 4 卷第 2 期

（1948 年 7 月 18 日重写于邕宁，改题名为《一个小人物的愤怒》，分上下篇载于 1949 年 1 月 16 日和 2 月 1 日《新中华》半月刊第

12卷第2—3期，并被收进1985年11月四川文艺出版社初版《王西彦选集》第2卷。）

夜宿（小说）

初收1940年8月上海商务印书馆初版《夜宿集》

乡间的故事（小说）

载1940年《国闻周报》（待查）

初收1940年8月上海商务印书馆初版《夜宿集》

鱼鬼（散文）

署名施稔

作于1940年9月2日

载1941年9月25日改进出版社版《现代文艺》版第3卷第6期

《风陵渡》（端木蕻良著）（书评）

署名杨洪

作于1940年9月14日

载1940年9月25日改进出版社版《现代文艺》版第1卷第6期

幸福（小说）

作于1940年9月20日虾蛤村

初收1942年12月桂林今日文艺社初版《惆怅》

韧性的战斗（短篇）

署名斯远

载1940年9月25日改进出版社《现代文艺》第1卷第6期文章刊出时，后面一段近百字被迫删去，用×××代替。

关于翻译（短论）

署名俞磬

载 1940 年 9 月 25 日改进出版社版《现代文艺》第 1 卷第 6 期

两种微笑（短论）

署名南荒

载 1940 年 9 月 25 日改进出版社版《现代文艺》第 1 卷第 6 期

一双鞋子（小说）

作于 1940 年 7 月永安

1942 年 1 月改作于攸县

载 1942 年 8 月 15 日桂林文献出版社版《文艺生活》第 2 卷第 5 期

初收 1945 年 6 月永安改进出版社初版《一双鞋子》

又收 1982 年 11 月花城出版社初版《悲凉的乡土》

又收 1985 年 2 月四川文艺出版社初版《王西彦选集》第 1 卷

爱与恨（短论）

署名斯远

载 1940 年 10 月 25 日改进出版社《现代文艺》第 2 卷第 1 期

送审时被国民党书刊检查官抽去，只刊出标题，刊物开了“天窗”，印“缓登”二字。

“不是驴子”（短论）

署名细言

载 1940 年 10 月 25 日改进出版社版《现代文艺》第 2 卷第 1 期

无时不想再跑战地（书简）

载 1940 年 11 月 1 日《自由中国》第 1 卷第 1 期

哭泣（短论）

署名细言

载 1940 年 11 月 25 日改进出版社版《现代文艺》第 2 卷第 2 期

旧形式与新形式（短论）

署名杨洪

载1940年11月25日改进出版社版《现代文艺》第2卷第2期

《沉渊》（林柯作）（书评）

署名杨洪

作于1940年12月16日

载1940年12月25日改进出版社版《现代文艺》第2卷第3期

新的主题和新的题材（短论）

署名细言

载1940年12月25日改进出版社版《现代文艺》第2卷第3期

静水里的鱼（小说）

作于1940年12月12日虾蛤村，1948年冬重改于邕宁

载1940年12月25日改进出版社版《现代文艺》第2卷第3期

初收1950年6月中华书局初版《在网罟里》

又收1957年6月作家出版社初版《眷恋土地的人》

又收1982年3月人民文学出版社初版《王西彦小说选》

又收1985年11月四川文艺出版社初版《王西彦选集》第2卷

1941年

论文学的特性（论文）

署名邵向阳

载1941年1月10日改进出版社初版《现代青年》第3卷第3期

《无名氏》（芦焚著）（书评）

署名杨洪

载1941年1月25日改进出版社版《现代文艺》第2卷第4期

关于新式风花雪月（短论）

署名俞磬

载1941年1月25日改进出版社版《现代文艺》第2卷第4期

论文学上的功利主义（论文）

署名邵向阳

1941年1月16日重写

载1941年2月10日改进出版社版《现代青年》第3卷第4期

《他死在第二次》（艾青著）（书评）

署名杨洪

作于1941年1月29日

载1941年2月25日改进出版社版《现代文艺》第2卷第5期

论文学与社会生活的关系（论文）

署名邵向阳

作于1941年2月10日

载1941年3月10日改进出版社版《现代青年》第3卷第5期

山中文札（散文）

署名施稔

作于1941年3月17日

载1941年3月25日改进出版社版《现代文艺》第2卷第6期

论文艺思潮的流变（短论）

署名邵向阳

载1941年4月10日改进出版社版《现代青年》第3卷第6期

论诗的成长（短论）

署名邵向阳

作于1941年4月11日

载1941年6月10日改进出版社版《现代青年》第4卷第2期

家鸽（小说）

作于1941年4月23日虾蛤村

载1941年4月25日改进出版社版《现代文艺》第3卷第1期

初收1981年8月香港文学研究社初版《两姊妹》

又收1982年2月湖南人民出版社版《王西彦小说选》

又收1985年2月四川文艺出版社初版《王西彦选集》第1卷

我们的抗战（特载）

署名编者

载1941年4月25日改进出版社版《现代文艺》第3卷第1期

论近代小说的路（论文）

署名邵向阳

载1941年5月10日改进出版社版《现代青年》第4卷第1期

扇子和袜子（散文）

署名施稔

作于1941年5月13日虾蛤村

载1941年5月25日改进出版社版《现代文艺》第3卷第2期

空军文学的幼苗（评陶雄作《总站之夜》）（作品评介）

署名杨洪

作于1941年6月8日

载1941年6月25日改进出版社版《现代文艺》第3卷第3期

神·鬼·佛（散文）

署名施稔

作于1941年6月12日虾蛤村

载1941年6月25日改进出版社版《现代文艺》第3卷第3期

初收1984年11月浙江文艺出版社初版《忧伤的世界》
又收1986年11月四川文艺出版社初版《王西彦选集》第5卷

黄杨木（散文）
署名施稔
作于1941年6月23日永安
载1941年7月25日改进出版社版《现代文艺》第3卷第4期
初收1980年10月江苏人民出版社初版《王西彦散文选》
又收1984年11月浙江文艺出版社初版《忧伤的世界》
又收1986年11月四川文艺出版社初版《王西彦选集》第5卷

绣湖书院和兰友先生（散文）
署名施稔
作于1941年7月7日抗战四周年纪念日
载1941年7月10日改进出版社版《现代青年》第4卷第3期

论戏剧的过去及其将来（论文）
署名邵向阳
载1941年7月10日改进出版社版《现代青年》第4卷第3期

门槛（小说）
作于1941年7月24日永安
1948年7月改题名为《破了壳的蜗牛》
载1941年7月25日改进出版社版《现代文艺》第3卷第4期
初收1982年11月花城出版社初版《悲凉的乡土》

斗牛（散文）
署名施稔
作于1941年8月1日
载1941年8月25日改进出版社版《现代文艺》第3卷第5期
初收1980年10月江苏人民出版社初版《王西彦散文选》

又收 1984 年 11 月浙江文艺出版社初版《忧伤的世界》
又收 1986 年 11 月四川文艺出版社初版《王西彦选集》第 5 卷

论“文学者的材料是人”（论文）
署名邵向阳
载 1941 年 8 月 10 日改进出版社版《现代青年》第 4 卷第 4 期

论主题与题材（论文）
署名邵向阳
载 1941 年 9 月 10 日改进出版社版《现代青年》第 4 卷第 5 期

旅人手记（散文）
作于 1940 年 10 月，静岩，1941 年 10 月 10 日追记于攸县六轮陂
载 1940 年湖南邵阳《中央日报》
初收 1940 年 11 月桂林石火出版社初版《一段旅程》
又收 1980 年 10 月江苏人民出版社初版《王西彦散文选》
又收 1986 年 11 月四川文艺出版社初版《王西彦选集》第 5 卷

老太婆伯伯（小说）
作于 1941 年 10 月 12 日
初收 1981 年 6 月浙江人民出版社版《浙江现代作家创作选》
又收 1982 年 3 月人民文学出版社初版《王西彦小说选》
又收 1985 年 2 月四川文艺出版社初版《王西彦选集》第 1 卷

命运（小说）
作于 1941 年 11 月 22 日六轮陂
载 1942 年 3 月 15 日桂林文献出版社版《文艺生活》第 2 卷第 1 期
初收 1982 年 2 月湖南人民出版社版《王西彦小说选》
又收 1985 年 2 月四川文艺出版社初版《王西彦选集》第 1 卷

1942 年

古屋（小说）

（长篇小说《古屋》第一部分）

载 1942 年 2 月 15 日《文艺杂志》第 1 卷第 2 期

风雪（中篇小说）

作于 1942 年 2 月 16 日六轮陂

载于 1942 年 7 月 15 日《文艺杂志》第 1 卷第 5、6 期

初收 1948 年 7 月上海文化生活出版社初版《文学丛刊》第 9 集

又收 1957 年 6 月作家出版社初版《眷恋土地的人》

又收 1982 年 3 月人民文学出版社初版《王西彦小说选》

又收 1982 年 8 月香港南方书屋初版《王西彦中篇小说选》

又收 1985 年 2 月四川文艺出版社初版《王西彦选集》第 1 卷

黄昏（小说）

作于 1942 年 5 月 17 日平乐双十街

载 1942 年 12 月 15 日桂林《文艺杂志》第 2 卷第 1 期

初收 1957 年 6 月作家出版社《眷恋土地的人》

又收 1981 年 6 月浙江人民出版社初版《浙江现代作家创作选》

又收 1982 年 3 月人民文学出版社初版《王西彦小说选》

又收 1985 年 11 月四川文艺出版社初版《王西彦选集》第 2 卷

牧人（小说）

作于 1942 年 5 月 28 日双十街

载 1943 年 1 月 15 日《文艺杂志》第 2 卷第 2 期

初收 1982 年 2 月湖南人民出版社初版《王西彦小说选》

又收 1985 年 11 月四川文艺出版社初版《王西彦选集》第 2 卷

期待（小说）

作于1942年7月21日六轮陂
初收1942年12月桂林今日文艺社初版《惆怅》
又收1948年10月上海怀正文化社初版《人性杀戮》
又收1982年2月湖南人民出版社初版《王西彦小说选》
又收1985年11月四川文艺出版社初版《王西彦选集》第2卷

《惆怅》题记
作于1942年7月22日六轮陂
初收1942年12月桂林今日文艺社初版《惆怅》

深渊——古屋再记（小说）
作于1942年8月13日攸县
载1943年3月15日《文艺杂志》第2卷第3期

福元佬和他的牛（小说）
作于1942年8月28日六轮陂
载1943年10月1日文艺社版文艺丛刊之二《最初的密》
初收1948年10月上海怀正文化社初版《人性杀戮》
又收1982年3月人民文学出版社初版《王西彦小说选》
又收1985年11月四川文艺出版社初版《王西彦选集》第2卷
（收入以上三书时，均改题名为《福元佬和他戴白帽子的牛》）

创作上的一二细小问题（论文）
载1942年9月1日桂林《文学批判》创刊号

关于《家鸽》的辩解（创作谈）
作于1942年9月5日
载1943年2月15日文献出版社《文艺生活》第3卷第4期

鱼鬼（小说）
作于1942年9月8日六轮陂

载1943年9月15日文学创作社版《文学创作》第2卷第4期
初收1947年5月20日上海万叶书店初版《乡下朋友》
又收1957年6月作家出版社初版《眷恋土地的人》
又收1982年3月人民文学出版社初版《王西彦小说选》
又收1985年11月四川文艺出版社初版《王西彦选集》第2卷

雨天（小说）
作于1942年9月15日六轮陂
初收1982年2月湖南人民出版社初版《王西彦小说选》

《报复》再版题记（序跋）
作于1942年9月27日六轮陂
初收1944年1月永安改进出版社再版《报复》

红花（小说）
作于1942年10月16日六轮陂
载1943年5月1日桂林文学创作社版《文学创作》第2卷第1期
初收1982年11月花城出版社初版《悲凉的乡土》
又收1985年11月四川文艺出版社初版《王西彦选集》第2卷
（收进以上两本集子时均改题名为《牺牲者》）

母性（小说）
作于1942年10月16日六轮陂
载1943年7月15日桂林大地图书公司发行《新文学》创刊号
初收1982年3月人民文学出版社初版《王西彦小说选》
又收1985年11月四川文艺出版社初版《王西彦选集》第2卷

关于《你往何处去》及其他（短论）
作于1942年12月20日六轮陂
载1943年11月1日桂林《文艺杂志》第2卷第6期

1943年

乡下朋友（中篇小说）

作于1943年1月8日六轮陂

载1943年10月1日《文艺杂志》第2卷第5期

初收1947年5月20日上海万叶书店初版《乡下朋友》

又收1982年3月人民文学出版社初版《王西彦小说选》

又收1982年8月香港南方书屋初版《王西彦中篇小说选》

又收1985年11月四川文艺出版社初版《王西彦选集》第2卷

困顿（小说）

作于1943年3月13日六轮陂

载1947年2月15日上海永祥印书馆印行《文艺春秋》第4卷第2期

初收1947年5月20日上海万叶书店初版《乡下朋友》

又收1982年2月湖南人民出版社初版《王西彦小说选》

又收1985年11月四川文艺出版社初版《王西彦选集》第2卷

高梁红了的季节

“九·一八”11周年于西北

载1943年5月1日《学习生活》第4卷第5期（总23期）

天才的度衡及其他（论文）

载1943年6月1日桂林文学创作社《文学创作》第2卷第2期

敲警钟的人及其他（读书笔记）

载1943年6月25日改进出版社《改进》月刊第7卷第4期

雨天（小说）

载1943年7月1日桂林大地图书公司《文学杂志》创刊号

初收1985年11月四川文艺出版社初版《王西彦选集》第2卷

《家鸽》题记（序跋）

作于1943年7月4日桂林李子园

载1943年12月6日《东南日报》（南平版）副刊《笔垒》1504期

学文学的人

作于1943年7月8日桂林李子园

载1944年2月1日《自学》第2卷第1期

人类的宝藏（读书笔记）

作于1943年9月上旬

载1943年10月25日永安改进出版社《改进》月刊第8卷第2期

初收1981年6月花城出版社初版《书和生活》

乞丐（小说）

作于1943年9月

载1944年2月1日桂林当代文艺出版社《当代文艺》第1卷第2期

初收1945年6月永安改进出版社初版《一双鞋子》

又收1948年10月上海怀正文化社初版《人性杀戮》

又收1982年2月湖南人民出版社初版《王西彦小说选》，改题名为《两乞丐》

作家生活自述

作于1943年11月26日夜

载1944年4月1日永安改进出版社版《现代文艺》第1卷第4期

村野恋人（小说）

作于1943年冬，六轮陂

载1943年12月25日改进出版社版《改进》月刊第8卷第4期、

第5、6期连载

虎溪行（小说）

作于1943年，1947年二稿，邕宁

载1944年5月25日改进出版社版《改进》月刊第9卷第3期

又载1948年7月15日《文讯》月刊第9卷第1期

初收1986年11月四川文艺出版社初版《王西彦选集》第2卷

1944年

艺术和生命的一致（短论）

载1944年1月1日《东南日报》（南平版）副刊《笔垒》第1927期（元旦特辑）

连绵雨（长篇小说《古屋》第3部）

载1944年1月桂林三户图书社版《文艺杂志》第3卷第1期

《一双鞋子》题记（序跋）

作于1944年2月14日桂林

载1945年6月3日《东南日报·笔垒》新688期（云和版）

又载1945年6月6日《中央日报·每日文艺》第10期（永安版）

初收1945年6月永安改进出版社初版《一双鞋子》

白兔精转世的（散文）

作于1944年4月4日

载香港或上海《大公报·文艺》（待查）

初收1984年11月浙江文艺出版社初版《忧伤的世界》

又收1986年11月四川文艺出版社初版《王西彦选集》第5卷

当爸爸买雨伞回来的时候（小说）

作于1944年5月22日，六轮陂

初收 1947 年 5 月 20 日上海万叶书店初版《乡下朋友》
又收 1981 年香港文学研究社初版《两姊妹》
又收 1982 年 2 月湖南人民出版社初版《王西彦小说选》
又收 1985 年 11 月四川文艺出版社初版《王西彦选集》第 2 卷

刀俎上的人们（小说）

作于 1944 年 5 月六轮陂，1945 年初夏根据旧作《弥月儿》改作
载 1944 年 8 月中华书局版《新中华》复刊第 2 卷第 8 期
又刊 1945 年 2 月《十日读》第 4 辑
又刊 1948 年 10 月上海怀正文化社初版《人性杀戮》
又收 1957 年 6 月作家出版社初版《眷恋土地的人》
又收 1982 年 3 月人民文学出版社初版《王西彦小说选》
又收 1985 年 11 月四川文艺出版社初版《王西彦选集》第 2 卷
（解放后收入以上三本集子时均改题名为《刀俎上》）

一个朋友的病和死（散文）

作于 1944 年 9 月 19 日汝城大桥，1946 年 4 月 20 日重写于福州
载 1946 年 6 月 15 日上海永祥印书馆《文艺春秋》第 2 卷第 6 期
1979 年 5 月补充重写于上海并载于 1979 年 11 月《新文学史料》第 5 辑，改题名为《在魑魅的追逐下——记鲁彦的病和死》
初收 1982 年 11 月人民文学出版社初版《炼狱中的圣火》
又收 1986 年 11 月四川文艺出版社初版《王西彦选集》第 5 卷

乐土（小说）

作于 1944 年 9 月汝城，为《修路篇》的改作
初收 1948 年 10 月上海怀正文化社初版《人性杀戮》
又收 1982 年 11 月花城出版社初版《悲凉的乡土》

下乡记（小说）

王西彦撰，旁沱画
载 1944 年 11 月 20 日春秋杂志社《春秋》第 2 卷第 1 期

落花时节（长篇《古屋》第4部）

1954年4月改作于上海，并加附记

载1944年12月19日《凯报》副刊《大地》第293期

柴霍甫和他的《可爱的人》（评论）

作于1944年冬赣州，1948年10月重稿于南宁，改题名为《契诃夫和他的〈可爱的人〉》

载1945年1月13日浙江天台版《青年日报·语林》第129期

又载1948年11月15日上海永祥印书馆《文艺春秋》第7卷第5期

又收1950年2月上海文化工作出版社《挽歌和赞歌》

初收1954年12月新文艺出版社初版《从生活到创作》

又收1981年6月花城出版社初版《书和生活》

1945年

文学与生活的断想（评论）

载1945年2月17日《青年日报》文艺副刊《语林扩大报》第154期（天台版）

从迷路转回的灵魂（长篇连载）

载1945年2月24日东南出版社版《联合周报》第3卷第1—6期

春天（小说）

作于1945年3月8日永安

初收1982年2月湖南人民出版社初版《王西彦小说选》

又收1985年11月四川文艺出版社初版《王西彦选集》第2卷

病人（小说）

作于1945年3月8日永安，1947年重写

载1945年5月15日《浙江日报月刊》（龙泉版）创刊号

初收 1957 年 6 月作家出版社初版《眷恋土地的人》

又载 1946 年 7 月 15 日上海永祥印书馆版《文艺春秋》第 3 卷第 1 期

又收 1982 年 3 月人民文学出版社初版《王西彦小说选集》

又收 1985 年 11 月四川文艺出版社初版《王西彦选集》第 5 卷

论屠格涅夫的《罗亭》（论文）

载 1945 年 3 月 15 日时与潮社《时与潮文艺》第 5 卷第 1 期

演不完的悲剧（长篇《古屋》第 5 部）（长篇连载）

载 1945 年 3 月 15 日、4 月 9 日、23 日、5 月 7 日、21 日、6 月 4 日、18 日《东南日报》文艺副刊《东南文艺》第 8—13 号（云和版）

作家书简（三）

载 1945 年 3 月 22 日《贵州日报·新垒》第 4 期

暗淡的春天（长篇连载）

（长篇小说《微贱的人》选载）

自 1945 年 3 月 25 日永安改进出版社《改进》第 11 卷第 1 期开始连载至 13 卷第 3 期

神的失落（长篇连载）

1945 年 4 月 1 日《东南日报·笔垒》（南平版）第 115 期开始连载至 4 月 2 日—6 日、8 日—13 日、15 日—20 日、22 日—27 日、29 日—5 月 4 日、5 月 6 日—8 月 10 日止

偷南瓜的人（小说）

载 1945 年 4 月 4 日《中央日报·每周文艺》（永安版）

私塾师（翻译）

A. 柴霍甫作

王西彦译

载1945年5月1日《浙江日报·文艺新村》第34期（龙泉版）

草原——一个旅行的故事（长篇连载）（翻译）

柴霍甫作

载1945年6月15日、7月15日、8月15日，《浙江日报月刊》第2—4期（因抗战胜利，时局变化，刊物停办，连载中断）

《静水里的鱼》题记（序跋）

载1945年7月4日《中央日报》（永安版）《每周文艺》第14期

两钱黄金（小说）

作于1945年7月4日永安

载1945年7月30日《东南日报》副刊《东南文艺》第16号（云和版）

初收1947年5月20日上海万叶书店初版《乡下朋友》

又收1981年香港文学研究社初版《两姊妹》

又收1982年2月湖南人民出版社初版《王西彦小说选》

又收1985年11月四川文艺出版社初版《王西彦选集》第2卷

漫谈西北新演剧（理论）

署名杨洪

载1945年8月5日工商日报、秦风日报联合版副刊《每周文艺》第1卷第14期

胜利的开始

载1945年8月25日改进出版社版《改进》第11卷第5、6期合刊

蔓荆草——伪善者（杂文）

载1945年10月8日《东南日报·笔垒》第2279期（南平版）

蔓荆草——人性拷打（杂文）

载1945年10月9日《东南日报·笔垒》第2280期（南平版）

蔓荆草——衙吏和田奴（杂文）

载1945年10月12日《东南日报·笔垒》第2282期（南平版）

蔓荆草——出现于人生中的神仙故事（杂文）

载1945年10月14日《东南日报·笔垒》第2283期（南平版）

文学与社会生活（论文）

作于1945年10月30日南平师专

载1945年11月2—5日《东南日报》（南平版）

关于《神的失落》（序跋）

作于1945年11月18日南平后谷

载1945年11月23日、25日《东南日报·笔垒》第2318期（上）2319期（下）

初收1951年1月上海文化工作社版《神的失落》

又收1985年11月四川文艺出版社初版《王西彦选集》第3卷

蔓荆草——人的觉醒（杂文）

载1945年12月21日《东南日报·笔垒》第3242期（南平版）

蔓荆草——冷漠（杂文）

载1945年12月24日、25日《东南日报·笔垒》3244期（上）3245期（下）（南平版）

蔓荆草——不必要的受苦（杂文）

载1945年12月26日《东南日报·笔垒》第3246期（南平版）

蔓荆草——为了一局台球的胜利（杂文）

载 1945 年 12 月 27 日《东南日报·笔垒》第 3247 期（南平版）

关于文学与生活的断想（一）（二）（理论）

载 1945 年 12 月《现代》月刊第 1 卷第 2 期及 1946 年 × 月《现代》月刊第 1 卷第 3 期（福建仙游）

蛟和龙（散文）

作于 1945 年

载 1946 年 8 月 15 日——1947 年 6 月 15 日上海永祥印书馆《文艺春秋》第 3 卷第 1 期—第 4 卷第 6 期（连载）

初收 1986 年 11 月四川文艺出版社初版《王西彦选集》第 5 卷

1946 年

文明的悲剧（读书笔记）

（包括《医生你能医好我吗？》、《冷静的力量》）

载 1946 年 1 月 15 日上海永祥印书馆初版《文艺春秋》第 2 卷第 2 期

初收 1981 年 6 月花城出版社初版《书和生活》，改题名为《喜剧性的悲剧》

阴霾（小说）

作于 1946 年 1 月，福州

载 1946 年 7 月 15 日上海《文坛月刊》第 1 卷第 4 期

初收 1982 年 11 月花城出版社初版《悲凉的乡土》

又收 1985 年 11 月四川文艺出版社初版《王西彦选集》第 2 卷

作家书信（书简）

署名老未然、王西彦

载 1946 年 7 月 10 日《月刊》第 2 卷第 1 期

"假希腊人"(小说)

作于 1946 年秋、福州

载 1948 年 6 月 1 日，6 月 16 日中华书局《新中华》复刊第 6 卷(总第 11 卷)第 11、12 期

初收 1950 年 6 月中华书局初版《在网罟里》

又收 1981 年香港文学研究社初版《两姊妹》

又收 1982 年 2 月湖南人民出版社初版《王西彦小说选》

又收 1985 年 11 月四川文艺出版社初版《王西彦选集》第 2 卷

微贱的人(长篇小说)

载 1946 年 8 月 15 日——1947 年 6 月 15 日上海永祥印书馆版《文艺春秋》第 3 卷第 2 期——第 4 卷第 1 期

初收 1949 年 6 月上海晨光出版公司初版《微贱的人》

又收 1956 年 9 月上海新文艺出版社初版《微贱的人》

又收 1959 年上海文艺出版社再版《微贱的人》

谈文艺批评(论文)

载 1946 年 10 月 1 日《读者文摘》第 2 卷第 5 期

鲁迅先生并没有死(评论)

载 1946 年 10 月 15 日上海永祥印书馆《文艺春秋》第 3 卷第 4 期

还乡(中篇小说)

载 1946 年 10 月 16 日、11 月 1 日、11 月 16 日，中华书局版《新中华》复刊第 4 卷第 20 期、第 21 期、第 22 期(连载)

初收 1982 年 8 月香港南方书屋初版《王西彦中篇小说选》

堂·吉诃德精神(蔓荆草)

载 1946 年 12 月 5 日《东南日报》(上海版)

人的世界(中篇小说)

作于 1946 年，福州

初收 1950 年 5 月上海文化工作社初版《幸福之岛》，列为“文学丛书”第 1 辑

又收 1957 年 6 月作家出版社初版《眷恋土地的人》

又收 1980 年 5 月人民文学出版社初版《中篇现代短篇小说选》第 5 卷

又收 1981 年 6 月香港文学研究社初版《两姊妹》

又收 1982 年 3 月人民文学出版社初版《王西彦小说选》

又收 1985 年 9 月安徽文艺出版社初版《现代中篇小说选》(下册)

又收 1985 年 11 月四川文艺出版社初版《王西彦选集》第 2 卷

又收 1986 年 3 月陕西人民出版社初版王瑶主编《小说鉴赏文库》(中国现代卷第 3 卷)

1947 年

鞭策——一九四七年试笔（随笔）

载 1947 年 1 月 15 日上海永祥印书馆版《文艺春秋》第 4 卷第 1 期

《神的失落》后记二（序跋）

作于 1947 年 2 月 13 日福州龙山

初收 1981 年 1 月上海文化工作社初版《神的失落》

关于《村野恋人》

作于 1947 年 3 月福州

载 1947 年 5 月 16 日上海《大公报·文艺》第 138 期

还乡再记（一）（小说）

载 1947 年 4 月 16 日中华书局版《新中华》复刊第 5 卷第 8 期

还乡再记（二）（小说）

载 1947 年 5 月 1 日中华书局版《新中华》复刊第 5 卷第 9 期

还乡再记（三）（小说）

载1947年5月16日中华书局版《新中华》复刊第5卷第10期

父亲（一个人的自白）（小说）

作于1947年5月25日，福州

载1947年7月1日上海《大公报·文艺》沪新150号

初收1982年11月花城出版社初版《悲凉的乡土》

又收1985年11月四川文艺出版社初版《王西彦选集》第2卷

进窄门的人（第1部）（小说）

载1947年7月1日至1947年10月18日《星闽日报·星瀚》（福州版）第1期至第78期分77次连载

寻梦者（长篇小说）

载1947年7月15日——1948年2月15日上海永祥印书馆版《文艺春秋》月刊第5卷第1期—第6期、第6卷第1、2期

还乡三记（小说）

载1947年9月16日—11月16日中华书局版《新中华》半月刊复刊第5卷第18期—22期

泥土——《眷恋土地的人》题记（序跋）

载1947年11月上海中原出版社版“文艺丛刊”之二《呼唤》

新文学的前途（论文）

载1947年12月20日或31日福建《星闽日报·星瀚》第123期

清醒的醉汉（小说）

作于1947年冬邕宁

初收1981年香港文学研究社初版《两姊妹》

又收1982年2月湖南人民出版社初版《王西彦小说选》

又收1985年11月四川文艺出版社初版《王西彦选集》第2卷

关于文学和生活（论文）

载1948年2月上海中原出版社初版“文艺丛刊”之四《雪花》

1948年

忧郁的歌唱（散文）

载1948年3月1日《星闽日报·星瀚》第177期（福州版）

幸福之岛（小说）

作于1948年3月4日，邕宁

载1948年5月15日《文讯》月刊第8卷第5期

初收1950年上海文化工作社初版《幸福之岛》，列为“文学丛书”第1辑

又收1981年香港文学研究社初版《两姊妹》

又收1982年2月湖南人民出版社初版《王西彦小说选》

又收1985年11月四川文艺出版社初版《王西彦选集》第2卷

蔓荆草——飞翔在空中的、自居于例外、“荆棘中的真理”（随笔）

载1948年4月15日、6月15日、8月15日上海永祥印书馆版《文艺春秋》月刊第6卷第4期、第6期、第7卷第2期

初收1951年7月文化工作社初版《唱赞歌的时代》

又收1981年6月花城出版社初版《书和生活》

在网罟里（小说）

载1948年4月16日、5月1日中华书局版《新中华》半月刊复刊

第6卷（总第11卷）第8、9期

初收1950年6月中华书局初版《在网罟里》

沉迷中的呓语——《蔓荆草》代序

作于1948年4月17日邕宁

载1948年7月《文艺丛刊》第6集《残梦》

跨过歧路的缪斯神——论中国的新文学运动（论文）

1948年“五四”纪念日在国立桂林师范学院讲

载1948年7月16日中华书局版《新中华》半月刊复刊第6卷（总第11卷）第14期

初收1950年2月文化工作社初版《挽歌与赞歌》

蔓荆草——艺术家的悲剧、为现在和为将来（随笔）

载1948年6月15日上海永祥印书馆版《文艺春秋》月刊第6卷第6期

初收1951年7月文化工作社初版《唱赞歌的时代》

又收1981年6月花城出版社初版《书和生活》

独立的知识者及其他（论文）

载1948年6月上海中原出版社“文艺丛刊”之五《人间》

初收1981年7月文化工作社初版《唱赞歌的时代》

又收1981年6月花城出版社初版《书和生活》，收进以上两书时改题名为《独立的知识者》

一个小人物的愤怒（小说）

作于1948年7月18日邕宁

载1949年1月16日，2月1日中华书局《新中华》半月刊第12卷第2期（上）第3期（下）

初收1950年5月上海文化工作社初版《幸福之岛》，列为“文学丛书”第1辑

又收1950年6月中华书局初版《在网罟里》

又收1981年香港文学研究社初版《两姊妹》

又收1982年3月人民文学出版社初版《王西彦小说选》

又收 1985 年 11 月四川文艺出版社初版《王西彦选集》第 2 卷

破了壳的蜗牛（小说）

作于 1948 年 7 月，邕宁

载 1948 年 12 月 5 日《文讯》月刊第 9 卷第 5 期

初收 1982 年 11 月花城出版社初版《悲凉的乡土》

又收 1985 年 11 月四川文艺出版社初版《王西彦选集》第 2 卷

蔓荆草——人形狐狸、破鞋、诚实的虚荣、客观态度和冷血者、耗损生命的工作、奇异的睿悟（随笔）

载 1948 年 8 月 15 日上海永祥印书馆版《文艺春秋》第 9 卷第 2 期

《客观态度和冷血者》、《损耗生命的工作》两节，初收 1951 年 7 月上海文化工作社初版《唱赞歌的时代》，又收 1981 年 6 月花城出版社初版《书和生活》

埋葬与伪装（小说）

载 1948 年 9 月 1 日中华书局版《新中华》复刊第 6 卷（总 11 卷）第 17 期

初收 1950 年 6 月中华书局初版《在网罟里》

论罗亭（作品论）

1948 年重写

载 1948 年 9 月 15 日上海永祥印书馆版《文艺春秋》月刊第 7 卷第 3 期

初收 1950 年 2 月上海文化工作社初版《挽歌与赞歌》

又收 1954 年 12 月新文艺出版社第 1 版《从生活到创作》

靠人慈祥过活（杂感）

载 1948 年 10 月 16 日福州《星闽日报·星瀚》第 372 期

初收 1981 年 6 月花城出版社初版《书和生活》

浪子和他的弟弟（评论）

载 1948 年 10 月福州《星闽日报·星瀚》第 375 期

初收 1981 年 6 月花城出版社初版《书和生活》

“感伤的旅程”——论中国新文学的前途（论文）

载 1948 年 11 月 16 日中华书局版《新中华》半月刊复刊第 6 卷（总第 11 卷）第 22 期

初收 1950 年 2 月上海文化工作社初版《挽歌和赞歌》

密月旅行（中篇小说）

载 1949 年 1 月 10 日、3 月 15 日、4 月 15 日、上海永祥印书馆版《文艺春秋》第 8 卷第 1、2、3 期

初收 1950 年 5 月上海文化工作社初版《幸福之岛》，列为“文学丛书”第 1 辑

又收 1982 年 2 月湖南人民出版社初版《王西彦小说选》

又收 1982 年 8 月香港南方书屋初版《王西彦中篇小说选》

又收 1985 年 11 月四川文艺出版社初版《王西彦选集》第 2 卷

失败了的约伯（小说）

载 1948 年 12 月 1 日、16 日中华书局版《新中华》半月刊复刊第 6 卷（总第 11 卷）第 23、24 期

初收 1950 年 6 月中华书局初版《在网罟里》

1949 年

挽歌与赞歌——论社会转形期的文学（论文）

作于 1949 年 1 月 14 日，南宁

载 1949 年 2 月 16 日、3 月 1 日、中华书局《新中华》半月刊第 12 卷第 4、5 期

初收1950年2月上海文化工作社初版《挽歌与赞歌》

意志的叛逆（小说）

载1949年4月1日、4月16日中华书局版《新中华》半月刊第12卷第7、8期

初收1950年6月中华书局初版《在网罟里》

战斗的文学（论文）

1949年7月9日在国立湖南大学文学院联谊会讲

载于长沙《民主报》（待查）

初收1956年2月上海文化工作社初版《挽歌和赞歌》

读托尔斯泰札记（论文）

1949年7月29日写于长沙西园，正当山雨欲来风满楼的时候。

载上海《学艺》杂志

初收1951年2月上海文化工作社初版《唱赞歌的时代》

又收1954年上海新文艺出版社初版《从生活到创作》

“历史的奴隶”（论文）

1949年7月29日写完于长沙西园，正当山雨欲来风满楼的时候。

1950年6月15日附记

初收1951年7月上海文化出版社初版《唱赞歌的时代》

两种态度（论文）

1949年7月29日写完于长沙西园，正当山雨欲来风满楼的时候。

1950年6月15日附记

初收1951年7月上海文化工作社初版《唱赞歌的时代》

大勇者的行为（论文）

1949年7月29日写于长沙西园，正当山雨欲来风满楼的时候。

1950年6月15日附记

初收1951年7月上海文化工作社初版《唱赞歌的时代》

生于激愤的偏颇（论文）

1949年7月29日写完于长沙西园，正当山雨欲来风满楼的时候。

1950年6月15日附记

初收1951年7月上海文化工作社初版《唱赞歌的时代》

爱的呼召（论文）

1949年7月29日写完于长沙西园，正当山雨欲来风满楼的时候。

1950年6月15日附记

初收1951年7日上海文化工作社初版《唱赞歌的时代》

伟大的失败（论文）

1949年7月29日写完于长沙西园，正当山雨欲来风满楼的时候。

1950年6月15日附记

初收1951年7月上海文化工作社初版《唱赞歌的时代》

人性的悲剧（论文）

1949年7月29日写完于长沙西园，正当山雨欲来风满楼的时候。

1950年6月15日附记

初收1951年7月上海文化工作社初版《唱赞歌的时代》

二、建国后（1949年10月—1987年）

1949年

旧形式和“民族形式”——给黎一宗的复信

作于1949年10月1日

初收 1950 年 2 月上海文化出版社初版《挽歌与赞歌》

跨越自己——纪念鲁迅先生逝世十三周年（评论）

作于 1949 年 10 月 17 日，长沙

初收 1950 年 2 月上海文化工作社初版《挽歌与赞歌》

又收 1957 年 9 月上海新文艺出版社初版《论阿 Q 和他的悲剧》

又收 1980 年上海文艺出版社初版《第一块基石》

《神的失落》三版自序（序跋）

作于 1949 年 10 月 21 日，长沙九仪里

初收 1951 年 1 月上海新文艺出版社再版《神的失落》

《幸福之岛》自序（序跋）

作于 1949 年 10 月 26 日，长沙

初收 1950 年 5 月上海文化工作社初版《幸福之岛》

《在网罟里》自序（序跋）

作于 1949 年 11 月 3 日，长沙

初收 1950 年 6 月中华书局初版《在网罟里》

《挽歌与赞歌》自序（序跋）

作于 1949 年 11 月 9 日，长沙

初收 1950 年 2 月上海文化工作社初版《挽歌与赞歌》

《寻梦者》改版自序（序跋）

作于 1949 年 11 月 13 日，长沙

初收 1951 年 1 月上海文化工作社初版《寻梦者》

又收 1985 年 11 月初版四川文艺出版社初版《王西彦选集》第 3 卷

1950 年

一个伟大人物的传记（论文）

作于 1950 年 1 月 18 日夜，1954 年中旬重写于上海

初收 1951 年 7 月上海文化工作社初版《唱赞歌的时代》

又收 1954 年 2 月上海新文艺出版社初版《从生活到创作》

一个文艺工作者的喜悦（随笔）

载上海《解放日报》或《文汇报》（待查）

初收 1950 年 2 月上海文化工作社初版《挽歌与赞歌》

苏联文学的传统和特质——为纪念苏联十月革命 32 周年作（理论）

初收 1950 年 2 月上海文化工作社初版《挽歌与赞歌》

“灵魂的建筑师”和“社会的守望犬”（理论）

作于 1950 年 2 月，长沙岳麓山湖南大学

初收 1951 年 7 月上海文化工作社初版《唱赞歌的时代》

又收 1954 年 12 月上海新文艺出版社初版《从生活到创作》

又收 1958 年 11 月百花文艺出版社初版《唱赞歌的时代》

唱赞歌的时代（论文）

作于 1950 年 3 月 18 日长沙通泰街

载 1950 年 4 月《新文化》第 1 卷第 2 期

初收 1951 年 7 月上海文化工作社初版《唱赞歌的时代》

又收 1954 年 12 月上海新文艺出版社初版《从生活到创作》

又收 1958 年 11 月百花文艺出版社初版《唱赞歌的时代》

生根·普及·提高（中南文艺工作笔谈会）

载 1950 年 3 月《长江文艺》第 2 卷第 2 期

爱国主义与文学遗产

作于1950年4月18日珞珈山武汉大学

载1950年5月1日《新文化》第1卷第3期

初收1951年7月上海文化工作社初版《唱赞歌的时代》

又收1954年12月上海新文艺出版社初版《从生活到创作》

生活，材料与怎样写得具体、生动、集中？（创作谈）

作于1950年5月9日，珞珈山

载1950年10月《长江文艺》第2卷第6期

初收1951年7月上海文化工作社初版《唱赞歌的时代》

发扬“五四”传统与接受文学遗产（论文）

载汉口《大刚报》（待查）

初收1951年7月上海文化工作社初版《唱赞歌的时代》

又收1954年上海新文艺出版社初版《从生活到创作》

关于文艺问题的感想（论文）

作于1950年5月20日，珞珈山

载1950年6月1日、7月21日《新文化》第1卷第4、5期

初收1951年7月上海文化工作社初版《唱赞歌的时代》

又收1954年12月上海新文艺出版社初版《从生活到创作》

鲁迅的创作小说的时代意义（论文）

作于1950年5月武昌珞珈山武汉大学

初收1951年6月海燕书店初版《新的时代和新的风格》

又收1957年9月上海新文艺出版社初版《论阿Q和他的悲剧》

加强学校文艺活动和提高学校文艺教育——对武汉市文联的一个建议

作于1950年6月2日，珞珈山

初收1951年7月上海文化工作社初版《唱赞歌的时代》

为单调和粗糙辩护

作于1950年6月13日夜

载汉口《大刚报》(日期待查)

初收1951年7月上海文化工作社初版《唱赞歌的时代》

《人的道路》后记(序跋)

作于1950年7月7日武昌珞珈山

初收1951年1月上海文化工作社初版《人的道路》

《唱赞歌的时代》自序(序跋)

作于1950年7月14日武昌珞珈山

初收1951年7月上海文化工作社初版《唱赞歌的时代》

从苏联文艺问题所得到的启示和教育(论文)

作于1950年夏,长沙

初收1951年6月海燕书店初版《新的时代和新的风格》

又收1958年11月百花文艺出版社初版《唱赞歌的时代》

《三个战士》座谈会

署名于黑丁、王西彦、白刃、田涛等

载1950年8月1日《长江文艺》第3卷第1期

时代和风格(理论)

作于1950年8月23日,长沙

初收1951年6月海燕书店初版《新的时代和新的风格》

又收1958年11月百花文艺出版社初版《唱赞歌的时代》

从提高作品的思想性谈到批评家的任务(评论)

作于1950年9月1日,长沙西园

载1950年10日25日《文艺报》第3卷第1期

初收1951年6月海燕书店初版《新的时代和新的风格》

又收 1958 年 11 月百花文艺出版社初版《唱赞歌的时代》

鲁迅：伟大的战斗者——为纪念鲁迅先生逝世 14 周年作（论文）
载 1950 年 10 月 1 日《长江文艺》第 3 卷第 3 期
初收 1951 年 6 月海燕书店初版《新的时代和新的风格》

鲁迅生活和思想发展的道路（论文）
作于 1950 年 10 月 11 日，长沙
初收 1951 年 6 月海燕书店初版《新的时代和新的风格》

生命和工作（论文）
作于 1950 年 10 月 14 日夜长沙
初收 1951 年海燕书店初版《新的时代和新的风格》
又收 1957 年 9 月上海新文艺出版社初版《论阿 Q 和他的悲剧》

伟大的史诗——看了《中国人民的胜利》后的感想（影评）
作于 1950 年 10 月 20 日夜长沙
初收 1951 年 6 月海燕书店初版《新的时代和新的风格》

重见太阳的墓碑（散文）
作于 1950 年 11 月 4 日，平江
载 1950 年《长江文艺》（日期待查）
初收 1951 年 3 月湖南省文联筹委会编辑出版《湘东老苏区杂记》
又收 1980 年 10 月江苏人民出版社初版《王西彦散文选》

兄弟团员（散文）
作于 1950 年 11 月 22 日平江止马乡
载 1950 年 12 月 5 日《大公报》
初收 1951 年 3 月湖南省文联筹委会编辑出版《湘东老苏区杂记》

把抗美援朝的文艺宣传扩展到农村来

作于 1950 年 11 月 27 日平江止马乡
载 1951 年 1 月 1 日《长江文艺》第 3 卷第 6 期
初收 1951 年 6 月海燕书店初版《新的时代和新的风格》

一个乡副主席的经历（散文）
作于 1950 年 12 月 4 日平江止马乡政府
初收 1951 年 3 月湖南省文联筹委会编辑出版《湘东老苏区杂记》
又收 1980 年 10 月江苏人民出版社初版《王西彦散文选》

甫老子和他的瘸脚侄儿（散文）
作于 1950 年 12 月 14 日
载 1950 年 12 月 16 日《大公报》
初收 1951 年 3 月湖南省文联筹委会编辑出版《湘东老苏区杂记》

力量的最大源泉（散文）
作于 1950 年 12 月 30 日平江止马乡
载 1951 年 2 月 1 日《人民文学》第 3 卷第 4 期
初收 1951 年 6 月海燕书店初版《新的时代和新的风格》

1951 年

再记甫老子（散文）
作于 1951 年 1 月 20 日止马乡
载 1951 年 2 月 13 日《大公报》
初收 1951 年 3 月湖南省文联筹委会编辑出版《湘东老苏区杂记》

为了和平的战争
作于 1951 年 1 月平江止马乡太平村
载 1951 年 2 月 25 日《文艺报》第 3 卷第 9 期
初收 1951 年 3 月湖南省文联筹委会初版《湘东老苏区杂记》

一本血写的书——讲述共产党人的精神力量的故事（评介）

作于1951年2月16日，长沙

初收1951年6月海燕书店初版《新的时代和新的风格》

《新的时代和新的风格》自序（序跋）

作于1951年2月16日，长沙

初收1951年6月海燕书店初版《新的时代和新的风格》

喜悦和感激——代序（序跋）

作于1951年2月17日，长沙

载19851年3月13日《大公报》

初收1951年3月湖南省文联筹委会编辑出版《湘东老苏区杂记》

控诉他——一个造够了孽的刽子手（报告文学）

1951年2月26日追记于长沙

载1951年4月1日《小说》月刊第5卷第3期

初收1951年3月湖南省文联筹委会编辑出版《湘东老苏区杂记》

愤怒的挡头山（散文）

作于1951年2月26日，长沙

初收1980年10月江苏人民出版社初版《王西彦散文选》

《祝福》——一个令人颤栗的回顾（论文）

作于1951年4月3日，杭州

初收1953年7月上海新文艺出版社初版《伟大的人和伟大的作家》

又收1957年9月上海新文艺出版社初版《论阿Q和他的悲剧》

读《故乡》（评论）

作于1951年8月，杭州

初收1953年2月上海新文艺出版社初版《伟大的人和伟大的作家》

又收 1957 年 9 月上海新文艺出版社初版《论阿 Q 和他的悲剧》

《故乡》和《祝福》——令人颤栗的回顾（论文）

作于 1951 年 8 月，杭州，1977 年 12 月整理于上海

初收 1980 年 7 月上海文艺出版社初版《第一块基石》

中国新文学运动的主潮（论文）

作于 1951 年 5 月 20 日，在杭州市中等学校国文研究会上的专题报告 1952 年 8 月又加补充和修改

初收 1953 年 7 月新文艺出版社初版《伟大的人和伟大的作家》，改题为《主潮在那里》

初收 1958 年 11 月百花文艺出版社初版《唱赞歌的时代》

高尔基的道路（论文）

作于 1951 年 6 月，杭州

载 1951 年 8 月 1 日版《小说》月刊第 6 卷第 1 期

初收 1953 年 7 月上海新文艺出版社初版《伟大的人和伟大的作家》

又收 1981 年 6 月花城出版社初版《书和生活》

从鲁迅的小说看农村的土地问题（论文）

初收 1951 年 6 月海燕书店初版《新的时代和新的风格》

对于死的探究（读书笔记）

初收 1951 年 7 月上海文化工作社初版《唱赞歌的时代》

又收 1981 年 6 月花城出版社初版《书和生活》，改题为《对于死的无结果的探究》

柔和的心（读书笔记）

初收 1951 年 7 月上海文化工作社初版《唱赞歌的时代》

又收 1981 年 6 月花城出版社初版《书和生活》，题目改为《柔和的抗议》

忍受痛苦的能力（读书笔记）

初收 1951 年 7 月上海文化工作社初版《唱赞歌的时代》

又收 1981 年 6 月花城出版社初版《书和生活》

“光明的活泉”（读书笔记）

初收 1951 年 7 月上海文化工作社初版《唱赞歌的时代》

又收 1981 年 6 月花城出版社初版《书和生活》

反抗的文学（读书笔记）

初收 1951 年 7 月上海文化工作社初版《唱赞歌的时代》

又收 1981 年 6 月花城出版社初版《书和生活》

伟人与反抗者（读书笔记）

初收 1951 年 7 月上海文化工作社初版《唱赞歌的时代》

又收 1981 年 6 月花城出版社初版《书和生活》

毒龙和蜂蜜（读书笔记）

初收 1951 年 7 月上海文化工作社初版《唱赞歌的时代》

又收 1981 年 6 月花城出版社初版《书和生活》

天才的傲慢（读书笔记）

初收 1951 年 7 月上海文化工作社初版《唱赞歌的时代》

又收 1981 年 6 月花城出版社初版《书和生活》

苹果树和桃子（读书笔记）

初收 1951 年 7 月上海文化工作社初版《唱赞歌的时代》

又收 1981 年 6 月花城出版社初版《书和生活》

“有力的心灵”（读书笔记）

初收 1951 年 7 月上海文化工作社初版《唱赞歌的时代》

又收 1981 年 6 月花城出版社初版《书和生活》，改题为《强有力

的心灵》

神圣而痛苦的生涯（读书笔记）

初收1951年7月上海文化工作社初版《唱赞歌的时代》

又收1981年6月花城出版社初版《书和生活》

悲凉的赞颂（读书笔记）

初收1951年7月上海文化工作社初版《唱赞歌的时代》

又收1981年6月花城出版社初版《书和生活》

关于《中国新文学史教学大纲（初稿）》的讨论

作于1951年8月21日，浙江大学

初收1953年7月上海新文艺出版社初版《伟大的人和伟大的作家》

附记：敬复王西彦先生（李何林）作于1951年11月2日北京师范大学。

从《药》看鲁迅创作的特色（读书笔记）

作于1951年9月12日，杭州，为鲁迅70诞辰和逝世15周年纪念而作

载1951年10月1日上海《小说》月刊第6卷第3期

初收1953年7月上海新文艺出版社初版《伟大的人和伟大的作家》

又收1957年9月上海新文艺出版社初版《论阿Q和他的悲剧》

又收1980年7月上海新文艺出版社初版《第一块基石》

读《故乡》笔记——纪念鲁迅诞辰70周年（论文）

载1951年9月25日《大公报》

像这样的，就是一个伟大人物——《欣慰的纪念》读后（评论）

作于1951年9月，杭州

载1951年10月1日《文艺报》第4卷第11—12期

初收1953年7月上海新文艺出版社初版《伟大的人和伟大的作家》

又收 1957 年上海新文艺出版社初版《论阿 Q 和他的悲剧》

又收 1980 年 7 月上海文艺出版社初版《第一块基石》，作了修订，并写了“附记”

1952 年

《湘东老苏区杂记》后记（序跋）

作于 1952 年 1 月 5 日，杭州

初收 1952 年 6 月上海新文艺出版社初版《湘东老苏区杂记》

世界上最美好的诗篇（评论）

作于 1952 年 8 月，杭州秦望山

初收 1953 年 7 月上海新文艺出版社初版《伟大的人和伟大的作家》

一个伟大的母亲讲述她伟大的儿女们的故事（评论）

作于 1952 年 8 月，杭州秦望山

初收 1953 年 7 月上海新文艺出版社初版《伟大的人和伟大的作家》

又收 1959 年 12 月天津百花文艺出版社初版《从播种到收获》改题名为《母亲讲的故事》

《伟大的人和伟大的作家》自序（序跋）

作于 1952 年 9 月 2 日，杭州秦望山

初收 1953 年 7 月上海新文艺出版社初版《伟大的人和伟大的作家》

一个军械上士的战斗遭遇（报告文学）

1952 年 10 月记于朝鲜东海岸

1953 年 9 月下旬修改于北京

载 1953 年 11 月 1 日《文艺月报》第 10—11 月号合刊

初收 1954 年 2 月上海新文艺出版社初版《为了祖国和人类》

我在朝鲜战场上所感受到的（散文）

作于 1952 年 11 月 24 日，天津
初收 1954 年 2 月上海新文艺出版社初版《为了祖国和人类》

从爱国主义到国际主义（理论）
作于 1952 年，杭州；修改于 1957 年，上海
初收 1980 年 7 月上海文艺出版社初版《第一块基石》

论鲁迅的爱国主义（理论）
作于 1952 年，杭州
初收 1951 年 6 月上海海燕书店初版《新的时代和新的风格》
又收 1957 年 9 月上海新文艺出版社初版《论阿 Q 和他的悲剧》

1953 年

战斗的文艺（散文）
作于 1953 年 2 月 12 日，杭州秦望山
初收 1954 年 2 月上海新文艺出版社初版《为了祖国和人类》

松林里的盛会——记朝鲜战地某次慰问大会（散文）
作于 1953 年 2 月 11 日，根据在朝鲜战地时的日记写成
载 1953 年 3 月 15 日《文艺月报》3 月号
初收 1954 年 2 月上海新文艺出版社初版《为了祖国和人类》

为了祖国和人类（散文）
作于 1953 年 2 月 15 日，杭州秦望山
初收 1954 年 2 月上海新文艺出版社初版《为了祖国和人类》
又收 1980 年 10 月江苏人民出版社初版《王西彦散文选》
又收 1986 年 11 月四川文艺出版社初版《王西彦选集》第 5 卷

用工作和学习来悼念我们最好的导师和朋友（散文）
载 1953 年 3 月 15 日《文艺月报》3 月号

整顿队伍、开展创作活动（短论）

署名招明

载1953年3月15日《文艺月报》3月号

创造奇迹的人们（散文）

原题《奇迹的创造者》

作于1953年3月中旬，上海；4月中旬重写

载1953年6月2日《人民文学》6月号（总24期）

初收1954年2月上海新文艺出版社初版《为了祖国和人类》

又收1980年10月江苏人民出版社初版《王西彦散文选》

又收1986年11月四川文艺出版社初版《王西彦选集》第5卷

朝鲜战场上的李兰丁们（报告文学）

作于1953年3月，上海

载1953年6月15日《文艺月报》6月号

初收1954年上海新文艺出版社初版《为了祖国和人类》

社会主义现实主义作品的范例——我们应该怎样学习《曙光照耀着莫斯科》（评论）

载1953年4月11日《解放日报》

一面水晶镜子（评论）

1953年4月30日在上海工人文化宫的发言，5月2日整理初收

1958年11月天津百花文艺出版社初版《唱赞歌的时代》

在沃土里的成长起来的（报告文学）

作于1953年5月

载1953年8月15日（文艺月报）8月号

初收1954年2月上海新文艺出版社初版《为了祖国和人类》

平凡的英雄（散文）

作于 1953 年 7 月 22 日开城
载 1953 年 9 月 7 日《人民文学》9 月号
初收 1954 年 2 月上海新文艺出版社初版《为了祖国和人类》
又收 1980 年 10 月江苏人民出版社初版《王西彦散文选》
又收 1986 年 11 月四川文艺出版社初版《王西彦选集》第 5 卷

胜利的开城（散文）
作于 1953 年 7 月 28 日深夜，开城高丽洞
载 1953 年 9 月 15 日《文艺月报》9 月号
初收 1954 年 2 月上海新文艺出版社初版《为了祖国和人类》
又收 1980 年 10 月江苏人民出版社初版《王西彦散文选》
又收 1986 年 11 月四川文艺出版社初版《王西彦选集》第 5 卷

一切为了祖国和人民的需要（评论）
初收 1953 年 7 月上海新文艺出版社初版《伟大的人和伟大的作家》

忘我的人——忘我的劳动和战斗（报告文学）
作于 1953 年 9 月初旬于北京
载 1953 年 10 月 7 日《人民文学》10 月号
初收 1954 年 2 月上海新文艺出版社初版《为了祖国和人类》
又收 1986 年 11 月四川文艺出版社初版《王西彦选集》第 5 卷，改题名为《建修“吹笛和平桥”的人们》

胜利列车开到了（小说）
作于 1953 年 9 月中旬，北京初稿；1954 年 1 月初旬，上海重写
载 1954 年 3 月 7 日《人民文学》3 月号
初收 1955 年 2 月中国青年出版社初版《朴玉丽》

《为了祖国和人类》自序（序跋）
作于 1953 年 9 月下旬，北京
初收 1954 年 2 月上海新文艺出版社初版《为了祖国和人类》

关于社会主义现实主义——在中国新文学发展上的两个问题（论文）

作于 1953 年 12 月，上海

初收 1958 年天津百花文艺出版社初版《唱赞歌的时代》

青春的花朵（评论）

作于 1953 年 12 月，上海

初收 1958 年 11 月天津百花文艺出版社初版《唱赞歌的时代》

1954 年

朴玉丽（小说）

作于 1954 年 1 月 5 日—20 日，上海初稿，6 月上旬重改

载 1954 年 8 月 5 日《文艺月报》8 月号

初收 1955 年 2 月中国青年出版社初版《朴玉丽》

又收 1959 年 12 月上海文艺出版社初版《特写报告选》（上海十年文学选集）

悬崖（小说）

作于 1954 年 2—3 月中旬，上海

载 1954 年 4 月 15 日《文艺月报》4 月号

初收 1955 年 2 月中国青年出版社初版《朴玉丽》

我对《铁道游击队》的几点意见（书评）

署名招明

作于 1954 年 4 月下旬，上海

载 1954 年 5 月 15 日《文艺月报》5 月号；原题名《铁道游击队》

初收 1959 年 12 月天津百花文艺出版社初版《从播种到收获》

桥（小说）

作于 1954 年 5 月上旬，上海初稿

载1954年5月16日《解放日报》
初收1955年2月中国青年出版社初版《朴玉丽》

热烈拥护中华人民共和国宪法草案（散文）
署名巴金、王西彦
载1954年6月16日《新民晚报》

我骄傲我是一个新中国的公民和劳动者（散文）
载1954年7月8日《解放日报》

读爱伦堡《谈作家的工作》札记（读书笔记）
作于1954年6月，上海
初收1958年11月天津百花文艺出版社初版《唱赞歌的时代》

读果戈里和契诃夫零札（读书笔记）
作于1954年6月，上海
初收1954年12月上海新文艺出版社初版《从生活到创作》

一个公民的幸福和愿望（总题：我们热烈忠诚地拥护宪法草案）
载1954年7月15日《文艺月报》7月号

在病房中（小说）
作于1954年7月27日—8月18日，上海
初收1955年2月中国青年出版社初版《朴玉丽》

《从生活到创作》自序（序跋）
初收1954年12月上海新文艺出版社初版《从生活到创作》

从生活到创作（论文）
初收1954年12月上海新文艺出版社初版《从生活到创作》

1955 年

苏联文学的“客观存在”（评论）

作于 1955 年 3 月上旬，上海

初收 1958 年 11 月天津百花文艺出版社初版《唱赞歌的时代》

被摧毁了的“理论”（评论）

作于 1955 年 3 月下旬，上海

初收 1958 年 11 月天津百花文艺出版社初版《唱赞歌的时代》

提高警惕，继续战斗（论文）

载 1955 年 5 月 27 日《文汇报》

严厉镇压胡风反革命分子，保卫我们伟大的革命事业

载 1955 年 6 月 21 日《新民晚报》

严重的教训（总题：坚决彻底粉碎胡风反革命集团）

载 1955 年 6 月 15 日《文艺月报》6 月号

1956 年

伟绩的创造（总题：在高潮的一周间）

作于 1956 年 1 月 22 日

载 1956 年 2 月 5 日《文艺月报》2 月号

为了铧犁（短篇小说）

作于 1956 年夏初稿，1958 年重写于上海

载 1958 年 6 月 8 日《人民文学》6 月号

鲁迅小说中的知识分子（理论）

作于1956年8月26日，为纪念鲁迅逝世20周年写于上海，同年9月27日改写
载1956年12月15日《文艺报》第23期
初收1957年9月上海新文艺出版社初版《论阿Q和他的悲剧》
又收1980年7月上海文艺出版社初版《第一块基石》
收进以上两本集子时改题为:《也谈关于鲁迅小说中知识分子形像的问题》

读《朝花夕拾》札记（作品分析）
作于1956年9月19日，上海；修改于1978年1月17日
载1956年12月5日《文艺月报》12月号
初收1957年9月上海新文艺出版社初版《论阿Q和他的悲剧》
又收1980年7月上海文艺出版社初版《第一块基石》

叛逆的和尚和复仇的鬼魂（论文）
作于1956年9月24日，上海
初收1957年9月上海新文艺出版社初版《论阿Q和他的悲剧》
又收1980年7月上海文艺出版社初版《第一块基石》

不能忘怀的三折戏（评论）
作于1956年10月18日，上海
初收1980年7月上海文艺出版社初版《第一块基石》

狼的奶汁（散文）
作于1956年10月18日，上海
载1956年10月30日《文汇报》
初收1957年9月上海文艺出版社初版《论阿Q和他的悲剧》

读《伤逝》(书评）
作于1956年10月，上海
载1956年12月《语文教学》第12期

初收 1957 年 9 月上海新文艺出版社初版《论阿 Q 和他的悲剧》
又收 1980 年 2 月上海文艺出版社初版《第一块基石》，改题名为《诗篇〈伤逝〉》

《眷恋土地的人》后记（序跋）
作于 1956 年 11 月 18 日，上海
初收 1957 年 6 月作家出版社初版《眷恋土地的人》

这血是不会干的（散文）
载 1956 年 11 月 23 日《文汇报》

有关鲁迅初期小说作品的两三问题（评论）
作于 1950—1956 年，武昌、上海
初收 1957 年 9 月上海新文艺出版社初版《论阿 Q 和他的悲剧》，改题为《关于学习和研究鲁迅的二、三问题》
又收 1980 年 7 月上海文艺出版社初版《第一块基石》

特色和“缺点”（论文）
载 1956 年 12 月 6 日《文汇报》

关于学习和研究鲁迅的几个问题（论文）
作于 1956 年除夕，上海
载 1957 年《东海》第 2 期

对鲁迅杂文的民族特色的几点看法（评论）
作于 1956 年除夕定稿，修改于 1978 年 1 月
初收 1980 年 7 月上海文艺出版社初版《第一块基石》

1957 年

论阿 Q 和他的悲剧（评论）

作于1957年1月15日—2月3日，上海
载1957年3月24日、31日《文艺报》第1—2号（试版）
初收1957年9月上海新文艺出版社初版《论阿Q和他的悲剧》
又收1980年7月上海文艺出版社初版《第一块基石》

论《故事新编》（理论）
作于1957年2月初，上海
载1957年3月《新港》第3期
初收1957年9月上海新文艺出版社初版《论阿Q和他的悲剧》
又收1980年7月上海文艺出版社初版《第一块基石》

纯朴的诗——读《从百草园到三味书屋》（理论）
作于1957年2月14日，上海
载1957年3月《语文教学》第3期
初收1980年7月上海文艺出版社初版《第一块基石》

艰辛的日子（中篇小说）
作于1957年2月18日，修改于4月19日，上海
载1957年8月8日《人民文学》8月号
初收1958年8月上海新文艺出版社初版《新的土壤》

更高地举起思想斗争的旗帜（理论）
作于1957年6月13日，上海
载1957年6月17日,《文汇报》
初收1958年11月百花出版社初版《唱赞歌的时代》

根本的转变（随笔）
载1957年6月21日《文汇报》

回忆与现实（散文）
作于6月29日，上海

载1957年7月24日《解放日报》

《外套》(书评)

作于1957年7月11日，上海

载1957年8月8日《文艺学习》第8期

论《子夜》(论文)

作于1957年4—7月于上海

载1957年12月《新港》第12期

1958年3月由上海新文艺出版社作为单行本初版出书

基调和主流——批判王若望在文学问题上的右派言论(评论)

作于1957年8月5日，上海

载1957年8月14日《文汇报》

初收1958年11月天津百花文艺出版社初版《唱赞歌的时代》

论《安娜·卡列尼娜》(评论)

作于1957年8月中旬，上海

载1959年6月5日《文艺月报》6月号

否定自己

载1957年9月9日《解放日报》

鲁迅论知识分子的改造(论文)

作于1957年9月15日，上海

载1957年10月5日《文艺月报》10月号

严峻的文学(评论)

作于1957年9月26日，上海

载1957年11月8日《人民文学》11月号

新的土壤（短篇小说）

作于 1957 年 10 月 5 日，上海

载 1957 年 11 月 5 日《文艺月报》11 月号

初收 1958 年 8 月上海新文艺出版社初版《新的土壤》

又收 1959 年 9 月上海新文艺出版社初版《短篇小说选》,（上海十年文学选集）

在纪念鲁迅的时候

作于 1957 年 10 月 16 日，为鲁迅逝世 21 周年作

初收 1958 年 11 月天津百花文艺出版社初版《唱赞歌的时代》

纪念鲁迅，反击右派！（论文）

载 1957 年 10 月 18 日《文汇报》

回忆第一次读《母亲》（随笔）

作于 1957 年 11 月 1 日，上海

载 1957 年 11 月 10 日《文汇报》

初收 1959 年 12 月天津百花文艺出版社初版《从播种到收获》

又收 1981 年 6 月花城出版社初版《书和生活》

生命的火炬（评论）

作于 1957 年 11 月 5 日，上海

初收 1959 年 12 月天津百花文艺出版社初版《从播种到收获》

真实与真理（评论）

作于 1957 年 11 月 12 日，上海

载 1958 年 1 月 8 日《人民文学》1 月号

初收 1958 年 11 月天津百花文艺出版社初版《唱赞歌时代》

在罗曼·罗兰的外衣下（评论）

作于 1957 年 11 月 18 日，1958 年 5 月 4 日补充

载 1958 年 9 月 5 日《文艺月报》9 月号
初收 1958 年 11 月天津百花文艺出版社初版《唱赞歌时代》

回忆统照先生（散文）
作于 1957 年 12 月 13 日初稿；1979 年 1 月 19 日补充
载 1958 年 1 月 10 日《前哨》第 1 期
初收 1982 年 11 月人民文学出版社初版《炼狱中的圣火》
又收 1986 年 11 月四川文艺出版社初版《王西彦选集》第 5 卷

1958 年

高空的红星（散文）
作于 1958 年元旦，上海
载 1958 年 1 月 9 日《文汇报》

哥哥下乡去了（短篇小说）
作于 1958 年 1 月 22 日，上海
载 1958 年 3 月 1 日《新港》2、3 月号合刊
初收 1958 年 8 月上海新文艺出版社初版《新的土壤》

鲁迅所遵奉和捍卫的文艺路线（论文）
作于 1957 年 10 月—58 年 1 月，上海
载 1958 年 2 月 5 日《文艺月报》2 月号

豪迈的春天（散文）
载 1958 年 2 月 18 日《文汇报》

风暴（短篇小说）
作于 1958 年 3 月 25 日，上海
载 1958 年 5 月 24 日《收获》第 3 期
初收 1958 年上海新文艺出版社初版《新的土壤》

《新的土壤》后记（序跋）

作于 1958 年 4 月 25 日，上海

初收 1958 年 8 月上海新文艺出版社初版《新的土壤》

读"山乡巨变"（书评）

作于 1958 年 5 月 30 日，上海

载 1958 年 7 月 8 日《人民文学》7 月号

初收 1959 年 12 月天津百花文艺出版社初版《从播种到收获》

又收 1987 年湖南人民出版社初版《我怎样学习写作》

在逼人的形势下（随笔）

作于 1958 年 6 月 9 日灯下

载 1958 年 6 月 16 日《文汇报》

最初的印象（特写）

作于 1958 年 7 月 18 日，义乌青塘下

载 1958 年 7 月 31 日《文汇报》

予侵略者以毁灭性打击（散文）

作于 1958 年 9 月 7 日，上海

载 1958 年 9 月 8 日《文汇报》

高尚的风格

载 1958 年 10 月 16 日《文汇报》

读《忆列宁》（评论）

作于 1958 年 11 月 18 日，嘉定

载 1958 年 2 月 2 日《语文教育》第 2 期

初收 1959 年 12 月天津百花出版社初版《从播种到收获》

1959年

血写的警告和“为公仇”的战斗（理论）

作于1959年2月7日，上海

初收1980年7月上海文艺出版社初版《第一块基石》

从生活实际到艺术结构（评论）

作于1959年3月2日，上海

载1959年3月14日《文汇报》

初收1959年12月天津百花文艺出版社初版《从播种到收获》

从写真人真事谈起（谈创作）

作于1959年3月23日，上海

载1959年7月5日《文艺月报》7月号

初收1959年12月天津百花文艺出版社初版《从播种到收获》

伟大的战斗（评论）

作于1959年4月8日，上海

载1959年5月1日《新港》第5期

初收1959年12月天津百花文艺出版社初版《从播种到收获》

又收1980年7月上海文艺出版社初版《第一块基石》；收进集子时改题为《在“五四”的旗帜下》

第一块基石（理论）

作于1959年4月15日，上海

载1959年5月《语文教学》第5期

初收1980年7月上海文艺出版社初版《第一块基石》

《锻炼锻炼》和反映人民内部矛盾（评论）

1959年4月23日初稿，5月2日补充，上海

载1959年5月26日《文艺报》第10期
初收1959年12月天津百花文艺出版社初版《从播种到收获》

让理性抬头（杂文）
作于1959年4月25日，上海
载1959年4月26日《文汇报》

战斗和创造（评论）
作于1959年4月26日，上海
载1959年5月4日《文汇报》

从播种到收获（评论）
作于1959年4月26日，上海
初1959年12月天津百花文艺出版社初版《从播种到收获》

谈“从表到里”的表现方法（评论）
作于1959年5月17日，上海
载1959年6月16日《萌芽》第12期
初收1959年12月天津百花文艺出版社初版《从播种到收获》
又收1987年湖南人民出版社初版《我怎样学习写作》

漫谈文学技巧（理论）
作于1959年5月24日，上海
载1959年8月1日《新港》第8期
初收1959年12月天津百花文艺出版社初版《从播种到收获》
又收1987年湖南人民出版社初版《我怎样学习写作》

读《上海的早晨》（书评）
作于1959年6月17日，上海
载1959年7月11日《文艺报》第13期
初收1959年12月天津百花文艺出版社初版《从播种到收获》

归雨（小说）

作于1959年6月，上海

载1959年8月5日《文艺月报》8月号

试论《百炼成钢》（书评）

作于1959年7月20日，上海

载1959年8月25日《文学评论》第4期

初收1959年12月天津百花文艺出版社初版《从播种到收获》

读高尔基描写流浪汉的作品（论文）

作于1959年5月—8月，上海

载1959年10月20日《世界文学》第10期（总76期）；又名《高尔基笔下的流浪汉》

偶感四则（评论）

“不闻政治”的契诃夫、捍卫左拉、李白的性格、为了推动生活前进的斗争

作于1959年9月5日，上海

载1959年10月《前哨》第10期

初收1959年12月天津百花文艺出版社初版《从播种到收获》

滋力（小说）

载1959年9月26日《光明日报》

生活和题材——和习作者谈创作（创作谈）

作于1959年9月27日，上海

载1959年11月16日《萌芽》第20期

初收1959年12月天津百花文艺出版社初版《从播种到收获》

又收1987年湖南人民出版社初版《我怎样学习写作》

振奋、策励和感激（散文）

作于9月28日，上海
载1959年10月2日《文汇报》

红土朝阳（长篇小说选载）
载1959年10月1日《湖南文学》第10期

大海里的点滴（理论）
1959年10月在一个纪念会上的发言，1961年3月，根据发言纲要整理
初收1980年7月上海文艺出版社初版《第一块基石》

读契诃夫作品札记——为纪念契诃夫诞生一百周年而作（论文）
作于1959年11月，上海
载1960年1月1日《新港》第1期

1960年

论茅盾的短篇小说（理论）
作于1960年秋，上海
载1981年《文学评论》第4期

1961年

关于悲剧（评论）
署名细言
载1961年1月31日《文汇报》
初收1979年12月四川人民出版社初版《王西彦近作》

做新宅子的新主人——重温鲁迅对创造民族形式的意见（评论）
署名细言
载1961年3月25日《文汇报》

有关茹志鹃作品的几个问题——在一个座谈会上的发言（评论）

署名细言

作于1961年7月上旬，根据发言纲要补充写成

载1961年7月21日《文艺报》第7期

初收1987年湖南人民出版社初版《我怎样学习写作》

关于鲁迅小说的艺术技巧的札记（评论）

作于1961年9月12日，上海

载1961年10月11日《人民日报》

初收1980年7月上海文艺出版社初版《第一块基石》

又收1987年湖南人民出版社初版《我怎样学习写作》

莲藕季节（散文）

作于1961年9月28日，上海

载1961年10月1日《文汇报·笔会》

初收1980年10月江苏人民出版社初版《王西彦散文选》

富饶的花果山（散文）

作于1961年9月，1962年3月重写

载1962年3月31日《人民日报》

初收1980年10月江苏人民出版社初版《王西彦散文选》

又收1986年11月四川文艺出版社初版《王西彦选集》第5卷

漫话文艺批评（论文）

署名细言

载1961年10月26日《光明日报》

从题材多样化谈起（短论）

署名细言

载1961年12月1日《上海文学》12月号

《在漫长的路上》后记（序跋）

作于1961年12月25日，上海

初收1962年9月天津百花文艺出版社初版《在漫长的路上》

1962年

塔（散文）

作于1962年6月，杭州；1963年1月整理于上海

载1963年8月1日《新港》第8期

初收1980年10月江苏人民出版社初版《王西彦散文选》

又收1986年11月四川文艺出版社初版《王西彦选集》第5卷

湖上（散文）

作于1962年7月追记于上海

载1962年10月5日《上海文学》10月号

初收1980年10月江苏人民出版社初版《王西彦散文选》

又收1986年11月四川文艺出版社初版《王西彦选集》第5卷

三人（长篇小说《在漫长的路上》第3、5、25章）

载1962年9月1日《新港》第9期

1963年

衰落了的圣地（散文）

作于1963年9月12日追记于上海

初收1980年10月江苏人民出版社初版《王西彦散文选》

又收1986年11月四川文艺出版社初版《王西彦选集》第5卷

往返东太湖（散文）

1963年11月上旬追记于上海

载1964年6月1日《新港》第6期

初收 1980 年 10 月江苏人民出版社初版《王西彦散文选》
又收 1986 年 11 月四川文艺出版社初版《王西彦选集》第 5 卷

1964 年

早市和书场（散文）
作于 1964 年春，上海
初收 1980 年 10 月江苏人民出版社初版《王西彦散文选》
又收 1986 年 11 月四川文艺出版社初版《王西彦选集》第 5 卷

1972 年

衡人的尺度（理论）
1972 年 10 月 15 日，初稿北窗下，1977 年 5 月 30 日修改于南窗
下初收 1979 年 12 月四川人民出版社初版《王西彦近作》
又收 1980 年 7 月上海文艺出版社初版《第一块基石》

涂饰与真相（理论）
1972 年 10 月 28 日，初稿北窗下；1978 年 9 月写定于南窗下
初收 1979 年 7 月四川人民出版社初版《王西彦近作》
又收 1980 年 7 月上海文艺出版社初版《第一块基石》

肢节和全人（理论）
作于 1972 年 11 月 10 日，1976 年 12 月修改
初收 1979 年 12 月四川人民出版社初版《王西彦近作》
又收 1980 年 7 月上海文艺出版社初版《第一块基石》

1973 年

《二心集》和 30 年代文艺战线上的斗争（理论）
作于 1973 年 2 月初稿，1978 年 2 月定稿，上海
初收 1979 年 12 月四川人民出版社初版《王西彦近作》

又收1980年7月上海文艺出版社初版《第一块基石》

关于《野草》的通讯（信札）

作于1973年3月；1978年2月修改于上海

初收1979年12月四川人民出版社初版《王西彦近作》

又收1980年7月上海文艺出版社初版《第一块基石》

四个“各有妙景”的生日——读《红楼梦》笔记（读书笔记）

作于1973年8月28日，北窗下

载1982年《文艺理论研究》第4期

初收1987年湖南人民出版社初版《我怎样学习写作》

细节描写和人物命运——读《红楼梦》笔记（读书笔记）

作于1973年10月5日，北窗下

载1982年《文艺理论研究》第2期

初收1987年湖南人民出版社初版《我怎样学习写作》

1975年

大波与潜流（理论）

作于1975年6月27日，上海

初收1982年1月天津人民出版社初版《我读红楼梦》

又收1987年湖南人民出版社初版《我怎样学习写作》

1977年

骗子和打手

作于1977年8月28日，11月20日修改

载1978年4月14日《文汇报》

初收1979年12月四川人民出版社初版《王西彦近作》

蚍蜉的悲剧（散文）

作于1977年9月10日，上海

载1977年11月20日《上海文艺》第2期

初收1979年12月四川文艺出版社初版《王西彦近作》

又收1980年7月上海文艺出版社初版《第一块基石》

沐浴在阳光下（散文）

载1977年9月22日《文汇报·笔会》

初收1977年12月四川人民出版社初版《王西彦近作》；改题为《沐浴在朝辉里》

1978年

辛勤的播种者——记丰子恺先生（散文）

作于1978年2月12日，上海

载1979年4月《花城》第1期

初收1979年12月四川人民出版社初版《王西彦近作》

又收1980年10月江苏人民出版社初版《王西彦散文选》

又收1982年11月人民文学出版社初版《炼狱中的圣火》

关于《野草》的通讯

作于1978年2月，上海

初收1979年12月四川人民出版社初版《王西彦近作》

更多样些，也更深刻些（理论）

作于1978年6月9日

载1978年6月23日《文汇报》

初收1979年12月四川人民出版社初版《王西彦近作》

向死者告慰——记魏金枝（散文）

作于1978年7月，上海

载 1978 年 2 月《新文学史料》第二辑
初收 1979 年 12 月四川人民出版社初版《王西彦近作》
又收 1980 年 10 月江苏人民出版社初版《王西彦散文选》
又收 1980 年 11 月人民文学出版社初版《炼狱中的圣火》
又收 1986 年 11 月四川文艺出版社初版《王西彦选集》第 5 卷
又收 1986 年 12 月华东师范大学出版社 1986 年 12 月初版《湖畔诗社评论资料选》

春寒（中篇小说）
作于 1978 年 8 月 30 日，1979 年 3 月写定
载 1979 年 9 月《花城》第 2 期
初收 1979 年 12 月四川人民出版社初版《王西彦近作》

访鉴真故居（散文）
作于 1978 年 9 月，上海
载 1979 年 8 月 8 日《文汇报》
初收 1979 年 12 月四川人民出版社初版《王西彦近作》
又收 1980 年 10 月江苏人民出版社初版《王西彦散文选》
又收 1986 年 11 月四川文艺出版社初版《王西彦选集》第 5 卷

生活真实和艺术生命（理论）
作于 1978 年 10 月，上海
载 1978 年 12 月 15 日《文艺报》第 6 期
初收 1979 年 12 月四川人民出版社初版《王西彦近作》

老花师傅（小说）
作于 1978 年 11 月 20 日，上海
载 1979 年 2 月 1 日《新港》第 2 期
初收 1979 年 12 月四川人民出版社初版《王西彦近作》

悲剧的成因（评论）

作于1978年12月2日
载1978年12月12日《文汇报》
初收1979年12月四川人民出版社初版《王西彦近作》

活的传统——在一个座谈会上的发言（理论）
1978年12月20日发言，1979年1月15日写定
载1979年2月20日《福建文艺》第2期
初收1979年12月四川人民出版社初版《王西彦近作》

1979年

王西彦自传
载1979年1月徐州师院编辑出版《中国现代作家传略》（二）

受伤的大地在喘息（散文）
作于1979年2月18日，上海
载1979年5月10日《福建文艺》第4—5月号合刊
初收1979年12月四川人民出版社初版《王西彦近作》
又收1980年10月江苏人民出版社初版《王西彦散文选》
又收1985年8月上海文艺出版社初版《晚望》
又收1986年11月四川文艺出版社初版《王西彦选集》第5卷

永存的光芒（散文）
载1979年4月4日《文汇报》

《王西彦近作》后记（序跋）
作于1979年4月20日，上海
初收1979年12月四川人民出版社初版《王西彦近作》

厦沪车上（散文）
作于1979年4月26日，上海

载1979年《榕树文学丛刊》散文专号
初收1979年12月四川人民出版社初版《王西彦近作》
又收1980年10月江苏人民出版社初版《王西彦散文选》
又收1985年8月上海文艺出版社初版《晚望》
又收1986年11月四川文艺出版社初版《王西彦选集》第5卷

在黑暗里寻求光明（读书笔记）
作于1979年5月，上海
载1979年10月广东人民出版社《随笔》第3集
初收1981年6月花城出版社初版《书和生活》

丑小鸭的渴望（读书笔记）
作于1979年5月，上海
载1979年10月广东人民出版社《随笔》第3集
初收1981年6月花城出版社初版《书和生活》

研究生活的途径（读书笔记）
作于1979年5月，上海
载1979年10月广东人民出版社《随笔》第3集
初收1981年6月花城出版社初版《书和生活》

令人颤栗的贫乏（读书笔记）
作于1979年5月，上海
载1979年10月广东人民出版社《随笔》第3集
初收1981年6月花城出版社初版《书和生活》

为了诉说苦难和哀伤（读书笔记）
作于1979年5月，上海
载1979年10月广东人民出版社《随笔》第3集
初收1981年6月花城出版社初版《书和生活》

坠落的鹰——怀念丽尼（散文）

作于1979年7月29日，上海

载1980年5月《花城》第5期

初收1982年11月人民文学出版社初版《炼狱中的圣火》

又收1986年11月四川文艺出版社初版《王西彦选集》第5卷

回忆荃麟同志（散文）

作于1979年7月30日，上海

载1980年1月25日《收获》第1期

初收1982年11月人民文学出版社初版《炼狱中的圣火》，改题为《种子落到了泥土里》

又收1986年11月四川文艺出版社初版《王西彦选集》第5卷

牢笼里的败北者（读书笔记）

作于1979年8月12日

载1980年2月广东人民出版社《随笔》第5集

初收1981年6月花城出版社初版《书和生活》

疯人的病因（读书笔记）

作于1979年8月12日

载1980年2月广东人民出版社《随笔》第5集

初收1981年6月花城出版社初版《书和生活》

船与舵（小说）

作于1979年9月15日，上海

载1979年12月《上海文学》第12期

在沙土上盖房子（读书笔记）

作于1979年10月2日

载1980年8月广东人民出版社《随笔》第8集

初收1981年6月花城出版社初版《书和生活》

爱情中的丑角（读书笔记）

作于 1979 年 10 月 2 日

载 1980 年 8 月广东人民出版社《随笔》第 8 集

初收 1981 年 6 月花城出版社初版《书和生活》

黎明鸟的歌唱（读书笔记）

作于 1979 年 10 月 2 日

载 1980 年 8 月广东人民出版社《随笔》第 8 集

初收 1981 年 6 月花城出版社初版《书和生活》

路子应该越走越宽（评论）

作于 1979 年 11 月 23 日，上海

载 1979 年 12 月《上海文学》第 12 期

《第一块基石》后记（序跋）

作于 1979 年 12 月 10 日，上海

载 1980 年 8 月 10 日《读书》第 8 期

初收 1980 年 7 月上海文艺出版社初版《第一块基石》

写人与造神（评论）

作于 1979 年 12 月，上海

载 1980 年 2 月 15 日《钟山》第 1 期

初收 1985 年 8 月上海文艺出版社初版《晚望》

敲簸箕和钉木板（读书笔记）

载 1979 年 12 月广东人民出版社《随笔》第 4 集

初收 1981 年 6 月花城出版社初版《书和生活》

人怎样使自己成为强者（读书笔记）

载 1979 年 12 月广东人民出版社《随笔》第 4 集

初收 1981 年 6 月花城出版社初版《书和生活》

微贱者的美德（读书笔记）

载 1979 年 12 月广东人民出版社《随笔》第 4 集

初收 1981 年 6 月花城出版社初版《书和生活》

泥沼里的呼嚎（读书笔记）

载 1979 年 12 月广东人民出版社《随笔》第 4 集

初收 1981 年 6 月花城出版社初版《书和生活》

植根于大地（读书笔记）

载 1979 年 12 月广东人民出版社《随笔》第 4 集

初收 1981 年 6 月花城出版社初版《书和生活》

1980 年

鱼儿只能在水里游泳（即《王西彦小说选》自序）（序跋）

作于 1980 年 1 月 28 日，上海

载 1980 年 10 月《四川文学》第 10 期

初收 1982 年 3 月人民文学出版社初版《王西彦小说选》

又收 1985 年 11 月四川文艺出版社《王西彦选集》第 2 卷

官和贿（读书笔记）

载 1980 年 2 月广东人民出版社《随笔》第 5 集

初收 1981 年 6 月花城出版社初版《书和生活》

勋章热者（读书笔记）

载 1980 年 2 月广东人民出版社《随笔》第 5 集

初收 1981 年 6 月花城出版社初版《书和生活》

出于热爱的问号（读书笔记）

载 1980 年 2 月广东人民出版社《随笔》第 5 集

初收 1981 年 6 月花城出版社初版《书和生活》

晚来香（小说）

载 1980 年 1 月 20 日《人民文学》第 1 期

风雨凄其的早晨（小说）

载 1980 年 2 月 15 日《钟山》第 1 期

泥土和脚迹——《王西彦散文选》自序（序跋）

作于 1980 年 2 月 2 日，上海

载 1980 年《槐树》文丛（福州）

初收 1980 年 10 月江苏人民出版社初版《王西彦散文选》

又收 1985 年 8 月上海文艺出版社初版《晚望》

又收 1986 年 11 月四川文艺出版社初版《王西彦选集》第 5 卷

浩瀚的长江（散文）

1980 年 2 月追记于上海

载 1980 年 6 月《芳草》第 6 期

初收 1980 年 10 月江苏人民出版社初版《王西彦散文选》

又收 1986 年 11 月四川文艺出版社初版《王西彦选集》第 5 卷

作家书简

载 1980 年 3 月 10 日香港《文汇报》

偏执的心（小说）

作于 1980 年 4 月 1 日，上海

载 1980 年《芙蓉》第 3 期

怀树德（散文）

作于 1980 年 4 月 27 日，上海

载 1980 年 7 月《鸭绿江》第 7 期

初收 1982 年 11 月人民文学出版社初版《炼狱中的圣火》

又收 1986 年 11 月四川文艺出版社初版《王西彦选集》第 5 卷

从学者到战士——记我所接触到的吴承仕先生（散文）

作于 1980 年 5 月 26 日上海

载 1981 年 2 月 22 日《新文学史料》第 1 期

初收 1982 年 11 月人民文学出版社初版《炼狱中的圣火》

又收 1986 年 11 月四川文艺出版社初版《王西彦选集》第 5 卷

我怀念故土（散文）

作于 1980 年 5 月，上海

载 1980 年 6 月 8 日《浙江日报》

初收 1985 年 8 月上海文艺出版社初版《晚望》，改题为《人情重怀土》

炼狱中的圣火——记巴金在“牛棚”和农村“劳动营”（散文）

作于 1980 年 6 月 12 日，上海

载 1980 年《花城》第 6 期

初收 1982 年 11 月人民文学出版社初版《炼狱中的圣火》

又收 1986 年华夏出版社北京第 1 版《历史在这里沉思》第 3 卷

又收 1986 年 11 月四川文艺出版社初版《王西彦选集》第 5 卷

赤裸裸的自己——《丰子恺散文选》序言（序跋）

作于 1980 年 6 月 27 日，上海

载 1980 年 11 月 15 日《文学评论》第 6 期

初收 1985 年 8 月上海文艺出版社初版《晚望》

关于《在漫长的路上》的写作（创作谈）

作于 1980 年 7 月 10 日，上海

初收 1981 年 8 月花城出版社初版《作家谈创作》

又收 1987 年湖南人民出版社初版《我怎样学习写作》

自己的家园——短篇小说集《两姊妹》自序（序跋）

作于 1980 年 7 月 18 日，上海

载1982年3月《金华文艺》第1期
又载1982年5月15日《新港》第5期
初收1981年香港文学研究社初版《两姊妹》
又收1985年8月上海文艺出版社初版《晚望》

失败者的期望——在青年作者小说讲习班上的发言（创作谈）
作于1980年8月9日，庐山
载1980年10月25日《长江文艺》第10期
初收1987年湖南人民出版社初版《我怎样学习写作》

社会效果和现实主义（评论）
作于1980年8月13日，庐山
载1980年12月《文艺理论研究》第3期
初收1985年8月上海文艺出版社初版《晚望》

书和生活（读书笔记）
载1980年8月广东人民出版社《随笔》第8集

回忆北平作家协会及其他（回忆录）
载1980年9月北京出版社《中国现代文学研究丛刊》第2期

《王西彦小说选》（湘版）自序（序跋）
作于1980年11月7日，上海
载1981年5月10日《读书》第5期，原题为《把真相告诉人民》
初收1982年2月湖南人民出版社初版《王西彦小说选》
又收1985年11月四川文艺出版社初版《王西彦选集》第2卷

当《华威先生》发表的时候（散文）
作于1980年12月，上海
初收1982年8月中国社会科学出版社初版《张天翼研究资料》

1981

面临撒旦的挑战——记和天翼在一起的日子（散文）

作于 1981 年 1 月 12 日，上海

载 1981 年 9 月《芙蓉》第 3 期

初收 1982 年 11 月人民文学出版社初版《炼狱中的圣火》

又收 1986 年 11 月四川文艺出版社初版《王西彦选集》第 5 卷

我们还要努力的

作于 1981 年 1 月 25 日，上海

载 1981 年《鲁迅研究》

初收 1985 年 8 月上海文艺出版社初版《晚望》

踯躅者的喜悦——《书和生活》自序（序跋）

作于 1981 年 2 月 25 日

初收 1981 年 6 月花城出版社初版《书和生活》

又收 1985 年 8 月上海文艺出版社初版《晚望》

散文的魅力和我所遵奉的圭臬——我与散文（理论）

作于 1981 年 3 月 6 日，上海

载 1981 年 5 月 7 日《文艺报》第 9 期

初收 1984 年 1 月江苏人民出版社增订再版《王西彦散文选》

又收 1985 年 8 月上海文艺出版社初版《晚望》

又收 1986 年 11 月四川文艺出版社初版《王西彦选集》第 5 卷

生活里的阳光（散文）

作于 1981 年 3 月 12 日

载上海《书信报》

初收 1985 年 8 月上海文艺出版社初版《晚望》

在密林里摸索（论文）

作于 1981 年 3 月 13 日

初收 1985 年 8 月上海文艺出版社初版《晚望》，和《两中教科书》一文一起，加总题为《生活里的阳光》

我怎样学习写作——向故乡文学青年谈创作（创作谈）

作于 1981 年 3 月 20 日，上海

载 1981 年 5 月 10 日《东海》第 5 期

初收 1987 年湖南人民出版社初版《我怎样学习写作》

高大的拱桥（散文）

作于 1981 年 4 月 5 日清明节于上海

载 1981 年 5 月 1 日《上海文学》第 5 期

初收 1982 年 11 月人民文学出版社初版《炼狱中的圣火》

又收 1986 年 11 月四川文艺出版社初版《王西彦选集》第 5 卷

《王西彦小说选》（湘版）后记（序跋）

作于 1981 年 4 月 20 日，上海

初收 1982 年 2 月湖南人民出版社初版《王西彦小说选》

是榜样，又是镜子（理论）

作于 1981 年 4 月 25 日，上海

初收 1985 年 8 月上海文艺出版社初版《晚望》

我所认识的黎烈文（散文）

作于 1981 年 5 月 2 日，上海

载 1981 年 11 月 22 日《新文学史料》第 4 期

初收 1982 年 11 月人民文学出版社初版《炼狱中的圣火》

又收 1986 年 11 月四川文艺出版社初版《王西彦选集》第 5 卷

岁月从窗外流逝——《炼狱中的圣火》自序（序跋）

作于1981年6月23日上海；1982年3月重写
载1982年8月《花城》第4期
初收1982年11月人民文学出版社初版《炼狱中的圣火》
又收1985年8月上海文艺出版社初版《晚望》
又收1986年11月四川文艺出版社初版《王西彦选集》第5卷

被生活压倒的人（读书笔记）
初收1981年6月花城出版社初版《书和生活》

生活的落脚点（读书笔记）
初收1981年6月花城出版社初版《书和生活》

诗歌与金钱（读书笔记）
初收1981年6月花城出版社初版《书和生活》

不彻底的自我改造（读书笔记）
初收1981年6月花城出版社初版《书和生活》

对偶像的破坏（读书笔记）
初收1981年6月花城出版社初版《书和生活》

悲剧的理想（读书笔记）
初收1981年6月花城出版社初版《书和生活》

生于激愤的偏颇（读书笔记）
初收1981年6月花城出版社初版《书和生活》

宗教家的面目（读书笔记）
初收1981年6月花城出版社初版《书和生活》

说教以外的价值（读书笔记）

初收1981年6月花城出版社初版《书和生活》

烈火似的爱憎（读书笔记）

初收1981年6月花城出版社初版《书和生活》

战胜庸俗（读书笔记）

初收1981年6月花城出版社初版《书和生活》

辛酸而庄严的风俗画（读书笔记）

初收1981年6月花城出版社初版《书和生活》

敲警钟和唱赞歌（读书笔记）

初收1981年6月花城出版社初版《书和生活》

愤怒的抗议（读书笔记）

初收1981年6月花城出版社初版《书和生活》

对野性的赞美（读书笔记）

初收1981年6月花城出版社初版《书和生活》

给真理作证的人（读书笔记）

初收1981年6月花城出版社初版《书和生活》

为了爱的缘故（读书笔记）

初收1981年6月花城出版社初版《书和生活》

“你记得吗？”（读书笔记）

初收1981年6月花城出版社初版《书和生活》

“医生，你能医得好我吗？”（读书笔记）

初收1981年6月花城出版社初版《书和生活》

公允的偏袒（读书笔记）

初收1981年6月花城出版社初版《书和生活》

为青年读者说《外套》（读书笔记）

初收1981年6月花城出版社初版《书和生活》

读果戈里二题（读书笔记）

初收1981年6月花城出版社初版《书和生活》

面临伟大的思想解放运动（理论）

载1981年7月9日《文学报》

特权和使命——《王西彦中篇小说选》自序（序跋）

作于1981年7月14日，上海

载1982年1月《百花洲》第1期

初收1982年8月香港南方书屋初版《王西彦中篇小说选》

又收1985年8月上海文艺出版社初版《晚望》

不懈的贡献

载1981年8月12日《解放日报》

初收1985年8月上海文艺出版社初版《晚望》

飞翔和大地——关于创作问题答《青春》编辑部问（创作谈）

作于1981年8月26日上海

载1982年1月1日《青春》第1期

初收1987年湖南人民出版社初版《我怎样学习写作》

又收1987年7月上海文艺出版社《暮钟》

访皇甫庄（散文）

作于1981年9月2日，上海

载1981年9月17日《文汇报》

初收 1984 年 1 月江苏人民出版社增订再版《王西彦散文选》
又收 1985 年 8 月上海文艺出版社初版《晚望》
又收 1986 年 11 月四川文艺出版社初版《王西彦选集》第 5 卷

鲁迅所凝视的（理论）
载 1981 年 9 月 1 日《上海文学》第 9 期

作家书简
载 1981 年 10 月《西湖》第 10 期

1982 年

我所追求的标的（序跋）
短篇小说选集《悲凉的乡土》自序
作于 1982 年 1 月 2 日，上海
载 1982 年 8 月 10 日《读书》第 8 期
初收 1982 年 11 月花城出版社初版《悲凉的乡土》
又收 1985 年 11 月四川文艺出版社初版《王西彦选集》第 2 卷，改题名为《我的追求》

我的第一本书
作于 1982 年 2 月 5 日，上海
载 1982 年 4 月 4 日香港《文汇报》
又载 1984 年 8 月 15 日《书讯报》第 119 号
初收 1985 年 8 月上海文艺出版社初版《晚望》

怎样看待安娜（评论）
载 1982 年 2 月 14 日《新民晚报》

我的第一篇小说
载 1982 年 2 月 17 日《文汇报》

初收1985年8月上海文艺出版社初版《晚望》

心灵的歌唱（散文）

作于1982年3月9日，上海

载1982年花城出版社《旅伴》

初收1985年8月上海文艺出版社初版《晚望》

又收1986年11月四川文艺出版社初版《王西彦选集》第5卷

要和时代的脉搏一起跳动（理论）

载1982年《文汇通讯》第3期

五卷本《王西彦选集》自序（序跋）

作于1982年4月24日，上海

载1982年《浙江师范学院学报》第3期

初收1985年8月上海文艺出版社初版《晚望》，改题为《为了乡土和人民》

关于创作环境及其他——1982年5月在连云港市文联和教育学院联合举行的报告会上的发言（创作谈）

载1986年《连云港教育学院学报》第2期

宪兵队长与书记官——少年时代生活杂记（回忆录）

作于1982年5月26日，上海

载1982年9月5日《西湖》第9期

初收1984年11月浙江文艺出版社初版《忧伤的世界》

又收1986年11月四川文艺出版社初版《王西彦选集》第5卷

狐狸精（散文）

作于1982年5月30日，上海

载1983年2月10日《江南》第1期

初收1984年1月江苏人民出版社初版《王西彦散文选》

又收 1984 年 11 月浙江文艺出版社初版《忧伤的世界》
又收 1986 年 11 月四川文艺出版社初版《王西彦选集》第 5 卷

慷慨的给予者（散文）
作于 1982 年 6 月 10 日，上海
载 1982 年 7 月 30 日香港《新晚报》
又载 1982 年《上海画报》第 4 期
初收 1985 年 8 月上海文艺出版社初版《晚望》

纯朴的人
作于 1982 年 6 月 10 日，上海
载 1982 年 9 月 12 日香港《文汇报》
初收 1985 年 8 月上海文艺出版社初版《晚望》

浪子——童年杂忆（散文）
作于 1982 年 6 月，上海
载 1983 年 1 月 1 日《新港》第 1 期
初收 1984 年 1 月江苏人民出版社增订本《王四彦散文选》
又收 1984 年 11 月浙江文艺出版社初版《忧伤的世界》
又收 1986 年 11 月四川文艺出版社初版《王西彦选集》第 5 卷

新版《乡下朋友》题记（序跋）
作于 1982 年 7 月 12 日，上海
载 1982 年 11 月 14 日香港《文汇报》

关于《古屋》的写作（写作谈）
作于 1982 年 8 月 20 日，上海
载 1984 年 8 月 26 日，9 月 2 日香港《文汇报》文艺副刊第 331、332 期
初收 1984 年 4 月花城出版社初版《古屋》
又收 1985 年 11 月四川文艺出版社初版《王西彦选集》第 3 卷

总算还掉了一笔债（创作谈）

作于 1982 年 8 月 25 日，上海

载 1983 年 7 月《百花洲》第 4 期

还是要胆与识（论文）

载 1982 年《文艺理论研究》第 4 期

红叶的性格

作于 1982 年 10 月 30 日北京；1983 年 11 月 20 日，上海写定

载 1983 年 12 月 4 日香港《文汇报》

初收 1985 年 8 月上海文艺出版社初版《晚望》

惆怅中的欣慰——祝贺张天翼创作 60 周年（散文）

作于 1982 年 11 月 10 日，上海

载 1982 年 12 月 7 日《文艺报》，原题为《张天翼对现实主义的贡献》

初收 1985 年 8 月上海文艺出版社初版《晚望》

1983 年

野火的联想——关于《现代文艺》的回忆（散文）

作于 1983 年 3 月 2 日，上海

载 1983 年 5 月 10 日《读书》第 5 期

初收 1985 年 8 月上海文艺出版社初版《晚望》

怀魏金枝（散文）

载 1982 年 11 月《浙江画报》第 11 期

关于《春回地暖》答读者问（创作谈）

作于 1983 年 2 月 23 日，上海

载 1983 年 9 月《书林》第 5 期

初收 1986 年四川文艺出版社初版《王西彦选集》第 4 卷
又收 1987 年湖南人民出版社初版《我怎样学习写作》
又收 1989 年上海文艺出版社初版《暮钟》

《神的失落》自序（序跋）
作于 1983 年 3 月 1 日，上海
初收 1983 年 7 月江苏人民出版社初版《神的失落》

《神的失落》新版后记（序跋）
作于 1983 年 3 月 1 日，上海
载 1983 年 5 月 8 日香港《文汇报》
初收 1985 年 11 月四川文艺出版社初版《王西彦选集》第 3 卷

地上的纽约（散文）
作于 1983 年 3 月 31 日，上海
载 1983 年 7 月《芳草》第 7 期

迎灯（散文）
作于 1983 年 4 月 19 日，上海
初收 1984 年 11 月浙江文艺出版社初版《忧伤的世界》

《寻梦者》新版自序（序跋）
作于 1983 年 4 月 24 日，上海
初收 1985 年 11 月四川文艺出版社初版《王西彦选集》第 3 卷

海天之间（散文）
载 1983 年 4 月 27 日《文汇报》

天使岛（散文）
作于 1983 年 5 月 12 日，根据 1982 年 10 月 22 日的日记写定于上海
载 1984 年 8 月 20 日《人民文学》第 8 期

两种教科书（散文）

作于 1983 年 5 月 31 日

初收 1985 年 8 月上海文艺出版社初版《晚望》，改题为《生活里的阳光》

我从这里出发——《乡土·岁月·追寻》之一（回忆录）

作于 1983 年 7 月，上海

载 1983 年 11 月 22 日《新文学史料》第 4 期

跨入青年的门槛——《乡土·岁月·追寻》之二（回忆录）

作于 1983 年 7 月

载 1984 年 2 月 22 日《新文学史料》第 1 期

“人民是文艺工作者的母亲”（理论）

载 1983 年 8 月 2 日《解放日报》

生活给了我一支笔（论文）

作于 1983 年 8 月 10 日，上海

《〈水浒〉艺术探微》序言（序跋）

作于 1983 年 8 月 10 日，上海

载 1984 年 7 月 10 日《绿野》第 3 期

该文为吴士余著《〈水浒〉艺术探微》一书所作的序

在生活的迫促下——为意大利《人和书》杂志作（散文）

作于 1983 年 8 月 10 日，上海

初收 1985 年 8 月上海文艺出版社初版《晚望》

从蛇山脚下到珞珈山上（散文）

作于 1983 年 9 月 2 日，上海

载 1984 年 2 月 11 日《长江日报》

初收 1985 年 8 月上海文艺出版社初版《晚望》

和童年告别（回忆录）
载 1983 年 9 月《生活之友》第 3、4 期

《王西彦选集》自序（序跋）
载 1983 年 9 月 18 日《人民日报·文艺评论》

燕子的悲喜剧（散文）
作于 1983 年 9 月 30 日，上海
载 1984 年 1 月 1 日《散文》第 1 期
初收 1984 年 11 月浙江文艺出版社初版《忧伤的世界》

懒散的耕耘——《散文选》增订后记（序跋）
作于 1983 年 10 月 5 日，上海
初收 1984 年 1 月江苏人民出版社再版《王西彦散文选》
又收 1989 年 7 月上海文艺出版社初版《暮钟》

王西彦给《福建新文学史料集刊》编者的信
作于 1983 年 10 月 7 日上海
载 1984 年 4 月《福建文学史料集刊》第 4 辑

八妹（散文）
作于 1983 年 10 月 18 日，上海
载 1984 年 3 月《百花洲》第 2 期
初收 1984 年 11 月浙江文艺出版社初版《忧伤的世界》

拾枣残（散文）
作于 1983 年 10 月 28 日，上海
载 1984 年 3 月《百花洲》第 2 期
初收 1984 年 11 月浙江文艺出版社初版《忧伤的世界》

住祠堂角的人家（散文）

作于1983年10月28日，上海

载1984年3月《百花洲》第2期

初收1984年11月浙江文艺出版社初版《忧伤的世界》

忧伤的记忆——回忆文学《忧伤的世界》自序（序跋）

作于1983年10月30日，上海

初收1985年8月上海文艺出版社初版《晚望》

大厦和庙堂——北美杂记（散文）

载1983年11月《钟山》第6期

草台戏（散文）

作于1983年11月12日，上海

载1984年4月《文学》（安徽）第4期

初收1984年11月浙江文艺出版社初版《忧伤的世界》

为同时代人造像（理论）

作于1983年12月29日，上海

载1984年3月《文艺理论研究》第1期

初收1989年7月上海文艺出版社初版《暮钟》

保护神（小说）

作于1983年12月，上海

载1984年5月15日《钟山》第3期

《微贱的人》新版自序（序跋）

作于1983年12月31日

初收1989年7月上海文艺出版社初版《暮钟》

1984年

在苍山碧水间（散文）

作于1984年1月20日，上海

初收1985年8月上海文艺出版社初版《晚望》

在红叶的国土上（散文）

载1984年1月25日《收获》第1期

船儿摇出大江——《乡土·岁月·追寻》之三（回忆录）

作于1984年1月11日，上海

载1984年5月22日《新文学史料》第2期

《晚望》自序（序跋）

作于1984年3月4日，上海

初收1985年8月上海文艺出版社初版《晚望》

第二故乡（散文）

作于1984年3月20日，上海

载1984年4月《福建画报》第4期

打开的门窗——我和外国文学（理论）

作于1984年4月23日，上海

载1985年8月《中国比较文学》第1期（总第2期）

初收1989年7月上海文艺出版社初版《暮钟》

一间阴暗的小房子——《乡土·岁月·寻追》之四（回忆录）

作于1984年5月10日

载1984年8月22日《新文学史料》第3期

湖和塔（散文）

载 1984 年 5 月《浙江画报》第 5 期

为了让历史翻过新页——《炼狱中的圣火》重版自序

作于 1984 年 6 月 19 日，上海

载于 1985 年 2 月 4 日《羊城晚报》

初收 1989 年 7 月上海文艺出版社《暮钟》

梦想与现实——《乡土·岁月·追寻》之五（回忆录）

作于 1984 年 8 月 4 日，上海

载 1984 年 11 月 22 日《新文学史料》第 4 期

《北美散笔》自序（序跋）

作于 1984 年 8 月 31 日，上海

载 1984 年《散文世界》

初收 1989 年 7 月上海文艺出版社初版《暮钟》

闪烁的灯光——《乡土·岁月·追寻》之六（回忆录）

作于 1984 年 11 月 6 日，上海

载 1985 年 2 月 22 日《新文学史料》第 1 期

新时期文学漫淡：面对腾飞的生活（理论）

作于 1984 年 11 月 14 日，无锡

载 1985 年 1 月 15 日《钟山》第 1 期

文因德而益彰（散文）

作于 1984 年 11 月 20 日，上海

载 1984 年 11 月 25 日《文汇报·笔会》

初收 1989 年 7 月上海文艺出版社初版《暮钟》

谈文艺批评（论文）

初收 1984 年 11 月浙江文艺出版社初版《忧伤的世界》

家乡的尘土和童年的泪痕（创作谈）

作于 1984 年 12 月 6 日，上海

载 1985 年《文艺理论研究》第 1 期

初收 1989 年 7 月上海文艺出版社初版《暮钟》

1985 年

抄书杂记

载 1985 年《艺谭》第 1 期

没有弓，鸟才能不惊

作于 1985 年 1 月 20 日，上海

载 1985 年 3 月 1 日《上海文学》第 3 期

为了让历史翻过新页——《炼狱中的圣火》重版后记（序跋）

载 1985 年 2 月 4 日《羊城晚报·花地》

腐气弥漫的沼泽——《乡土·岁月·追寻》之七

作于 1985 年 2 月 5 日，上海

载 1985 年 5 月 22 日《新文学史料》第 2 期

牛尾巴表哥（散文）

载 1985 年 3 月 25 日《清明》第 2 期

摸索中的食粮（评论）

摘选自 1985 年 3 月花城出版社初版《书和生活》

火一样的热情——悼念天翼同志（散文）

作于 1985 年 5 月 9 日，上海

载 1985 年 6 月 7 日《文艺报》第 6 期
初收 1989 年 7 月上海文艺出版社初版《暮钟》

哀伤的北运河——《乡土·岁月·追寻》之八（回忆录）
作于 1985 年 5 月 12 日，上海
载 1985 年 8 月 22 日《新文学史料》第 3 期

访梁启超故居
作于 1985 年 6 月 16 日
载 1985 年 10 月 29 日《羊城晚报·花地》
又载 1986 年 4 月《散文选刊》4 月号

是献身，不是玩票（创作谈）
作于 1985 年 7 月 2 日，上海
载 1985 年 8 月 18 日《江西日报》
初收 1989 年 7 月上海文艺出版社初版《暮钟》

在广阔的领域里（论文）
作于 1985 年 7 月 24 日，上海
载 1985 年 11 月 22 日《随笔》第 6 期
又载 1985 年 9 月 9 日《羊城晚报·花地》

不由自主的选择——《乡土·岁月·追寻》之九（回忆录）
作于 1985 年 7 月 31 日，上海
载 1985 年 11 月 22 日《新文学史料》第 4 期

朴素的美——在丰子恺先生逝世 10 周年纪念会上的发言（理论）
作于 1985 年 9 月 12 日，上海
载 1985 年 10 月 7 日《人民日报》
又载 1985 年 12 月 15 日《上海美术通讯》第 25 期
初收 1989 年 7 月上海文艺出版社初版《暮钟》

我为什么写作（创作谈）

载 1985 年 9 月 21 日《文艺报》

山丛里的篝火——《乡土·岁月·追寻》之十（回忆录）

作于 1985 年 11 月 4 日，上海

载 1986 年 2 月 22 日《新文学史料》第 1 期

要真实，也要朴素（理论）

作于 1985 年 10 月 24 日滁州南淮宾馆

载 1985 年 11 月 26 日《文汇报》

初收 1989 年 7 月上海文艺出版社初版《暮钟》

1986 年

鹤的家园（散文）

载 1986 年 1 月 21 日《羊城晚报·花地》

悽惶的港湾——《乡土·岁月·追寻》之十一（回忆录）

作于 1986 年 2 月 15 日，上海

载 1986 年 5 月 22 日《新文学史料》第 2 期

访陆龟蒙遗迹（散文）

载 1986 年 2 月 16 日《光明日报》

醉翁亭随想（散文）

载 1986 年 2 月《文汇月刊》第 2 期

一篇描写人物的好散文（评论）

作于 1986 年 4 月 5 日，上海

载 1986 年 12 月《文汇月刊》第 12 期

一个迷惘者的愤怒——《穿越废墟》后记（序跋）

作于1986年4月21日，上海

初收1987年6月江苏文艺出版社初版《穿越废墟》

散文的灵魂（论文）

载1986年5月14日《人民日报·大地》

虎门的血迹（散文）

载1986年5月22日《羊城晚报·花地》

在辗转流徙中——《乡土·岁月·追寻》之十二（回忆录）

作于1986年5月26日，上海

载1986年8月22日《新文学史料》第3期

章太炎的故居和墓地（散文）

作于1986年7月10日，上海

载1986年8月28日《羊城晚报·花地》

闷热的季节——《乡土·岁月·追寻》之十三（回忆录）

作于1986年8月8日，上海

载1986年11月22日《新文学史料》第4期

滔滔闽江东流去——《乡土·岁月·追寻》之十四（回忆录）

作于1986年10月1日上海

载1987年2月22日《新文学史料》第1期

真诚·内省·控诉（评论）

载1986年11月3日香港《文汇报》文艺副刊第441期

王西彦著作书目

夜宿集（短篇小说集）

上海商务印书馆 1940 年 8 月初版

目录：

车站旁边的人家

夜宿

两姊妹

摸秋

泡

寻常事

出家人

毒虫草

爱的教育

乡间的故事

找寻道路的人

暮

报复（短篇小说集）

福建永安改进出版社 1940 年 9 月初版

福建永安改进出版社 1944 年 1 月再版

列为“现代文艺丛刊”一辑之三

目录：

再版题记
报复
曙
蛊惑
蹂躏
长夜
生意经
小喜剧
失去手指的人
兄弟杀人犯
投靠

一段旅程（散文、报告文学集）

桂林石火出版社 1940 年 11 月初版
列为“石火创作丛书”之二
目录：

题记
第一辑：
牛
废墟
村野恋人
车站
第二辑：
和平的古城
歌唱台儿庄
在南昌
十月十九日长沙
第三辑：
没有船票的人
一段旅程
料车上的家庭

长程

第四辑：

暗淡的日子

永生的灵魂

悬崖（短篇小说集）

福建永安改进出版社 1941 年初版

列为“现代文艺丛刊”第二辑

（内收篇目不详）

风尘（短篇小说集，和聂绀弩等合著）

福建永安改进出版社 1941 年初版

（内收篇目不详）

乡井（短篇小说集）

桂林三尾图书社 1942 年 1 月初版

（内收篇目不详）

惆怅（短篇小说集）

桂林今日文艺出版社 1942 年 12 月初版

列为黎丁主编的“今日文艺丛书”10

目录：

题记

惆怅

疯人

还乡

幸福

罪

人性杀戮

料车上的家庭

期待

海的呼啸（短篇小说集）

桂林大地图书公司 1943 年 5 月初版

目录：

悬崖

或人手记

遭遇

涡河的黄昏

山村

希腊主义者

炉烬

手持稻穗的人

沼池

海底呼啸

家鸽（短篇小说集）

桂林文学书社 1943 年 11 月初版

列为“创作丛刊”

上海万叶书店 1947 年再版

目录：

家鸽

母性

炼冶

雨天

红花

旷野

附录：

“笼”与“鸟”（罗荪）

关于《家鸽》的辩解

一双鞋子（短篇小说集）

福建永安改进出版社 1945 年 6 月初版

列为“现代文艺丛刊”三辑之四

目录：

题记

隔膜

一双鞋子

麻舅舅丢掉一条胳膊

荒村

遭遇

四个鸡蛋

涡河的黄昏

两乞丐

神的失落——《追寻》之一（长篇小说）

福建永安新禾出版社 1945 年 6 月初版

福建永安立达书店 1945 年 10 月初版

上海中兴出版社 1948 年再版

上海文化工作社 1951 年 1 月再版

附录：三版自序

列为“文学丛书”第一辑第三种

江苏人民出版社 1983 年 7 月第 1 版

村野恋人（长篇小说）

福建永安东南出版社 1945 年 6 月初版

福建永安立达书店 1945 年再版

重庆良友图书印刷公司 1946 年再版

列为“良友文学丛书”

上海晨光出版公司 1947 年再版

湖南人民出版社 1983 年 11 月第 1 版

附录：

总算还掉了一笔债

古屋（长篇小说）

重庆文化生活出版社 1946 年 4 月初版

列为“文学丛刊”第十六集

花城出版社 1984 年 4 月第 1 版

列为“文学丛刊选”第二辑

乡下朋友（短篇小说集）

上海万叶书店 1947 年 5 月 20 日初版

列为“万叶文艺新辑”

目录：

乡下朋友

病人

困顿

当爸爸买雨伞回来的时候

二钱黄金

鱼鬼

还乡（中篇小说）

上海中华书局 1948 年 3 月初版

列为“新中华丛书·文艺创作汇刊”之一

风雪（中篇小说）

上海文化生活出版社 1948 年 7 月初版

列为《文学丛刊》第九集

寻梦者——《追寻》之二（长篇小说）

上海中原出版社 1948 年初版

上海文化工作社 1951 年 1 月初版

列为“文学丛书”第 1 辑第 15 种

内收：改版自序

浙江文艺出版社 1983 年 11 月第一版

人性杀戮（短篇小说集）

上海怀正文化社 1948 年 10 月初版

列为刘以鬯主编“怀正文艺丛书”之十

目录：

惆怅

福元佬和他戴白帽子的牛

刀俎上的人们

两乞丐

遭遇

人性杀戮

期待

乐土

文学·科学·哲学（论文集）

上海中华书局 1949 年 5 月初版

上海中华书局 1949 年 11 月再版

列为“大众文化丛书”

文学与社会生活（长篇论文）

上海中华书局 1949 年 9 月初版

列为“大众文化丛书”

微贱的人（长篇小说）

上海晨光出版公司 1949 年 6 月初版

列为赵家璧主编“晨光文学丛书”第 30 种

上海新文艺出版社 1956 年 9 月新版

上海文艺出版社 1959 年再版

挽歌与赞歌（论文集）

上海文化工作社 1950 年 2 月初版

列为“未名丛书”第 4 集

目录：

自序

第一辑：

挽歌和赞歌

第二辑：

论罗亭

柴霍甫和他的《可爱的人》

第三辑：

感伤的旅程

跨过岐路的缪司神

战斗的文学

（附）旧形式和“民族形式”

第四辑：

一个文艺工作者的喜悦

跨越自己

苏联文学的传统和特质

幸福之岛（短篇小说集）

上海文化工作社 1950 年 5 月初版

列为“文学丛书”第一辑第十一种

目录：

自序

幸福之岛

人的世界

破了壳的蜗牛

一个小人物的愤怒

蜜月旅行

在网罟里（短篇小说集）

上海中华书局 1950 年 6 月初版

列为“新中华丛书·文艺创作汇刊”之一

目录：

自序

在网罟里

埋葬和伪装

假希腊人

失败了的约伯

一个小人物的愤怒

意志的叛逆

静水里的鱼

人的道路——《追寻》之三（长篇小说）

上海文化工作社 1951 年 1 月初版

列为“文学丛书”第一辑

天津百花文艺出版社 1962 年 9 月初版，改名为《在漫长的路上》并附《后记》

湘东老苏区杂记（报告文学）

湖南省文学艺术界联合会筹委会 1951 年 3 月初版

列为“湖南文艺丛书”第一种

上海新文艺出版社 1952 年 6 月第一版

上海新文艺出版社 1952 年 8 月第二版

目录：

喜悦和感激（代序）

重见太阳的墓碑

兄弟团员

一个乡副主席的经历

甫老子和他的瘸脚侄儿

再记甫老子

控诉他——一个造够了孽的刽子手

孔吉生和他父亲的头

姚辉莲

附录：

为了和平的战争

后记

新的时代和新的风格（论文集）

上海海燕书店 1951 年 6 月第一版

上海新文艺出版社 1952 年 2 月初版

上海新文艺出版社 1954 年 4 月再版

目录：

唱赞歌的时代（论文集）

上海文化工作社 1951 年 7 月初版

列为“未名丛书”第六种

目录：

自序

第一辑：

唱赞歌的时代

论为人民服务的文艺

关于文学遗产

爱国主义与文学遗产

发扬“五四”传统与接受文学遗产

为单调和粗糙辩护

（附）觉得单调和写得单调（程千帆）

关于文艺问题的感想

从魏连珍和他的《不是蝉》看人民自己的文艺

从统计数字看文艺工作的前途

从《三七二一号羊毛车》事件看作家和读者的新关系

第二辑：

苏联文学的爱国主义的传统

“灵魂的建筑师”和“社会的守望犬”

一个伟大人物的传记

第三辑：

读托尔斯泰札记：

《青春之歌》

对于死的探究

柔和的心

“历史的奴隶”

两种态度

大勇者的行为

生于激愤的偏颇

爱的呼召

伟大的失败

人性的悲剧

第四辑：

蔓荆草：

唱赞歌的时代（论文集）

天津百花文艺出版社 1958 年 11 月第一版

目录：

从苏联文艺问题所得到的启示
读爱仑堡《谈作家的工作》札记
主潮在那里
关于社会主义现实主义在中国新文学发展上的两个问题
苏联文学的“客观存在”
被摧毁了的“理论”
更高地举起思想斗争的旗帜
基调和主流
在纪念鲁迅的时候
在罗曼·罗兰的外衣下
“灵魂的建筑师”和“社会的守望犬”
一面水晶镜子
青春的花朵

伟大的人和伟大的作家（读书笔记）

上海新文艺出版社 1953 年 7 月第一版

目录：

自序
第一辑：
高尔基的道路
第二辑：
从《药》看鲁迅创作的特色
读《故乡》
《祝福》——一个令人颤栗的回顾
一切为了祖国和人民的需要
像这样的，就是一个伟大的人物
第三辑：
中国新文学运动的主潮
关于《中国新文学史教学大纲》（初稿）的讨论

附录一：

《中国新文学史教学大纲》(初稿)(老舍·蔡仪·王瑶·李何林)

附录二：

敬复王西彦先生(李何林)

第四辑：

一个伟大的母亲讲述她伟大的儿女们的故事

世界上最美好的诗篇

为了祖国和人类(散文报告集)

上海新文艺出版社 1954 年 2 月第 1 版

目录：

自序

为了祖国和人类

创造奇迹的人们

松林里的盛会

朝鲜战场上的李蓝丁们

一个军械上士的战斗遭遇

在沃土里成长起来的

平凡的英雄

忘我的人——忘我的劳动和战斗

附录一：

胜利的开城

附录二：

我在朝鲜战地所感受到的战斗的文艺

从生活到创作(论文集)

上海新文艺出版社 1954 年 12 月第 1 版

上海新文艺出版社 1955 年再版

目录：

自序

第一辑：

从生活到创作

第二辑：

唱赞歌的时代

关于文学遗产

爱国主义与文学遗产

发扬“五四”传统与接受文学遗产

关于文艺问题的感想

从魏连珍和他的《不是蝉》看人民自己的文艺

从统计数字看文艺工作的前途

从《三七二一号羊毛车》事件看作家和读者的新关系

第三辑：

论罗亭

读托尔斯泰札记

不彻底的自我改造

对于死的无结果的探究

柔和的抗议

对偶象的破坏

悲剧的理想

生于激愤的偏颇

宗教家的面目

说教以外的价值

契诃夫和他的《可爱的人》

读果戈理和契诃夫零札

含泪的喜剧

伪善者

勋章热者

平凡的悲剧

最可怕的贫乏

爱情中的丑角

敲警钟的人

第四辑：

“灵魂的建筑师”和“社会的守望犬”

一个伟大人物的传记

朴玉丽（短篇小说集）

中国青年出版社 1955 年 2 月第 1 版

目录：

眷恋土地的人（中、短篇小说集）

作家出版社 1957 年 6 月初版

目录：

论阿Q和他的悲剧（理论集）

上海新文艺出版社 1957 年 9 月初版

上海新文艺出版社 1958 年 6 月再版

目录：

论阿Q和他的悲剧

从《药》看鲁迅创作的特色

读《故乡》

《祝福》——一个令人颤栗的回顾

鲁迅小说中的知识分子

也谈关于鲁迅小说中知识分子形象的问题

读《伤逝》

论《故事新编》

读《朝花夕拾》札记

叛逆的和尚和复仇的鬼魂

纯朴的诗

狼的奶汁

关于学习和研究鲁迅的二三问题

鲁迅创作小说的时代意义

鲁迅的爱国主义

跨越自己

生命和工作

像这样的，就是一个伟大的人物

论《子夜》（论文集）

上海新文艺出版社 1958 年 3 月初版

新的土壤（中、短篇小说集）

上海新文艺出版社 1958 年 8 月第 1 版

目录：

艰辛的日子

新的土壤

风暴
哥哥下乡去了
后记

从播种到收获（论文集）

百花文艺出版社 1959 年 12 月第 1 版

目录：

春回地暖（长篇小说）（上下册）

作家出版社 1963 年 6 月第 1 版

王西彦近作（小说、散文、论文、杂文合集）

四川人民出版社 1979 年 12 月第 1 版

目录：

第一块基石（论文集）

上海文艺出版社 1980 年 7 月第 1 版

目录：

王西彦散文选（散文集）

江苏人民出版社1980年10月初版

江苏人民出版社1984年1月再版

目录：

书和生活（读书笔记）

花城出版社 1981 年 6 月第 1 版

目录：

艺术家的悲剧
“荆棘中的真理”
为现在和为将来
浪子和他的弟弟
飞翔在空中的
自居于例外
对野性的赞美
给真理作证人
人类的宝藏
为了爱的缘故
靠人慈爱过活
“你记得吗？”
文明的悲剧
“医生，你能医得好我吗？”
公允的偏袒
悲凉的赞颂
客观态度和冷血者
耗损生命的工作

附录：

为青年读者说《外套》
读果戈理二题
契诃夫和他的《可爱的人》
高尔基的道路
回忆第一次读《母亲》

两姊妹（短篇小说集）

香港文学研究社 1981 年 7 月初版
列为刘以鬯主编“中国新文学丛书”
目录：

自序
两姊妹

王西彦小说选（短篇小说集）

湖南人民出版社 1982 年 2 月第 1 版

目录：

两乞丐
当爸爸买雨伞回来的时候
两钱黄金
春天
假希腊人
清醒的醉汉
幸福之岛
蜜月旅行
后记

王西彦小说选（短篇小说集）

人民文学出版社 1982 年 3 月第 1 版

目录：

自序
鱼鬼
寻常事
曙
古城的忧郁
眷恋土地的人
麻舅舅丢掉一条胳膊
死在担架上的担架兵
夜宴
老太婆伯伯
风雪
母性
黄昏
福元佬和他戴白帽子的牛
隔膜
乡下朋友
刀俎上
人的世界

病人
一个小人物的愤怒
静水里的鱼

王西彦中篇小说选（中篇小说集）

香港南方书屋1982年8月初版

列为“南斗文丛”

目录：

悲凉的乡土——王西彦早期作品选（中、短篇小说集）

花城出版社1982年11月第1版

列为“花城丛书”

目录：

仇恨的生长
在路上
玉蜀黍的悲剧
海的喧嚣
炼冶
手持稻穗的人
或人手记
疯人
一双鞋子
罪
乐土
父亲
牺牲者
破了壳的蜗牛
阴霾
虎溪行

炼狱中的圣火（回忆录）

人民文学出版社 1982 年 11 月初版

目录：

自序
炼狱中的圣火
附录：写真话（巴金）说梦（巴金）
面临撒旦的挑战
向死者告慰
辛勤的播种者
种子落到了泥土里
坠落的鹰
怀澍德
高大的拱桥
从学者到战士

忧伤的世界（回忆录）

浙江文艺出版社 1984 年 11 月初版

目录：

晚望（散文集）

上海文艺出版社 1985 年 8 月第 1 版

目录：

自序

第一辑：

受伤的大地在喘息

厦沪车上

访皇甫庄

红叶的性格

第二辑：

在生活的迫促下

人情重怀土

第一篇小说和第一本书

生活里的阳光

心灵的歌唱

从蛇山脚下到珞珈山上

野火的联想

在苍山碧水间

第三辑：

是榜样，又是镜子

慷慨的给予者

纯朴的人

赤裸裸的自己

不懈的贡献

惆怅中的欣慰

第四辑：

写人与造神

我们还要努力的

社会效果和现实主义

散文的魅力和我所遵奉的圭臬

第五辑：

为了乡土和人民

自己的家园

王西彦选集第一卷（中短篇小说）

四川文艺出版社 1985 年 2 月初版

目录：

一双鞋子
在沼池里
折翅鸟
走向旷野
誹
家鸽
惆怅
老太婆伯伯
命运
风雪

王西彦选集第二卷（中短篇小说）

四川文艺出版社 1985 年 11 月第 1 版

目录：

黄昏
期待
牧人
隔膜
雨天
母性
牺牲者
乡下朋友
困顿
福元佬和他戴白帽子的牛
两乞丐
当爸爸买雨伞回来的时候
乐土
春天
两钱黄金
刀俎上
阴霾

王西彦选集第三卷（长篇小说）

四川文艺出版社 1985 年 11 月第 1 版

目录：

王西彦选集第四卷（长篇小说）

四川文艺出版社 1986 年 11 月第 1 版

目录：

附录：

关于《春回地暖》答读者问

王西彦选集第五卷（散文）

四川文艺出版社 1986 年 11 月第 1 版

目录：

第一辑：暗淡的童年（13 篇）

第二辑：患难的岁月（8 篇）

第三辑：为了祖国和人类（5 篇）

第四辑：秀丽的湖山（7 篇）

第五辑：受伤的大地在喘息（5 篇）

第六辑：炼狱中的圣火（2 篇）

第七辑：向死者告慰（5 篇）

第八辑：高大的拱桥（5 篇）

附录：

泥土和脚迹

岁月从窗口流逝

散文的魔力和我所遵奉的圭臬

心灵的歌唱

北美之旅（游记）

广州花城出版社 1988 年 1 月初版

目录：

第一辑　美国片断

海天之间

地上的纽约

霍金斯山上的大厦

心灵的庙堂

天使岛

在卡麦尔镇上

第二辑　在红叶的国土上

加定纳的枫林

“七人画派”的传统

在驶向蒙特利尔的列车上

文学代理人和她心爱的猫

诗人的职业和作家的家庭

黄叶遍地的格拉文赫斯特镇

永恒的尼亚格拉大瀑布

感恩节的晚宴

访马车房出版社

畅通无阻的渠道

第三辑　西越洛基山

洛基山中

海岛上的友情

穿越废墟（《还乡》重写本）

江苏文艺出版社 1987 年 6 月初版

内收有题为《毕生的责任》的后记

暮钟（散文集）

上海文艺出版社 1988 年 7 月初版

目录：

暮色中的钟声（自序）

第一辑

关于创作环境及其他

是献身，不是玩票

用作品说话

关于写作和文学上的现实主义

文学应该相信自己的力量

第二辑

要真实，也要朴素

散文的灵魂

在广阔的领域里

一篇描写人物的好散文

第三辑

飞翔和大地

家乡的尘土和童年的泪痕

为同时代人造像

打开的门窗

第四辑

关于《春回地暖》答读者问

关于《在漫长的路上》的写作

《乡下朋友》新版题记

《微贱的人》新版题记

懒散的耕耘

为了让历史翻过新页

《北美散笔》自序

毕生的责任

第五辑

文因德而益彰

真挚的心和为还债的书

朴素的美

火一样的热情

走向深广

凄怆的镜子（散文随笔集）

广州花城出版社 1992 年 9 月初版

目录：

在锤子和铁砧之间

宽厚的人，并非孤寂的作家

失落的和寻找到的

迟暮的怀念

附录：

王西彦研究资料目录

关于王西彦的《曙》

（摘自《1936年的小说创作》）

署名立坡

载1937年《光明》第2卷第2号

王西彦的《寻找道路的人》

署名许杰

载1937年12月20日《立报·言林》

《现代文艺》西彦负责

署名黎烈文

载1940年11月1日《自由中国》第1卷第1期

《新文艺》第一辑《兽宴》

署名王景三

载1941年7月26日上海周报社版《上海周报》第4卷第5期

“笼”与“鸟”

——关于《家鸽》及其他的一段杂感

署名罗荪

1941年9月4日写，1942年2月改写

忆国文教师王西彦先生

署名罗威

载1941年9月14日《东南日报·笔垒》第882期（金华版）

读《古屋》后

——一点小小的感想

署名毛志霖

载1942年7月26日《前线日报·战地》

王西彦的《深渊》

署名林晴

1943年2月3日作

载1943年8月《前线日报·文艺评介》第4·5期

读《一双鞋子》

署名文嘉

载1944年8月12日《前线日报·文艺评介》第52期

《涡河的黄昏》

署名林若

载1944年9月14日《东南日报·笔垒》（南平版）

王西彦的《海的呼啸》

署名许杰

载《东南日报》或《前线日报》（待查）

收1945年7月福建永安立达书店初版《现代小说过眼录》，列为《立达文艺丛书》

《村野恋人》

署名袁微子

载1945年8月2日《东南日报·笔垒》（南平版）

论乡村小说的写作
——论《村野恋人》
署名许杰
8月4日作
载1945年8月19日—27日《东南日报·笔垒》(南平版)

《神的失落》读后
10月12日晚
署名劳宁
载1946年10月《东南日报·笔垒》(上海版)

《村野恋人》表现了什么?
署名薛汕
1946年1月5日重庆
载1946年4月10日广州《文艺新闻》第7期

我看《村野恋人》
尼西亚
载1946年6—7月间福建出版的报纸(待查)

关于《古屋》
署名袁微子
11月19日夜
载1946年12月2日福建《时报》文艺专刊

《神的失落》
署名任柯
载1947年1月21日《大公报·文艺》沪新105期

评《古屋》
署名张明文

载《艺苑》第 34 期（哲克主编）（发表日期待查）

王西彦离闽（简讯）

载 1947 年 10 月 24 日《大公报·文化街头》

王西彦执教南宁（通讯）

载 1947 年 12 月 6 日《大公报·文化街头》

怀王西彦师

署名姚吉生

载 1948 年 3 月 17 日《星闽日报·星瀚》第 190 期（福州版）

箍不住的旧木桶

——《古屋》读后记

署名知乔

载 1948 年 6 月 4 日《大公报·文艺》沪新第 200 期

王西彦消息（通讯）

载 1948 年 11 月 15 日《大公报·文化街头》

王西彦的感触

载 1948 年 12 月 10 日《大公报》（沪版）

读两篇描写知识分子的小说

署名翟奎曾

载 1958 年《文艺月报》7 月号

第一人称

——《艺苑絮语》

署名柯灵

载 1963 年 5 月 4 日香港《大公报》

驳《写普通人》

——对于一种“写中间人物”论点的批判

署名姚文元

载1965年《萌芽》第4期

折断王西彦反党反社会主义的“傲骨”

署名空军某部战士冯锡安

载1966年《收获》第3期

用铁的事实横扫牛鬼蛇神

署名上海卫海铁工厂铁仁昌

载1966年《收获》第3期

绝不允许污蔑我们伟大的解放战争

署名东海舰队张九忠

载1966年《收获》第3期

毛主席的战士是无所畏惧的

署名东海舰队李景祥

载1966年《收获》第3期

剥开王西彦的“教授”画皮

署名华东师范大学中文系黄世瑜、汪为纲、张利明、张胜利、王思焜

载1966年《收获》第3期

为反革命复辟开路的《春回地暖》

署名唐克新

载1966年《收获》第3期

《在漫长的路上》是一株反革命的大毒草

署名陈鸣树

载1966年《收获》第3期

剥开反革命的修正主义王西彦的画皮

署名作新军

载1966年《萌芽》第7期

粉碎王西彦反对无产阶级专政的阴谋

署名东海舰队薛德行

载1966年《萌芽》第7期

王西彦才是民族国家的千古罪人

上海安乐第一棉织厂女工谈顺姊

载1966年《萌芽》第7期

毛泽东时代的革命青年是骂不倒的

华东师大中文系学生汪为钢

载1966年《萌芽》第7期

王西彦

北京语言学院《中国文学家辞典》编委会

载1978年9月《中国文学家辞典》(现代第一分册)

中国现代作家小传——王西彦

山东师院聊城分院中国现代文学教研室编

1978年11月初版

一片真情似火烈

——读巴金、柯灵、王西彦近作

署名余之

载1980年8月10日《文汇报·笔会》

写真话

——《随想录》五十二

署名巴金

10月4日

载1980年10月15日香港《大公报》

说梦

——《随想录》六十

署名巴金

10月22日

载《随想录》第二集《探索集》，人民文学出版社出版

王西彦的梦境剖析

署名尹雪曼

载台湾成文出版社有限公司1980年初版《抗战时期的现代小说》

王西彦

张颂南　陈坚　王荣初　沈绍镛　王国柱编

载浙江人民出版社1981年6月第1版《浙江现代作家创作选》

生活给了他一支笔

——访作家王西彦

署名吴纪椿

载1981年《西湖》第7期

独具特色的笔记

——介绍《书与生活》

署名徐建中

载1981年7月《人民日报》第8版

王西彦——手不离笔（《冲刺的人们》一文中之一节）

署名华水
载1981年《文艺报》第19期

访著名作家王西彦
署名黄金钟
载1981年11月6日《厦门日报》

在漫长的路上
——访王西彦同志
署名叶锦
载1982年《金华文艺》第1期

时代的镜子
——读《王西彦小说选》
署名王正湘
载1982年7月30日香港《新晚报·书话》

王西彦的抗战小说
署名王瑶
摘自1982年11月修订本《中国新文学史稿》第3编第13章

关于先师吴承仕先生的材料
——读王西彦同志《我所接触到的吴承仕先生》一文后的补充
署名黄寿祺
载1982年11月22日《新文学史料》第4期

王西彦（浙江籍作家笔名探源）
署名国成、丛扬、于胜
载1983年《西湖》第1期

老作家的收获季

——新春访王西彦

署名李葵南　林伟平

载 1983 年 2 月 25《新民晚报》

发愤的书：《炼狱中的圣火》

署名舒芜

1983 年 4 月 2 日北京天问楼

载 1983 年 8 月 10 日《读书》第 8 期

记王西彦

署名吴钧

载 1983 年 5 月 6 日《澳门日报》

再记王西彦

署名吴钧

载 1983 年 5 月 7 日《澳门日报》

寒香寂寞动冰肌

——访浙江籍老作家王西彦

署名余子力、叶锦

载 1983 年《浙江青年》6 月号

致《读书》编辑部函

署名舒芜

1983 年 8 月 13 日

载 1983 年 10 月 10 日《读书》第 10 期

老虎、脸盘、椅子和洋火

——老作家王西彦访永安

署名高农

载 1983 年 9 月 2 日《厦门日报》

读《炼狱中的圣火》

署名张国凡

载1983年9月7日《广西日报·山花》

洁白的灵魂，光辉的业绩

——读王西彦的《炼狱中的圣火》

署名尚允

载1983年9月27日香港《大公报·读书与出版》第270号

驰骋文坛五十年

署名梅萼华

载1983年10月《澳门日报·新地杂缀》

向王西彦致谢（特约专栏）

署名董鼎山

载1983年11月8日《北美日报》（纽约）

见到斟误之后

署名王春瑜

载1984年1月10日《读书》第1期

“给读者打开我自己的窗口”

——访王西彦

署名朱大路

载1984年《文艺报》第2期

一出震撼人心的爱情悲剧

——《村野的爱情》

署名曾果伟

载1984年3月湖南人民出版社出版《书苑》第36期

在成长中的小说

（《中国抗战文艺史》一书中有关王西彦的论述）

署名蓝澄

摘自山东文艺出版社 1984 年 3 月第 1 版《中国抗战文艺史》

他也是炼狱中的圣火

——记义乌籍著名老作家王西彦

署名鲁焰

载 1984 年金华《艺术馆》第 4 期

试论王西彦的短篇小说创作

署名张晋业

载 1984 年华中师范学院《研究生学报》第 5、6 期合刊

现代作家与福建乡土

《神的失落》

署名马驰原

载 1984 年《福建文学》

关于王西彦的第一篇小说

——兼谈他对《大地的女儿》的介绍

署名艾以

载 1985 年《艺谭》第 2 期

在漫长的路上

——记王西彦

署名谷苇

载 1985 年 1 月 1 日《大江》第 1—2 月号

山城雾雨抒情思

——现代作家与闽中风物（七）

署名柯文溥

载1985年《福建文学》第2期

《神的失落》

现代作家与福建乡土（一）

署名马驰原

载1985年《厦门文艺》3—4月号

王西彦和他的《忧伤的世界》

署名童古丽柯

载1985年6月11日《人民日报》

谈王西彦的小说作品

署名严晖

载1985年7月18日新加坡《联合早报·星云》

为什么把他们写得这样苦?

署名曾庆瑞、赵遐秋

载《中国现代小说140家札记》一书中之一篇

漓江出版社1985年9月第1版

留在《微贱的人》中的历史地方记印

——现代作家与闽中风物（十一）

署名柯文溥

载1986年《福建文艺》第3期

知识分子三部曲

署名童古丽珂

载1986年4月4日《人民日报》

王西彦的乡土小说探析

1985年5月13日

署名苗山

载1986年《绍兴师专学报》第2期

黑暗社会的真实写照

——评王西彦《人的世界》

署名韩宏兴

载王瑶主编《小说鉴赏文库》中国现代卷第3卷，陕西人民出版社

1986年3月第1版

在自己的家园播种

——读王西彦中短篇小说杂记

署名孙乃义

载1986年《连云港教育学院学报》第2期

真挚的感情是最有力量的

——关于王西彦的散文

1986年7月上海

署名徐开垒

载1986年《清明》第6期

又载1987年《评论选刊》第3期

王西彦的笔名和他的第一篇小说

1986年8月15日上海

署名艾以

载1987年《艺谭》第1期

王西彦将创作知识分子三部曲

署名韩小蕙

载1986年8月16日《光明日报》

王西彦笔下的知识分子群像

署名赵园

（本文系赵园著《艰难的选择》一书中的有关摘录，上海文艺出版社 1986 年 9 月初版）

王西彦传略

署名刘剑虹

载 1986 年 9 月《丽水师专学报》第 3 期

用作品说话

——访作家王西彦

1986 年 9 月上海

署名林伟平

载 1986 年《上海文学》第 11 期

在偏僻山城中出版的《现代文艺》

署名应国靖

载花城出版社 1986 年 10 月初版《现代文学期刊漫话》

王西彦评传

署名白烨

载 1981 年 12 月山东教育出版社初版《中国现代作家评传》第 4 卷

王西彦年谱简编

署名刘剑虹、赵财玲

载 1986 年《浙江师范大学学报》第 4 期

老作家王西彦的追求

署名于建明、麦穗奇

载 1987 年 3 月 2 日《金华日报》

踩出你新的足迹

——访作家王西彦

署名郑逸文

载 1987 年 3 月 21 日《文汇读书周报》

东南抗战前沿的文艺阵地——《现代文艺》

署名艾以

载 1988 年 4 月 22 日《文学知识》第 4 期

编 后 记

艾 以

《王西彦研究资料》一书，是我们四位同志合编的，后来因为工作需要，一位同志调去《收获》编辑部，一位同志调去《上海文学》编辑部，还有一位同志工作也有新变动，最后的收尾工作由我一个人去完成，这就不能不影响本书的编辑进度。又因后来的单枪匹马和限于编辑水平，致使本书难免存在缺点、疏漏甚至错误，这就有待于读者和方家的批评指正，以便今后进一步加以修订、补充和完善。

根据中国社会科学院文学研究所关于《中国现代作家作品研究资料丛书·例言》中的要求，在编辑过程中，除了力求全面、客观和历史地辑录有关资料，以尽可能完整和准确地反映王西彦文学创作历程的概况外，还有下列数端，有必要作些简单的交代：

一、有关《王西彦生平资料》一辑，由于王西彦先生的长篇回忆录《乡土·岁月·追寻》对自己的生平已有详尽的回顾，且在《新文学史料》上连载后，即将出版单行本。所以这一辑中只选载其中第一、第四两节。

二、王西彦先生在半个多世纪的文学生涯中，主要成就是小说和散文的创作，积累了丰富的创作经验。同时，在文艺理论方面，几十年来也曾撰写过大量文章，在很多重大的文艺问题和创作领域，都有自己的见解和观点。因此，本书在《王西彦创作自述》一辑之外，本拟另列《王西彦论创作》一辑，选录有代表性的理论文章21篇。现因篇幅所限，又为体例所囿，只能割爱。

三、早在1964年，在全国掀起了对邵荃麟的所谓“写中间人物论”的公开批判；1965年，文痞姚文元在上海紧跟而上，一口诬定王西彦是“资产阶级在文艺界的代理人”，是“资产阶级人性论的提倡者”而大肆挞伐。“文革”一开始，王西彦又和周信芳、贺绿汀、瞿白音、李俊民、周谷城、周予同、李平心等人一起，成了上海最早被公开点名批判并“打倒”的对象，报刊上曾连篇累牍地发表所谓大批判文章。

鉴于这样的历史背景，我们开始时决定另列《“文革”时期的“批判”文章》一栏，共收录了“大批判”文章4篇。其中除姚文元的《驳“写普通人”》（载《萌芽》1965年第4期）外，其余三篇均选自《收获》1966年第3期。由于当年那场浩劫来得凶猛，“只争朝夕”，当该期《收获》刚刚印好，还来不及送往邮局发行，刊物即遭停刊。不过，白纸黑字，毕竟成了历史事实。但我们又考虑到它们因为没有流毒社会，在读者中造成恶劣影响，更重要的是，根据本丛书的编辑要求，意在抢救并保存现代作家作品的研究资料，而资料搜集的时间“以新民主主义革命时期为主”，所以斟酌再三，决定不收。

在编辑过程中，一直得到王西彦先生的大力支持和协助，不仅为本书提供了大量的资料和线索，而且还认真地核实、订正了《王西彦年谱》和著作系年，及时解答了编者向他提出的难点，为本书的更臻完善创造了条件。值此定稿成书之际，谨致以由衷的谢意。

最后必须提及的是，西彦先生和我们四位编者都由衷地感激十月文艺出版社，在当前各出版社都十分计较经济效益的大趋势下，没有他们的积极热情的关心和支持，这本书的顺利出版是不可能的。

1987年6月10日，上海市作家协会